제2판

지역사회복지론

제2판

지역사회복지론

김욱진 · 김태연 · 이현민 · 유지애 · 유승희

KNOWLEDGE COMMUNITY 공동체

제2판 머리말

≪지역사회복지론≫ 초판은 2021년에 출간되었다. 당시 우리 사회는 코로나19 팬데믹이라는 전대미문의 사태를 겪고 있었다. 그러나 초판 원고는 팬데믹 이전에 대부분 집필되어 급변하는 지역사회복지 환경을 충분히 반영하지 못하였다. 이에 제2판 전면 개정판에서는 비대면 상황에서의 사회복지서비스 제공, 지역사회 기반의 대응 전략 등 팬데믹 이후 '뉴노멀' 상황을 최대한 반영하는 방향으로 시의성을 강조하며 집필하였다.

또한 2024년을 기점으로 우리나라는 초고령사회에 진입하였다. 이에 따라 커뮤니티케어는 더 이상 관심 차원의 의제가 아닌, 실질적인 복지 정책 수단으로 자리 잡게 되었다. 아울러 2024년 지역사회 통합돌봄 선도사업이 완료되었고, 2026년부터 「의료・요양 등 지역돌봄 통합지원에 관한 법률」이 시행을 앞두고 있어, 커뮤니티케어에 대한 사회복지사의 이해와 실천 역량은 이제 선택이 아닌 필수 요소로 부상하고 있다. 본 개정판에서는 이러한 제도적, 실천적 변화를 반영하여 관련 내용을 보완하였다.

2024년부터는 사회복지협의체의 시군구 단위 의무 설치가 법제화되면서 지역사회복지 네트워크의 필요성과 중요성에 대한 현장의 인식 또한 고조되었다. 이는 지역사회의 다양한 주체가 협력과 연계를 통해 복지거버넌스를 구축하고 운영해야 할 필요성이 현실적 과제로 대두하였다는 것을 의미한다.

중앙정부 차원에서는 윤석열 전 정부가 '약자복지'를 국정 기조로 삼으면서 사회적 취약계층에 대한 정책적 관심이 높아졌다. 또한 민선 8기 서울시의 '약자와의 동행' 사례에서 볼 수 있듯, 지방정부들 역시 유사한 시정 철학을 공유하며 새로운 취약계층을 포용하기 위한 다양한 정책을 앞다투어 추진하고 있다. 이와 같은 변화들은 지방 소멸, 인구 감소, 지구 온난화, 돌봄공동체 해체, 디지털전환, 인공지능(AI) 확산 등 기존의 틀로는 설명하기 어려운 낯선 사회적 환경 속에서 등장하였다. 그 결과, 과거에는 사회적 약자로 분류되지 않던 집단들, 가령 자발적 배제자, 외톨이, 가족돌봄청년, 자립준비인, 디지털 소외계층 등이 이른바 '새로운 약자'라는 이름으로 정책적 개입의 대상으로 부상하였으며, 이에 지역사회복지의 지형 또한 빠르게 변화하고 있다.

제1판을 준비하던 2020년과 비교할 때, 불과 5년 사이에 등장한 이와 같은 변화들은 예측조차 어려웠거나, 설사 예측이 가능하였다고 하더라도 우리 사회가 충분히 대비하지 못한 신사회 위험들이다. 제2판 전면 개정판에서는 이러한 새로운 사회적 위험의 등장에 따른 불가예측적 위기와 더불어, 그 틈에서 생겨난 새로운 기회와 가능성에 주목하였다. 나아가 지역사회복지 현장에서 작금의 급격한 상황 변화에 어떻게 대응하고, 또 어떻게 능동적으로 대처할 수 있을지를 주요 문제의식으로 삼아 개정 작업을 진행하였다.

내용적으로도 몇 가지 중요한 개편과 보완이 이루어졌다. 먼저 제3장 '역사' 편에서는 기존의 영국 중심 서술을 지양하고 대신 미국 지역사회복지의 역사에 집중하였고, 탈시설 및 지역사회보호의 역사를 추가하였다. 제4장 '이론' 편에서는 기존의 분석 틀에 더해 사회적 자본 이론과 사회운동 이론을 포함시켜 이론적 기반을 확장하였다. 제8장 '자원 개발' 장에서는 제3의 장소(the third place) 개념을 도입하여 지역사회 거점 공간 개발에 관한 이론적 근거를 제시하였다.

이번 전면 개정은 단순한 내용 보완이나 최신 정보의 추가에 그치지 않는다. 지역사회복지를 둘러싼 시대적 흐름에 대한 응답이자, 앞으로의 실천 방향에 대한 모색이기도 하다. 지역사회복지의 미래와 과제에 대한 저자들의 고민은 제14장에서 '지역사회의 유의성', '지역사회복지실천의 고유성', '변화하는 약자의 개념과 지역사회복지실천의 대응'이라는 세 꼭지로 정리하여 담아내었다.

제1판을 출간하면서 저자들은 머리말에 "혹시 원고에 틀린 게 있으면 어떡하나"라는 걱정을 표현한 바 있다. 아니나 다를까, 출간된 책으로 수업을 하고 학생들의 질문에 답하는 과정에서 제1판 원고에 적지 않은 오류가 있었다는 사실을 뒤늦게 깨달았다. 이는 전적으로 저자들의 실력 부족에서 비롯된 실수임을 인정한다. 이 점에 대해서는 독자 여러분의 너른 양해를 구한다. 제2판 전면 개정판 역시 완벽하지 않을 수 있다. 그러나 이번에도 독자들께서 날카롭게 지적하고 비판해 주신다면, 그 목소리를 겸허히 받아들여 제3판에서 보다 완성도 높은 책으로 발전시켜 나가는 데 소중한 자양분으로 삼고자 한다.

끝으로, 원고 작성과 수정 작업에 헌신해 준 공동 집필진에게 다시 한번 감사 말씀드린다. 아울러 이번에도 책의 준비와 출간 전 과정을 함께하며 저자들의 요구에 신속하게 응대하고 물심양면으로 지원해 준 공동체 출판사 관계자 여러 분께도 진심으로 감사하다는 말씀 올린다.

이 책이 지역사회복지를 공부하는 학생들과 현장의 실천가들에게 오늘날 지역사회복지를 새롭게 바라보는 창이자, 실천을 위한 유용한 길잡이가 되기를 진심으로 기대한다.

2025년 8월

대표 저자 김욱진

제1판 머리말

세계화 담론이 무르익던 1990년대 일단의 극단적 세계화론들은 전 지구화가 가속화될수록 지역사회가 예의 유의성을 상실하고 심지어 소멸할 수 있다는 주장을 펼쳤다. 이들은 정보통신과 교통의 발달로 시공간의 제약이 사라지고 국제이주, 문화접변, 가상공동체, 다국적기업 등 새로운 사회경제적 현상이 대세로 자리잡으면서 전 세계인이 하나의 거대한 연결망으로 통합될 것이며, 향후 미래 사회는 탈영토성, 초이동성, 유목민성, 혼종성, 불확실성 등의 새로운 개념으로 좀 더 분명하게 설명될 수 있다고 주장하였다. 장소성(place–ness)을 의심하는 미래에 대한 이와 같은 예단 속에서, 특정한 지리적 경계 안에서 뚜렷한 공동체적 특성을 나타내며 안정적 삶을 영위하는 것을 특징으로 하는 지역사회와 그 구성원 주민들이 각각 세계 사회(도시)와 세계 시민(도시민)으로 대체될 것임은 당연하게 기대되었다.

그러나 지난 수십 년의 역사는 극단적 세계화론자나 가상공동체론자의 예상과는 다르게 흘러갔다. 예전만큼은 아니더라도 상황과 조건에 따라 지역사회의 유의성, 특히 그 안에 내포된 장소성이 갖는 중요성이 옅어지기는커녕 되레 강화되는 경우가 는 것은 그에 대한 방증이다. 수많은 유관 사례들은 이른바 "장소는 여전히 중요하다(place still does matter)"라는 표어로 응축되어 회자되고 있다.

그렇다면 예상과 달리 전개되는 작금의 시대적 변화 속에서 우리는 다음과 같은 질문을 논리적으로 던져볼 수 있다. 장소성의 의미가 상당 부분 탈색된 현대 사회에서 지역사회는 왜 여전히 중요한가? 지역사회는 어째서 예의 유의성을 잃지 않고 인간 삶과 공동체의 주요 인자, 특히 복지의 결정적 요인으로 남아있는가?

위 질문에 대한 답은 다양한 각도에서 다양한 방식으로 모색될 수 있다. 물론 저자들은 이 책의 독자들에게 몇 가지 정답을 지금 당장 제시할 수 있다. 그렇지만 답이 어떻다고 확정적으로 말하기보다 더 중요한 사항이 하나 있다.

그것은 바로 이 책의 일독을 계기로 독자들은 앞서 제기한 근본적 질문에 대한 답을 찾기 위한 긴 지적, 실천적 여정을 떠날 기회를 갖게 될 것이라는 점이다. 이 책은 그 여정의 출발점이자 동반자가 될 것이다.

이 책은 전 지구화가 가속화하고 가상공동체가 실재를 대체하는 작금의 현실에서 지역사회가 왜 여전히 중요하고 유의성을 가지며 또 그럴 수밖에 없는지에 대한 일말의 해답을 독자들에게 제공하기 위한 목적으로 기획, 제작되었다. 이 책을 완독한 독자들은 현대인이 왜 지역사회를 중심으로 인간의 기본적인 욕구를 충족하는지, 지역사회는 어떻게 그리고 어떠한 메커니즘을 거쳐 일상의 삶을 결정짓는 네트워크와 거버넌스의 제일전선으로 기능하는지에 관한 기본적인 아이디어를 얻게 될 것이다. 이러한 아이디어들은 오늘날 지역사회가 당면한 다양한 문제와 욕구를 진단하고 해결하기 위한 전문적 과정 및 과업에 관한 이해를 제고하고 실천역량을 증진하는 데 기여할 것이다. 이 책은 바로 이러한 부분에서 현재 지역사회복지를 공부하고 실천하는 사회복지사들 그리고 앞으로 사회복지사가 되려는 학생들의 성장과 발전에 도움을 주고자 쓰여졌다.

상기 저술 의도에 바탕을 두고 저자들은 지역사회복지에 관한 이 책의 구성을 크게 네 꼭지로 나누어 내용을 담았다. 첫 번째 꼭지에서는 지역사회, 지역사회복지, 지역사회복지실천에 관한 개념을 정의하였고 지역사회복지의 역사를 정리하였다. 두 번째 꼭지에서는 지역사회복지실천에 적용 가능한 이론과 모형을 검토하였고 전문적 실천의 과정을 단계별로 기술하였다. 세 번째 꼭지에서는 지역사회복지실천에 필요한 다양한 방법론을 사정, 자원개발, 주민조직화, 복지네트워크, 복지계획, 사례관리 그리고 옹호, 집합행동, 임파워먼트 등의 주제어를 중심으로 살펴보았다. 마지막으로 네 번째 꼭지에서는 변화하는 시대적 요구에 따른 지역사회복지의 방향성을 모색하고 과제를 점검하였다.

지역사회와 주민의 삶에 영향을 미치는 현시대의 상황과 조건은 급변하고 있다. 그런 만큼 지역사회복지를 둘러싼 환경 역시 변화무쌍하게 바뀌고 있다. 그래서 이 책의 내용 중 일부가 출간과 동시에 금세 낡은 것이 되어버리지는 않을까 하는 우려를 저자들은 가지고 있다. 특히 책의 전반적인 구성과 내용을 정한 이후 발생한 코로나-19 팬데믹과 그에 따른 지역사회복지 현장의 급격한 상황 변화에 저자들은 당황하기도 하였다. 그러나 앞서 말했다시피 이 책은 이러한 환경적 변화를 포괄하여 우리의 삶과 공동체, 특히 복지와 관련된 활동과 경험에 관한 기본적인 생각들을 지역사회와 연관 지어 정리하고, 정리된 바에 입각하여 사회복지사로서 가져야 할 역량과 자질을 향상하여 궁극적으로 지역사회가 직면한 다양한 문제와 욕구를 전문적으로 해결하는 데 사용하도록 돕기 위한 목적으로 쓰여졌다. 따라서 이러한 의도를 달성하는 데 일조한다면, 특히 책에서 다룬 내용이 현장에서 활용되어 전문적 실천에 기여한다면 저자들은 그것으로 충분한 만족감을 느낄 것이다.

물론 책을 쓰는 와중에 오류를 범하거나 오인을 하거나 현실을 부적절하게 반영하는 등 미진한 모습을 보였을 수 있다는 두려움도 가지고 있다. 이러한 실수들에 대해 독자들이 날카롭게 지적하고 비판해 주시면 겸허히 수용하여 다음 번 기회에 좀 더 완성도 높은 책을 출간하는 자양분으로 삼겠다는 다짐을 해본다. 연구자이자 교육자로서 항상 느끼는 바이지만, 완벽한 책을 쓴다는 것이 얼마나 어렵고 또 많은 공부를 요하는 일인지 이번 집필을 통해 다시 한번 뼈저리게 느꼈다.

마지막으로 연구와 교육으로 바쁜 일정에도 집필에 참여하여 이 책의 완성에 도움을 주신 김태연, 이현민, 유지애, 유승희 선생님들께 고맙다는 말씀드린다. 또한 부족한 원고를 지지해 주시고 세상에 나올 수 있게 기회를 주신 공동체 출판사 가족 여러분께도 감사드린다. 아무쪼록 많은 분이 각자의 위치에서 정성을 다해 만든 이 책이 현장과 학교에서 유용하게 사용되어 지역사회복지가 지향하는 궁극적 가치가 구현된 '살기 좋은 지역사회'를 만드는 데 일조하기를 희망한다.

2021년 11월

대표 저자 김욱진

차 례

제2판 머리말 3
제1판 머리말 6

PART 01 지역사회복지 개관

CHAPTER 01 지역사회복지 개괄 14
1. 개 념 14
2. 접근방식 21
3. 부상 배경 26

CHAPTER 02 핵심 개념 37
1. 공동체와 지역사회 37
2. 지역사회복지실천과 지역사회실천 55
3. 탈시설화와 지역사회보호 62

CHAPTER 03 지역사회복지 역사 76
1. 지역사회복지실천의 기원 77
2. 미국의 지역사회복지 역사 82
3. 한국의 지역사회복지 역사 109

PART 02 지역사회복지실천 원리

CHAPTER 04 지역사회복지실천 이론 134
1. 기능주의 135
2. 갈등이론 138
3. 체계이론 140
4. 인간생태론 144
5. 사회적 자본 이론 149
6. 사회운동 이론 153
7. 임파워먼트 이론 157
8. 강점 관점 159

CHAPTER 05 지역사회복지실천 모형 162
1. 지역사회복지실천과 실천모형 162
2. 사회계획 모형 166

3. 사회행동 모형 171
4. 지역사회개발 모형 175
5. 기타 고려 사항 180

CHAPTER 06 지역사회복지실천 과정 185
1. 사 정 185
2. 계 획 194
3. 실 행 209
4. 평가 및 종료 212

PART 03 지역사회복지실천 방법

CHAPTER 07 사 정 218
1. 지역사회 사정 218
2. 욕구조사와 자원조사 223
3. 지역사회 사정 기법 237

CHAPTER 08 자원개발 253
1. 인적 자원 개발 : 지역사회 시민교육 256
2. 재정 자원 개발 : 모금 279
3. 물적 자원 개발 : 지역사회 거점 공간 발굴 및 활용 296

CHAPTER 09 주민조직 305
1. 조 직 305
2. 주민조직 308
3. 주민조직화 326

CHAPTER 10 네트워킹 350
1. 네트워크 351
2. 지역사회복지 네트워크 361
3. 지역사회복지 네트워크의 실제 : 지역사회보장협의체 378

CHAPTER 11 계 획 419
1. 지역사회복지 계획 420
2. 지역사회복지 계획의 실제 : 지역사회보장계획 429

CHAPTER 12 사례관리 456
1. 사례관리 457
2. 사례관리의 실제 : 통합사례관리사업 490

CHAPTER 13 옹호, 집단행동, 임파워먼트 504
1. 옹 호 505
2. 집단행동 521
3. 임파워먼트 533

PART 04 지역사회복지 전망

CHAPTER 14 지역사회복지 방향과 과제 544
1. 지역사회의 유의성 544
2. 지역사회복지실천의 고유성 552
3. 변화하는 약자의 개념과 지역사회복지실천의 대응 554

참고문헌 559
찾아보기 582

PART

01

지역사회복지 개관

CHAPTER 01 지역사회복지 개괄

CHAPTER 02 핵심 개념

CHAPTER 03 지역사회복지 역사

CHAPTER 01

지역사회복지 개괄

이 책에서는 지역사회가 당면한 문제, 욕구, 과제를 해결하고 구성원인 주민이 인간다운 삶을 살 수 있도록 역량을 배양하고 기회를 보장하며 환경을 조성하는 사회복지사의 전문적인 변화 노력, 즉 지역사회복지실천에 관한 내용을 다룬다. 이러한 지역사회복지실천의 원리와 방법을 공부하기에 앞서 먼저 지역사회복지의 개념을 정립할 필요가 있다.

제1장에서는 이 책에서 다루는 지역사회복지의 개념을 정의, 대상, 목적과 가치, 성격, 추진 주체 등 총 다섯 가지 측면으로 나누어 살펴본다. 그다음, 지역사회복지에 대한 세 가지 접근방식을 살펴보고, 이어서 지역사회복지가 최근 사회복지계뿐 아니라 우리 사회 전반의 화두로 떠오르며 주목받게 된 거시환경적 변화 배경을 알아본다.

1. 개 념

1) 정 의

지역사회복지는 지역사회를 기본 접근 단위로 그 구성원인 주민이 인간다운 삶을 살 수 있도록 하는 사회적 과정과 결과로 정의된다. 다시 말해, 지역의 문제와 주민의 욕구, 과제를 해결하여 지역사회 안팎에 긍정적인 변화를 일으키고, 이를 통해 그 구성원인 주민이 인간다운 삶을 살 수 있도록 도모하는 집합적 노력이다(Netting et al., 2016 : 1).

2) 대 상

지역사회복지의 대상은 기본적으로 지역사회 전부 또는 그 구성원 전부이다. 지역사회 일부 또는 특정 구성원에게만 긍정적 변화를 도모하는 것은 지역사회복지의 지향점과 거리가 멀다.

그러나 자원의 부족 혹은 구성원 간 합의와 같이 주어진 상황이나 맥락이 어떠하냐에 따라 특별한 욕구를 갖거나 정치, 경제, 문화, 사회, 심리·정서적으로 불리한 위치에 놓인 취약계층을 지역사회복지의 대상으로 특정하기도 한다. 이러한 취약계층을 흔히 사회적 약자라 부른다. 전통적으로 지역사회복지에서 주요 개입 대상으로 다루어 온 사회적 약자 집단은 근로 능력이 떨어지고 경제적으로 궁핍하며 집중적인 돌봄을 요하는 노인, 장애인, 아동, 여성 등이었다. 그 외에 산재, 질병 등 정당한 사유로 근로 능력을 상실하고 빈곤 상태에 빠진 성인 남성 역시 사회적 약자로서 지역사회복지의 대상으로 흔히 여겨져 왔다(구인회, 2002).

최근에는 새로운 약자 집단이 부상하고 있다. 새롭게 지역사회복지의 대상으로 부상한 약자 집단으로는 대표적으로 자발적 배제자, 외톨이, 불완전고용근로자, 의료파산자, 자립준비인, 가족돌봄청년, 학대 및 괴롭힘 피해자, 기술적 실직자, 재난재해 고위험계층 등이 있다(김욱진 외, 2024 : 188). 이러한 이른바 신약자들은 근로 능력 저하나 상실과 무관한 다양한 생활 영역에서의 취약성으로 말미암아 다차원적 위기에 처하고 다양한 기회와 자원에서 전방위적으로 배제되어 사회 주변부로 밀려난 우리 사회 비주류라는 점에서, 경제적 위기나 빈곤 중심의 전통적 약자와 개념적으로 구분된다.

3) 목적 및 가치

지역사회복지는 지역사회가 직면하는 다양한 문제, 욕구, 과제를 해결하여 구성원인 주민이 인간다운 삶을 살 수 있도록 이바지함을 목적으로 한다. 그런데 여기서 인간다운 삶이 구체적으로 무엇을 의미하는지에 대해서는 이견이 있을 수 있다. 즉, 인간다운 삶을 정의하는 데 있어 누군가는 쾌락의 증진을, 누군가는 자유의 고양을, 또 다른 누군가는 경제적 평등 또는 공동체 의식의 함양, 덕성의 배양 등을 인간다운 삶의 구체적 조건으로 거론하며 서로 완전히 다른 의견을 낼 수 있다는 것이다(Reisch et al., 2013).

이러한 이견을 좁히고 개개 주민이 생각하는 인간다운 삶의 조건이 지역사회가 지향하는 공동의 가치와 최대한 일치되도록 하기 위해서는, 지역사회 구성원의 공론장 참여가 보장되고 실질적으로 활성화되어야만 한다(박태영, 2012). 구성원 개개인이 지역사회의 공개적 논의장에서 정치공동체의 이슈를 거론하고 의견을 교환하며 자율적으로 의사결정을 내릴 수 있는 열린 환경이 조성되어야만 한다. 만약 조성되어 있지 않다면, 법적 장치나 지원 등 인위적인 방법(예 서울시 약자동행위원회와 같은 공적 담론 기구)을 통해서라도 많은 사람, 특히 지역사회 내 취약계층이 최대한 많이 공적 담론 기구에 참여할 수 있도록 보호된 숙고와 합의 환경을 조성해 주어야만 한다. 나아가 논의를 통해 결정된 사안이 실제 정책과 프로그램에 반영될 수 있도록 제도적 지원도 뒷받침해 주어야만 한다.

예를 들어, 현재 우리나라의 가장 하위 행정단위인 읍면동에서는 마을복지계획이라는 주민주도의 복지 활동을 지원하고 있다. 이는 주민들이 자체적으로 실현 가능한 마을 의제를 발굴하고 문제를 직접 해결함으로써 지역사회의 역량을 구축, 강화할 수 있는 자립자조 공간을 만들겠다는 일차적인 목적 외에, 계획을 세우는 과정에서 이질적 배경을 지닌 다양한 주민이 만나 이견을 부딪치고 조정하며 합의를 끌어냄으로써 해당 지역사회 전반을 아우르는 공동의 가치를 도출해 낼 수 있는 정치적 소통 공간, 즉 숙고와 합의의 공론장을 조성하겠다는 정책적 의지를 이면에 깔고 있다(박태영 외, 2021).

4) 성 격

지역사회복지는 지역사회 구성원의 인간다운 삶 구현이라는 궁극적인 목적 달성을 개인 또는 가족과 같은 전통적인 개별 사인(私人)의 책임으로 미루기보다, 구성원의 최대 참여(maximum participation) 원칙을 바탕으로 공동체 의식의 발현 차원에서 개진하고 달성하는 공적 책임의 차원으로 확장한다. 물론 지역사회복지는 비공식적 사회 지지망의 활용과 사적인 책임도 중시한다. 그렇지만 오로지 그것에만 의존하지 않고, 욕구사정과 문제해결 등 개입의 전 과정에서 사회적 차원과 개인적 차원을 포함한 공사(公私) 자원의 총체적 발굴, 동원, 활용, 연계를 강조하는 것이 특징이다(이재완, 2020).

가령 영유아를 키우는 맞벌이 가정이 있다고 했을 때, 현재 우리나라 지역사회복지 체계에서 해당 가정은 일차적으로 거주지 인근의 사적 자원과 비공식 사회 지지망을 중심으로 보육과 돌봄 계획을 세울 수 있다. 여기에는 조부모, 친인척, 이웃은 물론, 아이의 부모가 개인적으로 부담해 고용하는 베이비시터, 가사관리사 등 사적 돌봄서비스가 포함된다. 민간 어린이집, 사립 유치원 등 민간 영리 시설도 물론 포함된다. 이와 동시에 해당 가정은 공공 분야의 서비스나 재화를 이용해 보육과 돌봄 계획을 세울 수도 있다. 구체적으로, 지역사회 내 국공립 어린이집이나 유치원으로부터 보육료, 시간제보육서비스를 지원받을 수 있고, 읍면동 주민센터에서 아이돌봄서비스, 긴급·단시간돌봄서비스를 신청하여 가족센터 등 지역사회 수행기관으로부터 필요한 서비스를 받을 수 있으며, 아동수당, 부모급여 등 현금 급여도 상황에 맞게 신청하여 수급할 수 있다. 또한 육아종합지원센터로부터 부모교육, 상담, 놀이 프로그램 등 다양한 육아지원 서비스를 지원받을 수도 있다.

이처럼 현장에서는 다양한 민관 자원과 행위자가 지역사회복지의 목적과 가치를 실현하는 과정 및 활동에 폭넓게 관여한다. 필요한 서비스나 재화를 제공하는 주체가 단일하지 않고 정부, 공기업(공공 부문), 기업, 민간 영리단체(민간 영리 부문), 비영리단체, 비정부단체, 사회적경제 조직(제3 섹터), 가족, 친지, 이웃(비공식 섹터) 등 다양하고 다수이며 상호 간 경계가 불분명할 때, 그리고 여기에 덧붙여 지리적으로도 작은 지역사회에 국한하지 않고 광역지역사회, 초광역지역사회, 국가 및 초국가 규모를 넘나들며 활동할 때, 우리는 그와 같은 복잡한 복지 공급 모델 혹은 생태계를 복지혼합(welfare mix) 혹은 복지다원주의(welfare pluralism)라고 부른다. 지역 주민 당사자의 주도적 역할에 좀 더 초점을 맞추는 입장에서는 공동생산(co-production)이라는 용어를 쓰기도 한다(주현정, 2020). 용어가 무엇이든 주안점은, 오늘날 지역사회복지는 내용적, 지리적으로 다양한 주체가 협력하여 지역사회 주민의 복지 욕구를 효과적으로 충족시키는 방향으로 발전하고 있으며, 이와 같은 집합적, 집단적, 혼합적 성격은 지역사회복지의 접근성과 포괄성을 한층 강화하는 밑바탕이 된다는 점이다.

다른 한편, 문제해결과 욕구 충족에 있어 지역사회 구성원의 최대 참여, 나아가 가용 민관 자원의 총체적 발굴, 동원, 활용, 연계를 강조하는 집단적이고 집합적인 속성은 지역사회복지의 저류에 "복지는 나와 너, 또는 누군가의 책임이 아닌, 우리 모두의 책임이다"라는 공동체주의적 가치가 흐르고 있음을 함의한다. 지역사회복지는 지역 구성원 모두가 함께 참여하고 책임을 나누는 과정에서 진정한 의미를 찾는다. 개인의 노력과 더불어 공동체의 집단적 역량이 결합할 때, 지역사회는 더욱 강건하고 지속 가능한 복지 환경을 구축할 수 있다.

이러한 과정은 단순히 문제와 욕구를 해결하는 것을 넘어, 서로를 지지하고 돌보는 공동체 의식과 연대감을 확립하는 중요한 발판이 된다. 나아가 복지국가로 대변되는 사회적인 것(the social, 전통적 연대)의 해체 및 그것이 가져온 불안과 불확실성이라는 근대성의 위기 속에서 새로운 사회적인 것(the new social, 연대의 재구성)에 대한 후기 근대인의 열망을 충족하는 핵심적 역할을 한다(Bauman, 2009).

5) 추진 주체

지역사회복지 주요 추진 주체는 당연히 주민 당사자이다. 그리고 주민 당사자가 어려움에 처하였을 때 부담 없이 도움을 요청하고 필요한 지지를 즉시 받을 수 있는 지근거리의 가족, 친지, 친구, 이웃 등 비공식 사회 지지망도 중요한 일차 추진 주체 중 하나이다. 그런데 지방자치제도를 시행 중인 우리나라에서는 당사자와 비공식적 지지망 외에도, 중앙과 지방의 수많은 민관 행위자가 지역사회복지 활동과 과정에 관여하며 공동생산 파트너로 활약한다(지은구 외, 2021 : 25). 이를 공공과 민간, 복지와 비복지, 중앙과 지방으로 나누어 개략적으로 살펴보면 다음과 같다.

먼저 공공 부문 복지 분야의 주요 추진 주체로, 행정 집행기관으로서 중앙정부에 보건복지부와 산하기관(예 질병관리청, 국민연금관리공단, 국민건강보험공단, 한국사회보장정보원, 한국사회복지협의회, 아동권리보장원, 노인인력개발원 등등) 및 소관 법인(예 사회복지공동모금회, 대한노인협회, 중앙사회서비스원, 한국자원봉사협의회 등등)이 있고, 지방의 광역 및 기초 지방자치단체에 복지 관련 업무 담당 부서(예 복지정책실, 장애인복지과, 희망복지팀, 통합돌봄지원팀 등등)와 소관 법인(예 ㅇㅇ시・도 사회서비스원, ㅇㅇ시・도 복지재단, ㅇㅇ시・구 자원봉사센터 등등)이 있다.

지방자치단체 복지업무 담당 부서에는 보통 복지직과 행정직 공무원이 같이 일한다. 기초 행정단위인 읍면동 주민센터에도 복지 관련 업무 담당 부서(예 찾아가는 보건복지서비스 팀 등등)가 있으며, 여기서는 복지직, 행정직 공무원이 보건직, 간호직 공무원과 보통 한 팀을 이루어 지역사회 공공복지전달체계의 최전선에서 일한다. 한편 지방자치단체에는 일부 중앙정부 산하기관의 권역별 지사(예 노인장기요양보험 지역운영센터)가 운영되기도 한다.

비복지 분야임에도 불구하고 지역사회복지의 주요 추진 주체 중 하나로 활약하는 공공 부문 행위자로 중앙정부 고용노동부의 지역단위 행정기관인 지방고용노동청과 그 하위기관인 고용노동지청이 있고, 고용노동부 산하기관인 근로복지공단과 그 지사 등도 있다. 국도교통부 산하기관인 한국토지주택공사(LH)와 그 지사도 주요 공공 부문 행위자 중 하나이다.

한편, 민간 부문에 있음에도 불구하고 사사성(私事性)보다 공공성이 돋보이는 지역사회복지 추진 주체도 상당한 규모로 존재한다. 이는 정부 출연으로 설립된 독립 법인이 특정 기관이나 사업을 운영하거나 혹은 정부가 특정 기관이나 사업을 민간에 위탁 운영한 데 따른 결과로, 이와 같은 범주에 해당하는 민간 조직으로 복지 분야에는 지역자활센터, 지역아동센터, 다함께돌봄센터, 아동보호전문기관, 푸드뱅크, 청년미래센터, 건강생활지원센터, 정신건강복지센터, 자살예방센터, 중독관리지원센터, 치매안심센터, 독거노인종합지원센터, 노인보호전문기관, 발달장애지원센터, 마을공동체지원센터 등이 있고, 비복지 분야에는 주거복지센터 등이 있다.

지역사회에 기반한 이러한 센터들에는 보통 사회복지사나 정신건강사회복지사 등 전문 자격증을 갖춘 사회복지실천가가 고용돼 일하는데, 많은 경우 이들은 단독으로 일하기보다 간호사, 돌봄전담사, 청소년지도사, 요양보호사, 장애인활동지원사, 작업치료사, 직업생활상담원, 생활지원사, 주거복지사, 평생교육사 등 전문성을 갖춘 또 다른 특수 인력과 팀을 이루어 근무한다. 비록 전문성이 상대적으로 떨어지기는 하지만 자원봉사자 역시 센터의 주요 인적 자원 중 하나로 간주된다.

한편 민간 부문 복지 분야의 주요 추진 주체에는 주로 사회복지법인이 운영하는 각종 사회복지시설(예 요양원, 노인그룹홈, 데이케어센터, 노인복지관, 경로당, 어린이집, 보육원, 아동그룹홈, 가정위탁지원센터, 지역아동센터, 다함께돌봄센터, 장애인거주시설, 장애인그룹홈, 장애인주간보호센터, 장애인직업재활시설, 정신요양 및 재활시설, 노숙인자활, 재활 및 요양시설, 사회복지관, 지역자활센터 등등)이 있고, 비복지 분야에는 다양한 형태의 법인이 운영하는 사회적경제 조직(예 사회서비스 제공형, 일자리 제공형, 지역사회 공헌형 사회적기업 등)이 있다.

그 밖에 민간에는 자생적으로 만들어진 비공식적 지역사회 주민조직이 다수 존재한다. 또한 민민 복지네트워크도 빼놓을 수 없는데, 이를 대표하는 것으로 지역사회 민간 행위자 간 협력과 자원 연계 활성화를 목적으로 2024년부터 시군구 설치가 의무화된 지역사회복지협의회가 있다. 한편 형태상으로는 민간이지만 사실상 공공에 의해 조직되거나 혹은 공공과 합작으로 운영되는 민관 복지네트워크(예 지역사회보장협의체 등), 복지공동체(예 서울시 우리동네돌봄단, 대전시 복지만두레 등), 복지리더(예 명예사회복지공무원, 서울시 육아지원코디네이터, 서울시 천만시민기억리더 등) 등도 중요한 추진 주체 중 하나로 우리나라 지역사회복지 현장에서 활동한다.

이처럼 공공과 민간, 복지와 비복지, 중앙과 지방을 넘나들며 활동 중인 지역사회복지 추진 주체는 다양하며 그 수가 많다. 주안점은, 이들은 개별적으로 존재하거나 독립적으로 활동하지 않고 지역사회복지 목적과 가치 구현을 위해

위, 아래, 옆으로 연대하고 네트워킹하며 지역복지 거버넌스의 유기적, 안정적 구축을 위해 협업한다는 점이다. 체계이론의 용어를 빌려 이를 표현하면, 지역사회복지 체계는 수평적·수직적 연결고리(horizontal and vertical linkage of systems)로 엮여 자기 자신은 물론 자신이 품은 하위 지역사회복지 체계, 나아가 자신이 소속된 상위 지역사회복지 체계의 존속 및 발전을 위해 필요한 자원을 교환하며 소통의 규범을 안정적으로 확립하고자 노력한다(김욱진, 2020 : 336-337).

2. 접근방식

지역사회가 당면한 문제, 욕구, 과제를 해결하고 구성원인 주민들이 공유하는 가치를 실현하여 인간다운 삶을 살 수 있는 조건을 구현하려는 지역사회복지의 방법론은 개별 주민의 행동 교정이나 인식 제고 등 미시적 방식에서부터 지역사회 저변에 깔린 문화, 제도, 구조 개혁 등 거시적 방식까지 다양하고 다층적이다. 지은구 등(2021 : 24)은 이러한 다양한 방법론들을 제도적, 전문적, 사회운동적, 호혜적, 지지적 접근의 다섯 개 유형으로 나누어 설명하였다. 이 책에서는 국가적, 사회운동적, 전문적 접근의 세 범주로 간소화하여 살펴본다(김욱진, 2011).

참고로 여기서 제시하는 세 가지 구분은 이론적 선명성을 부각하기 위하여 차이점을 다소 부풀렸다는 점을 밝혀둔다. 현실에서는 세 가지 접근법이 상호 밀접하게 관련성을 맺고 영향을 주고받으며 성장, 발전한다. 따라서 각각을 완전히 따로 떼어 이해하거나 설명하기 곤란하다.

예를 들어, 이 책의 제10장, 제11장, 제12장에서 다루는 지역사회보장협의체, 지역사회보장계획, 통합사례관리는 각각 지역사회복지에 대한 국가적 접근인 동시에 전문적 접근을 예시한다. 이상적인 지역사회복지를 구현하기 위하여 민과 관이 협력하여 자원을 연계하고 문제를 공동으로 해결하며 지역사회 욕구를 통합적 방식으로 해소한다는 측면에서, 각각의 활동은 국가적 접근과 전문적 접근의 융합으로 보는 것이 적절하다.

1) 국가적 접근

국가적 접근은 공공 부문의 정부가 특수한 목적을 갖고 특별한 사업을 기획하거나 독립된 기관을 설립하여 정책적, 제도적으로 지역사회에 변화를 불러일으키는 관 중심의 지역사회복지 구현 방법으로서, 위로부터의 혁신을 추구한다. 현재 우리나라 지역사회복지 현장에서 흔히 접할 수 있는 다양한 정부발 보건, 복지, 의료, 돌봄, 교육, 주거, 여가 정책과 프로그램, 예컨대 노인복지 분야에서 노인 맞춤형 돌봄서비스, 노인 의료・돌봄 통합돌봄 지원사업, 노인 일자리 지원사업 같은 국책 사업이 지역사회복지에 대한 국가적 접근의 예시이다.

우리나라 지역사회복지 현장에서는 정부 주도의 국책 또는 지방자치단체 사업이 주류를 이룬다(임정기 외, 2017). 사업이 진행되는 과정에서 많은 민간 사회복지조직이 관이 기획한 사업 전달체계에 편입되어 정부로부터 사업비를 타고 수탁기관 자격으로 참여하며, 정해진 활동을 규정에 따라 집행한다. 따라서 수행기관에 고용된 사회복지사는 전문가로서의 재량권, 가령 대상자의 수급 자격 요건을 판단하는 일이라든가 서비스의 종류 및 수급 기간을 정하는 등의 일에서 주체적인 결정을 내리지 못하며, 정부위탁사업의 단순 집행자 혹은 서비스 전달자에 국한된 역할을 제한적으로 수행한다(ibid. : 237).

2) 사회운동적 접근

사회운동적 접근은 자발적 시민이 주체가 되어 자기 지역 문제를 스스로 발굴, 해결하고 이를 통해 지역사회복지 목적과 가치를 주체적으로 실현하는 아래로부터의 변화 노력이다. 지역사회복지 운동 또는 당사자 운동이라고도 부른다. 정치학에서 얘기하는 풀뿌리 민주주의(grassroots democracy)라는 대중 중심 민주주의와도 일맥상통한다(이 호, 2017).

운동적 접근은 관 중심, 즉 엘리트 전문가의 의도적 지역사회 변화를 지양하고, 대안으로 지역에 거주하는 평범한 풀뿌리 시민의 자발적이고 자생적인 참여 그리고 호혜의 규범 준수 및 상호 지지를 자양분 삼아 지역 고유의 이해관계를 지키고 궁극적으로 참여자의 권능화(empowerment)를 이룩하는 것이 특징이다. 운동 과정에서 전문가는 필요한 자원을 당사자 주민의 요청에 따라 제공하거나 각 단계에서 훈수를 두는 등 최소한도로 개입할 뿐이며, 지도부에 가담하거나 운동을 진두지휘하는 일을 삼간다.

미국의 경우 1950~1960년대 빈민 운동(poor people's movement)과 아프리카계 미국인의 민권 운동(African-American civil rights movement)이 이 접근방식을 대표한다(Katz, 1996). 우리나라에서는 1970~1990년대 철거민 운동과 도시 빈민 운동, 1990년대 공부방 운동, 2000년대 성미산마을 공동육아 및 대안학교 운동 등이 대표적 사례로 거론된다(최인기, 2013).

참고로 우리나라에서는 2000년대부터 2010년대까지 시민단체인 참여연대 중심으로 공공부조 운동, 보건의료 공공성·건강보험 보장성 강화 운동, 공적연금 강화 운동, 사회서비스 공공성 강화 운동, 복지재정 확보와 복지국가 실현 운동 등 사회복지 관련 운동이 다양하게 전개된 적이 있다. 그런데 이러한 운동이 펼쳐진 물리적 장소는 지방보다는 중앙의 정부와 의회였다는 점에서, 지역사회복지 운동 범주에는 포함되지 않는다고 말할 수 있다. 또한 주된 참여자가 풀뿌리 주민이 아닌 사회복지학 교수, 변호사, 상근활동가 등 관련 분야 종사 전문가였다는 점에서도 지역사회복지 운동과는 거리가 먼, 사실상 중앙 집중화된 시민 운동, 다른 말로 '시민 없는' 시민 운동이었다고 평가할 수 있다(조희흔, 2022).

지역사회복지 운동은 시간이 흐르면서 국가 영역으로 흡수되고 제도화되는 경우가 역사적으로 많았다(김수영, 2013). 이러한 사례를 우리는 1990년대 도시빈민 운동이 2000년대 지역자활사업으로, 1990년대 공부방 운동이 2000년대 지역아동센터 지원사업으로, 2000년대 성미산마을의 공동육아, 대안교육 운동이 2010년대 마을만들기사업으로 전환된 경험에서 확인할 수 있다(박주형, 2013).

3) 전문적 접근 : 지역사회복지실천

전문적 접근은 엄격한 교육과 체계적 훈련을 거쳐 전문성을 갖추었다고 공식적으로 인증을 받은 사회복지사가 주민을 위해(for) 또는 주민과 함께(with) 사회복지실천의 다양한 과학적 이론과 최신 기술을 활용해 지역사회 문제와 욕구, 과제를 체계적으로 해결함으로써 주민에게 인간다운 삶을 보장하는 지역사회복지 구현의 한 방법이다. 간단히 말해, 사회복지사 주도의 전문적 지역사회 변화 노력으로 말할 수 있다. 물론 여기에는 오로지 사회복지사만 가담하는 것은 아니고, 필요에 따라 의료사회복지사, 정신건강사회복지사, 학교사회복지사 같은 특정 영역 사회복지사를 비롯하여, 간호사, 돌봄전담사, 청소년지도사, 요양보호사, 장애인활동지원사, 장애인직업생활상담원, 작업치료사, 재활상담사, 생활지원사, 주거복지사, 평생교육사 등 유관직 종사자가 한 팀을 이루어 참여하는 경우가 대부분이다.

이렇게 지역사회 자체를 클라이언트 삼아 사회복지를 실천하는 전문가의 계획적이고 주도면밀한 변화 노력을 지역사회복지실천 또는 거시사회사업실천(macro social work practice)이라고 부른다(Netting et al., 2016 : 3). 이 책에서는 이 지역사회복지실천에 관한 내용을 주로 다룬다.

지역사회복지실천은 임의적이거나 우연한 변화가 아닌, 사전에 면밀하게 계획된 변화를 추구한다는 점에서 국가적 접근과 유사하다. 또한 위로부터의 변화를 빠르게 밀어붙이기보다, 당사자 관점에서 주민의 점진적 권능화와 느린 인격적 성장에 큰 관심을 보인다는 점에서 운동적 접근과도 유사성을 보인다. 그렇지만 클라이언트 체계에 대한 밀도 높은 공감과 일상적 관여를 바탕으로 개입을 계획하고 상대적으로 융통성 있게 계획을 실행으로 옮긴다는 측면에서, 클라이언트와의 라포 형성을 거의 신경 쓰지 않고 사업의 융통성 있는 운용도 거의 고려치 않는 경직된 국가적 접근과 구분된다. 또한 표적체계에 대한 개입이 전문 사회복지사에 의하여 체계적, 과학적으로 이루어진다는 측면에서, 비전문가 주민이 나서서 개연적 변화를 임의로 꾀하고 전문가는 뒤로 물러서서 훈수만 두거나 관망하는 운동적 접근과도 구분된다.

지역사회복지실천의 틀 안에서는 활동과 사업을 후원하는 자원 제공자(sponsors)의 입김이 매우 강하게 작용한다. 물론 자체 수익사업이나 지역사회 모금 운영을 통해 스스로 재원을 확보하고 독립적으로 사업을 계획, 운영하는 사회복지조직이 없지는 않다. 그렇지만 현실적으로 우리나라 사회복지조직 대부분은 정부 보조금과 지원금, 법인 전입금, 기업 및 개인 기부금 등 외부 재원에 크게 의존하는 예산 구조로 되어 있다. 그래서 자원 제공자가 원하는 바와 다른 목소리를 내기가 현실적으로 어렵다. 하라는 대로, 시키는 대로 할 수밖에 없다. 이는 앞서 언급한 내용, 즉 지역사회복지를 실천하는 대부분의 전문 사회복지조직이 국책 또는 지방자치단체 사업의 하위 수행기관으로서 재량권을 거의 갖지 못하며, 그에 고용된 사회복지사도 단순 사업 집행자에 불과하다는 지적과 연결된다.

지역사회복지실천 현장에서 전문 사회복지사의 재량권이 좀처럼 인정받지 못한다고 해서 비관(?)할 필요는 없다. 자체 재원을 이용하는 기관 고유의 사업이 적지만 운영되고 있고, 수행기관의 자율성을 적극적으로 인정하는 정부 사업(예 서울시 지역 밀착형 사회복지관 지원사업 등)도 일부 존재하기 때문이다. 재량권을 인정받지 못한다고 해도 외부 사업을 수행하는 와중에 사회복지사는 다양한 민민·민관 협력 복지네트워크 구축 활동에 자연스럽게 가담하면서, 해당 사업을 새로운 지역사회 협력과 발전을 위한 기회와 발판으로 삼을 수도 있다.

지역사회복지 현장에서 전문적 접근의 실천을 명백히 관찰할 수 있는 곳은 사회복지관이다. 사회복지관은 지역사회를 기반으로 일정한 시설과 전문 인력(사회복지사 자격증을 갖춘 전문가 등)을 갖추고 주민의 참여와 협력을 통해 지역의 문제를 예방, 해결하기 위해 종합적 복지서비스를 제공하는 전문 시설이다. 기능적 측면에서 사회복지관은 서비스 제공, 사례관리, 지역사회 조직화라는 삼대 기능을 주로 수행한다. 이러한 사회복지관에서 기획되고 실행되는 모든 활동과 사업은 전문적으로 훈련받은 사회복지사가 주민을 위해 또는 주민과 더불어 사회복지실천의 다양한 이론과 기술을 적용해 지역사회 문제를 해결하고 주민 욕구를 충족시켜 나가는 데 초점이 맞추어져 있다. 따라서 사회복지관은 지역사회복지에 대한 전문적 접근이 실천되는 대표적 공간 중 하나라고 말할 수 있다.

3. 부상 배경

1990년대 이후 우리나라뿐 아니라 전 세계적으로 지역사회복지가 사회복지계의 중요한 의제로 주목받게 되었다. 지역사회복지가 주요 이슈로 부각하고 사회적 화두로 부상한 배경으로서 지난 수십 년간 일어난 거시사회환경의 변화를 정리하면 다음과 같다.

1) 시스템 실패

1930년대 대공황은 민간 영리의 기존 논리, 즉 각자도생과 무한경쟁의 이론을 기반으로 작동해 온 자유지상주의적 복지 대응이 당시 대두된 새로운 사회적 위기와 모순을 극복하는 데 근본적으로 한계를 가진다는 점을 깨닫게 하였다. 뼈저린 시장 실패의 경험은 20세기 중반 현대적 면모를 갖춘 보편적 복지국가의 성립을 촉진하였다. 그러나 1970년대 말부터 시작된 세계 경제 침체와 그에 따른 재정위기는 복지재원 마련에 어려움을 초래하였다. 한편, 비슷한 시기 미국과 영국 등 선진국에서 득세한 신자유주의는 국가의 비효율성을 강조하고 복지 의존에 대한 주류사회의 반감을 조장하여 국가 실패 이데올로기를 확산시켰다(최유진, 2016).

이처럼 시장과 국가의 대응이 분명한 한계를 드러낸 상황에서, 20세기 후반 민간 비영리를 중심으로 한 시민사회가 기존 복지의 대안적 모델로 주목받기 시작하였다. 특히 시민사회의 물리적 기초 단위를 구성하면서 평범한 시민의 일상생활 최전선에서 기능해 온 지역사회가 자원 조달, 서비스 공급 및 전달 등 사회복지 전반에서 그 책임과 역할의 범위를 폭넓게 인정받기 시작하였다. 이는 현대사회가 지닌 다양한 문제해결의 답을 자발적이고 참여적인 시민의 일상적인 자치 공간, 즉 지역공동체에서 찾을 수 있다는 인식의 전환, 즉 지역사회가 갖는 공동체로서의 문제해결 역량 재발견에 따른 변화였다.

그 결과, 오늘날의 복지는 어느 일방의 책임이 아닌, 성격상으로는 공공, 민간 영리, 민간 비영리, 비공식 영역 내 다양한 행위자 간, 공간적으로는 지역사회, 광역지역사회, 초광역지역사회, 국가, 나아가 초국적 스케일의 다양한 행위자 간 폭넓은 협력과 연대의 결과물로 접근되고 있다. 여기서 주안점은, 과거에는 다소 경시되던 지역주민의 참여가 필수적으로 포함된 민과 관의 공동 합작품으로 인식되고 있다는 점이다(정무권, 2017). 우리는 이와 같은 변화 경향을 앞서 복지혼합, 복지다원주의, 공동생산과 같은 개념을 통해 살펴보았다. 이러한 개념들은 현재 지역사회복지 생태계의 작동을 촉진하는 기본 원리로 널리 활용되고 있다.

2) 지방자치제도 부활

1961년 폐지된 지방자치제도가 1995년 전면 부활하였다. 지방자치는 중앙집권적 행정 체계의 비효율성과 획일적 정책 집행의 한계를 극복하는 대안으로서 재도입되었다. 지방자치제도 부활의 가장 주목할 성과는 지방정부의 자율성과 책임성이 강조되고 의사결정 과정에 지역주민의 참여 및 민관 협치 기회가 확대되었다는 점이다. 지방정부는 이전까지 중앙에 의해 독점 관리되던 사회복지 서비스의 공급자이자 수요자, 나아가 평가자로서의 역할을 새롭게 부여받았고, 지역사회 주민은 지역별로 특화된 복지 프로그램 계획의 수립 및 운영에 참여하는 주요 복지 행위자로 부상하였다.

2003년 도입된 「지역사회복지협의체」는 이러한 변화를 가시적으로 확인시켜 주는 사례이다. 지역사회복지협의체는 지역사회 내 다양한 사회복지 관련 기관과 단체가 당사자 주민과 협력하여 지역의 복지 욕구를 충족하는 환경을 조성하는 시군구 및 읍면동 단위의 법정 조직으로서, 지역 특성이 반영된 맞춤형 복지계획을 수립하고 지역 현황에 따라 융통성 있게 실행하는 것이 바람직하다는 시대적 요구에 따라 만들어진 민관 복지네트워크 조직이다. 지역사회복지협의체는 복지 관련 국고보조사업의 지방이양 이후 지역사회 중심의 복지전달체계 구축의 불가피성이라는 지방 재정 환경 변화 속에서 나타난 결과물로도 이해할 수 있다.

지방자치제도가 지역사회복지 활성화에 미친 영향은 「지역자율형 사회서비스투자사업」에서도 찾아볼 수 있다. 본래 중앙정부는 급증하는 사회서비스 욕구에 대응하여 「가사·간병 방문관리사 지원사업」(2004년), 「산모·신생아 건강관리사 지원사업」(2006년), 「지역사회 서비스투자사업」(2007년)을 각각 운영하였다. 그러나 중앙정부에서 직접 기획, 관리하는 사회서비스 공급 체계로는 전국 각 지역의 특성 반영과 주민의 다양한 서비스 욕구 충족에 한계가 있다는 문제점이 제기되었다. 이와 더불어 신생아, 산모, 노인, 가사, 간병 등 기존의 여러 돌봄서비스가 소위 칸막이 현상에 따라 분절된 형태로 제공됨에 따라 지역별 수요 변화에 대한 정부의 탄력적인 대응도 미흡하다는 비판도 지속적으로 제기되었다. 이에 보건복지부는 기존 사회서비스 공급 체계를 개편하여 지방자치단체와 지역사회의 자율성을 강화하고 수요자 중심의 공급 강화를 꾀하였는데, 이것이 바로 세 개 사업을 묶어 만든 지역자율형 사회서비스 투자사업이었다. 현재는 이 사업에 지역 특성이 강한 가사·간병 방문지원 사업, 일상 돌봄서비스 사업, 지역사회 서비스투자사업이 묶여 있다. 사업이 추진된 2013년부터 현재까지 보건복지부는 지방자치단체에 예산을 지원하는 것 외에 지역사회서비스 투자 방향 및 사업 계획 수립 지침을 마련하고 시도 성과를 평가하며 시도 서비스를 심사·감독 및 전자바우처시스템 구축·관리 업무만 담당하고 있다. 세부 사업의 구체적 수행계획, 자체 개발 사업 간 예산안 조정 등의 실질적 업무는 시군 및 시군구 지방자치단체가 자율적으로 수행하고 있다(박세경, 2015).

정부의 지방 및 지역사회 중심의 사회복지 구현 노력은 이후에도 계속되고 있다. 특히 2014년 송파 세 모녀 사건을 계기로 사각지대 문제가 핵심 정책과제로 대두하면서, 지역사회 최말단에서 취약계층 위기를 사전에 발굴하고 선제적으로 예방, 해소해야 한다는 데에 사회적 합의가 이루어졌다. 이와 같은 합의는 2014년 5월 정부가 「복지사각지대 발굴 및 지원 종합대책」을 발표하면서 행정동 단위의 복지 기능 강화를 추진하기로 결정한 것을 계기로 본격적으로 제도화하기 시작하였다.

이후 2016년 복지 체감도 제고와 사각지대 해소, 주민의 참여에 따른 주체적 문제해결을 촉진하기 위한 목적으로 「읍면동 복지허브화」 사업이 추진되었다. 동 사업은 2018년 「찾아가는 보건복지서비스」 사업으로 확대·개편되었다. 일련의 공공 지역사회복지 전달체계 개편 노력에서 가장 주목할 만한 변화는, 전국 읍면동 행정복지센터(주민센터)에 찾아가는 보건복지서비스팀이 만들어졌고 지역사회보장협의체가 시군·시군구뿐 아니라 읍면동에도 만들어져 지역사회의 가장 작은 행정단위에서부터 체계적으로 사각지대를 발굴하고 돌봄 체계를 선제 가동할 수 있게 되었으며, 나아가 마을복지계획, 마을이장, 명예복지공무원, 우리동네돌봄단 등 주민 참여를 토대로 한 민관 협치체계, 복지거버넌스가 구축되었다는 점이다.

정리하면, 지방자치제도 부활 이후 지역의 복지 욕구는 중앙보다 해당 지역이 가장 잘 알고 욕구와 문제해결에서도 해당 지역 주민이 주체적으로 나서는 것이 중요하다는 지역성의 원칙이 확고하게 자리 잡았다(박태영, 2012). 물론 아직도 지역사회복지 주도권의 상당 부분은 중앙정부가 쥐고 있다. 그렇지만 전반적인 경향성은 1990년대 지방자치제도 실시 이후 시도로, 2000년대 지역사회복지협의체 구성 이후 시군구로, 2010년대 공공복지전달체계 개편 이후 읍면동으로 점차 주도권이 아래로 내려가고 있으며, 지역의 고유성과 자율성이 강조되는 방향으로 사회복지를 구현하려는 움직임이 강해지는 추세이다. 최말단 현장에서도 일선 복지 공무원의 역량만 강조되는 것이 아닌, 다양한 민관 행위자의 참여, 특히 주민 당사자의 시민의식 발현을 통한 협치 체제 구축이 중요하다는 쪽으로 의견이 모이는 추세이다.

실제 근래 정부가 추진하는 지역사회복지 사업들을 들여다보면, 중앙은 얼개를 짜고 판을 까는 데 집중하는 반면, 실제 집행과 평가, 환류 등 주된 활동은 지방과 지역사회가 담당하도록 설계, 추진된다는 점을 관찰할 수 있다. 예를 들어 고독사 위험자 조기 발견과 체계적 관리를 목적으로 하는 「2024년 고독사 예방 및 관리 시범사업」 운영 지침을 보면, 사업 기획은 중앙의 보건복지부가 하지만 사업이 실제로 성공하기 위해서는 각 지역 시군구의 맞춤형 기획 역량, 읍면동의 행정 능력, 각 지역사회 내 자생 조직된 복지공동체의 관여, 주민 리더의 발굴, 민간 사회복지조직 및 전문 사회복지 실천가의 협조가 필수적이라는 점을 금세 알아챌 수 있다(표 1-1 참조). 지방자치제도가 완전히 자리 잡은 현재, 지역사회복지 사업은 이처럼 지역사회 안팎의 다양한 주체 간 긴밀한 협력을 바탕으로 지역 고유의 특성과 자율성이 강조되는 방향으로 설계, 추진되고 있다.

<표 1-1> 보건복지부 주관 「고독사 예방 및 관리 시범사업」 추진 체계와 내용

구분	자치구	동주민센터	우리동네돌봄단
역할	시범사업 계획 총괄	동 단위 활동 운영	사회적 관계망 활동
상세 임무	• 자치구 사업 계획 수립(동 지원계획 포함) • 타 기관 협업계획 수립 및 조정(복지관 등) • 동 활동 모니터링 및 컨설팅 • 현장 의견 수렴 및 전달 창구(동↔구↔시)	• 동별 실행계획 수립·운영 및 우리동네돌봄단(우돌단) 워크숍 운영 • 우돌단 활동 관련 프로그램 운영 지원 및 점검 수행 • 공적 자원, 민간 자원 서비스 연계 등	• 고립 가구와 함께 산책, 요리, 교육 참여 등 사회적 관계망 유대 관계 형성 • 가구 방문(안부 확인 및 생필품 지원 등) • 기타 위기가구 발굴 시 신고
협업 관계	지역복지관	• 고독사 위험가구 사회적 관계망 형성 사업 공동 참여(인력 지원 등) • 사회적 관계망 형성 프로그램, 교육 및 워크숍 등 운영 지원(장소대여 등)	
	복지공동체(동 지역사회보장협의체, 명예사회복지관 등)	• 고독사 위험가구 사회적 관계망 형성 사업 공동 참여(인력 지원 등) • 고독사 위험가구 신고·발굴, 동주민센터와 회의 등을 통해 협력 사항 수시 논의	

3) 인구구조 변화

주지하다시피 우리나라는 고령화와 저출산에 따른 심각한 인구 감소를 경험하고 있다. 2025년 현재 65세 이상 고령 인구 비율이 전체 인구의 20%를 넘어 초고령사회로 진입하였고, 출산율도 세계 최저 수준으로 떨어져 노동력 감소와 경제 성장 둔화가 자명해졌다. 여기에 덧붙여 1인 가구 비율도 빠르게 치솟아, 행정안전부의 발표에 따르면 2024년 기준 혼자 사는 사람은 전체 가구의 41%를 웃도는 상황이다.

인구구조의 변화는 가족 중심의 전통적 돌봄 체계가 더 이상 유지되기 어려운 돌봄의 공백 상황을 초래하였다. 이에 정부는 지난 2000년대 초반부터 노인, 장애인 등 급증하는 요보호자 층에 대한 사회적 돌봄을 강화하고 요양 및 의료 공공성을 제고하는 데 초점을 맞춘 일련의 사회보장 체계 개혁 조치를 단행하였다(예 노인장기요양보험제도 도입, 의료보험 보장성 강화 등). 그러나 막대한 재정 부담과 시설보호의 한계에 부닥치면서 기존 접근방식을 재고해야 할 필요성에 직면하였다.

한편, 1980년대 이후 학계에서는 고령자가 시설이 아닌 자기가 원래 살던 지역사회에서 늙는 것(aging in place)이 인간적일 뿐 아니라 성공적 노화를 위한 가장 효과적 방법이라는 주장이 제기되었고, 아울러 치매 노인이나 중증 발달장애인 등 최 취약계층의 경우 사후 치료보다 사전 예방과 재활이 비용 대비 더 고효율이라는 주장이 거듭 제기되었다. 이와 같은 주장은 앞서 언급한 인구구조 변화가 가져온 위기와 맞물리면서, 지역 안에서 지역 고유의 자원에 기대 돌봄 기능을 수행하는 지역사회보호 제도의 도입 검토로 자연스레 이어졌다.

지역사회보호는 만성적이고 복합적인 욕구를 가진 노인, 장애인 등 요보호자가 대규모 시설 대신 지역사회 내에서 필요한 서비스와 급여를 지원받으며 생활할 수 있도록 돕는 사회적 돌봄의 한 형태이다. 지금까지 살아온 자기 가정 또는 그와 유사한 지역사회 내 주거환경(예 그룹홈, 5인 이하 시설 등)에서 기존 생활 방식을 유지하면서 잔존 기능을 활용하여 일상을 살아가도록 다양한 보건의료, 복지, 요양, 주거 서비스와 급여를 제공하는 지역사회 기반 돌봄 방식이다.

지역사회보호는 미국 등 선진국에서는 이미 상당한 수준으로 진척되었고, 영국의 경우에는 비록 성공 여부에 대한 논란이 분분하기는 하나 2010년대 후반 이후에는 주요 정책과제 목록에서 더는 거론되지 않을 만큼 진부한 주제로 여겨진다(오욱찬 외, 2021). 우리나라는 이러한 세계적 추세에서 다소 뒤처지긴 하였으나, 2018년 문재인 정부가 「지역사회 통합돌봄 추진 로드맵」을 발표하고 구체적 운영모델 개발을 위해 2019년부터 2022년까지 선도 사업(16개 시군구 참여)을 추진함으로써 지역사회보호 제도화를 위한 돛을 올렸다. 이어 윤석열 정부는 이전 선도 사업의 성과를 바탕으로 2023년부터 2024년까지 「의료・돌봄 통합지원 시범사업」(12개 시군구 참여)을 진행하였고, 제21대 국회는 2024년 2월 「의료・요양 등 지역 돌봄 통합지원법」을 통과시키는 등(2026년 3월 발효 예정) 지역단위 돌봄 안전망 구축을 위한 시대적 과제가 차근차근 진행되고 있다.

지역사회보호는 지역사회복지와 밀접한 관련성을 갖는다. 지역사회보호가 성공하기 위해서는 분절된 형태로 제공되던 기존 서비스, 특히 보건의료, 재활, 요양, 돌봄, 복지, 주거, 교통, 여가, 교육 서비스의 유기적 연계가 관건인데, 이를 하나로 묶어 효율화하는 것은 곧 지역사회복지의 과제와 같다는 측면에서다. 이뿐만이 아니라 요보호자가 지역사회에서 필요한 돌봄을 적절히 지원받으며 인간다운 삶을 살기 위해서는 체계적인 사례관리 운영체계도 갖추어져야만 하고, 다양하고 질 좋은 재가서비스 및 소규모 주거시설 그리고 충분한 재정지원도 확충, 확보되어야만 하는데, 이 모든 일은 지역사회복지의 핵심 과제와 동일하다. 지역사회보호의 의미와 역할이 강조될수록 지역사회복지가 더욱더 중요한 의제로 떠오른다는 주장은 이러한 맥락에서 이해할 수 있다.

4) 공동체 붕괴

영국의 경제학자 노리나 허츠(Noreena Hertz)는 현시대를 '고립의 시대'로 진단하였다. 그녀는 기술 발전, 특히 소셜 미디어와 디지털 기술 확산이 사람들 간의 대면 접촉을 줄이고 인간관계를 피상적, 일회적으로 만들고 있다고 보았다. 또한 신자유주의 경제 체제로의 강요된 참여는 경제적 불안정과 소득 불평등을 심화하고, 그에 동반된 각자도생의 문화, 즉 개인주의적 가치의 확산은 타인과 어울리고 소통하며 협력을 모색하면서 공동의 가치 구현에 헌신하는 참여적 시민을 우리 사회 공적 영역에서 소멸시키고 그 빈자리를 단기적 자기 안위에만 집착하는 이기적인 자아들로 채워 넣었다고 비판하였다. 이는 신체적, 정신적으로 불건강한 개인의 양산, 나아가 사회 전반의 통합과 결속의 힘을 약화하는 결과를 초래한다(Hertz, 2021).

허츠가 현대사회의 특징으로 지적한 심리적 불안감의 만연과 사회적 연대의 약화, 즉 초연결 시대 고립된 외로운 개인의 등장은 곧 공동체의 붕괴를 의미한다. 공동체 붕괴는 그간 우리 사회를 떠받들어온 연대와 협력의 구조 해체, 즉 타인은 생각하지 않고 자기 안위만 챙기면서 우리 사회 공동의 이슈에는 무관심, 무관여, 무책임으로 일관하는 이기적 자아의 등장, 반대로 말하면 공적 인간의 대대적 소멸(the fall of public man)을 의미한다는 점에서 문제이다(Sennett, 1977).

이기적 자아로 이루어진 사회에서 사람들은 타인과 어울리거나 신뢰 관계를 맺을 수 없다. 따라서 심리·정서적으로 불안하고 불건강한 삶을 살며, 공동선을 정할 수 없을 뿐 아니라 공동의 목적을 위해 협력하지도 못한다. 말 그대로 만인의 만인에 대한 투쟁 상태 속에서 각자도생하며, 극도로 긴장된 외롭고 공격적인 삶을 살게 된다. 이는 단기적으로는 개인에게 득이 될 수 있을지언정 장기적으로는 실이 큰, 아니 오직 실밖에 없는 모두가 실패하는 자충수이다.

현대사회에 내재한 총체적 불안과 불확실성은 사람들에게 막대한 피로를 불러일으키고 삶을 황폐화한다. 그래서 외롭고 지친 현대인은 자신을 보호해 줄 집단적 방패막을 다시 찾아 나서고 있다. 이 방패막은 각자도생의 세상에서 정처 없이 부유하는 자아에게 정체성과 소속감을 부여하고 심리적 안정감을 심어주며 미래에 대한 예측 가능성을 높이는 역할을 담당한다. 무한경쟁의 세상을 회피하거나 그에 맞서 홀로 싸우는 제한된 선택지 대신, 함께 고민하고 더불어 해법을 모색하는 협력 관계를 통해 더 나은 방향을 제시하는 역할을 담당한다. 이처럼 집단적 보호막 역할을 하는 인간관계 혹은 사회 조직을 우리는 공동체

(community)라고 부른다. 공동체는 자아의 최초 그리고 최후의 보루로서, 홀로 이겨내기 힘든 미지의 낯선 세상을 나와 비슷한 부류와 더불어 헤쳐나갈 힘의 공동 근원으로 존재하고 작동한다(김욱진, 2020 : 18).

20세기 후반 인기를 끈 공동체주의나 사회적 자본 이론 등에서 볼 수 있는 것처럼, 현대 철학과 사회과학 분야에서는 이미 오래전부터 공동체가 해체되고 붕괴하였다는 지적과 위기의식이 비등하였다(Sandel, 2014). 붕괴한 공동체를 부활시켜 불안과 불확실의 세계를 안전하고 예측 가능하게 바꾸자는 주장, 즉 공동체 재건의 논리가 낯설지 않은 것은 이 때문이다.

공동체 재건의 논리에서 언급되는 내용 중 우리가 가장 주목할 부분은, 붕괴한 공동체를 재건하는 노력에서 지역사회가 중추적 역할을 담당할 수 있다는 점이다. 지역사회는 단순한 거주지 이상의 의미를 가지며, 개인이 미지의 낯선 타인과 어울리고 소통하며 협력을 모색할 수 있는 물적 토대로서 기능한다. 이는 지근거리의 이웃과 만나 대화하며 네트워킹을 하는 가장 기본적인 관계맺음이 공동체 재건의 첫걸음이 될 수 있다는 것을 시사한다(Cresswell, 2014).

물론 지역사회가 필연적, 자동적으로 공동체를 배양하는 것은 아니다. 그렇지만 다수의 역사적 사례(예 성미산마을 운동, 아이쿱 생협 등등)를 살펴보면, 공동체는 지역사회라는 물적 토대가 바탕이 되었을 때 가장 잘 형성되고 최대한도의 번영을 구가할 수 있다는 것이 주지의 사실이다. 장소를 기반으로 하지 않은 공동체(placeless community)보다, 장소를 기반으로 한 공동체(local community)가 더욱더 안정적이고 지속 가능하며 전도유망하다는 얘기다. 이는 물적 토대를 결여한 가상공동체(예 페이스북, 인스타그램 등)나 지리적 경계를 특정 지울 수 없는 초국적·탈장소적 공동체(예 디아스포라 등)가 상대적으로 불안정하고 일시적이고 변동성이 높으며, 따라서 정체성, 소속감, 책임 의식, 연대감 등 공동의 힘을 불어넣는 방법으로서 유효성이 떨어진다는 또 다른 역사적 사례에서 분명히 확인된다(김욱진, 2020 : 637).

지역사회를 기반으로 형성된 공동체는 각자도생과 무한경쟁 시대 고립된 자아에게 "혼자가 아니라 함께"라는 심리적 안정감을 줄 수 있다. 이는 단순한 정신적 위안 이상의 역할을 하며, 당사자에게 안정적이고 확실한 정체성과 소속감을 부여함으로써 정치, 경제, 사회 영역에서 공동 생존과 공동 번영의 활동을 흔들림 없이 추구할 수 있는 중요한 기초 자원으로 작용한다.

최근 지역사회복지계에서는 지역공동체의 이와 같은 문제해결 능력에 다시 한번 주목하고 그 가능성에 열광하는 움직임이 커지고 있다(이성신 외, 2018). 현대사회의 각종 문제에 대한 해결의 실마리를 근린 관계에 놓인 자발적이고 참여적인 시민의 일상적 자치 공간, 즉 지역공동체에서 찾을 수 있다는 희망을 키우는 것이다. 마을만들기를 기획하고 주민조직화 사업을 진행하며 마을기업, 사회적기업, 협동조합과 같은 사회적경제 조직을 운영하는 등의 실험적, 혁신적 활동은 모두 이러한 희망적 사고를 실천에 옮긴 결과라 할 수 있다. 자원봉사 인력 활용, 주민 대상 시민교육과 모금 활동, 지역사회 내 거점 공간 발굴과 활용, 마을도서관 개관 등도 마찬가지이다. 모두 공동체를 재건하여 지역사회 내 고립된 개인에게 새로운 기회를 제공하고 사회적 자본을 강화하며, 이를 통해 궁극적으로는 보다 건강하고 안전하며 예측 가능, 지속 가능한 사회를 만들 수 있다는 공동체주의적 이상을 지역사회 중심으로 현실화한 결과물이다.

5) 신자유주의적 세계화

세계화는 국민국가의 주권이 쇠퇴하는 과정에서 자본, 상품, 인력, 상징, 아이디어 등 모든 유무형의 가용자원이 하나의 지구라는 슬로건 아래 초국적화·탈영토화하는 과정 또는 결과를 가리킨다. 역설적이지만, 이러한 세계화의 가속은 지역사회복지의 중요성과 필요성을 강조하는 또 다른 배경으로 작용한다. 세계화가 가속화할수록, 지역사회 주민의 삶의 질 개선보다 이윤 창출에 더 큰 가치를 부여하는 글로벌 행위자가 국민국가의 방어막(예 보호무역 등)을 우회하여 지역사회 주민과 직접 맞닥뜨릴 여지가 커지고 이들의 결정이 지역사회의 일상에 파괴적인 영향을 미칠 가능성이 더더욱 높아진다는 측면에서다.

세계화 이전에는 국민국가가 외세의 각종 침략으로부터 국민의 삶을 보호하는 역할을 담당하였다. 그러나 20세기 후반 세계화가 본격화하면서 국경과 주권이 예의 의미를 잃어버렸고 국민국가는 과거와 같은 역할을 수행하지 못하게 되었다. 그리고 그 틈을 타 글로벌 자본이라 불리는 초국적 기업들이 국가경제와 지역경제를 장악하기 시작하였다(양만재, 2012). 문제는, 글로벌 자본은 시장 자본주의적 교환가치를 지역사회 주민이 장소에 부여하는 사용가치보다 우위에 둔다는 점이다. 예컨대, 글로벌 자본은 노동력이 싼 지역에 공장을 세우고 이윤을 뽑아내다가, 필요가 없어지면 공장을 폐쇄하고 더 싼 노동력을 찾아 다른 지역으로 이전할 수 있다. 이와 같은 전략적 철수는 자본의 입장에서는 합리적 선택일 수 있으나, 일자리를 잃은 지역 주민에게는 심각한 생존의 위협이 된다.

이처럼 역설적이게도 세계화의 가속은 지역사회 주민과 글로벌 자본의 접촉 기회를 늘리고, 글로벌 자본의 이윤 창출에 직접 맞서 주민이 싸워야 하는 어려운 상황을 양산한다. 이는 사회보장의 의무를 진 국민국가의 제도적 보호에서 소외된 지역사회 주민들끼리 합심하여 생존을 도모하고 인간다운 삶을 지향해야 한다는 논리, 즉 지역사회복지의 필요성과 중요성의 강조로 자연스럽게 이어진다. 최근 우리나라에서도 지역화폐운동이 종종 회자되는데, 이 운동은 무자비한 신자유주의적 세계화에 맞선 지역사회 주민들의 집단적 자구책이자 공동체주의적 복지 대응의 한 사례로 평가될 수 있다(유문무, 2019).

CHAPTER 02

핵심 개념

제1장에서 지역사회복지의 개념을 살펴보았다. 그런데 정작 가장 중요한 지역사회의 개념을 아직 다루지 않았다. 제2장에서는 지역사회복지의 물리적, 지리적 토대인 지역사회의 개념을 경험적 차원에서 정의한다. 이와 동시에, 지역사회와 중첩된 요소를 지닌 공동체 개념을 쟁점 분석을 통해 알아보고, 이를 토대로 지역사회의 개념을 더욱 분명히 정립한다.

이어서 지역사회복지의 세 가지 접근방식 중 하나이자 이 책의 주된 주제인 지역사회복지실천의 개념을 정의하고, 간호학, 보건학, 교육학, 심리학, 사회학 등 유관 분야의 정책 담론에서 언급되는 지역사회실천이라는 용어와 어떠한 차이점이 있는지 살펴본다. 마지막으로, 제1장에서 간략히 언급한 지역사회보호의 개념을 쌍둥이 용어인 탈시설화와 함께 알아보고, 탈시설화 및 지역사회보호의 긍정적인 측면 외 한계점은 무엇인지 비판적 관점에서 검토한다.

1. 공동체와 지역사회

지역사회 개념을 살피기에 앞서 선행 학습할 개념이 있다. 공동체(community)가 그것이다. 공동체 개념을 선구적으로 살핀 인물은 미국의 도시사회학자 조지 힐러리(George Jr. Hillary)이다. 그는 20세기 초반부터 중반까지 자국 학계에 보고된 300개에 가까운 실증 연구 결과들을 검토한 뒤, 1950년대 중반 미국 사회학계에 공동체 관련 개념 정의가 이미 90개 이상 존재한다고 발표하였다. 흥미롭게도, 수많은 서로 다른 개념 정의에도 불구하고 힐러리는 공동체를 정의한 모든 학술 논문에 다음의 경험적 요소가 공통적으로 발견됨을 관찰하였다(Hillary, 1955 : 112). 이는 총 세 가지로, 지리적 영역(geographical locality), 공동의 유대(common ties), 사회적 상호작용(social interactions)이다.

힐러리는 장소, 유대, 상호작용을 공동체의 본질적 구성요소로 보았다. 그는 상기 세 요소가 떼려야 뗄 수 없는 불가분 관계에 있으며, 공동체의 개념 정의에서 하나의 패키지로 다루어진다고 보았다. 이에 따르면, 공동체는 특정한 지리적 경계 내에서 공동의 유대로 뭉친 사람들 간의 지속적인 사회적 상호작용으로 경험적으로 정의된다. 이 정의가 지시하는 바는 분명하다. 어떤 한 개인이 특정 공동체의 구성원이라는 것은 물리적, 지리적으로 경계가 분명히 구분되는 특정 장소에 정주하면서 그 안에 다른 구성원들과 동일 또는 유사 관심사 및 이해관계를 공유하고 그들과 지속적으로 상호작용함을 의미한다는 것이다.

이러한 공동체 개념에 완전히 부합하는 것으로 힐러리는 지역사회(localities)를 거론하였다. 그는 자신이 추출한 공동체 개념 정의에 따라, 어느 한 지역사회의 구성원이라는 것은 여기저기 주소지를 옮겨 다니지 않고, 성향, 관심사, 이해관계, 사회경제적 지위 등에서 자신과 같거나 비슷한 사람들이 몰려 있는 지역에 정착하여 그곳에서 안정적으로 거주하며 이웃과 상시적으로 어울리고 지속적으로 상호작용함을 의미한다고 보았다.

힐러리가 공동체 개념에 물리적 장소 요소를 필수 불가결한 조건으로 제시한 이후, 학계에는 공동체가 곧 지역사회와 동일한 개념이라는 인식이 넓게 자리 잡았다. 즉, 경험적 차원에서 공동체는 지리적 현상으로 이해되기 시작하였다. 이 말인즉슨, 물리적 장소에 기반을 두지 않은 인간관계나 사회조직은 실체를 결여한다는 측면에서 공동체 범주에 들지 않으며, 지리적 경계가 뚜렷한 지역사회 혹은 그보다 작은 규모의 국지적 장소 안에서 벌어지는 사회적 결합과 활동만이 실체가 분명하다는 측면에서 공동체로 볼 수 있다는 얘기이다.

{공동체≡지역사회} 등식은 20세기 중후반 우리나라 학계에도 큰 영향을 미쳤다. 영어 단어 community를 '공동체'뿐 아니라 '지역사회'로 번역하는 관행이

그 족적이다. 당장 이 책의 제목인 지역사회복지론은 국내 모든 사회복지 전공 교재에서 community welfare로 번역되고 있다. 이뿐만이 아니라 현재 우리나라 사회복지계에서는 community welfare center를 공동체 복지관이 아닌 '지역사회복지관'으로, community care도 공동체 돌봄이 아닌 '지역사회보호' 혹은 '지역사회 통합돌봄'으로 번역함으로써 공동체와 지역사회를 사실상 같은 현상으로 이해하고 용어를 혼용하고 있다. 이와 같은 번역 관행은 사회복지계뿐 아니라 사회학, 심리학, 범죄학 쪽에서도 마찬가지로 발견되어, community development, community health, community policing 등 주요 개념이 지역사회개발, 지역사회건강, 지역사회치안으로 각기 번역되어 사용되고 있다.

1) 쟁 점

그런데 {공동체≡지역사회} 등식이 정말로 맞는가? 생각해 보면 그렇지 않은 경우가 아주 많다는 것을 금세 알 수 있다. 예컨대 자신이 살고 있는 동네에 애착도 없고 소속감도 느끼지 않으며 마치 하숙생처럼 잠만 자러 들어왔다가 아침에 일어나 온종일 외부로 나가 일하는, 평소 어울리지도 않고 인사도 나누지 않는 데면데면한 관계의 주민들로 구성된 지역사회를 공동체로 부를 수 있을까? 당연히 아니다. 마찬가지로, 어떤 지역사회에 오랫동안 거주 중이긴 하지만, 애착과 소속감을 느끼는 공동체가 해당 지역사회가 아닌 물리적으로 외부 어느 곳에 위치한 경우, 그저 주소지만 둔 해당 지역사회를 공동체라 볼 수 있을까? 이것 역시 답은 '아니다'이다.

{공동체≡지역사회} 등식이 불성립하는 사례는 이 외에도 많다. 흔히 지구촌으로 불리는 세계 시민 공동체는 물리적 기반이 지역사회가 아닌 전 지구이다. 코리안 디아스포라, K-Pop 네트워크 같은 현상에서 볼 수 있는 초국적 공동체라든가, 민주주의, 사회주의, 페미니즘, 생태주의 등 이데올로기를 공유하는 무리를 가리키는 이념공동체는 특정 지역사회에 물리적 기반을 가질 때도 있으나 이 경우 특정하기가 쉽지 않고, 대부분 지역사회를 넘어선 지리적 규모, 예컨대 초광역지역사회나 국가, 초국가적 규모에서 산재한다는 특징이 있다(윤인

진, 2004). 인스타그램, 틱톡 같은 가상공동체는 물리적 기반이 희박하거나 지역사회와 무관하다(김태영, 2006).

{공동체≡지역사회} 등식의 불성립을 입증하는 수많은 사례들은 힐러리가 제시한 공동체의 경험적 삼 요소, 즉 장소, 유대, 상호작용이 불가분의 관계가 아니며 얼마든지 해리할 수 있음을 시사한다(Lyon & Driskell, 2011 : 93). 그렇다면 여기서 드는 의문점은, 무엇이 과연 한때 학계의 주류로 자리 잡았던 힐러리의 공동체 개념에 이격을 야기하였느냐는 것이다. 이 질문에 답하기 위해서는 근대적 조건의 등장이라는 지난 몇백 년간의 거시환경적 변화를 이해해야만 한다.

2) 검 토

전근대사회는 근대와 여러모로 대비된다. 중요한 차이점 중 하나는 장소에 대한 관념과 경험이다. 전근대인은 자신이 태어난 고향에서 죽을 때까지 거의 이동하지 않고 평생을 기거하였다. 특별한 일이 있을 때만 마을 밖으로 나갔고, 대부분은 고향 땅을 벗어나지 않고 자기가 난 곳에서 삶의 터전을 일구며 죽을 때까지 살았다. 이는 전근대 공동체와 장소성(placeness)이 불가분의 관계에 있었음을 시사한다. 이동성이 극도로 제한된 환경이었던 만큼, 전근대사회에서 공동체란 '지금 내가 여기 물리적으로 정박한(anchoring) 곳', 주로 고향 땅 혹은 그것보다 작은 규모의 어떤 장소를 필연적으로 의미하였다.

많은 경우 전근대 공동체는 친지나 이웃과 같이 지리적으로 아주 가까운 위치에 놓인 사람들 간의 자연발생적인 관계망, 즉 근린 지역사회(neighborhoods), 우리말로 마을 혹은 동네와 동일시되었다. 설령 근린 지역사회가 아니라 할지라도, 최소한 대면적 의사소통이 가능한 가까운 지리적 경계 안에서 벌어지는 국지적(local) 현상으로 이해되었다. 대면 소통을 할 수 없는 사람들 간의 원거리(remote) 비대면 공동체는 상상 불가하였다.

요컨대 전근대 공동체는 지리적 폐쇄성, 고정성, 근접성을 근간으로 형성, 유지되었다. 따라서 구성원의 선발 및 교체 역시 근접 지역사회 경계 안에서 제한되게 이루어졌다. 구성원 수급의 배타성과 폐쇄성은 전근대 공동체가 '나=너=우리'의 일체성, 이심전심과 만장일치의 간주관성(inter-subjectivity), 그리고 어떤 한 명의 실수나 잘못을 구성원 전부가 수습하는 무한책임성(unlimited liabilities)으로 특징 지어지는 전일적(holistic) 조직이었음을 의미한다. 또한 개별 구성원에게 소속감의 유일한 근원이자 정체성의 단일한 공급원으로 기능하였고, 구성원 간 가치관, 세계관, 태도, 규범체계 역시 매우 흡사하였으며, 집단 결속력과 충성심도 아주 강하였음을 말해준다.

그런데 근대에 접어들어 이와 같은 양상에 커다란 변화가 찾아왔다. 이 변화는 합리화, 분업화, 개인주의, 자유주의, 신분제타파, 기술혁신, 세계화, 자본주의적 산업화, 이촌향도, 포디스트 축적 체제(Fordism), 대중사회, 인구의 기하급수적 증가 등 다방면에 걸쳐 일어났는데, 이를 간단히 줄여 근대적 조건의 등장이라고 표현한다.

다양한 변화 중 가장 주목할 것은 교통 및 정보통신 기술의 발달과 그에 따른 장소성 관념의 급변이다. 이른바 초이동 사회가 도래하면서 데이비드 하비(David Harvey), 앤소니 기든스(Anthony Giddens) 같은 학자들이 얘기한 시공간 압축 또는 장거리화(time-space compression or distantication) 현상이 현실화하였다(Giddens, 1995 : 93). 시간과 공간의 일대일 대응 관계 붕괴는 기존에 당연시되던 공동체와 시공간 사이의 강고한 고리의 해리, 즉 공동체 구성원 됨(membership)과 특정 장소(마을이나 동네 등)에서 실시간으로 살아가기 간 필요충분조건의 와해를 가져왔다.

이에 따른 가장 뚜렷한 파급효과는 기존에는 상상할 수 없던 원거리 비대면 공동체의 현실화다. 이를 구체적으로 설명하면, 구성원이 모두 원거리 장소에 다 따로 정주하거나 서로 다 다른 시간대에 살아도, 하나의 공동체를 이루고 그에 소속되는 것이 가능해졌다. 탈장소적 공동체는 지금 시각에서는 전혀 이상하게 보이지 않는다. 그러나 특정 장소에 평생을 묶여 살던 전 근대인의 관점에서는 상상할 수 없던 마법사 같은 삶의 방식이다.

탈장소적 공동체가 일상화하면서 기존 전근대적 공동체가 갖던 다양한 특성들, 예컨대 일체성, 간주관성, 무한책임성이 크게 약화하였다. 소속감과 정체성의 유일 원천으로서의 기능도 저하하였고 집단 결속력과 충성심도 부실해졌다. 이는 기술 발달에 따른 결과이면서 동시에 근대성의 또 다른 조건 중 하나인 노동 분업과 전문화의 결과이기도 하다.

분업과 전문화는 공동체의 동질성을 떨어뜨리고 이질성을 높였다. 무한책임으로 엮여있던 공동체 구성원들이 상이한 소속감과 정체성을 가진 이질적 개인으로 쪼개졌고, 공동의 유대로 단단히 묶여야 할 공동체 내부에 '낯섦'과 '다름'이 들어서기 시작하였다. 하나의 공동체 안에 세계관, 태도, 규범체계가 상이한 사람과 집단이 뒤섞여 있을 수 있다는 생각은 지금은 당연시된다. 그러나 전환기에는 상상하기 힘든 가히 근대적인 아이디어였다(김욱진, 2020 : 45).

요약하면, 근대적 조건의 등장 이후 장소, 유대, 상호작용이라는 공동체의 경험적 삼 요소 간 강고한 결합에 금이 갔다. 특정 장소에 물리적으로 국한되던 일체성 강한 전근대적 공동체가 복수의 소속감과 정체성을 가진 자유로운 개인들의 파편적 공동체, 이질적 특성을 띤 개체들의 분절적 공동체로 변모하였다. 이뿐만 아니라 지리적으로도 불특정하게 산재하거나, 아예 영역성이 없는 것으로까지 진화하였다. 예의 전일적 공동체는 전근대사회에서는 상상할 수 없던 장소성만 부각되는 공동체, 공동의 유대만 부각되는 공동체, 사회적 상호작용만 부각되는 공동체로 각각 쪼개졌다.

기존 공동체의 화학적, 물리적 분절은 앞서 제시한 {공동체≡지역사회} 등식의 폐기를 의미한다. 여기서 주안점은, 등식 폐기에 따라 우리는 힐러리의 개념화를 따랐을 때는 좀처럼 이해할 수 없던, 그렇지만 근대사회에 접어들어서는 너무나 흔해져 어떻게든 설명이 필요했던 현상, 예컨대 이웃 주민과 공동의 유대감을 갖지도 않고 상호작용도 하지 않는 소극적, 폐쇄적 개인들로 구성된 사회 결합의 존재 가능성을 이해할 개념적 틀을 비로소 갖추게 되었다는 점이다.

3) 개 념

위 논의는 지역사회가 전통적으로 공동체와 사실상 동일 현상이었으나, 현대사회에 접어든 이후 모든 상황에서 그렇게 볼 수 없게 되었음을 보여준다. 전근대사회에서 지역사회와 공동체가 상호 필요충분조건 관계였다면, 근대사회에서 지역사회는 공동체의 충분조건일 뿐 필요조건이 아닌 것으로 질적 변화가 일어났다는 것이다.

문제는, 기존 공동체 개념의 해리에도 불구하고 오늘날 학계와 현장에서 {공동체≡지역사회} 등식이 여전히 아무 문제의식 없이 광범위하게 받아들여지고 있다는 사실이다. 이는 실천적 차원에서 현장 사회복지사에게 무력과 좌절감을 안겨줄 수 있어 문제이다. 공동체적 유대나 상호작용을 찾을 수 없는 오늘날의 많은 지역사회에서 그 둘을 기본 활동 조건 또는 출발점으로 놓고 실천을 하는 것이 가능하다고 오도할 수 있다는 측면에서다. 이뿐만이 아니라 학술적 차원에서도 연구자에게 혼란을 야기할 수 있어 문제이다. 어떤 개념이 연구마다 이론적, 조작적 정의가 다르고 현실에 느슨하게 적용된다면, 우리는 그와 같은 개념을 쓰는 연구자를 사회과학자로 볼 수 없다.

따라서 기존 공동체 개념을 더욱 정교하게 발전시키고 현상을 정밀하게 포착해 드러낼 수 있는 적절한 용어를 찾아내 이를 상황에 맞게 사용해야만 한다. 다음은 이에 관한 저자들의 고민을 반영한 제안이다.

(1) 지역사회

공동의 유대나 사회적 상호작용을 고려하지 않고 특정한 물리적 공간 내 단순한 사회적 결합을 강조하는 경우라면, 지역사회(localities)라는 용어를 사용한다. 여기서 지역사회는 일정한 장소에 안정적으로 거주하는 주민들로 구성된 사회경제적 취락 단위로 정의되며, 지리적 현상으로 이해된다.

이 정의에서 공동의 유대와 사회적 상호작용은 지역사회의 충분조건일 뿐 필요조건이 아니다. 필요조건은 장소뿐이다. 그래서 지역사회라는 말을 쓰는 순간 우리는 그 안에 유대와 상호작용 요소가 있을 수도 있지만 없을 수도 있는,

즉 반드시 존재한다고 단언할 수 없는 상황에 놓인다. 지역사회라는 말 안에는 그 구성원인 주민들이 장소에 특별한 애착을 느끼고 특수한 의미를 부여하면서 강하게 서로 엮여있을 수도 있고 그렇지 않을 수도 있는, 여러 가능성이 내포되어 있다. 따라서 지역사회라는 말을 사용하는 실천가는 해당 단어에 내포된 미묘한 뉘앙스를 잘 알고 써야만 한다.

지역사회는 보통 자연발생적으로 형성, 유지되지만, 행정상 편의 목적으로 구획, 관리되는 경우가 적지 않다. 이는 우리나라에서 특히 더 그러하다. 그래서 지역사회라고 하면 보통 시군구나 읍면동 같은 정부 정책의 집행 및 전달의 하위 행정단위를 가리키는 경우가 많다. 그러나 지역사회가 반드시 작은 하위 행정구역만을 의미하지는 않는다(오민수 · 김주연, 2021a : 5). 그 외에도 인구 크기, 경제적 기반, 주된 인구사회학적 특징 등 해당 장소가 지닌 객관적 특성에 따라 다양한 이름으로 불릴 수 있으며, 장소적 속성이 부각되는 다양한 지리적 현상을 아우르기도 한다. 참고로 다음 <표 2-1>에 표기된 대도시나 메가시티는 커버하는 지리적 영역이 광범위하다는 측면에서 지역사회보다는 광역지역사회 또는 초광역지역사회로 부르는 것이 적절하다.

<표 2-1> 지역사회의 다양한 분류 기준과 이름

기 준	명 명
인구 크기	메가시티(mega city), 대도시(metropolis), 중소도시, 촌(village)
경제적 기반	공업지역, 쇼핑지역, 농촌, 광산촌, 어촌
행정구역	특별시, 광역시, 시군구, 읍면동
인구사회학적 특징	빈민촌(slum), 판자촌(shanty town), 소수민족 집단 거주지(ghetto), 이민자 집단 거주지(enclave), 성매매업소 집결지, 군사시설보호지역, 임대아파트단지 등

(2) 공동체

지리적 영역과 관계없이 공동의 유대를 바탕으로 지속적으로 상호작용하는 사회적 결합을 강조하는 경우라면, '지역'이라는 접두사를 빼고 그냥 공동체(communities)라는 말을 쓴다. 이는 현대사회의 인간관계나 사회조직이 물리적

거점 공간 없이도 구성, 유지될 수 있다는 변화된 환경을 반영한다.

네트워크 이론가 베리 웰먼(Berry Wellman)은 일찍이 공동체를 "사교, 지지, 정보, 소속감 및 사회적 정체성을 제공하는 개인 간 유대의 연결망"으로 정의하였다(Wellman 2001 : 228). 이 정의에는 지리적 영역성 요소가 미포함돼 있다. 오로지 유대와 상호작용만이 공동체의 필요조건을 구성한다고 적시돼 있다.

액체 공동체(liquid community) 개념을 제시한 영국의 사회학자 지그문트 바우먼(Zigmund Bauman) 역시 비슷한 관점을 취한다. 그는 모든 것이 액화하는 후기 근대에서 공동체는 특정 장소에 고체처럼 단단히 들러붙기보다 물처럼 흘러내린다고 하였다. 특정 장소에 기반을 둔 기억, 애착, 정체성, 소속감 등 전통적 의미의 공동체 현상이 오늘날에는 기대하기 힘든 옛것이 되었다는 주장이다. 바우먼은 후기 근대사회에서 만약 공동체라 불리는 현상을 굳이 물리적, 지리적으로 특정하길 원한다면, 기억과 정체성을 담지하는 장소 차원이 아닌, 유동적이고 비고정적인 위치(not place, but location) 차원에서 파악하는 것이 적절하다고 하였다(Bauman, 2009 : 290).

이러한 논의는 지역사회라는 지리적 영역성이 오늘날 공동체 개념을 이해하는 데 필수 요건이 아님을 보여준다. 그런데 여기서 한 가지 주의할 점은, 장소적 요소가 필수 요건이 아니라고 해서 그것을 완전히 배제한 상태에서 공동체 현상을 이해한다면, 그것 역시 과잉 해석이고 잘못되었다는 점이다.

가령 현대적 공동체 중 장소성이 가장 희박하다고 알려진 가상공동체나 초국적 공동체조차 때로 지리적으로 현시화할 때가 있다. 인터넷 카페 멤버들이 정모를 열기 위해 모처에 일시 군집할 때라든가, 전쟁 난민을 수용하기 위해 인접 국가 국경선에 난민 캠프를 차릴 때 등이 탈장소적 공동체의 지리적 현시화를 예시한다. 이와 같은 사례들은 현대적 공동체 개념에서 지역사회와 같은 물리적 기반이 설사 필요조건이 아니더라도 충분조건은 만족하기 때문에, 공동체는 지역사회라는 물리적 토대에 기반을 둘 수도 있고 아닐 수도 있다는 식으로 유연하게 접근해야 할 필요성을 환기한다.

(3) 지역공동체

특정 장소에 안정적으로 거주하는 사람들이 특수한 공동의 유대를 바탕으로 지속적으로 상호작용하는 상황을 포착하는 경우라면, 즉 장소, 유대, 상호작용이 모두 관찰되는 사회적 결합을 강조하는 경우라면, 지역공동체(local communities)라는 용어를 사용한다. 지역공동체는 물리적, 지리적 경계가 뚜렷한 특정 공간 안에서 이해관계, 관심사, 생활양식, 가치관, 태도 등을 공유하는 동질적 구성원 간의 일상적, 대면적 관계망으로 정의된다(Valentine, 2001).

우리말로 '마을' 또는 '동네'라 불리는 근린 지역사회는 지역공동체의 한 유형이다. 근린 지역사회 역시 정주지를 공유하는 지인 간 긴밀하고 정서적이며 자연발생적인 관계망으로 지역공동체와 거의 흡사하게 정의된다.

그런데 여기서 한 가지, 마을이나 동네를 지역사회로 부른다 해서 틀린 것은 아니라는 점을 지적하고 싶다. 마찬가지로 지역이라는 접두사를 빼고 단순히 공동체로 불러도 틀리지 않다. 마을과 동네는 장소, 유대, 상호작용 요소를 모두 갖추었다. 그래서 지역사회라 불러도 되고 공동체라 불러도 무방하다. 여기서 말하고자 하는 바는, 다만 마을, 동네와 같은 근린 지역사회의 학술적 명칭은 엄밀하게 말해 지역공동체여야 한다는 것뿐이다.

전통사회의 지역사회는 지금 여기서 얘기하는 지역공동체와 이념형적 관점에서 완전히 일치한다. 그런데 정보통신 및 교통 기술의 발달로 이동성과 비대면성이 극대화하고 분업화와 전문화로 이질성과 혼종성이 일상화한 현대사회에서는 장소, 유대, 상호작용이 하나로 뭉쳐진 사회적 결합을 관찰하기가 현실적으로 쉽지 않다. 따라서 오늘날 지역공동체라는 용어는 실제 현실 부합 여부와 상관없이, 가치 지향적인 문장의 맥락, 예컨대 "따뜻한 돌봄의 지역공동체를 구현하기 위해 우리 모두 노력해야만 한다"와 같은 진부한 표현에 자주 등장한다.

한편 최근 마을이 무너지고 동네 이웃사촌 간 정이 사라진다는 위기의식이 대두하면서, 정부에서 마을이나 동네라는 단어를 손쉽게 끌어 쓰는 경우를 자주 관찰할 수 있다(예 마을만들기 사업 등). 이는 자발적이고 자연발생적인 민간의 근린 지역사회를 공공이 자원을 투하해 의도적으로 조성할 수 있다는 계획주의적 발상에 근거한 것으로, 정책적 관점에서는 붕괴한 공동체를 지역사회 중심으로 부활시켜 재건하는 유효한 수단이 될 수 있다는 측면에서 박수받을 수 있을지 모르겠으나, 학술적 관점에서는 근린 지역사회가 가진 본래 의미를 망각 또는 오독한다는 측면에서 권장할 만한 접근은 아니다.

근린 지역사회 개념에는 본래 물리적 공간의 공동 점유와 그에 따라 자연스럽게 생겨나는 이해관계의 일치성, 가치·행동·의미체계의 동질성, 이웃과의 정서적 애착과 협력, 연대, 관심, 참여, 주인의식 등 전통적 의미의 공동체적 요소가 다분히 내포돼 있다. 이러한 요소는 민간의 자발적인 자립 자조 활동 중 자연스럽게 발생하고 학습, 체화된다. 정책적으로 개입하여 육성할 성질의 것이 아니다. 계획주의적 발상에 근거한 정부의 마을, 동네에의 개입은 자칫 민간의 자발성과 자립 자조 역량을 국가의 동원 대상 혹은 모니터링, 나아가 평가와 치적의 대상으로 전락시킬 위험을 안는다는 점에서, 설령 그것이 긍정적 결과를 가져다준다고 할지라도 경계해야만 한다(박주형, 2013).

우리는 그 극단적인 사례를 과거 새마을운동에서 찾아볼 수 있다. 새마을운동은 근대화에 기여하였다는 긍정적 평가에도 불구하고, 정부의 강제적 동원으로 이상적 형태의 마을을 만들 수 있다는 계획주의적 발상이 다분히 녹아들어 있다는 측면에서 비판받을 수 있다(김홍순, 2000). 마을은 중앙 엘리트 주도의 하방식 개입으로 조성될 수 있는 계획의 산물이 아니다.

4) 유 형

지역사회는 관점에 따라 여러 유형으로 분류할 수 있다. 다음에서는 이 가운데 몇 가지 흥미로운 분류법을 소개한다.

(1) 지역사회복지 목적 달성 수준에 따른 분류

제1장에서 지역사회복지의 목적이 지역사회가 직면한 다양한 문제와 욕구를 해결하여 지역 주민이 공유하는 가치를 실현하고 이를 통해 주민이 인간다운

삶을 살도록 이바지하는 데 있다고 하였다. 이러한 설명을 바탕으로 지역사회복지의 목적이 실현된 지역사회를 살기 좋은(livable) 지역사회, 반대로 실현되지 못하여 변화와 개입이 요구되는 지역사회를 클라이언트(client) 지역사회로 분류할 수 있다(함철호, 2019 : 60−64). 살기 좋은 지역사회의 구체적 의미는 다방면으로 검토할 수 있다. 다음에서는 지역사회복지 분야에서 자주 거론되는 지역사회 역량(capacities) 개념을 토대로 살기 좋은 지역사회의 의미를 알아본다.

지역사회 역량이란 "지역사회를 구성하는 다양한 부분이 문제와 욕구를 파악하고, 목표와 우선순위에 합의하며, 목표를 달성하기 위해 협력할 수 있는 능력"으로 정의된다(Cottrell, 1983 : 411). 간단히 말해, 문제해결을 위한 지역사회의 집합적 능력을 뜻한다.

역량이 출중한 지역사회는 다음의 특징을 가진다 : 첫째, 다양한 가치와 이해관계를 추구하는 서로 다른 배경의 주민들로 구성된다. 둘째, 다양성과 이질성에도 불구하고 주민들은 지역사회가 당면한 공동의 목표를 확인하고 목표 달성을 위해 주도적으로 협력한다. 셋째, 주민들은 자신이 거주하는 지역사회에 관심을 갖고 의견을 제시하며 의사결정 과정에 적극적으로 참여한다. 넷째, 주민간 의사소통을 효과적으로 처리하는 다양한 제도적, 관행적 장치가 마련되어 있다. 다섯째, 주민집단 간 갈등을 합리적으로 처리하는 절차가 마련되어 있다(Chaskin, 2001 : 293).

역량이 출중하여 지역사회복지 목적이 실현된 살기 좋은 지역사회의 예를 몇 가지 들어보면 다음과 같다 : 범죄, 학대, 차별 등이 통제되거나 감소하는 지역사회, 취약계층을 위한 공적 교육과 돌봄 체계가 잘 마련된 지역사회, 기부활동이 활발하고, 조성된 기금을 공정하게 배분하는 공동모금 체계가 안정적으로 자리 잡은 지역사회, 다양한 계층과 세대를 위한 질 좋은 일자리가 지속적으로 창출되는 지역사회 등.

당연한 말이지만, 살기 좋은 지역사회는 가능한 한 많으면 많을수록 좋다. 그렇지만 주변에서 좀처럼 관찰하기는 힘들다. 현실 세계 지역사회 대부분은 살기 좋은 지역사회의 정반대 스펙트럼에 놓인 클라이언트 지역사회이다. 클라이언트 지역사회란 살기 힘든 지역사회, 다시 말해 사회문제가 해소되지 않은 지역사회, 그래서 개입 대상이 되고 또 되어야만 하는 지역사회이다. 클라이언트 지역사회에서는 지역사회복지의 핵심 가치에 대한 구성원 간 의견이 불일치되어 있다. 요행히 일치된 경우라도 불완전하게 달성되어 있으며, 때로 심각히 훼손되어 있다.

사회문제란 사회 전반에 걸쳐 또는 특정 개인에게 위해를 가할 수 있는 특수한 조건을 뜻한다. 이러한 특수 조건의 예를 몇 가지 들면, 지역사회 안에 보건의료시설이 부족한 상황, 노인과 장애인에게 적합한 유니버설 디자인을 적용한 주택이 공급, 전달되지 못하는 상황, 치안이 불안하여 여성과 노약자가 밤길을 마음 놓고 다니기 어려운 상황 등을 거론해 볼 수 있다(박용순 외, 2019 : 25).

위협적인 사회 조건은 지역사회 내 특정 계층에게 객관적으로든 주관적으로든 막대한 피해를 줄 수 있다. 그런데 피해가 야기된다는 사실 혹은 피해가 초래될 가능성 자체만으로 조건이 사회문제화하지는 않는다. 단순한 조건은 영향력 있는 집단이 "문제 있다"라고 규정하고 집합적 행동을 통해 이를 해결하고자 하는 의지를 공공연하게 드러낼 때 비로소 사회문제화(problematizing)한다(김희년 외, 2020 : 15).

예컨대, 어두운 밤길은 그 자체로 불안감을 조성하며 실제로 여성이나 노약자가 치안상 막대한 피해를 볼 수 있다. 그러니 어두운 밤길이 안전하게 귀가할 수 있는 도시민의 권리를 박탈하므로 "문제가 크다"라는 논리로 무장한 일단의 영향력 있는 세력, 가령 기성 아동 권익 단체나 페미니스트 단체 등이 등장하여 공개적으로 목소리를 높이기 전까지, 어두운 밤길은 그저 단순한 조건으로 남을 뿐 해결해야 할 문제로 간주되지 않는다.

영향력 있는 집단은 보통 정부 관료나 지식인 같은 엘리트나 부유층 등 기득권을 가리킨다. 그러나 비록 개인으로서는 영향력이 없을지라도 실천가에 의해 조직화된 주민 역시 지역사회 차원에서 얼마든지 영향력 있는 집단으로 승급할 수 있다. 주민집단이 어떤 상황을 조직적, 집단적으로 "문제 있다"라고 규정하고 집합 행동을 통해 해결하고자 행동에 나설 때, 기득권은 그 움직임을 묵과할 수 없으며 요구에 대응하고 상황에 변화를 주어야만 한다. 이렇게 작은 힘들이 뭉쳐 무시하기 힘든 하나의 큰 힘이 될 때, 지역사회의 사소한 조건은 사회문제로 비화하고 개입 대상으로 전환된다. 이 가능성은 풀뿌리 직접민주주의의 미래를 긍정적으로 전망하는 이유가 된다.

<표 2-2> 클라이언트 지역사회에서 발견되는 다양한 사회문제

사회문제의 위협 차원	위협 내용
개인의 복지를 위협하는 사회문제	약물남용, 가정폭력, 아동학대, 청소년 비행, 성매매, 왕따·괴롭힘 등
사회적 평등을 위협하는 사회문제	경제 빈곤, 주거 빈곤, 성차별, 인종차별, 장애인차별, 온라인 프라이버시 침해 등
사회제도를 위협하는 사회문제	가족해체, 인구감소, 지방소멸, 사이비종교, 노동착취, 보건의료시설 부족 등
삶의 질을 위협하는 사회문제	환경오염, 기후위기, 교통체증, 도심과밀 등

출처 : 원석조(2018), p. 31 재구성.

참고로 일반적으로 클라이언트라는 단어를 들었을 때 우리는 개인, 가족, 집단을 떠올리는 경향이 있다. 그러나 지역사회 역시 개인, 가족, 집단과 마찬가지로 다양한 문제를 경험하며, 특정 문제가 해결되지 않을 시 강한 미충족 욕구를 품는다. 또한 내부적으로 이미 보유한 자원을 이용해 미충족 욕구를 충족하고자 애쓰고, 그것이 부족하다고 판단되면 외부에서 새로운 자원을 발굴해 내부로 들여와 활용하고자 노력한다. 지역사회의 이 같은 행태와 반응은 지역사회 역시 개인, 가족, 집단과 마찬가지로 존속, 발전을 위해 주위 환경과 끊임없이 교호작용 하는 하나의 유기적 체계라는 것을 말해준다(Chaskin, 1997 : 529). 지역사회 자체를 개인, 가족 혹은 집단처럼 하나의 클라이언트 시스템으로 볼 수 있고 또 마땅히 클라이언트 시스템으로 보아야 한다는 주장은 바로 이러한 이론적 논의를 배경으로 한다.

다시 원래의 논의로 돌아가, 앞서 현실 세계 지역사회는 대부분 클라이언트 지역사회라고 하였다. 이는 언뜻 들으면 고개를 갸웃거리게 할 수 있는 말인데,

조금만 생각해 보면 크게 틀리지 않았음을 금세 깨달을 수 있다. 왜냐하면 우리가 사는 작금의 지역사회는 대부분 예외 없이 크고 작은 문제로 고통받고 그에 따라 크고 작은 미충족 욕구를 가지며 다양한 위기에 봉착하는 등 내외부로 끊임없이 도전받는 상황에 놓여 있기 때문이다. 문제, 욕구, 과제에서 자유로운 백 퍼센트 청정 지역사회란 현실에 존재하지 않는다. 아무런 이슈가 없는 곳은 세상에 없다.

살기 좋은 지역사회란 이렇게 흔하디흔한 클라이언트 지역사회에 개입한 결과 긍정적 변화가 찾아온 지역사회, 다시 말해 구성원 간 공유된 가치가 최대한도로 구현된 지역사회를 의미한다. 그런데 이러한 살기 좋은 지역사회는 현실에서 좀처럼 보기 힘들며 완벽히 구현하기도 어렵다. 그러므로 일종의 이상향(utopia)이다. 이상향은 도달할 수 없음을 알면서도 끊임없이 도달하고자 노력하는 그 어딘가의 종착역이다. 지역사회복지 목적 달성에 있어 관건은 바로 이렇게 현실에서 디폴트로 존재하는 흔하디흔한 클라이언트 지역사회를, 비록 완벽하게 구현하기 어렵지만 최선을 다해 살기 좋은 지역사회에 근접하도록 변화시키려는 부단한 실존적 노력에 있다.

(2) 지역사회복지의 추진 주체에 따른 분류

제1장에서 지역사회복지의 다양한 추진 주체를 검토하면서 공공과 민간 그리고 중앙과 지방 등의 기준을 활용하였다. 다음에서는 이 기준을 다시 한번 사용하여 지역사회를 추진 주체별로 공공 주도형과 민간 주도형으로 나누어 살펴본다. 공공 주도형은 다시 중앙정부 주도형과 지방정부 주도형으로, 민간 주도형은 주민 자립형과 주민-전문가 협업형으로 나누어 볼 수 있다. 공공과 민간에 반쯤 걸쳐있는 형태도 있는데, 이를 협치형이라 한다(전대욱 외, 2012 : 29-32).

① 공공 주도형 지역사회

먼저 공공 주도형이다. 공공 부문은 국가가 소유하거나 운영하는 조직을 포함하는 사회구조상 제1섹터이다. 당연히 공공성을 중시하며, 사회복지, 교육,

보건의료, 안전, 교통, 주거 등 국민 삶에 필요한 다양한 공적 서비스를 제공하고 관리 감독하는 역할을 담당한다. 공공 부문의 주요 행위자로는 중앙정부, 지방정부, 공기업 및 공공기관 등이 있다. 우리나라에서는 특히 중앙정부와 지방정부가 지역사회복지사업의 주도권을 단단히 쥐고 운영하는 경우가 많다. 그래서 이들의 입김이 지역사회복지 전반의 환경과 체계를 결정짓는 데 강하게 작용한다(임정기 외, 2017).

'중앙정부 주도형' 지역사회에서는 중앙정부가 주도적으로 지역사회 문제를 해결하고 주민의 생활 여건을 개선하며 인간다운 삶을 보장하기 위해 노력한다. 중앙정부는 지역사회복지 계획을 수립하고 재정을 지원하며 다양한 국책사업을 추진한다. 이 과정에서 지방정부는 법령에 따라 중앙의 정책을 집행하는 역할을 맡고, 지역사회 주민과 민간 사회복지시설 및 전문가들은 중앙정부 정책에 맞춰 다소 수동적으로 대응한다.

위 설명은 '지방정부 주도형' 지역사회에도 동일하게 적용된다. 차이점은 지역사회복지 환경과 체계를 결정하는 주된 주체가 중앙정부가 아닌 광역자치단체(시도) 혹은 기초자치단체(시군구)를 포함한 지방정부라는 점이다. 지방정부는 중앙정부가 정한 법령과 지침을 준수하면서 재량권 내에서 고유의 지역사회복지사업을 추진한다. 주민과 민간 시설 및 전문가는 중앙정부 주도형에서와 마찬가지로 정부의 요청에 따라 다소 피동적으로 움직인다.

② 민간 주도형 지역사회

공공 주도형의 대척점에는 민간 주도형이 있다. 민간 부문은 개인, 기업, 비영리 시민단체 등 국가의 직접적 통제권 밖에서 운영되는 조직을 포함하는 사회구조상 제2 및 제3 섹터이다. 구체적으로, 영리를 추구하면 제2섹터, 그렇지 않으면 제3섹터로 분류한다. 민간 부문 역시 다양한 사회경제적 활동을 수행하며, 국민 삶의 개선과 증진을 위해 다양한 분야에서 국가의 보완재 또는 대체제, 경쟁자로 역할을 담당한다.

‘주민 자립형’ 지역사회에서는 민간의 자발적 주민이 지역사회를 활성화하고 공동체의식을 고취하는 다양한 활동을 주체적으로 추진한다. 주민 스스로 지역사회복지사업 운영 과정에 참여하고 주도하며, 정부나 전문가 등 외부로부터 지원은 최소한도로 받거나 필요한 경우에 한해 요청을 통해 제한적으로 받는다.

‘주민－전문가 협업형’ 지역사회에서도 마찬가지로 민간의 자발적 주민이 지역사회 활성화와 공동체의식 고취 활동에서 주도적 역할을 담당한다. 그와 동시에 민간 사회복지시설과 전문가도 주요 행위자로 참여하여 지역사회복지사업을 주민과 함께 공동으로 추진한다. 전문가는 특별한 지식이나 기술이 요구되는 전문 분야에 특화해 주민을 교육하거나 필요한 지원과 서비스를 제공한다(예 정신질환자를 위한 상담 및 재활 치료 서비스 제공, 치매 노인을 위한 주야간보호센터 운영, 중증장애인을 위한 직업재활시설 운영 및 활동 지원 서비스 제공, 학대 피해 아동 위탁가정 관리, 전문 사례관리 등등).

‘협치형’ 지역사회에서는 주민과 정부, 전문가가 지역사회 문제와 욕구를 해결하기 위해 공동으로 계획을 수립하고 자원을 조율하며 결과를 평가한다. 협의 결과 주민이 잘할 수 있다고 판단된 분야(예 이웃과 사회적 지지 주고받기, 마을 만들기, 마을복지계획 수립 등등)에서는 주민 당사자가 주도적으로 사업을 기획, 추진하고, 정부나 전문가가 잘할 수 있다고 판단된 분야(예 각종 사회복지시설 건립 및 운영, 전문인력양성 및 보수교육, 데이터 수집 및 분석, 전문 서비스 제공 등등)에서는 정부 또는 전문가가 사업을 주도한다. 다만, 어떠한 경우든 어느 한쪽이 일방적으로 의사결정을 내리지 않으며, 삼자가 협의체 등을 구성해 지속적으로 피드백과 자원을 주고받으며 공동 사업 진행에서 상호 배제되지 않도록 유의한다.

<표 2-3> 지역사회복지의 추진 주체별 지역사회 유형 분류

구분	공공 주도형		민간 주도형		협치형
세부 유형	중앙정부 주도형	지방정부 주도형	주민 자립형	주민전문가 협업형	
초점	• 국책사업추진 • 중앙집권적 서비스 전달체계 구축	• 지방자치단체 고유 권한 내 사업추진 • 서비스 전달체계 구축	• 권능화 • 참여 • 자립 • 협력		• 공동생산 • 로컬 거버넌스 구축
관민 관계	• 정부 : 공급자 • 전문가 : 서비스제공자, 실행자 • 주민 : 소비자		• 정부 : 지원자, 최소 규제자 • 전문가 : 지원자 • 주민 : 공급자이자 이용자	• 정부 : 지원자 • 전문가 : 서비스 제공자, 촉진자 • 주민 : 공급자이자 이용자	전원 공동생산자, 협력적 참여자
지역 사회 의미	복지서비스 제공과 소비의 장		직접민주주의 실천의 장	주민-전문가 협력 실천의 장	로컬 거버넌스 구축의 장

출처 : 김현호(2013), p. 21 재구성.

(3) 지역사회복지 대상 지역에 따른 분류

지역사회를 농촌과 도시로 구분하는 방법도 있다(이은진, 2009). 이에 관한 설명은 각 유형의 특징을 정리한 <표 2-4>로 갈음한다.

<표 2-4> 농촌과 도시 지역사회의 비교

구 분		농촌 지역사회	도시 지역사회
사회적 특성	직업	농민의 비중이 큼	비농업적 직업의 비중이 큼
	환경	자연적 환경의 우위	인공적 환경의 우위
	인구밀도	낮음	높음
	인구의 동질성	동질적	이질적
	사회적 분화	비교적 단순한 구성	사회적 분화 정도가 높음
	이동성	지역적 · 직업적 · 사회적 이동이 적음	지역적 · 직업적 · 사회적 이동이 상대적으로 큼

	익명성	낮음	높음
	상호작용의 유형	1차적 · 정의적 관계, 접촉 범위 좁음	2차적 · 계약적 관계, 접촉 범위 넓음
사회 복지적 특성	잠재적 클라이언트 크기	노인인구가 상대적으로 많음	이동인구가 상대적으로 많음
	자연적 원조망	상대적으로 안정적	상대적으로 불안정
	공식적 원조망	빈약함	풍부함

출처 : 함철호(2019), p. 51.

2. 지역사회복지실천과 지역사회실천

1) 지역사회복지실천

지역사회가 당면한 문제, 욕구, 과제를 해결하고 지역 주민이 공유하는 가치를 실현하여 인간다운 삶을 살 수 있도록 보장하는 지역사회복지의 구현 방법은 미시적 행동 변화부터 거시적 제도 변화까지 다양하고 다층적이다. 제1장에서는 이러한 여러 방법을 국가적 접근, 사회운동적 접근, 전문적 접근으로 삼분류하여 살펴보았다.

지역사회복지실천은 이 가운데 마지막 방법과 관련된 것으로, 전문성을 갖춘 사회복지가 사회복지실천의 다양한 이론과 기술을 이용해 지역사회 문제와 욕구를 해결하고, 이를 통해 지역주민의 인간다운 삶을 보장하는 활동으로 정의된다(Tice et al., 2019 : 2). 구체적으로, '전문적인 문제해결 과정'을 거쳐 '지역사회역량'을 강화하고, 이를 통해 지역사회가 당면한 다양한 사회문제와 욕구를 해결하여 '클라이언트 지역사회'를 '살기 좋은 지역사회'로 변화시키는 사회복지사 주도의 '계획적인 노력'으로 정의할 수 있다(Netting et al., 2016 : 1). 이러한 정의에 내포된 몇 가지 핵심 요소의 의미를 상술하면 다음과 같다.

첫째, '전문적인 문제해결 과정'이란 문제를 찾아내 변화를 계획하고, 계획된 변화를 일으킨 후 그러한 변화 노력을 평가하는 일련의 사회복지실천을 의미한다. 지역사회복지실천의 문제해결 과정은 크게 지역사회 사정(문제 분석, 욕구 및 자원조사) → 개입계획 수립 → 실행 → 평가의 4단계로 구분된다(Brueggemann, 2013 : 112-118). 이 과정은 개인, 가족, 집단을 클라이언트로 삼는 미시사회사업실천과 유사해 보인다. 그렇지만 구체적으로 들어가면 자원개발(시민교육, 모금, 거점 공간 발굴 등), 주민 조직화 및 네트워킹 등 그 내용이 사뭇 다르다(Shulman, 2011 : 604). 전문적인 문제해결 과정에 대해서는 이 책의 제6장에서 자세히 다룬다. 참고로 지역사회복지실천은 전통적인 개인, 가족, 집단이 아닌 비인격적인 지역사회를 클라이언트로 삼는다는 측면에서 미시사회사업실천과 대비해 거시사회사업실천(macro social work practice)이라고 달리 부르기도 한다.

둘째, '지역사회역량'이란 지역사회를 구성하는 주민, 주민단체, 민간 전문가, 정부 당국 등 다양한 영역들이 지역사회 문제와 욕구를 파악하는 데 협력하고, 목표와 우선순위에 대하여 합의에 이르며, 합의된 목표를 수행하기 위한 수단과 방법에 동의 및 협력하여 필요한 행동을 취할 수 있는 능력을 뜻한다.

셋째, '살기 좋은 지역사회'란 지역사회복지의 목적과 가치가 실현되어 구성원인 주민이 인간다운 삶을 사는 것이 가능한 이상적 상태의 지역사회를 가리킨다. 이와 대조적으로 '클라이언트 지역사회'란 각종 사회문제가 복합적으로 발생하여 지역사회복지의 목적과 가치가 불완전하게 구현돼 있거나 심각히 훼손되어 주민이 인간다운 삶을 살기 어렵고, 그래서 전문가의 개입이 요구되는 지역사회를 의미한다. 현실 대부분의 지역사회는 크고 작은 문제와 욕구 미충족, 주민 간 의견 불일치 등으로 다양한 분야에서 전문가 개입이 요구된다는 측면에서 클라이언트 지역사회로 볼 수 있다.

넷째, '계획적인 변화 노력'이란 임의적이거나 우연한 변화를 기대하는 것이 아닌, 전문적으로 훈련받고 자격을 갖춘 사회복지사가 주민을 위하여 혹은 주민과 함께 거시사회복지실천의 다양한 이론과 기술을 적용하여 주도면밀하게 지역사회를 긍정적 방향으로 유도하는 것을 의미한다. 이러한 변화 노력은 사회복지사 단독의 힘으로 이루어질 수도 있으나, 간호사, 요양보호사, 생활지원사, 활동지원사, 직업생활상담원, 작업치료사, 재활상담사, 주거복지사, 평생교육사, 돌봄전담사, 청소년지도사 등 유관직 전문가와 협력하에 이루어지는 경우가 대부분이다.

20세기 중반 지역사회복지실천의 이론과 개념 정립에 결정적으로 기여한 미국 미시건대학교 사회복지학과 잭 로스만(Jack Rothman) 교수는 전문 사회복지사의 계획적인 지역사회 변화 노력을 지역사회개발(locality development), 사회계획(social planning), 사회행동(social action) 모형으로 구분하여 제시하였다(Rothman, 1968; 1996). 구체적으로, 지역사회개발 모형은 인적 네트워크를 증대하는 다양한 지역사회 활동을 촉진하여 주민의 참여역량과 공동체적 협력 의식을 고취하는 직접민주주의적 실천모형이고, 사회계획 모형은 고도로 과학적이고 기술적(technical)인 수단을 활용하여 지역사회의 다양한 가시적 문제를 빠르고 효율적으로 해결하는 사회공학적(social engineering) 실천모형이며, 사회행동 모형은 지역사회 취약 집단 주민이 희소자원의 불평등한 배분으로 불이익을 받아왔음을 깨닫게끔 의식화하고 부와 권력의 재분배를 도모하는 집단행동에 이들을 조직화, 동원하는 운동 지향적 실천모형이다. 각 모형의 철학, 원리, 현실 적용에 대해서는 이 책의 제5장에서 상세히 다룬다.

2) 지역사회실천

(1) 개념과 특징

클라이언트 지역사회는 사회복지사뿐 아니라 비슷한 문제의식을 가지고 지역사회를 변화시키고자 애쓰는 전문가 집단이 여럿 있다. 간호사, 의사, 변호사, 노무사, 주거복지사, 평생교육사, 도시재생 전문가, 협동조합 컨설턴트, 마을활동가 등이 바로 그들이다. 이들은 사회복지사와 마찬가지로 지역 주민과 함께 혹은 그들 앞에 대신 나서서 지역사회 문제와 욕구를 해결하고 공동의 가치를 실현하며 주민의 인간다운 삶을 보장하기 위해 나름의 전문 영역을 구축하여 때로는 독립적으로, 때로는 협력적으로 일한다.

이렇게 특정 분야에 국한되지 않고 지역사회 발전과 번영을 꾀하는 다양한 분야 전문직 종사자의 활동을 가리킬 때 우리는 지역사회실천이라는 용어를 사용한다. 체계적으로 훈련받은 전문가의 계획적인 지역사회 변화 노력을 통칭할 때는 보통 지역사회실천이라는 일반적인 용어를 쓰고, 특정 분야 전문가의 노력을 가리킬 때는 뒤에 해당 분야를 뜻하는 단어를 붙여, 가령 지역사회간호실천, 지역사회교육실천처럼 범위를 한정한 용어를 쓴다. 이런 맥락에서 지역사회복지실천은 지역사회실천의 하위 범주로 볼 수 있다.

지역사회실천은 사회복지뿐 아니라 간호, 보건, 교육, 사회, 심리, 도시계획 등 여러 분야에서 많이 언급된다. 그렇지만 분야와 관계없이 몇 가지 공통점이 있다. 첫째, 개인, 가족, 집단이 아닌 지역사회 전체를 대상으로 문제해결과 발전을 도모하고 지역 고유의 자원을 활용하며 주민의 강점을 활용하는 지역사회 중심 접근방식을 취한다. 둘째, 실천 과정에서 전문가는 독립적으로 일할 때도 있지만 대부분 유관 분야 전문직 종사자와 팀을 이뤄 협력적으로 문제를 해결한다. 셋째, 지역사회 의제를 발굴하고 방안을 모색하는 의사 형성 및 결정 과정 그리고 문제를 해결하는 실천 과정에서 지역주민의 적극적인 참여를 권장한다. 넷째, 지역사회 문제해결에 필요한 환경을 조성하고 주민의 권리와 이해관계를 보호하기 위해 다방면으로 옹호(advocacy) 활동을 전개한다. 다섯째, 단기적 문제해결(예 노숙자 대상으로 한 쉼터 운영, 정신 재활서비스 제공, 취업 상담 및 구직 알선, 일자리 창출, 임대주택 건설 등)과 동시에 지역사회 구조, 제도, 의식 변화를 포함한 중장기 개입도 함께 도모한다(예 불평등, 빈곤, 건강 격차 해소, 지역 고유 자원과 인프라 강화, 지역사회역량 강화 등).

(2) 주요 분야

지역사회실천은 다양한 분야에서 활용된다. 다음에서는 이 가운데 지역사회복지실천을 제외한 몇 가지 다른 분야를 소개한다.

① 지역사회간호실천

지역사회간호실천은 지역주민의 건강을 증진하고 질병을 예방하기 위한 간호사 집단의 전문적 활동이다. 간호사들은 예방 접종, 건강 검진, 만성 질환 관리, 건강 교육 및 가정 방문 등을 통해 지역주민의 건강을 관리한다. 특히 만성 질환자나 노약자 등 사각지대에 놓이기 쉬운 취약 계층 주민을 발굴하여 이들의 건강 상태를 개별 모니터링하고 기초적인 의료 서비스를 제공하는 한편, 필요시 국공립 또는 시립 병원 등 관계기관으로 고위험 대상을 연계하는 활동을 수행한다. 또한 보건소 또는 보건지소 같은 지역사회 물리적 거점을 중심으로 공중 보건 캠페인을 진행하고 건강 관련 정보와 교육을 제공하여 지역사회 전반의 건강 수준을 높이고자 애쓴다.

② 지역사회보건실천

지역사회보건실천은 공공 보건 정책, 교육, 환경 개선 및 의료 서비스 제공 등을 통해 지역주민의 건강을 보호하고 향상하며 질병을 관리하는 공중 보건 전문가 집단의 활동이다. 공중 보건 전문가들은 전염병 발생을 예방하고 건강 관련 위험 요인을 제거하기 위한 다양한 정책과 프로그램을 개발한다. 또한 지역사회 건강 데이터를 분석하여 위험 요인을 사전에 파악하고, 분석 결과를 토대로 지역사회 맞춤형 건강 증진 전략을 설계한다.

지역사회보건실천은 지역사회간호실천과 중첩되는 내용이 많고 상호 보완성도 커서 같은 것으로 생각할 수 있다. 그렇지만 둘은 주요 참여 전문가가 다르다. 구체적으로, 지역사회간호실천의 주요 참여 전문가는 간호사인 데 반해, 지역사회보건실천의 경우에는 특정 의료 분야 의사와 의사 면허증이 있는 공무원을 비롯해 다양한 직군에서 자격과 경력을 갖춘 비의사 전문가, 가령 역학연구자, 환경 보건학자, 건강정책 전문가, 공중보건간호사 등 그 구성이 다양하다. 이뿐만이 아니라 지역사회간호실천은 특정 취약 집단과 개별 환자의 상황 및 욕구에 맞는 예방적, 치료적 건강 관리 서비스 제공에 초점을 맞추는 데 반해, 지역사회보건실천은 전체 지역사회의 건강 증진을 목표로 보다 거시적 차원의 공중 보건 정책 도입과 프로그램 개발, 전략 수립에 초점을 맞춘다는 차이점이 있다.

③ 지역사회정신건강실천

지역사회정신건강실천은 지역사회 주민의 정신건강을 관리하고 증진하기 위한 서비스와 프로그램을 제공하는 전문가 집단의 활동이다. 이때 전문가 집단에는 주로 정신건강사회복지사가 포함되며, 그 외에도 의료사회복지사, 정신건강간호사, 정신과의사, 임상심리상담사 등이 폭넓게 들어간다. 이들은 주로 병원의 정신병동, 지역사회 정신건강복지센터, 재활시설, 그룹홈 등에서 활동하며, 심리 치료, 상담, 정신건강 교육 등을 통해 주민들이 정신적 어려움을 극복하고 건강한 삶을 살 수 있도록 돕는다. 또한 정신건강 위기를 예방하기 위한 지역사회 차원의 조기 개입 프로그램을 계획, 운영하고, 정신건강 문제에 관한 낙인 해소를 위해 주민 대상의 인식개선 캠페인 및 대중 교육을 실시한다.

④ 지역사회교육실천

지역사회교육실천은 지역사회 학습 욕구를 충족하기 위한 다양한 교육프로그램을 기획하고 운영하는 전문적 지역사회실천이다. 우리나라에서는 평생교육사로 불리는 현장 전문가가 지역사회 성인 학습자를 대상으로 다양한 교육프로그램을 개발, 운영하는 활동을 가리키는 용어로 흔히 사용된다. 평생교육사는 주민들의 평생 학습을 지원하는 국가 공인 교육 전문가로서, 「평생교육법」에 따라 설립된 공공 및 민간 영역 평생교육 기관이나 그 밖의 지역 기관(예 주민자치센터, 지역 도서관 등)에 채용돼 일하면서 성인 교육, 직업 훈련, 여가문화 활동 등 다양한 교육프로그램을 기획, 운영하는 업무를 수행한다.

한편 우리나라에서는 2000년대 초부터 교육부 산하 시도 교육청과 교육지원청 주관으로 일부 저소득층 밀집 도시 지역 학교에 「교육복지우선지원사업」이라는 학교사회복지사업이 실시되고 있는데, 이 사업 규정에 따라 참여 학교에는 국가 공인 학교사회복지사가 배치된다. 이들 역시 지역사회교육실천 전문가 중 하나로, 가정, 학교, 지역사회와 연계하여 심리사회적 어려움을 겪는 학생의 문제를 예방, 해결하고, 이를 통해 모든 청소년이 잠재력과 능력을 최대한 발휘할 수 있는 교육환경을 조성하고자 애쓴다. 참고로 과천시, 성남시 등 일부 기초지방자치단체는 자체 조례 제정을 통해 교육부와 유사한 학교사회복지사업을 진행하고 있으며, 여기서도 학교사회복지사는 학생 당사자와 가정, 학교, 지역사회에 종합적으로 개입하여 지역사회 학습 환경을 개선하고 교육 자원에의 접근성을 높여 교육 격차와 불평등을 해소하는 다양한 프로그램과 전략을 개발, 운용한다.

⑤ 지역사회계획 및 개발실천

지역사회계획 및 개발실천은 지역사회의 물리적, 경제적, 사회적 환경을 개선하고 지속 가능한 발전을 도모하기 위해 종합적 계획을 수립하며 이를 실행에 옮기는 여러 전문가 집단의 활동이다. 전문가 집단에는 도시 계획가, 지역개발 전문가, 도시재생 전문가, 환경 전문가, 토건업자, 건축업자 등이 포함된다. 전문가들은 지역사회 성장과 발전을 위한 장기 비전을 수립하고 일자리 창출, 외부 자본 유치, 주택 개발, 교통체증 개선, 자연 친화적 환경 조성, 공공 기반 시설 강화 등 구체적인 프로젝트를 계획해 실행에 옮긴다. 지역사회 발전과 번영을 꾀하는 이러한 프로젝트가 주민의 욕구와 부합하고 그들의 생활 환경 및 삶의 질 개선에 실질적으로 이바지할 수 있도록 전문가 집단은 주민, 정부 당국자, 민간 기업, 비영리 시민단체 등과 지속적으로 대화하며 내용을 조정한다.

지역사회계획 및 개발실천이라는 용어가 다소 생소하여 우리나라에서는 적용 사례가 없다고 생각할 수 있다. 그렇지만 주거 환경 개선, 일자리 창출, 지역경제 활성화를 목표로 하는 중앙정부와 지방정부의 각종 도시재생사업이 2010년대 후반 우리나라에서도 활발히 진행된 적이 있던 점을 상기하면(예 2017년 중앙정부 도시재생 뉴딜사업, 2015년 서울시 창신·숭인 도시재생사업 등), 그리 낯선 개념이 아니라는 것을 금세 알 수 있다. 이 사업의 성공 여부를 결정짓는 요인 중 하나는 주민 참여와 더불어 도시 계획가, 건축가, 사회적경제 전문가, 환경 전문가, 경영컨설턴트, 변호사 등 역량 있는 전문가의 개입이다.

사회적경제 조직을 통한 지역사회 경제 활성화 및 일자리 창출 프로젝트 역시 우리나라에서 흔히 볼 수 있는 지역사회계획 및 개발실천의 사례이다. 사회적경제 조직이란 사회적 가치를 실현하기 위해 경제활동을 수행하고 이를 통해 창출한 수익을 지역사회와 취약계층 생활 개선을 위해 환원하는 민간 기업을 뜻한다(홍현우, 2022). 지역사회 문제해결, 취약계층 및 주민을 위한 일자리 창출, 경제적 불평등 해소 등을 목표로 운영되는 마을기업, 사회적기업, 협동조합 등이 대표적인 사회적경제 조직이다. 우리나라에서는 2017년 「사회적경제위원회」가 출범하면서 사회적경제의 제도적 기반이 마련된 뒤, 현재까지 줄곧 사회적경제 조직을 이용한 지역사회 경제 활성화 및 일자리 창출 프로젝트가 고용노동부와 행정안전부의 지원 아래 그리고 지역 주민과 전문가 집단의 협업하에 활발하게 진행되어 왔다.

3. 탈시설화와 지역사회보호

제1장에서 지역사회복지가 우리 사회의 화두로 떠오른 거시사회환경 변화를 살피면서, 주요 배경 요인 중 하나로 인구구조 변화와 돌봄 공백 문제를 거론하였다. 돌봄 공백은 앞으로 수십 년간 우리 사회의 심각한 사회 문제가 될 것으로 예상되며, 현재 지역사회복지학계는 이에 대한 대비책으로 지역사회보호에 주목하는 상황이다. 다음에서는 지역사회보호의 개념, 이념적 배경, 주요 결정 요인과 한계, 비판 등의 내용을 쌍둥이 용어인 탈시설화와 함께 검토한다.

1) 개 념

(1) 탈시설화

탈시설화(deinstitutionalization)는 만성적이고 복합적인 문제와 욕구를 가진 요보호자가 대규모 시설에서 퇴소하여 지역사회에 기반을 둔 다양한 서비스를 제공받으며 자립적으로 생활하면서 지역사회 통합될 수 있도록 돕는 과정 또는 그와 같은 과정과 관련된 정책적, 사회적 움직임을 통칭한다. 탈시설화는 1960년대 미국과 유럽을 중심으로 그 아이디어가 검토되기 시작하였다. 초창기에는 주로 정신질환자나 중증 발달장애인이 주 대상층으로 다루어지다가, 최근에 와서는 치매·와상·허약 노인을 비롯하여 요보호아동, 자립준비청년, 노숙인 등 집중적인 돌봄이 필요한 모든 사람으로 대상 범위가 넓어졌다.

탈시설화 논의를 촉발한 배경적 요인은 크게 두 가지이다. 첫째, 시설 내 심각한 인권 침해와 비인간적 처우가 빈발하였고, 둘째, 시설 운영에 따른 경제적 비용이 상당하였다는 점이 그것이다. 초창기 탈시설화의 목표가 주로 개인의 자율성과 인권의 보장, 그리고 시설 폐쇄와 시설 신규입소 규제를 통한 비용 절감에 있었다는 것은 이러한 역사적 배경을 뒤로한다.

탈시설화의 개념 정의를 둘러싼 핵심 이슈 중 하나는, 시설에서 나왔을 때 지역사회의 보편적 주택에서 자립 생활하는 것만을 탈시설화로 볼 것인지, 아니면 기존 시설의 순기능을 인정하고 대규모 시설의 문화나 관행을 개선하는 노력까지 탈시설화로 볼 것인지 하는 것이다. 이것이 논란이 되는 까닭은, 둘 중 어느 입장을 취하느냐에 따라 정책의 방향성과 구체적 목표, 예상 결과가 달라지기 때문이다. 만약 전자의 입장에서 탈시설화를 이해한다면, 자가 주택이나 임대아파트 등 일반적인 소규모 형태 주거지에서 지원 서비스 없이 독립 생활하는 것만이 탈시설화로 간주되고, 그 외 모든 주거 형태나 생활방식은 전부 탈시설화로 인정받지 못한다(박숙경 외, 2017).

<표 2-5> 탈시설화 개념의 광의와 협의

구 분	광 의	협 의
정 의	탈시설을 지향하는 일련의 과정과 노력	시설에서 나와 지역사회의 보편적 주택에시 자립생활 영위
지향점	기존 시설의 순기능을 인정하되 대규모 시설 보호 지양	가정 같은 공간에서 거주하며 자율성, 사생활, 소유권 등 보장
주 체	시설 운영기관	거주민 당사자
추진방법	기존 시설을 유닛 형태로 개조하거나 소규모 거주 공간으로 개조하는 등 구조를 탈시설화된 형태로 변환	기존 시설을 완전히 폐쇄하고 거주 공간을 지역사회로 이전
강조점	탈시설 “화(化)”	“탈(脫)” 시설화, 탈시설 후 자립생활

출처 : 김현승 외(2019), p. 29 재구성.

반대로 후자의 입장에서 탈시설화를 이해하면, 대규모 거주시설(국제적으로 16인 이상, 우리나라에서는 30인 이상) 외 다른 형태의 주거 방식, 예컨대 지역사회 자립생활을 도울 목적으로 운영되는 자립생활주택이라든가, 그룹홈, 체험홈, 단기보호시설 같은 지역사회 기반 소규모(국제적으로 4~6명, 우리나라에서는 4~9명) 거주시설에 살면서 자립에 필요한 각종 서비스를 지원받는 것까지 모두 탈시설화의 형태로 간주된다. 이뿐만이 아니라, 설령 대규모 시설이 그대로 운영된다고 하더라도 해당 시설의 문화나 환경을 개선하여 개인의 권리와 자율성을 증진하는 노력을 기한다면, 이 역시 탈시설화로 인정받을 수 있다. 이와 같은 관대한 관점에서는 대규모 시설의 폐쇄보다, 그 시설의 운영 방식과 내용이 더욱 중하게 다루어진다. 그래서 예를 들면, 시설 내 사회적 거리감을 줄이고 거주자의 자율적 의사 결정권을 보장하며 획일적 관리에서 벗어나 개인 맞춤형 돌봄 서비스를 제공하는 노력까지 모두 탈시설화로 인정받게 된다(김용득, 2018).

탈시설화를 이해하면, 정반대 개념인 시설화도 자연스럽게 이해할 수 있다. 시설화(institutionalization)는 요보호자를 대규모 시설에 수용하여 획일적이고 통제된 환경에서 관리감독하는 과정으로 정의된다(Goffman, 1968). 시설에 수용되면 사람들은 특별한 시설 문화에 길들여진다. 시설 문화의 특징은 대략 다섯 가지로 요약되는데, 구체적으로 이용자 격리, 몰개성화, 엄격한 일상 관리, 획일적 처우, 사회적 거리 유지이다(박숙경 외, 2017). 시설 문화에 길들여진 사람은 꽉 짜인 규율, 무의미한 일상과 활동의 반복, 획일적 관리와 위계적인 통제로 수동적이고 의존적이며 무기력한 심리상태를 발전시킨다. 개인은 사생활과 자율성을 보장받지 못하며, 시설 역시 개인의 특수한 욕구나 기호에 차별적으로 반응하지 못하는 한계를 드러낸다.

이와 같은 명백한 불이익에도 불구하고 사람들이 시설에 들어가는 까닭은 당사자에게 선택지가 없기 때문이다. 시설에 입소한 사람은 본인의 의사와 무관하게 가족이나 후견인 등 타인의 결정으로 비자발적으로 입소한 경우가 많다. 그리고 일단 입소하면 장기 거주하게 되어 지역사회에서 통합된 삶을 살 기회로부터 점차 멀어지는 경향이 있다(김현승 외, 2019 : 19).

(2) 지역사회보호

정신질환자나 장애인이 시설에 갇혀 사는 대신 지역사회에서 자유롭고 독립적인 삶을 살 수 있도록 지원해야 한다는 주장에 많은 정책 결정자가 동의하면서, 1990년대 이후 미국과 유럽 주요 국가에서 탈시설화가 본격적으로 추진되었다. 그런데 단순히 거주 공간을 시설에서 지역사회로 이전하는 것만으로는 요보호자의 삶의 개선되지 않는다는 지적이 탈시설화 초기 단계에서 지속적으로 제기되었다. 탈시설화는 시설을 폐쇄하고 그곳에서 벗어나도록 돕는 데 그치지 않으며, 요보호자가 필요로 하는 서비스와 소득을 지역사회 내에서 충분히, 적기에, 적절히 제공하는 대안적 돌봄 체계를 구축함으로써 비로소 완성될 수 있다는 문제의식이 대두되었고, 이에 많은 정책 결정자가 동의를 표하였다.

탈시설화를 기계적으로 강조하면, 일부 취약한 개인은 시설을 나선 후 사회적 고립, 노숙, 중독, 범죄 등의 늪에 빠지며 더 큰 문제로 고통받을 수 있다(Padgett, 2020). 또한 시설 입소가 여전히 필요한 사람, 시설 입소를 간절히 원하는 사람이 있을 수도 있는데, 이들에게 무조건 시설에서 나와 지역사회에서 독립 생활하라는 것은 당사자와 그 가족에게 어려운 도전일 수 있다(김소영, 2017). 이와 같은 결과들은 탈시설화 논의를 주도한 정책 입안자들의 본래 의도와는 거리가 멀다. 복지 선진국에서 탈시설화를 완성하기 위한 후속 조치로 지역사회보호 개념을 정립하고 이를 제도화하고자 노력한 것은 위와 같은 이유 때문이다.

지역사회보호는 만성적, 복합적 욕구를 가진 요보호자가 대규모 시설에서 나와 지역사회 내 소규모 시설에 거주하면서 또는 자신이 원래 거주하던 가정으로 복귀해 살면서 자립과 재활에 필요한 서비스 및 급여를 지원받으며 독립적으로 생활을 영위할 수 있도록 돕는 돌봄의 한 형태이자 접근방식이다. 다시 말해, 기존 대규모 시설에서 벗어난 개인이 지역사회에서 안정적이고 독립적으로 생활하고 지역사회 일원으로 통합될 수 있도록 돕는 제도적 장치이다. 이는 시설에서 나왔을 때, 의료, 복지, 주거, 재활, 직업, 교육, 여가, 문화, 교통 등 각종 서비스와 급여를 지역사회 내에서 포괄적으로 제공받고 지역사회의 일원으로서 의미 있는 활동과 역할에 참여하며 타인과 관계를 맺고 살 수 있도록 하는 통합적 돌봄 공동체를 지역사회 안에 조성함을 의미한다.

지역사회보호의 기획, 운영, 평가는 다섯 가지 원칙을 따른다(강태경, 2019; 김용득, 2018). 첫째, 사람 중심 돌봄(person-centered care)이다. 이것은 기존 시설의 획일적 처우와 억압적 인간관계를 지양하고 의료, 주거, 재활, 사회적 지원 등 필수 서비스와 소득을 개인의 욕구, 선호, 연령 및 기타 상황에 따라 맞춤형으로 조정해 제공하며 당사자의 자율성과 사생활을 최대한 보장해야 한다는 원칙이다.

둘째, 통합적 서비스 전달이다. 이것은 다양한 서비스와 급여가 하나의 통일된 전달체계 아래 안정적으로 제공되어야 한다는 원칙이다. 의료, 복지, 직업, 주거, 교육, 여가, 소득 등이 분절적으로 제공되어서는 안 되며, 상호 보완적으로 작동하여 대상자가 여러 복합적 지원을 한 번에 한 곳에서 받고 필요한 자원을 손쉽게 획득할 수 있도록 해야 한다는 것이다.

셋째, 자기 결정권과 참여이다. 지역사회보호는 당사자가 자신의 삶에 관한 중요한 결정을 스스로 내릴 수 있도록 돕고 서비스 계획 수립 및 주요 의사결정 과정에 주도적으로 참여할 수 있도록 지원해야만 한다.

넷째, 지역사회 통합이다. 지역사회보호는 단순히 시설을 벗어나 독립적으로 생활하는 것을 넘어서, 당사자가 지역사회 안에서 다양한 사회적 관계를 맺고 의미 있는 활동에 참여할 수 있도록 돕는 데 궁극적 목적이 있다. 이는 대상자가 단순한 수혜자가 아닌 지역사회의 일원으로서 역할을 다할 수 있도록 지원해야 함을 뜻한다. 시설 퇴소자를 대상으로 한 직업 훈련, 고용 지원, 지역사회 연결망 형성 촉진 등은 지역사회 통합 원칙을 지향하는 지역사회보호 사업의 전형을 예시한다.

다섯째, 지속 가능성이다. 지역사회보호 체계는 지속 가능한 구조로 설계되어야만 한다. 이는 구체적으로, 첫째, 사회서비스 관련 공적 기금 확충, 민간 후원 체계 발굴 등 안정적 재정계획 수립 및 충분한 예산 확보가 뒷받침되어야 하고, 둘째, 가족 돌봄 제공자에 대한 지원, 이웃 간 상호지지 네트워크 구축,

지역사회 중심 자원봉사 활동 활성화 등 관련 사회적 인프라가 구축되어야 하며, 셋째, 개인 예산제도, 지역케어회의, 지역사회 기반 서비스 전국 표준화 및 서비스 질 단일평가체계 구축과 같은 법·제도적 지원체계가 마련되어야 함을 의미한다.

개인에게 예산을 지급해 필요한 서비스를 당사자가 직접 선택, 관리할 수 있게 지원하는 개인예산제(personal budgeting)는 상기 다섯 가지 원칙에 따라 추진되는 지역사회보호 사업이다. 개인예산제는 첫째, 이용자의 개별적 욕구와 선호에 따라 예산을 맞춤형으로 배정하여 사람 중심 돌봄 원칙을 실현한다. 둘째, 서비스 사용량, 사용처, 사용시간, 서비스제공자 등을 이용자 욕구와 상황에 맞춰 유연하게 결합, 관리할 수 있게 하여 통합적 서비스 전달을 구현한다. 셋째, 예산 관리와 서비스 선택 및 결합에서 이용자의 주도성을 최대한 보장하여 자기 결정권과 참여를 강조한다. 넷째, 다양한 지역사회 기반 시설 및 서비스를 이용하는 과정에서 많은 주민과 상호작용하는 네트워킹 기회를 제공하여 지역사회 통합에 기여한다. 다섯째, 이용자의 자율성을 강조하고 자원의 효율적 사용에 신중을 기함으로써 지역사회보호의 지속 가능성을 제고한다.

2) 이념적 배경

탈시설화와 지역사회보호 정책은 진공 상태에서 시작되지 않고 각계각층의 다각적 논의와 고민 그리고 철학과 사회 과학의 발전 속에서 등장한 사회적 산물이다. 탈시설화와 지역사회보호를 촉발한 이념적 배경은 윤리적·사회적 가치 기반 이론과 경제적·정치적 목적 기반 이론, 크게 둘로 나누어 살펴볼 수 있다(Simon & Rosenbaum, 2015).

(1) 윤리적·사회적 가치 기반의 이론

윤리적·사회적 가치 기반 이론은 인간의 존엄성과 평등한 권리 실현이라는 의무론적 관점에서 탈시설화와 지역사회보호를 필수 불가결하고 당연한 귀결로 바라본다. 여기에는 인권 이론, 정상화 이론, 진보주의가 포함된다. 이 이론들은 대체로 사회적 약자의 권리와 자유, 자율성과 사생활 보장, 사회 통합과 같은 윤리적이고 사회적인 가치에 초점을 맞춘다.

인권 이론(human rights theory)은 모든 개인이 인간으로서의 존엄과 가치를 지니며 행복을 추구할 권리를 가진다고 전제한다. 정신질환자나 장애인 등 요보호자를 비인간적으로 대접하는 시설을 비판하고, 이들의 권리를 보호하며, 자율성을 존중하는 인권 친화적 환경으로 시설 문화를 개선하거나 시설을 폐지하는 것이 마땅하다고 주장한다.

정상화 이론(normalization theory)은 장애인 등 요보호자가 비장애인과 마찬가지로 정상적인 일상을 영위해야만 한다는 입장을 취하며, 특히 이들의 사회 통합을 강조한다. 여기서 정상화란 장애인이 비정상적이므로 정상적인 인간으로 만들어야 한다는 것을 뜻하지 않고, 개인의 성장과 발달 과정에서 정상적인 경험의 중요성, 구체적으로 자기 인생을 주체적으로 결정하고 선택할 자유의 경험, 가족, 이웃, 친지 등과 더불어 생활하면서 지역사회에서 의미 있는 인간관계를 맺으며 살 권리의 향유를 의미한다.

진보주의(progressivism)는 제도화된 사회체계가 사회적 약자를 해방하기보다 반대로 낙인, 수치심 같은 부정적 감정을 유발해 억압한다는 비판적 관점을 취한다. 프랑코 바사글리아(Franco Basaglia) 같은 정신의학자나 어빙 고프만(Erving Goffman) 같은 심리사회학자는 이러한 비판적 입장에서 정신병원 등 비인간적 시설을 개선하거나 폐지하고, 전체 사회가 가용 자원을 동원해 요보호자를 지역사회에 수용하는 방향으로 체계를 재편해야 한다고 주장하였다.

(2) 경제적 · 정치적 목적 기반의 이론

특수한 정치적, 경제적 목적을 추구하는 이론적 지향 역시 탈시설화와 지역사회보호 제도화에 큰 영향을 미쳤다. 여기에는 자유지상주의 우파와 재정 보수주의가 포함된다. 이 이론들은 국가 역할의 축소, 자원의 효율적 사용, 개인의 자유와 자율성 확대를 공통적으로 강조한다. 특히 재정 위기 극복을 위한 복지 지출 축소를 역설하는데, 이는 탈시설화와 지역사회보호 추진의 핵심적 이념 배경이 되었다.

자유지상주의 우파(libertarian right)는 개인의 자유 보장과 국가 간섭의 최소화를 제일 과제로 삼는다. 이들은 국가가 정신병원과 같은 시설 운영을 통해 시민의 삶에 개입하는 것은 옳지 않다고 본다. 외부 개입은 인간을 권력에 예속시켜 노예로 만드는 통제 기제라는 측면에서다. 따라서 자유지상주의 우파는 개별 시민이 자신이 선호하는 곳에서 선호하는 방식에 따라 자율적, 독립적으로 살 수 있도록 보장하고 개개 인간을 억압적 환경에서 해방하는 작업, 즉 탈시설화와 지역사회보호를 적극적으로 지지한다.

재정 보수주의(fiscal conservatism)는 복지 지출을 국가 재정의 심각한 부담 요인으로 인식하며 공공 자원의 효율적 사용을 강조한다. 특히 대규모 시설 운영이 국가의 재정 위기를 야기한다고 보고, 경제적 부담을 낮추는 방안으로 사회복지시설 폐쇄와 축소를 지지한다. 재정 보수주의자는 민간의 자발적 역량에 기초한 지역사회 중심의 돌봄 체계를 전체 사회의 효용 극대화라는 관점에서 훨씬 우수하고 바람직한 사회복지 모델로 평가한다.

한 가지 흥미로운 사실은, 정부의 재정 부담을 덜고 돌봄의 책임을 민간 지역사회로 넘기는 재정 보수주의의 관점은 이론적으로는 틀림이 없어 보이지만, 실제 지역사회보호를 이행하는 과정에서 시설보호만큼이나 혹은 시설보호보다 더 큰 비용이 든다는 경험의 누적으로 말미암아 현실 세계에서 좀처럼 입증되지 못하고 있다는 점이다. 예상보다 더 큰 비용이 드는 이유는 크게 세 가지로, 첫째, 각 개인의 욕구에 따른 맞춤형 서비스를 제공하고, 둘째, 의료, 복지, 재활, 주거 등 여러 복합적 지원을 통합적으로 제공하며, 셋째, 한 곳에서 여러 사람을 돌보기보다 지역사회 기반의 여러 시설에서 소규모로 적은 수의 사람들을 돌보는 데 드는 추가 비용이 상당하기 때문이다(Watson, 2009).

3) 영향 요인

탈시설화와 지역사회보호 체계는 당사자, 가족, 시설 종사자, 정부, 지역사회 등 다양한 행위자들의 이해관계로 복잡하게 얽혀있다. 따라서 여러 요인에 의해 영향을 받는다. 이러한 요인들에 대한 이해는 탈시설화 및 지역사회보호 정책을 더욱 정교하게 설계하고 성공적으로 운영하는 데 도움을 준다는 측면에서 중요하다. 탈시설화 및 지역사회보호의 영향 요인에 관한 설명은 다음 <표 2-6>으로 갈음한다.

<표 2-6> 탈시설화와 지역사회보호의 영향 요인

구 분	부정적 영향 요인	긍정적 영향 요인
정부 수준	• 국가 차원 관련 정책 및 법령 부재 • 정부 재정 불충분 • 정부 인식 및 의지 부족 • 지역사회 주거공급 및 다양성 부족 • 소득 · 일상생활 · 의료 지원체계 미비 • 통합적 자립 지원체계 취약	• 중앙 및 지방정부 간 역할 분담 체계화, 명확화
지역 사회 수준	• 낙인 • 이기주의(NIMBY) • 전문 인력 모집 · 유지 · 훈련의 어려움 • 서비스 제공 인력 처우 열악 및 훈련 · 보수교육 부재 • 의료지원체계 미비 • 사회복지 기반 시설 미비 • 면적은 넓으나 인구밀도가 낮은 지역 (예 농촌 등)	• 시설 내 인권 실태에 대한 강한 감시와 시민의 높은 이해도 • 단계적인 지역사회 이전과 통합 추진
시설 및 기관 수준	• 지역사회 생활에 대한 시설 종사자의 부정적 인식, 비협조적 태도 • 지역사회 이전 후 소규모 시설에 잔존하는 기존 시설 문화 • 영리시설의 이권(예 부동산 처분 등) 문제해결 어려움 • 탈시설 후 시설 종사자, 특히 정규직 근로자의 노동권 보장 문제 어려움 • 당사자의 자기결정권 행사 어려움 • 탈시설 후 집행 주체 간 소통 부족 • 지역사회 생활에 대한 기관의 가치와 거주인의 선택권 간 불일치 • 관련 정보 부족	• 탈시설 전 집행 및 서비스 주체 간 원활한 공식 및 비공식적 의사소통 • 인간 중심 계획 수립 • 리더십 • 지역사회 생활로 전환하고자 하는 변화에 대한 의지 • 시설, 특히 대규모 시설의 탈시설화 추진 의지 및 노력 • 시범사업 추진을 통한 성공 사례 전파 • 선도 시설에 대한 인센티브 제공 • 종사자 대상 교육 및 인센티브 제공
개인 수준	• 당사자 의지 부족 • 가족의 비협조 및 반대 • 전문가 중심의 탈시설 전환 심의제도	• 가족 지지와 참여

출처 : 박숙경 외(2017), p. 36 재구성.

4) 한계와 비판

지역사회보호는 미국을 비롯한 선진국에서는 이미 상당히 진척된 상태이고, 영국에서는 성과에 대한 논란이 있기는 하나 2010년대 후반 이후에는 주요 정책과제로 더 이상 논의되지 않을 만큼 진부한 주제로 다루어진다(오욱찬 외, 2021). 우리나라는 이러한 세계적 추세에서 다소 뒤처진 편인데, 2018년 문재인 정부가 「지역사회 통합 돌봄 추진 로드맵」을 발표하고 2019년 선도 사업을 추진하면서 제도화를 위한 첫발을 내디뎠다. 윤석열 정부도 2023년부터 「의료·돌봄 통합지원 시범사업」을 실시 중이고, 21대 국회는 2024년 「의료·요양 등 지역 돌봄의 통합지원에 관한 법률」, 약칭 「돌봄통합지원법」을 통과시켜 지역사회보호 구현을 위한 시대적 과제를 차례차례 실현하는 상황이다. 2026년 발효를 앞둔 「돌봄통합지원법」은 노인과 장애인을 대상으로 지방자치단체 공무원의 통합적 돌봄 업무 수행, 지방자치단체 내 전담 조직 설치 등을 규정하고 돌봄통합지원을 지방자치단체장의 책임으로 의무화함으로써 통합돌봄의 법적 기반을 마련하였다는 점에서 의의가 크다.

다음에서는 지역사회보호의 한계와 비판을 소개한다. 설명을 하면서 우리나라를 포함한 미국, 영국 등 주요 국가의 탈시설화 전개 양상 및 지역사회보호 정책의 구체적 운영 현황에 관해 단편적으로 언급할 텐데, 이에 관한 더 자세한 내용은 지역사회복지 역사에 대해 시술하는 제3장에서 나룬나.

(1) 비인간적 요소

지역사회보호는 대외적으로 자립, 자조, 권능화, 인권 보장이라는 진보적 이념을 표방하며 추진되고 있다. 그렇지만 정부의 재정 부담을 덜고 돌봄의 책임을 민간의 지역사회로 떠넘기려는 경제적 동기, 다른 말로 인간보다 이윤을 중시하는 시장 중심적 사고도 이면에 깔려 있음을 부정할 수 없다.

가령 1990년 지역사회보호 법안을 선구적으로 도입한 영국의 경우, 이미 1980년대에 장애인이나 노인을 위한 시설 운영 비용이 연간 약 5억 파운드에 이를 만큼 상당해졌다(Ajayi et al., 1995). 이는 영국 정부가 감당할 수 있는 수준을 훨씬 웃돈 액수로, 재정 압박에 시달리던 당시 집권 보수당은 비용 절감을 위해 지역사회보호를 대안으로 제시하였다. 물론 자립, 자조, 권능화, 인권 보장이라는 가치 실현도 함께 제시하였다.

이처럼 지난 역사적, 정치적 흐름을 살펴보면, 지역사회보호는 인간주의적 가치 실현을 목적으로 도입된 진보적 프로젝트로서의 성격도 있지만, 그와 동시에 국가의 재정 지출을 줄이고 복지 축소를 도모하는 과정에서 하나의 수단으로 도입된 신자유주의적 프로젝트의 성격도 있다는 생각을 지울 수가 없다. 신자유주의는 인간의 모든 활동과 사회적 관계를 경제적 가치로 환원하는 경향이 있다. 그런데 만약 지역사회보호가 이와 같은 신자유주의적 의도 속에서 탄생한 결과물이라면, 대외적 표방과 달리 비인간적인 요소도 얼마든지 포함할 수 있다는 의구심을 가지는 것은 당연하다.

이를 다소 과도한 해석이라고 생각할 수 있다. 그렇지만 자립과 자율을 강조하는 진보적 담론에도 불구하고, 재정 압박 속에서 성급히 추진된 탈시설화와 지역사회보호가 인간적 가치를 실현하기보다, 과거 대형 시설에서 공공연하게 자행되던 비인간적 처우 문제를 재현할 수도 있다는 현실 세계 증거는 적지 않다.

가우텡 스캔들이 대표적이다. 2010년대 초 재정 위기에 직면한 남아프리카공화국 가우텡주 정부는 2015년부터 2016년까지 약 2년간 무려 1,700명에 달하는 정신질환자를 Life Esidimenti라는 대규모 민간 시설에서 인근의 여러 무자격 NGO로 강제 이송하였는데, 그 결과 기아, 탈수, 방치, 학대 등의 이유로 최소 144명이 목숨을 잃는 대참사가 발생하였다. 이 비극적 사건은 탈시설화와 지역사회보호가 적절한 계획과 지원 없이 성급히 추진되면 심각한 인권 유린이 발생할 수 있고, 심지어 대규모 사망이라는 반인륜적 참사마저 초래할 위험성을 안고 있음을 단적으로 보여준다.

(2) 재정 부족

지역사회보호를 둘러싼 이슈 중 하나는 안정적이고 충분한 재원이 늘 부족하다는 점이다. 성공적 운영을 위해서는 충분한 재정이 뒷받침되어야 하고, 그렇게 되었을 때 비로소 양질의 돌봄 전문 인력을 양성할 수 있고 소규모 그룹홈이나 지역사회 기반 치료·재활시설을 원활하게 운영하면서 당사자들이 원하는 서비스와 급여를 충분히 맞춤형으로 제공할 수 있다.

그러나 현실적으로 이러한 일들을 가능케 하는 재정은 늘 부족하다. 시기별로도 수요의 불가예측적 변동으로 인해 안정적인 재정계획을 세우기 힘들다. 운 좋게 복지 총예산이 늘었다 하더라도, 증가분을 수많은 다른 새로운 약자 집단들을 제쳐두고 장애인이나 노인 같은 전통적인 지역사회 요보호자를 위한 통합 돌봄 사업에 오롯이 투입하기도 쉽지 않다.

애당초 지역사회보호가 경제적 비용 절감을 목적으로 고안된 측면이 있다는 점을 감안하면, 재정 부족은 지역사회보호의 태생적 한계로 볼 수 있다. 문제는, 고령사회 도래와 인구 절벽 속에서 이 같은 한계가 점차 극복 불가능한 제약이 될 수 있다는 우려이다.

(3) 지역별 격차

각국의 지역사회보호 역사, 특히 미국과 같이 지방분권화가 강하게 자리 잡은 나라의 지역사회보호 역사를 살펴보면, 시설보호가 인권을 침해한다는 내용으로 국가를 상대로 소송이 제기된 후 법원이 인용 판결을 내린 시점을 기준으로 탈시설화가 진행되고 지역사회보호가 이행되는 패턴이 관찰된다. 그런데 일부 주 정부나 지방정부는 법원 판결이나 소송 후 합의에도 불구하고 지역사회보호를 적극적으로 이행하지 않거나 이행하더라도 후순위 사업으로 미룸으로써 지연 실행하는 경우도 많다는 것을 알 수 있다. 이는 지역사회보호가 전국적으로 통일되게 진행되지 않고 지역별 격차를 띠며 불균등 발전하는 원인이 된다.

일부 주 정부와 지방정부가 지역사회보호 이행에 미온적 태도를 보이는 까닭은 일차적으로 예상과 달리 시설보호와 견주어 그리 나을 것이 없는, 때로 시설보호보다 더 크게 다가오는 재정 부담 때문으로 설명할 수 있다(Watson, 2009). 그렇지만 지역사회보호로의 완전한 이행을 꺼리거나 미루는 이유는 이 밖에도 다양하다. 사회복지 지출 확대에 부정적 견해를 갖는 해당 지역의 보수적인 정치 분위기, 새로운 제도 도입을 반대하고 혁신을 거부하는 비협조적인 공무원들의 존재, 정부 조직의 관료주의적 성향, 농촌 지역의 경우 사회복지 관련 기반 시설의 절대적 부족과 낮은 지리적 접근성, 그리고 그로 인해 충분한 양의 지역사회 기반 시설 및 서비스체계를 구축하는 것 자체가 어려운 현실 등이 있다(Cohen et al., 2024). 법원 판결이 내려지더라도 이행을 강제하는 장치가 부족하고 벌금도 적은 것 역시 지체의 또 다른 이유가 된다.

(4) 소규모 시설의 한계

지역사회보호가 시행되면서 많은 요보호자가 기존 대형 시설을 떠나 그룹홈, 체험홈, 단기보호시설과 같은 소규모 거주시설로 이전해 생활하고 있다. 소규모 시설은 개별화된 돌봄과 더 나은 생활환경을 제공하며 자율성을 보장하고 지역사회 통합을 촉진하는 등 다양한 측면에서 긍정적 결과를 가져오는 것으로 평가받는다. 그러나 이러한 시설들은 통상 재정이 늘 부족하여 유능한 직원을 채용하기 어렵고, 이에 따라 질 높은 서비스를 제공하는 데 한계가 있다는 비판을 받기도 한다(Meeks & Degenholtz, 2021). 또한 대규모 시설에 비해 규제와 감독의 사각지대에 놓인 관계로 거주민이 적절한 돌봄을 받지 못하거나 학대 및 방임을 저지를 가능성도 높다는 비판을 받는다. 응급 상황에 대한 대비나 물리적 안전성도 취약한 모습을 드러낸다. 이뿐만이 아니라 대규모 시설에 비해 소규모 시설이 거주민의 사회적 고립 해소와 지역사회 통합 측면에서 더 우수하다는 실증적 연구 결과도 아직 많이 축적되지 못한 편이다(Lachaud et al., 2024).

(5) 예상치 못한 부작용

탈시설화 이후 일부 이용자는 지역사회에서 오갈 데가 없어 노숙자가 되거나 범죄를 저질러 다른 의미의 대규모 시설인 교도소로 갈 수 있다(Padgett, 2020). 특히 미국에서는 많은 요보호자가 탈시설화 이후 지역사회에 자리를 잡지 못해 교도소로 직행하는 경우가 왕왕 관찰된다. 주 교도소 수감자의 43%가 광범위한 정신건강 문제(우울, 불안 장애, PTSD 등)를, 14%가 심각한 정신적 고통(우울증, 자살 충동 등)을 겪고, 연방 교도소 수감자의 23%가 광범위한 정신건강 문제를, 8%가 심각한 정신적 고통을 겪는다는 통계가 이를 뒷받침한다(Maruschak et al., 2016). 물론 노숙자나 수감자의 증가가 반드시 탈시설화 때문이라는 인과관계를 단정할 수는 없다. 그러나 탈시설화 후 적절한 지원의 부족과 기존 시설 이용자의 노숙 및 수감 간의 상관관계가 상당히 높다는 것만큼은 분명한 사실이다.

CHAPTER 03

지역사회복지 역사

제3장에서는 지역사회복지의 역사를 살핀다. 지역사회복지는 국가적, 운동적, 전문적 접근으로 나누어 볼 수 있다. 각 접근 방식의 역사는 다르고 내용도 방대하다. 그래서 이들을 모두 상세히 다루기란 현실적으로 무리이다. 이러한 한계를 감안하여, 제3장 앞부분에서는 이 책의 주된 주제인 지역사회복지에 대한 전문적 접근 방식, 즉 지역사회복지실천에 초점을 맞추어, 그것의 두 뿌리로 일컬어지는 자선조직협회와 인보관운동의 역사를 검토한다.

이어서 주요 국가의 지역사회복지 역사를 살핀다. 여러 나라를 다룰 수 있는데, 이 책에서는 저자들이 잘 알고 또 실제로 장기 체류한 적이 있는 미국을 집중적으로 다룬다. 설명을 미국에 국한하는 까닭은, 다양한 나라의 경험을 피상적, 단편적으로 언급하기보다 한 나라에 집중해 그 역사를 상술하는 것이 독자들의 학습에 더 유익하다는 판단을 내렸기 때문이다. 미국의 지역사회복지 역시 국가적, 운동적, 전문적 접근으로 그 역사로 나누어 볼 수 있는데, 여기서는 전문적 접근을 주로 설명하면서 나머지 둘에 관한 설명은 곁들이는 방식으로 미국 지역사회복지실천의 역사를 살펴본다.

한편 미국의 지역사회복지 역사에서 빼놓을 수 없는 주제가 지역사회보호이다. 사회복지사는 지역사회보호의 담론 형성과 제도화 과정에서 핵심적인 역할을 담당하였다. 따라서 미국의 지역사회복지실천 역사를 서술한 후 곧바로 미국 탈시설화와 지역사회보호의 역사를 설명하겠다.

마지막으로 우리나라의 지역사회복지 역사를 살핀다. 미국, 영국 등 국가와 비교하여 우리나라 지역사회복지는 그 역사가 짧다. 또한 정부가 주도권을 잡고 관련 사업을 전개해 옴과 동시에, 민간 전문가와 주민들 역시 때로 수동적으로, 때로 주체적으로 주요 행위자로 참여하여 왔다. 이 같은 복합성을 감안하여, 여기서는 지역사회복지의 특정 접근 방식에 초점을 맞추기보다, 이들을 하나로 아울러 우리나라 지역사회복지 전반의 역사를 시대별로 나누어 조명하겠다.

1. 지역사회복지실천의 기원

지역사회복지실천은 역사적으로 두 개의 뿌리에서 기인한다. 하나는 자선조직협회(COS : Charity Organization Society), 다른 하나는 인보관운동(Settlement Movement, 隣保館運動)이다. 둘은 철학과 기본 접근 방식에서 상당한 차이가 있다. 그러나 교류와 소통 측면에서 둘의 초창기 리더들은 상호보완적이고 협력적인 관계를 유지하였고, 지역사회복지실천의 기초를 다지는 데 공동으로 기여하였다.

미국의 경우 자선조직협회와 인보관운동의 초창기 리더들은 1874년 National Conference of Charities and Corrections라는, 현재 미국사회복지사협회(National Association of Social Workers)의 전신 단체를 결성하여 이곳에서 다양한 교류와 토론을 나누었고, 공동으로 빈곤 조사, 주거환경 개선 등의 프로젝트를 수행하였으며, 지식 공유와 출판 활동을 함께 하였다. 영국의 경우에는 미국과 같은 공식적 교류 단체가 있지는 않았으나, 리더들은 빈곤, 교육 격차, 주거 환경 열악과 같은 사회 문제를 해결하려는 목적을 공통으로 가지고 있었다. 따라서 해당 문제를 다루는 위원회나 단체에서 자연스럽게 만나 네트워크를 형성하였고, 그 과정에서 서로의 아이디어를 공유하며 필요한 경우 공동 연구나 프로젝트를 진행하였다(Schlabach, 1969). 특히 Fabian Society와 같은 당대 저명 학술 단체는 초창기 리더들이 사상과 사회 변화 전략을 논하는 중요한 만남의 장소로 기능하였다. 이러한 역사적 사실들은 자선조직협회와 인보관운동이 지역사회복지의 서로 다른 두 뿌리임에도 불구하고 상호 배척하지 않고 빈곤 해결과 사회개혁이라는 대의 아래 긴밀히 협력하였다는 것을 잘 보여준다.

1) 자선조직협회

19세기 중반 영국에는 산업화에 따라 발생한 다양한 사회문제를 해결하기 위해 많은 자선단체가 생겨났다. 실제로 1861년 런던에만 640여 개에 달하는 자선단체가 있었다는 기록이 있다(Roberts, 2003). 그런데 애초 선한 의도로 시작된 자선활동이 시간이 흘러 수많은 단체에 의해 무분별하게 진행되면서 얼마 지나지 않아 서비스 중복 및 누락이라는 비효율성 문제가 대두하였다. 당시 민간단체 지도자들은 난립하는 자선활동을 정리해야 할 필요성에 공감하였고, 이에 자선을 과학적, 합리적으로 제공하자는 목표 아래 자선조직협회를 설립하였다(박찬영, 2007).

최초의 자선조직협회는 1869년 영국 런던에 설립되었다. 그리고 그 영향은 미국으로 건너가 1877년 뉴욕 버펄로에 미국 최초의 자선조직협회가 세워지는 결과를 낳았다. 당시 자선조직협회는 지역마다 지부가 존재하였고, 중앙 조직이 지부의 활동을 총괄하는 구조로 이루어졌다(Lewis, 1995).

자선조직협회는 자선단체 간 체계적 협력을 도모하고, 적절한 조사를 통해 빈민에게 최적의 원조를 제공하며, 빈민의 구걸 행위를 방지하여 빈민의 생활 조건을 개선하는 데 목적을 두고 활동하였다. 특히 빈곤관에 주목할 필요가 있는데, 자선조직협회는 빈곤의 원인을 개인의 도덕적 결함이나 나태에서 찾는 관점을 고수하였다(박광준, 2013 : 90).

자선조직협회는 빈민에게 단순히 물질적 도움을 주는 것만으로는 충분하지 않고, 개인의 성격과 태도 변화가 뒤따라야 진정으로 문제가 해결되는 것이라고 보았다. 따라서 빈민에게 근면, 절제, 절약의 미덕을 가르치고 도덕성을 향상하는 데 집중하였다. 교화 과정에서는 특히 우애방문원(friendly visitors)이 큰 역할을 담당하였다.

우애방문원은 자선조직협회에서 임명한 자원봉사자로, 대부분 고등교육을 받은 중상류층 가정의 부인이었다. 이들은 빈곤 가족의 친구이자 모범이고 빈곤과 고통으로부터 가족을 자립시킬 수 있는 안내자로서 존경받을 수 있는 사회적 위상을 가졌다. 우애방문원은 빈곤가정 방문과 대상자 면담을 통해 상류층의 덕성을 가르치는 일 외에도 빈민층 교화를 위해 다양한 활동을 수행하였다. 특히 이들이 행한 일대일 심층 면접, 기록, 자산 확인, 사례관리 등의 과학적 사정, 조사, 관리 활동은 이후 사회사업 이론을 과학화, 체계화하는 데 기여하였다(서선호 외, 2010 : 161; Woodford, 1999).

자선조직협회 활동은 기본적으로 구빈법 세계관에 기초하였다. 그래서 빈민을 구제받을 자격이 있는 사람(the worthy)과 그렇지 않은 사람(the unworthy)으로 구분하고, 전자에게만 복지서비스를 선별 제공하는 것이 바람직하다고 주장하였다. 또한 구제를 받는 사람의 생활은 구제를 받지 않고 일하는 노동자의 생활 수준보다 높지 않아야 한다는 열등처우의 원칙(the principle of less eligibility)을 지지하였다. 이와 같은 입장을 통해 자선조직협회는 자선의 오남용을 막고 빈민의 의존 문화를 근절할 수 있다고 믿었다(원석조, 2017 : 138).

요컨대, 자선조직협회는 빈곤의 원인을 개인의 도덕성 결여에서 찾고 경제나 사회체계의 구조적 모순에서는 찾기를 꺼렸다. 개인주의적 빈곤관은 빈곤의 사회적 기반을 경시하며 문제에 대한 근본적 해결책으로서 미흡하다는 비판을 초래하였다(Katz, 1996 : 58). 또한 우애봉사자는 빈민을 동등한 인격체로 보기보다 감시와 관리 감독, 교화 대상으로 보았는데, 이는 엘리트주의적이고 권위주의적이었다는 비판을 받는다.

그렇지만 한계에도 불구하고 자선조직협회가 현대 사회복지, 특히 지역사회복지실천 분야에 끼친 영향력은 상당하다(홍숙자 외, 2020 : 94; Woodford, 1999). 첫째, 서비스 중복을 방지하고 자원을 효율적으로 배분하는 중앙집중화된 관리체계를 도입하여 오늘날 지역사회복지실천에서 흔히 언급되는 조정 및 연계의 기초 개념과 원형을 제시하였다. 둘째, 빈곤 문제를 과학적으로 조사, 분석하는 체계를 도입하여 오늘날 지역사회복지실천에서 강조되는 실증적 연구와 증거 기반 접근의 기초를 다졌다. 셋째, 사회문제 해결을 위해 자선단체 간 협력이 중요함을 강조하여 오늘날 지역사회복지실천에서 중시되는 복지네트워크 구축의 필요성을 환기하였다. 넷째, 빈곤 문제에 대응하기 위해 우애방문원이라는 인적 자원을 적극 활용하였는데, 이는 오늘날 사회복지사 제도의 확립에 기여하였고 지역사회복지실천 현장에서 그들의 전문성의 중요성을 인식시키는 계기가 되었다.

2) 인보관운동

19세기 후반 영국과 미국의 많은 도시에서는 빈곤, 불평등, 주거환경 열악 등이 심각한 사회문제로 대두하였다. 어려운 상황 속에서 자선조직협회는 개인의 도덕성 결여가 빈곤의 주된 원인이라는 진단을 내렸고, 처방책으로 원조 대상자의 엄선 및 개별 구호를 제시하였다. 그러나 자선조직협회가 취한 개인주의적 빈곤관과 도덕주의적 접근은 빈곤의 구조적, 환경적 차원을 간과한다는 비판을 받았다. 그러한 와중에 빈곤은 개인의 책임뿐만이 아니라 사회경제적 불평등에서 비롯된다는 인식이 확산하였고, 빈곤 문제 해결을 위해서는 거시구조적이고 환경적인 접근이 더욱 효과적이라는 진보주의자들의 목소리가 힘을 얻었다(박광준, 2013 : 96). 인보관운동은 빈곤의 사회구조적 원인을 직시하고 모순을 직접 해결하는 것이 중요하다는 당대 학술적, 정치적 움직임 속에서 등장하였다.

최초의 인보관은 1884년 영국의 사무엘 바네트(Samuel Barnett) 신부가 런던에 세운 토인비 홀(Toynbee Hall)이다. 미국에서는 1886년 스탠턴 코이트(Stanton Coit)가 뉴욕시에 근린 길드(Neighborhood Guild)를 세우면서 처음 소개되었다. 이후 1900년까지 미국 전역에 100개 이상의 인보관이 빠르게 퍼져나갔다(Sklar, 1985). 미국의 영향을 받은 일본에서도 1897년 동경 간다(神田) 지역에 킹스레이 홀이라는 인보관이 처음 세워졌다(Köngeter, 2020 : 15). 우리나라에서는 1906년 미국 감리교 선교사인 매리 놀스(Mary Knowles)가 원산에 반열방(班列房)을 세우고 여성 계몽운동을 펼친 것이 최초의 인보관운동으로 기록된다(최선희, 2014).

인보관운동가들은 지역사회 생활 조건을 개혁하는 일에 역점을 두었다. 또한 빈민에게 적절한 교육과 정보를 제공하여 침해된 권리를 회복하고 문제의 근본적인 해결법을 알리는 것의 중요성을 강조하였다. 이 과정에서 운동가들은 건강, 위생, 일자리 창출, 교육과 같이 이전까지 지역사회에서 경시되고 개인적 이슈로 치부되던 문제에 대한 공적 관심을 불러일으켰고, 다양한 계층, 계급, 인종 간 교류와 협력 활동을 권장하여 지역사회 내 사회, 문화, 인종적 거리를 좁히고 통합을 이루고자 애썼다. 또한 빈곤 지역에 직접 거주하면서 빈민과 인격적 관계를 맺는 것을 강조하였으며, 주택 환경 개선, 공중 보건 향상, 고용주에 의한 착취 방지 등 다양한 권익옹호 활동을 주민과 함께 전개하였다. 운동가들은 빈민촌 내 공동체 구축, 이웃 관계 개선에도 역점을 두었다(원석조, 2017 : 148).

토인비 홀을 설립한 사무엘 바네트 신부는 인보관운동의 정신을 구현한 선구자적 인물이다. 그가 주도한 활동은 옥스퍼드대학과 케임브리지대학 학생과 같은 당시 엘리트 계층이 빈민과 직접 교류하는 과정에서 상대에 대한 이해를 넓히고 함께 머리를 맞대 문제를 해결하는 협력적 방식을 띠었다는 점에서 의의가 크다(Abel, 1979 : 607). 이뿐만이 아니라 바네트 신부는 자선조직협회의 우애방문원이 빈민보다 도덕적, 인종적으로 우월하다는 생각을 갖고 있고 그들을 권위주의적으로 대한다는 점을 비판하였다. 그는 이러한 우월의식이 빈민을 돕기보다 소외감을 키울 수 있음을 우려하였다. 모든 인간의 인격적 동등성을 강조한 바네트 신부는 빈민과 함께 지역공동체 일원으로서 공동 거주하면서 해결책을 함께 모색하고 실천에 옮기는 것을 강조하였으며, 이것이야말로 그들의 삶을 실질적으로 변화시킬 수 있는 핵심적 요소라고 주장하였다(Lau, 2020 : 63).

개혁주의적 지향에도 불구하고 인보관운동은 기본적으로 중상류층 지식인이 주도하였다. 그래서 표방하던 바와 달리 실제 현장에서는 운동가들이 빈민의 삶을 교화하고 지도하려는 권위주의적 태도를 보였고, 시혜적 입장에서 구호와 교육을 일방적으로 강요하였다는 비판을 받는다. 지역사회 문제 해결을 강조하고 실제 상당 부분 해결도 하였으나, 그 결과가 정책적 변화나 경제적 불평등과 같은 중앙의 구조 개혁으로까지는 이어지지 못하였다는 비판도 받는다. 다른 한편, 이민자들의 정체성을 충분히 존중하지 않고 그들에게 문화적 동화(assimilation)를 강요했다는 한계도 지적되며, 운동에 필요한 재정 자원을 대부분 민간 자선 기부에 의존하여 지속적 변화나 대규모 사회문제를 해결하는 데 구조적 한계를 드러냈다는 부정적 평가도 받는다.

많은 비판에도 불구하고 인보관운동이 오늘날 지역사회복지실천에 미친 영향은 상당하다. 첫째, 빈곤 문제를 개인이 아닌 사회적, 환경적 요인으로 파악함으로써 오늘날 지역사회복지실천에서 사회문제의 원인을 지역사회와 외부 환경에서 파악하는 거시적 시각의 토대를 마련하였다. 또한 개인과 환경 간 상호작용을 강조하는 사회복지의 근간 이론인 생태체계이론 발전에도 기여하였다. 둘째, 빈민을 문제 해결의 주체로 간주함으로써 오늘날 지역사회복지실천의 또 다른 핵심 이론인 임파워먼트와 강점 관점, 그리고 지역사회복지실천의 핵심 모형 중 하나인 지역사회개발(locality development) 모형의 기초를 깔았다(홍숙자 외, 2020 : 101). 셋째, 다양한 계층과 인종 간 사회적 연대와 협력을 강조하여 오늘날 지역사회복지실천에서 사회적 자본 구축을 주요 과제로 설정하게끔 인식을 환기하였다.

2. 미국의 지역사회복지 역사

1) 지역사회복지실천의 역사

다음에서는 미국의 지역사회복지실천 역사를 크게 네 개 시기, 구체적으로 19세기 후반 불평등 시대의 태동기, 20세기 초반 대공황 시대의 발전기, 20세기 중반 전후 복지국가 시대의 팽창기, 20세기 후반부터 현재까지 신자유주의 시대의 침체기 혹은 새로운 발전을 모색하는 변화기로 나누어 살펴본다(Gutiérrez & Gant, 2018). 지역사회복지실천의 역사를 주로 다루되, 지역사회복지에 대한 국가적, 운동적 접근의 역사도 곁들여 설명하겠다.

(1) 19세기 후반 불평등 시대의 태동기

19세기 후반 미국은 변화와 혼란, 분열의 시기였다. 자본주의적 산업화가 진행되면서 임노동자가 급증하고 경제적 불평등이 심화하였다. 또한 경제적 기회를 좇아 많은 유럽 이민자와 흑인이 도시 지역, 특히 북부 대도시로 밀집하였는데, 이는 거주환경 악화, 지역공동체 붕괴, 아노미 현상 등의 미증유 도시 문제를 야기하였다. 당시 미국 식자층은 사회 급변기에 나타난 각종 부정적 문제를 시급히 해소해야 한다는 데 동감하였으며, 해결책으로 다양한 방안을 모색하였다. 그중 하나가 앞서 살펴본 자선조직협회와 인보관운동이다.

19세기 후반 미국 내 자선조직협회 설립을 주도한 인물은 스테판 거틴(Stephen H. Gurteen)이다. 미국 버펄로시 세인트 메리 교회 목사였던 거틴은 지역사회 빈곤 문제에 큰 관심을 가졌고, 이를 해결하는 방법으로 영국 런던의 경험에서 영감을 받아 1877년 뉴욕주 버펄로시에 미국 최초의 자선조직협회를 설립하였다. 이후 그는 25개 이상의 도시를 직접 찾아다니며 협회 설립을 주도하였고, 이를 통해 자선단체들의 활동을 조정하고 중복된 구호를 방지하는 체계 구축에 힘썼다(Woodford, 1999).

미국 자선조직협회의 또 다른 초창기 리더 중 한 명은 조세핀 로웰(Josephine S. Lowell)이다. 주로 뉴욕시에서 활동한 로웰은 빈민에게 단순 구호를 제공하기보다 도덕적 고양과 자립 의지를 심어주는 것이 더 중요하다고 믿었다. 빈민의 자립을 유도하기 위해 그녀가 도입해야 한다고 주장한 제도는 구호 제공 전 실시하는 근로능력평가(work capability assessment)였다(Katz, 1996 : 60).

현대 사회복지실천의 기초를 다진 선구자로 평가받는 메리 리치몬드(Mary Richmond) 역시 젊은 시절 메릴랜드주 자선조직협회에서 1889년부터 1891년까지 2년간 우애방문원으로 일하였다. 그녀는 당시 경험을 토대로 『Social Diagnosis』를 집필하였다. 1917년 발간된 이 책에서 리치몬드는 사례관리의 과학화, 체계화를 주장하였다. 특히 클라이언트의 개인적 문제를 사회적 환경과의 상호작용 관점에서 이해할 것을 강조하였다. 그녀가 제시한 과학적 사례관리 이론과 환경 속 개인(PIE : Person-In-Environment) 관점은 오늘날 지역사회복지실천의 기본 분석 틀로 여전히 활용된다.

인보관운동 역시 19세기 후반 산업화 및 도시화로 인해 발생한 빈곤과 사회적 불평등 문제를 해결하기 위해 제시된 개혁주의적 방안 중 하나였다. 초창기 인보관운동은 주로 북부 대도시 이민자·노동자 밀집 지역에서 집중적으로 전개되었는데, 1900년 이후에는 서부와 남부를 포함한 미 전역으로 확산하였다(Katz, 1996 : 65). 이 과정에서 중추적 역할을 담당한 인보관을 몇 개 소개하면 다음과 같다.

먼저 뉴욕의 유니버시티 인보관(University Settlement)이다. 1886년 뉴욕시 이민자 밀집 지역에 스탠턴 코이트가 근린 길드라는 이름으로 설립한 이 인보관은 미국 최초의 인보관으로 유명하다. 이민자와 저소득 가정에 다양한 서비스를 제공하며 미국 인보관운동의 시작을 알렸다는 점에서 의의가 있다.

다음은 헐 하우스(Hull House)이다. 헐 하우스는 미국 최초의 여성 노벨상 수상자 사회복지사 제인 애덤스(Jane Addams)가 1889년 시카고 남부 이민자·흑인 밀집 지역에 설립한 것으로, 미국 인보관운동의 상징적 사례로 종종 언급된다. 가장 성공한 인보관이라는 평가를 받는 까닭은, 교육, 의료, 문화, 취업 지원, 아동 복지 등 다양한 사회서비스를 포괄적으로 제공하면서 빈민의 자립 자조 능력을 함양하였고, 지엽적 지역사회 문제 해결에만 안주하지 않고 아동 노동 금지, 주택 환경 개선, 노동자 권리 보호 같은 법·정책 변화와 정치적 옹호 활동을 추진함으로써 진정한 의미의 거시사회복지실천을 몸소 보여주었기 때문이다. 이뿐만이 아니라 헐 하우스는 인근 시카고대학과의 협업 속에서 사회과학 연구와 교육 기능도 수행하였다(Sklar, 1985).

또 다른 주요 인보관은 1891년 로버트 우즈(Robert A. Woods)가 보스턴 시내 이탈리아·아일랜드 이민자 밀집 지역에 설립한 사우스엔드 하우스(South End House)이다. 이 인보관은 주민조직화 사업을 통해 산업화와 도시화로 인해 무너진 지역공동체를 되살리고, 이를 통해 사회 통합 수준을 올리는 활동에 집중하였다는 점에서 의의가 있다.

루스 하우스(Lenox Hill Neighborhood House) 역시 주목해야 할 인보관이다. 오늘날 헌터칼리지의 전신인 노멀칼리지 졸업생협회 주도로 1894년 뉴욕시 르녹스힐 마을에 설립된 루스 하우스는 처음에는 어린이집으로 문을 열었으나 차츰 이민자와 노동자를 위한 서비스 제공 센터 기능을 갖추기 시작하였다. 특히 이민자를 위한 법률 지원과 노동자를 위한 보건의료 서비스 제공에 특화하였다.

마지막으로, 1902년 콜로라도주 덴버시에 설립된 뉴 하우스(New House)가 있다. 이 인보관은 특히 아동 노동 착취와 가정폭력 문제를 해결하는 활동에 주력하였다는 점이 특징이다.

요약하면, 19세기 후반 미국에서는 산업화와 도시화에 따른 빈곤과 사회 불평등 문제가 심각해졌다. 이에 지역사회복지실천의 선구자들은 자선조직협회 설립과 인보관운동 전개를 통해 대응책을 모색하였다. 자선조직협회는 빈곤을 개인의 책임으로 보고 구호 활동 체계화에 역점을 두었고, 인보관운동은 빈곤의 구조적 원인을 해결하고자 사회개혁과 주민조직화에 역점을 두고 활동하였다. 방향성은 달랐지만, 둘은 지역사회를 긍정적으로 변화시키고자 하는 현대 사회복지실천의 철학과 접근 방식에 큰 영감을 주었고, 오늘날 지역사회복지실천의 중요한 두 뿌리를 이룬다.

(2) 20세기 초반 대공황 시대의 발전기

미국 사회복지실천 역사에서 1900년대 초반부터 1920년대까지 약 20년은 전문화(professionalization)의 시기로 간주된다. 당시 사회복지실천 분야에서는 사회복지사의 활동이 자선적 성격을 띠어서는 곤란하고, 체계적이고 과학적인 교육과 훈련을 받아 전문가로서의 역량을 구사해야 비로소 권위를 가진다는 목소리가 커졌다. 또한 사례관리를 과학화하고 서비스 전달체계를 체계화하여 구호의 효율성을 높여야 한다는 주장도 힘을 얻었다(Wenocur & Reisch, 1983).

사회복지사의 전문성이 강하게 추구된 데에는 여러 이유가 있었는데, 그중 하나는 1915년 교육개혁가 아브라함 플렉스너(Abraham Flexner)가 사회복지사는 특화된 지식과 기술이 없으므로 전문직 종사자로 인정해 줄 수 없다는 도발적인 문제제기를 한 것이 하나의 도화선이었다. 이에 사회복지사들은 미국 전역의 주요 대학교에 사회복지학과를 신설하고 과학적 지식과 기술을 가르치는 교육과정을 제공하였으며, 전문적 훈련과 더불어 직업적 정체성을 확립하는 데 전력을 다하였다. 그 결과 1910년대 초까지만 해도 컬럼비아대학(1898년), 시몬스대학(1904년), 시카고대학(1908년), 펜실베이니아대학(1908년) 등 얼마 없던 사회복지학과는 1919년까지 단 4년 만에 17개가 신설되었다. 이들 대학은 Association of Training Schools of Professional Social Work라는, 오늘날 전미사회복지대학교육협의체(Council for Social Work Education)의 전신 단체를 설립하여 임상 중심의 사회복지 교육 프로그램을 개발, 제공하였다(Austin, 1983).

이처럼 사회복지사 전문성 강화가 최우선 과제로 떠오름에 따라, 인보관운동은 사회복지실천계에서 점차 입지가 줄고 반대로 자선조직협회의 지분이 커졌다. 엇갈린 운명은, 법 · 제도적 개혁이나 프로그램 기획 및 실행, 주민조직화 등을 통한 거시적 개입보다, 개인과 가족의 문제, 특히 정신건강 문제에 대한 정신분석학적 치료와 재활 중심의 임상사회사업이 강조되는 방향으로 사회복지실천의 주류가 재구성되기 시작하였음을 말해준다(Wenocur & Reisch, 2001).

뚜렷한 전문화 추세와 임상사회사업에 대한 강조에도 불구하고, 20세기 초반 미국 지역사회복지실천의 발전은 더디지만 계속되었다. 느린 성장은 모금과 배분, 복지계획 수립, 자원 연계 및 조정 활동 분야에서 주로 이루어졌다(Mondros & Staples, 2013). 이러한 움직임은 제1차 세계대전 직후 미국 각지에 다수의 지역사회 공동모금회와 복지협의회가 만들어지면서 더욱 두드러졌다.

변화를 주도한 단체는 1918년 설립된 American Association for Community Organization이라는, 미국 사회복지 역사에서는 바뀐 이름 Community Chests and Councils of America로 더 잘 알려진 전국 단위 민간 비영리 조직이다. 이 단체는 모금 캠페인을 통해 복지 재원을 조성한 후 지역사회의 다양한 사회복지, 교육, 건강 관련 기관 및 시설에 자금을 배분하며 각 지역의 복지계획을 수립, 실행하는 일을 주로 수행하였다. 이후 이 단체는 United Way America, United Way Worldwide로 몇 차례 이름을 바꾸며 활동 영역을 전 세계로 확장,

오늘에 이르고 있다.

한편 1930년대 대공황은 미국 사회를 빈곤과 불평등의 극단으로 몰아넣었고, 기존 복지 조직이나 체계로는 대응하기 어려운 상황을 만들었다(Trattner, 2007). 위기를 극복하고자 루스벨트 행정부는 뉴딜정책(New Deal)을 추진하였다. 특히 1935년 사회보장법(Social Security Act)을 제정하여 복지 제도 전반에 중대한 변화를 도모하였는데, 이때 해리 홉킨스(Harry Hopkins)와 같은 인보관운동 출신 리더들이 법 제정 과정에 깊숙이 관여하였다. 이들의 참여는 지역사회 기반 복지서비스 확대와 공공복지 전달체계 확립에 뚜렷한 족적을 남겼다(Kingston & Altman, 2013).

가령 사회보장법은 Aid to Dependent Children과 같은 공공부조 프로그램을 도입하면서 연방정부가 재정을 지원하고 주 정부와 도시정부가 실제 프로그램을 운영하는 이원화된 구조를 채택하였는데, 이는 지방정부의 재량권을 일정 부분 허용하고 지역사회 복지 전문가들의 권한을 강화하는 결과로 이어졌다. 또한 실업급여 지급 지침 예에서 볼 수 있듯이 프로그램 표준화를 도입하여 지방정부가 일관된 기준과 절차에 따라 복지서비스를 제공할 수 있도록 하였는데, 이는 지역사회복지 전달체계의 발전과 서비스의 질 향상, 지역별 편차 감소라는 결과를 낳았다. 이처럼 대공황의 위기 속에서 빈곤의 구조적 차원에 주목한 인보관운동 출신 리더들의 개입은 연방정부가 사회안전망 틀을 포괄적, 체계적으로 설계하고 지역사회 중심의 복지서비스를 확대하는 데 기여하였다. 물론 엄밀히 말해서 이들의 활약은 지역사회복지에 대한 국가적 접근에 더 가까웠기에 전문적 접근인 지역사회복지실천과 직접적 관련성을 가진다고 말할 수는 없지만, 사회복지사들이 중앙정부에 진출하여 지역사회복지 전달체계와 서비스 구축을 위한 기초를 다졌다는 점에서 충분히 주목할 만한 것이었다고 볼 수 있다.

20세기 초반은 연구와 교육에서도 지역사회복지실천이 의미 있는 성장을 거둔 시기였다. 먼저 연구 측면에서, 과학적 사회 조사 결과를 토대로 한 지역사회복지 개입이 본격화하였다. 대표적 사례로 1895년 Hull House Maps and

Papers가 있다. 이것은 시카고 빈민 지역을 실사하여 지역별 인종 분포와 주거 상태 등을 체계적으로 분석한 결과를 담은 보고서로, 제인 애덤스는 여기에 실린 제언을 토대로 시카고 빈민촌의 환경개선에 관한 다양한 개혁 안건을 제시하였다. 또 다른 사례로 Pittsburgh Survey가 있다. 이것은 1907년 피츠버그에서 진행된 대규모 사회 조사 연구로, 피츠버그시 노동법과 공중 보건 개혁에 영향을 미쳤으며, 과학적 조사를 통해 지역사회 문제를 해결하는 사회복지조사 방법론의 기초를 이루었다.

교육 측면에서도 큰 발전이 있었다. 1908년 시카고시 남부에 설립된 School of Civics and Philanthropy가 대표적 사례이다. 지역사회 주민조직화 교육과정을 선구적으로 도입한 이 교육기관은 1920년 인근 시카고대학으로 흡수되어 School of Social Service Administration으로 개명하였으며, 이후 지역사회복지 실천 관련 커리큘럼을 발전시키고 공식화하는 데 주도적인 역할을 담당하였다(Austin, 1983).

1939년 미국사회복지협회(National Conference of Social Work)는 지역사회 주민조직화에 관한 당시 교육자들의 혼란과 의문을 해소하는 주목할 만한 연구를 진행하였다(Lane, 1939 : 495). 연구 결과에 따르면, 지역사회 주민조직화는 "사회복지 자원과 욕구의 차이를 점진적으로 조정, 감소, 유지하는 것"을 목표로 하고, 총 12개의 기술을 활용할 수 있다. 훗날 지역사회복지실천의 주요 방법론으로 발전한 이 기술들은 "중앙 집중식 재정과 서비스자료 수집 및 출판, 계획, 지역사회연구 및 조사, 지역사회예산 편성, 지역사회교육, 협력 기금 모금, 이슈 기반 협의체와 협회 설립, 기관 간 협력, 조직 간 네트워크 구축, 기관 간 협정 체결, 공동 프로그램 및 서비스 운영, 집단행동을 통한 입법 촉진"을 포함한다(ibid. : 500).

(3) 20세기 중반 전후 복지국가 시대의 팽창기

제2차 세계대전 직후 1960년대는 급속한 변화의 시기였다. 먼저 연방정부는 대규모 재정을 동원하여 메디케어(Medicare), 메디케이드(Medicaid) 같은 굵직굵직한 사회보장 프로그램을 론칭하여 복지급여 대상과 총량을 크게 늘렸다(Kingson & Altman, 2013). 일반적으로 미국을 복지국가로 분류하지는 않는다. 그러나 예산 규모와 프로그램 운영 측면에서만 보면, 당시 미국은 복지국가로 불려도 어색함이 없을 만큼 막대한 자금을 복지에 투입하였다. 지역사회복지에 대한 국가적 접근의 폭발적 성장은 지역사회복지실천에도 상당한 영향을 미쳤다.

또한 1960년대는 사회운동의 전성기이기도 하였다. 전통적 노동운동이 계속되는 가운데 시민권운동, 여성운동, 소비자운동, 환경운동과 같은 신사회운동이 급부상하였다. 당시 운동은 경제적 불평등뿐 아니라 소수인종, 젠더, 소비자 권리, 환경 같은 다양한 사회문제에 초점을 맞춰 구조 변화를 요구하였다. 지역사회복지에 대한 운동적 접근의 확산세 역시 지역사회복지실천의 내용과 방식에 커다란 영향을 미쳤다(Garvin & Cox, 2001; Piven & Cloward, 1978).

20세기 중반 미국 지역사회복지실천의 성숙과 발전에는 다양한 역사적 사건이 영향을 미쳤다. 그중 하나가 Mobilization for Youth(MFY)이다(Katz, 1996 : 259). MFY는 1962년 뉴욕시가 청소년 비행 예방과 빈곤 완화를 목표로 시범 운영한 공공주도의 지역사회복지 프로그램이다. 기회 이론(Cloward & Ohlin, 1960)에 근거해 만들어진 이 프로그램은 청소년의 열망과 사회적 기회 간 격차가 비행의 원인이라는 구조적 관점을 채택하였다. 청소년을 위한 기회 확대와 불평등 문제 해결을 관건으로 본 MFY 설계자들은 그래서 교육, 직업 훈련, 취업 알선 등 다양한 서비스를 제공하였고, 직접 참여를 통한 정책 개발 및 지역사회개발 활동을 장려하여 청소년을 문제 해결의 주체로 만들고자 애썼다. 프로그램 종료 후 MFY는 청소년 비행률 감소와 기회 증대 측면에서 호평을 받았다. 특히 당사자와 지역주민의 참여 및 그에 따른 역량 강화가 효과적이었던 것으로 인정받았다. 이 성공은 훗날 공공과 민간의 다른 지역사회복지 프로젝트에도 참여적 모델이 폭넓게 적용되는 계기가 되었다(Brager, 1999).

MFY의 성공적 운영은 '위대한 사회'(Great Society) 슬로건 아래 '빈곤과의 전쟁'(War on Poverty) 정책을 선포한 당시 연방정부의 Model Cities 프로그램 도입을 촉진하였다. Model Cities는 1966년 존슨 행정부에 의해 기획된 공공주도 대규모 도시 재개발 프로그램으로, 도시 빈민 지역의 주거환경, 교육, 고용, 건강, 사회서비스 등 다양한 분야에서의 포괄적 개선을 목표로 하였다. 프로그램은 특히 빈곤층이 밀집한 도시 슬럼을 대상 지역으로 주거 환경 개선, 지역사회복지 증진, 경제적 기회 확대 등의 노력을 포함하였다(Katz, 1996 : 283).

Model Cities는 연방정부, 주 정부, 도시정부 간 협력을 강조하는 한편, 당사자의 직접 참여를 통해 주민이 자기 지역사회 문제를 주체적으로 해결할 수 있도록 하는 다양한 장치를 마련하였다. 예컨대 참여 도시의 주민은 도시 개발계획서 공동 작성, 자문위원회 참여 등 다양한 루트로 정책 결정에 참여할 기회를 보장받았다. 그러나 주・도시정부는 연방정부의 강한 통제가 지방의 권한을 침해하며, 주민이 연방정부와 직접 소통할 수 있는 의사소통 구조가 지방 정치 엘리트의 권력을 약화할 수 있다며 강한 우려를 표명하였다. 결국 지방정부의 지속적 반발과 비협조 속에서 재정 위기, 나아가 1960년대 주요 대도시에서 빈발한 소수인종 집단의 폭력적 시위 문제까지 더해져 Model Cities는 연방정부의 기대와 달리 비교적 빠른 1974년 종결되었다(Moynihan, 1970).

Model Cities는 프로그램 자체로는 실패하였으나, 이후 도입된 다양한 공공 및 민간의 지역사회복지 프로젝트를 더 참여적이고 개혁적인 방향으로 변모시키는 데 결정적인 역할을 하였다. 특히 주민조직화를 위한 다양한 전략 개발에 영감을 주었고, 1990년대 만개한 수많은 풀뿌리 주민조직의 씨앗을 뿌린 역사적 계기가 되었다는 점에서 지역사회복지실천 분야에 남긴 유산이 상당하다는 평가를 끌어낸다(Halpern, 1995).

한편 1960년대 미국은 폭발적 사회운동의 시기였다. 강력한 운동의 바람 속에서 다양하고 혁신적인 사회 변화 기법이 시도되었고, 이때 축적된 경험은 지역사회복지실천 분야로 건너와 갈등 지향의 실천과 옹호 및 교육 캠페인 중심의 실천 형태로 만개하였다(Andrews & Reisch, 2002).

갈등 지향적 실천을 대표하는 인물로 사울 알린스키(Saul Alinsky)가 단연 돋보인다. 20세기 중반 지역사회 주민조직화 분야의 핵심 인물로 손꼽히는 알린스키는 1940년 시카고시에 산업지역재단(Industrial Areas Foundation)을 설립하여 저소득층 주민이 권리를 주장하고 정부 기관에 목소리를 낼 수 있도록 도왔다. 이 단체는 주로 거대 자본가를 표적으로 삼아 대결 중심의 주민조직화 방식을 통해 경제적, 사회적 변화를 추구하였다. 1960년대 접어들면서부터 알린스키는 조직화 활동을 전국으로 확대하였다. 대표적인 사례로 1964년 뉴욕주 로체스터시의 Freedom, Integration, God, Honor, Today(FIGHT)가 있다. FIGHT 운동에서 알린스키는 제너럴 모터스와 대립각을 세우며 흑인 노동자의 고용 기회 확대를 위해 싸웠다. 이후 1960년대 후반에는 캘리포니아로 활동 무대를 옮겨 히스패닉과 필리핀 이민자 농업노동자를 위한 조직화 프로젝트를 주도하였다(장세훈, 2020).

1971년 알린스키는 자신의 철학과 방법의 노하우를 『Rules for Radicals』에 정리해 출판했는데, 이 책은 훗날 많은 사회운동가에게 필독서가 되었다. 그의 급진적 조직화 전략은 앞서 언급한 MFY와 Model Cities, 그리고 뒤이어 언급할 흑인 인권운동에도 간접적으로 영향을 미쳤다. 세자르 차베스, 돌로레스 후에르타 같은 노동운동 지도자, 넬슨 만델라, 힐러리 클린턴 같은 정치 지도자도 알린스키의 조직화 전략을 주의 깊게 참고하였다. 1970~1980년대 우리나라 노동운동과 학생운동에도 큰 영감을 주었다.

20세기 중반 주류 사회복지계는 임상 실천에 경도되었다. 그런 만큼 알린스키는 자신을 단 한 번도 사회복지사로 간주한 적이 없었다. 그는 스스로를 지역사회 조직가(organizer)로 규정하였다. 그러나 그가 제안한 대결 지향적 전략과 전술은 일부 지역사회복지실천가들에 의해 계승되어 불매운동, 파업, 항의 시위, 집단 소송 등의 직접행동 그리고 이를 통한 취약계층의 권익 쟁취를 주 내용으로 삼는 급진 지역사회복지실천의 전형으로 자리 잡게 되었다. 알린스키의 이론과 방법은 이후 Rothman, Weil, Checkoway 같은 학자들에 의해 사회행동(social action) 실천모형으로 정리되었으며, 오늘날 사회복지사들에게 필수 학습 주제 중 하나로 다루어진다.

1960~1970년대의 소수인종 운동과 시민권운동 역시 오늘날 지역사회복지실천 분야에 잘 알려진 옹호 및 교육 캠페인 전략의 정립에 큰 영향을 미쳤다.

당시 흑인이 주도한 민권운동은 인종 불평등과 차별을 극복하려는 노력의 일환으로 다방면으로 전개되었다(Weil, 1996). 특히 전미흑인지위향상협회(National Association for the Advancement of Colored People) 같은 단체의 오랜 법적 투쟁은 시민권 쟁취를 목표로 한 정치적 옹호의 주요 성공 사례로 거론된다. 이 단체들은 소송을 통해 흑인 권리를 대변하였고, 정책 변화와 입법 활동을 통해 구조적 불평등을 해소하기 위한 다양한 전략을 추진하였다. 이 과정에서 지역사회 흑인 교회가 중추적 역할을 담당하였다(Bent-Goodley, 2015). 마틴 루터 킹 주니어(Martin Luther King Jr.) 등 종교 지도자들은 지역사회 신앙공동체의 힘을 결집하여 비폭력 저항과 시민 불복종 운동을 전개하고 흑인에 대한 인종 차별을 철폐하는 옹호 활동에 집중하였다.

흑인 교육기관도 운동의 성공에 큰 몫을 하였다. 테네시주 Highlander Folk School이 대표적이다. 이 학교는 젊은 흑인 지도자를 양성하여 이들이 지역사회에서 변화의 주체가 될 수 있도록 리더십 교육을 제공하고 지도자 간 네트워크를 구축하는 활동에 집중하였다. 마틴 루터 킹 주니어 목사도 이 학교 출신이다.

요약하면, 20세기 중반은 복지국가의 팽창기이자 다양한 사회운동의 폭발기였다. 국가 주도의 다양한 공공프로그램 도입(지역사회복지에 대한 국가적 접근)과, 알린스키식 조직화 활동 및 흑인 주도 인권운동의 확산 등 다양한 사회운동의 전개(지역사회복지에 대한 운동적 접근)는 상호 영향을 주고받으며 지역사회복지에 대한 전문적 접근, 즉 지역사회복지실천의 성숙과 발전에 큰 영향을 미쳤다. 이 시기는 무엇보다 주민 참여를 통한 조직화 모델과, 집단행동, 옹호, 교육캠페인 등 거시적 실천 전략이 지역사회복지실천계에 폭넓게 수용되는 전기가 마련된 시점이기도 하였다.

마지막으로, 20세기 중반에는 지역사회복지실천에 관한 교육과정도 크게 개선, 발전하였다. 1940년대까지만 해도 거시 실천 교육과정은 별도의 집중이수과정(concentration) 형태로 제공되지 않았다. 그러다가 1950년대 접어들어 피츠버그대학이 사회복지 석사학위(M.S.W.) 과정 내에 지역사회 조직화 및 사회행동(community organization and social action)이라는 명칭의 집중이수과정을 개발하여 제공한 것을 기점으로, 다른 여러 대학도 지역사회복지실천 관련 교육과정을 만들어 가르치기 시작하였다(Fisher & Corciullo, 2011). 1960년대 후반에 접어들어서는 48개 대학교 사회복지학과가 지역사회복지실천 관련 커리큘럼을 제공하였고 총 1,125명의 과정 수료생을 졸업시켰다(Reisch & Wenocur, 1986). 이러한 괄목할 만한 성장은 앞서 언급한 사회적, 정치적 환경 변화 속에서 한때 위축된 거시 실천에 관한 관심이 사회복지계에 재점화하였음을 말해준다.

(4) 20세기 후반 이후 신자유주의 시대 침체기 혹은 새로운 발전을 모색하는 변화기

1970년대 두 차례의 석유파동 이후 전 세계적으로 신자유주의가 정부 정책의 중심에 자리 잡았다. 신자유주의의 득세는 사회복지 분야에 공공복지 프로그램 축소, 재정 삭감, 민영화, 지방 이양 등의 환경 변화를 불러왔다. 실제로 1981년 로널드 레이건 대통령 취임 이후 사회보장 프로그램과 공공 서비스에 대한 연방정부 지원이 대폭 축소되고 그마저도 포괄보조금(block grant) 형식으로 지급되는 등 복지국가 해체와 정부 이양, 축소 흐름이 가속화하였다(Katz, 1996 : 301).

신자유주의적 움직임이 강화하면서 지역사회복지의 필요성은 더욱 커졌다. 그러나 지역사회복지 현장에서 국가의 공백을 메우기 위한 해결책은 크게 부족하였다. 이러한 난맥상 속에서 1993년 출범한 클린턴 행정부는 진보적 자유주의(progressive liberalism)를 표방하며 상황을 타개하고자 하였다. 영국에서는 제3의 길(the Third Way) 혹은 신노동(the New Labour)으로 불린 이 접근은 미국에서는 신민주(the New Democrat)라는 별칭으로도 불리었다. 진보적 자유주의는 시장 효율성을 강조하는 기존 경제적 자유주의 노선을 고수하면서, 사회안전망 구축, 공공 서비스 제공 같은 구 진보적 가치와 더불어 소수자 권리 보호, 환경 보호와 같은 신 진보적 가치도 동시에 추구하는 다중 노선을 취하였다. 진보적 자유주의의 이 같은 다소 애매한 포지셔닝은 사회복지 분야에 다음과 같은 파급효과를 가져왔다(ibid. : 325).

첫째, 사회 담론 차원에서 복지혼합, 복지다원주의, 공동생산 같은 개념의 등장과 확산을 촉진하였다. 이들 개념은 국가의 개입을 줄이고 그 공백을 민간 영리, 민간 비영리, 비공식 부문에서 그간 도외시된 다양한 인적 자원과 재정 자원을 발굴해 채워 넣자는 주장을 공통적으로 내세운다. 인적 자원을 발굴하고 활용하자는 주장은 1993년 National and Community Service Trust Act와 2002년 USA Freedom Corps 같은 자원봉사자 관련 정책 개발로 이어졌다. 일련의 정책은 1960년대 Model Cities 프로젝트에 의해 파종된 전국의 수많은 풀뿌리 주민조직이 1990년대 만개한 사회적, 정치적 환경 변화와 때마침 적절히 맞물리며 자원봉사활동의 진흥기를 끌어내었다.

재정 자원을 발굴하고 활용하자는 주장은 민간 재단의 부흥기를 가져왔다. 본래 미국에서는 전통적으로 민간 재단의 모금과 배분이 활발하였는데, 이 기간의 활동이 특히 돋보였다. 우리가 현재 잘 알고 있는 포드 재단, 켈로그 재단, 카네기 재단 같은 전국 단위 민간 재단과 스킬만 재단 같은 지역 재단은 1990년대에 지역사회복지 프로그램을 집중적으로 재정 지원하거나 운영하였다. 이 프로그램들은 대부분 지역사회개발 및 계획 방법을 통합한 포괄적이고 전면적인 개입을 지향하였다. 이와 대조적으로, 정부와 공공기관들은 MFY나 Model Cities와 같은 야심 찬 지역사회복지 프로그램에서 손을 떼고, 건강 증진, 약물사용 감소, 아동 및 가족을 위한 정신건강 서비스 접근성 제고, 사회복지 서비스 프로그램 개입의 효과성 연구, R&D 등에 재정 지원을 집중하였다. 이는 질병통제예방센터(CDC), 국립약물남용연구소(NIDA), 국립정신건강연구소(NIMH) 같은 정부산하기관의 재정 지원 방향성이 이전과 크게 달라졌음을 시사한다.

둘째, 학술적, 이론적 차원에서 공동체주의와 사회적 자본 이론에 대한 관심이 커지고 관련 연구가 활발해졌다. 공동체주의는 개인의 권리보다 공동체의 이익과 구성원의 책임을 중시하며 사회적 유대와 협력을 강조한다. 이 이론은 20세기 후반 권리만 외치고 책임은 지지 않는, 극단적 이기주의로 경도된 자유주의와 이른바 정체성의 정치(identity politics)에 대한 서구 사회의 반감 속에서 등장하였다. 사회적 자본 이론은 신뢰, 호혜, 네트워크가 사회 발전의 기초를 이루는 핵심 동력임을 강조한다. 개인과 집단이 맺는 사회적 관계가 경제적, 사회적 자원의 흐름과 성공에 결정적 영향을 미친다고 보는 이 이론 역시 20세기 후반 공적 인간 소멸에 대한 식자층의 우려와 대안의 모색 과정에서 등장하였다.

공공성과 연대 의식을 중시하는 철학 및 사회과학 이론에 대한 학술적 관심의 증대는 지역사회복지 현장에서 공동체 기반 문제 해결과 다자간 협력에 바탕을 둔 접근 방식의 강조로 구체화하였다. 지역복지네트워크 구축을 통한 프로그램 개발, 주민 참여에 토대를 둔 복지서비스 설계 및 계획 활동 등이 이를 예시한다. 여기서 한 가지 주목할 점은, 이 같은 움직임 속에서 국가는 기존의 적극적 개입자나 집행자의 역할보다, 지원자, 감독자, 평가자 같은 다소 소극적인 역할을 취하며 활동 반경을 스스로 줄이기 시작하였다는 사실이다.

셋째, 정책적 차원에서 탈시설화와 지역사회보호가 추진되었다. 탈시설화는 자립, 자조, 권능화 및 인권 보장이라는 진보적 가치를 내세우며 1960년대 사회운동의 전성기에 그 가능성이 처음 모색되었다. 그러다가 1980년대 들어 신자유주의적 사회 분위기가 고조되는 가운데 정부 재정 부담을 줄이고 돌봄의 책임을 정부 외 행위자에게 이양하는 유력한 방법 중 하나로 간주되며 본격적으로 추진되었다. 이 과정에서 정부는 요보호 대상자를 위한 공공복지 서비스를 축소하고, 대신 지역사회가 자발적으로 이들에 대한 돌봄을 책임지도록 하는 지역사회보호를 기본 정책 방향으로 삼았다. 2009년 오바마 행정부가 연방성부 차원에서 추진한 Community Living Initiative는 이러한 정책 기조를 잘 보여준다.

탈시설화와 지역사회보호는 요보호 대상자에게 자율성을 부여하고 인간적인 환경에서 생활할 수 있도록 기회를 제공하여 국민의 삶의 질을 개선한다는 측면에서 긍정적 평가를 받는다. 그러나 지역사회 통합 돌봄이 제대로 성공하기 위해서는 시설보호만큼이나 혹은 그 이상으로 많은 양의 인적 자원과 재정이 필수적으로 요구된다. 따라서 이를 충분히 고려하지 않은 상태에서 성급히 정책을 추진하면 많은 문제점이 초래될 수밖에 없다. 특히 연방정부의 재정 압박이 심하고 지방정부 간 재정자립도 차이가 큰 상황에서 이를 우선 해결하지 않은 채 지역사회보호를 추진하면, 일부 저소득 지역이나 농촌 지역 내 대상자가 서비스를 충분히 제공받지 못하고 고립될 가능성이 농후하다. 또한 가족 등 비공식 돌봄 제공자의 부담 증가로 인해 돌봄의 질이 떨어지고 학대나 방임 문제에 대해서도 적절히 대응하기 힘들어 대상자를 시설에서보다 더 불투명 사각지대로 밀어넣을 위험성도 상존한다. 지난 수십 년간 추진된 탈시설화의 긍정적 성과에도 불구하고 일각에서 지역사회보호의 지속 가능성에 대해 회의적 입장을 취하는 것은 바로 이와 같은 잠재적, 실재적 문제 때문이다(Watson, 2009).

요약하면, 20세기 후반 신자유주의에 대한 진보 진영의 재해석은 진보적 자유주의라는 불분명한 성격의 신 이데올로기를 탄생시켰다. 이는 사회 담론 차원에서 복지혼합, 복지다원주의, 공동생산이라는 개념을 출현시켰고, 지역사회 내 다양한 자원과 행위자의 참여 및 협력을 강조하는 복지거버넌스 성립을 촉진하였다. 학술적 차원에서는 공동체주의와 사회적 자본 이론이 인기를 끌면서 연대와 협력에 방점을 찍는 다양한 참여적 복지 모델이 이전 시기보다 폭넓게 시도되고 운영되었다. 정책적 차원에서는 자발적 민간 인력의 효율적 활용이라는 명분 아래 다양한 자원봉사 프로그램이 도입되었고, 재정 효율화 및 인권보호라는 명분 아래 탈시설화와 지역사회보호 정책이 정부 차원에서 추진되어 일말의 성과를 거두었다.

이와 같은 변화들은 다소간의 문제와 한계에도 불구하고 지역사회복지실천이 이전 시대보다 발전하고 성숙할 환경적 여건이 무르익었음을 암시한다. 그러나 현실은 기대에 미치지 못하였다. 21세기에 들어 사회복지실천계가 전문화(professionalism), 임상화(clinicalism), 치료주의(therapism)로 돌아서면서 20세기 초와 비슷한 모습으로 회귀하였기 때문이다(Gutiérrez & Gant, 2018 : 639).

21세기 초 사회복지실천계가 100년 전 개인과 가족의 정신건강 이슈에 대한 임상 치료 및 재활 중심의 미시 개입으로 회귀한 데에는 다양한 요인이 작용하였다. 특히 중요한 요인으로 2008년 정신건강 및 중독평등법(Mental Health Parity and Addiction Equity Act)과 2010년 오바마케어(Affordable Care Act) 제정을 거론할 수 있다. 이 두 법령은 건강보험 체계 전반을 재편하여 오랜 기간 억눌려 있던 정신건강 서비스에 대한 대중의 수요를 급증시키는 효과를 낳았고, 제한적이던 개인화된 치료와 재활 서비스에 대한 보험 적용을 누구나 손쉽게 받을 수 있는 길을 열어젖혔다. 이러한 제도적 변화는 정신건강 임상 서비스가 사회복지실천의 주요 영역으로 자리 잡게 하는 촉매제 역할을 하였다.

이뿐만이 아니라 1990년대부터 사회복지사업 및 시설의 책무성(accountability) 요구가 사회적 관심사로 대두하였다. 또한 사회복지사의 전문성 강화가 전미사회복지사협회 등을 중심으로 직종 내 주요 추진 과제로 다루어졌다. 이에 따라 사회복지사들은 더욱 구체적이고 세분화된 문제에 집중하도록 요청받는 상황에 더욱 자주 놓이게 되었다. 이러한 환경 변화는 사회복지실천이 개인과 가족의 심리적 지원 및 치료에 초점을 맞춘 미시적 개입과 보험 처리 등 행정업무에 주력하게 된 주요 배경 원인 중 하나가 되었다.

최근에는 새로운 변화의 조짐도 감지된다. 사회적으로 지역사회 차원의 개입과 변화에 대한 관심이 높아지면서 지역사회복지실천에 유리한 환경이 조성되었음에도 사회복지실천계가 이를 활용하지 못하고 머뭇거리는 동안, 기타 분야 전문가들이 이 영역을 점유하여 자기 분야로 포섭하기 시작하였다는 점이 바로 그것이다. 제2장에서 살펴본 지역사회간호실천, 지역사회보건실천, 지역사회정신건강실천, 지역사회교육실천, 지역사회계획 및 개발실천 등 다양한 분야 내 전문가들의 활동 증가세가 이를 잘 보여준다(ibid. : 641). 지역사회실천으로 통칭되는 이들의 활동은 지역사회복지실천과는 다른 문제의식과 이론적 배경에서 시작되었다. 그러나 지난 세기 지역사회복지실천가들이 거시적 관점에서 수행한 활동 방식과 유사한 방법 및 기술을 사용한다는 점에서 유사성이 높다.

요컨대 20세기 후반 진보적 자유주의 시대를 거쳐 21세기에 접어든 미국 지역사회복지실천계는 유리한 사회적 담론 형성, 관련 이론의 발전, 우호적 정책 환경 조성에도 불구하고 제2의 발전을 도모하지 못하고 침체기로 들어섰다. 이는 주류 사회복지실천계가 임상주의와 미시주의로 회귀하는 상황과 맞물리면서 지역사회복지실천의 입지가 줄고 암흑기를 맞은 것으로 이해할 수 있다. 물론 같은 상황을 두고 누군가는 새로운 가능성을 모색하는 변화기로 이해할 수도 있다. 그렇지만 기본적으로 21세기 초 미국의 지역사회복지실천에서 혁신과 성장이 멈추었다는 데에는 큰 이견이 없다(ibid. : 617).

2010년대 후반 트럼프 행정부 1기, 2020년대 초반 바이든 행정부를 거쳐 트럼프 행정부 2기가 들어선 현시점에서도 사회복지실천계 내 지역사회복지실천의 비중은 상대적으로 미미하다. 반대로 심리학, 범죄학, 보건학, 교육학, 행정학, 도시계획학 등 기타 분야에서의 지역사회실천 활동 비중은 꾸준히 증가하는 추세이다. 이 같은 변화는 간호사, 의사, 심리상담사, 교사, 경찰관, 경영 컨설턴트 등 비복지 분야 전문가의 지역사회 영향력이 사회복지사를 뛰어넘어 확대하고 있음을 말해준다.

2) 지역사회보호의 역사

탈시설화와 지역사회보호는 미국의 지역사회복지 역사를 다룰 때 빠지지 않고 등장하는 주요 주제 중 하나이다. 사회복지사는 탈시설화와 지역사회보호 제도화 과정에서 중추적 역할을 담당하였다. 다음에서는 오늘날 미국 지역사회복지실천 지형에 큰 족적을 남긴 탈시설화와 지역사회보호의 역사를 도입기(1950~1970년대), 확대기(1980년대), 성숙기(1990~2000년대), 최근(2009년~현재), 네 단계로 구분하여 살펴본다.

(1) 1950~1970년대 도입기

미국 탈시설화의 기원은 1950~1960년대 대형 정신병원(asylums)의 정신장애인 탈시설화에서 찾을 수 있다. 병원에서 벌어진 심각한 학대와 비인간적 생활조건에 대해 언론이 기사를 쏟아내고 연구자들이 실태조사를 진행하면서 대형 시설 내 정신장애인의 인권에 관한 경각심이 커졌고, 그에 대한 반성으로 탈시설화가 시작되었다(Rimmerman, 2017). 비슷한 시기 다양한 사회운동의 전개 역시 탈시설화에 유리한 여건을 조성하였다.

1960년대 탈시설화의 속도는 매우 느렸다. 1956년부터 1962년까지 시설 거주자는 전국적으로 559,000명에서 505,000명으로 10%가량 줄어든 데 불과하였다(Clarke, 1979). 지역사회 정착 지원과 서비스도 크게 부족하였다.

1960년대부터 1970년대까지는 탈시설화의 제도적 기반이 마련되었다. 우리말로 의료급여로 번역되는 메디케이드(Medicaid)가 1965년 도입되어 저소득층에게 정신건강 의료서비스를 재가 형태로 제공할 수 있는 재정 기반이 마련되었고, 우리나라의 생계급여와 장애인연금 제도를 합친 것으로 이해할 수 있는 보충적 소득 보장(SSI : Supplement Security Income)이 1972년 도입되어 시설에서 퇴소한 장애인과 저소득 비장애인 노인에게 현금 급여를 제공할 길이 열린 일 등이 그 예이다.

1973년에는 재활법(Rehabilitation Act of 1973)이 제정되었다. 이것은 공공부문 내 모든 기관과 프로그램에 대해 연방 차원에서 신체 및 정신 장애인 차별과 장애인 고용차별을 금지한 세계 최초의 법률이다. 특히 동 법 제504조에 따라 모든 국가 기관과 공공프로그램이 장애인의 권리를 제한하는 정책, 관행, 절차를 수정할 의무를 부여받았다. 재활법에 명기된 이 의무 규정은 이후 열악한 시설 처우를 고발하고 시설 거주자의 권리 회복을 목표로 하는 일련의 소송을 촉발한 법적 근거로 활용되었다. 재활법에 근거를 두고 제기된 소송의 대표적 사례로 1971년 와이어트 대 스티크니(Wyatt v. Stickey) 소송, 1972년 윌로우브룩 소송(the Willowbrook Lawsuit), 1974년 웰쉬 대 리킨스(Welsch v. Likins) 소송 등이 있다.

이 가운데 1977년 펜허스트 주립학교 및 병원 대 할더먼(the Pennhurst State School and Hospital v. Halderman) 소송이 가장 주목을 끈다. 펜허스트 주립학교 및 병원은 1903년 펜실베이니아주 남동부에 설립된 국영기관으로, 정신 및 신체장애인을 위한 시설로 개관하였다. 1968년 언론이 시설의 열악한 실태를 처음 폭로한 후 1977년 법원이 펜허스트의 장애인 인권 침해 판결을 내리면서 세간에 알려졌다(Lakin et al., 1985).

지방법원은 펜허스트가 인원을 과다하게 수용하고 직원을 충분하게 채용하지 않을뿐더러 적절한 교육 프로그램을 갖추지 않고 있음을 확인하였다. 대신 격리실, 물리적 억제대, 향정신성 약물 등 부적절한 통제 수단을 사용하여 신체, 정신적으로 입소자들에게 피해를 야기하고 학대를 일삼음을 확인하였다. 특히 재판부는 장애인 역시 비장애인과 마찬가지로 헌법이 인정하는 교육을 받을 권리, 유해한 환경을 피할 권리, 차별 없는 교육을 받을 권리를 동등하게 누린다는 원고 측 주장을 인용하였다. 판결문에는 펜허스트가 특별 감독관을 임명해 시설 폐쇄를 추진하고 퇴소자의 지역사회 정착을 지원하라는 명령이 담겼다. 이후 항소가 이어졌으나 양측은 1985년 합의에 도달하였고, 퇴소자들은 약속대로 지역사회 전환 서비스를 제공받았다. 펜허스트는 1987년에 최종적으로 문을 닫았다.

(2) 1980년대 확대기

펜허스트 판결을 기점으로 1980년대부터 탈시설화가 본격적으로 추진되었다. 당시 탈시설화를 밀어붙일 수 있었던 배경에는 탈시설화의 효과를 입증하는 연구가 다수 보고되어 정책 추진에 필요한 경험적 증거가 갖추어지고, 여기에 덧붙여 지역사회보호의 제도적 기반이 추가적으로 도입된 것이 크게 작용하였다.

먼저 연구 측면에서, 탈시설화의 긍정적 효과를 입증한 펜허스트 종단연구를 거론할 수 있다(Conroy & Bradley, 1985). 이 연구는 1979년 처음 시작되어 5년간 지속된 장기 프로젝트로, 펜허스트 퇴소자들이 지역사회에 적응하면서 겪은 생활상의 변화를 추적 관찰하는 것을 목표로 하였다. 연구 결과, 대부분의 퇴소자는 개인의 자립 능력과 사회 통합 측면에서 의미 있는 진전을 이루었고, 이전보다 나은 삶의 질을 누린 것으로 나타났다. 이 연구는 미국 내 다른 탈시설화 프로그램에 본보기가 되었으며, 지역사회보호의 중요성을 강조하는 초창기 중요 사례연구로 평가받는다.

탈시설화의 한계를 지적하고 대안을 제시하는 연구도 잇따랐다. 예컨대 1987년 발표된 버몬트 연구(Vermont Study)가 있다(Harding et al., 1987). 1950년대 버몬트주립 병원에서 나온 퇴행성 환자 269명을 추적 관찰한 이 연구 결과에 따르면, 퇴원 환자의 약 30%가 탈시설화 후 질병 재발 및 사회적 고립을 경험하고 시설 복귀를 원하는 것으로 나타났다. 이 연구는 지역사회에서 충분한 지원이 제공되지 않는 경우 탈시설화가 역으로 더 큰 어려움을 초래할 수 있으므로, 성공적 탈시설화를 위해서는 계획적이고 체계적인 주거 및 지역사회 기반 서비스 구축이 필수적이라는 점을 환기하였다.

제도적 기반도 확대되었다. 이 시기를 대표하는 제도로 1981년 주거 및 지역사회 기반 서비스(HCBS : Home and Community Based Services)가 있다. 메디케이드 개선 작업의 일환으로 도입된 HCBS는 장애인, 노인, 만성 질환자 등 지역사회 내 요보호 대상자의 불필요한 시설화를 예방하고 원래 살던 곳에서 계속해서 자립 생활할 수 있도록 돕는 종합 지원 프로그램으로, 현재까지도 지역사회보호의 제도적 안정에 기여하는 대표적 메디케이드 프로그램으로 알려져 있다. HCBS는 사례관리, 주간 보호, 단기 보호, 일상생활 지원, 가사 지원뿐 아니라 개인화된 돌봄 계획, 재활 서비스, 주거 및 고용 지원 같은 개인 맞춤형 지원을 종합적으로 제공한다. 기존 메디케이드의 장기 요양 서비스 및 지원(LTSS : Long-term Services and Supports)이 주로 시설 기반의 의료서비스 제공에 초점을 맞추었다면, HCBS는 요보호 대상자가 지역사회에서 독립적으로 생활을 계속 이어갈 수 있도록 의료적 서비스와 함께 비의료적 서비스도 전방위적으로 제공하여 메디케이드 LTSS의 수혜 범위를 확대하였다는 평가를 받는다.

(3) 1990~2000년대 성숙기

1990년대부터 2000년대까지는 탈시설화와 지역사회보호가 법·제도적으로 성숙해진 시기이다. 이 시기 발전은 1990년 제정된 미국장애인법(ADA : Americans with Disabilities Act)에서 확인할 수 있다. ADA는 장애인 차별금지에 관한 가장 포괄적 법률로서, 장애인을 고립시키는 시설화를 차별로 규정한 최초의 법령이다. 특히 ADA에는 통합 의무(integration mandate) 조항이 포함되었는데, 이것은 지역사회에서 생활할 기회의 제공을 정부의 의무로 규정하였다는 점에서 주목할 만하다.

1990년대 초반에는 활동지원서비스 프로그램(PAS : Personal Assistance Services Program)이 도입되었다. 메디케이드의 HCBS를 통해 지원되는 PAS는 신체장애인에게 일상생활 영위에 필요한 다양한 비의료적 도움(예 목욕, 식사 준비, 옷 입기, 병원 동행 등)을 제공하여 지역사회에서 독립적으로 생활하거나 일할 수 있도록 돕는 것을 목표로 한다. 도입 시기와 운영 방식은 주마다 조금씩 다르지만, 1990년대 후반에는 대부분의 주 정부가 PAS 또는 그와 유사한 프로그램을 마련하여 현재까지도 운영하고 있다(Batavia, 2001).

사법 영역에서는 1999년 옴스테드 판결(Olmstead v. L.C.)이 주목을 끈다. 미국 탈시설화와 지역사회보호 역사에서 중요한 이정표 중 하나로 언급되는 이 판결은 두 명의 정신장애인이 조지아주 정부의 결정으로 정신병원에 강제 입원하게 되면서 시작하였다. 강제 입원을 인권 침해로 규정한 해당 소송에서 미국 연방 대법원은 장애인의 부당한 시설 수용이 ADA 제2장을 위반하는 차별임을 확인하였다. 또한 지역사회 기반 서비스가 적절하게 준비되고 충분히 제공되는 한, 장애인은 시설이 아닌 지역사회에서 생활할 권리를 누린다는 점을 분명히 하였다. 옴스테드 판결은 장애인에게 더 많은 지역사회 기반 서비스를 제공하는 것이 주 정부 의무임을 판시하였다는 데 의의가 있다(Rosenbuam, 2000).

한편, 2001년 연방정부는 모든 미국인의 지역사회 참여에 대한 완전한 기회 보장을 골자로 하는 새로운 자유 구상(New Freedom Initiative)을 선포하였다. 이 구상에는 주 정부와 도시정부가 ADA의 통합 의무를 이행하도록 촉구하는 지침이 포함되었다. 지침에 따라 2010년까지 26개 주가 옴스테드 계획(Olmstead Plan)을 수립하였고, 18개 주가 대안 전략을 발표하였다. 그러나 일부 주가 계획만 수립하고 이행하지 않거나 불충분하게 이행하여 이후에도 Pitts. v. Greenstein (2011), Amanda D. v. Hassan(2012), U.S. v. New York(2013), Smith v. Department of Public Welfare of the Commonwealth of Pennsylvania(2014) 등 정부를 원고로 하는 소송이 잇따랐다.

2005년에는 Money Follows the Person(MFP)이 시행되었다. MFP는 미국 연방정부가 장애인과 노인의 탈시설화 및 지역사회 전환 촉진을 위해 도입한 메디케이드 프로그램 중 하나이다. 우리나라에서는 아직 MFP와 같은 목적이나 기능을 갖는 제도가 도입되지 않아 딱 들어맞는 동의어를 찾을 수 없는데, 굳이 번역하자면 '시설 퇴소자 추적형 재정 지원 제도' 정도가 적당할 것 같다. MFP 시행으로 주 정부는 시설 수용자가 지역사회로 나가 독립적으로 생활하는 데 필요한 서비스 재정을 유연하게 조달할 방법을 찾았고, 퇴소자는 지역사회 정착 이후에도 시설에서 받던 것과 똑같거나 비슷한 서비스를 중단 없이 계속해서 받을 기회를 얻었다. 연방정부는 지역사회 정착자 규모가 큰 주에 한해 재정 인센티브도 주었다. MFP는 HCBS와 함께 현재까지도 지역사회보호의 제도적 안정에 기여하는 메디케이드의 대표 프로그램 중 하나로 언급된다(Robison et al., 2015).

마지막으로 1992년에는 Section 811이 도입되었다. 미국 주택도시개발부(Department of Housing and Urban Development)가 관장하는 주거지원 프로그램 Section 811은 18~61세 저소득 중증 장애인이 독립적이고 안전한 생활환경에서 거주할 수 있도록 돕는 것을 목적으로 한다. 이 프로그램에는 보조금 또는 저금리 대출을 통해 비영리 단체나 공공주택개발업체가 장애인을 위한 주택을 건설하거나 재개발을 추진할 수 있게 지원하는 자본지원 프로그램(Capital Advances), 공공 및 민간 주택관리업체가 장애인에게 저렴한 임대료로 집을 빌려줄 수 있게 돕는 임대료 지원 프로그램(Project Rental Assistance Contracts), 장애인 당사자가 원하는 곳을 자유롭게 선택하여 살 수 있는 기회를 제공하는 주거선택 바우처 프로그램 등이 포함된다.

(4) 2009년 이후 최근

2009년 이후 현재까지 미국 지역사회보호를 대표하는 제도는 Community Living Initiative(CLI)이다. CLI는 지역사회 생활의 해(the Year of Community Living)인 2009년 오바마 정부가 도입한 연방 프로그램으로, 장애인과 노인이 시설이 아닌 지역사회에서 독립적이고 통합된 생활을 영위할 수 있도록 지원하는 것을 목표로 한다. CLI는 새로운 프로그램이라기보다, 기존의 다양한 서비스와 급여를 통합하여 연계성을 제고하고 급여의 충분성, 적절성, 포괄성을 강화한 정책 개선 결과물로 볼 수 있다. 주관 부처는 보건복지부(HHS : Department of Health and Human Services)이고, 주요 프로그램으로는 앞서 살펴본 HCBS, MFP, Section 811 등이 있다.

이 외에도 CLI에는 몇 가지 중요한 프로그램이 새롭게 개발되어 포함되었다(Hewitt et al., 2013). 예를 들면, 장애인이 경제활동으로 소득을 올리더라도 메디케이드 혜택을 잃지 않고 수혜 자격을 유지할 수 있도록 허용하는 Medicaid Buy－In Programs, 지역사회 기반의 장기 요양 서비스 제공 비율이 높은 주 정부에게 메디케이드의 연방 자금 매칭률을 상향 조정해 주는 재정 지원 프로그램(BIP : Balancing Incentive Program) 등이 그것이다. 참고로 BIP의 법적 근거는 앞서 한번 언급한 오바마케어, 즉 2010년 제정된 의료개혁법(Affordable Care Act)이다.

2012년에는 연방정부가 HHS 산하에 Administration for Community Living(ACL)을 설립하였다. ACL은 비효율적으로 운영되던 노인 및 장애인을 위한 지역사회 기반 서비스들을 조정, 재편하고 새로운 제도들을 도입하였다. 몇 가지 예를 들면, 노인과 장애인의 장기 요양 및 복지서비스에 대한 접근성 제고, 정보 제공 및 서비스 연계 강화를 목적으로 하는 Aging and Disability Resource Centers를 전국 지역사회에 확대 설치하였고, 장기 요양 서비스 이용자와 그 가족이 여러 기관을 방문하지 않고 한 곳에서 필요한 정보를 얻고 자원을 연계받을 수 있도록 하는 No Wrong Door System을 운영하였다. 또한 Elder Justice Programs를 통해 노인 학대, 착취, 방임 등의 문제를 예방, 대응하는 연방 및 주 정부 간 협력 체계를 구축하였고, National Family Caregiver Support Program을 통해 가족 돌봄 제공자를 지원하는 지역사회 돌봄 체계를 구축하였다. 장애인에게 자립 생활 훈련, 고용 지원 등을 제공하는 장애인 주도의 비영리 기관 Centers for Independent Living을 전국 지역사회에 확대 설치하는 일에도 관여하였다.

(5) 성과와 한계

반세기에 걸친 탈시설화와 그에 동반된 지역사회보호 제도화 노력으로 미국에서는 시설보호가 줄고 반대로 지역사회 기반 돌봄이 강화되었다. 예컨대 장기 요양 서비스 및 지원(LTSS) 지출에서 주거 및 지역사회 기반 서비스(HCBS)가 차지하는 비중은 2001년 32%에 불과하였는데, 10년 후인 2011년에는 45%, 2021년에는 63.2%로 20년 만에 두 배 증가하였고, 현재는 시설 기반 서비스를 압도하고 있다(Wysocki et al., 2024).

대형 시설 의존도도 크게 줄어서, 2018년 기준 16인 이상 대형 발달장애인 시설은 주립 115개(17,557명), 사립 617개(19,268명)를 합쳐 총 732개(36,825명)만이 운영되고 있다. 이는 미국 전체 대형 시설 중 0.3%에 불과한 수치이다. 현재 추세가 계속된다면 2025년에는 주립에 한해 16인 이상 대형 발달장애인 시설이 모두 문을 닫고 15인 이하 시설만이 소수 운영될 것으로 예상된다(Larson et al., 2023).

시설 퇴소자의 지역사회 정착을 지원하는 MFP도 큰 성과를 냈다. 프로그램이 처음 도입된 2005년부터 2020년까지 15년간 MFP의 재정 지원을 받고 지역사회에 정착한 퇴소자는 107,000명이 넘었다. 관련 연구들은 MFP 도입 이후 메디케이드 및 메디케어의 1인당 지출 비용이 감소하였고 수혜자의 삶의 질도 개선되었음을 보고한다(Peebles & Dolle, 2022).

탈시설화와 지역사회보호 제도의 유의성은 코로나19가 강타한 2020년대 초반 가장 확실하게 입증되었다. CLI 정책의 기조를 유지한 당시 바이든 행정부는 엄청난 예산을 들여 지역사회 거주 장애인과 노인에게 백신을 접종하고 영양식을 제공하였는데, 이는 수많은 요보호 대상자의 시설화를 예방하고 지역사회 내 사회적 고립을 최소화하여 팬데믹 극복에 기여하였다는 평가를 끌어낸다(National Council on Disability, 2022).

이러한 성과와 긍정적 평가에도 불구하고 미국 탈시설화와 지역사회보호 제도에는 여러 측면에서 비판이 쏟아진다.

① 재정 부족

지역사회보호가 제대로 이루어지려면 정부의 재정 지원이 충분해야만 한다. 그래야 시설 퇴소자에게 원활한 지역사회 전환과 정착을 위한 급여와 서비스를 적기에 적절히 충분히 제공할 수 있고, 잘 훈련된 양질의 전문 인력을 고용할 수 있으며, 쾌적한 환경을 갖춘 소규모 그룹홈 거주시설이나 치료, 재활 시설도 지역사회 곳곳에 많이 만들 수 있다. 그렇지만 지난 반세기의 경험은 지역사회보호를 위한 재정이 언제나 부족하다는 점을 확인시켜 주었다(Watson, 2009).

기본적으로 정부 총예산 중 복지에 할당된 부분은 상대적으로 그 규모가 늘 작다. 설령 복지 예산이 운 좋게 한두 해 정도 늘어났다고 하더라도, 늘어난 예산을 장애인이나 노인을 위한 지역사회 기반 서비스 확대에 온전히 쏟아부을 수 없다. 복지를 필요로 하는 곳은 지역사회보호 영역에만 국한되지 않기 때문이다. 이뿐만이 아니라 지역사회 기반 서비스에 대한 수요도 시기별로 균등하지 않다. 특정 시점, 예컨대 팬데믹과 같은 시기에 갑작스럽게 수요가 급등하면 필수 서비스를 제공하는 데 애를 먹을 수밖에 없다.

시설보호만큼의 또는 그보다 많은 재정이 성공적인 지역사회보호 운영에 들어간다는 문제점은 이 분야 선진국으로 알려진 영국의 경험에서 매우 잘 확인할 수 있다. 영국은 일찍이 1990년 National Health Service and Community Care Act 제정으로 지역사회보호 제도화에 앞장섰다. 그러나 계속된 경제 침체로 정부는 긴축재정 기조를 상당 기간 고수하였고, 여기에 덧붙여 인구 고령화가 심화하면서 지역사회보호에 충분한 투자를 할 수 없는 상황에 직면하였다. 그 결과, 지역사회보호가 추진된 지 20여 년이 지난 2010년대에 들어와서는 중증 환자나 심각한 장애인에게만 엄격한 기준에 따라 선별적으로 서비스를 제공하는 일이 잦아졌다. 이는 장기적으로 지역사회 기반 서비스 총량의 전반적 감축을 야기하였고, 서비스 질 악화, 종사자 처우 악화 등의 문제로까지 비화하였다. 재정 확보에 어려움을 겪던 영국 정부는 2008년 개인예산제(personal budgets) 도입 등으로 상황을 타개하려고 노력하다가 2014년 예방, 주관적 웰빙, 비공식적 자원(가족, 친지, 이웃 등) 활용 등의 새로운 개념을 포함하는 Care Act로 기존의 Community Care Act를 통합, 대체하였다. 이러한 개혁 조치는 수사적으로는 훌륭할 수 있을지언정, 재정 감축 기조 속에서 서비스 축소를 정당화하는 궁여지책이라는 비판에서 자유롭지 못하였다(김용득, 2019).

탈시설화와 지역사회보호는 재정 건전성 확보와 비용 절감 때문에 도입된 측면이 있다. 그런데 막상 도입하고 보니 이 제도를 제대로 운용하기 위해서는 시설보호 못지않은, 어쩌면 그보다 더한 재정 투자가 요구된다는 사실을 많은 이들이 이내 깨달았다. 비용 문제는 향후 더욱 빨라질 인구 고령화에 따라 한층 더 심각해질 것으로 예상된다.

② 지역 격차

미국에서 탈시설화와 지역사회보호의 제도화는 정책적 의지나 재정적 실현 가능성보다, 소송 합의나 법원 판결 같은 사법 장치에 의해 견인되어 온 측면이 크다. 그런데 사법부가 주 정부나 도시정부에 지역사회 기반 서비스를 제공하라고 판결 내리더라도 불이행에 대한 법적 제재가 형식적으로만 이루어질 뿐이고, 설령 이행하더라도 정책 우선순위에서 후위에 둠으로써 사실상 불이행과 마찬가지 결과를 내는 경우가 적잖이 발생한다(오욱찬 외, 2021).

앞서 소개한 옴스테드 판결이 대표적인 예이다. 당사자인 조지아주 정부는 지역사회 기반 서비스를 확대하라는 법원 명령에도 불구하고 이를 제대로 이행하지 않고 꾸물대면서 연방정부의 추가 조사와 계속된 관리 감독을 자초하였고, 조지아주 장애인 단체들의 거센 항의와 정치적 압력에 직면하였다. 비슷한 사례를 텍사스주와 일리노이주 등 다른 여러 곳에서도 찾아볼 수 있다.

법원 판결을 의도적으로 이행하지 않는다기보다 불가피한 상황으로 이행하지 못하는 주도 있다. 와이오밍주같이 인구밀도가 낮거나 사우스다코타주같이 영토 대부분이 농업지대인 곳, 또는 미시시피와 같이 경제적으로 장기 침체에 빠진 곳에서는 지역사회 기반 시설을 짓기 힘들고 서비스 접근성도 담보하기 어려워 다른 주와 비교해 지역사회보호의 제도화 수준이 크게 낮은 형편이다(Cohen et al., 2024).

물론 법원 판결을 모범적으로 이행한 주 정부가 없지는 않다. 예컨대 노스캐롤라이나주 정부는 Transition to Community Living Initiative와 같은 프로그램을 통해 지역사회보호 제도화에서 상당한 진전을 이루었다. 이 프로그램에는 고품질의 저렴한 주택과 종합적 지원 서비스에 대한 바우처가 포함되어 있다. 이는 긍정적 사례이기는 하나, 어떠한 사례를 보든 법원 판결에 대한 주 정부 및 도시정부 간 이행 정도 격차가 크고, 그로 인해 탈시설화의 효과가 지역적으로 고르게 발생하지 않고 특정 지역에 편중된다는 점에서, 사법적 제재에 의해 견인되는 지역사회보호 제도화의 한계는 분명해 보인다.

③ 소규모 지역사회 거주시설의 본질적 한계

지역사회보호 실시로 그룹홈 같은 소규모 지역사회 기반 거주시설이나 기타 대안적 형태의 주거가 늘면서 대형 시설보다 더 나은 생활환경과 개인화된 돌봄 계획을 제공할 수 있게 된 것은 맞다. 그러나 소규모 시설은 잘 훈련된 전문 인력의 채용 및 그 밖의 다양한 필수적 장비나 자재 확보에 어려움이 많고, 재정 부족으로 인해 충분한 서비스를 공급하지 못할 수 있다. 설사 운 좋게 우수한 직원을 채용했다고 하더라도 낮은 급여, 열악한 근무 여건으로 퇴직자 비율이 높다(Meeks & Degenholtz, 2021).

이뿐만이 아니라 소규모 시설은 중앙의 관리 감독이나 규제의 사각지내에 놓인 경우가 많다. 그래서 거주민이 적절한 돌봄을 제공받지 못한 채 대형 시설에서보다 더 심각한 인권 침해나 학대를 당하기도 한다. 특히 응급 상황에 대한 준비가 부족하고 시설 자체가 물리적 안전 문제에 취약성을 드러내는 경우가 많아 대규모 시설에 비해 소규모 시설이 확실히 낫다고 말하기 어려운 측면이 있다. 무엇보다 소규모의 지역사회 시설에서 산다고 하여 그것이 꼭 사회적 고립 해소나 지역사회 주민과의 상호작용 증가 등 사회 통합을 증진하는 결과로 이어진다고 말하기도 어려운 것이 현실이다(Lachaud et al., 2024).

④ 예상치 못한 부작용

탈시설화는 지역사회 전환과 성공적 정착을 전제로 이루어지는데, 퇴소자 중 일부는 적절한 지원과 돌봄을 받지 못한 채 탈시설 후 오갈 데 없는 상황에서 노숙자로 전락하기도 하고, 또 다른 일부는 범죄를 저질러 다른 의미의 대형 시설인 교도소로 직행하기도 한다. 간접적 증거이기는 하나, 주 교도소 수감자의 43%가 광범위한 정신건강 문제(우울, 불안 장애, PTSD 등)를, 14%가 심각한 정신적 고통(우울증, 자살 충동 등)을 겪고, 연방 교도소 수감자의 23%가 광범위한 정신건강 문제를, 8%가 심각한 정신적 고통을 겪는다는 통계가 이러한 부작용을 우회적으로 보여준다(Maruschak et al., 2016).

3. 한국의 지역사회복지 역사

1) 지역사회복지의 시대별 전개

현대적 의미에서 우리나라의 지역사회복지는 크게 네 개 시기, 구체적으로 형성기(1950~1970년대), 정착기(1980~1990년대 초반), 발전기(1990년대 후반~2000년대), 그리고 가장 최근의 확대기(2010년대~현재)로 나누어 살펴볼 수 있다.

(1) 1950~1970년대 형성기

① 1950~1960년대

해방 후 3년간 우리나라를 통치한 미군정은 군정청과 위생국을 중심으로 공공 복지행정을 추진하였다. 그러나 이는 최소한의 생존을 위한 구호였고 도움이 필요한 사람에 대한 긴급하고 일방적인 개입이었다. 따라서 당시의 복지를 지역사회복지 또는 지역사회복지에 대한 국가적 접근으로 해석하는 데에는 무리가 있다(김홍수, 2005).

그러다가 1950년 6·25 전쟁이 발발하였고, 이때를 즈음하여 많은 외국 원조기관이 선진 기술과 행정체계를 바탕으로 인도적 가치 구현이라는 명목 아래 우리나라에 대거 진입하였다(최선희, 2014). 이들은 현대적 의미의 민간 사회복지관을 설립하고 다양한 서비스를 제공하였다. 이러한 맥락에서 우리나라 지역사회복지의 기초를 나진 주체는 1950년대 들어온 외국 원조 기관이었다고 볼 수 있다. 그러나 엄밀히 말해 1950년대 초반 이들의 활동은 주 대상이 전쟁 피해자인 고아, 미망인, 무의탁 노인 및 빈민에 한정되었고, 내용도 끼니조차 잇기 어려운 한국 국민에게 당장 필요한 식료품을 들여와 전달하는 단순 구호 활동에 치중되었다는 점에서 지역사회복지에 대한 체계적이고 전문적인 접근, 즉 진정한 의미의 지역사회복지실천으로 부르기에는 어려운 부분이 있다(서선호 외, 2010 : 177).

우리나라 지역사회복지실천의 기틀이 잡힌 것은 1952년 일곱 개 외국 원조 기관이 모여 외국민간원조한국연합회(KAVA : Korea Association of Voluntary Agencies)라는 민간 비영리 단체를 설립하면서부터였다. KAVA는 단순 구호 활동을 넘어, 지역사회 복지관 설립과 이를 거점으로 한 사회복지 서비스체계 구축을 목표로 활동하였다. 당시 KAVA 소속 해외 원조 기관이 설립한 사회복지관을 몇 개 예시하면, 1962년 목포사회복지관, 1965년 인천복지관, 1966년 이천복지관, 1968년 서울 마포복지관 등이 있다(정혜정, 1985).

1964년에는 KAVA 가입 단체가 70개를 넘어섰고, 이에 따라 조직의 규모와 영향력도 확대되었다. 외연을 확장한 KAVA는 보건, 복지, 교육, 구호, 지역사회개발 등 다양한 분야에서 활동을 세분화였고 중복되는 사업을 조정하였다. 그러는 한편, 미국과 영국의 선진 사회사업 방법 및 이론을 한국에 전파하는 일도 담당하였다. 1950~1960년대 KAVA의 활동은 우리나라 사회복지 체계를 현대화하고 지역사회복지실천의 뿌리를 내리게 하는 데 이바지하였다.

KAVA 소속 외국 민간 원조 기관들은 1970년대 초 이후 차츰 우리나라에서 철수하였다. 이는 당시 박정희 정권이 외국 민간 원조 기관이 수행하던 각종 지역사회복지사업을 새마을운동을 통해 직접 수행하기 시작한 데 따른 여파로, 지역사회복지에 대한 전문적 접근이 국가적 접근으로 대체된 시점과 맞물린다. 1970~1980년대 급속한 경제발전으로 한국이 더는 원조 대상국으로 간주되지 않게 된 것 역시 외국 민간기관의 철수를 가속화한 요인이다(우수명 외, 2021 : 59-60). KAVA는 1995년 공식 해체되었다.

② 1970년대

1970년대 우리나라 지역사회복지 역사에서 가장 주목할 만한 변화는 민간이 주도하던 지역사회복지사업이 중앙정부에 의해 장악, 재편되었다는 사실이다. 대표적인 예가 박정희 정권이 추진한 새마을운동이다. 새마을운동이 등장한 1970년은 한국의 지역사회복지를 이전 시기와 구분 짓는 전환점으로 간주된다(박광준, 2013 : 299).

초창기 새마을운동은 근면, 자조, 협동을 주요 정신으로, 농한기 농촌 마을 가꾸기 시범사업으로 시작되었다. 농촌 중심으로 진행되던 새마을운동은 1977년 공장 새마을운동, 1979년 도시민 의식개선 운동으로 변모하면서 전국 지역사회와 직장으로 확대하였다. 이는 새마을운동이 농촌 마을의 단순 생활환경 개선 사업에서 한 걸음 나아가 소득 증대, 경제발전, 도시 지역사회 환경개선 운동으로까지 진화하였음을 말해준다. 한편 박정희 정권에 이어 집권한 신군부는 1981년 새마을운동중앙본부를 창립하고 매년 4월 22일을 '새마을의 날'로 지정하면서 정부 주도라는 세간의 비판을 의식하여 새마을운동의 성격을 민간 주도로 전환하는 움직임도 보였다.

새마을운동은 명백히 국가 주도의 지역사회개발 사업이었다. 표면적으로는 자조, 자립, 민간의 자발성, 민관협력을 강조하였으나, 실상은 중앙정부가 주도하여 민간의 자발적 참여를 강제한 측면이 컸다(박보영, 2011). 박정희 정권이 민간을 동원한 이유는 단순히 경제발전과 개발을 빠르게 추진하기 위한 것만이 다가 아니었다. 당시 정권은 부족한 정치적 정당성을 보완하기 위해 국민이 자발적으로 경제발전과 근대화에 앞장선다는 이미지를 대내외적으로 홍보할 필요가 있었는데, 새마을운동은 이러한 정권의 필요에 딱 맞는 역할을 해줄 수 있는 좋은 간접 행정 지도 수단이었다. 새마을운동을 통해 당시 정권은 국민과 함께 국가 발전을 도모한다는 긍정적 이미지를 홍보할 수 있었다.

많은 비판에도 불구하고 새마을운동은 1970년대 한국 농촌의 근대화, 나아가 한국 경제발전의 초석을 깔았다는 점에서 긍정적 평가를 받는다. 특히 빈곤퇴치, 생활환경 개선, 영농 과학화, 정신 혁명, 리더십 개발, 여성의 사회 참여 등 다양한 분야에서의 성과를 인정받아 2013년 유네스코 세계기록유산에 그 기록물이 등재되었다(홍숙자 외, 2015 : 273). 이 기록물은 새마을운동이 한국 사회에 미친 긍정적 변화를 증명하는 사료로, 오늘날 개발도상국의 빈곤퇴치와 지역사회 개발, 특히 농촌 개발에 관한 모범적 전형으로 세계적으로 인정받는다.

(2) 1980~1990년대 초반 정착기

한 국가의 경제가 성장하면 사회 불평등이 심각해지고 탈물질주의에 대한 국민의 관심이 커지면서 사회복지 욕구도 증가한다. 정부는 누적된 복지 욕구가 임계점을 넘어 통제 불능 상태에 도달하기 전에 다양한 사회정책, 사회보장정책을 추진하여 통합과 안정을 도모한다(Trattner, 2007).

우리나라도 이러한 패턴에서 예외가 아니었다. 1980년대부터 1990년대 초까지 한국 경제가 빠르게 성장하면서 사회복지에 대한 국민의 기대가 커졌고, 정부는 이에 대응하고자 늘어난 재정 여력을 바탕으로 각종 사회복지 관련 법을 제·개정하고 이전보다 많은 자원을 복지 분야에 투자하였다. 물론 당시 우리나라 정부의 사회안전망 구축 노력에 대해 크게 부족하다고 말하는 학자들도 많다. 그러나 이는 어디까지나 지금의 관점에서 본 사후적 분석이고, 당시 정치와 경제 여건을 고려하면 나름대로 주어진 상황에서 필요한 만큼의 사회정책과 사회보장정책을 수립하였다고 평가할 수 있다(양재진, 2023). 이 시기 제정된 주요 사회복지 관련 법에는 1981년 아동복지법과 노인복지법, 1986년 국민연금법, 1989년 장애인복지법, 1990년 장애인고용촉진법 등이 있고, 개정법에는 1989년 의료보험법과 1983, 1989년 사회복지사업법 등이 있다.

다양한 사회복지 관련 법과 정책이 추진되는 가운데, 새마을운동으로 시작된 지역사회복지에 대한 국가적 접근도 한층 강화되었다. 물론 국가적 접근의 강화는 전문적 접근의 활성화에 직접적이고 즉각적인 영향을 미쳤다. 이 시기 정부 주도로 추진된 주요 지역사회복지 관련 사업으로 사회복지관 운영 및 지원, 사회복지사자격증제도, 사회복지 전문요원제도, 재가복지봉사센터 설립 및 운영 등이 있다(박광준, 2013 : 308).

이를 연차별로 좀 더 구체적으로 살펴보면, 먼저 1983년 사회복지사업법 개정에 따라 종합사회복지관이 규모별로 가형과 나형 그리고 사회복지관(다형)으로 구분되었다. 참고로, 시설면적 기준으로 가형은 건평 2,000m^2 이상, 나형은 건평 1,000m^2 이상~2,000m^2 미만, 다형은 건평 1,000m^2 미만의 사회복지관을 가리키며, 이 기준은 현재도 준용된다. 또한 사회복지관 국고보조금 지침이 마련되어 이때부터 전국 모든 사회복지관이 국가 지원을 받기 시작하였다.

사회복지관이 확산하는 가운데, 1980년대 제정된 노인복지법과 장애인복지법에 따라 노인복지관, 장애인복지관 등 사회복지시설도 빠르게 그 숫자가 늘었다. 사회복지시설의 증가는 후술할 재가복지봉사센터 등 지역사회 기반 이용시설의 증가와 맞물리면서 그곳에서 일할 민간 전문 인력에 대한 수요 확대를 가져왔다. 이에 1983년 사회복지사업법이 개정되고 사회복지사 자격증 제도가 신설되었다. 사회복지사 국가자격증 제도는 민간 사회복지 인력의 전문성을 제고하여 복지서비스의 질을 향상하는 데 기여하였다.

전문 인력 배출을 위한 노력이 민간에서 사회복지사제도로 정착하는 가운데, 공공에서도 유사한 움직임이 있었다. 1987년 정부가 전국 읍면동 사무소에 생활보호 및 복지서비스 업무를 담당할 사회복지 전문요원을 선발, 배치한 것이 그것이다. 정부가 사회복지 전문요원을 선발한 것은 사회복지사업의 전문성 향상과 공공 복지전달체계의 효율성 제고에 그 목적이 있었다. 그런데 막상 제도를 운영하다 보니 전문요원들이 읍면동 사무소라는 일반행정 기구에서 일하는 까닭에 사회복지 외 다른 일반 행정업무를 과도히 떠맡게 돼 애초 의도한 목적을 달성하지 못한다는 문제점이 제기되었다. 이에 정부는 사회복지 업무만을 담당하는 지역사회 전담기구 설치를 위해 노력하였다. 그 결과 1995년 보건복지사무소, 2004년 사회복지사무소 등 시범사업이 일부 지역에서 실시되었다. 그러나 전문 인력 부족, 주민 접근성 부족, 민관협력체계 미비 등 다양한 이유로 전면 실시로까지는 이어지지 못하고 사업이 종료되었다.

비록 사회복지 전담기구 설치는 실패하였으나, 1987년 도입된 사회복지전문요원제도는 사회복지 전담 공무원(사회복지직 공무원)이라는 명칭으로 이름을 달리하여 현재까지 이어지고 있다. 이들은 시도, 시군구, 읍면동 및 그 밖의 다양한 사회보장 사무 전담 기구에서 통합사례관리, 생활 실태조사, 안내, 상담 등 다양한 사회복지 전문 업무를 수행하며 공공 사회복지 전달체계의 최일선에서 활발히 활동하고 있다.

1989년에는 주택건설촉진법 등에 의해 영구임대아파트 단지 내 사회복지관 건립이 의무화되었다. 이에 따라 저소득층 밀집 지역을 중심으로 사회복지관이 크게 늘었다. 실제로 1989년 전국적으로 39개소에 불과했던 사회복지관은 1995년 261개로 늘어 단시간 내에 엄청난 증가세를 보였다. 참고로 2023년 8월 기준 사회복지관은 전국에 476개소가 운영 중이다(한국사회복지관협회, 2024). 1989년에는 사회복지관 설치 운영 규정이 제정되어 사회복지관 운영이 표준화되었다.

한편, 1993년 출범한 김영삼 대통령의 문민정부는 당시 세계적 흐름이던 신보수주의의 영향으로 정부의 역할 축소와 민간 부문의 책임 및 자율성 확대를 강조하는 이른바 복지다원주의 또는 복지혼합 노선을 추구하였다(홍경준・송호근, 2003). 이에 따라 정부 지원을 받는 사회복지법인들이 종합사회복지관을 중심으로 사회복지시설을 직접 설치하거나 지방자치단체로부터 위탁받아 운영하는 경우가 많아졌다. 정부 차원에서도 민간 사회복지 전달체계의 중요성을 강조하는 발언이 잦아졌다.

당시 민간 행위자들은 정부가 허용하는 범위 내에서 사회복지 분야의 가능성을 다양한 방식으로 탐색하였다. 대표적인 예로 복지관 부설 기관 형태로 설치, 운영된 재가복지봉사센터를 거론할 수 있다. 우리나라에서 재가복지서비스는 1987년 한국노인복지회에서 가정봉사원 파견 사업을 시범실시하며 시작되었다. 장애인재활협회, 서울장애인종합복지관 등에서도 비슷한 시기 지역사회 기반 재활사업을 시작하였는데, 1990년대 초 재가복지서비스에 대한 민간 행위자들의 이 같은 실험적 시도는 민간의 역할을 강조한 당시 정부의 호응을 받으며 1991년 재가복지봉사센터의 설립・운영 지침 수립, 1992년 재가복지봉사센터에 대한 국고지원, 1993년 노인복지법에 재가노인복지사업 규정의 명문화 등의 성과를 끌어냈다.

참고로 복지관의 재가복지봉사센터는 민간 복지서비스 전달체계 개선 작업의 일환으로 2010년 복지관의 재가노인지원서비스(지방자치단체의 보조금으로 운영)로 재편되어 오늘에 이르고 있다. 그리고 그 외 재가복지서비스에 대한 지역사회 수요 일부는 2008년 도입된 노인돌봄기본·종합서비스로, 또 다른 일부는 2008년 노인장기요양보험제도 내 재가노인복지서비스로 대응되었다. 현재 재가노인복지서비스를 제공하는 노인장기요양기관은 지역사회 재가노인복지시설이며, 이곳에서는 방문요양, 주야간보호, 단기보호, 방문목욕, 방문간호 등 다양한 재가급여를 제공하고 있다.

마지막으로, 1995년 지방자치제도가 전면 실시되었다. 이는 중앙정부 중심의 기존 사회복지사업에 지방자치단체가 참여하여 재정과 집행 권한을 이양받고 독자적으로 사업을 기획함은 물론, 고유의 사회복지 전달체계를 구축할 기반을 마련한 중요한 제도적 변화였다. 지방자치제도 부활과 그에 따른 사회복지서비스 분권화라는 선행 요인을 고려하지 않고서는 2000년대 이후 지역사회복지 발전과 성장을 설명하기 어렵다.

(3) 1990년대 후반~2000년대 발전기

1990년대 후반부터 2000년대까지 약 15년은 IMF 위기라는 외부 경제 충격이 가해진 후 이를 극복하는 과정에서 한국형 사회안전망의 기틀이 마련되고, 정부와 민간의 협력이 활성화한 시기였다. 내부적으로는 인구 고령화가 진행되어 이에 대한 제도적 차원의 대응이 강구되었고, 국가는 부족한 사회복지 자원을 최대한 효율적으로 사용하기 위해 이전 시기 복지다원주의 노선을 고수하며 특히 시민(주민) 참여를 장려하였다(양난주, 2010). 요컨대 당시는 임박한 국가 부도 위기 속에서 역설적으로 지역사회복지, 정확히 말하면 지역사회복지에 대한 국가적 접근(공공)과 전문적 접근(민간)이 새로운 전기를 맞고 발전한 시기였다(박광준, 2013 : 318).

이 시기를 특징짓는 사건은 1997년 12월 발생한 IMF 경제 위기이다. 세계 경제 침체와 당시 한국 경제의 구조적 병폐로 인해 발생한 이 외환위기로 말미암아 한국 사회 불안은 최고조에 달하였고 실업률과 자살률이 치솟았다. 이에 따라 넘쳐나는 실업자, 노숙인, 빈민 등 취약계층을 위한 사회안전망 구축의 시급성이 어느 때보다 커졌고, 위기를 극복하기 위해 각계각층에서 다양한 방안을 강구하고 제시하였다.

그중 하나가 지역사회복지 전달체계의 개선, 구체적으로 말해 지역사회 복지관 확대였다. 앞서 언급했다시피, 사회복지관은 건립이 법적 의무화된 1989년 39개소에서 1995년 261개소, 2000년 335개소, 2005년 394개소, 2010년 420개소로 그 수가 꾸준히 늘었다(한국사회복지관협회, 2024). 재가복지서비스를 제공하는 복지관 부설 재가복지봉사센터도 마찬가지로 그 숫자가 계속 늘었다. 사회복지관과 부속 재가복지봉사센터의 전국적 확산은 지역사회를 중심으로 한 민간 사회복지서비스 전달체계가 당시 엄중한 사회 분위기 속에서 빈곤층에 대한 지원 등 나름의 중요한 역할을 하며 위기 타개에 기여하였다는 것을 말해준다.

이 외에도 2004년에는 지역아동센터 설립의 법적 근거가 마련되었다. 본래 지역아동센터는 1980년대 도시 빈민 지역 내 저소득 가정 아동의 공부방 형태로 자생적 풀뿌리 조직으로 시작하였다. 초기에는 주로 당사자 주민조직이나 교회 등 민간 주도로 만들어져 운영되었는데, IMF 경제 위기 이후 저소득층 가정의 돌봄 공백이 심각해졌다는 문제의식 아래 정부는 2004년 아동복지법을 개정하여 지역아동센터를 법제화하고 국가의 지원을 받는 아동복지시설로 제도화하였다. 방과 후 돌봄이 필요한 아동과 청소년 및 그 가족을 위해 보호, 교육·문화·정서 지원, 지역사회 연계 복지서비스 제공 등의 기능을 담당하는 지역아동센터는 2022년 기준 4,253개소가 전국적으로 설치되어 운영 중이다(아동권리보장원, 2024).

민간 사회복지시설의 약진 속에서 전달체계의 효율성과 책임성을 제고하는 후속 조치도 잇따랐다. 1998년 사회복지사업법 개정으로 사회복지시설 평가제,

시설 설치 신고제, 설치 주체 다양화, 사회복지사 1급 국가자격증 제도 등이 시도된 것이 이를 예시한다. 이 가운데 사회복지시설 평가제에 주목할 필요가 있다. 시설 평가제는 정부의 재정 지원을 받는 사회복지시설을 대상으로 매 3년 1회 이상 종사자 전문성, 시설 환경, 서비스 만족도, 지역사회 네트워킹 등 핵심 사항에 대해 평가받는 것을 의무화한 제도이다. 이 제도의 도입으로 그간 정부 지원을 받음에도 불구하고 전근대적으로 운영되던 많은 시설이 합리적이고 투명하게 운영될 기반이 갖추어졌다. 무엇보다 전문성과 책무성이라는 혁신적 요소가 민간 사회복지사업에 정착하여 확산하게 된 점이 평가제 도입에 따른 가장 큰 성과이다. 평가는 1기(1999~2001년)를 시작으로 현재 9기(2023~2025년)가 진행 중이며, 사회보장정보원의 계획 수립과 중앙사회서비스원의 운영으로 시행되고 있다.

2000년에는 국민기초생활보장제도가 도입되어 공공 사회복지 범위가 크게 확대되었다. 생활보호법 폐지와 동시에 제정된 국민기초생활보장법은 과거 시혜 대상으로만 여겨진 수급자(welfare recipient)를 권리를 주장하는 수급권자(the entitled to welfare rights)로 격상하여 전 국민에게 보편적 복지의 의미를 각인시킨 계기를 마련하였다(박능후, 2000). 이뿐만이 아니라 빈곤 문제 해결을 위한 수급권자 발굴 및 관리를 지방자치단체 의무 사항으로 규정하여 공공복지의 중심추를 중앙에서 지방으로 옮기는 데에도 큰 영향을 미쳤다. 실제 국민기초생활보장제도 실시 후 전국 각지에 240여 개의 자활후견기관(2007년 국민기초생활보장법 개정에 따라 지역자활센터로 명칭 변경)이 지정되어 이곳을 위시로 자활지원사업이 추진되었다는 사실은 이 시기 사회복지 전달체계가 지역사회 중심으로 재편돼 가고 있음을 보여주는 단적인 사례라 할 수 있다(우수명 외, 2021 : 61-62).

한편 1990년대 초 김영삼 정부가 취한 복지다원주의 노선은 1990년대 후반과 2000년대까지 계속되었다. 복지다원주의는 한편으로 앞서 언급한 민간 전달체계의 부흥을 가져왔고, 다른 한편으로 그 전 시기 확립된 지방자치제도 실시와 맞물리며 지방지치단체 및 민간 행위자 간 협력과 협치에 입각한 새로운 복지거버넌스 출현을 촉진하였다.

다양한 형태의 거버넌스가 시도되었는데, 2003년 7월 사회복지사업법 개정에 따라 2005년 전면 도입된 지역사회복지협의체가 이를 대표한다. 개정된 사회복지사업법은 공공과 민간의 여러 복지 주체 간 협력과 협치를 주문하는 시군구 지역사회복지협의체 설치 근거를 마련하였고, 협의체 의결을 통해 각 시군구가 지역사회복지계획을 자체적으로 수립하여 각자 특성에 맞게 시행하도록 의무화하였다. 지역사회복지협의체라는 새로운 복지 거버넌스·네트워크의 등장으로 기존 중앙정부 중심의 수직적이고 획일적인 복지 전달체계는 지역사회 특성과 욕구에 부합하는 지역 특수적 복지 프로그램의 개발 및 실행으로 성격과 방향을 틀었다.

물론 이러한 전환이 지역사회복지협의체 등장만으로 가능했던 것은 아니다. 다양한 제도적 장치가 있었기에 가능하였는데, 한시적 지방교부세 시행이 하나의 예이다. 이것은 지방자치단체의 재정 자율성을 높이기 위해 중앙정부 재정을 이전할 수 있도록 허용한 분권형 재정 지원 제도로, 2004년 도입되었다. 당시 도입된 지방교부세는 지방자치단체가 지역별로 맞춤형 복지 프로그램을 개발하고 실행하는 데 중요한 역할을 하였고, 그 결과 사회복지서비스의 지방분권화가 촉진되었다. 애초 지방교부세는 2010년까지 한시적으로만 운영할 예정이었다. 그러나 사회복지 수요 증가로 지방 재정 부담이 예상보다 커지면서 연장 운영되다가 2015년 보통교부세로 통합되었다.

또 다른 예로 사회서비스 전자 바우처 사업을 거론할 수 있다. 기존에는 정부가 지역 민간 사회복지시설에 보조금을 지급하는 것으로 사회복지서비스 공급의 책임을 다하였다고 생각하였다. 그러나 이는 이용자의 주체성을 억압하고 주변화한다는 비판을 불러일으켰다. 이에 정부는 2007년 사회서비스 전자 바우처 사업을 도입하였다. 이는 재정 지원 대상을 공급기관이 아닌 이용자로 돌리고, 공급자 경쟁 및 이용자 선택이라는 시장 원리를 사회서비스 분야에 전격 적용한 변화였다. 시장 논리의 적용이 서비스 질 제고에 진정 도움이 되는가와 관련해서는 논란이 분분한데(양난주, 2015), 여기서 주안점은, 이용자에게 바우처를 주고 다양한 민간 서비스 제공기관이 이용자 선택을 받도록 경쟁하는 환경을 조성한 것이 사회서비스의 시장화(marketization)를 촉발하였고, 이를 기점으로 지역사회복지 현장에 다량의 민간 영리 업체가 진입하면서 기존에 정부가 보조금을 통해 간접적으로 책임지던 사회복지서비스 제공의 주도권을 민간이 잡는 계기가 마련되었다는 점이다. 정부의 역할은 이제 사회서비스 제공보다 서비스 평가와 관리 감독에 집중되었다(강혜규 외, 2012).

계속된 복지다원주의 노선의 채택이 이 시기 지역사회복지 분야에 불러온 가장 중요한 파급효과는 아마도 사회복지의 모든 모델에 시민 참여(civic participation)가 핵심 요소로 포함되기 시작하였다는 점일 것이다(주성수, 2017). 1996년 자원봉사센터 설치·운영 지침이 배포되고, 이에 따라 전국 각 지방자치단체에 자원봉사센터가 설립되어 그간 자발적 참여라는 개념에 문외한이던 수많은 평범한 지역사회 주민이 자기 지역에서 벌어지는 이슈와 관련된 각종 자원봉사활동에 발 벗고 나서기 시작하였다는 것이 이를 방증한다. 자원봉사센터는 2005년 자원봉사기본법이 제정되면서부터 법적 근거를 갖추었고, 이때부터 자원봉사센터는 시민(주민)의 자원봉사활동을 지원하고 활성화하는 지역사회 거점 기관으로 활용되기 시작하였다. 법 제정 이후 자원봉사센터는 전국적으로 더욱 확산하였으며, 중앙자원봉사센터, 광역자원봉사센터, 지역자원봉사센터로 구성된 자원봉사센터 네트워크를 이루어 현재에 이르고 있다.

여기에 덧붙여 1998년에는 사회복지공동모금법 제정에 따라 사랑의 열매라 불리는 사회복지공동모금회가 설립되어 우리나라에도 비로소 법적 근거를 갖춘 모금 조직과 제도가 자리를 잡았다. 이 역시 모금 일상화를 통한 자발적 기부문화 확산에 기여하고 사회적 연대와 호혜의 공동체주의 정신을 고양하는 데 기여하였다. 물론 공동모금의 제도화에 따른 가장 직접적이고 즉각적인 성과는 민간 사회복지시설의 재정 자율성 강화였다.

마지막으로, 2000년대 들어 인구 고령화가 가속화하고 전통적 가족 체계의 기능이 현저히 약화하면서 노인 돌봄에 대한 사회적 요구가 커졌다. 이에 정부는 고령 인구의 장기적 돌봄 욕구 증가에 선제적으로 대응하고자 2008년 노인

장기요양보험제도를 도입하였다. 이 제도는 고령이나 노인성 질환으로 일상생활을 혼자서 수행하기 어려운 노인 또는 노인성 질환을 지닌 65세 미만 장애인에게 장기요양급여를 제공하여 노후 건강 증진과 생활 안정을 도모하며 가족 부담을 덜어줌으로써 국민 삶의 질을 증진하는 것을 목표로 도입되었다. 급여의 종류는 노인의료복지시설(요양원, 노인그룹홈) 입소를 지원하는 시설급여, 다양한 재가서비스(방문요양, 방문목욕, 방문간호, 주야간보호, 단기보호, 재가노인지원서비스)를 지원하는 재가급여, 기타(가족요양비, 특례요양비, 요양병원간병비 등)로 나뉜다. 이 가운데 재가급여는 요보호 대상자의 시설 입소를 방지하고 지역사회 내 자립 생활을 촉진한다는 측면에서 우리나라 지역사회복지, 특히 지역사회보호 발전의 핵심 요소로 지목된다. 한편 재가급여를 받지 못하는 등급외자에 대해서도 정부는 2008년 노인돌봄기본·종합서비스 사업을 도입하여 지역사회 거주 노인이 돌봄서비스를 받을 수 있는 제도적 틀을 마련하였다.

(4) 2010년대 이후 현재까지 확대기

2010년대 이후 2025년 현재까지를 특징짓는 키워드는 다양하다. 이 중 지역사회복지의 변화와 관련성이 높은 시대적 키워드를 몇 가지 꼽자면, 사회 불평등, 초고령사회, 탈시설화, 시민사회, 팬데믹을 거론할 수 있다. 각각은 지난 15년간 우리 사회를 극적으로 변화시킨 촉발 요인이자 동시에 사회 변동에 따른 결과물로, 지역사회복지의 확대와 재편에 심오한 영향을 미쳤다.

① 사회 불평등 심화와 복지사각지대 해소

경제성장률 둔화, 부동산 가격 폭등, 노동시장 양극화 등 경제적 불안정 요소와 더불어 저출산, 지방 소멸, 인구 고령화, 기후위기 등 사회 불안정 요소가 복합적으로 작용하며 2010년대 이후 한국 사회에는 불평등이 빠르게 확산하였다. 헬조선, 수저론, N포세대 등 우울한 신조어의 유행이 이를 잘 보여준다.

사회복지 분야에서는 사회 불평등 심화를 보여주는 지표 중 하나로 사각지대에 주목한다. 사각지대란 사회안전망의 적용 범위(coverage)에 빈틈(gap)이 존재하는 현상을 가리킨다. 이 빈틈을 방치하면 사회정책과 사회보장정책을 강화해도 기존 사회안전망만 더 튼튼해질 뿐 빈틈이 채워지지 않음으로 말미암아 사회적 약자 집단의 어려움이 잔존하는 문제가 발생한다(김욱진 외, 2024 : 200). 따라서 사회복지 분야에서는 사각지대 발굴과 해소를 중요한 과제로 간주한다. 이는 구체적으로, 기존 사회안전망 체계에서 소외되고 주류사회 주변부로 내몰린 취약계층을 선제적으로 찾아내 이들의 욕구를 충족하는 다양한 맞춤형 서비스와 급여를 통합적으로 제공하고 지속 관리한다는 것을 의미한다.

2010년대 이후 현재까지 지역사회복지 분야의 가장 큰 화두는 바로 이 사각지대의 발굴과 해소였다. 특히 정부는 엄청난 재정과 자원을 십수 년간 쏟아부었음에도 2014년 송파 세 모녀 사건 또는 그와 비슷한 비극적 사건이 재발하는 현상을 심각하게 받아들이고, 이전과 같이 중앙이나 광역 차원에서 해결책을 찾는 것이 아닌, 지역사회, 그중에서도 시군구보다 더 낮은 단계의 읍면동 수준으로 내려가 밑바닥에서부터 저인망식으로 사각지대를 선제 발굴하는 작업의 필요성을 강조하였다. 그 결과 2014년 「복지사각지대 발굴 및 지원 종합대책」, 2016년 「읍면동 복지 허브화」, 2018년 「찾아가는 보건복지서비스」 등 굵직굵직한 공공 복지전달체계 개편 사업이 연이어 추진되었다. 이 가운데 가장 최근에 도입된 찾아가는 보건복지서비스 내용을 간단히 소개하면 다음과 같다.

첫째, 읍면동 주민센터에 전담 부서, 즉 찾아가는 보건복지서비스팀을 설치한다. 이곳에서 일하는 복지직 공무원은 사회보장정보시스템(행복e음)을 이용하여 지역사회 취약계층을 발굴하고, 간호직 공무원과 팀을 이뤄 이들을 직접 찾아가 복지상담, 방문건강관리 등 보건복지 서비스 및 급여(긴급 지원 포함)를 제공한다. 참고로 2023년 기준 전국 5,055개 읍면동 주민센터 중 찾아가는 보건복지 전담팀이 설치된 곳은 3,426개소(67.7%)이며, 정부는 이곳에서 일할 전문 인력 확충을 위해 2011~2014년 7천 명, 2018~2022년 9천 명의 사회복지직 공무원을 충원하였다. 둘째, 읍면동 주민센터를 단순히 행정업무를 보는 곳에서 보건복지서비스 및 급여 제공의 거점 기관으로 전환, 지역사회 복지 허브로 활용한다. 셋째, 복합적 욕구가 있으나 스스로 해결 방법을 찾기 어려운 주민에게 지속적 상담과 다양한 공공·민간 급여 및 서비스를 연계·제공하는 통합사례관리를 실시한다. 단, 고난도 사례는 2012년 신설된 희망복지지원단에 의뢰하여 시군구 차원에서 진행한다. 넷째, 취약계층 발굴 및 서비스·급여 제공 업무에 복지직, 간호직 공무원뿐 아니라 복지통(이)장, 읍면동 지역사회보장협의체 위원, 명예사회복지공무원, 기타 주민조직 및 민간 복지기관 등 다양한 지역 인적 안전망 자원이 관여할 수 있도록 민관협력 복지네트워크를 구축하고 이를 적극적으로 활용한다.

요컨대, 2010년대 이후 사각지대 발굴 및 해소를 위한 공공의 전달체계 개편 노력은 읍면동 주민센터를 찾아가는 보건복지서비스 제공의 지역사회 거점 기관으로 변모시키는 데 집중되었다. 민간 부문에서도 이에 대응하는 전달체계 개편 노력이 있었다. 대표적인 사례로 2021년부터 서울시가 추진 중인 「지역 밀착형 사회복지관 사업」이 있다.

서울시 지역 밀착형 사회복지관은 복지관의 3대 기능인 사례관리, 지역조직화, 서비스 제공을 하나로 합친 이른바 통합 실천 방법론을 바탕으로, 사회복지사가 지역사회로 나가 주민과 긴밀히 협력하여 지역 문제를 공동으로 해결하는 지역 중심 기관이다. 주요 특징으로, 동 중심 조직개편, 지역 밀착 활동을 위한 거점 공간(출장소) 운영, 지역 밀착형 민관협력체계 구축, 지역 밀착을 위한 스마트 행정업무 간소화, 지역 밀착형 주민주도사업 추진 등이 있다. 2021년 11개 자치구 25개 복지관에서 시작한 이 사업은 2023년 기준 24개 자치구 72개소로 확대 운영 중이다.

지역 밀착형 사회복지관 사업은 기존의 기능 중심 복지관이 가진 한계점을 통합 실천 방법론을 통해 극복하고, 주민 참여, 공동생산 등 새로운 개념을 적용하여 고질적인 복지사각지대 문제를 해소하고자 노력한다는 점에서 긍정적인 평가를 끌어낸다. 또한 2015년부터 서울시가 찾아가는 동주민센터(찾동) 사업을 운영하고 2016년부터 중앙정부가 읍면동 주민센터 복지 허브화 사업을 추진하는 등 공공복지 전달체계를 소규모 지역단위로 재편하는 가운데, 민간에서도 그에 상응하는 동 중심의 조직개편을 단행하여 사회복지관 역할과 위상을 재정립하는 데 기여하였다는 측면에서도 성과를 인정받는다.

그러나 적절한 슈퍼비전이나 역량 강화 교육이 동반되지 않은 상태에서 성급히 추진된 동 중심 통합 실천으로 말미암아 일선 사회복지사가 과중한 업무 부담을 받고 그래서 교체나 이직률이 높아졌다는 비판이 제기된다. 또한 일부 사회복지관은 조직과 직무 체계만 동 중심으로 개편하고 실제 업무는 기존 기능 중심이었을 때와 똑같이 가져간다는 비판, 동 중심 통합 실천이 현행 사회복지시설평가에서 불리하다는 비판도 제기된다(노수현 외, 2022).

② 초고령사회 도래와 노인 지역사회보호 체계 구축

인구 고령화를 대비하여 2000년대 이후부터 지역사회복지 차원의 대응책이 다각도로 강구되었다. 그 결과 2010년을 전후하여 우리나라에도 노인 지역사회보호 체계의 기틀이 마련되었다(차흥봉 · 선우덕, 2013). 구체적으로, 2008년 중 · 경증 노인에게 다양한 재가서비스를 제공하는 노인장기요양보험제도의 재가급여가 도입되었고, 마찬가지로 2008년 장기요양보험의 혜택을 받지 못하는 등급외 경증 노인에게 각종 지역사회 기반 돌봄서비스를 제공하는 노인돌봄서비스가 도입되었다. 참고로 당초 노인돌봄서비스는 기본과 종합으로 나뉘어 설계되었는데, 여러 이유로 단기가사서비스, 초기독거노인 자립지원 사업, 독거노인 사회관계 활성화 사업, 지역사회 자원연계 사업 등 기타 서비스 유형이 차례로 추가 도입되었다가, 서비스 분절화 문제가 제기되면서 기존 여섯 개 서비스를 통합 개편한 노인맞춤돌봄서비스가 2020년 도입되어 지금에 이르고 있다. 이 외에도 복지관과 재가노인복지시설에서 다양한 지역사회 기반 돌봄서비스를 노인 및 그 가족에게 제공하는 재가노인지원서비스가 2010년 도입되어 지방자치단체 보조금으로 현재까지 운영되고 있다.

이처럼 2010년대까지 우리나라에도 노인을 위한 지역사회보호 체계의 틀이 어느 정도 잡혔다. 그러나 인구 고령화는 예상보다 빠른 속도로 진행하였다. 특히 2010년대 후반부터 베이비붐 세대가 노인인구로 본격 편입되면서 사회적 돌봄이 필요한 노인의 숫자가 크게 늘었다. 이와 더불어 1인 가구도 크게 늘면서 돌봄에 대한 사회적 요구가 급증하였다. 그렇지만 노인의 돌봄 욕구를 충족할 수 있는 지역사회 기반 서비스체계는 여전히 분절화되었고, 필요한 서비스를 당사자가 직접 일일이 돌아다니면서 찾아 신청해야 하는 통합 상담 플랫폼의 부재 문제가 심각하였다.

이에 정부는 2018년 「지역사회 통합 돌봄 추진 로드맵」을 발표하고, 제기된 각종 문제를 해결하기 위한 구체적 운영모델을 개발하고자 2019년부터 2022년까지 16개 시군구를 대상으로 선도 사업을 추진하였다(배병준, 2019). 선도 사업은 노인이 원래 살던 곳에서 건강한 노후를 보낼 수 있는 환경 조성을 목표로, 주거 지원 인프라 확충, 방문 건강 및 방문 의료 실시, 재가 돌봄 및 장기요양서비스 확충, 서비스 연계를 위한 민관 협력 전달체계 구축 등 총 4개 과제에 초점을 맞춰 추진되었다. 그 결과, 참여 지역마다 구체적인 운영 형태는 다소 달랐으나, 시군구 지역사회 통합돌봄 추진단 설치(과 또는 팀 편제), 읍면동 통합돌봄안내창구 신설 및 인력(복지직+보건직+간호직 공무원) 배치, 지역케어회의(민관 협력) 실시, 다양한 통합돌봄서비스 개발 및 확대 등의 성과를 공통적으로 일구어내었다(유애정 · 박현경, 2022).

정부는 2023년부터 2024년까지 이전 선도 사업의 성과를 바탕으로 12개 시군구를 대상으로 「의료 · 돌봄 통합지원 시범사업」을 진행하였다. 시범사업은 요양병원 입원 경계선상에 있는 노인을 주 대상층으로 삼았으며, 지역사회 지속 거주를 위해 필요한 방문형 의료서비스 확충과 지역 내 의료돌봄 서비스 연계 체계 구축에 집중하였다.

2024년에는 「의료 · 요양 등 지역돌봄의 통합지원에 관한 법률」, 약칭 「돌봄통합지원법」이 국회를 통과하여 2026년 효력 발휘를 앞두고 있다. 이 법은 노인과 장애인이 자신이 살던 곳에서 계속 건강하게 살아가는 데 필요한 보건의료, 건강 관리, 요양, 일상생활돌봄 등을 통합적으로 지원하는 시군구 중심 연계 · 전달체계를 구축하고, 관련 사업을 추진하는 일을 지방자치단체장의 의무로 규정하였다는 점, 그리고 통합돌봄 업무를 전담하는 조직의 설치를 규정하여 지방자치단체가 책임지고 주도하는 통합돌봄의 법적 기반을 마련하였다는 점에서 향후 우리나라 지역사회보호 제도에 큰 변화를 가져올 것으로 예상된다.

노인을 위한 공공 돌봄 부족 문제는 이미 시작되었다. 곧 다가올 초고령사회의 그림자는 이러한 문제를 악화할 것이다. 지금은 그에 대비하여 다른 무엇보다 지역단위의 탄탄한 돌봄 안전망 구축에 필요한 지혜와 자원을 집중할 때이다.

③ 장애인 탈시설화와 지역사회 자립지원 체계 구축

우리나라 장애인 탈시설의 역사는 2000년대 초반부터 2010년대 중반 사이 언론에 보도된 장애인 시설 내 심각한 반인권적, 비인간적 대우에 대한 반성에서부터 시작하였다. 2004년 성림재단 사건, 2008년 석암재단 사건, 2013년 인강재단 사건, 2016년 대구 희망원 사건 등 연이어 발생한 비극적 사건은 장애인이 시설에서 겪는 집단생활과 통제, 사회적 격리의 문제점을 여실히 보여주었고, 장애인이 시설이 아닌 지역사회에서 자립적이고 통합된 삶을 살 수 있도록 지원해야 한다는 탈시설화의 필요성을 공론화하는 계기가 되었다(박숙경 외, 2017).

시설보호에 대한 문제의식 속에서 서울시는 2013년 「제1차 장애인 자립생활 지원 5개년 계획」, 2018년 「제2차 장애인 거주시설 탈시설화 추진계획」을 수립하여 전국 지방자치단체 중 최초로 탈시설화에 관한 체계적 접근을 시도하였다. 1차 계획은 주거지 마련, 생활지원서비스 제공, 정착금 지급 등에 초점을 맞춰 진행되었고, 2차 계획은 1차 내용을 지속 추진하는 한편, 주간활동서비스 확대, 발달장애인 평생교육센터 건립, 자립생활센터(IL) 지원 강화, 시설 단위 거주지 전환 사업(기존 거주시설을 주거서비스 제공기관으로 변경) 등을 추가하며 인프라 보강에 초점을 맞춰 진행되었다(이송희 외, 2019).

서울시의 선도적 노력은 다른 지방자치단체의 탈시설화를 가속화하였다. 그러나 지방자치단체 차원의 탈시설화만으로는 지역 간 서비스 편차와 연계의 어려움을 극복하기 힘들었다. 특히 2020년대 초반 코로나19 팬데믹의 여파는 대규모 시설보호를 더욱 유지하기 어렵게 만들었다. 그런 와중에, 장애인 부모와 당사자의 노령화, 1인 가구 증가 등 인구구조 변화에 따라 장애인 돌봄의 사회적 책임이 더욱 커졌고, 인건비 현실화, 3교대 근무 등 종사자 처우개선으로 장애인 거주시설 운영 예산이 지속적으로 증가하는 상황도 부담으로 다가왔다.

어려운 상황 속에서 2021년 중앙정부가 「장애인 탈시설 로드맵」을 발표하였다. 로드맵에서 정부는 장애인이 지역사회에서 자립 생활할 수 있는 환경을 조성하는 것을 목표로, 향후 20년간 기존 대규모 시설의 신규 입소를 제한하고 단계적으로 모든 대규모 장애인 시설을 폐쇄하는 한편, 탈시설 희망 장애인에게 맞춤형 주거지(예 체험홈 · 장애인자립생활주택, 장애인지원주택 등), 자립 생활을 위한 다양한 지역사회 기반 서비스(예 장애인활동지원 서비스, 근로지원인 서비스, 직무지도 서비스, 투약 관리, 교육, 심리지원, 동행 서비스 등) 및 바우처 등 관련 체계 구축을 주요 과제로 제시하였다. 로드맵이 계획대로 이행되면, 2025년부터 연간 740여 명의 장애인이 탈시설하여 2041년에는 지역사회 전환이 완료될 것으로 전망된다.

④ 시민민주주의 성숙과 주민 중심 복지거버넌스 구축

1995년 지방자치제도의 전면 실시와 함께 시작된 복지다원주의, 복지혼합 추세는 한편으로 사회복지서비스 분권화를 촉진하였고, 다른 한편으로 민관협력을 통한 공동생산을 강조하는 사회 분위기를 조성하였다. 이와 더불어 1987년 민주화 이후 우리 사회에는 평범한 시민이 권력의 주인이라고 보는 시민민주주의가 안착하였다. 이는 일상적 실천의 맥락에서, 개별 시민이 자기가 사는 지역사회의 의사 형성과 결정 과정에 주민의 일원으로 직접 참여하는 것이 중요하다는 점을 깨닫고 이를 하나의 권리로 인식하기 시작하였음을 의미한다(조대엽, 2015).

권력 이양, 민관협력, 시민 참여 중요성에 대한 인식의 제고는 지역사회복지 현장에서 주민 중심의 복지거버넌스 출현을 가속화하였다. 복지거버넌스란 공공기관, 민간단체, 지역 주민 등 다양한 이해관계자가 협력하여 복지정책과 프로그램을 계획, 실행, 평가하고 이를 통해 복지서비스의 효과성과 효율성을 높이는 다자 간 의사 형성 및 결정 과정, 즉 협치 과정을 뜻한다(배봉준 외, 2019). 참고로 이 책에서는 복지거버넌스와 복지네트워크라는 말을 구분 없이 혼용하는데, 이는 전자가 협치의 '과정'에, 후자가 협치의 '구조'에 방점을 찍는다는 정도의 차이만 있을 뿐 실질적으로 차이가 없다고 보기 때문이다. 둘의 개념적 차이점과 공통점에 대해서는 복지네트워크를 살피는 제10장에서 자세히 알아본다.

2010년대 이후 자리를 잡은 지방분권화와 시민민주주의의 성숙은 그간 하향식 의사결정이 주를 이루던 중앙정부와 엘리트 중심의 권위주의적, 폐쇄적 관료주의를 상향식 의사결정이 이루어지는 지방정부와 주민 중심의 참여적, 개방적 거버넌스로 변모시켰다. 그 결과 지역사회복지 현장에서는 다양한 민관협력 복지네트워크(예 2015년 시군구 및 읍면동 지역사회보장협의체 등)와 민민 복지네트워크(예 2024년 시군구 지역사회복지협의회 등)가 의무적으로 만들어져 사각지대 발굴, 서비스 제공, 자원 연계 및 조정, 정보교류, 협력 방안 논의를 위한 지역 협치 플랫폼으로 기능하기 시작하였다. 또한 지역 내 취약 계층을 발굴하고 지원하며 자원과 서비스를 연계, 조정하는 복지리더(예 복지통(이)장, 명예사회복지공무원, 서울시 육아지원코디네이터, 서울시 천만시민기억리더 등), 복지공동체(예 서울시 우리동네돌봄단, 대전시 복지만두레 등) 등의 개념이 새롭게 구상되고, 이들이 주요 지역사회복지 행위자 중 하나로 참여하기 시작하였다. 최근에는 사회적경제조직(예 마을기업, 사회적기업, 협동조합 등)이 지역복지와 경제 문제 해결을 위한 주요 협치 파트너로 대두되고 있다(함철호, 2015).

다양한 행위자의 참여와 협력을 기반으로 하는 지역사회 거버넌스 구축은 2010년대 이후 우리나라 지역사회복지를 특징짓는 중요한 변화 중 하나이다. 지역사회별 복지거버넌스는 과거 권위주의 정부 시절 흔히 볼 수 있던 국가 주도의 일방적 서비스 제공 모델에서, 자립과 상호부조를 촉진하고 서비스제공자와 수혜자가 함께 협력하는 협치 모델로의 변화를 강조한다는 측면에서 이전보다 훨씬 더 민주적이고 참여적이며 포용적이라고 할 수 있다(채현탁, 2014).

한편 이 시기 주민 참여 중요성에 대한 계속된 강조는 공공에서 마을만들기 사업으로, 민간에서 지역사회 주민조직화사업 형태로 제도화하였다. 특히 중앙정부와 지방정부가 마을공동체 복원과 주민 자치 활성화, 지역자원 발굴 및 활용 등을 목표로 주민 주도의 마을만들기사업을 적극적으로 추진하였다. 서울시 마을만들기사업 사례가 이를 대표한다. 2011년 시작된 이 사업은 마을 단위에서 주민이 자발적으로 모여 환경, 교육, 복지 등 여러 분야의 문제를 주체적으로 해결할 수 있게 시가 다양한 행·재정 지원을 하는 내용을 골자로 설계되었다.

서울시 마을만들기사업은 주민 주도의 자립적 공동체 형성을 촉진하고 시민의식을 함양하는 등 다양한 성과를 거두었다. 그러나 일부 지역에서 참여 주민 부족과 지속 가능한 자원 연계의 어려움 등 한계도 드러냈다. 특히 재정 지원의 일시성, 재정 활용의 불투명성, 그에 따른 사업의 장기적 유지 어려움 및 지나친 관 개입, 공동체 도구화 등의 문제로 비판받았다(박주형, 2013). 10년간 추진된 서울시 마을만들기사업은 민선 8기 집권 이후 정치색 주입 등의 이유로 논란이 되다가 2023년 관련 조례와 함께 폐지되었다.

중앙정부의 국토교통부가 2010년대 중후반 한창 추진한 도시재생 뉴딜사업도 일종의 마을만들기사업으로 볼 수 있는데, 이 역시 2022년 정권 교체 이후 크게 위축되었다. 반면 일찍이 2004년부터 농림축산식품부가 관장해 온 농촌 마을만들기 자율사업은 2025년 현재까지도 활발하게 추진되고 있다.

⑤ 코로나19 팬데믹 충격과 비대면 사회서비스 개발

2020년부터 2022년까지를 흔히 잃어버린 3년이라고 한다. 이 시기는 코로나19 감염병 확산으로 보건과 방역을 제외한 거의 모든 사회 분야 시스템의 작동이 중단되거나 위축된 때이다. 코로나19 팬데믹이 당시 사회복지 영역에 가져온 가장 큰 충격을 꼽으라면, 오랫동안 지속된 사회적 거리두기로 인해 지역사회를 기반으로 한 대면 서비스 제공이 어려워졌다는 것이라는 데 모든 이들이 동의할 것이다. 특히 노인과 장애인 등 사회적 약자의 정서적, 사회적 고립이 심화하였고, 필요한 돌봄서비스를 적기에 충분히 제공받을 수 없어 이들이 지닌 취약성이 자극되는 상황이 지속되었다(김보영, 2021).

이에 사회복지계는 비대면 서비스 개발로 돌파구를 찾았다. 특히 민간 지역사회복지시설을 중심으로 한 인터넷, 전화 상담 등을 통한 비대면 서비스 제공이 빠르게 확산하였다. 일부 사회복지관은 메타버스 형식의 온라인 가상복지관을 만들어 운영하는 방안까지 제시하였다. 공공 보건소에서는 원격 진료와 처방전 발급 등 다양한 비대면 의료서비스를 제공하였다(최송식 · 권혜민, 2021).

팬데믹 초창기 대면 상호작용이 어려워진 상황에서 궁여지책으로 강구된 디지털 기술을 이용한 비대면 서비스는 효율성과 효과성이 일부 입증되면서 이후 사회복지계 전반에 빠르게 확산하였다. 줌, 미트, 팀스 같은 스마트 도구를 활용한 복지상담, 인스타그램 등 온라인 플랫폼을 활용한 가상공동체 활동 등도 크게 늘며 디지털 기술에 의존한 서비스 혁신이 이루어졌다.

공공 분야에서는 코로나19가 한창 기승을 부리던 2022년 차세대 사회보장정보시스템이 개통되었는데, 여기에 복지사각지대 발굴을 위한 최신 빅데이터 분석기술이 적용되었다. 참고로 사회보장정보시스템은 2013년 첫 개통 이후 서비스 중복과 누락, 복지 사각지대 발굴 등에서 문제점이 지속적으로 제기되어 오랜 개발 노력 끝에 2022년 차세대 시스템으로 대체되었다. 2022년 개선은 지방자치단체 공무원용 '행복e음', 사회복지시설 종사자용 '희망e음'(사회서비스정보시스템), 대국민 서비스 사이트 '복지로' 총 세 개 사회보장정보시스템의 재정비에 초점이 맞추어져 이루어졌다. 복지로에는 '복지멤버십'도 추가되었는데, 이것은 생애주기에 대한 통계적 예상을 바탕으로 가입자가 받을 수 있는 복지서비스를 미리 안내해 주는 기능이다.

정부는 현재 미래형 사회보장정보시스템 개발에 박차를 가하고 있으며, 여기에 이용자의 궁금증에 유연하게 대응하는 AI 챗봇 기능을 탑재할 예정이다. 인공지능, 빅데이터 같은 최신 정보통신기술의 활용은 앞으로 더욱 늘어날 것이고, 그 목적은 주로 복지 대상자의 선제적 발굴을 통한 복지 사각지대 해소 및 부정수급 예방과 탐지를 통한 재정 누수 방지가 될 것이다.

요컨대, 팬데믹을 계기로 이전까지만 해도 가능성 차원에서만 모색되던 복지서비스의 디지털 전환이 현실화하고 가속화하였다. 비대면 서비스는 시간과 장소의 제약을 풀어 접근성을 제고하고 맞춤형 프로그램을 용이하게 제공한다는 면에서 상점이 분명하다. 그러나 디지털 소외 계층, 특히 고령자층의 접근성이 떨어지고 이것은 곧 서비스 질 저하로 이어질 수 있다는 점, 그리고 일부 취약계층, 예컨대 노인, 영유아, 정신장애인의 경우 비대면으로만 서비스를 제공하면 정서적 고립과 돌봄의 질 저하 문제가 발생할 수 있다는 점 등은 명백한 한계이다. 따라서 향후 사회복지서비스의 디지털 전환은 지역사회 기반 대면 서비스 강화와 연계하여 동시에 추진되어야만 할 것이다(김욱진 외, 2020).

2) 총 평

지금까지의 내용을 살펴보면, 우리나라의 지역사회복지는 대체로 국책 또는 지방자치단체 사업으로 추진되어, 지역사회복지에 대한 세 가지 접근 방식 중 국가적 접근이 가장 돋보이는 것이 특징임을 알 수 있다. 이는 지역사회복지 현장에서 진행되는 각종 사업에서 민간 사회복지조직이 수탁기관으로 참여해 정부로부터 사업비를 받고 정해진 활동을 규정에 따라 집행하는 수행기관 역할을 제한적으로 수행함으로써 재량권이나 전문성을 크게 발휘하지 못한다는 비판과 관련된다(임정기 외, 2017). 또한 빈민 운동, 철거민 운동, 아동청소년 공부방 운동 등 주민 주도의 변화 움직임을 국가가 흡수해 제도화함으로써(예 마을만들기사업, 지역자활센터, 지역아동센터 등) 아래로부터 시작된 사회운동의 동력을 꺾었다는 일각의 비판과도 관련성이 있다(김수영, 2013).

물론 위로부터의 복지 드라이브가 아무 제약 없이 지역사회 현장에 하달되어 그대로 수용되기만 한 것은 아니었다. 정치제도적 요인(예 지방분권화 등), 사회적 요인(예 풀뿌리민주주의에 대한 시민사회 요구 등), 경제적 요인(예 작은 정부에 대한 시장의 요구 등)이 관 주도 하방식 복지 드라이브와 상호작용하며 지역사회복지 현장에 국가적 접근과 더불어 전문적·운동적 접근이 함께 활성화하고 시너지 효과를 불러온 성과도 관찰된다. 국가 권력이 민간과 지역사회로 이양되고(예 시군구·읍면동 지역사회보장협의체 등), 사회복지사가 전문성을 발휘할 수 있는 공간이 마련되며(예 사회복지관 설립, 사회복지사자격증제도 실시 등), 주민이 주체적으로 지역 문제를 발굴, 해결할 수 있는 법, 제도, 실천적 토대가 만들어진 것(예 마을계획 수립 등)이 이를 잘 예시한다. 제3장에서는 지역사회복지에 대한 국가적, 전문적, 운동적 접근의 발전적 결합 또는 동반 상승적 융합을 복지 다원주의, 복지혼합, 공동생산 등의 개념으로 풀어냈다.

그러나 아래로부터의 이와 같은 유의미한 상향식 움직임에도 불구하고 제3장에서 살펴본 내용을 곱씹어보면, 지난 수십 년간 우리나라 지역사회복지는 전반적으로 관 주도의 하방식 형태로 추진되어 왔음을 부정하기 어렵다. 민간 영리, 민간 비영리, 비공식 부문 내 다양한 행위자들은 정부 계획을 그대로 실행에 옮기거나, 일부 수정해 집행하거나, 비판하되 정부가 마련한 큰 틀에서 벗어나지 않는 선에서 대안을 모색하여 위로부터의 복지 드라이브에 대응하기(reacting)보다 반응하는(responding) 형태로 순응하여 왔다. 논란이 있을 수 있지만, 공공의 필요에 의해 민간과 지역사회 행위자가 동원되고, 민간과 지역사회 행위자 역시 자신의 필요에 따라 공공 자원에 의존해 온 것은 역사 분석을 통해 드러난 우리나라 지역사회복지의 민낯이 아닐지 생각한다.

PART 02

지역사회복지 실천 원리

CHAPTER 04 지역사회복지실천 이론

CHAPTER 05 지역사회복지실천 모형

CHAPTER 06 지역사회복지실천 과정

CHAPTER 04

지역사회복지실천 이론

이론은 어떤 현상의 원리나 구조를 설명하는 개념, 원칙 또는 법칙의 체계이다. 다시 말해, 어떤 현상이 왜, 언제, 어떻게, 어떠한 조건에서 발생하는지 그리고 발생하지 않는지 설명하는 진술의 집합체이다. 이론은 양적 혹은 질적 차원의 경험적 관찰을 통해, 또는 기존 이론이 갖는 논리적 오류의 수정 혹은 수학적 모델링과 같은 연역적 추론을 통해 만들 수 있다. 이론을 만들고 학습하는 까닭은, 이를 통해 현상의 원리나 구조를 더욱 잘 이해할 수 있고, 현실의 특수한 사례나 사건을 실제 경험하지 않고도 불확실한 미래를 다소간의 신뢰도를 전제로 예측할 수 있기 때문이다. 따라서 이론의 목적은 현상에 대한 설명과 미래의 예측에 있다(Dubin, 1978).

자연과학과 사회과학 모두 이론을 중요시한다. 그러나 이론을 대하는 둘의 태도에는 약간의 차이가 있다(Giddens, 1976). 첫째, 연구 대상의 차이이다. 자연과학 이론은 자연 세계 현상을 다루지만, 사회과학 이론은 인간의 행동, 상호작용, 사회 구조와 기능 등 인간과 사회환경을 주로 연구한다. 둘째, 변수의 복잡성이다. 인간 사회는 자연 세계보다 훨씬 예측하기 어려운 변칙적 요소로 채워져 있다. 따라서 사회과학에서 다루는 변수는 자연과학에 비하여 훨씬 복잡하고 다양하며, 때로 정량화 자체가 불가능하다. 셋째, 방법론의 차이이다. 자연과학은 실험, 관찰 등을 통해 정량화된 자료를 수집해 분석하고 그 결과를 일반화하여 자연에 존재하는 절대 법칙을 발견하는 데 초점을 맞춘다. 이에 반해 사회과학은 정량적 방법뿐 아니라 정성적 방법도 활용하여 정량화가 어려운 인간의 행동, 의도, 문화, 전통 등에 대한 심층적 이해를 도모한다. 넷째, 예측의 정확도 차이이다. 자연과학 이론은 일반적으로 정확도와 예측 일관성이 높다. 그러나 사회과학 이론은 인간 행동의 다양성과 사회 구조 및 기능의 복잡성 때문에 자연과학만큼 예측이 정확하거나 일관적이지 못하다. 다섯째, 이론의 확정성 차이이다. 자연과학 이론은 엄밀한 검증을 통해 확정되어 일반화된 지식으로 널리 받아들여지나, 사회과학 분야에는 다양한 관점과 접근방식이 존재하며, 이에 대해 확정적 기준으로 참과 거짓을 가를 방법이 없어 이론의 내용과 적용이 유연하다.

지역사회복지 현장에서 일하는 사회복지사는 다양한 사회과학 이론에 능통할수록 유리하다. 여러 이론을 알고 있으면 예측하기 어려운 상황이나 통제하기 힘든 사례를 더욱 효과적으로 관리할 수 있고, 바람직한 방향으로 변화시키는 데 필요한 논리적 근거를 마련해 상대를 더 쉽게 설득할 수 있기 때문이다.

사회과학에는 수많은 이론이 만들어져 통용된다. 그런데 이 모든 이론을 다 공부하고 이해하기란 현실적으로 불가능하다. 따라서 제4장에서는 지역사회복지실천 현장에서 활용도가 높은 이론을 몇 개 엄선해 각각을 간략히 짚어보고, 실제 현장에 어떻게 적용되는지를 살핀다.

1. 기능주의

1) 주요 내용

사회학에서 기능주의는 사회 내 여러 요소가 다양한 욕구를 충족하여 균형상태(equilibrium)를 유지하고 사회 통합을 이루는 방식에 초점을 맞춰 사회를 분석하는 이론적 관점으로 간주된다. 즉, 사회적 욕구의 충족, 체제의 안정성, 균형상태의 달성 등의 주제를 중심으로 인간 행동, 심리, 사회 구조와 기능을 설명하는 분석 틀로 여겨진다(Parsons, 1970).

기능주의는 현 상황(status quo)을 사회의 각 부문이 서로 잘 통합되고 필수적 기능이 적절히 수행되어 질서정연한 균형이 유지되는 상태인 것으로 간주한다. 따라서 사회문제가 발생한다면, 이는 외부 환경 변화(예 외적의 침입 등)나 내부 변화(예 가치관, 인구구조, 경제구조의 변화 등)로 인해 각 부문 간 조화로운 상태에 균열이 생기고, 그 결과 특정 욕구가 적절하게 충족되지 않아 전체 사회가 역기능(dysfunction) 또는 기능불량(malfunction) 상태에 빠진 결과로 해석한다(Rizter, 2004/2006 : 327).

그러나 기능주의는 위기 상황에서도 사회가 내부적으로 적응하고 변화를 수용하며 균형을 되찾는 능력을 본래적으로 가지고 있다고 가정한다. 즉, 장기적으로 욕구를 충족하는 새로운 기제를 발전시키고, 결국 다시 균형상태로 회귀한다고 본다.

이처럼 기능주의 세계관에서는 사회가 기본적으로 안정과 조화를 이루려는 경향이 있다고 본다. 따라서 사회의 모든 요소는 나름의 역할과 기능을 가지며, 겉보기에는 무의미하거나 저평가받는 것도 사회 내에서 고유한 쓰임새가 있다고 여겨진다. 이러한 측면에서 기능주의는 사회의 변화를 촉진하기보다, 안정과 질서를 유지하는 데 초점을 맞추는 다분히 보수적이고 정태적인 이론이라는 비판을 받는다(Rizter, 2004/2006 : 348).

2) 지역사회복지실천에의 적용

기능주의 관점에서 지역사회는 <표 4-1>에서 볼 수 있는 것과 같은 대략 다섯 가지 기능을 수행하는 사회경제적 단위로 정의된다(Warren, 1963). 기능별 활동이 지역사회 주민의 욕구를 적절하게 충족시키는 방향으로 수행될 때, 우리는 해당 지역사회가 "기능적이다"라고 표현한다. 반대로 지역사회 주민의 욕구를 적절히 충족시키지 못하는 방향으로 수행될 때, 해당 지역사회를 "역기능적이다" 혹은 "기능불량 상태에 있다"라고 표현한다(Netting et al., 2016 : 124).

기능주의 입장에 선 사회복지사는 다섯 개 기능 중 특히 어떠한 기능이 제대로 수행되지 못하는지를 파악하여, 그러한 기능의 회복에 초점을 맞춰 개입을 계획하는 방식으로 지역사회복지를 실천할 수 있다(최일섭, 2006 : 21). 예컨대 경제적 기능이 약화된 지역사회라면 일자리 창출 프로그램을 통해 경제 회복을 지원하는 방식으로 개입할 수 있다.

그러나 앞서 언급하였듯이 기능주의는 안정과 질서 유지에 초점을 맞춘 보수적이고 정태적인 이론이다. 따라서 사회행동 모형에 입각한 지역사회복지실천과 같이 지역사회에 급진적 변화를 일으키는 방식으로 기능 회복을 시도하는 사회복지 개입을 좀처럼 인정하려 들지 않는다. 무엇보다, 지역사회 권력의 전복이나 주요 자원을 둘러싼 투쟁적 정치활동을 역기능적 요소로 부정하고 회피함으로써, 복잡하게 얽히고설킨 지역사회 정치 동학을 분석하고 그 결과를 토대로 지역사회의 권력 지형을 변화시키는 급진적 실천 부문에서 한계를 드러낸다(Tice et al., 2019 : 128).

<표 4-1> 지역사회의 주요 기능과 목적 및 관련 활동

지역사회 기능 유형	기능별 목적과 역할	기능별 활동
생산 · 분배 · 소비	경제적 자원을 생산하고 분배하여 구성원이 소비하도록 지원함으로써 지역사회의 경제적 기반을 유지	경제 관련 활동 예 기업이 제품을 생산하여 판매하는 것
사회화	구성원이 사회적 규범과 가치를 배우고 내면화하여 사회의 일원으로서 역할을 할 수 있는 역량을 배양	교육 관련 활동 예 자녀가 어른을 공경하도록 가정교육을 실시하는 것
사회통제	규범과 법을 통해 구성원의 행동을 통제하여 사회 질서와 안전을 유지	사법, 경찰, 교정 관련 활동 예 지역사회 내 경찰과 사법권을 통해 지역사회 구성원에게 순응하도록 강제력을 발휘하는 것
사회참여	구성원이 공동체에 소속감과 유대감을 가질 수 있도록 공동체 문제해결, 여가, 종교, 문화 활동 등에 참여할 기회를 제공	정치, 종교, 취미, 여가생활 관련 활동 예 교회나 성당에서 주최하는 자선바자에 참석해 기부 활동을 하고 이웃과 교류하는 것
상부상조	구성원 간 상호 지원을 통해 연대와 협력의 분위기를 조성하고 위기 상황에 공동 대응	사회복지 관련 활동 예 수급자 독거노인을 위해 도시락 배달 및 생계비를 지원하는 것

2. 갈등이론

1) 주요 내용

갈등이론의 기틀을 마련한 인물은 과학적 사회주의 이론을 제창한 카를 마르크스(Karl Marx)이다. 사적 유물론(historical materialism)을 핵심으로 하는 마르크스 이론은 이후 랄프 다렌도르프(Ralf Dahrendorf)에 의해 계승 발전되어 사회체제 내 권력과 지배 구조를 설명하는 주요 분석 틀 중 하나로 자리 잡았다. 마르크스와 다렌도르프 같은 마르크주의 계열의 갈등론자들은 대체로 다음 여섯 개 사회관을 공유한다(최영인 · 염건령, 2015 : 17).

첫째, 모든 사회는 조직적으로 문제를 양산하며, 갈등과 불화는 사회 전반에 광범위하게 퍼져있다[갈등의 편재성(遍在性)]. 둘째, 상호 적대적 이해관계자들이 양산한 갈등이 사회 전반에 걸쳐 발생하는 것을 막을 수 없다[갈등의 불가피성(不可避性)]. 셋째, 이해관계의 대립은 희소자원의 소유를 둘러싼 경쟁에서 비롯하는데, 이 경쟁은 불공정하며, 권력을 지닌 자가 그렇지 않은 자의 희생을 담보로 자신의 특권을 수호하는 방향으로 이루어져 불평등한 결과, 예컨대 소득과 자산의 편중과 같은 문제를 가져온다[희소자원의 불평등(不平等)한 분배]. 넷째, 사회는 서로 다른 이해관계를 가진 두 개의 집단, 즉 가진 자(the have)와 가지지 못한 자(the have-nots)로 양분한다[양극화(兩極化)]. 다섯째, 갈등을 해결하려는 노력은 또 다른 적대적 이해관계를 촉발하여 새로운 갈등을 양산한다[갈등의 변증법(辨證法)]. 여섯째, 갈등은 결과적으로 사회의 단절적, 파괴적, 비약적 변화를 초래한다[사회의 변동성(變動性)].

형식사회학자 게오르그 짐멜(Georg Simmel)과 기능주의자 루이스 코저(Lewis Coser)는 마르크스주의 계열 갈등론자들의 사회관을 비판한다. 짐멜은 갈등이 항상 변증법적 자기파괴로 이어지지 않음을 지적하며, 갈등을 인간 상호작용의 본질적 유형 중 하나로 보아야 한다고 주장한다. 즉, 갈등을 사회적 결합(sociation)의 여러 기본 형식 중 하나이자, 가족과 지역사회를 포함한 모든 인간관계에 평화롭게 공존하는 현실로 보아야 한다고 주장한다. 코저는 갈등이 사회체제 유지에 기여함에도 불구하고 마르크스와 다렌도르프가 그와 같은 긍정적 기능성을 무시하거나 과소평가한다고 비판한다. 코저는 다른 집단과의 갈등이 집단 구성원의 힘을 결집하여 결과적으로 해당 집단의 응집력을 키운다고 주장한다. 즉, 갈등이 사회를 재통합하여 사회적 불균형을 완화하고 질서와 안정을 회복되는 기능이 있다며 긍정적으로 평가한다.

이처럼 짐멜과 코저 같은 비마르크스주의 계열 갈등론자들은 모든 갈등이 나쁘다고 단정 지을 수 없다고 말한다. 이들에 따르면 갈등은 본질적이며 기능적이다. 따라서 회피하기보다 긍정적으로 보아야 하고, 때로 장려해야만 한다(Coser, 1971/2018 : 810). 갈등론은 이처럼 마르크스주의에 의해서만 독점되지 않는다. 기능론이나 형식주의 사회학에서도 갈등론적 관점을 취할 때가 있다.

2) 지역사회복지실천에의 적용

갈등론적 관점에서 지역사회는 희소자원의 획득을 둘러싼 불평등하고 불공정한 경쟁의 결과 가진 자와 가지지 못한 자로 양분된 사회적 단위로 간주된다(최일섭, 2006 : 23). 여기서 가진 자는 소수이지만 가지지 못한 자는 다수를 차지한다. 따라서 지역사회는 다수의 희생을 담보로 소수의 특권이 옹호되는 강자 위주의 권력구조로 왜곡된 사회 조직이라고 할 수 있다. 왜곡된 지역사회의 권력구조는 인종주의, 계급 이데올로기, 가부장수의, 성세개발 지상주의와 같은 허위의식(false consciousness)의 제작 및 유포를 통해 세련되게 유지된다(조대엽, 2014 : 23).

갈등론적 관점에서 왜곡된 권력구조를 바로잡는 거의 유일한 방법은 가지지 못한 자들이 연대하여 사회적 소음을 의도적으로 만드는 것뿐이다(김욱진, 2011 : 16). 즉, 허위의식으로 점철된 '그들'의 규칙을 거부하고 기존 질서에 도전하여 '우리'만의 새로운 규칙을 세움으로써 왜곡된 권력구조를 바꾸는 것이다. 대결 상황을 의도적으로 만들어 냄으로써 가지지 못한 자는 자신을 곤궁으로 밀어 넣는 불평등한 구조의 안정적인 운영을 일시 정지시킬 수 있다. 이러한 중지는 매우 중요한데, 그 까닭은 중지 결과가 기존 구조에 파열을 가져오는 변혁의 씨앗이 될 수 있기 때문이다(Piven & Cloward, 1978). 지역사회복지실천에서 기존 구조의 안정적 운영에 정지를 가져오는 갈등 전략은 거부권, 묵비권, 태업, 반대 집회, 의도적 불법행위, 물리적 폭력 행사 같은 각종 대결적 기술과 전술로 구체화된다(최일섭, 2006 : 231).

갈등이론은 불평등한 대우를 받아 온 약자가 박탈된 권력과 자원에 온전히 접근하고 억압에서 해방될 수 있도록 하는 지역사회복지실천, 구체적으로 지지, 옹호, 대변 및 권한 강화 활동에 이론적 근거를 제공한다는 점에서 의의가 있다. 제3장에서 살펴본 사울 알린스키(Saul Alinsky)의 급진적 주민조직화 전략, 제5장에서 공부할 존 로스만(John Rothman)의 사회행동 모형 등은 모두 갈등론적 세계관에 입각한 지역사회복지실천이다.

그러나 모든 갈등 전략과 대결 전술이 사회적으로 용납받는 것은 아니다. 예를 들어, 자본주의 체제에서 태업이나 파업은 법적 테두리 안에서 일정 부분 용인되나, 공장파괴(sabotage)는 그 어떠한 상황에서도 인정받지 못하며 엄연한 불법으로 처벌 대상이 된다. 따라서 지역사회의 가지지 못한 자들로 하여금 무턱대고 이와 같은 벼랑 끝 전략이나 전술을 취하도록 선동하는 것은 그들을 오히려 더 큰 위험에 빠뜨릴 수 있다는 측면에서 가급적 피하는 것이 좋다(이순민, 2016 : 65). 지역사회복지실천가는 클라이언트 체계에 발생할 위험성을 사전에 면밀히 검토하고 파급효과를 다각도로 예측한 후 실천을 계획하고 이행해야만 한다.

3. 체계이론

체계이론은 우주 삼라만상을 부분(part)과 전체(whole)로 구성된 다층적 산물이자, 이들 간의 기능적 상호작용의 장(field)으로 바라보는 관점이다. 체계이론은 일반체계이론, 생태체계이론, 구조기능주의, 사회체계이론 등으로 세분화되는데, 다음에서는 이 가운데 지역사회복지실천에 적용 가능성이 높은 앞의 두 이론을 중심으로 관련 내용을 살펴본다.

1) 일반체계이론의 주요 내용

일반체계이론(general system theory)은 생물학자 루드윅 본 버틀란피(Ludwig von Bertalanffy)가 정립한 체계이론으로, 우주 삼라만상의 생성, 운행, 소멸을 체계적 관점에서 보는 학술적 접근을 의미한다. 여기서 체계란 다수의 부분으로 이루어진 상호작용의 연결망(networks of interactions)으로 정의된다. 일반체계이론의 주요 내용을 요약하면 다음과 같다(임은희 외, 2019 : 284).

첫째, 체계는 부분들로 이루어진 전체이다. 이는 하나의 체계가 전체이면서 동시에 또 다른 전체의 부분이 될 수 있음을 의미한다. 체계의 이 같은 양면성을 홀론(holon)이라고 한다. 둘째, 전체의 부분으로서 체계는 자기 자신 그리고 전체의 생존과 발전이라는 공통된 목적을 공유한다. 셋째, 체계는 공동의 목적 달성을 위해 다른 체계를 포함하는 외부 환경과 안정적이고 예측 가능한 협업 관계를 맺는다. 그 결과, 해당 체계를 둘러싸고 유형화된 상호작용의 규범이 출현하는데, 그 구체적 양상은 |그림 4-1|에 묘사된 체계적 과정(systemic process)으로 이해할 수 있다. 체계적 과정은 체계가 목적 달성을 위해 외부 환경과 교류하며 필요한 자원과 에너지를 획득하는 동적인 활동 상태를 뜻하며, 구체적으로 투입(input), 처리(throughput), 산출(output), 환류(feedback)의 연속적 단계로 구성된다. 넷째, 획득한 자원과 에너지를 바탕으로 체계는 특별한 기능을 발전시키고 이를 수행하는 데 적절한 구조를 형성한다. 이를 체계의 분화(differentiation)와 전문화(specialization)라고 한다. 다섯째, 분화하고 전문화한 체계는 환경 속 다른 체계와 구별되는 자기만의 정체성을 발전시킨다. 이를 체계의 경계유지(boundary maintenance)라 한다.

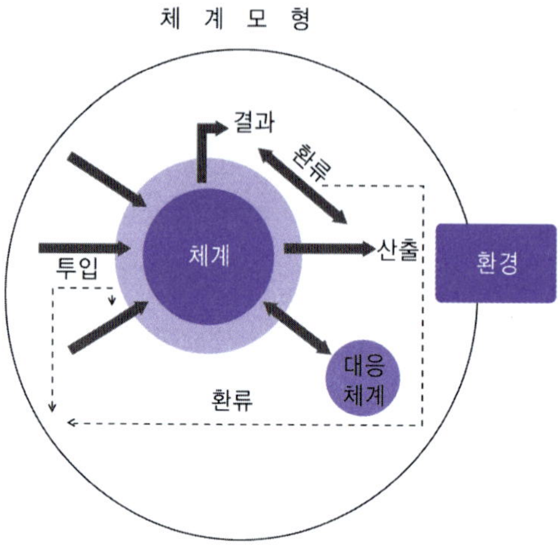

|그림 4-1| 체계적 과정

출처 : 김욱진(2020), p. 296.

2) 생태체계이론의 주요 내용

생태체계이론(ecological system theory)은 인간의 발달과 성장을 설명하기 위하여 러시아의 심리학자 유리 브론펜브레너(Urie Bronfenbrenner)가 고안해 낸 체계이론이다. 생태체계이론은 발달하는 인간(a developing person)을 중심으로 겹구조(nested structures)를 가진 복수의 체계가 다층적이고 중첩적인 생태 환경(ecological environments)을 구성한다고 보는 관점이다. 이러한 생태 환경은 개인의 성격과 행태에 심오한 영향을 미친다. 여기서 주안점은, 생태 환경과 인간 간에 벌어지는 상호작용은 그 인과관계나 선후관계가 명확하지 않으며 복잡하고 혼란스럽다는 점이다.

생태 환경은 미시, 중간, 외, 거시, 시간체계로 구성된다(임은희 외, 2019 : 300). 미시체계(micro-system)는 개인에게 직접적 영향을 미치는 즉각적 생태 환경으로, 일대일 대면접촉을 통해 친숙한 대인관계를 형성하는 데 기여하는 일상의 물리적, 사회적 조건이다. 중간체계(meso-system)는 개인이 참여하는 복수의 직접적이고 일상적인 환경 간 상호작용에 따라 형성되는 관계로, 간단히 말해 미시체계 간의 연결 고리를 뜻한다. 외체계(exo-system)는 개인과 직접적 관련성을 맺지는 않으나 개인에게 영향을 미치는 사회 구조로서의 환경이고, 거시체계(macro-system)는 개인이 속한 사회의 가치 규범과 그에 근거해 만들어진 이념이나 제도 전반이다. 한 사회가 보유한 규칙, 규범, 기대, 가치를 아우르는 문화적 맥락으로 이해할 수 있다. 마지막으로 시간체계(chrono-system)는 개인과 영향을 주고받는 환경에 시간적 속성을 부여하는 또 다른 차원의 환경을 뜻한다.

3) 지역사회복지실천에의 적용

체계이론은 전체를 작은 부분으로 나누어 분석함으로써 지역사회를 다층적이고 기능적인 구조로 이해하는 관점을 제공한다. 예를 들어, 체계이론을 통해 우리는 지역사회가 경제체계(생산·분배·소비의 기능), 교육체계(사회화 기능), 정치사회체계(사회 참여의 기능), 사법교정체계(사회통제의 기능), 복지체계(상부상조의 기능)라는 부분으로 분화되어 있고, 각자 특별한 기능에 전문화되어 있음을 알 수 있다. 또한 이렇게 전체를 부분으로 나누어 보면, 특히 어떤 부분의 기능적 문제로 인해 상호 의존적 관계에 있던 전체가 역기능 상태에 빠지게 되었는지도 쉽게 파악할 수 있다. 그리고 이를 통해 문제해결에 있어 빠르고 효율적인 해결을 기대할 수 있다(박언하 외, 2019 : 141). 이는 우리가 지역사회를 수평적 연결고리로 얽힌 체계(a horizontal linkage of systems), 즉 지역사회 내 여러 행위자 간 수평적 상호작용의 안정적 연결망으로 이해했을 때 가능하다.

한편 체계이론은 어떤 한 부분의 문제가 그 자체로부터 기인했다기보다, 다른 부분 혹은 이를 아우르는 전체 환경과 상호작용하는 과정에서 발생한 파생물이라는 인식을 갖게 한다(임은희 외, 2019 : 311). 예를 들어, 지역사회 안에 청소년 비행과 같은 어떤 문제가 발생하였을 때 체계이론적 관점은 문제의 원인을 지역사회 내 청소년 유해거리와 같은 근접한 지엽적(proximate, local, micro) 요인뿐 아니라, 교육부 공교육 정책, 당대 우리 사회 가족제도, 해외 유입 문화 같은 원거리 거시적(distant, extra-local, macro) 요인에서도 동시에 찾을 것을 촉구한다. 이러한 이원적 접근은 문제의 원인 분석과 해결책 제시에서 복합적이고 다층적인 입장을 갖게 하며 시야를 확장시킨다. 이는 우리가 지역사회를 수평적 연결고리뿐 아니라 수직적 연결고리로 얽힌 체계(a vertical linkage of system), 즉 광역 및 초광역 지역사회 행위자와의 수직적 상호작용의 연결망으로 이해했을 때 가능하다(류기형 외, 2015 : 109).

마지막으로 체계이론은 지역사회가 나름의 특화된 구조와 기능을 가지며 이것이 해당 지역사회 고유의 정체성으로 드러난다는 생각을 갖게 하는 데 도움을 준다. 체계이론적 관점에서 어떤 한 지역사회의 정체성이 불분명하다는 것은 경계유지에 실패하였다는 것을 의미한다. 경계유지 실패는 해당 지역사회의 구조 감퇴나 기능 축소로 이어져 종국적으로 환경에 동화, 즉 소멸의 위험을 초래한다. 따라서 정체성이 불분명한 지역사회에서 활동하는 실천가는 직면한 소멸의 위기를 해결하기 위해 다른 지역사회와 구분되는 해당 지역사회만의 고유한 구조와 기능을 발전시키고 경계를 뚜렷하게 긋는 데 방점을 찍고 활동을 할 필요가 있다. 지역 특성에 맞는 노인 복지 프로그램이나 주민 의견을 반영한 청소년 활동 프로그램의 개발 등이 좋은 사례가 될 수 있다.

4. 인간생태론

1) 주요 내용

미국 시카고대학교 사회학과 설립자인 로버트 파크(Robert Park) 교수가 정립한 인간생태학(human ecology)은 도시의 성장, 발전, 변화, 쇠퇴 과정을 설명하고 예측하는 도시사회학 이론이다. 인간생태학은 동식물 생태학에서 기원하였다. 그런 만큼, 생물학 개념이 상당히 많이 차용되었다는 것이 특징이다(황희연 외, 2002 : 27).

인간생태학은 인간 사회가 생물적 질서와 도덕적 질서(biotic and moral orders)라는 두 개의 상반된 원리에 입각해 만들어져 운영된다고 본다. 그러면서 인간사회의 공동체는 후자보다 전자에 따른 공리적(功利的) 결속의 결과물로 보아야 한다고 주장한다. 즉, 어떤 차원 높은 도덕이나 윤리가 아닌, 생존경쟁에서 이기기 위한 기능적이고 생물적인 요구 때문에 우리 인간은, 마치 다른 동식물이 그러하듯, 자신과 비슷한 속성과 목적을 지닌 개체와 무리를 이루어 그들과 상호 의존적이고 협동적인 관계를 맺으며, 그 결과가 바로 공동체라는 것이다. 이는 인간생태학이 공동체를 개체의 생존을 위한 자기 방어막으로 본다는 것을 말한다.

인간생태학은 지역사회도 비슷한 맥락에서 이해한다. 인간생태학적 관점에서 지역사회는 동종 공동체 구성원과 협력하고 이종 공동체를 밀어내는 경쟁 속에서 각 공동체가 저마다 특별한 기능과 장소에 적응한 결과물로 간주된다. 즉, 생존을 위해 경쟁하는 과정에서 승리 가능성을 높이기 위해 나와 비슷한 사람들과 전략적으로 협업 관계를 맺은 데 따른 자연스러운 공간 정착 및 배분 결과가 바로 지역사회라는 것이다. 이러한 이유로 인간생태론자들은 지역사회를 자연지역(natural area)이라는 말로도 달리 부른다. 이는 지역사회의 현 공간적 분포가 자연 선택(natural selection)의 결과 만들어진 것임을 강조하는 용어이다(Chaskin, 1997 : 525).

정리하면, 자연지역은 유사한 속성과 목적을 가진 동종 공동체(공리적 결속체)가 희소자원 획득을 목표로 특정 공간에 침입하고 기존 집단의 지배력에 도전하며 그들과 경쟁하는 가운데 자연스럽게 배정받은 지리적 영역이다. 경쟁에서 승리한 쪽에게 주어지는 전리품 같은 서식지(habitat)로서의 자연지역은 이처럼 철저하게 생물적 질서에 의해 지탱되며, 따라서 그 공간 안에서는 집중, 분산, 천이 등을 포함한 일련의 자연적인 생태 과정(ecological process)이 전개된다.

인간의 서식지, 즉 도시공간에서의 생태적 과정은 총 아홉 개 단계를 거쳐 진행된다(Kirst-Ashman & Hull, 2018 : 306-308). 첫째, 도시공간은 균형상태에 놓여있다. 이 균형상태는 경쟁적 협력 또는 공생관계로 이해할 수 있다. 둘째, 새로운 집단(이종 공동체)이 도시공간으로 유입된다. 유입은 희소자원이 풍부한 영역을 차지하기 위한 의도적 침입일 수 있고 자연재해(화산폭발, 가뭄 등)에 의한 비의도적 정착일 수도 있다. 셋째, 새로운 집단의 유입은 기존 도시공간의 균형을 파괴하며, 생존을 위한 집단 간(종 간) 투쟁을 격발한다. 넷째, 경쟁은 해당 도시공간에서의 생존에 최적화된 집단에 유리한 방향으로 전개되며, 그들의 지배력 확대로 이어진다. 다섯째, 경쟁의 결과 새로운 집단이 우위를 차지하면, 기존 지배 집단은 세력이 약화하며 해당 지역에서 퇴각, 소멸한다. 여섯째, 새로운 집단이 기존 도시공간을 계승, 점유한다. 일곱째, 새로운 지배 집단의 요구와 필요에 따라 천이된 도시공간의 기능(용도)과 구조(외형)가 바뀐다. 여덟째, 경쟁이 감소하며, 새롭게 유입된 지배 집단을 둘러싸고 안정적 질서가 수립된다. 아홉째, 도시공간에 새로운 균형상태가 찾아온다. 종 간·종 내 경쟁적 협력 관계와 공생관계가 다시금 두드러진다.

이러한 설명은 인간 공동체와 지역사회 그리고 도시의 형성 및 발전, 변화, 쇠퇴에 대한 매우 생물학적인 접근이다. 그러나 인간생태학은 인간 사회가 오로지 생물적 질서만 따르지는 않는다고 말한다. 인간은 동식물과 다르게 애정(affection)과 인위적인 공동 목적을 가지며, 야망과 이상을 추구한다. 윤리와 책임 의식을 강조하고, 전통과 권위를 존중하며 계승을 위해 노력한다. 즉, 앞서 설명한 생물적 욕구가 이끄는 것과 정반대 삶을 살기도 하는 사회적, 역사적 존재이다. 이 말인즉슨, 시간이 지나 일정 기간 균형상태가 지속되면 자연지역 안에 차츰 생물적 질서를 뛰어넘는 어떤 도덕적 질서가 등장하여 자연에 역행하는 인간 사회(society against nature)의 조직과 원리가 인간 사회를 구속하는 외적 조건으로 힘을 발휘하게 된다는 얘기이다. 이러한 사회 조직과 원리로 파크는 도덕, 규범, 사법 및 정치체계, 전통, 관습 등을 언급하였다(황희연 외, 2002 : 26).

새롭게 만들어진 비생물적 사회 조직과 원리는 차츰 시간이 지나면서 기존에 자리 잡은 생물적 질서와 긴장 관계에 돌입한다. 그리고 장기적으로 전자가 후자를 압도할 때, 자연지역은 도덕적 지역(moral region)으로 변모한다(Chaskin, 1997 : 530) 도시의 특정 지역사회를 방문하였을 때 그 지역만의 특수한 정치적 성향이나 문화적 성향을 감지할 수 있다면, 이는 해당 지역사회를 자연지역보다 도덕 지역으로 분류하는 것이 적절하다는 징표로 해석할 수 있다.

그런데 이렇게 도덕적 지역의 등장을 예견하면서도 인간생태론은 도덕적 질서가 발생시키는 효과란 부차적인 것에 불과하며, 인간 사회를 지탱하는 근본 동력은 생물적 질서에 있다는 주장을 견지한다. 즉, 희소자원을 획득하기 위해 새로운 지역사회에 침입하고 기존의 유력 공동체에 도전하여 경쟁에서 이기고자 하는 욕구는 아무리 도덕적 질서가 강고하게 자리 잡은 상황이라 할지라도 생물로서의 인간이 버릴 수 없는 근본적인 충동이기 때문에, 인간 사회의 도시는 언젠가 다시금 외 집단의 침입을 받을 수밖에 없고, 그 결과 집중, 분산, 계승 등을 포함한 생태적 과정을 겪으며 계속해서 변화, 발전, 성장, 쇠퇴한다고 본 것이다.

요약하면, 인간생태론에서 지역사회는 생존경쟁에 유리한 최적의 처소(niche)를 찾아내기 위한 유사 개체 간 공리적 결속의 공간적 결과물로, 도시는 그러한 수많은 자연지역으로 이루어진 거대한 경쟁적 협력 또는 공생관계의 상호 의존 체계로 간주된다. 이러한 관점에서 보면, 인간의 지역사회와 도시는 동식물 생태계의 서식지와 크게 다를 바가 없다. 즉, 가까이에서 보았을 때는 무자비한 자연도태가 일어나고 있으므로 비극이지만, 멀리서 보았을 때는 질서정연한 균형을 이루어 내는, 아름답고 오묘한 자연의 모습 그대로라고 말할 수 있다.

2) 지역사회복지실천에의 적용

인간생태론은 도시 및 지역사회의 다양한 개인, 집단, 조직이 희소자원을 쟁취하기 위하여 끊임없이 경쟁하고, 보다 강한 힘(the advantaged)을 가진 쪽이 이러한 경쟁에서 최종적으로 살아남는다는 점을 말해준다. 이를 역으로 생각하면, 상대적으로 힘이 약한 쪽(the disadvantaged)이 경쟁의 결과 밀려나는 것은 자연의 섭리라는 것을 유추할 수 있다. 여기서 밀려남이란 공간적 차원에서 사람들이 덜(less) 바람직하다고 여기는 도시의 외곽지로 쫓겨난다는 것을 뜻한다.

인간생태론에 가해지는 비판 중 하나는 왜 도시의 각 지역사회가 애당초 서로 다른 질과 양의 자원을 제공하는지 묻지 않는다는 점이다(함철호, 2019 : 122).

예를 들어, 인간생태론자는 왜 서울시의 교육자원이 애초 강남에 더 많이 몰려 있고 강북에는 상대적으로 부족한지 묻지 않는다. 또한 사회경제적 취약계층이 어떻게 하면 강자와 대등한 권력관계를 이룰 수 있는지에 대해서도 큰 관심을 보이지 않는다. 인간생태론은 경쟁에서 승리한 자와 패배한 자 간의 자원배분 양상과 결과를 자연법칙으로 보고, 이에 대해 별다른 논평을 하지 않는다. 비록 자원배분이 불합리하고 불평등하다 할지라도 말이다.

힘의 불평등성을 도외시한다는 비판과 한계에도 불구하고, 인간생태론적 관점을 공부함으로써 우리는 도시의 특정 지역사회가 다른 지역사회보다 희소자원의 보유 및 분배 측면에서 낮은 지위를 점할 수도 있다는 인식을 역으로 가질 수 있다. 그리고 이러한 비판적 시각을 바탕으로 전 도시적 차원에서 비교에 입각한 개입(planning an intervention based on comparison across localities)을 계획할 수 있다. 즉, 특정 지역이 다른 지역에 비해 무엇이 부족한지 혹은 무엇이 필요한지를 사정한 후 형평성의 요구 및 복원 차원에서 도시적 차원의 지역사회계획을 세울 수 있다(김수진 외, 2012 : 186).

한편 인간생태론은 생물적 질서에 의해 형성된 자연지역 위에 도덕적 질서가 자리 잡으며, 이를 통해 인간 사회의 전통, 관습, 법규 같은 사회규범이 만들어진다고 본다. 그러면서도 궁극적으로 생물적 질서가 이러한 사회규범을 주기적으로 흔들리게 할 수밖에 없다는 점을 강조한다. 이러한 관점에서 보면, 도시 공간에 갱 범죄, 청소년 비행, 마약, 성매매와 같은 무규범(anomie) 상태가 발생하는 것을 피할 수 없다. 자연법칙이기 때문이다. 따라서 인간생태론자들은 무규범 상태를 완전히 방지하기보다, 불가피하게 발생하는 무규범 현상에 신속하고 효과적인 대처법을 찾는 것이 더욱 중요하다고 말한다. 이 같은 접근은 도시를 기본적으로 골치 아픈 문제로 가득 찬 병리적 공간으로 이해하는 의학적 모델과 이론적으로 맞닿아 있다. 한 가지 흥미로운 사실은, 제5장에서 다룰 사회계획 모형도 이 같은 인간생태학의 병리학적 관점을 밑바탕에 깔고 지역사회복지실천의 방향을 제시한다는 점이다(황희연 외, 2002 : 431).

5. 사회적 자본 이론

1) 주요 내용

사회적 자본을 대표하는 이론가로 흔히 피에르 부르디외(Pierre Bourdieu), 제임스 콜먼(James Coleman), 로버트 퍼트남(Robert Putnam)을 거론한다. 각자 다른 방식으로 사회적 자본의 개념을 정의하는데, 한 개인, 집단 또는 전체 사회에 모종의 이익을 가져다주는 사회적 관계망으로 사회적 자본을 개념화한다는 데 있어서만큼은 공통적이다.

부르디외는 한 개인의 계층적 이해관계 도모와 유지, 전승을 위한 수단으로서의 관계망을 사회적 자본으로 정의한다(Bourdieu, 1986). 그에 따르면 사회적 자본은 순전히 개인적 차원의 자산으로, 개인은 이를 활용하여 자신보다 높은 혹은 자신과 비슷한 사회경제적 지위의 인물들과 친밀하면서도 폐쇄적인 인간관계를 맺어 계층적 이해관계를 도모하고, 나아가 자녀에게 관계 자산을 상속, 계층 질서를 공고화하는 데 암묵적으로 활용한다.

콜먼은 개인적 성취와 업적에 도움을 줄 수 있는 특정 집단이 가진 자원으로서의 관계망을 사회적 자본으로 정의한다(Coleman, 1988). 그에 따르면 사회적 자본이란 어떤 한 개인이 보유한 자원이 아니다. 그것은 사람들의 관계 구조 속에 존재하는 특정 집단의 내부 자산이다. 사회적 관계망을 통해 이 자산에 접근하는 개인, 즉 내집단 구성원은 다른 구성원의 도움을 받아 그 자산에 접근하지 못했을 때는 감히 상상하지 못한 업적과 성과를 낼 수 있다. 가령, 한국 사람이 해외로 이민을 갔을 때 동포의 도움을 받아 쉽사리 일자리를 얻고 거처를 마련하는 경우가 콜먼의 사회적 자본 개념이 적용되는 한 가지 사례라 할 수 있다(Portes, 1998). 물론 콜먼식 사회적 자본 개념은 한국 사회에서 종종 문제시되는 혈연, 지연, 학연과 같은 폐쇄적 연줄에도 그대로 적용되기에 마냥 긍정적인 집단 자산으로만 볼 수는 없다.

퍼트넘은 한 사회의 발전과 번영에 기초가 되는 집합적 자산으로서의 신뢰, 호혜, 관계망을 아울러 사회적 자본이라 가리킨다(Putnam, 2000). 그에 따르면 사회적 자본은 개인이 보유하는 수단이 아니고, 특정 집단의 관계 구조에 내재한 자원도 아니다. 그것은 한 사회가 가진 비가시적인 집합적 자산이다. 간단히 말해, 타인을 믿고 도우며 그들과 협력하는 결사의 연결망(networks of association)이다. 이러한 사회적 자본은 사회 전반에 다양한 긍정적 효과를 발생시킨다. 사회적 자본이 풍부한 사회에서는 미지의 낯선 타자를 조건 없이 믿고 계약을 체결할 수 있다. 그래서 거래비용이 낮고, 경제가 발전한다. 또한 타자를 돕는 사회적 활동을 하는 데 있어 대가를 바라지 않기 때문에 시민사회가 성숙하고 사회 통합이 촉진된다. 이뿐만이 아니라 사람들은 홀로 있기보다 타인과 어울림을 선호하고 지역사회와 국가의 대소사 결정 과정에 적극적으로 참여하기 때문에 심리정서적으로 안정되고, 직접민주주의가 번성하며 정치가 발전한다.

2) 지역사회복지실천에의 적용

지역사회 문제를 해결하고 주민의 욕구를 해소하는 개입 과정에서 사회복지사는 사회복지 조직이나 동료 전문가의 역량 및 자원을 일차적으로 활용한다. 그러나 이것만으로는 부족하다. 지역사회 내 신뢰와 호혜의 협력적 관계망이 갖추어져야만 하고, 이를 토대로 당사자 주민이 지역 현안에 "나 몰라"라 하지 않고 의사 형성 및 결정 과정에 적극적으로 관여하는 참여적 공동체주의 문화가 자리잡혀야만 한다. 그래야 사회복지사의 개입이 당사자 주민의 의지 및 실행 능력과 합쳐져 애초 의도한 목적이 온전히 달성될 수 있다. 이는 책임감, 주인의식, 희생, 헌신, 의무감 등의 가치가 포함된 신뢰와 호혜의 협력적 관계망으로서의 사회적 자본이 풍부할수록, 지역사회복지실천의 성공 가능성도 높아진다는 것을 말한다(Woolcock, 2001).

실천 현장에서 사회복지사가 추진하는 전문적 개입의 상당 부분이 사회적 자본의 형성 및 축적 그 자체에 초점이 맞추어져 진행되는 까닭은 위와 같은 이유 때문이다. 사회복지사는 다양한 이해관계를 가진 주민을 한 자리로 모아 정기적으로 소통하고 공동의 문제에 머리를 맞대 논의할 기회를 제공한다(예 주민조직화사업, 지역사회 거점 공간 운영 등). 또한 주민 각자가 지역사회의 의사 형성 및 결정 과정에서 배제되지 않고 저마다 목소리를 낼 수 있도록 도우며(예 주민자치위원회 운영, 지역사회 공청회 및 워크숍 진행), 자원봉사, 후원, 기부와 같은 나눔 활동을 진행한다. 각 활동의 구체적 목표나 절차는 다 다르다. 그렇지만 지역사회와 당사자 주민의 사회적 관계맺음에 신뢰와 호혜의 의식을 불어넣고 협력적 연결망을 두텁고 넓게 만드는 일, 즉 사회적 자본을 구축하고, 이를 토대로 실천가의 전문적 개입이 효과를 백배 발휘할 수 있는 토양을 만드는 것을 궁극적 목적으로 삼는다는 점에서는 같다.

한편 실천가는 사회적 자본이 긍정적 효과만 가져오는 만능재가 아니라는 점에도 유의해야 한다(Lin, 2001). 앞서 신뢰와 호혜의 관계를 증진하며 참여적 공동체 발전에 기여한다는 측면에서 퍼트남이 사회적 자본의 긍정적 효과를 강조한다고 하였다. 그러나 그가 사회적 자본을 마냥 칭찬만 한 것은 아니었다. 퍼트남은 사회적 자본이 과도한 결속으로 폭주할 때 사회적 배제와 갈등이 초래될 수 있음을 경고한다.

이유를 설명하고자 퍼트남은 사회적 자본을 동질적 배경을 지닌 개인 간 강한 유대(strong ties)인 결속적 사회자본(bonding social capital)과 이질적 배경을 지닌 개인 간 느슨한 유대(weak ties)인 교량적 사회자본(bridging social capital)으로 구분한다(Putnam, 2000 : 22). 결속적 사회자본은 관계망에 연결된 구성원에게 정서적 안정과 사회적 지지를 제공하며, 내부 응집력과 공동체 결속력을 강화하는 효과를 발생시킨다. 이와 대조적으로 교량적 사회자본은 관계망 외적으로는 외부 자원에 대한 접근성과 연계성을 높이고, 관계망 내적으로는 다양성과 포용성을 증진하는 효과를 발생시킨다. 전자는 우리 사회의 접착제, 후자는 윤활유 같은 것이다.

퍼트남은 두 유형의 사회적 자본 중 특히 결속적 사회자본이 본래의 기능, 즉 관계망 내부 구성원에 대한 정서적 지지 제공과 응집력 강화 효과를 넘어서는 경우를 지적한다. 그는 결속적 사회자본이 관계망 외부인에 대한 배타적이고 편협한 부족주의(tribalism)를 조장할 때, 사회 전체의 관점에서 통합과 연대의 공동체주의적 가치를 확산하기보다는, 오히려 사회 분열과 갈등, 배제의 문화를 퍼뜨리는 기제가 될 수 있다고 주장한다(ibid. : 23).

이뿐만이 아니다. 퍼트남은 지역사회 내 취약계층의 결속적 사회자본에 대한 의존도가 과해지면, 그들이 가진 내부 자원의 절대량 부족과 질적 한계로 말미암아 당사자는 막상 상향 이동 측면에서 별다른 이득을 취하지 못할 수 있다는 문제점도 제기한다. 사회적 관계망에 연결되면 그로부터 특별한 혜택을 기대할 수 있어야 하는데, 현실적으로 그 이득이 정서적 위안이나 내부 응집력 강화(getting by)에 그치고 외부 고급 정보나 유력 의사결정자와의 접촉(getting ahead)으로까지 이어지지 못한다면, 그와 같은 사회적 자본은 현 상황 타개에 별다른 도움을 주지 못하는 빛 좋은 개살구라는 비판을 받을 수밖에 없다(Warren et al., 2001). 혹자는 취약계층의 결속적 사회자본이 지닌 맹점을 '티끌 모아 태산'이 아닌 '티끌 모아 티끌'이라는 말로 비판한다.

이와 같은 맥락에서, 취약계층을 위한 사회적 자본 구축은 그 목적이 현 상황의 적극적인 타개, 구체적으로 상향 이동 가능성의 제고에 있는 한, 결속적 사회자본보다 교량적 사회자본에 중점을 두고 진행되는 것이 바람직하며 권장된다. 그러나 여기서도 주의를 기울일 사항이 하나 있다. 내부 자원이 양적으로 부족하고 질적으로 떨어지므로 그 대안으로 외부로 나가 고급 정보를 캐오고 유력 인사와 접촉을 늘리자는 것이 교량적 사회자본을 지지하는 쏙의 논거인데, 취약계층은 기존의 연결망 바깥으로 나가는 것 자체가 쉽지 않다는 문제점이 바로 그것이다.

외부 고급 자원과 접점을 만들거나 외부 유력 기관 또는 인물과 협력 관계를 맺으려면, 원시 자원을 어느 정도 확보하고 있어야만 한다. 그런데 취약계층이 취약계층으로 불리는 까닭은 그러한 초창기 자원조차 충분히 갖지 못하는 경우가 태반이기 때문이다. 막 주식을 시작한 풋내기 투자자가 워런 버핏을 만나 점심 식사를 같이하고 싶다고 말한들, 그가 버핏을 만날 수는 없는 노릇이다. 수십억 원대에 달하는 버핏과의 식사권 값 자체를 감당할 수 없기 때문이다. 지역사회 취약계층도 이와 비슷한 상황에 놓여있다.

취약계층의 교량적 사회자본은 단기적으로 구축하기 어렵다. 가시적 성과를 내는 데에도 시간이 오래 걸린다. 따라서 사회복지사는 교량적 사회자본을 구축하는 과정에서만큼은 당사자주의보다 전문가 주도의 개입을 고려할 필요가 있다. 구체적으로, 당사자가 주도적으로 사회적 자본을 형성하고 축적할 수 있도록 인내심을 갖고 지켜보기보다, 사회복지사가 앞장서서 조직과 동료 전문가의 힘을 빌려 외부의 고급 정보와 유력 자원을 갈고리처럼 캐온 후, 이를 당사자에게 연결해 주고 활용법을 알려주는 하향식 인큐베이팅 개입 방식을 검토해 볼 수 있다.

6. 사회운동 이론

사회운동 이론은 사회 불평등과 불의에 대해 문제의식을 느끼고 이의를 제기하는 일단의 사람들이 어떠한 방식으로 집단행동을 조직하고 자원을 동원하는지를 설명하는 관점이다. 이 이론은 사회의 구조적 문제에 대한 인식, 해결을 위한 동기 부여, 집단행동에 참여하는 이유, 결과 등과 관련하여 의미 있는 분석 틀을 제공한다. 지역사회복지실천에서는 주민조직화나 정치적 권익옹호 같은 집단행동을 통한 변화 노력의 이론적 근거로 흔히 활용된다.

사회운동 이론은 통합된 단일 이론이라기보다, 사회 변화를 가져오는 집단행동의 원인, 과정, 결과를 설명하는 여러 이론과 분석 틀을 아우르는 느슨한 관점이다. 대표적으로 자원동원 이론, 정치적 기회구조 이론, 프레이밍 이론 등이 있다.

1) 자원동원 이론

자원동원 이론(resource mobilization theory)은 사회운동의 성공 가능성이 주어진 자원을 얼마나 효율적으로 동원하고 조직화하는가에 달려있다고 보는 관점이다. 단순한 불만이나 문제 제기만으로는 운동의 성공을 보장할 수 없으며, 성공적 사회운동을 위해서는 재정, 인력, 기술, 정보 등 다양한 물적·인적 자원을 가능한 한 많이 확보하고 이를 적재적소에 효과적으로 배치, 활용하는 조직적인 역량이 필요하다는 것이다(Edwards & Kane, 2007).

자원은 내부 자원과 외부 자원으로 나누어 볼 수 있다. 내부 자원에는 운동 참가자가 기여하는 노동력(workforce), 물적 자산(예 모임 공간, 사무기기 등), 전문 기술 및 지식(예 법률 지원, 자료 분석, 홍보 전략 등), 기타 비가시적 역량(예 조직 내 결속력, 리더십 등) 등이 포함되고, 외부 자원에는 정치적 지지, 미디어 노출, 후원 네트워크 등이 다양하게 포함된다. 외부 자원은 운동의 정당성을 획득하고 대외 영향력을 강화하는 데 필수적이다.

자원동원 이론은 사회운동 조직 간 협력과 연대를 강조한다. 여러 운동 조직이 힘을 합치면 다양한 자원을 더욱 폭넓게 동원할 수 있고, 외부 자원에 접근하고 영향을 미치는 네트워크를 좀 더 효과적으로 구축하여(예 미디어 노출 확대, 정치적 압력 증가 등) 운동의 세를 확장할 수 있기 때문이다.

자원동원 이론에 따르면 '힘없는 소수'가 '힘센 다수'를 이길 수 있는 거의 유일한 방법은, 마치 돋보기로 희미한 햇빛을 모아 종이를 태워 없애듯, 작은 힘을 한 군데로 집중시키는 것뿐이다. 이는 지역사회복지실천 현장, 그중에서도 취약계층을 주요 클라이언트로 삼는 사회복지사들에게 지역사회 내·외부 자원을 최대한 많이 발굴, 동원하고 효과적으로 활용하는 전략을 수립해야 하는 이유를 설명해 준다. 사회복지사는 주민과 협력하여 지역사회 내 숨겨진 자원을 발견하고, 외부 조직과 폭넓은 연대를 통해 자원의 다양성을 확대해야 한다. 또한 주민조직 간 네트워크를 강화하고, 자원 동원의 전문성도 지속적으로 개발하여 그 활용도를 극대화해야만 한다(최옥채, 2007 : 188).

2) 정치적 기회구조 이론

정치적 기회구조 이론(political opportunity structure theory)은 외부 정치 환경에 존재하는 기회와 제약 조건이 사회운동의 형성과 확장 가능성의 주요 결정 요인이라고 보는 관점이다. 자원이나 구성원의 의지도 중요하지만, 외부 정치

환경이 우선적으로 우호적으로 형성되어야만 사회운동이 성공할 수 있다는 것이다(McAdam, 1982).

정치적 기회구조란 사회운동을 둘러싼 외부 정치 환경의 변화와 그러한 환경 변화로 말미암아 새롭게 열리는 기회 또는 닫히는 제약 조건을 의미한다. 기회가 열리는 순간을 특히 기회의 창(window of opportunities)이 열리는 때라고 표현하는데, 이론에 따르면 이 기회의 창이 열리는 때는 다음 네 가지 징후를 통해 포착할 수 있다(Tarrow, 1994).

첫째, 정치적 개방성이다. 권력구조가 사회운동에 대해 개방적이고 수용적인 태도를 보일 때, 예컨대 정부가 표현의 자유를 장려하거나 정책적 의견 수렴을 허락할 때 사회운동 세력은 그 틈을 타 목소리를 키우고 자기 의견을 홍보하며 정치적 압력 수준을 높일 수 있다. 둘째, 정치 엘리트의 분열이다. 정치 엘리트 내 갈등이나 분열이 존재할 때 사회운동 세력은 그중 한쪽으로부터 비공식적으로 지원을 받을 수 있는데, 이를 통해 운동 세력은 정당성을 확보하고 지지 기반을 확대할 수 있다. 셋째, 정책적 동요다. 경제 위기나 사회 불안, 정치 스캔들 같은 비상 상황이 발생하여 기존 권력이 위축되거나 정책 공백이 생길 때, 사회운동 세력은 그 틈을 비집고 들어가 자신에게 유리한 여론을 형성하고 정책 변화 요구를 강력하게 밀어붙일 수 있다. 넷째, 외부 지원 체계와 연대 및 지지이다. 사회운동이 노동조합, 시민단체, 국제기구 등 외부 조직으로부터 지지와 자원을 제공받을 수 있으면 사회운동의 정치적 영향력과 성과는 한층 커진다.

기회의 창은 거의 닫혀있다. 그러나 간혹 불가예측적이고 개연적인 이유로 기회의 창이 열리는 순간이 드물게 발생한다. 이때를 놓치지 않고 창문을 뛰어넘으면 의도한 변화를 끌어낼 수 있다는 것이 정치적 기회구조 이론의 핵심이다. 기회의 창이 열렸을 때 클라이언트를 위해 목소리를 드높이고 그들과 함께 집단행동에 돌입하면 이해관계를 관철하고 유리한 결과를 도출할 수 있는 가능성이 커진다. 이는 사회복지사가 거시적인 정치 환경 변화를 왜 늘상 주의 깊게 바라보고 분석해야만 하는지 이유를 설명해 준다.

3) 프레이밍 이론

프레이밍 이론(framing theory)은 사람들이 특정 문제나 사건을 인식하고 해석하는 방식을 결정하는 의미의 부여 과정에 주목한다. 이 이론은 사회운동이 대중의 공감을 얻고 더 폭넓은 참여를 끌어내기 위하여 효과적인 의미의 틀(frame)을 설정하는 일이 얼마나 중요한지를 설명한다.

프레이밍을 통해 사람들은 ① 문제의 본질과 원인을 파악하고, ② 해결 방법과 행동 방안을 구상하며, ③ 행동에 나서야 하는 필요성과 정당성을 인식, 즉 동기를 부여받는다. 프레이밍 이론에서는 ①, ②, ③을 가능하게 하는 인지 구조를 순서대로 진단적 프레임, 예측적 프레임, 동기적 프레임이라 일컫는다(Snow & Benford, 1988). 사회운동이 성공하기 위해서는 바로 이 세 가지 프레임의 전략적 설정이 관건인데, 그 까닭은 현재의 정치적, 사회적 상황을 운동 주도 세력이 어떻게 프레이밍 하느냐에 따라 그에 영향받는 대중이 문제의 중요성을 인식하고 해결을 위해 운동에 동참할 동기를 부여받을 가능성이 좌우되기 때문이다.

이 설정 작업에서는 프레임의 공명(frame resonance)이 특히 중요하다. 이는 제안된 프레임이 대중의 가치관, 정서, 선호, 경험, 기억과 맞아떨어지는 정도를 의미한다. 프레임의 공명이 클수록 사회운동의 메시지는 더욱 강력하게 대중에게 전달, 수용되며, 운동에 대한 지지와 참여 수준이 높아진다. 프레임 공명을 높이기 위해서는 메시지의 신뢰성, 발신자의 권위, 발신 경로의 적절성 등에 특히 신경 써야 한다.

프레이밍 이론은 주민의 문제 인식과 참여가 중시되는 지역사회복지실천 분야, 특히 주민조직화에서 유용하게 활용될 수 있다. 예를 들어, 사회복지사는 지역사회의 주거 불안을 단순히 개인적 문제로 치부하지 않고 이를 사회구조적 문제로 재정의(진단적 프레임)하고, 공공주택 확대나 임대료 규제 등 구체적 대안을 제시하며(예측적 프레임), 주민에게 "우리의 목소리가 변화를 만들 수 있다"라는 메시지를 전달하여 행동을 독려할 수 있다(동기적 프레임).

이처럼 주민에게 문제해결의 주체로서의 자각과 책임감을 심어주고 실질적 변화로 이어지는 행동을 촉진한다는 측면에서 프레이밍 이론이 지역사회복지실천에 주는 함의점은 크다. 그러나 프레이밍 전략이 항상 성공적이지만은 않다는 점도 유념해야 한다. 특정 이슈에 대해 주민 다수가 갖는 기존 신념이 매우 강하거나 프레임의 신뢰성이 부족할 경우 메시지가 왜곡되거나 무시될 위험이 있으며, 이 경우 운동 반대 세력에 의해 역공당할 수 있다(Benford & Snow, 2000).

7. 임파워먼트 이론

1) 주요 내용

임파워먼트(empowerment)란 한 개인의 삶에 영향을 미치는 요인이나 환경에 대하여 당사자가 통제력을 획득하고 발휘하는 과정 혹은 상태를 의미한다. 즉, "내 삶의 주인공은 나 자신이고 내 운명을 결정짓는 것도 나 자신이다"라는 권능화 경험이 임파워먼트라는 것이다(Breton, 2004). 따라서 임파워먼트 이론에서는 외부로부터 일방적인 도움을 받는 수동적 존재가 아닌, 자기 자신의 권리와 욕구를 파악하고(자기 인식, self-awareness) 목표 달성에 필요한 기술, 지식, 자원을 습득하여(역량 강화, capacity building) 주체로서 능동적으로 변화하는 개인의 성장 및 능력 향상의 과정에 주목한다.

능동적이고 주체적인 삶의 통제를 강조하는 만큼, 임파워먼트 이론에서는 개인의 권능화 경험을 가로막는 억압적 외부 환경이나 구조를 타파 대상으로 여긴다. 예컨대 빈곤이나 차별은 개인을 억압하여 권능화를 어렵게 만드는 엄연한 구조적 불평등 요소이다. 이는 개인의 노력만으로는 극복하기 어려운 문제이다. 그래서 임파워먼트 이론에서는 비슷한 경험과 목표를 가진 사람들이 연대하여 자원과 힘을 결집하고, 이를 통해 미시적으로는 집단행동, 거시적으로는 정책 변화, 제도 개혁, 권력구조 전환 등 다양한 방식을 통해 개인의 임파워먼트를 어렵게 하는 환경적, 구조적 요인을 제거해야만 한다고 역설한다. 이는 원칙적으로 개인적 차원에서 이해되는 임파워먼트 개념이 집단 및 지역사회 차원 그리고 구조적 차원의 임파워먼트와 밀접하게 연관된다는 것을 함의한다. 즉, 임파워먼트는 개인의 권능화 과정에만 그치지 않고, 높아진 개인의 자기 인식과 역량을 바탕으로 집단과 지역사회의 주요 활동에 동참하며 필요한 변화를 꾀하는 과정(사회참여, social participation), 나아가 기존의 억압적 구조를 변화하는 과정(구조 변화, structural changes)으로 이해될 수 있다는 것을 시사한다.

2) 지역사회복지실천에의 적용

임파워먼트 이론은 주민의 자립성과 참여를 증진하고 구조적 불평등을 해결하는 데 초점을 맞추는 지역사회복지실천 분야에서 유용한 이론적 근거로 활용될 수 있다(Adamson, 2010). 이는 개인적 차원, 집단적(지역사회) 차원, 구조적 차원으로 나누어 볼 수 있다.

먼저 개인적 차원에서, 사회복지사는 지역 주민이 자신의 강점과 자원을 인식하고 활용하여 스스로 잠재력을 깨치고 개인적 효능감을 느끼도록 도울 수 있다. 예를 들어, 취약계층 주민을 대상으로 재무관리 교육, 직업훈련 프로그램 등을 제공하여 이들이 각자의 삶에서 경제적으로 자립하고 심리적으로 안정되며 주체적인 삶을 살 수 있도록 도울 수 있다. 다음으로 집단적(지역사회) 차원에서, 사회복지사는 개별 주민의 역량을 결집하여 지역사회 전체의 변화를 도모하는 집단 활동이 촉진되도록 지원할 수 있다. 예를 들어, 주거 문제로 고통받는 주민들이 주택협동조합을 설립하고 운영하도록 지원하여 주택난에 대한 지역사회 내부의 자체적인 해결 능력을 키우는 데 도움을 줄 수 있다. 이는 집단 효능감을 느끼는 데에도 기여한다. 마지막으로 구조적 차원에서, 사회복지사는 지역사회의 불평등한 권력구조 변화를 위해 주민과 함께 정책 개선 활동에 참여하거나 주민을 위해 정치적 권익옹호 활동을 전개할 수 있다(예 임대주택법 개정, 최저임금 인상 캠페인 등). 이 같은 활동은 시민의 삶에 영향을 미치는 중요 정책의 결정 과정에 주민 각자가 자기 목소리를 반영할 기회를 제공하여 변화에 대한 통제권이 당사자 주민에게 귀속되도록 유도한다.

요약하면, 임파워먼트 이론은 주민의 자립성과 참여를 강화하고 사회구조적 문제를 해결하는 데 효과적인 이론 틀로 사용될 수 있다. 지역사회복지실천 현장에서 일하는 사회복지사는 이 이론에 근거하여 주민의 강점과 자원을 발견하고 당사자가 이를 활용해 개별적, 집단적 효능감을 느끼고 나아가 변화의 주체가 될 수 있도록 돕는 조력자, 촉매자, 촉진자, 동료, 열성적 지지자 등의 역할을 수행할 수 있다(Tice et al., 2019 : 38). 임파워된 주민들 "이 동네의 주인은 우리이고 동네의 운명을 결정하는 것도 우리 자신이다"라는 믿음을 갖고 지역사회 변화를 주도할 수 있다.

8. 강점 관점

1) 주요 내용

강점 관점(strength perspective)은 지역사회를 결핍과 약점이 아닌 강점과 잠재력 중심으로 바라보는 접근법이다. 이 관점은 지역사회 내부에 이미 존재하는 자산을 발굴하고 이를 효과적으로 활용함으로써 문제를 해결하며, 그 과정에서 지역사회의 역량을 강화할 수 있다는 믿음에 기반한다. 즉, 지역사회는 외부 개입이나 자원 원조 없이도 스스로 문제를 해결할 능력을 보유하며, 따라서 이를 발굴하고 활성화하는 것이 핵심 과제라고 보는 입장이다(Saleebey, 1996).

강점 관점은 전통적인 결핍 관점(deficiency perspective)과 대비된다. 결핍 관점은 지역사회를 자원, 권력, 역량이 부족한 취약한 클라이언트로 간주하고, 외부 자원을 보충하거나 내부 문제를 제거하는 방식만이 유일한 해결책이라고 말한다(Kim & Bolton, 2013). 이는 대도시 지역사회를 병리적 시각으로 보는 인간생태학적 관점과 유사하다. 이에 반해 강점 관점은 지역사회와 주민에게 내재한 잠재력을 신뢰하고, 그들의 자산과 강점을 중심으로 문제를 해결하는 긍정적이고 희망적인 접근법을 선호한다. 지역사회 내부의 강점을 발굴하고 이를 최대한 활용함으로써 자립과 자조를 고취할 수 있다고 믿는 것이다(Tice et al., 2019).

강점 관점에서 말하는 지역사회 자산은 물리적, 인적, 사회적 자원으로 나누어 볼 수 있다. 물리적 자원에는 지역 내 공공시설, 유휴공간, 자연환경 등이, 인적 자원에는 지역 주민의 기술, 재능, 경험 등이, 사회적 자원에는 지역사회 내 사회적 자본, 공동체의식 등 가시적, 비가시적 자원이 망라된다.

2) 지역사회복지실천에의 적용

강점 관점은 수면 아래 지역사회 자산을 발굴하여 수면 위로 올리고, 이를 활용해 문제를 해결하는 지역사회복지실천 분야 및 활동에 많은 영감과 방법론적 지침을 제공한다. 예를 들어, 지역사회 내 유휴공간을 주민 모임 장소로 개조하여 사회복지관의 물리적 거점 공간으로 활용한다거나, 지역 주민 가운데 특정 분야에 전문성을 가진 사람을 멘토로 초청하여 취약계층 대상의 재취업 기술 교육 프로그램을 운영하는 등의 아이디어를 내고 이를 실천에 옮기는 것에 대한 이론적 근거를 제공한다.

지역사회를 결핍과 약점의 장소로 보는 전통적 관점과 달리, 강점 관점은 지역사회를 잠재력과 가능성이 내재한 발전의 공간으로 본다(Weick et al., 1989). 예를 들어, 인구 고령화로 활력이 떨어진다는 평가를 받는 지역사회가 있나고 했을 때, 강점 관점은 단순히 "고령화 문제해결을 위해 청년세대 유입을 적극 검토해야만 한다"라는 성급한 결론을 내리지 않는다. 대신 고령 주민의 오랜 경험과 전문 지식을 지역사회의 강점으로 재해석하고, 이를 활용해 지역사회가 스스로 성장하고 변화할 수 있는 역량 구축에 초점을 맞춘다. 이와 같은 긍정적 태도는 주민이 지역사회 문제를 자신의 노력으로 주체적으로 해결할 수 있다는 자신감과 책임감을 갖게 하는 원동력이 된다.

주민이 스스로 강점, 즉 재능, 자원, 경험, 기술 등을 발견하고 이를 자신 있게 그리고 책임감을 갖고 문제해결 과정에 적극적으로 활용하는 것은 당면 문제를 해결하거나 개별적인 자기효능감을 높이는 데 그치지 않는다. 그 경험은 한 걸음 더 나아가, 집단적 문제해결 능력을 강화하고 지역사회의 응집력과 민주적 자치 역량을 발전시키는 데에까지 영향을 미친다(Gray, 2011). 내부 자원과 강점을 바탕으로 당면 문제를 자체적으로 해결할 수 있다는 자신감, 그리고 외부 전문가의 훈수가 아닌 동료 구성원들과의 협력을 통해 실제 문제를 성공적으로 해결해 본 경험의 축적은 지역사회복지실천이 강조하는 자발성과 주체성을 높이는 데 중요하며, 민주적 자치와 사회적 연대를 강화한다는 점에서 의미 있다. 이를 통해 지역사회는 문제 해결뿐 아니라 지속 가능한 발전과 협력의 문화를 확립할 수 있는 기반을 다지게 된다.

강점 관점은 외부 자원을 무조건 배척하지 않는다. 오히려 내부 자원을 우선적으로 활용하면서 외부 자원을 전략적으로 결합하여 지속 가능한 변화를 촉진하는 혼합 접근법을 지향한다. 이는 심각한 빈곤 문제나 자연재해 같은 비상 상황에서 내부 자원만으로는 문제해결에 한계가 있을 수 있음을 인정하는 균형 잡힌 시각이다. 가령 사회복지사가 지역 주민과 협력하여 정부나 민간 영리 부문의 자원과 연계하고, 이를 활용해 주민 모임이나 지역 협동조합을 설립, 운영하도록 지원하는 경우가 이에 해당한다. 인큐베이팅을 위해 초기에는 외부 지원을 활용하되, 차츰 내부 자원 이용으로 옮겨 타 주민 스스로 문제를 해결할 수 있는 역량을 키우고, 이를 통해 지속 가능한 변화가 가능한 공동체 모델로 전환을 추구하는 방식이다.

요약하면, 지역사회와 주민이 가진 강점과 자원을 긍정적으로 바라보고 이를 적극적으로 활용하는 강점 관점의 기본 입장과 태도는 주민의 자발적 참여와 협력적 연대를 촉진하는 주요 요인 중 하나가 된다. 참여와 연대 경험의 성공적 누적은 더 큰 지역사회 발전과 변화를 이끄는 선순환 구조를 가져온다. 강점 관점이 지닌 가장 큰 함의점은 바로 이와 같은 발전적 체계의 구축이다.

CHAPTER 05

지역사회복지실천 모형

제4장에서는 지역사회복지실천에 관한 이론을 살펴보았다. 제5장에서는 지역사회복지실천에 관한 모형을 살펴보고자 한다. 지역사회복지실천 모형은 지역사회복지실천에 대한 이론적 이해를 바탕으로 클라이언트 지역사회를 살기 좋은 지역사회로 변화시키고자 할 때 참고하는 실천 지침이자 안내서이다.

1. 지역사회복지실천과 실천모형

1) 지역사회복지실천

지역사회복지실천 모형을 공부하기에 앞서 지역사회복지실천의 개념을 다시 한번 짚어보자. 제2장에서 살펴보았듯이, 지역사회복지실천이란 지역사회복지를 구현하기 위한 전문적 접근, 즉 전문성을 갖춘 사회복지가 사회복지실천의 다양한 이론과 기술을 이용하여 지역사회 문제와 욕구를 해결하고, 이를 통해 지역 주민의 인간다운 삶을 보장하는 활동이다(Tice et al., 2019 : 2). 구체적으로, '전문적인 문제해결 과정'을 거쳐 '지역사회역량'을 강화하고, 이를 통해 지역사회가 당면한 다양한 사회문제와 욕구를 해결하여 '클라이언트 지역사회'를 '살기 좋은 지역사회'로 변화시키는 사회복지사 주도의 '계획적인 노력'으로 정의할 수 있다(Netting et al., 2016 : 1). 각각을 좀 더 자세하게 살펴보면 다음과 같다.

첫째, '전문적인 문제해결 과정'이란 문제를 찾아내서 변화를 계획하고, 계획된 변화를 일으킨 후 그와 같은 변화 노력을 평가하는 일련의 사회복지실천을 가리킨다. 지역사회복지실천의 문제해결 과정은 크게 지역사회 사정(문제, 욕구, 자원 사정) → 개입계획 수립 → 실행 → 평가의 네 단계로 구분된다.

둘째, '지역사회역량'이란 주민, 주민단체, 민간 전문가, 정부 당국 등 지역사회를 구성하는 다양한 영역들이 지역사회 문제와 욕구를 파악하는 데 협력하고, 목표와 우선순위에 대하여 합의하며, 합의된 목표를 수행하기 위한 수단과 방법에 동의 및 협력하여 필요한 행동을 취할 수 있는 능력을 뜻한다.

셋째, '살기 좋은 지역사회'란 지역사회복지가 지향하는 가치와 추구하는 목적이 최대한도로 실현되어 주민이 인간다운 삶을 사는 이상적인 지역사회를 가리킨다. 반면 '클라이언트 지역사회'란 각종 사회문제가 발생하여 지역사회복지의 가치와 목적이 심각히 훼손되고 주민이 인간다운 삶을 살지 못하는, 그래서 전문가 개입이 시급하게 요구되는 지역사회를 뜻한다.

넷째, '계획적인 노력'이란 임의적이거나 우연한 변화를 기대하는 것이 아닌, 전문적으로 훈련받고 자격을 갖춘 사회복지사가 유관 전문직 종사자와 협력하여 위기 상황에 놓인 지역 주민을 위하여 혹은 그들과 함께 거시사회복지실천의 다양한 이론과 기술을 적용해 주도면밀하게 지역사회를 긍정적 방향으로 유도하는 것을 의미한다.

2) 지역사회복지실천 모형

이론(theory)은 어떤 현상이 왜, 언제, 어떻게, 어떠한 조건에서 발생하는지 그리고 발생하지 않는지 설명하는 진술의 집합체이다. 이와 대조적으로 실천모형(practice model)은 이론이 말하는 바를 토대로 특정 현상에 개입하여 해당 현상을 원하는 방향으로 변화시키고자 할 때 참고할 수 있는 지침이자 안내서이다. 이론이 현상을 과학적으로 설명하고 미래를 객관적으로 예측하는 데 도움을 준다면, 실천모형은 현상을 변화시키는 데 필요한 구체적이고 실제적인 가이드라인을 제시하며, 미래에 취해야 할 행동의 현실적인 계획과 실행 방안을 알려준다는 점에서 둘은 비슷한 듯하지만 엄연히 구분된다(Netting et al., 2016 : 11).

지역사회복지실천의 모형 정립에서 중추적 역할을 담당한 학자는 미국 미시건대학교 사회복지학과의 잭 로스만(Jack Rothman) 교수이다. 그는 현장에서 일하는 전문 사회복지사들의 계획적 변화 노력을 면밀하게 관찰한 후, 지역사회복지실천 활동을 사회계획(social planning), 사회행동(social action), 지역사회개발(locality development), 세 개의 모형으로 정리하여 제시하였다(Rothman, 1968 : 1996).

이후 새뮤얼 테일러(Samuel Taylor)와 로버트 로버츠(Robert Roberts)가 로스만의 기본 모형을 토대로 총 다섯 개 실천모형으로 구성된 개선안을 제시하였다. 여기에는 프로그램 개발 및 조정, 계획, 지역사회연계, 지역사회개발, 정치적 권력 강화가 포함된다(Roberts & Taylor, 1985). 테일러와 로버츠의 실천모형은 로스만의 모형과 개념적으로 궤를 같이하나, 후원자 및 클라이언트의 의사결정 권한 수준이라는 변수를 추가하여 모형을 세분화하였다는 점에서 차별성이 있다.

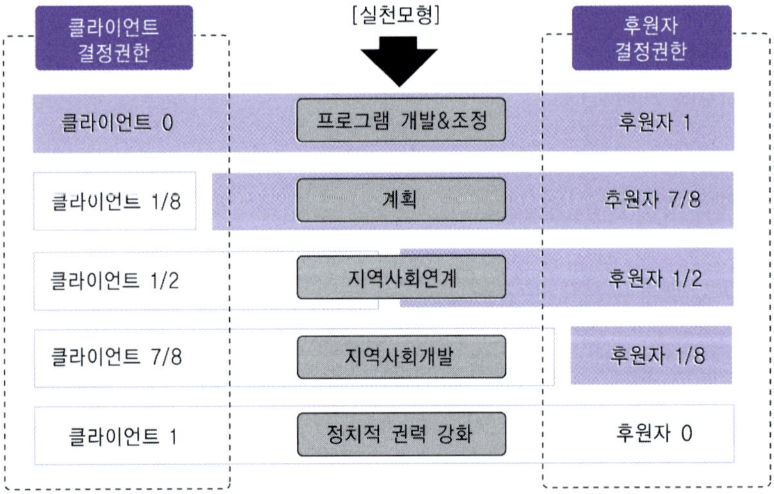

|그림 5-1| 테일러와 로버츠의 지역사회복지실천 모형

마리 웨일(Marie Weil)과 도로시 갬블(Dorothy Gamble) 역시 로스만 모형을 기본 틀로 독특한 실천모형을 제시하였다(Weil & Gamble, 1996). 이들의 개선안에는 총 여덟 개 모형이 포함되는데, 구체적으로 근린지역사회조직, 기능적 지역사회조직, 지역사회 사회경제개발, 프로그램 개발과 지역사회 연계, 사회계획, 연합, 정치사회행동, 사회운동이다. |그림 5-2|는 로스만 모형이 웨일과 갬블 그리고 테일러와 로버츠의 모형과 어떻게 다른지를 시각적으로 보여준다.

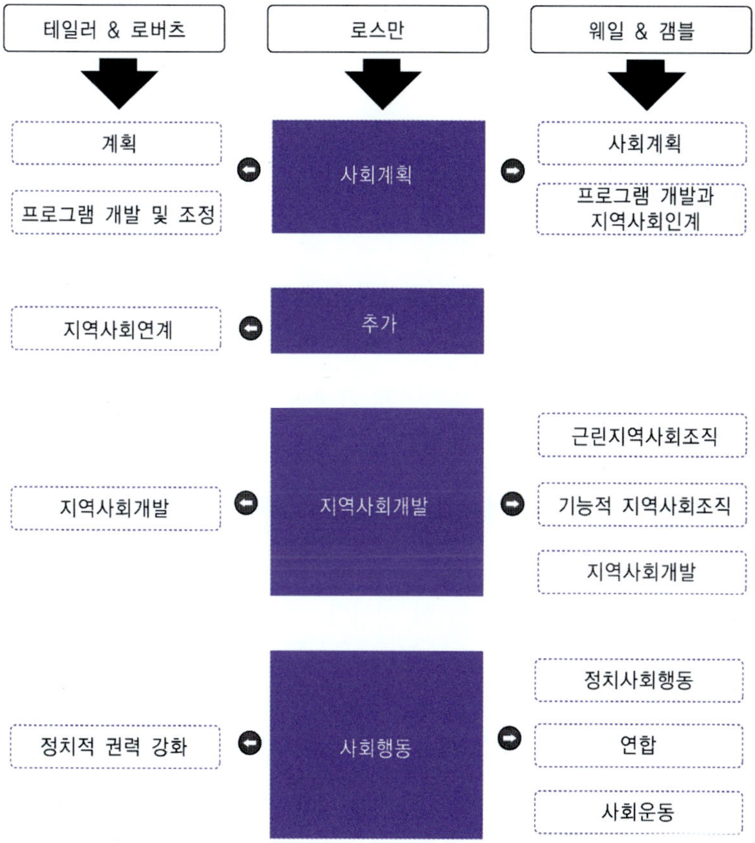

|그림 5-2| 지역사회복지실천 모형 비교

이 외에도 여러 학자가 나름의 이론적 입장에 근거하여 독자적인 지역사회복지실천 모형을 제시하였다(Popple, 1996). 그러나 후속 모형들은 대체로 로스만 모형을 뼈대로 약간의 변형을 시도한 아류라 할 수 있다. 또한 지역사회복지실천 활동을 지나치게 세분화하거나 반대로 그 영역을 지나치게 넓게 잡아 전문성의 영역을 벗어난 경우가 많다(Gutiérrez & Gant, 2018 : 619). 이런 점을 고려하여 이 책에서는 이 분야 원조 격으로 문헌에서 가장 많이 거론되는 로스만 모형을 중심으로 지역사회복지실천 모형의 주요 내용과 쟁점을 살펴본다.

설명에 앞서 한 가지 유념할 사안을 언급하면, 로스만을 포함한 상기 여러 학자가 제안한 지역사회복지실천 모형은 모두 설명적 목적에서 제안된 이념형(ideal-type)이라는 사실이다. 이념형은 경험적 현실을 반영하는 실재가 아닌, 현실에 개념적 질서를 부여하여 만든 일종의 분석 수단이다. 이는 학자들이 제안한 실천모형들은 현실에 존재하는 수많은 실천 활동의 구체적 양상을 관찰한 후 이들을 논리적으로 간명하게 설명하기 위해 의도적으로 특정 현상의 면면을 고도로 추상화하여 만들어 낸 분석 도구이므로, 각 모형의 순수한 형태를 현실 세계에서 실제로 관찰할 수 있을 것으로 기대해서는 곤란하다는 것을 시사한다(우홍준, 2006). 따라서 한 가지 모형에만 의존한 지역사회복지실천은 현실에 존재하지 않으며, 실제 실천 현장에서는 여러 개인적, 관계적, 상황적 요인과 그것들의 복합적 조합에 따라 최소 두 개 이상의 모형이 혼합, 변용, 순차 활용되어 사용된다는 것을 유념해야만 할 것이다.

2. 사회계획 모형

사회계획 모형에서 지역사회복지실천은 '기관 중심의 기술적 문제해결'로 정의된다(Brueggemann, 2013 : 173). 이를 핵심 단어 중심으로 좀 더 구체적으로 살펴보면 다음과 같다.

먼저 '기관'이란 특정 지역사회 문제와 관련하여 전문적 훈련과 교육을 받은 사회복지사, 행정관료, 정치인, 시민 지도자 및 이들이 속한 선별적인 엘리트 조직을 가리킨다. 기관의 주체는 민간, 정부 혹은 양자 모두가 될 수 있다. 전문가 또는 엘리트 조직을 중심으로 실천이 이루어지므로, 사회계획 모형에서 지역사회의 평범한 주민은 보통 서비스 및 프로그램의 수혜자나 소비자로 다루어진다.

다음으로 '문제'란 지역사회의 가시적 난제를 의미한다. 가시적이라 함은 눈에 뚜렷하게 보인다는 것 외에, 통계 처리가 가능하여 정량화된 지표로 일반화될 수 있다는 것도 뜻한다. 수급권자 비율, 청소년 흡연율, 노인학대 건수, 일인가구의 우울감 점수, 노후 임대주택의 위치 및 규모, 청년세대 자살률, 가정폭력 신고 건수 등이 이를 예시한다. 이는 뒤집어 말하면, 정량화하기 어렵고 그 실체가 외부로 쉽게 드러나기 어려운 이슈들, 예컨대 권력의 재분배라든가 사회적 자본의 구축과 같은 비가시적 문제는 우선적인 실천 고려 대상에서 밀려난다는 것을 말한다.

마지막으로 '기술적 해결'은 직면한 문제와 관련된 자료를 수집하여 이를 최신 사회과학 이론과 방법론에 비추어 분석하고, 분석 결과를 토대로 지역사회 주민에게 가장 효과적인 서비스를 가장 효율적인 방식으로 기획, 전달하는 규격화된 사회공학(social engineering)을 의미한다. 최신 이론은 앞선 제4장에서 배운 것과 같은 내용을 가리키며, 최신 방법론은 제7장에서 살펴볼 설문조사, 초점 집단 분석, 델파이기법 등 중상급 이상의 양적 조사 기술을 가리킨다. 기술적 해결을 통해 실천가는 신규 프로그램을 개발할 수 있고, 중복되거나 누락된 서비스를 조정하여 사각지대를 없애는 데 기여할 수 있다. 특수 목적의 사업을 입법하여 통과시키는 데에까지 영향을 미칠 수 있다. 즉, 지역사회의 심각하고 복잡한 사회문제를 빠르고 효율적으로 해결하여 지역 주민의 욕구를 적절히, 적기에, 충분히 해소하는 데 기여할 수 있다.

사회계획 모형은 단기적 목표와 장기적 목표를 가진다. 단기적으로는 개별 지역 주민이 직면한 문제의 신속한 제거를 꾀한다. 이를 과업 지향적(task-oriented) 목표라고 부른다. 그리고 그와 동시에 장기적으로는 공동체의 안녕과 질서의 복원을 꾀한다. 따라서 전체의 복리 증진이라는 공리주의적인 관점에서, 사회계획 모형을 따르는 지역사회복지실천은 개별 주민에게 때로 상당한 수준의 통제와 관리, 감독을 가하고 또 이를 어쩔 수 없다는 식으로 용인하는 모습을 보이는 경우가 많다.

<표 5-1> 사회계획 모형의 주요 내용

구 분	사회계획 모형
1) 실천의 목적	지역사회 문제의 실질적·즉각적 해결(과업 지향)
2) 지역사회 구조와 문제에 관한 가정	지역사회 문제의 실체는 뚜렷하고 가시적임 예 정신건강문제, 주택문제, 공해, 높은 자살률, 빈곤 등
3) 기본적인 변화 전략	• 문제에 관한 객관적 자료 수집 및 논리적 행동 과정에 입각한 의사결정 전략 • 사실을 파악하고 논리적으로 생각하고자 함이 주된 요지 • 지역사회 주민들은 이 과정에 참여할 수도 있고 참여하지 못할 수도 있음
4) 변화 전술과 기술	합의 혹은 갈등
5) 실천가의 역할	사실수집가, 분석가, 정책가, 프로그램 설계자, 수행자, 촉진자
6) 변화의 매개체	공식적 조직과 자료의 조작
7) 권력구조에 대한 관점	고용자 또는 후원자
8) 수혜체계의 경계 규정	전체 지역사회 주민 혹은 지역사회 주민의 일부
9) 지역사회 하위부분 간의 이해관계에 대한 가정	조정 가능하거나 갈등 관계에 놓여있음
10) 수혜자의 개념	소비자
11) 수혜자의 역할	소비자 또는 수령자
12) 임파워먼트의 사용	• 서비스에 대한 욕구를 소비자에게서 발견 • 소비자에게 서비스 선택에 관한 정보 제공

출처 : Rothman(2001), p. 45.

사회계획 모형은 지역사회의 가시적 문제를 과학적, 기술적, 효율적으로 해결하는 데 특히 유효하다. 그렇지만 다음과 같은 한계로 인해 비판받는다.

첫째, 현대 사회문제는 몹시 사악하며, 다른 사안과 복잡하게 얽혀있다. 또한 끊임없이 변화하는 환경에 놓여있어 해결이 무척 어렵다(Rittel & Webber, 1973 : 160). 그런데도 사회계획 모형은 현대 사회문제의 이와 같은 난해함과 복잡성을 도외시한다. 물론 사회계획 모형을 지지하는 사람들은 문제를 잘 정의하고 범위를 명확하게 정한 다음 치밀하게 계획을 세워 개입에 들어간다면 그 어떠한 문제든 반드시 긍정적으로 변화시킬 수 있을 것이라는 낙관적 태도를 견지한다. 그러나 이는 이상주의에 가깝다. 전문가 역시 모르는 것이 많고, 설사 문제의 유형 및 특징을 잘 알고 개입을 시도한다고 하더라도 현실적으로 모든 경우의 수를 완벽히 통제하기란 불가능에 가깝기 때문이다(Hyde, 1996). 결국 일백 퍼센트 완벽한 문제해결이란 현실적으로 요원하다. 일견 해결이 마무리된 듯해 보이는 문제도 언제 어디서 풍선효과나 사각지대가 생겼는지 정확히 알 수는 없는 법이다. 그런데도 사회계획 모형은 이러한 한계에 대해 명확한 입장을 보이지 않고 이상주의적 태도를 견지한다.

둘째, 사회계획 모형에서는 실천 과정에서 주체가 되어야 할 주민이 객체로 전락할 가능성이 크다. 짧은 시간 안에 지역사회의 생활환경을 개선하고 주민의 욕구를 해소하는 데 방점을 찍는 만큼, 효율성과 추진력이라는 미명 아래 주체가 되어야 할 주민을 배제하고 객체화할 가능성이 농후하다는 것이다. 더 큰 문제는, 주체가 되어야 할 주민이 주요 의사결정 과정에서 누락되는 데 그치지 않고 교화와 계몽, 심지어 통제 및 관리 감독의 대상으로 전락할 가능성마저 존재한다는 것이다. 이는 사회계획 모형을 따르는 실천의 틀 안에서는 단기적으로 지역사회 문제가 해결되는 것처럼 보일 수 있지만, 장기적으로 주민의 수동성과 의존성을 키워 근본적으로는 문제를 방치하고 더욱 심각하게 만들어 버릴 가능성이 크다는 점을 시사한다(최조순 외, 2015).

셋째, 사회계획 모형에 내재한 중앙집중성과 위계성, 대상화, 수동화 경향은 지역 주민뿐만 아니라 계획에 참여하는 실천가 역시 주변화하는 결과를 초래할 수 있다. 하급 실천가는 상급 실천가의 명령을 듣고 빠르고 효율적으로 움직이는 집행자에 불과한 존재로 간주될 수 있다는 이야기이다. 자율과 재량권이 인정되지 않는 환경에서 일하는 실천가는 소진(burnout)을 빠르게 경험하는데, 이는 실천가의 정신건강, 이직률 등에 부정적 영향을 줄 뿐 아니라 전문가로서의 역량도 심각히 저해함으로써 지역사회복지실천의 실패 가능성을 높이는 인자가 된다(Tice et al., 2019 : 165).

넷째, 1990년대 초부터 시행된 지방자치제도는 현재 우리나라에서 완전히 정착되어 지방의 자율권과 책임성을 증대시키는 데 결정적으로 기여하였다. 그렇지만 지방자치제도의 성숙 이면에는 합리적 계획의 결과로 전문가들이 애써 정교하게 만들어 놓은 복지정책과 사업이 지방선거 결과에 따라 불필요한 정치적 논쟁과 탄핵의 대상이 되어 흐지부지되거나 중간에 공중 분해되어 사라질 수 있다는 위험성이 도사리고 있다. 예컨대, 사회보장급여법 제35조에 따른 지역사회보장계획은 지역의 명망 있는 전문가들에 의해 4년에 한 번 중장기로 수립되는 우리나라의 대표적인 법정 지역복지계획이다. 그런데 이렇게 법적 지위를 보장받는 지역복지계획의 내용과 방향, 예산이 마찬가지로 4년에 한 번씩 치러지는 전국 지방자치단체장의 선거와 맞물리면서 선출직 공무원인 직업정치인의 복지공약에 의해 급작스럽게 변경되거나 무력화되는 사례가 심심치 않게 발생하고 있다(전준구, 2018). 이는 사회계획 모형이 성공하기 위해서는 당해 지역사회의 정치 지형이 안정화되어야 함에도 지방자치제도를 채택하고 있는 우리나라 현실에서는 그와 같은 정치적 안정성이 제도적, 구조적으로 달성되기 어려워 지역사회의 복지계획이 애당초 의도한 바를 제대로 구현하기가 근본적으로 힘들다는 것을 시사한다.

다섯째, 복지계획은 때로 상당한 재정 지원과 물량 공세를 필요로 한다. 그런데 오늘날 정부는 만성적인 재정 적자 상태에 빠져있어 필요한 때 필요한 만큼의 지원을 해주지 못하는 경우가 많다. 특히 우리 사회의 구성원 다수는 정부에 복지프로그램 확대를 요구하면서도 증세는 반대하는 이중적 복지 태도를 지니고 있다(김교성 · 김윤민, 2016). 더불어, 장기간 지속되는 경기침체와 그에 따른 세수 감소는 복지프로그램을 확대하고자 하는 정부 계획을 종종 좌절시키고 있다. 이 같은 사회 구성원의 이중적 복지 태도, 즉 조세저항과 침체된 경제구조는 충분한 재정을 바탕으로 국민을 최고로 만족시킬 수 있는 최상의 정책을 설계하는 데 기여하기보다, 최소한의 수준에서 피상적으로만 대응하는 하수(下手) 정책을 양산하는 외적 조건을 구성한다. 만성적 재정 부족이라는 엄연한 현실은 때로 데이터가 지시하는 바에 따라 충분한 실탄, 즉 재정을 쏟아부을 것을 요구하는 과학적 사회공학이 정말 가능한 것인가 하는 의구심을 갖게 만든다.

3. 사회행동 모형

사회행동 모형은 기본적으로 지역사회를 '주요 희소자원인 부와 권력이 불평등하게 배분된 억압의 정치 공간'으로 이해한다. 따라서 엘리트 정치인, 고위 관료, 대규모 사회복지법인, 자가 소유주, 건물주 등 기득권층에게 유리하게 배분된 지역사회의 불합리한 자원배분 구조를 '형평성의 정상화 관점'에서 보다 평등한 구조로 재편하는 데 큰 관심을 보인다. 자원의 재분배를 통해 소외 계층과 약자 집단이 의사결정에 더욱 적극적으로 참여하고 더욱 큰 목소리를 높일 수 있도록 지역사회의 정치 지형을 근본적으로 변화시키는 것을 목표로 한다(Brueggemann, 2013 : 39).

그러나 불평등의 재구조화 노력은 정상적인 선거 절차에 따른 기존 정당정치의 틀 안에서는 실패로 끝날 확률이 높다. 소외계층과 약자 집단의 이해관계를 대변할 제도권 정당은 거의 없으며, 있다 해도 중간 투표자(median voter)의 지지를 구하는 과정에서 대표성을 상실하는 경우가 빈번하게 발생하기 때문이다. 따라서 기존 정치 틀의 한계를 깨는 새로운 투쟁 전략(contest strategy)이 사회행동 모형에게 유력하게 고려될 수 있다(김욱진, 2011 : 16).

투쟁 전략은 첫째, 조직적인 집단행동을 통해 지역사회 내 희소자원의 안정적인 배분 구조에 타격을 가하고, 둘째, 이를 통해 지배 질서에 불안정성을 최대한 확산시키며, 셋째, 이를 염려한 지배계층으로부터 가능한 한 많은 부와 권력을 양보책(concessions)으로 유도하는 몇 가지 질서 파괴적(disruptive) 세부 전술들로 구성된다. 질서 파괴 전술이 성공하기 위해서는 무엇보다 사람의 머릿수가 중요하다. 즉, 대규모 인력이 동원될 때 지배계층은 기존 질서의 안정적 유지에 불안감을 느끼고 피지배계층에 좀 더 많은 양보책을 넘겨주게 된다는 뜻이다. 질서 파괴 전술의 예로는 시위, 피케팅, 거리 행진, 건물 점거, 불매운동, 성토대회, 불복종 등이 있다(Wang & Piazza, 2016).

사회행동 모형에서 실천가는 지역사회 취약계층이 자신의 이해관계를 깨닫고 이를 추구할 수 있도록 활동을 조직화하고 안내하는 활동, 그리고 대중 조직을 만들어 이를 지도하며 지역사회의 정치과정에 영향을 주고자 노력하는 활동 등을 수행할 수 있다. 이 같은 실천가의 활동은 보통 활동가, 옹호자, 선동가, 중개자, 당파인, 협상가 등의 역할로 묘사된다(Mattocks, 2018). 실천가의 다양한 활동과 역할을 통해 취약계층은 그간 배제되어 온 지역사회 의사 형성 및 결정 과정에 참여할 수 있고, 지역 정부와 공식적 조직의 정책과 사업에 영향을 미칠 수 있는 권리와 수단을 획득하게 된다. 이는 취약계층의 개인적, 집단적 효능감 증진에 기여하며 궁극적으로 그들의 임파워먼트에 기여한다.

<표 5-2> 사회행동 모형의 주요 내용

구 분	사회행동 모형
1) 실천의 목적	• 권력관계, 자원배분, 제도의 근본적 변화 • 과업 지향 & 과정 지향
2) 지역사회 구조와 문제에 관한 가정	• 지역사회 주민 일부는 불이익을 받고 있음 • 지역사회에 박탈, 불평등, 부정의가 만연해 있음
3) 기본적인 변화 전략	• 쟁점을 명확히 하고 사람들을 조직화하여 적대자에 맞서 행동을 취하는 투쟁 전략 • 억압자 타도를 위해 모이자! • 억압자는 부와 권력을 독점했다고 지목된 사람(정치인 등) 또는 조직(주민/ 외부 이익집단)을 가리킴
4) 변화 전술과 기술	갈등 혹은 투쟁, 대결, 직접행동, 협상
5) 실천가의 역할	활동가, 옹호자, 선동가, 중개자, 당파인, 협상가

6) 변화의 매개체	대중 조직화 및 정치적 과정의 조작
7) 권력구조에 대한 관점	• 행동의 외적 대상, 강제되고 전복되어야 할 억압자 • 억압자 : 정치인, 관료, 부자, 내외부 이익집단 등
8) 수혜체계의 경계 규정	지역사회 주민 일부
9) 지역사회 하위부분 간의 이해관계에 대한 가정	• 쉽게 조정될 수 없고 갈등관계에 있음 • 자원의 희소성(zero-sum)
10) 수혜자의 개념	희생자
11) 수혜자의 역할	고용주, 유권자, 구성원
12) 임파워먼트의 사용	지역사회 의사결정에 영향을 미치는 권리와 수단 확보를 통하여 수혜자가 객관적인 권력을 획득, 참여자의 권능감(feelings of mastery)과 집단효능감 증진

출처 : Rothman(2001), p. 45.

사회행동 모형은 지역사회 내 불평등한 자원과 권력의 보다 평등한 재편에 상당한 효과를 낼 수 있다. 그렇지만 다음과 같은 한계로 비판을 받는다.

첫째, 지역사회에 분열을 가져올 수 있다. 사회행동 모형이 채택하는 투쟁 전략은 지역사회에 극심한 갈등과 혼란을 의도적으로 초래하는 데 방점을 찍는데, 이는 지역사회에 평화, 조화, 통합, 안정, 질서를 가져오는 것을 어렵게 만든다. 심지어 그와 같은 상태를 바람직하지 않다고까지 규정하는데, 이 같은 갈등과 혼란 중심의 세계관은 그 자체로 많은 논란을 불러일으킬 수 있다(이영환, 2017).

둘째, 투쟁은 기득권층의 거센 반발과 역공을 야기함으로써 집단행동에 동참한 취약계층 주민을 오히려 더 큰 위험에 빠뜨릴 수 있다. 전 세계 모든 국가의 사회복지사 윤리강령(Code of Ethics)을 보면, 클라이언트가 위험에 빠질 수 있음을 인지하면서도 사회복지사가 클라이언트를 위험으로 몰아넣는 결정을 감행하는 것은 윤리적으로 용납될 수 없다는 점이 분명히 적시되어 있다(이순민, 2016 : 67).

셋째, 투쟁 전략의 의도적 갈등 일으키기를 지역 주민 모두가 환영하고 수용하지 않는다. 지역사회는 다양한 이해관계를 가진 개인과 집단으로 구성되어 있다. 지역사회 내부의 높은 분절성은 사회행동 모형의 성공 조건인 지역 주민의 가능한 한 많은 참여와 인력 동원이라는 측면에서 부정적인 요소로 작용할 수 있다. 즉, 의도적으로 혼란과 위기를 부추기는 데에 지역사회 구성원 모두가 동의하거나 동참하는 것은 아니기 때문에 사회행동에는 소수의 주민과 전문가만이 선별적으로 참여하게 되는데, 이 같은 광범위한 지지의 구조적 부재는 결국 사회행동을 지속시키는 동력을 근본적으로 저해하는 요소로 작용할 수 있다는 것이다(Boudon, 2016).

이와 더불어 투쟁 전략에서 선호하는 질서 파괴 전술과 관련하여, 각 사회의 법규 체계나 가치 체계에 따라 질서를 파괴하는 정도와 범위가 다를 수 있다는 점도 고려해야 할 대상이 된다. 예를 들어, 자본주의 사회에서 파업과 준법투쟁은 용인되나, 생산방해, 기계 파괴(sabotage), 불법 점거는 엄격히 금지된다. 이는 시민불복종의 범위는 일정 선에서 정해져 있으며, 그 선을 넘어서는 일탈행위에 대해 지역사회 일부는 환호하지만, 또 다른 일부는 반대하고 강한 분노를 표시할 수 있다는 것을 말해준다(Ioakimidis et al., 2014). 그런데도 만약 이렇게 용인되는 사회적, 법적 기준을 넘어 사회복지사가 무작정 불법을 감행하도록 클라이언트를 선동한다면 어떻게 될까. 이는 앞서 언급한 바와 같이 클라이언트를 위험에 빠뜨리는 비윤리적인 일을 하는 것에 해당한다. 따라서 해당 사회복지사는 큰 지탄을 받을 행동을 한 것이라고 할 수 있다(이순민, 2016 : 65). 이와 같은 지탄은 단순한 윤리적 비난을 넘어, 형사와 민사 등 법적 책임을 묻는 벼랑 끝 상황으로까지 해당 사회복지사를 몰고 갈 수 있다.

결국 투쟁 전략을 둘러싼 이해관계의 분파성과 지역사회 구성원 간 의견의 불일치성을 고려하면, all or nothing, 즉 제로섬 게임을 하듯 상대방을 적으로 몰아붙이고 벼랑 끝 대치를 감행하는 사회행동 모형의 접근방식은 사회복지실천 현장에서 적극적으로 추천하기 어렵다는 결론에 도달하게 된다. 이는 뒤집어서 생각하면, 반대편과 적절히 타협하고 원만한 동반자 관계를 형성함으로써 이해관계의 전선을 최대한 넓히는 연합(coalition) 전술이 오늘날 지역사회 현실에 보다 적합하고 안전한 지역사회복지실천의 방식이 될 수 있다는 것을 함의한다(최옥채, 2012 : 386; Kirst-Ashman & Hull, 2018 : 161). 물론 그렇다고 하여 주류사회의 부당한 권력구조에 아무 저항 없이 순응해야 한다는 말은 아니다. 상황에 맞는 사회복지사의 융통성 있는 대처가 중요하다는 뜻이다.

넷째, 재정적 한계에 직면하기 쉽다. 사회행동 모형은 특유의 과격성으로 인해 지역사회 안팎에서 충분한 재정적 후원을 끌어내지 못하는 경우가 대부분이다. 특히 재정 곤란에 상시 직면함으로써 유능한 실천가를 채용하거나 많은 급여를 주기 힘들다는 것이 문제이다(Lane & Pritzker, 2018 : 305). 무급으로 장기간 지역사회에 상주하며 특정 사회행동을 이끌 신념에 찬 전문가는 없으며, 있더라도 손에 꼽을 만큼 극소수인 것이 현실이다.

4. 지역사회개발 모형

지역사회개발 모형은 지역사회를 '자발적 주민들의 민주적 의사결정이 가능한 역량의 공간'으로 간주한다. 생활 터전을 공유하는 지역공동체 구성원이 주체성을 갖고 공동의 삶에 영향을 미치는 일련의 의사 형성 및 결정 과정에 참여하며, 신뢰, 협동, 호혜의 가치 규범에 대한 몰입적 이해를 바탕으로 당면 과제들에 대한 해결책을 내부 자원에 주로 의존해 모색하는 '민주적 자치 공간'으로 지역사회를 인식하는 것이다(김욱진, 2011 : 19). 그러나 이와 같은 이상적인 지역사회 인식은 현실에서 다양한 도전에 직면한다.

가장 큰 문제는, 앞서 서술한 지역사회의 본래적 특성들이 내부 장애 요소, 예컨대 파편화된 인간관계나 서투른 합의 기술, 무력감, 소외감 내지는 자원 부족, 제도 미비, 기반 시설 파괴 등으로 인해 완벽히 구현되기 어려운 상황에 놓여있는 경우가 많다는 점이다. 따라서 지역사회개발 모형은 성장과 발전을 가로막는 장애 요인을 극복하고 잠재된 자치 역량을 최대한 끌어올리기 위한 임파워먼트(empowerment) 작업에 집중한다.

지역사회개발 모형의 임파워먼트는 크게 네 가지 원칙에 입각하여 진행된다(최조순·강병준·강현철, 2015). 첫째, 가시적 효율보다 비가시적 인간 변화가 더 중요하다는 원칙이다. 당면 과제의 빠르고 명쾌한 해결보다, 대화와 타협의 느린 민주적 의사결정과정 속에서 획득되는 전인격적 성장과 발달 그리고 그로부터 발현되는 공동체적 가치의 확산과 공유가 더 가치 있다는 것이다. 이는 지역사회개발 모형이 과업 목적보다는 과정 및 관계 목적을 지향(process and relationship oriented)한다는 것을 시사한다.

둘째, 외부로부터 주어진 강한 힘보다, 작더라도 주체적이고 자발적인 힘의 내적 형성이 더욱 중요하다는 원칙이다. 행정관료의 사회공학적 개혁이나 활동가의 옹호형 사회운동은 지역 주민을 힘의 피동적 수혜자로 대상화한다는 점에서 올바른 권능화가 아니며, 자조와 자립정신에 입각한 자발적인 문제해결 능력 향상만이 당사자를 힘의 능동적 주체로 거듭나게 한다는 측면에서 올바른 권능화의 용례라는 것이다.

셋째, 지역사회의 부분들은 그 어느 하나도 배제되어서는 안 되며 모두가 지역사회 변화에 광범위하게 참여해야 한다는 원칙이다. 이는 기득권층이든 취약계층이든 상관없이 모두가 한배를 탄 지역사회 구성원이라는 통합주의적 인식 아래, 전원이 행동체계(action system)이자 표적체계(target system)이고 클라이언트체계(client system)이면서 동시에 변화 매개체계(change agent system)임을 가정한다는 것을 말한다. 이와 같은 맥락에서 지역사회개발 모형은 기본적으로 협력 전략(collaborative strategy)을 주로 취하고, 비협력적 태도를 보이는 일부 체계에 대해 선별적으로 캠페인 전략(campaign strategy)도 채택하는 특징을 갖고 있다고 말할 수 있다. 각 전략과 체계에 대한 상세한 설명은 이어지는 제6장 지역사회복지실천 과정에서 다룬다.

넷째, 실천가는 지역 주민의 욕구를 충족시키기 위해 전문적 서비스를 일방적으로 전달하거나 혹은 이해관계를 지목하여 무조건적으로 취약계층을 옹호하는 역할을 취하지 아니한다는 원칙이다. 실천가는 지역 주민이 원하는 일을 스스로 찾아서 할 수 있도록 옆에서 돕고(enabler) 문제해결 과정에서 직면하는 난관을 극복할 수 있도록 용기를 북돋워 주는 조력자이자 상담가 역할(counselor, encourager)을 주로 수행한다(최일섭, 2006 : 204).

이러한 지역사회개발 모형의 원칙들이 적용된 대표적 실천 사례로 일본의 마치즈쿠리(まちづくり)를 들 수 있다. 마치즈쿠리는 1960년대 후반 시작된 일본의 지역사회개발 운동으로, 2000년대에 접어들어 제도적 기반이 마련되면서 더욱 체계화하고 확산하였다. 이 운동은 지역 주민이 공동체적 신뢰와 협력에 기반하여 지역 문제를 해결하고 발전을 도모할 수 있도록 지원하며, 각종 도시계획과 지역 활성화 사업에 자발적으로 참여할 수 있도록 돕는 데 초점을 맞추었다. 이를 통해 일본의 지역사회 주민들은 내부 자원을 활용해 생활환경을 개선하고 지역공동체 결속력을 강화하며 자치 역량을 키울 수 있었다(사토 시게루, 2001). 이러한 맥락에서 마치즈쿠리는 주민 주도의 협력과 민주적 의사결정을 강조하는 지역사회개발 모형 원칙이 성공적으로 구현된 실제 사례로 평가받는다.

우리나라에도 역사적으로 지역사회개발 모형 원칙이 반영된 다양한 실천 사례가 있었다. 1970년대 새마을운동은 지역 주민의 자발적 참여와 협력을 바탕으로 농촌 지역의 생활환경을 개선하고 자립 및 협동 정신을 확산시키는 데 이바지한 대표적인 지역사회개발 실천 사례이다. 그러나 초기 새마을운동은 명목상 과정 및 관계 지향적 목표를 추구하였음에도, 실제로는 과업 지향적 목표가 내부 정서를 지배하였다. 즉, 대외적으로는 자조, 자립, 참여, 협동적 가치의 실현과 그에 따른 마을 단위 조직화 및 토착 리더십 개발을 강조하였으나, 실제로는 정부 엘리트 관료나 일부 관선 지도자를 중심으로 한 일사불란한 가시적 문제해결에 더욱 집중하는 모습을 보였다(김흥순, 2000). 이는 정부가 전국 마을의 성과를 소득 증대, 주택 개보수, 가족계획 실천 등 몇 가지 구체적 지표로 평가하고 성적이 좋은 마을에 포상을 집중하였던 역사적 기록에서 잘 확인할 수 있다. 물론 그럼에도 불구하고 새마을운동은 일부 지역에서 주민 리더십을 실제로 강화하고 자립정신을 고취하는 데 기여하였다는 점에서 긍정적 평가도 끌어낸다. 결론적으로, 새마을운동은 지역사회개발 모형의 원칙을 일정 부분 반영하였으나, 초기 정부 주도의 과업 중심적 접근으로 인해 본래의 과정 및 관계 중심 목표가 제대로 실현되지 못한 불완전한 실천 사례로 평가받는다(최조순 외, 2015).

이후 2010년대와 2020년대에는 전국적으로 마을만들기와 사회적경제 조직(예 협동조합, 사회적기업, 마을기업 등) 활성화 운동이 전개되었다. 이와 같은 운동들은 주민 주도의 자발적 참여와 내부 자원의 협력을 바탕으로 지역 문제를 해결하고 공동체 결속을 강화하며 지역사회 자립과 발전을 도모하였다는 점에서 지역사회개발 모형의 원칙이 잘 구현된 긍정적 사례로 평가받는다. 예컨대 주민들이 스스로 지역자원을 활용하여 소규모 농산물 가공 사업을 운영하거나, 지역 축제를 통해 경제적, 사회적 활력을 불어넣은 사례들이 있다(진재문, 2014).

그러나 이러한 운동에도 한계가 존재한다(박주형, 2013). 일부 사업은 주민 참여가 형식적으로 이루어져 실질적 주체성을 확보하지 못하였고, 외부 자원, 특히 정부 지원금에 과도하게 의존함으로써 지속 가능성을 확보하지 못하였다는 비판을 받는다. 또한 사업 과정에서 이해관계 충돌로 지역 주민 간 갈등이 오히려 이전보다 심해지거나, 특정 그룹이 혜택을 독점함으로써 공동체 결속이 약화하는 부작용도 발생하였다. 이 같은 문제들은 마을만들기와 사회적경제 조직 활성화 운동이 추구하는 이상적 목표와 실천 간의 간극을 보여주는 사례로, 향후 개선 필요성을 제기한다.

<표 5-3> 지역사회개발 모형의 주요 내용

구 분	지역사회개발 모형
1) 실천의 목적	• 자조와 자립 증진, 지역사회 역량과 통합 제고 • 과정 & 관계 지향(process and relationship oriented)
2) 지역사회 구조와 문제에 관한 가정	• 지역사회가 퇴조하고 전통적 공동체가 붕괴되고 있음 • 아노미가 만연해 있음 • 주민 간 사회적 관계와 민주적 문제해결역량이 부재함
3) 기본적인 변화 전략	• 지역사회 문제에 대한 결정과 해결에 최대한 많은 사람들의 최대한의 참여를 이끌어 내는 협력 전략 • 다 같이 모여서 이야기해 보자!

4) 변화 전술과 기술	합의, 지역사회 집단 및 이해당사자 간 의사소통, 집단토의
5) 실천가의 역할	조력자(enabler), 촉진자, 조정자, 문제해결기술과 윤리적 가치의 교육자
6) 변화의 매개체	과업 중심의 소집단 조작
7) 권력구조에 대한 관점	지역사회 향상을 위하여 공동으로 노력을 기울이는 협력자
8) 수혜체계의 경계 규정	지리적 지역사회 전체
9) 지역사회 하위 부분 간의 이해관계에 대한 가정	• 이해관계가 같음 • 이해관계가 다르더라도 조정이 가능함
10) 수혜자의 개념	시민
11) 수혜자의 역할	활발히 상호작용하며 문제해결 과정에 참여하는 자
12) 임파워먼트의 사용	• 정보에 입각한 의사결정을 주체적으로 내리기 • 상호협력할 수 있는 능력을 획득하기 • 주민들의 개인적 효능감 증진하기

출처 : Rothman(2001), p. 45.

지역사회개발은 지역의 권리, 지식, 권력을 구현하는 데 최적화된 지역사회복지실천 모형으로 흔히 언급된다. 지역의 권리(local rights)란 지역에서 일어나는 각종 대소사에 대해 당사자 주민이 의견을 표명하고 의사를 결정할 수 있는 권리를 가진다는 것을, 지역의 지식(local knowledge)은 지역사회의 욕구와 문제, 기회 및 위협요인 등에 대한 이해는 외부 전문가보다 주민 당사자가 가장 잘 안다는 것을, 마지막으로 지역의 권력(local power)은 이러한 권리와 지식을 바탕으로 주민은 지역사회의 주요 의사결정 과정에 실제로 참여하고, 그러한 참여를 통해 지역사회에 긍정적 변화를 일으킬 수 있는 정책과 사업의 면면을 결정하며, 이 과정에서 자신의 미래를 스스로 결정할 수 있는 기술, 경험, 의지, 네트워크를 습득하게 된다는 것을 각각 의미한다(Chaskin & Garg, 1997 : 634). 이처럼 강한 직접민주주의적 요소로 인해 특별한 결점이 없어 보이는 지역사회개발 모형일지라도 다음과 같은 한계로 인해 비판을 받는다.

첫째, 지역사회개발 모형은 주민의 광범위한 참여가 있어야 성공할 수 있다. 그러나 기술적 측면에서 전 주민의 참여에 따른 합의 도출 과정은 다분히 소모적이고 시간도 굉장히 오래 걸려서 현실적으로 진행해 나가기가 매우 어렵다. 단순히 많이 만나고 그저 대화를 많이 나눈다고 해서 지역사회의 가시적 문제가 실제로 해결되는 것은 아니라는 것이다(Hyde, 1996). 설령 우여곡절 끝에 해결된다고 하더라도, 그래서 주민들의 민주주의적 자치 역량이 실질적으로 강화된다고 하더라도, 지역사회의 시급하고 중요한 문제를 최소한의 노력을 들여 빠른 시일 내에 해결하지 못하였다면, 그사이 잃어버린 기회비용은 실로 막대하다고 할 수 있다.

둘째, 지역사회개발 모형은 지역사회를 합의만 잘 된다면 통일된 목소리가 가능한 단일체로 보는 경향이 있다. 그러나 이와 같은 통일적, 전일적 관점은 오늘날 대부분의 지역사회가 다양한 이해관계로 잘게 분화되어 있다는 점, 그래서 상당수 이해관계가 원만하게 조정되기 힘들다는 현실을 감안하면 수긍하기 어려운 주장이라고 할 수 있다(Young Laing, 2009).

셋째, 지역사회의 권력구조는 이해관계를 중심으로 첨예하게 대립되어 있는 것이 현실이다. 이는 지역사회 내 소수 기득권층이 다수의 비기득권 계층과 동등한 입장에서 협의 과정에 참여한다는 지역사회개발 모형의 기본 발상이 현실적으로 실현 가능성이 낮다는 것을 함의한다. 기득권층은 민주적 의사결정에 거부감을 가지며 심지어 이를 의도적으로 방해하는 성향을 보인다(Gould, 1989). 그럼에도 불구하고 지역사회개발 모형은 기득권층의 그와 같은 불순한 의도를 도외시하면서 협력과 합의의 가능성에 지나치게 낙관적인 태도를 보인다. 지역사회 엘리트 집단은 폐쇄적이며 자신들의 이해관계를 대중과 좀처럼 나누어 가지려 하지 않는다는 현실을 지역사회개발 모형은 묵과한다.

5. 기타 고려 사항

1) 로스만의 실천모형과 결핍 관점

지역사회복지에서 결핍 관점은 지역사회와 그 구성원들에게 있어야 할 무엇인가가 결여되었다는 생각, 따라서 그것을 보충해 주는 노력이 중요하다는 생각 및 그에 따른 개입 방법을 대변한다. 결핍 관점은 특히 지역사회의 가시적 문제에 대하여 빠르고 효율적인 해결을 도모하는 사회계획 모형의 기본 입장과 밀접히 연결된다. 사회계획 모형은 주로 톱다운식 행정, 관료적 접근을 통해 자원의 배분과 문제해결을 조직적으로 실행하려는 성격을 가지며, 이는 결핍 관점과 자연스럽게 조응한다. 반대로 지역사회 주민을 다양한 자원과 장점을 지닌 강한 존재로 보며 이러한 잠재력을 극대화할 수 있도록 돕는 것을 중시하는 지역사회개발 모형은 결핍 관점과 거리가 멀다. 이러한 내용은 굳이 자세히 설명하지 않아도 독자들이 쉽게 이해할 수 있으리라고 본다.

그런데 여기서 한 가지 흥미로운 점은, 사회계획 모형과 대립된 내용을 다수 포함하는 사회행동 모형 역시 결핍 관점에 기반을 둔다는 사실이다. 사회행동은 갈등론, 구체적으로는 마르크스주의의 전통에 뿌리를 둔 실천모형으로, 구조적 불평등과 억압을 해결하기 위하여 급진적 변화를 추구한다. 마르크스주의는 "현재의 불평등과 억압은 힘의 결여에서 비롯되며, 이를 해결하기 위하여 강탈당한 권력과 자원을 되찾아야 한다"라는 제로섬 관점에서 삼라만상을 이해한다. 이처럼 마르크스주의는 근본적으로 불평등한 사회를 힘의 결핍 관점에서 바라보며, 이는 사회행동 모형에 고스란히 반영된다.

그렇지만 마르크스주의와 사회행동 모형에 내재된 결핍 관점에 대해 학자들은 명시적으로 논의하지 않는 경향이 있다. 이는 결핍 관점이 흔히 능력주의(meritocracy)와 결합하여 "너는 부족한 것이 많으니 더 노력해야 한다. 너의 실패는 나태함 때문이다"라는 보수주의 진영의 서사를 강화하는 데 자주 활용되어 왔으며, 이 서사는 기존의 사회 질서를 정당화하고 현 상태(status quo)를 유지하는 데 기여한다는 비판을 받아왔다는 점과 밀접한 관련성을 가진다. 보수적이고 권위주의적이며 효율성을 중시하는 사회계획 모형과 매우 비슷하게, 급진적이고 혁명적이며 대립적 성격을 띠는 사회행동 모형 안에도 결핍 관점이 꽤 큰 지분을 차지한다는 사실은 복지 실천과 이론의 양면성을 보여준다는 점에서 한 번쯤 생각해 보아야 할 부분이라고 할 수 있다.

2) 실천모형의 선택

(1) 모형 선택의 유연성

로스만은 사회계획, 사회행동, 지역사회개발이라는 지역사회복지실천의 세 가지 실천모형을 뚜렷하게 구분하여 이념형적으로 제시하면서도, 현실에서 이들이 결코 상호배타적이지 않다는 점을 거듭 강조하였다(Rothman, 1996). 즉, 이론적 차원에서 세 유형의 실천모형을 단독으로 개념화하는 것은 얼마든지 가능하지만, 현실의 지역사회 상황과 조건은 너무나 복잡하고 난해하게 얽혀있어서 특정 모형만을 단독으로 이용하여 문제해결을 시도하는 것은 바람직하지 않을 뿐 아니라 현실적으로도 가능하지 않다고 역설한 것이다.

로스만은 자신이 제안한 세 가지 실천모형이 현실을 이해하고 그에 개입하기 위해 참고하는 지침에 불과하다는 점을 주지시키면서, 지역사회의 현실에 맞추어 각각의 모형을 융통성 있게 변용하는 것이 바람직하며, 또 실제 해보면 그렇게 할 수밖에 없을 것이라고 단언하였다. 그는 자신의 실천모형을 현장에 적용하는 데 있어 구체적으로 다음의 변용을 시도해 볼 만하다고 하였다(Rothman, 2001 : 47－53).

첫째, 선택적 활용이다. 선택적 활용은 문제 상황, 목적, 목표, 강조점에 따라 모형 적용을 탄력적으로 달리하는 것이다. 가령 공공자원이 현격히 부족하거나 제한된 상황에서는 지역사회개발 모형을, 고도의 복잡한 구조를 지닌 지역사회 상황에서는 사회계획 모형을, 지역사회 내 자원, 권력, 서비스의 배분, 공급이 불평등한 상황에서는 사회행동 모형을 바꿔가며 적용하는 방식이 선택적 활용이라고 할 수 있다. 마찬가지로 시민으로서 책임과 능력을 향상하는 것이 목적일 때는 지역사회개발 모형을, 개별적으로 중・소규모의 기본적 문제해결을 지향할 때는 사회계획 모형을, 장기적으로 불합리한 제도와 구조의 변혁을 시도할 때는 사회행동 모형을 적용하는 것이 선택적 활용이 의미하는 바이다.

둘째, 혼합적 활용이다. 현실적으로 실천 현장에서는 각 모형을 순수한 원형으로 적용하는 경우가 드물며, 오히려 각 모형이 지닌 강점과 약점을 고려하여 혼합 활용하는 것이 일반적이다. 예컨대 지역사회개발 모형은 촌각을 다투는 시급한 지역사회 문제해결은 뒤로 미룬 채 집단토의로 귀중한 시간을 허비한다는 단점을, 사회계획 모형은 주민의 자발적 참여 욕구를 경시하고 외부 전문가의 의견을 톱다운식으로 밀어붙인다는 단점을, 사회행동 모형은 합의나 교섭, 주민 의식 향상이나 참여보다 벼랑 끝 대치를 통한 갈등에 집착한다는 단점을 가진다. 따라서 실천가는 세 가지 모형을 원형 그대로 사용하기보다, 각각의 단점을 최소화하고 반대로 장점을 최대한 드러낼 수 있는 방향으로 세 모형을 적절히 혼합 활용하는 지혜를 발휘해야만 한다.

사회복지공동모금회가 수행하는 다양한 사업들은 로스만의 지역사회개발 모형과 사회계획 모형의 혼합적 활용 결과의 한 가지 사례라고 할 수 있다. 사회복지공동모금회는 민간 재정 자원을 모아 이를 지역사회 내 복지시설에 분배하여 특정 목적의 사업 운영을 지원하는 과업 중심의 역할을 수행한다. 그러는 동시에 주민이 자신이 사는 지역사회의 문제해결에 스스로 참여하도록 돕는 사업 운영도 지원하여 과정 중심의 역할도 수행한다. 이러한 의미에서 사회복지공동모금회가 추진하는 여러 사업은 지역사회개발 모형과 사회계획 모형의 혼합 적용의 결과물로 볼 수 있다.

셋째, 순차적 활용이다. 이는 로스만의 세 가지 실천모형을 순차적으로 사용하여 지역사회복지실천 개입 효과를 극대화하는 방식이다. 예를 들어, 사회행동 모형을 바탕으로 권력과 자원을 재배분한 후, 문제해결을 위하여 사회계획 모형을 적용하는 방법이 있다. 또한 주민의 의식개발과 참여 증진을 도모하기 위하여 지역사회개발 모형을 먼저 적용한 후, 그 결과로 탄생한 주민조직에 기초하여 자원배분과 권력 이양을 추구하는 사회행동 모형으로 차츰 전환하는 방법도 있다. 순차적 활용법을 검토하는 실천가에게는 적절한 모형의 선택과 전환의 시기를 정확하게 판단할 줄 아는 높은 수준의 전문성이 요구된다.

(2) 실천모형 선택의 영향요인

지역사회복지실천에서 특정 실천모형을 선택하는 데에는 여러 요인이 복합적으로 작용한다(Weil, 1996).

첫째, 지역사회 구성원의 욕구와 문화적 가치이다. 구성원의 요구와 기대는 실천의 방향을 설정하는 출발점이 되며, 지역사회의 고유한 문화적 가치 또한 특정 모형의 적용 가능성을 제한하거나 촉진할 수 있다. 둘째, 실천이 이루어지는 지역사회의 정치적, 사회적, 역사적, 경제적, 문화적 배경이다. 지역사회의 정치 체제나 경제 상황, 역사적으로 축적된 갈등 또는 협력의 경험, 여기에 덧붙여 사회 전반의 문화적 특성은 실천모형의 적합성과 효과성을 좌우할 수 있다. 셋째, 실천을 수행하는 지역사회복지조직의 사명과 후원기관의 요청이다. 조직의 설립 목적과 비전은 실천의 기초가 되며, 후원기관의 요구는 실천 방향에 제약을 줄 수 있고 반대로 기회가 되기도 한다. 넷째, 지역사회복지실천가의 선호 이론과 개인적 인성, 성장 배경이다. 실천가가 선호하는 이론적 틀은 문제를 인식하고 접근하는 방식에 직접적으로 영향을 미치며, 개인적 경험과 가치관, 성장 배경 역시 실천에 대한 태도와 선택에 미묘한 영향을 끼칠 수 있다. 마지막으로, 실천이 가져올 사회적, 윤리적 파장에 대한 고려이다. 특정 모형의 선택이 지역사회에 미칠 긍정적, 부정적 영향을 사전에 평가하는 과정은 실천의 방향성을 책임감 있게 설정하는 데 필수적이다.

이처럼 실천모형의 선택에 영향을 미치는 요인은 다양하다. 따라서 사회복지사는 여러 요인을 종합적으로 고려하여 지역사회의 특성과 상황에 가장 적합한 모형을 선택하고 적용해야만 한다.

CHAPTER 06

지역사회복지실천 과정

제6장에서는 지역사회복지실천 과정에 대해 알아본다. 지역사회복지실천 과정은 지역사회의 당면 과제와 욕구를 발견하여 해결 방안을 마련하고 이를 현장에 적용하는 절차로 정의된다. 즉, 문제를 찾아내어 변화를 계획하고, 계획된 변화를 일으킨 후 그러한 변화 노력을 평가하는 일련의 사회복지실천 과정을 뜻한다(Tice et al., 2019 : 24).

지역사회복지실천 과정은 개인, 가족, 집단을 대상으로 하는 전통적인 미시적 사회복지실천 과정과 내용이 흡사하다. 그러나 지역 주민을 포함한 지역사회 전체가 클라이언트 체계를 구성한다는 점에서, 개입의 규모 및 실천 단계별 구체적 실행 내용 측면에서 다소 차이점이 있다(Shulman, 2011 : 604).

지역사회복지실천 과정을 구분하는 방식은 학자마다 약간씩 차이가 있다. 그렇지만 사정 → 개입계획 수립 → 실행 → 평가의 네 단계로 구분하는 것이 가장 일반적이다(Brueggemann, 2013 : 112-118). 이 책에서도 이러한 일반적 분류 방식에 따라 지역사회복지실천 과정을 네 단계로 나누어 살핀다.

1. 사 정

지역사회복지실천의 첫 단계에서는 지역사회 문제를 개념화하고, 해당 문제로 인해 발생하는 주민 욕구를 분석하며, 문제 해결과 욕구 충족의 수단으로서의 자원 확보, 활용 및 동원 방안에 대해 체계적으로 조사하고 객관적으로 이해하는 일이 요구된다. 이처럼 지역사회가 처한 상황을 문제, 욕구, 자원 및 기타 변화에 필요한 각종 요소의 측면에서 다각도로 분석하고, 그 결과를 바탕으로 개입을 위한 준비 작업을 하는 단계를 지역사회 사정(assessment)이라 일컫는다(Netting et al., 2016 : 153).

1) 문 제

사회문제란 사회 또는 개인에게 위해를 가할 수 있는 특수한 조건을 뜻한다. 여기서 유의할 부분은 모든 사회의 조건이 자동적으로 문제화하지는 않는다는 점이다. 단순한 조건은 영향력 있는 집단이 "문제가 있다"라고 규정하고, 집합적 행동을 통해 해결하고자 하는 의지를 공공연하게 드러낼 때 비로소 사회문제화한다(김희년 외, 2020 : 15).

한 가지 예를 들어 설명해 보자. 산업화 초기까지만 해도 대부분의 나라에서 가난이라는 단순한 조건은 사회문제로 인식되지 않았다. 가난은 개인의 병리적 현상 또는 도덕적 파탄의 결과로 치부되었다. 따라서 국가 차원의 개입이 이루어져야 할 이유나 의무가 없었고, 가난한 자들에 대한 구제는 그들의 곤궁을 불쌍히 여기는 마음, 즉 측은지심의 발로 차원에서만 개별적, 자선적으로 이루어졌다. 그러나 산업화가 진행되고, 게으르든 열심히 일하든 상관없이 사회 구조적인 이유로 엄청나게 많은 사람이 한꺼번에 실직하고 빈곤의 구렁텅이로 빠져들면서, 이제 가난은 한낱 단순한 조건에만 머물지 않게 되었다. 가난은 사회의 영향력 있는 집단, 즉 지배 엘리트층이 외면할 수 없는 중대 사안으로 취급되기 시작하였다. 이는 만연한 빈곤을 좌시할 경우, 자신의 곤궁한 처지에 분노한 빈민들이 국가의 권위에 도전하고 체제를 전복시킬 힘을 가진 혁명 세력으로 변질될 수 있음을 당시 산업화 시대 엘리트 지배계층이 공포의 눈으로 직시하기 시작하였음을, 그리하여 가난을 뭔가 '문제가 있는 것'으로 보고 이를 해결하기 위한 방책을 고민하기 시작하였음을 의미한다. 개인의 도덕적 일탈로 여겨진 단순한 조건으로서의 가난이 개인뿐 아니라 사회 전체에 심각한 위해를 가할 수 있어 마땅히 국가가 개입해야 할 특수한 조건으로서의 빈곤 문제로 사회문제화하기 시작한 것이다. 사회문제에 대한 이와 같은 설명은, 조건이 문제화하는 데에는 객관적이고 과학적인 근거도 필요하지만, 동시에 주관적이고 비과학적인, 다분히 정치적이고 감정적인 식별도 필요하다는 점을 말해준다(Brueggemann, 2013 : 84).

사회문제는 모든 지리적 단위에서 발생할 수 있다. 즉, 초국적 단위, 국가적 단위에서뿐 아니라 지역사회 단위에서도 흔하게 발생할 수 있다. 그러나 개인의 체감도 측면에서 보면, 국가나 초국가 단위보다 지역사회 단위에서 발생하는 사회문제가 보다 심각하고 중차대하게 느껴지는 것이 일반적이다. 지역사회문제는 주민의 일상적 삶을 억압하고 불행하게 만드는 가장 직접적이고 즉각적인 근접 원인이 되기 때문이다.

사회문제로 가득 찬 지역사회, 그래서 필연적으로 개입 대상이 되는 지역사회를 사회복지실천의 관점에서 우리는 클라이언트 지역사회라 칭한다(함철호, 2019 : 60−64). <표 6−1>은 클라이언트 지역사회에서 발견되는 사회문제의 몇 가지 예를 보여준다.

<표 6-1> 클라이언트 지역사회에서 발견되는 사회문제

사회문제의 위협 차원	위협 내용
개인의 복지를 위협하는 사회문제	약물남용, 가정폭력, 아동학대, 청소년비행, 성매매, 왕따 · 괴롭힘 등
사회적 평등을 위협하는 사회문제	경제 빈곤, 주거 빈곤, 성차별, 인종차별, 장애인차별, 온라인 프라이버시 침해 등
사회제도를 위협하는 사회문제	가족해체, 인구감소, 지방소멸, 사이비종교, 노동착취, 보건의료시설 부족 등
삶의 질을 위협하는 사회문제	환경오염, 기후위기, 교통체증, 도심과밀 등

출처 : 원석조(2018), p. 31 재구성.

한편 단순한 조건을 "문제가 있다"라고 말하는 소위 영향력 있는 집단은 보통 정부 관료나 부유층 등 엘리트 계층이다. 그러나 비록 개개인으로서는 영향력이 미미할지라도, 실천가에 의해 조직화된 주민집단 역시 지역사회 차원에서

는 얼마든지 영향력 있는 집단으로 부상할 수 있다. 다시 말해, 힘없는 주민이 뭉쳐 조직을 만들고 이를 기반으로 지역사회 내 어떤 조건을 가리켜 “문제가 있다”라고 규정한 후 집합행동을 통해 해결하고자 하는 의지를 공공연하게 드러낼 때, 해당 조건은 특수한 조건으로 인식되고 결국 사회문제로 공론화되어 얼마든지 개입의 대상이 될 수 있다.

요약하면, 지역사회의 단순한 조건은 다음의 세 가지 상황이 충족될 때 사회문제로 규정된다. 첫째, 지역 주민의 삶을 억압하고 불행하게 만들어 새로운 미충족 욕구를 야기할 때이다. 둘째, 지역 주민 혹은 영향력 있는 집단이 자기 이해관계에 비추어 바람직하지 않다고 생각하여 상황을 변화시키려는 의지를 공공연하게 드러낼 때이다. 셋째, 집단적, 협력적, 조직적 개입을 통해 현 상황을 변화시키는 것이 가능하다고 판단을 내릴 때이다.

2) 욕 구

모든 인간은 공통적으로 기본적인 욕구를 가진다. 미국의 심리학자 에이브러햄 매슬로우(Abraham Maslow)는 이러한 기본적인 욕구를 생리, 안전, 소속, 존경, 자아실현의 다섯 개 유형으로 분류하였다. 사회문제는 이러한 기본적 욕구 중 일부의 미충족 상태를 초래하는데, 이 상태가 다수의 사람들에게 유사한 방식으로 경험되고 공감받으며 관련 정보가 널리 공유될 때, 개인적 차원에서 경험된 불편하고 위협적인 조건은 구조적이고 집합적인 대응이 필요한 사회문제로 인식된다. 이 과정에서 개인의 욕구 역시 사회적 욕구로 전환된다.

사회적 욕구란 인간이 사회 속에서 타인과 관계를 맺어가면서 생존, 성장, 발전하는 가운데 갖게 되는 사회적 필요를 뜻한다(함철호, 2019 : 201). 이와 같은 사회적 필요는 사람마다, 사회마다, 시대마다 다를 수 있다. 즉, 개인이 속한 당대 사회의 정치, 경제, 문화, 사회적 특성과 현실 그리고 당사자 개인의 가치지향 체계에 따라 사회적 욕구가 다르게 현시화 할 수 있다. 일반적으로 전 근대인은 생리와 안전에 대한 욕구가, 근대인은 안전과 소속에 대한 욕구가, 후기 근대인은 사랑, 존중, 존경 등 자아실현에 필요한 인정 욕구가 상대적으로 크다고 알려져 있다. 사회복지계에서는 현대인의 사회적 욕구를 주로 의식주, 교육, 의료, 사회·환경, 생산·소비, 여가, 사회적 관계, 교통 등의 측면에서 접근하고 분석한다.

지역사회에 존재하는 여러 사회문제와 그것이 초래하는 각종 미충족 사회 욕구를 분석하며 결과를 정리하는 방법은 다양하다. 이에 관해서는 제7장에서 자세히 다룬다.

지역사회 문제 및 욕구·자원 분석의 다양한 방법

- 핵심 정보원으로부터 의견과 견해를 수집 : 지역사회 포럼, 공청회, 면대면 대화, 초점집단 등
- 기관 담당자로부터 서비스 관련 통계자료 수집 : 서비스 이용도, 대기자 목록, 발굴건수 등
- 중요 사회지표 활용 : 실업률, 범죄율, 자살률 등
- 1차 자료 수집 : 직접 서베이 실시
- 2차 자료 활용 : 한국복지패널, 한국노인패널, 한국청소년패널 등

3) 표적집단

사회적 욕구를 제때 충족하지 못하여 억압받고 불행한 삶을 사는 지역 주민을 사회복지실천에서는 표적집단(target population) 또는 클라이언트 체계(client system)라고 부른다(Netting et al., 2016 : 73). 표적집단을 선정하는 일은 매우 중요하다. 표적집단이 누구냐에 따라 지역사회복지실천의 방향과 결과가 전부 바뀔 수 있기 때문이다.

그렇다면 이러한 표적집단을 어떻게 선정하는가. 정답은 정해져 있지 않다. 표적집단 선정에는 어떤 절대적 기준이나 규칙이 없다. 그 이유는 누가, 언제, 어떠한 경로로, 어떠한 서비스와 프로그램을 어떻게, 얼마나 제공받을 것인지 결정하는 일은 사회복지사의 판단이 중요한 역할을 담당하는 전문성의 영역이면서, 동시에 사회문제와 욕구의 정의, 해석, 해결법 등을 둘러싼 대단히 정치

적인 선택의 영역이기 때문이다.

앞서 언급하였듯이, 지역사회의 단순한 조건은 영향력 있는 집단(예 국가, 지방자치단체, 사회복지법인, 기타 비영리단체, 사회복지사, 주민, 주민조직 등)이 "문제 있다"라고 규정하고 해결에 의지를 보일 때 비로소 사회문제화한다. 이와 마찬가지 맥락에서, 어떤 미충족 욕구로 고통받는 집단은 주변의 영향력 있는 집단(예 국가, 지방자치단체, 사회복지법인, 기타 비영리단체, 사회복지사, 주민, 주민조직 등)이 "그들에 대한 개입이 시급하다"라고 규정하고 해결에 의지를 보일 때 비로소 표적집단으로 떠오른다. 이는 표적집단이 오로지 사회복지사의 전문적이고 객관적인 판단으로만 선정되지는 않는다는 점, 이 선정은 대단히 정치적이고 때로 감정을 동반하는 자의적 식별 과정을 거친다는 점을 말해준다.

요컨대, 표적집단 선정에는 상당히 비과학적이고 비합리적인 요소가 자주 개입된다. 그렇지만 이 같은 다소 암울한 현실에도 불구하고, 표적집단을 선정할 시 전문가적 안목과 역량을 갖춘 지역사회복지실천가가 최대한 주도권을 잃지 않기 위해 반드시 신경 써야 할 사항이 몇 가지 있다(Netting et al., 2016 : 77－81).

첫째, 표적집단의 물리적 위치를 명확하게 규정짓는 데 신경을 써야 한다. 물론 현실적으로 이는 쉽지 않다. 제2장에서도 강조하였다시피, 오늘날과 같은 초이동(hyper－mobile) 사회에서 지역사회 내 어떤 집단 구성원들의 물리적 위치가 "여기서부터 저기까지다"라고 말하는 것은 그 자체로 어불성설이기 때문이다. 그렇지만 현실적 어려움에도 불구하고, 지역사회복지실천의 효과성과 효율성을 담보하기 위해서는 표적집단이 주로 어디에 정주하는지 그 물리적 위치를 사전에 최대한 밝혀주는 작업을 반드시 진행해 주어야만 한다(Sen, 2003 : 9). 표적집단의 물리적 위치를 명확하게 정해주지 않으면, 실천의 지리적 범위는 지역사회를 넘어 광역지역사회, 나아가 초광역지역사회로까지 확장할 수 있는데, 이를 지역사회복지실천이라 일컬을 수는 없음은 자명하다. 지역사회복지실천은 그 지리적 범위가 일정 한도 내에서 반드시 획정되어야만 하고, 이 일은 표적집단의 물리적 위치를 규정하는 작업에서부터 시작된다.

표적집단 정의 예시

배우자의 물리적 폭력으로 정신적·신체적 상해를 입은 ○○시 ○○구 ○○동에 2026년 현재 거주 중인 30대 기혼 여성

둘째, 지역사회복지가 지향하는 가치를 최대한 구현하는 방향으로 표적집단을 선정하여야 한다. 표적집단을 선정하는 과정에서 전문성과 객관성을 중시하는 사회복지사가 주도권을 쥐는 것은 바람직하며 또 권장된다. 그렇지만 현실적으로 대부분의 상황에서 사회복지사는 주도권을 쥐지 못한다. 왜냐하면 지역사회복지실천 프로그램이나 사업의 후원자(예 국가, 지방자치단체, 사회복지법인, 기타 비영리단체 등)가 자신들의 조직 비전과 미션에 따라 특정 집단을 표적집단으로 지정하라고 강요 아닌 강요를 하는 상황이 흔히 벌어지기 때문이다. 그러나 현실적으로 외부 압력이 강하게 들어온다고 하더라도, 행복, 사회정의, 공동체의식, 참여 등 지역사회복지가 지향하는 보편적 가치를 최대한 구현하는 방향으로 표적집단을 선정하려는 노력을 게을리해서는 안 된다. 지역사회복지가 지향하는 핵심 가치의 수호와 구현은 다년간 훈련을 받고 현장에 투입된 전문 사회복지사에게 기대되는 최고의 그리고 최대의 사회적 책무이기 때문이다.

셋째, 표적집단 선정에 큰 영향력을 발휘하는 지역사회 인물 및 조직의 실체를 면밀하게 조사하고, 그러한 영향력 있는 인물 및 조직과 협력할 수 있는지 아니면 대결해야 하는지를 평소에 잘 파악해 놓고 있어야 한다. 협력적 관계를 맺을 수 있다면, 사회복지사는 이후 자신이 원하는 주민집단을 표적집단으로 무리 없이 선정할 수 있을 것이고 그들로부터 필요한 자원을 충분하게 제공받으며 원하는 방향으로 지역사회복지를 실천할 수 있을 것이다. 이 경우 사회복지사는 '협력 전략' 혹은 '캠페인 전략'을 선택할 수 있다. 그러나 반대로 만약 협력적 관계를 맺기 어렵다면, 사회복지사는 자신이 원하는 주민집단을 표적집단으로 선정하는 데 많은 애로사항을 겪을 것이고 이후 지역사회복지를 실천하는 과정에서도 많은 난관을 겪을 것이다. 후자의 경우 사회복지사는 '투쟁 전략'

의 구사를 고려할 수 있다. 각 전략의 구체적인 내용에 대해서는 이번 장의 후반부에서 상술한다.

4) 자 원

지역사회복지실천에서 자원은 사회적 욕구 충족에 동원될 수 있는 지역사회 안팎의 시설, 설비, 자금, 물자 및 지식과 사람을 가리킨다. 즉, 주민의 문제를 해결하고 욕구를 해소할 수 있는 수단이 될 만한 지역사회 안팎의 일체를 자원이라고 부른다(Brueggemann, 2013 : 36).

지역사회 자원을 유형화하는 방식에는 여러 가지가 있다. 그렇지만 대체로 보건, 복지, 교육, 주거, 여가, 고용, 상업, 종교, 환경 등 총 아홉 가지 영역으로 나누어 보는 것이 가장 일반적이며, 실제로도 이러한 기준에 따라 지역사회를 사정하면 가용 자원을 거의 빠짐없이 포착해 낼 수 있다(Netting et al., 2016 : 156).

지역사회복지실천은 전통적으로 문제와 욕구를 중심으로 지역사회 사정을 수행하여 왔다. 이는 전형적인 결핍 관점의 접근 방식이다. 그러나 최근 지역사회가 가진 고유의 자원과 자산, 역량을 중심으로 지역사회를 사정하는 경향이 주목을 끌고 있는데, 이는 근래 지역사회복지실천계에 강점 관점의 실천 방법이 주류를 차지한 데 따른 결과이다(Kim & Bolton, 2013).

강점 관점을 바탕으로 지역사회복지를 실천하는 사회복지사는 지역사회가 무엇이 부족한지, 무엇이 제거 대상의 문제인지 살피기보다, 지역사회가 이미 가지고 있는 것이 무엇인지, 이미 가지고 있는 것 중 무엇이 지역사회의 문제 해결과 욕구 충족을 위해 새롭게 활용, 동원될 수 있을지 고민하는 태도를 보인다(Tice et al., 2019 : 32). 또한 주민을 수동적인 클라이언트로 보기보다, 공동생산(co-production)의 가치를 공유하고 실천가와 같이 행동하는 협력자 또는 파트너, 리더로 간주한다. 지역사회 자원을 조사하는 방법에 관해서는 이 책의 제7장에서 자세하게 다룬다.

상황 : 마을에 미활용 공터가 존재할 때

- 결핍 관점의 사회복지사 : "청소년 비행의 원인이 되므로 없애버리자!"
- 강점 관점의 사회복지사 : "임대주택주민의 소득증대를 위해서 주거복지센터 실무자와 협의하여 수익형 주차장을 만들어서 운영해 보자!"

<표 6-2> 결핍 관점과 강점 관점 지역사회복지실천 비교

구 분	결핍 관점(욕구기반)	강점 관점(자산기반)
주민에 대한 시각	• 클라이언트로서의 주민 • 의존성이 커질 수 있음	• 능력을 가진 주민 • 토착적 리더십을 육성할 수 있음
변화 목표 및 수단	변화의 목표로서의 개인	변화의 수단으로서 지역사회
전 망	비관주의	낙관주의
개입 방안	파편화된 개입	협력, 파트너십, 시민교육
임파워먼트	디스임파워된 클라이언트	임파워된 지역사회
초 점	결핍에 초점	능력에 초점
추진 주체	기관 및 전문가 중심 추진	주민 중심 추진

출처 : Delgado & Humm-Delgado(2013), p. 67.

결핍 관점에 입각한 지역사회복지실천은 주민 임파워먼트에 부정적일 수 있다. 그러나 때로 이러한 관점이 실천 현장에서 유용하게 쓰일 때도 있다. 예를 들어, 결핍 관점을 근거로 사회복지사는 앞에서 제시된 아홉 개 유형의 지역사회 자원 가운데 무엇이 현재 지역사회에 갖추어져 있고 또 무엇이 갖추어져 있지 않아 부족한지를 간편하게 파악할 수 있다. 그리고 이를 바탕으로 향후 무엇을 추가적으로 보충해 주어야 하는지를 비교적 빠르게 제안할 수 있다(Netting et al., 2016 : 171).

<표 6-3> 결핍 관점에 따라 작성된 지역사회 자원조사 점검표

구분	자 원			
	있 음		없 음	
보건		보건소, 1, 2차 의료병원		3차 의료병원
복지		사회복지관, 비공식주민조직		주간보호센터, 돌봄SOS센터
교육		초, 중, 고등학교, 사설학원		지역아동센터, 유치원
주거		공공임대주택(영구, 매입임대)		공공임대주택(행복주택)
여가		청소년수련원, 근린공원체육시설		경로당, 노인복지센터
고용		지역자활센터, 고용복지센터		장애인보호작업장
상업		전통시장, 소형마트		백화점, 대형마트
종교		교회, 성당, 절		-
환경		개천, 공원, 자전거도로		배수펌프장

2. 계 획

지역사회 사정을 마친 실천가는 이제 본격적으로 지역사회를 의도적으로 변화시키기 위한 개입계획을 수립한다. 개인, 가족, 집단을 대상으로 하는 전통적인 미시적 사회복지실천과 유사하게, 지역사회를 대상으로 하는 거시적 지역사회복지실천에서도 개입계획을 사전에 철저하게 수립하는 것이 중요하다.

1) 인과관계 진술문과 개입가설

계획 수립 단계에서 실천가는 가장 먼저 인과관계 진술문과 개입가설을 세운다(Netting et al., 2016 : 267). 구체적으로, 실천가는 지역사회 사정 결과를 토대로 핵심 인과 요인(key causal factors)을 파악하고, 이러한 인과 요인에 따라 발생하는 부정적 결과에 초점을 맞추어 인과관계 진술문(statements of causal relations)을 작성한다. 그 후 개입가설(intervention hypothesis)을 수립한다. 개입가설은 ① 특정한 개입과 ② 개입 후 예상되는 결과 사이의 관련성을 보여주는 진술문 형식을 띠도록 작성한다.

인과관계 진술문 예시

○○시 ○○구 ○○동에 거주하는 19세 이상 65세 미만 발달장애인들은 근로능력이 있음에도 불구하고 장애인의무고용을 실천하는 지역사회 사업체의 부족으로 인하여 ○○시 평균 ×%보다 2%p 낮은 취업률을 보이고 있다.

개입가설 예시

만약 ○○시 ○○구 ○○동에 19세 이상 65세 미만 발달장애인을 위한 사회적 기업을 1개 유치한다면, 이 지역의 발달장애인의 취업률은 2025년 현재보다 2%p 이상 유의미하게 높아질 것이다.

2) 목적과 목표

개입가설을 세우면서 실천가는 개입의 목적(goal)과 목표(objectives)도 설정한다(Brueggemann, 2013 : 112). 목적은 지역사회복지실천의 종착지, 즉 개입이 최종적으로 추구하는 결과 상태로서 추상적이면서도 일반적인 내용을 담도록 구성한다.

목적 예시

<2026년 ○○동 장애인 사회적 기업 유치 계획>은 이 지역에 거주하는 근로능력을 갖춘 발달장애인에게 충분한 고용기회를 제공함으로써 장애인의 자립역량 강화를 통한 사회통합에 이바지하는 것을 목적으로 한다.

이와 대조적으로, 목표는 목적을 달성하기 위해 거쳐야 하는 절차나 소과업을 의미하며, 가능한 한 구체적, 세부적이고 측정 가능하며 결과 중심적인 한편, 시간 제약적인 내용을 담도록 구성한다. 목표는 크게 성과목표(outcome objectives, 상위목표)와 과정목표(process objectives, 하위목표)로 구분된다. 과정목표를 달성하면 성과목표가 저절로 달성될 수 있는 논리적 구조를 띠도록 작성하는 것이 좋다.

성과목표 예시

2026년 1월까지 사회복지법인 A는 ○○동에 사회적 기업 1개를 설립하고, 관계 기관에 인증신청 과정을 마무리지을 것이다.

과정목표 예시

2026년 6월까지 사회복지법인 A는 자본금 3천만 원을 출자하여 ○○동에 지역사회 공헌형 사회적 기업을 설립하고, 근로능력이 있는 성인발달장애인 고용비율을 현재보다 ×%p 높일 것이다.

3) 맥락 분석

지역사회복지실천은 현 상황을 변화시키려고 하는 전문가의 계획적 노력이다. 그런데 현상의 변화는 거의 예외 없이 돈, 권력, 지위, 상품, 서비스, 기존의 안락함, 즐거움, 만족감 등 자원의 재분배 혹은 재할당 과정을 동반한다. 따라서 지역사회복지실천 과정에서는 반드시 희소자원의 재분배 및 재할당에 따른 기존 이해당사자들의 저항이 생길 수밖에 없다.

문제는 이러한 변화에 기꺼이 동의하는 사람들도 있고, 마지못해 동의하는 사람들도 있으며, 변화에 동의하지 않고 적대적으로 대응하며 현 상황을 고수하려는 사람들도 있는 등 반응이 각양각색이라는 점이다. 따라서 현상을 변화시키기 위한 전문가의 개입이 현실적으로 얼마만큼 성공할지 그 가능성을 진단하는 일은 지역사회복지실천의 중요한 과정 중 하나라고 말할 수 있다.

이러한 일을 흔히 맥락 분석(context analysis)이라고 하는데, 맥락 분석은 특히 저항의 주된 주체, 동기, 성격, 크기, 지속성, 그리고 실제 저항이 발생했을 시 이를 무력화할 수 있는 도구, 자원, 방안 등을 중심으로 이루어진다. 잘 준비된 맥락 분석의 결과물은 이후 개입계획의 실현 가능성을 높이는 데 결정적으로 기여한다는 점에서 중요하다(Netting et al., 2016 : 299).

맥락 분석 시 검토해야 할 중점 사항

- 개입 성공을 위해 변화되어야 할 인물과 조직들이 변화에 대한 의지를 가지고 있는가?
- 개입을 정치적으로 지지하는 세력이 존재하는가? 존재한다면 이들의 세력화 정도는?
- 개입 이면에 놓인 이데올로기가 사회적으로 얼마나 수용 가능한가? 비주류 이데올로기를 바탕으로 한다면, 주류 이데올로기 공세를 견뎌낼 만한 힘을 갖추고 있는가?
- 개입을 재정적으로 뒷받침해 줄 주변의 경제적 여건은 어떠한가? 변화를 감당해 낼 재정적·재무적 여력이 갖추어져 있는가?
- 개입 실무 행정을 담당할 부서의 업무수행능력이 적절하고 충분한가? 유사한 업무를 수행해 본 적이 있는가?
- 개입에 대해 각계각층의 사회적 합의가 얼마나 이루어졌는가?

4) 전략과 전술

전략(strategy)은 계획한 목표를 달성하기 위하여 실천가가 채택하는 일반적 수준의 행동 계획을 뜻한다. 전략은 포괄적이고 추상적이며 지속성을 가진다는 것이 특징이며, 전술의 상위개념으로 이해될 수 있다. 이와 대조적으로, 전술(tactics)은 계획한 목표를 달성하기 위하여 채택하는 매우 구체적인 기술적 행동 계획이다. 전술은 전략보다 상세한 내용을 담으며, 장기적 활동보다 단기적 행동에 초점을 맞추는 것이 특징이다. 전략의 하위개념으로 이해될 수 있다. 지역사회복지실천가는 맥락 분석 결과에 따라 개입계획의 실현 가능성을 높이기 위하여 협력, 캠페인, 투쟁 전략 중 하나를 적절히 취사선택하여 사용할 수 있다(Brueggemann, 2013 : 118).

맥락 분석 결과에 따른 전략 선택 예시

Ⅰ. 이해당사자들의 저항과 반발심리가 거의 영에 수렴하는 것으로 판단되면, 즉 이해당사자들이 문제의식을 폭넓게 공유하고 있을 뿐 아니라 문제 해결에 필요한 자원의 재분배 및 재할당에 강력한 지지를 보내는 상황이라면(go-sign), 실천가는 협력 전략(collaborative strategy)을 선택

Ⅱ. 이해당사자들이 문제의식을 공유하지만 자원의 재분배나 재할당 방식과 관련하여 마땅한 합의점을 찾지 못하는 상황이면 혹은 문제의식 자체를 가지고 있지 않은 상황이면(go-sign or not), 실천가는 캠페인 전략(campaign strategy)을 선택

Ⅲ. 이해당사자들이 강한 거부감을 노골적으로 드러내는 상황이면(no go-sign), 실천가는 협력적 전략을 포기하고 갈등 지향적인 투쟁 전략(contest strategy)을 선택

전략 선택 예시

Ⅰ. 인과관계 진술문

장애인 콜택시의 숫자 부족으로 인해 서울시 거주 신체장애인의 의료시설 평균 이용률이 비장애인에 비해 40% 낮다.

Ⅱ. 개입가설

장애인 콜택시를 현재의 721대에서 29대 증차하여 총 750대로 늘려 운행하면 서울시 거주 신체장애인의 의료시설 이용률이 현재보다 30%p 증가할 것이다.

Ⅲ. 맥락 분석

개입가설을 실행에 옮기기 위해 첫해 차량구매에 20억 원, 이후 매년 25억 원의 추가 예산이 소요될 예정이다. 이 예산을 책정받기 위해서는 서울시의회의 지지가 필수적이다.

2025년 6월 기준, 서울시의회의 전체적인 분위기는 올해와 전년도, 전전년도 장애인 복지 관련 예산이 지나치게 작게 편성되었기 때문에 내년에는 관련 예산을 늘릴 필요가 있다는 공감대가 시의원들 사이에서 크게 형성되어 있는 상태이다.

중앙정부에서도 장애인 복지와 관련하여 서울시에서 관련 일을 추진하면 후방에서 적극적으로 여론 주도를 통해 강력한 지원을 해줄 것 같은 발언들이 보건복지부 김○○ 차관의 입을 통해 흘러나오는 상황이다.

따라서 이번 개입계획을 준비 중인 <서울시 교통약자 시민연대>의 '장애인콜택시 증설 프로젝트 전담팀'은 서울시의회 교통위원회 위원 11명에게 2026년 1월부터 3월 사이 정책 질의서를 보내 장애인콜택시 29대 추가 도입에 따른 20억~25억 원의 서울시 예산 배정 안건에 대한 입장이 어떠한지를 문의하였다.

Ⅳ. 전략 선택

정책질의서 답변을 분석한 결과,

- 11명의 교통위원회 위원 중 7명(63%)이 해당 안건에 대해 찬성 의사를 밝힌 것으로 확인되었다. ⇨ '협력 전략' 선택
- 11명의 교통위원회 위원 중 3명(27%)은 해당 안건에 대해 찬성 의사를, 4명(36%)은 반대 의사를, 나머지 4명(36%)은 의사를 결정하지 못한 것으로 확인되었다. ⇨ '캠페인 전략' 선택
- 11명의 교통위원회 위원 중 7명(63%)이 해당 안건에 대해 반대 의사를 밝힌 것으로 확인되었다. ⇨ '투쟁 전략' 선택

(1) 협력 전략

협력 전략은 개입안의 실행 여부 및 방법과 관련하여 실천가(변화매개체계)를 포함한 행동체계와 표적체계 사이에 대체로 합의가 이루어졌을 때 사용한다. 즉, 변화에 대한 표적체계의 의지가 강할 때 사용하면 유효한 전략이다(Netting et al., 2016 : 309).

|그림 6-1| 협력 전략에서 행동체계와 표적체계의 관계

협력 전략을 선택했을 때 활용할 수 있는 구체적인 전술에는 크게 두 가지가 있다(Jansson et al., 2013).

첫째, 실행 전술(implementation tactic)이다. 표적체계의 행동, 가치체계, 의사결정방식 등을 바꾸는 데 있어 표적체계의 자발적이고 주체적인 변화 노력보다, 실천가의 명령, 지시, 지도 편달이 훨씬 효과적인 결과를 가져올 것으로 예상되는 경우 실행 전술을 사용한다. 핵심 변화는 실천가(변화매개체 또는 행동체계)의 의견과 생각에서 나오며, 표적체계의 의견이나 생각은 큰 고려 대상이 되지 못한다. 따라서 실행 전술을 채택한 경우, 이후 개입은 실천가가 계획해 놓은 상당히 기술적인 프로그램들(technical programs)을 표적체계 행위자가 순차적으로 하나씩 이행하게 하는 데에 초점이 맞추어져 진행된다. 가령 졸업장 취득과 취업을 원하는 고졸 중퇴 비혼모들을 대상으로 ① 먼저 검정고시 기회를 제공하고 ② 다음으로 기술교육을 받게 하며 ③ 마지막으로 직업을 알선해 준다는 식의 개입계획을 세워볼 수 있는데, 이는 실행 전술에 입각한 개입의 전형적인 사례라고 할 수 있다.

둘째, 임파워먼트 전술(empowerment tactic)이다. 실행 전술과는 반대로, 변화의 주체는 변화에 대한 필요성을 공감하고 변화할 의지를 이미 충분히 가지고 있는 표적체계 자신이지 실천가가 아니라는 관점을 취한다면, 임파워먼트 전술을 사용한다고 볼 수 있다. 다시 말해, 실천가가 제시한 의견이나 생각을 그대로 따르기보다, 변화해야 할 사람이나 조직 스스로 어떻게 변화할지 자체적으로 결정하고 그와 같은 모습으로 변화하기 위해 스스로 노력하는 것이 더 효과적이라고 판단된 경우 임파워먼트 전술을 사용한다는 것이다. 따라서 임파워먼트 전술을 채택한 경우, 이후 개입은 어떻게 하면 표적체계 행위자를 변화의 중심에 올려놓을지에 초점이 맞추어져 진행된다. 즉, 표적체계 행위자의 주체성 및 능동성 회복이 관건이 되는 것이다. 가령 지역사회 주민들을 특정 현안(예 혐오시설 유치, 할 것인가 말 것인가) 해결에 최대한도로 참여시키고 의사결정의 주체로 만들어 놓는 방식의 개입이 바로 임파워먼트 전술을 사용한 개입의 전형적인 사례라고 할 수 있다.

(2) 캠페인 전략

캠페인 전략은 개입 안의 실행 여부 및 방법과 관련하여 표적체계가 현재로서는 실천가(변화매개체계)를 포함한 행동체계의 제안에 합의하기를 주저하고 있으나, 조금만 더 밀어붙이면 합의해 줄 가능성이 큰 경우에 사용한다. 즉, 변화에 대한 표적체계의 의지나 태도가 모호할 때 사용하면 유효한 전략이다 (Netting et al., 2016 : 313).

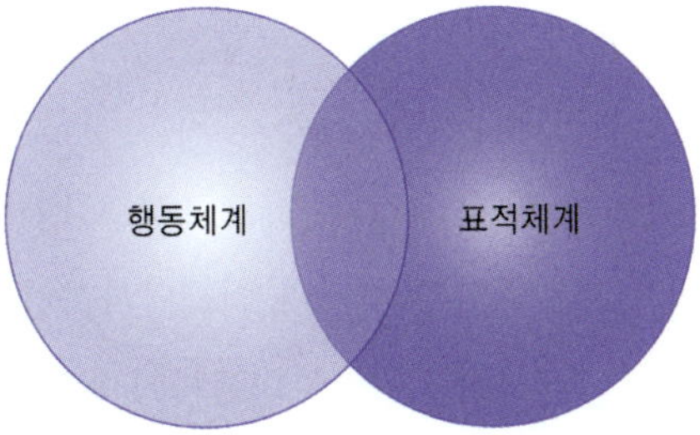

|그림 6-2| 캠페인 전략에서 행동체계와 표적체계의 관계

캠페인 전략을 택했을 때 활용할 수 있는 구체적인 전술은 다음과 같다.

첫째, 교육(education)이다. 실천가가 제안한 개입계획을 표적체계가 반대하고 거부하는 이유는 개입이 가져올 변화의 잠재적, 실재적 혜택을 표적체계 구성원이 제대로 알지 못하기 때문일 수 있다. 무지와 무식으로 인하여 표적체계가 개입계획 수용을 거부하고 변화를 반대하는 것으로 판단되면, 교육 전술의 채택을 고려할 수 있다. 교육 전술을 택한 경우, 이후 개입은 어떻게 하면 표적체계의 구성원에게 올바른·최신 정보를 제공하여 이들의 지식과 인식을 변화시킬지에 초점이 맞추어져 전개된다. 이는 지식과 인식의 변화를 통해 행동 역시 필연적으로 바꿀 수 있음을 낙관하는 것이다. 예를 들어, 서울에 거주하는 20대 여성들이 인유두종 예방접종 주사의 중요성을 인식하지 못하는 까닭은 이 바이러스가 무엇인지 잘 모르기 때문인 것으로 파악된 상황을 가정해 보자. 이들을 대상으로는 다른 그 무엇보다 교육을 통한 무지 해소가 건강 증진과 질병 예방의 첩경일 것이다.

둘째, 설득(persuasion)이다. 설득은 개입이 가져올 변화의 잠재적, 실재적 혜택의 크기가 지불해야 할 비용의 크기보다 클지 작을지 저울질하면서 실천가가 제시한 개입 안 채택 여부를 표적체계가 고민하는 상황에서 사용할 수 있다(Lane & Pritzker, 2018 : 269). 설득 전술의 목적은 변화를 수용함으로써 누릴 수 있는 혜택이 지불해야 하는 비용보다 상대적으로 크다는 사실을 표적체계에 반복적으로 알림을 통해 변화에 대한 동기를 부여하는 데 있다. 따라서 설득 전술을 채택한 경우, 이후 개입은 표적체계 구성원으로 하여금 "변화하는 것이 결국 나 또는 우리에게 도움이 된다"라는 생각을 갖도록 하는 각종 활동의 계획에 초점이 맞추어져 전개된다.

대학 캠퍼스 내 반려동물 출입 금지 추진 프로젝트를 하나의 예시로 들어볼 수 있다. 반려동물을 기르는 주민뿐 아니라 이해당사자인 대학생과 교직원 그리고 반려동물을 키우지 않는 일반 지역 주민들까지 반려동물을 캠퍼스 안으로 데려오지 않는 것이 면학 분위기 조성에 도움이 된다는 것을 머릿속으로는 잘 알고 있다. 그러나 대학 캠퍼스 전체를 반려동물 출입 금지 지역으로 엄격하게 지정하는 것은 지역사회와 공존과 상생을 추구하는 대학 본부 입장에서는 선뜻 추진하기가 어려운 일이다. 이러한 상황에서 반려동물 출입 금지를 추진한 당사자 집단(학생회 및 대학 본부)은 반려동물을 캠퍼스 안으로 데리고 오지 않는 것이 왜 전체 지역사회 차원에서 필요하고 또 성숙한 시민으로 갖추어야 할 태도인지를 반려동물 주인들을 대상으로 반복적으로 알리고, 대안으로 지역사회 안에 있는 다른 공원 쪽으로 이들을 안내하는 설득 작업에 치중하면 좋은 효과를 얻을 수 있다.

셋째, 옹호(advocacy)이다. 옹호란 취약한 클라이언트를 대신하여 사회복지사가 그들의 이해관계를 대변·방어·지지하며, 위기 상황에 개입해 변화를 촉구하고 상황을 타개하는 활동을 가리킨다. 좀 더 구체적으로, 지역사회복지실천에서 옹호는 표적체계가 클라이언트체계의 권리를 부당하게 침해하고 있음을 사회복지사(변화매개체계 또는 행동체계)가 당사자인 클라이언트체계를 대신하여 지역사회 안팎으로 널리 알리고, 이를 통해 표적체계를 정치적, 사회적으로 당황하게 만들고 나아가 법, 제도적으로 곤란한 상황 속으로 밀어넣음으로써 클라이언트체계의 권리를 두둔하고 편들며 수호하는 다양한 활동들로 이루어진다(Tice et al., 2019 : 41). 옹호 전술을 채택한 경우, 이후 개입은 표적체계를 대상으로 한 설득, 청문(fair hearing), 탄원(petitioning), 망신 주기, 정치적 압력 가하기 등 다양한 대결적 기술을 활용하는 데 초점이 맞추어져 전개된다(Lane & Pritzker, 2018 : 151).

넷째, 로비(lobbying)이다. 로비는 표적체계가 일반대중, 지역 주민, 기관 클라이언트가 아닌 정치인, 정부 고위 관료와 같이 쉽게 접근하기 어려운 정책결정자인 경우 주로 활용되는 전술이다. 정부 예산 확보, 법안 제정 및 개정과 같은 안건이 개입계획의 핵심인 경우 로비 전술은 매우 효과적인 행동 계획이 될 수 있다(Richan, 2013 : 13). 로비 전술을 채택한 경우, 이후 개입은 주요 정책결정자들을 언제, 어디서, 총 몇 회에 걸쳐 만나 어떠한 정보를 어떠한 방식으로 프레젠테이션할지 그리고 어떻게 그들을 따라다니며 지속적으로 우호적인 관계를 체결하고 유지할지에 초점이 맞추어져 전개된다.

다섯째, 대중매체 호소(mass media appeal)이다. 대중매체 호소는 텔레비전, 라디오 등에 직접 등장하거나 신문, 인터넷 홈페이지, 유튜브 같은 동영상 플랫폼 등에 광고를 실어 일반대중 또는 지역 주민에게 변화에 대한 필요성을 호소하고 그 방법에 대해 광범위하게 동의를 구함으로써 정당성을 획득하는 방식의 전술이다(Richan, 2013 : 205). 대중매체 호소 전술은 성공적으로 수행되면 일반대중 및 지역 주민을 상대로 교육과 설득의 효과를 발생시킬 수 있다. 그뿐만 아니라 정치인, 정부 관료, 기관장과 같이 여론 분위기에 촉각을 곤두세우는 영향력 있는 의사결정권자로 하여금 개입계획을 받아들이도록 압박하는 정치적 효과도 발생시킨다. 따라서 다중매체 호소 전술을 택할 경우, 이후 개입은 어떤 대중매체를 통해 어떤 내용을 공개 발표할지, 누구를 대상으로 어떻게, 얼마나 자주, 언제 광고와 동영상을 게시할지 등에 초점이 맞춰져 전개된다.

(3) 투쟁 전략

투쟁 전략은 개입 안의 실행 여부 및 방법과 관련하여 표적체계가 실천가(변화매개체계)를 포함한 행동체계의 제안에 현재 합의를 거부하고 있고 앞으로도 합의해 줄 것으로 보이지 않는 어려운 상황 속에서 사용한다. 즉, 표적체계가 변화를 수용할 의지가 전혀 없을 때 사용하면 효과적인 전략이다(Netting et al., 2016 : 321).

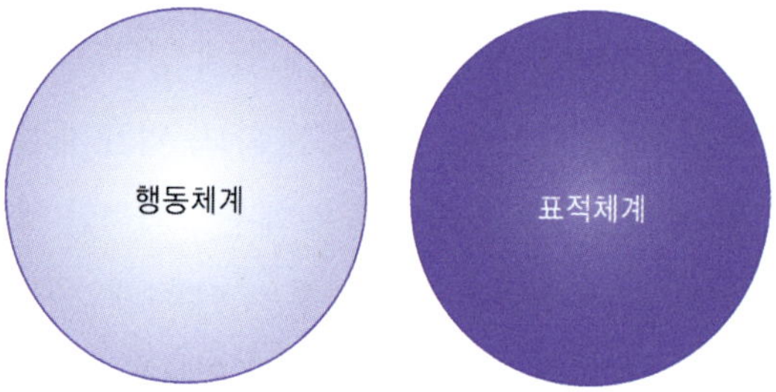

|그림 6-3| 투쟁 전략에서 행동체계와 표적체계의 관계

투쟁 전략을 선택했을 때 활용할 수 있는 구체적인 전술에는 다음과 같은 것이 있다.

첫째, 교섭 및 협상 전술(bargaining and negotiating)이다. 교섭과 협상이란 이해관계를 공유하지 않는 적대적 관계의 둘 혹은 그 이상의 행위자들이 상호 수용 가능한 어떤 결정에 도달하는 과정을 의미한다(최일섭, 2006 : 243). 좀 더 구체적으로, 교섭과 협상 전술은 실천가가 제시하는 개입계획에 대하여 표적체계 구성원이 노골적으로 불만을 표시하며 제안을 수용할 의지를 보이지 않지만, 그와 동시에 어떤 형태로든 변화하지 않으면 자신들이 누리던 기존 이해관계에 중대한 침해가 발생할 것이라는 불안감으로 마지못해 개입 제안을 받아들이겠다는 의사를 표시할 때 사용해 볼 만한 전술이다. 즉, 제시된 개입 안을 받아들일 의지가 전혀 없지만, 받아들이지 않으면 너무 많은 희생과 대가를 치러야 하므로 불만족스럽더라도 마지못해 개입계획을 받아들이겠다는 유화적 제스처를 상대가 보일 때 사용하면 효과가 큰 전술이다(Kirst-Ashman & Hull, 2018 : 362).

이때 표적체계 행위자는 처음 제시된 개입 안을 그대로 받아들이기보다, 실천가와 특정 조건을 놓고서 계속해서 협상하는 과정에서 자신들의 희생과 대가를 최소화할 수 있는 방향으로 개입 안을 수정을 시도한다. 물론 실천가 역시 표적체계 행위자에 의해 수정된 개입 안을 클라이언트 체계에 최대한 유리하게끔 재수정하고 재조정하고자 애쓴다. 따라서 교섭과 협상 전술에서 핵심은, 누가 얼마만큼 최초의 입장에서 덜 양보하느냐(conceding less)에 달려 있다고 볼 수 있다.

이처럼 서로 유리한 입장을 차지하기 위해 치열하게 다투기 때문에 교섭 및 협상 전술은 투쟁 전략에 속한다고 볼 수 있다. 이 전술은 이론적으로는 합리적인 것처럼 보인다. 그러나 실상은 시간 소모가 심하고, 불공평한 권력관계에서는 약자에게 불리한 결과가 발생하기 쉽다는 단점도 가진다. 교섭 및 협상 전술을 선택한 경우, 이후 개입은 문제 해결과 관련된 조건의 내용 및 기한 등을 표적체계 행위자와 협의하는 조정 활동에 초점이 맞추어져 전개된다.

둘째, 집단행동(collective action)이다. 집단행동은 실천가가 제시한 개입계획을 표적체계 행위자가 거부할 때 강제로 받아들이게 만듦으로써 의도한 변화를 일으키는 전술이다(최일섭, 2006 : 233). 여기서 강제란 물리적 폭력행위나 불법적 시민불복종 같은 극단적 행위만을 가리키지 않고, 평화적 거리 시위, 합법적 시위, 준법투쟁 등 보다 완화된 형태의 저항적 행위들을 포괄한다. 예를 들어, 생태주의 활동가가 삼림 훼손을 우려하는 지역 주민조직과 연합하여 토목공사 지역에 난입해 공사 진행을 방해하는 경우가 이에 해당한다. 이러한 방해 행위는 불법적 형태를 띨 수도 있고 합법적 절차를 밟을 수도 있는데(Kirst-Ashman & Hull, 2018 : 371-373), 주안점은 상대가 말을 안 듣고 고집을 피울 때 집단적 세 과시를 통해 상대의 의지를 꺾는 데 초점을 맞추는 것이 집단행동 전술의 핵심이라는 점이다.

한편 집단행동 전술을 취할 때 한 가지 유의해야 할 사항이 있다. 집단행동 전술은 대부분 불법 행위를 마다하지 않는다는 점이 그것이다(Lane & Pritzker, 2018 : 431). 불법 행동은 클라이언트를 위험에 처하게 만들 수 있어 신중하게 접근해야 한다. 물론 클라이언트가 어느 정도 사회적 위력을 갖춘 경우에는 불법 행동 결과가 클라이언트 체계에 유리한 효과를 낳을 수도 있다. 그렇지만 만약 클라이언트가 사회적 소외계층이고 정치사회적 영향력이 미미한 자들이라면, 불법적 집단행동의 결과는 그들에게 매우 파괴적이고 해로운 방향으로 흘러갈 가능성이 농후하다(Boudon, 2016). 앞서 언급한 바와 같이, 전 세계 모든 국가의 사회복지사 윤리강령은 사회복지사가 클라이언트를 위험에 처하게 하는 일은 그것이 아무리 훌륭한 명분을 갖고 있다고 할지라도 결코 용납될 수 없는 비윤리적 행위라고 단언한다(이순민, 2016 : 67). 따라서 집단행동을 실전 전술로 선택하기 전에 실천가는 개입 결과가 클라이언트 체계에 미치는 득과 실을 면밀하게 분석하고 신중하게 움직일 필요가 있음을 다시 한번 강조하는 바이다. 집단행동 전술을 선택한 경우, 이후 개입은 집단행동을 유발하는 시기, 공격 대상, 집회 장소 물색, 집단행동에 필요한 사람과 자원의 동원 방법 등을 계획하고 추진하는 활동에 초점이 맞추어져 전개된다.

셋째, 소송 전술(class action lawsuits)이다. 이 전술은 실천가가 제시한 개입계획을 표적체계 구성원이 좀처럼 수용하려 하지 않을 때 그리고 클라이언트가 사회적 약자층이어서 서투르게 집단행동이나 협상에 나섰다가 오히려 역공을 당하기 쉽다고 판단될 때, 법 지식에 해박한 소수정예의 엘리트 실천가(변호사, 공인노무사 포함)가 클라이언트를 대신하여 법원에 소송을 제기하여 표적체계에 압박을 가하는 전술이다(Barker & Branson, 2014). 그러나 소송 전술 역시 결과를 통보받기까지 매우 오랜 시간이 걸릴 뿐 아니라, 사법 체계의 보수성을 감안할 때 사회적 약자가 강자를 상대로 이기기 어렵다는 태생적 한계를 갖는다. 그럼에도 불구하고, 만약 소송에서 이기면 이후 유사 사례에서도 비슷한 취지의 판결이 내려질 수 있다는 점에서 승소의 대가는 상당하다. 소송 전술을 택한 경우, 이후 개입은 어떠한 이슈를, 어떠한 법적 근거 및 절차를 걸쳐, 어느 법원에, 언제까지 제소할 것인지, 언론사 브리핑은 어떻게 할 것인지 등에 초점이 맞추어져 진행된다.

용어정리

- 표적집단(target population) : 특정한 문제로 인하여 불행한 삶을 살고 있거나 특수한 미충족 욕구를 지닌 사람들. 사회복지사(변화매개체계)와 변화에 합의하고 변화를 위한 계약 체결에 동의한 표적집단을 흔히 클라이언트 체계(client system)라고 부른다.
- 표적체계(target system) : 표적집단의 문제나 욕구를 해결하기 위하여 변화되어야 할 대상. 다시 말해, 사회복지적 개입을 통해 변화시키고자 하는 대상을 가리킨다. 표적체계는 사람, 조직, 집단이 되기도 하고 정책, 관행, 관념, 가치, 태도 등이 될 수도 있다. 가령 노숙인 문제의 경우 표적체계는 노숙인 자신, 노숙인 쉼터의 장과 직원, 노숙인 쉼터의 조직문화・조직운영방식・조직구조, 지역사회 주민들의 태도・자세・가치관, 정치인・관료・기타 노숙인 전문가의 입장 및 관련법률 등을 포괄적으로 아우를 수 있다. 표적집단과 표적체계는 중복될 수도 있고 중복되지 않을 수도 있다.
- 행동체계(action system) : 변화를 만들어 내기 위해 상호작용하며 직접 행동하는 주체. 개인, 조직, 집단, 직접적 이해당사자, 잠재적 수혜자, 지역 주민, 유권자, 사회복지사 등이 모두 포함될 수 있다. 행동체계는 표적체계와 중복될 수도 있고 중복되지 않을 수도 있다.
- 변화매개체계(change agent system) : 사회복지사와 사회복지사를 고용한 기관 및 조직. 지역사회를 사정하고 변화를 계획하며 계획의 이행 및 평가 역할을 수행한다. 변화매개체계는 직접 행동을 할 수도 있고, 직접 행동을 하기보다 타인의 행동을 조정하거나 과업을 매개하는 일에 집중할 수도 있다. 따라서 변화매개체계는 행동체계와 중복될 수도 있고 중복되지 않을 수도 있다.

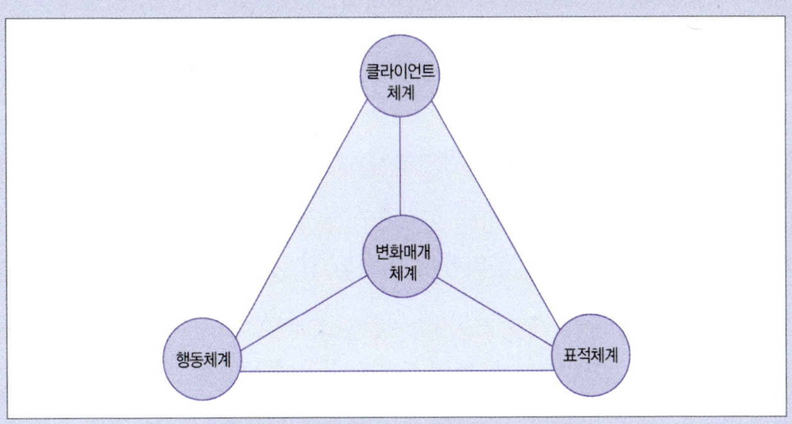

|그림 6-4| 지역사회복지실천의 주요 체계

출처 : Pincus & Minahan(1973), p. 58.

5) 활동 상세 설명서와 예산안

개입계획이 완성되면 목표(objectives)를 달성하기 위해 요구되는 구체적인 활동 상세 설명서를 작성한다(Netting et al., 2016 : 330). 활동 상세 설명서에는 목표 달성을 책임지는 담당자, 과업의 수행 방식 등 앞에서 미처 언급하지 못한 내용을 자세하게 기술한다. 이것이 필요한 까닭은, 계획을 세운 자(책임자)와 실제 집행하는 자(실무자)가 일치하지 않을 수 있고, 또 계획을 집행하는 도중에 실무자가 교체되는 경우가 있을 수 있어 이를 대비하기 위함이다. 어느 누가 계획을 집행하든 계획의 의도가 원안 그대로 실현되도록 확실히 하고 싶다면, 다소 건조하게 작성된 개입계획을 뒤에서 자세히 풀어 써줄 필요가 있다. 활동 상세 설명서는 바로 이러한 필요성을 해소해 주는 개입 계획서의 마지막 요소이다.

앞서 제시한 장애인콜택시 증차 사례를 들어 활동 상세 설명서에 집어넣을 수 있는 내용이 무엇인지 한번 살펴보자. 예산 확보를 위해 서울시의회 의원들의 예산안 가결이 중요한데, 적지 않은 수의 의원이 반대 의사를 표명함에 따라 이를 돌파하기 위해 실천가는 캠페인 전략, 그중에서도 특히 교육 및 설득 전술을 채택하기로 결정한 상태라고 가정해 보자. 그렇다면 활동 상세 설명서에는 반대 의사를 표명한 서울시의회 의원 누구를, 언제, 몇 번 만나, 어떻게 교육하고 설득할지에 대하여 자세히 기술한다. 좀 더 구체적으로, 어떠한 방식으로 연락을 취할지, 어떠한 시의원을 누가, 언제, 어디로, 몇 번 찾아가 몇 차례 면담할 것인지, 정책브리핑은 팸플릿 형식으로 만들지 아니면 파워포인트 프레젠테이션 방식으로 할지, 어떤 내용을 중점적으로 교육하여 설득할지 등등을 가능한 한 자세하게, 이 분야의 문외한이 읽어도 알 수 있을 정도로 세세히 쉬운 용어로 적어준다.

한편 활동 상세 설명서 다음 페이지에는 활동에 필요한 예산안도 작성하여 첨부한다. 예산안은 운영비, 인건비, 사업비 등을 중심으로 작성하며 세입세출 명세도 포함한다.

3. 실 행

개입계획이 완성되면 계획한 바를 실천에 옮긴다. 이처럼 준비한 개입계획을 실제 현장에서 구현하는 활동을 실행(implementing the action plan)이라고 부른다(Netting et al., 2016 : 346). 실행 단계에 놓인 실천가의 주요 과업은 계획한 바대로 개입 안을 이행하는 것이다. 그렇지만 이와 동시에 혹시 계획과 틀어진 부분은 없는지, 계획이 생각했던 대로 잘 진행되는지 등도 수시로 점검해야 한다. 다음에서는 개입 안을 이행하는 것 외에 실천가가 수행하는 여러 부가적인 업무들을 잡무 처리, 인사 임명 및 관리, 모니터링의 세 가지 측면으로 나누어 간략히 짚어보도록 한다.

1) 잡무 처리

계획한 대로 개입을 이행하기 위해서는 여러 가지 작고 사소한 일들을 세심하게 잘 챙길 수 있어야만 한다. 여기서 말하는 사소하지만 중요한 잡무에는 사무실 임대, 세금 납부, 각종 사무 행정 처리, 컴퓨터, 책상, 의자 등 집기 구매, 전화기나 인터넷 등 통신기기 설치 및 개통, 기타 문방구 용품 구매, 음료 및 다과 비치 등이 포함된다.

2) 인사 임명과 관리

가장 중요한 일 중 하나가 인사 임명이다. 우선 준비한 계획을 현장에서 총지휘할 팀장을 선임한다. 팀장은 개입계획에 기재된 활동 상세 설명서의 가이드라인에 맞춰 실제 현장에서 각종 업무를 계획, 진행, 지도하는 중책을 맡는다. 또한 직원들에게 권한과 책임, 임무를 부여하고, 사무실과 현장에서 사기를 북돋우며, 필요한 경우 지역 주민들의 참여를 끌어내는 어려운 일도 떠맡는다. 이는 개입의 성공 여부를 가늠하는 데 있어 팀장 개인의 업무 역량이 매우 중요하다는 점을 시사한다. 따라서 팀장 임명 시에는 최적의 유능한 인물을 찾기 위해 신중에 신중을 기할 필요가 있다.

팀장을 임명하고 난 다음에는 팀장을 보좌하여 개입을 실천에 옮길 실무자(implementers)를 채용한다. 우수한 인력을 채용하기 위해서는 엄격한 공개채용 규정에 따라 공정하게 인사를 진행해야만 한다. 채용인원이 많으면 중간관리자를 두고 이들로 하여금 채용을 진행하도록 권한을 부여한다.

인력이 충원되면 오리엔테이션을 개최한다. 오리엔테이션을 여는 이유는 지역사회에 의미 있는 변화를 만들어 낼 유능한 지역사회복지사업 팀원으로서 각자 맡은 바 임무가 무엇인지, 부족한 부분은 무엇인지, 채워 넣을 부분은 무엇인지, 개입을 통해 달성하고자 하는 궁극적 목적은 무엇인지 등과 관련된 심화 교육을 실시하기 위함이다.

그러나 직원 교육은 단발성 오리엔테이션만으로는 부족하다. 따라서 오리엔테이션이 끝나면 팀장과 협의하에 직원 교육과 관련된 매뉴얼을 만들어 두는 것이 좋다. 이 매뉴얼에 따라 정기적으로 워크숍 또는 세미나를 열고 직원 교육에 만전을 기해야만 한다. 무엇보다 정기적인 슈퍼비전을 제공하고 상시교육 체제 구축을 위하여 노력하여야 한다.

3) 모니터링

(1) 목적과 방법

모니터링이란 목표 달성을 위해 계획된 활동과 그 진행 상황을 지속적으로 관찰하고 평가하여 필요한 경우 계획을 조정하거나 피드백을 제공하는 과정을 의미한다(Netting et al., 2016 : 359). 이는 개입 과정에서 목표와 현실 간의 차이를 줄이고, 개입이 계획대로 효과적으로 진행되도록 보장하기 위한 핵심적인 실천 과정이다.

개입계획을 이행하는 동시에 실천가는 개입의 과정을 지속적으로 모니터링하여야 한다. 이는 개입이 계획된 대로 실천 현장에서 이행되고 있는지를 확인하고, 필요한 경우 문제를 파악하여 계획을 조정하기 위함이다. 모니터링은 다음과 같은 주요 질문을 중심으로 진행할 수 있다.

• 각 성과목표가 계획대로 달성되고 있는가?
• 각 성과목표를 이루기 위한 과정목표가 계획대로 달성되고 있는가?
• 각 과정목표를 이루기 위한 구체적 활동이 계획대로 달성되고 있는가?
• 전체 계획이 차질 없이 일정대로 진행되고 있는가?

그렇다면 계획이 제대로 진행되는지 여부는 어떻게 확인할 수 있을까? 여러 방법이 있겠지만, 현장의 실무자에게 구두, 전자우편, SNS, 공문 등을 통해 정확한 현황 설명을 요청하고, 회신을 받으면 그 내용을 면밀히 검토함으로써 계획의 진행 정도와 목표 달성 정도를 중간관리자 또는 그 이상 직급의 책임자가 직접 확인하는 방식이 가장 일반적인 방법이다(함철호, 2019 : 216).

실천 현장에서 실무자는 자신에게 부여된 구체적인 활동의 마감 시한을 맞추지 못하는 경우가 많다. 이는 실무를 진행하다 보면 예측하지 못한 돌발 상황이 워낙 많이 발생하기 때문에 일어나는 일이다. 이러한 상황에서는 실무 사회복지사가 팀장과 협의하여 빠르게 차선책을 모색하고, 재조정된 개입계획을 신속히 실행해야 한다. 예를 들어, 돌발 상황으로 활동 일정이 지연된 경우, 팀장은 활동 우선순위를 재조정하거나 외부 자원을 활용하는 등의 방안을 논의하여야 한다.

(2) 동기와 근무 태도의 문제

모니터링 결과, 개입계획이 제대로 이행되지 않는 원인이 조직 내부 문제, 특히 실무자의 낮은 동기로 밝혀지는 경우가 있다. 이러한 상황에서 중간관리자 이상의 책임자는 이를 어떻게 해결해야 할지 고민하여야 한다.

대부분의 현장 실무자는 성취감과 보람을 느끼며 일한다. 그렇지만 일부는 상사의 지시에 억지로 일을 하거나 바쁜 일정 탓에 집중하지 못하는 경우도 있다. 이들은 대체로 업무에 대한 욕심이 적고 동기가 낮은 편이다. 또한 동료와의 갈등이나 과도한 경쟁의식으로 불필요한 패배 의식을 갖는 경우도 있다. 최근에는 가치관과 일에 대한 태도가 기성세대와 다른 이른바 'MZ 세대' 사회복지사가 등장하면서, 일부 기성세대로부터 근무 태도와 관련된 부정적 평가를 받기도 한다. 이와 같은 평가는 많은 경우 편견에서 비롯되므로, 세대 간 가치관 차이를 이해하고 조율하려는 노력이 요구된다(이준엽 · 이용우, 2024).

이유가 무엇이든, 관리자는 낮은 동기와 좋지 못한 근무 태도를 사소한 일로 치부하거나 묵과해서는 안 된다. 엉뚱한 이유로 개입계획이 수포로 돌아가는 상황이 초래될 수 있기 때문이다. 따라서 실무자의 업무수행력을 저해할 수 있는 요인을 미연에 방지하고, 모든 관계자가 성취감을 느끼며 일할 수 있는 쾌적한 업무 환경 조성에 중간관리자 이상 책임자는 만전을 기해야 할 것이다.

문제 해결을 위하여 관리자는 실무자의 동기와 근태를 개선하는 데 집중해야 한다. 예를 들어, 정기적인 원탁회의와 뒤풀이를 통해 동료 간 소통을 촉진하고, 롤링 페이퍼와 '이달의 직원 칭찬하기'와 같은 프로그램을 통해 실무자의 성취감을 높이고자 노력하여야 한다. 특히 MZ 세대 실무자에게는 유연근무제, 마이크로매니징 등을 통해 자율성을 보장해 주고, 콘퍼런스 참가, 교육 프로그램 지원 등 전문성을 키울 기회를 가급적 많이 제공하는 것이 효과적일 수 있다(이오복, 2023).

4. 평가 및 종료

1) 효과성 평가

지역사회복지실천 과정의 마지막 단계에서는 개입의 효과성을 평가하는 일을 수행한다. 여기서 평가란 앞서 언급한 모니터링과는 다른 개념임을 유념하여야 한다. 구체적으로, 모니터링은 지역사회에 의미 있는 변화를 가져오기 위하여 계획한 구체적 활동들이 계획대로 진행되는지 여부를 실행 '도중에' 확인하는 데 목적이 있다. 이와 대조적으로, 효과성 평가는 지역사회에 의미 있는 변화를 가져오기 위하여 계획한 다양한 활동들이 초기에 의도한 바를 최종적으로 달성하였는지 여부를 실행 종료 '이후에' 알아내는 데 목적이 있다. 즉, 모니터링이 변화의 과정에 초점을 맞춘다면 효과성 평가는 변화의 결과에 초점을 맞춘다는 점에서 둘은 차이가 있는 것이다. 이러한 측면에서 모니터링을 과정평가(process evaluation), 효과성 평가를 결과평가(outcome evaluation)라 부르기도 한다(Netting et al., 2016 : 368).

사회복지실천에서는 개입의 성공 여부를 객관적으로 판단하기 위하여 단일사례 설계(Single System Design)라는 일종의 시계열 조사 방법을 흔히 사용한다. 사회복지사가 시도한 개입의 효과성을 평가하는 데 주로 사용되는 단일사례 설계는 클라이언트 체계의 변화를 정밀하게 관찰하기 위하여 개입의 전 과정을 개입 전(1단계), 개입(2단계), 개입 후(3단계)로 나누고, 각 단계에서 특정 문제나 표적 행위가 어떠한 양상을 보이며 변화하는지를 반복적으로 측정하는 일련의 경험적 절차들로 구성된다(Marlow, 2010 : 118). 단일사례 설계라 부르는 까닭은 이 조사 방법이 단 하나의 클라이언트 체계만을 대상으로 측정을 시도하기 때문이다(N=1).

단일사례 설계는 전통적인 미시사회복지실천의 효과성 평가에서 흔히 사용된다. 그렇지만 지역사회 전체를 클라이언트 체계로 삼는 거시적 지역사회복지실천에서도 똑같이 사용될 수 있으며, 이를 통해 지역사회에 의미 있는 변화가 발생했는지 여부를 객관적으로 조사, 검토, 평가할 수 있다.

- 1단계 : 표적 행위(or 결과)의 발생빈도(or 지속시간 or 강도) 측정
- 2단계 : 개입
- 3단계 : 표적 행위(or 결과)의 발생빈도(or 지속시간 or 강도) 측정

단일사례 설계는 보통 위 세 개의 단계로 구성된다. 그렇지만 조사의 목적이나 개입의 특수성 등을 고려하여 여러 형태로 변용되기도 한다. 다음의 그림은 단일사례 설계의 다양한 용법을 예시한다.

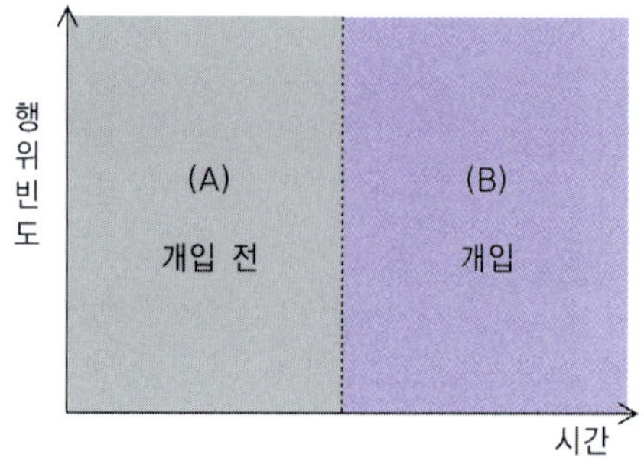

|그림 6-5| AB 설계

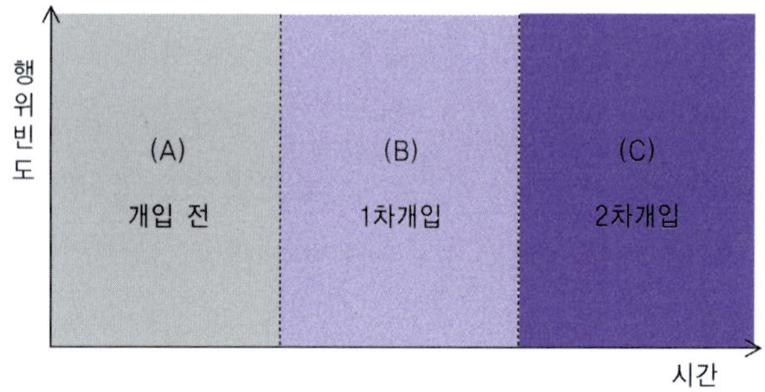

|그림 6-6| ABC 설계

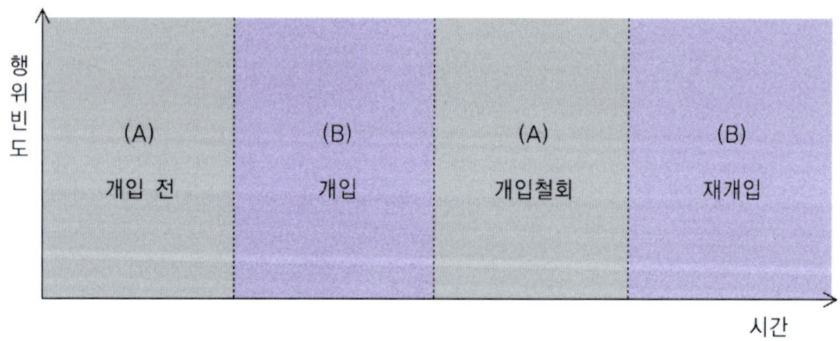

|그림 6-7| ABAB 설계

출처 : Marlow(2010), pp. 120−122.

2) 보고서 작성과 배포

평가가 완료되면 그간 쌓아온 모든 자료와 활동 명세를 바탕으로 평가보고서를 작성하고, 이를 지역사회 안팎에 배포하여 지역사회복지실천의 전 과정을 공식적으로 종료한다. 보고서는 주요 후원자와 지역 주민, 지방자치단체 담당 공무원, 정치인, 직간접적으로 관련된 지역사회 기관 및 조직 등 이해당사자들에게 폭넓게 배포한다. 보고서를 배포하는 이유는, 지금까지 어떤 일들을 수행하였고 어떠한 성과를 만들었는지 그리고 어떠한 부분이 잘 이행되지 않아 초기 계획을 어떻게 수정하여 진행했는지 등을 소상하게 밝힘으로써, 혹시 발생할지 모르는 오해와 갈등의 소지를 없애는 한편 지속적인 지지와 협력을 요청, 호소하기 위함이다.

보고서는 지역 주민과 상호작용하는 하나의 방법이 될 수 있으면서 동시에 주민의 집단효능감을 높이는 데에도 도움을 줄 수 있다. 따라서 되도록 작성과 배포 과정을 거치는 것이 좋다. 만약 인력이나 시간 부족으로 보고서를 작성하는 것이 어렵다면, 소식지 같은 가벼운 팸플릿 형식으로라도 실천의 성과를 지역사회 전체에 어떻게 해서든 알리는 것이 중요하다.

PART 03

지역사회복지 실천 방법

CHAPTER 07 사 정

CHAPTER 08 자원개발

CHAPTER 09 주민조직

CHAPTER 10 네트워킹

CHAPTER 11 계 획

CHAPTER 12 사례관리

CHAPTER 13 옹호, 집단행동, 임파워먼트

CHAPTER 07

사 정

사정은 제6장에서 살펴본 지역사회복지실천 과정 중 첫 번째 단계에 해당하는 것으로, 지역사회 문제를 확인하고 욕구와 자원 현황을 분석하여 개입계획의 근거를 마련하는 조사 활동으로 정의할 수 있다. 제7장에서는 이러한 지역사회 사정을 욕구조사와 자원조사를 중심 주제로 살펴보고, 사정에 필요한 구체적인 조사 기법을 공부한다.

1. 지역사회 사정

1) 개 념

지역사회 사정은 지역사회의 문제를 확인하고 욕구와 자원 현황을 분석하여 개입계획의 근거를 마련하는 조사 활동이다(함철호, 2020 : 229). 다시 말해, 사정이란 지역사회복지실천의 주요 방법론 중 하나로, 지역 주민의 삶에서 공통적으로 발생하는 문제가 무엇인지, 그러한 문제로부터 생겨나는 공통적인 욕구가 무엇인지, 문제를 해결하고 욕구를 충족할 자원은 지역사회 안팎으로 무엇인지 분석하는 조사 활동이다.

사정은 제6장에서 살펴보았듯이 지역사회복지실천 과정의 첫 번째 단계이며, 복합적 활동들을 수반한다. 사정의 결과는 개입계획 수립의 근거로 활용되며, 표적 집단에게 필요한 서비스의 양과 질을 결정하는 기준으로 활용된다. 지역사회 사정은 개인과 개인을 둘러싼 환경 간 상호작용의 메커니즘을 규명하는 사회 연구의 한 분야이다.

지역사회 사정의 개념을 현실적으로 이해하기 위하여 2019년에 개봉한 영화 ≪다크 워터스≫를 살펴보자. 이 영화는 변호사인 로버트 빌럿(Robert Bilott)이 다국적 화학 기업 듀폰(DuPont)을 상대로 소송을 제기한 실화를 바탕으로 제작된 영화이다. 영화에서 주인공 빌럿은 오하이오주의 한 작은 마을 농부로부터 듀폰 공장에서 방출된 화학물질이 환경을 오염시키고 있다는 제보를 받고 조사에 착수하게 된다. 처음에는 개별 농장의 단순한 문제로 파악하였으나, 소송을 진행하는 과정에서 듀폰이 지난 수십 년간 알려지지 않은 유독 화학물질인 PFOA를 유출하였고, 그 결과 가축 떼죽음, 치아 변색, 기형아 출산, 중증 질환과 같은 심각한 지역사회 불건강 및 환경 오염이 발생하였다는 사실을 알게 되었다.

실화를 각색한 이 영화는 지역사회 사정과 문제 해결의 핵심적 요소를 잘 보여준다. 먼저 주인공 빌럿은 초반에는 개인이 경험하는 미시적 어려움에 초점을 맞춰 조사를 시작하다가, 차츰 지역사회 전체의 건강과 환경의 문제, 즉 거시적 차원으로 관점을 돌려 조사를 확대해 나갔다. 이는 지역사회 사정에서 주목하는 문제가 지역 주민의 일상과 관련된 사소한 문제에서부터 시작될 수 있지만, 이내 지역사회의 문제, 나아가 전 사회와 세계의 문제로 비화할 수 있다는 사실을 잘 보여준다. 다음으로 주인공은 듀폰 회사와의 법적 대응을 준비하면서 법률 조사, 기관 내부 자료 검토, 역학 조사,[1] 현장 조사, 인터뷰 및 관찰, 데이터 통계분석 등 다양한 조사 방식을 동원하였다. 이러한 방식들은 지역사회의 문제 확인과 해결 방안 마련을 위한 지역사회 사정의 핵심 활동이자, 사회과학의 대표적 자료 수집 방법이다. 마지막으로, 주인공은 지역사회 조사 과정에서 주민의 신뢰를 바탕으로 협력적 의사결정 구조를 만들었고, 이를 통해 주민의 의사를 한곳으로 모아 외부로 표출하였다. 주민들은 주민 자치 구조를 통

1) 「C8 Health Project」는 오하이오 강 오염지역에 거주 중인 웨스트버지니아 주민을 대상으로 혈액 채취, 체내 PFOA량 분석, 주요 질환 유병력 등을 살핀 대규모 역학 조사로, 2005년부터 2006년까지 2년간 69,030명의 주민이 참여한 역사상 최대의 환경학 연구이다(Frisbee et al., 2009).

해 자신들의 권리를 주장하였고, 사회적 변화를 끌어냈다.

영화의 사례는 지역사회 사정이 문제의 본질을 파악하고 주민과의 협력을 통해 실질적 변화를 끌어내는 포괄적이고 참여적인 과정임을 잘 보여준다. 또한, 지역사회 사정에서 연구 대상은 개인뿐 아니라 지역사회 자체가 되기도 하며, 조사자는 지역 주민의 삶과 밀접한 관련성을 갖는 문제를 중심으로 방대한 자료 검토와 조사 및 분석을 수행하여 문제의 실체를 밝히고 공동체의 변화를 끌어내는 핵심적 역할을 수행한다는 점도 잘 보여준다.

2) 유 형

지역사회 사정은 사정의 목적과 범위에 따라 다양한 유형으로 나누어 살펴볼 수 있다. 다음에서는 스프래들리(Spradley, 1990, 함철호, 2020 재인용)의 분류법을 통해 이를 자세히 알아본다.

(1) 포괄적 사정

포괄적(comprehensive) 사정은 지역사회의 다양한 측면을 다각도로 평가하는 사정의 유형이다. 즉, 지역사회 전체를 아울러 분석하는 방식으로서, 해당 지역사회의 인구학적 특성, 건강, 경제, 사회 및 물리적 환경, 교육 및 문화, 정치 및 정책적 측면을 총체적으로 파악하는 데 초점을 맞춘다.

포괄적 사정의 목표는 지역사회의 강점과 약점을 파악하여 문제 해결과 사원 활용 전략을 수립하는 것으로, 이를 위해 다차원적 자료를 생성하는 각종 조사 방법을 섞어 사용한다. 설문조사, 인터뷰, 행정 데이터 분석, 기획, 개발사업 등 다양한 활동들이 수반되며, 지역사회 구성원과 이해관계자의 참여가 중요하게 여겨진다. 우리나라의 지역사회보장계획 수립 과정에서 기본적으로 실시되는 지역사회보장조사가 포괄적 사정의 대표적인 사례이다.

(2) 친숙화 사정

친숙화(familiarization) 사정은 지역사회의 전반적인 특성과 분위기를 파악하기 위한 초기 개입 과정에서 주로 활용하는 사정의 유형이다. 친숙화 사정의 목적은 지역사회의 특성과 맥락을 이해하여 이후 심층 조사와 전문적 개입을 위한 기초자료를 마련하는 데 있다. 주로 질적 자료 수집 방법을 사용하며, 직접 현장을 방문하여 물리적 환경과 생활환경을 관찰하거나, 주민들을 만나 비공식적 대화를 통해 지역사회를 이해하고, 지역사회 행사에 참여하여 사회적 역동성과 문화를 체험하는 방식을 활용한다. 이 외에도 기존 문서와 보고서를 검토하고, 사진과 비디오를 통해 시각적 자료를 수집하며, 지리적 특징과 자원을 표시하는 지도를 제작하기도 한다. 이때 지역 주민과의 직접적 상호작용을 통해 얻은 정보가 중요한 역할을 한다.

친숙화 사정에서는 비슷한 문제를 경험하는 사람들이 함께 모여 이야기를 나눌 수 있도록 자리를 마련하고, 이를 통해 연구 참여자 간에 친밀감을 높이는 것이 중요하게 여겨진다. 이 과정에서 연구자나 실무자는 내부자적 관점에서 지역사회를 깊이 이해할 수 있고, 연구 결과를 바탕으로 의미 있는 개입을 할 수 있게 된다.

(3) 문제 중심 사정

문제 중심(problem-focused) 사정은 지역사회의 모든 문제를 한꺼번에 다루기보다, 특정 문제에 초점을 맞춰 해당 문제를 심층적으로 평가하고 이해하는 사정의 유형이다. 즉, 논리 모형(logical model)에 입각하여 문제의 원인, 결과, 범위, 해결 방안을 중점적으로 다루는 조사 활동이다. 구체적인 과정을 묘사하면 다음과 같다.

먼저, 문제 식별 단계에서 지역사회나 특정 집단에서 발생하는 문제를 명확히 정의하고 그 성격과 범위를 이해한다. 다음으로, 문제를 보다 심층적으로 이해하기 위하여 문제와 관련된 데이터를 수집하고, 설문조사, 개별 인터뷰, 초점집단인터뷰, 관찰, 기존 자료 분석 등을 활용한다. 그다음, 문제의 원인을 파악하여 해결을 위한 기초자료를 마련하고, 영향 평가를 통해 문제로 인해 고통받는 개인이나 집단들에 대한 경제, 사회, 건강 등의 분야에서의 파급효과를 평가한다. 아울러 문제 해결을 위해 사용할 수 있는 자원과 해결을 가로막는 장벽을 분석하며, 이해관계자 참여를 통해 문제 해결에 영향을 미칠 수 있는 주요 이해관계자들을 식별하고, 그들의 참여를 유도한다. 이후 문제 해결을 위한 우선순위를 정하고, 마지막으로 실행 가능한 해결책을 도출하여 단기 및 장기 목표, 구체적인 실행계획 및 전략, 예상 결과 등을 포함하는 실행 전략을 마련한다.

사정 과정에서는 양적, 질적 방법을 모두 사용하며, 신뢰성과 타당성을 높이기 위해 다양한 출처의 자료를 통해 다각도로 정보를 수집한다. 가령, 만약 연구자가 A라는 지역사회의 고독사나 자살, 공적 돌봄 체계 붕괴와 같은 휘발성 강한 사회 문제를 중심으로 사정을 수행한다면, 그것은 문제 중심 사정을 하는 것으로 볼 수 있다.

(4) 하위체계 사정

하위체계(sub-system) 사정은 지역사회 내 특정 하위 집단이나 체계의 특성과 욕구를 심층적으로 평가하는 활동이다. 보통 정치, 경제, 교육, 사회활동, 복지 등과 같은 하위 사회체계를 집중적으로 분석하는 데 초점을 맞춘다.

그 과정을 구체적으로 살펴보면, 먼저 학교, 병원, 특정 인구 집단과 같은 하위체계를 특정하고 식별한다. 이후 설문조사, 인터뷰, 관찰 등을 통해 구체적인 데이터를 수집하고 분석한다. 다음으로, 하위체계의 조직 구조, 의사결정 과정, 운영 방식 등에 대한 구조와 기능 평가 작업을 실시한다. 이 과정에서 하위체계 내 문제와 문제 해결에 필요한 자원을 파악하기 위해 인적, 재정, 물리적 자원과 기술적 능력을 평가하여 자원과 역량을 통합적으로 분석한다. 또한 다른 체계와의 협력 관계와 상호작용을 분석하고, 하위체계에 영향을 미치는 법적, 정책적, 경제적, 환경적 요인들을 평가하여 강점과 약점을 파악, 개선 전략을 수립한다.

예를 들어, 지역사회의 사회화 양상을 이해하기 위해 고등학교라는 교육 하위체계를 집중적으로 분석하는 것이 하위체계 사정의 한 사례가 될 수 있다. 지역사회 내 돌봄 욕구와 현황 및 실태를 파악하기 위해 노인, 장애인, 아동을 대상으로 하는 재가복지서비스 같은 공적 돌봄서비스 및 전달체계를 집중적으로 분석하는 것 역시 하위체계 사정의 사례가 될 수 있다.

(5) 협조 사정

사정은 전문적이고 기술적인 영역이기 때문에 통상적으로 전문가를 통해 조사 활동이 이루어진다. 그러나 외부자 신분인 전문가의 관점만으로는 문제의 정확한 진단이나 파악을 하기 어려운 상황에 봉착할 수 있다. 이러한 때, 전문가는 지역 주민 및 이해당사자들과 협력하여 내부자적 관점을 배우고, 그들의 눈에서 우선순위를 재정립함으로써 주어진 현상을 좀 더 정밀하게 파악할 수 있다. 이처럼 전문가, 지역 주민, 이해당사자 등이 협력하여 조사 활동에 참여하는 것이 주가 되는 사정의 유형을 협조 사정(collaborative assessment)이라 부른다(지은구 · 조성숙, 2019 : 173).

2. 욕구조사와 자원조사

지역사회 사정의 접근 방식은 대상과 관점에 따라 전통적 접근과 대안적 접근으로 구분된다. 전통적 접근은 결핍 관점에 기반하여 지역사회의 문제, 결점, 주민의 욕구를 중심으로 파악하는 욕구 중심의 방식이다. 반면, 대안적 접근은 강점 관점에 기반하여 주민이 보유한 자원과 역량을 인식하고 이를 활용하는 방안을 모색하는 자원 중심 또는 역량 중심 방식이다(Garcia, 2020; Kretzmann & McKnight, 1993).

최근에는 두 접근을 통합하여 자원과 욕구를 포괄적으로 고려하는 방식이 확산하고 있다(Ohmer & Underwood, 2022). 이는 지역사회 문제를 보다 정확하게 진단하고 효과적으로 해결하기 위한 실천적 필요를 반영한 변화이다. 그러나 이러한 변화 속에서도 욕구와 자원 각각에 대한 체계적이고 세분화된 사정은 여전히 중요하다. 이에 다음에서는 먼저 욕구조사의 개념과 방법을 살펴보고, 이어서 자원조사에 대해 공부한다.

1) 욕구조사

욕구조사 또는 욕구사정(needs assessment)은 지역사회의 문제를 파악하고 주민의 욕구를 충족하기 위한 대응 방안을 마련하는 활동이다. 지역사회 사정의 핵심 과정 중 하나로서, 욕구조사는 주민의 요구를 체계적으로 분석하여 욕구의 우선순위를 설정하고 자원을 효율적으로 배분하는 데 활용된다(Narine et al., 2021 : 109).

욕구조사는 여러 특징이 있다. 먼저, 조사 대상이 개인, 집단, 기관, 또는 지역사회인지에 따라 적용되는 기법이 달라지며, 조사 범위 또한 단순한 욕구 파악에서부터 우선순위 결정, 프로그램 기획 및 평가에 이르기까지 다양하다(서인해 · 공계순, 2001). 비록 통일된 표준 절차는 없지만, 지역사회 건강 조사, 기관 프로그램 평가, 자원분배의 효율성을 높이기 위한 조사 등 여러 분야에서 폭넓게, 빠짐없이 활용되고 있다. 수행 주체는 기관 내부 인력일 수도 있고, 외부의 전문 조사자일 수도 있다(Reviere et al., 1996).

이처럼 욕구조사는 다양한 목적과 방식으로 이루어지며 복잡한 특성을 지닌다. 그럼에도 불구하고 주민의 실제 요구를 반영한 근거 기반의 계획수립을 가능하게 하여 지역사회 사정에서 필수적인 역할을 수행한다. 다음에서는 먼저 욕구의 개념과 유형을 이해하고, 이어서 욕구조사의 과학적이고 체계적인 접근 방식을 살펴본다.

(1) 욕구

① 개념

욕구(need)는 흔히 원함(wants), 해결(solution), 요구(demand) 등의 용어와 혼용된다. 그렇지만 보다 정확하게는, 해결되어야 할 문제이자 우려 혹은 결핍의 상태로 이해하는 것이 적절하다(Watkins & Kavale, 2014). 아울러 욕구는 단순히 무엇인가를 바란다는 것이 아닌, 현재 상태에서 바람직한 상태로 나아가기 위해 충족되어야 할 조건을 뜻하기도 한다. 따라서 욕구는 개인이나 집단이 인식하는 문제 상황에 대한 변화의 필요성으로 정의할 수도 있다.

욕구를 측정하는 일반적인 방법은 현재 상태(what is)와 바람직한 상태(what should be) 간의 차이를 파악하는 것이다(Witkin & Altschuld, 1995 : 4). 이때 욕구는 현재 상태보다 더 나은 상태를 설정한 후, 그 간극을 해소하기 위해 충족되어야 할 조건으로 볼 수 있다. 즉, 단순히 관찰되는 현상이 아닌, 관찰되는 상태와 바람직한 상태 간의 차이를 바탕으로 도출되는 추론적 개념이라고 볼 수 있는 것이다. 이는 개인 차원의 문제든 지역사회 차원의 문제든, 문제의 심각성과 해결의 필요성 간 차이로 욕구를 이해할 수 있다는 것을 시사한다(서인해 · 공계순, 2001).

기본적인 욕구가 충족되지 않을 경우 개인은 다양한 문제에 직면하며, 이러한 욕구가 사회 구성원 다수에게 공통적으로 나타날 경우 개인적 욕구는 사회적 욕구로 확장된다. 나아가, 사회적 욕구가 누적될 경우 사회적 문제로 비화한다(강철희 · 정무성, 2006 : 255–256). 사회문제는 많은 사람에게 영향을 미치며, 이에 따라 시급한 사회적 대응을 촉구하는 특수한 조건 또는 상황으로 정의된다. 마찬가지로, 지역사회 문제는 특정 지역에 거주하는 다수 주민에게 부정적 영향을 미치며, 이에 대한 공동의 시급한 대응과 제도적 개입을 필요로 하는 상황으로 정의할 수 있다(지은구 · 조성숙, 2019 : 179). 이러한 지역사회 문제는 대개 주민의 일상생활과 직결되는 이슈들, 예컨대 안전, 교통, 건강, 돌봄, 주거환경, 사회서비스, 일자리, 정보 접근, 사회참여, 교육 등의 영역에서 구체적으로 드러난다(박태영, 2012 : 663).

② 측정 및 평가

그렇다면 지역사회 사정에서 지역 주민의 욕구를 어떻게 측정하고 평가할 수 있을까. 이를 위해서는 우선 욕구가 단일 개념이 아니며, 다양한 관점에서 정의되고 해석될 수 있다는 점을 이해하여야 한다. 특히 공공 서비스 영역에서는 욕구가 누구에 의해, 어떤 방식으로 규정되었는지에 따라 의미와 측정 방법이 완전히 달라질 수 있다. 이에, 다음에서는 브래드쇼(Bradshaw, 1972/2011)의 욕구 개념 분류를 중심으로 욕구가 어떻게 다양한 방식으로 측정되고 평가될 수 있는지 살펴본다.

첫째, 규범적 욕구(normative needs)는 전문가가 정한 기준에 따라 결정되는 욕구로, 예를 들어 어린이 영양기준, 절대 빈곤선, 최저임금, 복지시설 인력 기준 등이 이에 해당한다. 이들은 계량화가 가능하다는 장점이 있지만, 기준이 시대와 사회적 가치에 따라 변동될 수 있다는 한계를 지닌다.

둘째, 인지적 욕구(perceived needs)는 개인이 스스로 느끼는 욕구를 의미하며, 설문조사 등에서 필요한 서비스가 무엇인지를 직접 묻는 방식으로 파악된다. 여기서 주안점은, 개인이 인식하는 바람직한 상태나 해결 방안을 간단하게 욕구로 받아들여서는 안 된다는 것이다(Watkins & Kavale, 2014 : 25). 예컨대, 어떤 사람이 금연이 건강에 좋다는 사실을 알고 "금연해야 한다"라고 말하더라도, 실제로 금연할 의지나 필요성을 느끼지 않는다면 이는 단순한 인식에 그칠 수 있으며, 실질적 욕구로 보기 어렵다. 따라서 언급된 욕구가 행동 변화나 서비스 이용으로 이어질 수 있는 실질적 필요인지 여부를 함께 판단하는 것이 중요하다.

셋째, 표출적 욕구(expressed needs)는 실제로 서비스에 대한 요청이나 이용 행태를 통해 겉으로 드러나는 욕구이다. 프로그램 참여율이나 서비스 이용 건수 등은 이를 파악하는 지표로 가장 흔히 사용된다. 그러나 참여한 사람 숫자나 건수만을 기준으로 해석하면 미참여자의 잠재적 욕구가 간과될 수 있으므로 주의가 요구된다.

넷째, 상대적 욕구(relative needs)는 유사한 인구 집단이나 지역 간 비교를 통해 나타나는 욕구이다. 예컨대 인근 지역에서 제공되는 서비스가 해당 지역에는 없을 경우, 그 차이를 근거로 해당 지역에는 특정 욕구가 있다는 결론을 도출할 수 있다. 이렇게 비교할 때는 해당 지역 혹은 해당 인구 집단 고유의 특성과 자원을 꼼꼼히 고려하여야 한다. 비교해서 없다고 하여 반드시 욕구 미충족 상태라 단언할 수는 없기 때문이다.

이처럼 각 욕구 유형은 조사 방법과 해석 기준이 상이하다. 그렇지만 상호 배타적 개념이 아니므로, 실제 욕구조사에서는 융통성 있게 통합 활용하는 것이 바람직하다.

③ 수준 및 수준별 개입

욕구는 개인 차원에서 출발하지만, 집단이나 지역사회 차원으로 확장될 수 있다. 따라서 효과적인 욕구조사를 위해서는 다양한 수준의 욕구와 수준별 문제 해결 방식에 대한 심층적 이해가 필요하다. 이에는 매슬로우(Maslow)의 욕구 위계 이론이 유용하게 활용될 수 있다.

매슬로우의 이론은 욕구를 생리적 욕구, 안전 욕구, 소속과 애정의 욕구, 자아 존중 욕구, 자아실현 욕구의 5단계 수준으로 구분하며, 하위 수준의 욕구가 충족되어야 상위 수준의 욕구로 이행할 수 있다는 위계적 관점을 취한다(Maslow, 1954, Lester et al., 1983 : 83 재인용). 이 모형은 지역사회 내 다양한 계층의 욕구를 구조적으로 이해하고, 그에 따른 맞춤형, 단계별 개입 방법을 모색하는 데 도움을 준다.

예를 들어, 가정폭력을 경험한 여성을 대상으로 한 지역사회 개입에서는 먼저 생리적 욕구(의식주) 충족과 안전 확보를 위한 쉼터 제공이 우선된다. 이후 정서적 안정과 자아 존중을 높이기 위한 상담 프로그램, 자아실현을 위한 자립 지원 서비스 제공으로 이어질 수 있다. 이처럼 단계별 욕구에 따라 지역사회 개입도 차별화되어야 한다.

또 다른 예로 이주민의 사회통합 지원을 거론할 수 있다. 초기에는 주거와 생계 안정 등 안전 욕구 충족이 우선되며, 이후 공동체 참여 기회 제공이나 제도, 법에 대한 정보제공을 통해 소속감과 정체성 형성을 도울 수 있다(송 샘 · 이재묵, 2018). 이를 통해 이주민이 지역사회의 일원으로 연대감과 책임감을 형성해 나가도록 지원할 수 있다.

④ 조사 항목 및 설계

욕구의 다양한 유형과 수준을 반영한 세심한 조사는 지역사회 개입의 방향을 설정하는 데 중요한 기초자료를 생성에 결정적 역할을 한다. 따라서 욕구조사를 설계할 때는 욕구의 성격을 차별적으로 드러내 줄 수 있는 구체적이고 실질적인 항목 구성이 필요하다.

서인해와 공계순(2004 : 41)은 효과적인 욕구조사를 위해 다음과 같은 다섯 가지 조사 항목을 제시하였다. 첫째, 지역 주민의 인구사회학적 정보, 둘째, 주민이 인식하는 지역 내 문제, 셋째, 문제 해결을 위해 이용 중인 또는 이용 가능한 서비스, 넷째, 현재 충족되지 않은 욕구, 다섯째, 주민이 우선적으로 필요로 하는 서비스의 종류.

이 다섯 가지 항목은 다시 세 가지로 요약될 수 있다(ibid. : 76). 첫째, 문제를 가진 개인이나 집단에 대한 정보와 생활환경 분석, 둘째, 문제 해결을 위한 기존 서비스 및 그 한계, 셋째, 서비스의 한계를 보완하고 문제를 해결하기 위한 추가 자원 정보이다. 구체적으로는 주민, 클라이언트, 지역사회에 관한 기초 정보, 기존 서비스에 대한 평가와 새로운 서비스에 대한 욕구, 그리고 활용 가능한 인적, 물적, 정보 자원에 관한 내용이 포함된다(황성동, 2022 : 212).

상기 항목을 기반으로 욕구조사를 기획하고 수행하면 지역사회 복지서비스의 방향성과 정책 수립의 근거를 보다 실증적으로 확보할 수 있다.

(2) 원칙

① 체계성

욕구조사는 앞서 설명한 바와 같이, 바람직한 상태를 달성하기 위해 필요한 조건을 측정하거나 평가하는 활동이다. 이는 지역사회의 문제와 주민의 욕구를 정확히 이해하고, 적절한 해결 방안을 모색하기 위한 조사로서, 체계적이고 과학적인 접근이 요구된다.

욕구조사의 체계성을 잘 보여주는 대표적 사례로 할로우와 터너(Harlow & Turner, 1993 : 197)가 제시한 욕구조사 피라미드 모형을 들 수 있다. 이들은 국가 차원의 구조화된 욕구조사의 필요성을 강조하며, 기초적인 1단계부터 심화된 4단계까지 단계별로 차별화된 조사 과정을 제안하였다.

이 모형에 따르면, 1단계에서는 기관 행정자료, 2차 자료, 기존 조사보고서, 타 기관 또는 타 지역 자료 등 쉽게 접근 가능한 데이터를 활용하여 지역의 현황을 파악한다. 2단계에서는 초점집단인터뷰(FGI), 공청회, 지역사회 자원조사를 통해 주민의 의견과 지역 자원의 분포를 심층적으로 탐색한다. 3단계에서는 서비스 이용자, 제공자, 주요 정보제공자 등을 대상으로 한 조사를 통해 보다 직접적이고 실무적인 욕구 정보를 수집한다. 마지막 4단계에서는 앞 단계에서 수집된 정보를 바탕으로 지역 주민 전체를 대상으로 한 광범위한 욕구조사를 실시한다.

주기와 관련하여, 1단계와 2단계 조사는 연 1회, 3단계 조사는 3~4년에 한 번, 4단계 조사는 5년 주기로 실시하는 것이 비용 및 효과 측면에서 적절하다. 이 모형은 단계를 거치며 조사 범위를 확대하고 심화해 가기 때문에 지역사회 전반에 대한 실태와 욕구를 입체적으로 파악하고, 궁극적으로 정책과제 도출 및 서비스 설계까지 부드럽게 진행해 나갈 수 있다(신승연, 2010).

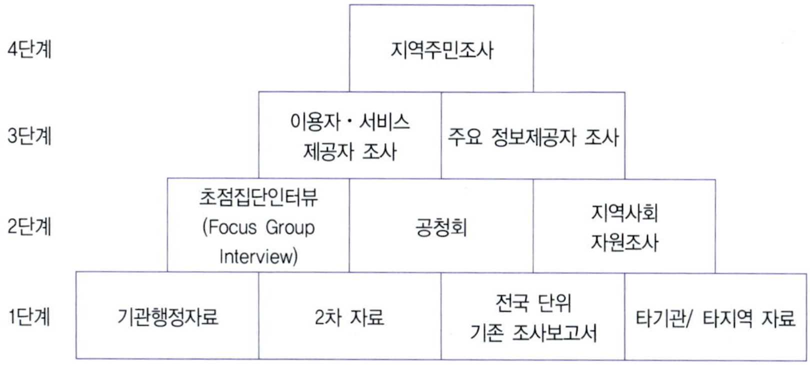

|그림 7-1| 욕구조사 피라미드

출처 : Harlow & Turner(1993), p. 197; 강철희 · 정무성(2006), p. 265.

그 밖에 위트킨과 알트슐드(Witkin & Altschuld, 1995)는 욕구조사를 준비, 실행, 후속 평가의 3단계로 구분하여 일회성 조사나 무계획성 조사 설계의 한계를 보완하고자 하였다. 시겔 등(Siegel et al., 1995)도 욕구 측정과 우선순위 결정의 2단계 모델을 제시한 바 있다.

② 수렴성

체계성과 더불어 또 하나 중요하게 여겨지는 원칙은 수렴성(convergence)의 원칙이다. 수렴성이란 다양한 관점과 자료원을 활용하여 시기와 방식이 다른 정보를 통합 및 교차 분석하고, 이를 통해 누락되거나 왜곡될 수 있는 욕구를 보완하며, 조사 결과의 정확성과 타당성을 높이는 접근 방식을 의미한다(서인해 · 공계순, 2004 : 60). 특히 지역사회에서는 욕구에 대한 인식이 주체에 따라 다르게 나타날 수 있으므로, 특정 집단의 관점에만 의존하지 않고 여러 주체가 인식하는 욕구를 함께 측정하고 종합적으로 평가하는 것이 중요하다.

예컨대, (ㄱ) 수혜자 본인이 직접 인식하는 욕구와, (ㄴ) 서비스를 제공하는 전문가가 판단하는 수혜자의 욕구, 그리고 (ㄷ) 지역사회 주요 인사가 지역의 자원 현황과 특성을 고려해 파악한 수혜자의 욕구, 이 세 가지는 각기 다른 층위와 내용을 지닐 수 있다. 이처럼 상이한 수준과 입장에서 수집된 (ㄱ), (ㄴ), (ㄷ)의 욕구 정보를 종합적으로 분석하면, 단일한 시각으로는 포착하기 어려운 다층적이고 실제적인 욕구를 드러낼 수 있다. 따라서 수렴성은 정밀하고 신뢰할 수 있는 욕구조사를 가능하게 하는 필수적 원칙이라 할 수 있다.

이와 대조적으로 수렴성이 결여된 비수렴적 욕구조사란 단일 관점이나 자료원에만 의존하는 조사를 뜻한다. 이는 욕구를 바라보는 다양한 시각을 반영하지 못하고, 조사 결과의 신뢰성과 타당성을 낮출 수 있으므로 지양하여야 한다(전진호 · 한상미, 2013).

수렴적 욕구조사의 필요성을 강조한 멀로이(Murloy, 2013)는 지역사회 욕구사정이 다음과 같은 다섯 가지 원칙을 기반으로 수행되어야 한다고 제안한다. 첫째, 공공 부문과 민간 부문, 자발적 조직, 당사자 등 다양한 주체가 조사에 참여하여야 하며, 특히 배제되기 쉬운 소외 계층의 관점이 반드시 반영되어야 한다. 둘째, 양적 방법과 질적 방법의 한계를 상호 보완할 수 있는 혼합 연구(mixed methods) 접근이 필요하다. 셋째, 연구 문제 설정, 조사 설계, 지표 선정, 초점집단인터뷰(FGI) 및 공청회 진행 등 조사의 전 과정에 지역 주민이 적극적으로 참여하여야 한다. 넷째, 욕구사정은 학문적 목적에 그치는 것이 아니라, 지역사회 의사결정과 실천을 위한 현실적 도구로 활용되어야 한다. 다섯째, 욕구조사는 지역사회에 권한을 부여하고, 주민의 역량을 강화하며, 복지자원 총량을 확충하는 방향으로 이루어져야 한다.

결국 수렴성은 단순히 자료 수집 방식을 다양화하는 것에 그치지 않고, 조사 설계 전반에 걸쳐 다양한 주체의 참여, 균형 잡힌 방법론, 실천적 목표를 통합적으로 반영하자는 원칙이다. 이처럼 욕구조사의 체계성과 수렴성은 조사 결과의 실효성을 높이는 핵심 요소이며, 이를 통해 도출된 자료는 지역사회 문제 해결을 위한 근거 기반 실천(evidence-based practice)의 기초로 활용될 수 있다.

2) 자원조사

(1) 개념 및 필요성

기존의 욕구 중심 사정은 지역사회의 문제를 직접적으로 드러내고 지역사회를 변화시키는 데 기여한다는 장점이 있지만, 한편으로는 주민들이 외부 전문가와 자원에 의존하게 만들고, 지역사회 전체를 결핍된 집단으로 낙인찍을 위험이 있다는 한계도 지닌다(Green & Haines, 2015; Sharpe et al., 2000). 이러한 한계를 극복하고자 지역사회 개발과 사회복지 실천 분야에서는 최근 자원 혹은 강점 기반 접근이 강조되고 있으며, 이에 따라 자원조사 또는 자원사정(asset assessment)의 중요성도 부각되는 추세이다.

자원조사는 지역 내 자산의 목록화와 더불어 주민 참여를 통해 자산을 재발견하고 이를 지역사회 변화의 동력으로 전환하는 과정으로 볼 수 있다(Delgado & Humm-Delgado, 2013).

델가도(Delgado, 1996 : 170)는 자원 기반 지역사회 개입에 있어 네 가지 핵심 요소를 제시하였다. 이 요소들은 구체적으로, 지역사회의 시각에서 자원을 인식하는 것, 다양한 계층의 균형 있는 참여를 확보하는 것, 주민의 자발적이고 지속적인 참여를 통해 자원을 실질적으로 발굴하고 활용하는 것, 그리고 지역사회가 자원을 스스로 활용할 수 있는 역량을 강화하는 것이다. 이는 자원조사가 주민 주도적 실천과 지역사회 역량 강화의 전략으로 기능할 수 있다는 점을 시사한다.

(2) 유형 및 분석을 위한 관점

자원 중심 접근의 실천을 위해서는 지역사회에 존재하는 자산의 유형을 체계적으로 이해하는 것이 우선적으로 중요하다. 크레츠만과 맥나이트(Kretzmann & McKnight, 1993)는 욕구와 결핍이 아닌 강점과 자원에 주목하며 미국 내 20개 도시에서 2,000명 이상의 주민과 대화를 통해 지역 자산을 체계화하였다(Garcia, 2020 : 70). 그들은 주민의 기술과 역량, 종교나 스포츠 같은 비공식적 협회, 공공기관 및 시설, 사회관계망, 문화적 서사 등을 지역의 자산(assets)이라고 명명하였다.

자산은 크게 유형자산(tangible assets)과 무형자산(intangible assets)으로 구분된다(Lightfoot et al., 2014). 유형자산에는 자연환경, 건조 환경, 문화 및 관광 자산, 공공시설 등이 포함되며, 무형자산은 사회적 자본, 상징 자본, 주민의 역량, 문화 행사, 지역 조직 등이 해당한다. 유형자산과 무형자산의 구분은 다음 <표 7-1>과 같이 보다 구체적인 예시로 정리할 수 있다.

<표 7-1> 지역 자산의 종류와 예

구 분		예
유형자산	자연적 자산	지리적 접근성, 자연 자원, 자연환경 등
	건조 환경 자산	건물, 산업시설, 교육시설, 기반 시설 등
	문화관광 자산	문화시설, 여가시설, 문화재, 관광명소 등
	기타자산	국가 및 외부 지원 등
무형자산	문화관광 자산	문화 행사(축제·이벤트), 문화인, 스토리텔링 등
	사회자본	규범, 신뢰, 네트워크, 리더십 등
	상징자본	브랜드 가치, 정체성 등
	개인의 역량	재능, 기술 등
	결사체 자산	종교, 문화, 여가, 등 결사체의 인적 자원 등
	기관 자산	기업체의 무형자산, 공공 서비스 등

출처 : 박인권(2012), p. 19.

한편 김범수와 신원우(2018 : 140-141)는 자원조사의 대상을 인적 자원, 물적 자원, 공공 및 비공식 조직, 정보 자원이라는 네 가지 유형으로 구분하였다. 이들 자원은 지역사회의 문제 해결 역량을 진단하고 향후 개입 방향을 설정하는 데 실질적 단서를 제공한다.

자원의 분류뿐만이 아니라, 이들을 어떻게 활용할 수 있는지, 공간적으로 어떠한 맥락 속에 존재하는지 등을 함께 분석하는 일 역시 중요하다(이수진 외, 2005 : 28). 예컨대, 코로나19 팬데믹 기간 중 서울 영등포장애인복지관은 공공시설 이용이 어려운 상황에서 지역사회 공간자원(예 관내 소상공인 사업장 등)을 활용하여 발달장애인의 자립지원 활동을 지속한 바 있다(조윤경, 2024). 이는 지역 자원의 동원과 연결, 주민과의 접촉면 형성이라는 측면에서 자원조사의 전략적 가치를 여실히 보여준다.

(3) 참여성 및 자산 매핑

자원조사는 지역사회를 '위하여' 이루어지는 작업이 아니라, 지역사회와 '더불어' 만들어 가는 과정이라는 점에서 주민 참여의 가치가 더욱 강조된다(Delgado & Humm-Delgado, 2013 : 6). 주민의 참여 없는 자원조사는 자산을 일방적으로 수집하고 해석하는 데 그칠 위험이 있으며, 이는 곧 자원 활용의 지속가능성을 약화하는 원인이 될 수 있다.

자원조사에서 주민 참여를 구체화하는 주요 방법 중 하나는 자산 매핑(asset mapping)이다. 자산 매핑은 지역 내 존재하는 자원, 가령 개인, 조직, 시설, 공간, 관계망 등을 시각적으로 구조화하는 작업으로, 주민들이 지역 자산의 존재와 연결 가능성을 직관적으로 이해하도록 돕는 역할을 한다(Beaulieu, 2002 : 2; Jakes et al., 2015 : 393).

구체적으로, 자산 지도는 지역 내 놀이터, 공원, 학교, 종교시설 등 물리적 자산을 표시하는 지도이며, 자산 매핑은 여기에 더해 지역 주민이 이용하거나 접촉하는 다양한 장소와 조직의 관계까지 드러내는 분석 도구이다(권상철 · 현희창, 2024 : 117). 특히 이 과정에서 주민들은 자신이 속한 지역의 강점과 역량을 재발견하고 공유하는 주체로 참여한다(Hardcastle et al., 2011 : 147). 자산 매핑은 자원의 시각적 목록화 그 이상의 의미를 가지는 활동으로서, 주민의 지역에 대한 긍정적 인식의 형성, 참여 기반의 계획수립, 지역사회 문제 해결 전략의 개발로 이어지는 중요한 매개물로 기능한다(Sharpe et al., 2000 : 207).

(4) 욕구조사와의 관계

욕구 중심의 사정은 지역사회가 직면한 문제를 파악하고 해결의 방향을 설정하는 데 유용하고, 문제의 우선순위를 정해 자원을 효과적으로 배분하는 데 기여한다. 이와 대조적으로, 자원 중심의 사정은 지역의 잠재력과 가능성을 기반으로 주민의 주도적 참여를 촉진하고, 주민 역량을 강화함으로써 실천의 지속가능성을 높이는 데 기여한다(Altschuld et al., 2014; Green & Haines, 2015; Katz, 2004). 이러한 맥락에서, 자원조사와 욕구조사는 상호보완적으로 융통성 있게 활용되는 것이 바람직하다. 둘은 서로 대립하는 개념이 아니다.

3) 사 례

민간 부문과 공공 부문에서 이루어지는 우리나라의 대표적인 지역사회 욕구 및 자원조사의 사례로, 다음에서는 사회복지관 차원에서 이루어지는 지역 주민 욕구조사 그리고 지방자치단체 차원에서 이루어지는 지역사회보장계획의 지역사회보장조사를 차례로 살펴본다.

(1) 사회복지관 지역 주민 욕구조사

1993년 지방자치제도의 실시 이후 지역 특성에 기반한 복지서비스 제공의 중요성이 강조되면서 지역 주민의 욕구를 정확히 파악하는 것이 지역사회복지실천의 핵심 과제로 떠올랐다(전진호 · 한상미, 2013 : 144). 이에 따라 전국의 지역사회복지관은 주민 욕구를 조사하여 복지사업에 반영할 법적 의무를 지니게 되었다. 현재 욕구조사의 시행 여부와 결과는 사회복지관의 사업계획 수립과 운영 평가에 중요한 지표로 활용되고 있다(함철호, 2020 : 225).

사회복지사업법 시행규칙 제23조의2(사회복지관의 운영 기준)
사회복지관의 관장은 지역사회의 특성과 지역 주민의 복지 욕구를 고려한 사업을 선택하여 복지사업을 수행하여야 한다.
사회복지관의 관장은 지역 주민의 복지 욕구에 대한 조사, 관계 행정기관 및 단체의 의견을 수렴하여 매년도의 사회복지관 복지사업계획을 수립하여야 한다.

펠드하우스와 데폰(Feldhaus & Deppen, 2018 : 63), 리비에르 등(Reviere et al., 1996 : 17)은 정부 지원을 받는 사회복지조직이 지역사회 욕구를 정기적으로 사정할 필요가 있음에도 불구하고, 높은 인건비와 시간비용 부담으로 실효성 있는 욕구조사를 수행하지 못한다는 현실적 한계를 지적한 바 있다. 국내의 경우에도 유사한 문제점이 지적된다. 서인해와 공계순(2001 : 79)은 서울시 사회복지관의 32개 욕구조사 보고서를 분석한 결과, 대부분의 복지관이 설문조사 방식에 의존하고 있었으며, 욕구조사를 일반 실태조사나 기관 중심 조사와 혼동하는 경향이 있다고 밝혔다. 김윤재와 금유현(2013 : 132) 또한 지역사회복지관들이 욕구사정의 중요성을 인식하고 있음에도 불구하고 자료 수집, 분석, 해석을 담당할 내부 전문 인력 부족 등의 문제로 인해 효과적인 욕구조사를 실시하기 어려운 상황에 놓여 있음을 지적하였다. 이러한 문제점들을 개선하기 위해서는 현장 전문가 대상의 교육 강화, 표준화된 욕구조사 지침 개발, 지역 대학 및 연구기관과의 협력체계 구축, 복지관 간 공동 조사 컨소시엄 운영 등의 방안을 검토해 볼 수 있다.

(2) 지역사회보장조사

「사회보장급여법」 제35조는 각 지방자치단체의 지역사회보장협의체가 중심이 되어 지역 주민의 참여를 바탕으로 지역 특성과 주민의 욕구를 반영한 맞춤형 지역사회보장계획을 수립하도록 규정하고 있다. 또한 이러한 계획수립에 필요한 과학적 근거자료의 확보 역시 법적으로 명시하고 있다(이정은, 2016 : 252). 이에 따라 지방자치단체는 4년 주기로 지역사회보장조사를 실시하고 있으며,

이를 통해 지역 주민의 복지 욕구와 지역 내 복지자원에 관한 자료를 수집하고, 수집된 자료를 바탕으로 연차별 실행계획을 수립하고 있다.

사회보장급여법 제35조(지역사회보장에 관한 계획의 수립)
보장기관의 장은 지역사회보장계획의 수립 및 지원 등을 위하여 지역 내 사회보장 관련 실태와 지역 주민의 사회보장에 관한 인식 등에 관하여 필요한 조사(이하 "지역사회보장조사"라 한다)를 실시할 수 있으며, 시·도지사 및 시장·군수·구청장은 지역사회보장계획 수립 시 지역사회보장조사 결과를 반영할 수 있다.

다음 |그림 7-2|의 수원시 사례를 살펴보면, 지역사회보장조사는 조사 준비, 계획수립, 자료 수집 등 단계별 절차에 따라 체계적으로 수행되고 있고, 조사 방법 역시 기존 자료 분석, 설문조사, 지표 분석, 인터뷰 등 양적·질적 방법이 혼합되어 사용되고 있으며, 지역 주민, 주요 정보제공자, 지역 통계자료 등 다양한 출처의 정보를 활용하고 있다는 점에서 다원적인 접근 방식을 취하고 있음을 알 수 있다.

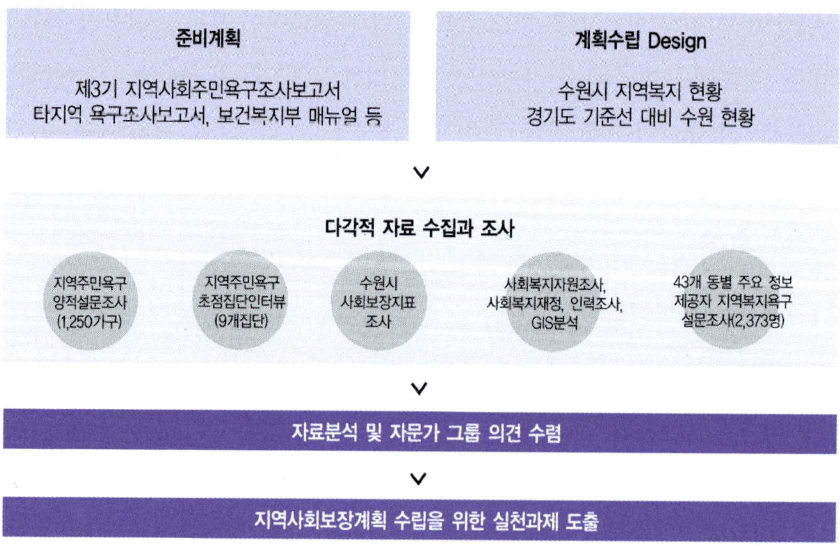

|그림 7-2| 수원시 지역사회보장조사 흐름도

출처 : 수원시지역사회보장협의체 홈페이지(http://www.swwelfare.org/security/inquiry).

그러나 이러한 조사에도 한계는 존재한다. 함철호 등(2013 : 95)은 지역사회보장조사가 일반 주민을 대상으로 이루어지고 있음에도 불구하고, 실제 정책 개발은 특정 사회복지 대상자 중심으로 편중되고 있으며, 조사 방식이 단순 실태조사 수준에 머물러 다차원적 분석이 부족하다는 점을 문제로 지적하였다. 그럼에도 불구하고 많은 연구자들은 욕구조사가 지역 주민의 참여를 확대하고, 지역 특성에 기반한 복지계획 수립을 가능하게 한다는 점에서 여전히 중요한 수단으로 평가하고 있다. 이러한 문제의식은 이한나와 홍민지(2023 : 118)의 연구에서 잘 드러난다. 이들은 제5기 지역사회보장조사에 대한 전국 단위 분석을 통해 표준화된 조사 방법의 부재, 전액 지방자치단체 재정 부담이라는 구조적 한계, 그리고 조사 결과의 활용도 저조 등의 문제를 지적하였다. 이를 개선하기 위하여 이들은 표준화된 조사표 개발과 함께 수집된 데이터를 체계적으로 관리하고 활용할 수 있는 시스템 구축을 제안하였다.

요컨대, 지역사회보장계획 수립을 위한 욕구 및 자원조사는 방법상의 한계나 조사와 계획 간 연계 부족 등의 문제가 지속적으로 제기되고 있다. 그럼에도 불구하고 주민 참여를 유도하고 지역 맞춤형 복지정책을 설계하기 위한 핵심 수단으로서의 중요성은 여전히 유효하며, 향후 제도적, 실무적 개선을 통해 그 활용 가능성과 실효성은 더욱 확대될 것으로 기대된다.

3. 지역사회 사정 기법

지역사회를 기반으로 하는 조사의 결과가 실효성을 가지기 위해서는 다양한 정보원으로부터 다각적으로 자료가 수집되어야 하고, 또 이것들이 다면적으로 평가될 수 있어야 한다. 이를 위해서는 지역사회 현장에서 질적 자료와 양적 자료가 동시에 수집되어야 하고, 또 동시에 분석에 활용되는 균형 잡힌 접근이 요청된다(Jamshed, 2014; Ohmer et al., 2013). 질적 접근과 양적 접근을 합친 통합적 조사 방식을 학계에서는 흔히 혼합적 방법론(mixed methods)이라고 부른다

(정성호, 2015 : 36).

연구자들은 지역사회의 문제를 분석하고 계획을 수립하기 위해 다양한 사정 기법을 개발하고 발전시켜 왔다(Hardcastle et al., 2004). 서인해와 공계순(2001)은 지역 차원의 욕구조사에 필수적으로 포함되어야 하는 욕구조사 내용의 유형에 따라 지역사회복지관의 욕구조사에서 활용될 수 있는 조사 기법을 <표 7-2>와 같이 정리하여 제시하였다.

<표 7-2> 욕구조사 내용 유형별 활용 가능한 조사 기법

욕구조사 내용 유형		조사기법
인구묘사	지역 주민들에 대한 인구사회학적 정보 제공	설문, 2차 자료 분석
문제묘사	지역 주민들이 지역사회에서 안고 있는 문제의 묘사	2차 자료 분석, 설문, 공청회, 주요정보제공자 개별/ 집단면접
지역서비스 자원 파악	문제 해결을 위해 지역사회에서 이용하고 있는 서비스 또는 이용 가능한 서비스	서비스통계
충족되지 않은 욕구 파악	지역 주민들의 현재 충족되지 않은 욕구	서비스통계, 설문, 주요 정보제공자 개별/ 집단면접
욕구 우선순위 결정	지역 주민들이 우선적으로 필요한 서비스 종류 등	주요 정보제공자 개별/ 집단면접, 공청회, 설문

출처 : 서인해 · 공계순(2001), p. 74 재구성.

지역사회 사정에는 다양한 조사 기법이 활용될 수 있다. 그러나 존재하는 모든 기법을 여기서 전부 다룰 수는 없다. 따라서 다음에서는 <표 7-3>에 제시한 바와 같이 다양한 조사 기법을 접근 방법과 자료수집방법의 두 가지 차원으로 나누어, 한편으로는 질적 접근법과 양적 접근법, 다른 한편으로는 지역 주민이나 지역으로부터 직접 자료를 수집하는 방법과 이미 발표된 2차 자료를 활용하여 분석하는 방법을 중심으로 다양한 지역사회 사정 기법을 살펴보고자 한다.

<표 7-3> 자료수집 및 접근 방법에 따른 지역사회 사정의 다양한 사정 기법

자료수집방법		접근방법
자료 직접수집	민속학적 접근 방법(인터뷰, 관찰)	질적 접근
	집단 활용 기법(초점집단면접, 명목집단기법, 델파이 기법, 지역사회포럼)	
	설문조사	양적 접근
2차 자료 활용	인구센서스 자료, 행정자료, 사회지표 등	

1) 질적 접근

(1) 민속학적 접근 방법

지역사회복지를 실천하는 현장에 있다 보면, 외지인이나 전문가라 불리는 사람들이 아닌, 지역사회에 거주하는 주민 당사자가 자신들의 지역사회 문제를 어떻게 인식하고 있는지 그리고 그 문제에 어떻게 대응해야 한다고 생각하는지 알아내는 것이 중요하다는 점을 깨닫곤 한다. 당사자의 생각과 의견은 양적 접근 방법으로도 어느 정도 알아낼 수 있다. 그렇지만 사람의 주관적인 인식을 오로지 양적 접근 방법으로만 파악하다 보면 피상적이고 단편적인 결과를 얻는 데 그칠 수 있다. 이러한 문제점에 대한 대안으로 떠오른 것이 민속학 방법론이다.

질적 방법론의 하나인 민속학적 방법(ethnographic methodology)은 주로 관찰과 인터뷰를 활용하여 현상을 종합적으로 이해하는 것을 꾀한다. 연구자는 지역 구성원을 대상으로 공식 또는 비공식 인터뷰를 진행하며, 지역 행사나 회의 등에 참여하여 그들의 행동을 관찰한다. 민속학적 조사를 통해 취합한 자료는 연구자의 관찰이나 인터뷰를 통해 발견된 것들에 대한 깊은 서술적 묘사(질적 자료)의 형태를 띤다. 관찰된 것에 대한 사진 자료, 특정 활동의 참여자 명단, 당시의 사회적 정황에 대한 기록(신문 등), 일기나 메모 자료 등 모든 형태의 유의미한 질적 자료가 분석 대상이 될 수 있다(지은구 · 조성숙, 2019).

① 인터뷰

인터뷰는 비공식적 인터뷰와 공식적 인터뷰로 나뉜다. 비공식적 인터뷰는 지역 현장을 돌아다니고 행위들을 관찰하면서 면접자와 대상자의 자연스러운 만남에서 특별한 계획 없이 발생하는 우연한 상호작용 형태로 이루어진다(함철호, 2020). 비공식적 인터뷰는 지역 주민을 만나서 소통하는 것과 같이 비구조화된 대화형 인터뷰 형식을 띤다. 이러한 비공식적 형태의 인터뷰는 정보 취득을 위한 출발점이 되며, 공통의 논쟁점을 확인하고 핵심 주제를 가다듬어 나가는 데 효과성을 보인다.

이와 대조적으로 공식적 인터뷰는 지역 조건이나 문제에 대해 전문적 지식이나 풍부한 견해를 가지고 있는 주요 정보 제공자들(key informants)에게 정식으로 만남을 요청하여 진행하는 인터뷰 형태이다. 지역사회의 정보를 제공할 수 있는 주요 정보제공자로는 기업가, 정치가, 사회복지 및 보건 관련 전문가, 공무원, 통장, 지역유지, 정치적 지도자 등이 있다(박동숙, 2019).

인터뷰는 전화 혹은 대면 방식으로 진행되며, 응답자가 풍부하고 자세한 설명을 할 수 있게끔 개방형 질문(open-ended question)들로 구성된 조사지를 활용한다. 질문의 순서나 말씨에 대한 제한은 없으나 일반적으로 똑같은 용어, 말씨, 태도를 사용해야 자료 수집 과정에서의 신뢰도를 높일 수 있다. 응답자의 허락하에 인터뷰 과정을 녹음하고 대답을 자세하게 받아 적음으로써 자료를 구축할 수 있다.

② 관찰

관찰은 대표적인 질적 조사 기법 중 하나로, 지역사회에 직접 참여하여 지역사회의 관심 문제들에 대한 답을 얻기 위해 활용된다. 참여관찰의 목적은 지역사회의 현실을 포함하여 지역사회 인구 집단에 대한 철저한 지식을 확보하는 것이다. 관찰은 지역사회의 현실을 이해하는 데 가장 적합한 기법이다(지은구·조성숙, 2019). 그러나 지역사회의 현상이나 현실에 대해 참여자의 면밀한 자아성찰 없이 주관적이고 자의적인 판단이 개입되어 버리면 자료의 객관성과 신뢰성에 오류가 발생할 수 있다는 점이 단점이다(함철호, 2020). 관찰은 다른 사정 기법에 의해 분석된 연구 결과를 지지하고 재확인하기 위한 보충적 수단으로 활용하면 효과를 극대화할 수 있다(Jamshed, 2014).

(2) 집단 활용 기법

① 초점집단면접

초점집단면접(FGI : Focus Group Interview)은 지역사회 문제 확인을 위해 사용하는 사정 기법으로, 지역사회를 잘 아는 주민 당사자 혹은 주민 당사자를 대신하여 그들의 문제나 관심 또는 이익을 잘 대변해 줄 수 있는 대표들(예 복지관 관장, 주민센터 소장, 부녀회 회장 등)을 엄선하여 논의를 진행하는 것이 특징이다. 초점집단은 특정 질문이나 이슈에 대해 정보를 줄 수 있는 사람들로 이루어진 동질적 집단으로 구성하며, 그 수는 통상 5명에서 10명 사이로 정한다(정성호, 2015 : 281).

사안에 따라 서비스 이용자 집단과 서비스 제공자 집단 등과 같이 복수의 집단을 독립적으로 두기도 하며, 편안한 분위기에서 열린 형태의 토론으로 면접을 진행한다. 응답은 일반적으로 집단 성원의 동의하에 녹음하며, 사회자 역할은 집단을 대표하거나 이끄는 사람이 아닌, 적절하게 논의가 잘 이루어지도록 토론을 관리할 줄 아는 조사자에게 맡긴다. 사회자는 비구조화되거나 반구조화된 수 개의 개방형 질문들로 구성된 조사지를 이용해 참여자들에게 질문을 던지는데, 인터뷰 전개 양상에 따라 사회자는 임의로 다수의 후속 질문(probes)을 던질 수도 있다. FGI를 통해 생성된 질적 자료는 자료 수집 및 녹취록 작성 → 주요 개념 찾기 → 범주화 코딩 → 해석의 단계를 거쳐 결과 도출을 위한 분석이 이루어진다(정성호, 2015 : 285).

FGI는 일종의 집단 브레인스토밍을 통해 개별 면접에서는 얻을 수 없는 아이디어를 얻을 수 있다는 장점이 있다. 그렇지만 집단 토의의 방향이 제한적이고 특수한 쪽으로 흐르는 것을 막기 힘들기 때문에 결국 연구 주제에 대한 제안이나 과제를 풍부하게 생산하지 못할 수도 있다는 한계를 가진다.

② 명목집단기법

명목집단기법(NGT : Nominal Group Technique)은 서로 다른 분야에 종사하는 사람들을 명목상 하나의 집단으로 간주하고 그들로부터 자유로운 아이디어를 서면으로 받되 익명성을 보장하는 방식으로 문제 파악과 해결을 시도하는 조사기법이다(함철호, 2020). 지역사회 사정에서 명목집단은 서비스 제공자, 이용자, 잠재적 이용자, 클라이언트, 후원자 등 지역사회에서 상이한 관심사, 이해관계, 능력, 정보를 가진 이질적 성원들로 구성된다.

진행 방식을 살펴보면(Hardcastle et al., 2004), 먼저 상이한 관심을 가진 지역주민들을 한자리에 모아 지역에 영향을 미치는 문제에 관한 목록을 만들어 줄 것(listing urgent issues)을 요청한다. 목록이 완성되면 참여 주민들은 제기된 문제들에 관해 자유롭게 토론할 시간을 갖게 되고, 이 상호작용 과정에서 해당 이슈들에 대해 더 깊고 폭넓은 이해를 할 수 있게 된다. 토론이 마무리될 때쯤, 제기된 각 문제에 대해 중요하다고 여기는 것들의 순위를 정해달라고 익명으로 답변을 요청한다. 이후 <표 7-4>와 같이 토론을 통해 도출된 문제별로 순위 점수를 매기고 평균 점수를 계산함으로써 우선적으로 대응해야 할 지역사회 문제를 결정한다.

<표 7-4> NGT를 사용한 지역사회 문제의 순위 선정

문제/ 쟁점	순 위					평균 점수	최종 순위
	주민 A	주민 B	주민 C	주민 D	주민 E		
청년실업	4	1	3	5	3	3.2	3
범 죄	1	3	2	2	1	1.8	1
아동학대	3	2	1	4	5	3.0	2
유흥업소	2	4	4	3	4	3.6	5
노숙자 문제	6	5	5	1	2	3.4	4

출처 : 지은구 · 조성숙(2019), p. 194.

NGT는 비교적 빠른 시간 안에 다양한 배경을 가진 지역사회 주민들의 이해관계를 수렴하여 욕구조사를 실시하고 우선순위까지 정할 수 있다는 점이 장점

이다(함철호, 2020). 특히 조사에 참여한 주민들 모두의 의사가 고루 반영될 수 있어 소수의 엘리트 집단에 의해 의사결정이 이루어질 가능성을 최소화할 수 있다는 점이 유의미하다. 그러나 많은 숫자의 참여자들과 함께 실행하기가 현실적으로 어렵고, 명목집단에 선정된 참여자들이 지역사회의 모든 하위 집단을 대표한다고 보기 어려워 대표성에 문제가 있다는 단점을 가진다(Carter & Beaulieu, 1992). 또한 NGT만으로는 사정에 충분한 자료를 확보하기 어렵기 때문에 추가적인 조사나 분석이 종종 요청된다는 점도 한계라 할 수 있다.

③ 델파이 기법

델파이 기법은 어떤 문제의 해결과 관계된 미래 추이 예측을 위하여 전문가 패널을 구성하여 그들을 대상으로 여러 차례 설문하는 정성적 분석 기법으로, 전문가 합의법이라고도 불린다. 델파이 기법은 지역사회 사정 과정에서 폭넓은 정보 수집은 물론, 특정 지역에 대한 심층적 이해와 자원 식별에 장점이 있다(Delgado & Humm-Delgado, 2013 : 138). 참고로 델파이(Delphi)는 고대 그리스에서 가장 중요한 신탁이 이루어지던 도시를 가리킨다. 그리스 각지의 폴리스에서 온 수많은 왕과 현자가 이곳에 와 신탁을 받고 중요한 의사결정을 내렸다고 한다.

델파이 기법에서 조사 대상은 패널리스트로 지칭되는데, 이 리스트는 학계 전문가를 포함하여 지역지도자, 지역경제인, 시민단체나 복지 업무 종사자, 장기 거주자 및 공무원 등 비교적 다양한 분야의 전문가들이 포함되도록 구성된다. 각 패널은 서로가 어떤 사람인지 알 수 없는 익명 상태를 유지하며, 조사팀과 패널 간 의사소통은 우편 혹은 이메일로만 이루어진다(지은구 · 조성숙, 2019).

조사 과정을 구체적으로 살펴보면, 먼저 조사팀이 패널들에게 "우리 지역의 가장 큰 강점은 무엇입니까"와 같은 몇 개의 개방형으로 이루어진 질문지를 보낸 후 1차 답변을 얻는다. 그다음, 회신된 답변을 조사팀이 몇 개의 주제별로 다시 요약, 정리하여 새로운 질문을 동일한 패널들에게 보낸다. 각 패널은 다른 패널이 회신한 익명의 답변 내용을 읽어가면서 자신의 의견을 조정한다. 이 과정을 몇 차례 거치면 전문가들의 의견은 하나의 결론으로 수렴하게 된다. 하나의 결론으로 의견이 모이지 않으면 조사팀은 적극적으로 개입하여 이견을 좁히도록 촉구한다(김병욱, 2015 : 51).

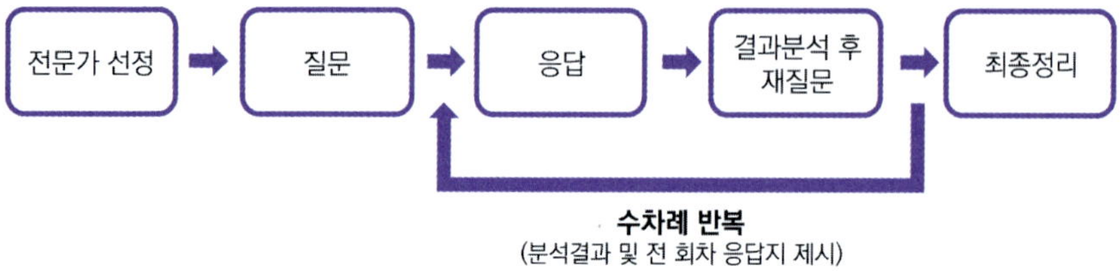

|그림 7-3| 델파이 조사과정

출처 : http://research.joongang.com/survey/board.cgi?db=surveyTIP&dbf=57&HnF=pop

델파이 기법은 정책 델파이와 예측 델파이로 구분된다(함철호, 2020). 정책 델파이는 쟁점이 된 정책이나 서비스를 제시하고 이를 비용, 선호성, 타당성 등 몇 가지 기준에 의거해 패널들의 평가를 의뢰하는 방법이다. 합의가 쉽게 이루어지면 그대로 채택해도 되지만, 지역 조사의 경우 기준에 따라 평가 견해가 큰 차이를 보이는 경우가 많다. 주제에 대한 여러 의견을 둘러싸고 상호 합의를 얻어나가는 것이 중요 목적인 델파이 기법의 효과적인 수행을 위해서는 따라서 조사팀이 질문지를 잘 만드는 게 중요하다.

예측 델파이는 미래 가능 자원, 클라이언트 수요 또는 지역 쟁점 등 추후 경향을 체계적으로 예측하기 위해 고안되었다. 패널들도 정확한 예측을 할 가능성이 높은 최고 전문가들로 구성되며, 질문도 패널들의 평가보다는 예측에 초점을 둔다. 문장 제시 후 이에 대해 5점 척도(1 : 매우 그렇다, 5 : 전혀 그렇지 않다)로 의견을 예측하고 그 근거를 제시하게 한다. 지역사회 사정에서 델파이 기법을 적용할 경우, 지역사회의 강점이나 자원에 대해 약 20개의 카테고리를 도출한 후 패널들의 의견을 바탕으로 가장 시급한 지역사회의 욕구나 문제에 대한 목록을 작성하여 문제 해결의 개선 가능성이 가장 높은 순위를 정해 개입의 초점을 명확히 할 수 있다(Delgado & Humm-Delgado, 2013 : 138).

델파이 기법의 장점은 조사 대상 간 직접적 상호작용이 없어 패널들이 동일한 시간에 동일한 공간에 있을 필요가 없고, 그래서 자료 수집에 있어 효율성과 익명성이 보장된다는 점이다(Carter & Beaulieu, 1992). 이뿐만 아니라, 다양한 전자기술 방식을 접목해 활용할 수 있어 코로나19 팬데믹 시기에 비대면 조사 방법으로서 크게 주목받았던 사정 기법 중 하나이다. 그러나 합의에 이르기가 쉽지 않고, 조사를 위한 시간 소요가 크다는 점이 단점이다. 그리고 설사 합의에 이르렀다고 하더라도 타협에 타협을 거치다 보니 원론적인 수준에서만 주제가 논의되고, 결국 피상적이고 현실 적용 가능성이 떨어지는, 겉도는 결론이 도출되는 경우가 종종 발생한다(김병욱, 2015 : 31). 지역사회 사정에서 델파이 기법이 지역사회의 장점과 문제를 파악하는 유일한 방법은 아니므로 다른 기법과 함께 사용하는 것이 바람직하다(Delgado & Humm-Delgado, 2013 : 139).

<표 7-5> 집단 활용 기법별 특징

구 분	내 용
초점집단 인터뷰(FGI)	• 전통적 욕구사정의 자료 수집 방식 • 욕구의 배경이나 결정 과정 등 문제에 대한 답변을 살펴보는 데 목적이 있음 • 클라이언트나 일선 업무 담당자를 대상으로 실시하는 경우가 많음 • 논의를 통일하거나 결정을 내리기 위한 것이 아닌 정보를 수집하고 의견을 수렴하기 위한 방법 • 주류 의견 및 소수의견도 포함시켜 다양한 목소리의 욕구조사 수행 가능
명목집단 기법(NGT)	• 집단역학에서 나온 방식 • 서로 간의 직접적인 의사소통 방식으로 합의를 찾음 • 지역사회 및 서비스 전문가를 대상으로 많이 실시됨 • 욕구 내용의 결정에 초점을 두며 참여자들이 집단적으로 의사결정을 해야 할 경우에 사용함
델파이 기법	• 미래학에서 미래 예측 기법으로 사용되던 방식 • 전문 지식을 갖춘 패널리스트를 조사 대상으로 하여 실시함 • 서로 만나 직접적인 의사소통을 하지 않기 때문에 답변의 익명성이 보장됨 • 안건에 대한 합의나 동의를 이루어 내는 것에 초점을 두며, 이를 위해 여러 번의 질문 시스템 과정을 거치게 됨

출처 : Hardcastle et al.(2004); 함철호(2019); 지은구·조성숙(2019) 재구성.

④ 지역사회 포럼

지역사회 포럼(community forum)은 지역사회 주민 당사자, 주민을 대표하는 자, 지역사회 단체 대표 등을 초청하여 특정 현안을 설명하고 그에 대한 참여자들의 의견이나 피드백을 받음으로써 지역사회 문제와 욕구를 확인하고 해결 방안을 도출, 제시하는 지역사회 사정 기법 중 하나이다(Carter & Beaulieu, 1992). 포럼의 참여는 원칙적으로 모든 사람에게 공개되어 있으나, 보통은 포럼 주최 측의 초청을 통해 참여자가 제한되는 것이 일반적이다. 포럼 참여자들은 지역사회 문제와 욕구에 대한 생각을 표명하고 이를 해결할 수 있는 방안을 자유롭게 제시할 수 있다.

지역사회 포럼은 정부 추진 사업이나 계획, 처분과 관련해 주민이나 당사자, 이해 관계인의 의견을 광범위하게 직접 청취하고 증거를 조사하는 절차를 가리키는 공청회(public hearing)와는 다르다(함철호, 2020). 지역사회 포럼은 지역 주민의 생각을 한 자리에서 폭넓게 들어볼 수 있다는 장점을 가지나(박태영 외, 2019), 참여자들이 실제로 지역 전체를 대표하는가에 대한 의문을 지우기 어려우며, 지나치게 다양한 의견의 제시로 말미암아 지역사회 문제의 본질을 흐리고 그래서 주민 욕구를 제대로 파악하기 어렵다는 단점을 보인다.

2) 양적 접근

(1) 직접 수집 방법 : 설문조사

설문조사는 지역사회와 관련된 표준화된 정보를 분석하기 위해 구조화 또는 반구조화된 질문지를 사용하여 양적 자료를 수집하는 방법으로서, 욕구조사에서 가장 많이 사용하는 사정 기법이다(함철호, 2020). 조사 수행 시 정확하고 명확한 질문을 작성하기 위해 연구자는 측정 도구에 대한 정확한 지식을 갖추어야 하고, 적합한 표집법(sampling) 선택 등 표본 선정에 관한 지식과 기술도 갖추어야 한다(Carter & Beaulieu, 1992). 설문조사를 실시하는 방법에는 1:1 면접조사, 설문지를 배포하고 수거하여 취합하는 방법, 전화, 우편, 이메일로 설문 조사하는 방법 등이 있다. 최근에는 구글 독스나 네이버 폼 등과 같은 온라인 플랫폼을 통해 시간이나 장소에 구애받지 않고 설문조사를 하는 방법도 자주 활용되고 있다(박태영 외, 2019).

설문의 장점은 질문지에 있는 대답의 목록에서 자신이 원하는 응답을 선택하는 방식으로 구성되어 있어 짧은 시간 동안 다양한 사람의 의견을 한꺼번에 받을 수 있다는 것이다. 결과를 표준화된 수치로 나타내기가 쉬우며, 다양한 집단 간 비교와 교차 분석이 가능하다는 점도 장점이다(정성호, 2015 : 171). 지역사회 문제에 관해 갖는 각종 의견을 지역사회 구성원의 여러 특성에 맞추어 비교 분석하고, 이를 토대로 욕구를 계량적으로 파악하는 것이 가능하며, 지역 주민 당사자로부터 직접 자료를 획득하기 때문에 2차 자료 활용의 한계점을 극복할 수도 있다. 적절한 표집법을 사용하면 연구의 대표성도 담보할 수 있다(함철호, 2020).

반면 단점은 비용 부담이 크다는 점과 정해진 항목에 대해서만 답변할 수밖에 없어 응답자 의견에 대한 심층 탐구가 어렵다는 점이다(Carter & Beaulieu, 1992). 또한 지역사회 문제 및 해결 방법에 이견이 있으면 설문조사만으로는 욕구 간 차이를 정밀하게 파악해 내기가 어려우며, 모집단에 대한 전수조사가 아닌 표본만을 선별 조사하는 경우가 많아 표본의 대표성에 문제가 있는 경우 조사 결과를 신뢰할 수 없다는 점도 문제이다(박태영 외, 2019). 설문 조사원 교육 및 훈련 등을 비롯해 분석을 위한 조사 전문가들을 동원하는 작업이 요구되며, 응답자가 응답을 거부하거나 조사자가 원하는 바람직한 방향으로 응답할 수 있다는 점(desirability bias)도 한계이다(Feldhaus & Deppen, 2018).

(2) 2차 자료 활용

설문조사와 같이 연구 참여자로부터 직접 자료를 수집하지 않고, 통계청, 보건 및 복지 관련 기관 등이 이미 발표한 자료들을 활용해 욕구조사나 자원조사를 수행하는 방법을 2차 자료를 활용한 사정이라 일컫는다(Ohmer et al., 2004). 행정 목적으로 수집된 정부 기관의 각종 자료, 통계청의 인구주택총조사 자료, 한국보건사회연구원, 노동연구원 등이 배포하는 전국 실태조사 자료(예 한국복지패널데이터, 한국노동패널데이터 등) 등이 2차 자료의 대표적인 예이다.

각종 사회지표 자료 또한 2차 자료의 예이다. 사회지표를 활용하는 연구자는 이로부터 특정 지역사회의 인구사회학적 특성, 교육, 노동, 소득, 소비, 문화 여가, 사회참여 활동, 주거비, 범죄 등 각종 현황을 정밀하게 파악할 수 있다(박태영 외, 2019). 최근에는 지방자치단체가 정책 개발이나 효과성 평가 목적으로 자체적으로 다양한 사회지표들을 개발해 활용하고 있으며 이를 대중하게 공개하는 경우도 많아(예 서울시의 서울서베이, 서울복지실태조사 등) 2차 자료를 통한 자료 수집 및 분석에 대한 관심이 커지고 있다. 이들 지표는 지역사회 문제 발굴, 프로그램 계획, 행동, 변화 옹호, 투자 목표 수립, 계획 평가 등에 널리 사용되고 있다.

2차 자료를 활용한 사정의 장점은 지역사회 여건을 대략적으로 파악하거나 문제 혹은 욕구의 우선순위를 결정하는 데 비교적 쉽게 활용될 수 있다는 점이다. 또한 개별 연구자의 입장에서 조사비용의 부담이 거의 없으며, 신속하게 기존 자료를 토대로 욕구의 크기나 문제의 원인을 파악할 수 있다는 점도 큰 장점이다. 2차 자료는 설문조사 기법과 병행될 때 조사하고자 하는 대상과 욕구를 다면적으로 평가하기에 좋은 정보를 제공한다(함철호, 2019).

2차 자료를 활용한 사정의 단점은 지역 주민의 특수한 욕구에 관한 심층적이고 구체적인 자료를 얻기 어렵고, 직접적인 의견 수집이 아니기 때문에 지역주민의 내부자적 관점이 간과될 수 있다는 점이다. 또한 정부 기관에 의해 발표된 자료의 경우 정부 정책을 선전하고 결과를 홍보하는 데 유리하게 조작되거나 왜곡되는 경우도 종종 있어 신뢰성에 의문이 간다는 점도 단점이다. 실업률이나 빈곤율 같은 정부 발표 통계자료가 현실 체감도보다 낮게 나타나는 것이 단적인 예이다(Ohmer et al., 2013).

3) 커뮤니티 매핑

(1) 개념 및 의의

최근 지역사회복지실천은 지역사회 또는 주민이 주체가 되어 지역 문제를 인식하고 해결하는 방향으로 전개되고 있다(서인해 · 공계순, 2016; 한승욱, 2013). 이에 따라 지역사회 사정 역시 단순한 전문가 주도의 객관적 자료 수집이 아닌, 주민 참여와 집단적 합의가 이루어질 수 있는 다양한 활동으로 확장되고 있다. 이 과정은 주민의 권한을 강화하는 계기로 작용한다(Murloy, 2013).

이러한 맥락에서, 커뮤니티 매핑(community mapping) 또는 지역지도 그리기가 참여형 지역사회 사정 기법으로 주목받고 있다. 커뮤니티 매핑은 지역사회 문제 해결을 위해 주민이 주도적으로 참여하는 공동체 기반의 지도 제작 활동이다(권상철 · 현희창, 2023 : 114). 자산 매핑이 지역의 강점과 자원을 식별하고 시각화하는 데 중점을 둔다면, 커뮤니티 매핑은 주민 주도의 문제 인식, 시각화, 해결책 도출까지의 전 과정을 포함한다는 점에서 보다 포괄적인 사정 도구로 평가된다.

커뮤니티 매핑은 지역사회의 현안과 정보를 시각적으로 표현함으로써 지역 특성을 이해하고 문제를 파악하는 데 유용하게 활용된다(ibid. : 114). 예를 들어, 범죄 취약 지역, 노후 시설 분포, 복지 사각지대 등과 같은 문제 영역을 지도상에 표시함으로써 문제를 직관적으로 확인하고, 실질적인 대응 방안을 모색할 수 있다. 주민들이 정보 수집과 지도 제작에 함께 참여하는 과정은 지역 문제에 대한 관심과 참여를 확대하고 스스로를 문제 해결의 주체로 인식하게 만든다는 점에서, 커뮤니티 매핑은 실천적이고 참여적인 사정 기법이라고 말할 수 있다(한승욱, 2013).

(2) 접근 방식 및 사례

참여형 사정 기법은 지역사회참여연구(CBPR : Community－Based Participatory Research)의 확산과 함께 더욱 활성화되고 있다(Lightfoot et al., 2014 : 59). CBPR은 지역사회의 당면 과제를 해결하기 위해 외부 연구자, 실천가, 지역 주민이 협력하여 설계, 실행, 분석, 결과 확산에 이르는 연구의 전 과정에 함께 참여하는 연구 방식이다(송아영 · 김아래미, 2017). 커뮤니티 매핑은 CBPR을 구체화하는 대표적 도구로 활용되며, 단순한 조사 기법을 넘어 지역사회복지실천 그 자체로 간주된다(Holkup et al., 2004).

커뮤니티 매핑은 보통 지리정보시스템(GIS : Geographic Information System) 소프트웨어를 기반으로 수행된다. 그렇지만 디지털 기기 활용이 익숙하지 않은 경우 손으로 직접 지도를 그리는 방식으로 진행되기도 한다(그림 7-4 참조). 최근에는 구글 맵, 네이버 지도 같은 웹 기반 지도 플랫폼이나 스마트폰 앱 등을 활용하여 지역 자원이나 욕구를 간편하게 시각화하는 사례가 증가하고 있다(Watkins & Altschuld, 2014).

[그림 7-4] 니카라과 산 오노프레 마을 커뮤니티 매핑 사례

출처 : CBPR AMOS Health and Hope Youtube(https://www.youtube.com/watch?v=vPzz-E-61xc&t=23s).

지방자치단체 차원에서도 참여형 지도 제작을 지원하는 온라인 플랫폼이 구축되고 있다. 예컨대 광주광역시의 '마을e척척'(https://maeuli.com/townE/)과 서울 성북구의 '성북커맵'은 주민이 자발적으로 지역의 문제와 자산을 지도상에 표현하고, 이를 정책과 연계할 수 있도록 돕는 디지털 기반 플랫폼이다. 커뮤니티 매핑의 시민 참여 사례로는 서울 숭덕초등학교의 '안전한 등하굣길', 부천시 송내고의 '재난 재해 및 미세먼지 매핑', 서울 마곡지구의 '냄새 커뮤니티', 장애인 접근성 지도 작성(그림 7-5 참조) 등이 있다(임완수, 2021). 이러한 활동들은 지역 주민이 자신이 속한 생활권을 직접 탐색하고 표현함으로써 지역에 대한 이해를 높이고 문제 해결 역량을 강화하는 좋은 사례로 평가된다.

(3) 수행 절차 및 참여 과정

커뮤니티 매핑은 일반적으로 다음과 같은 단계로 진행된다. 먼저 참여 주민들이 모여 자기소개와 참여 동기를 공유하고, 관심 있는 주제(예 공공화장실, 공공예술, 오래된 가게 등)를 선정한다. 이후 소그룹별 워크숍이 진행되고, 지도 작성 방법과 앱 활용법에 대한 교육을 받은 후, 참가자들은 현장에 나가 스마트폰을 활용해 주제를 지도에 표시하고 사진을 촬영하며 세부 정보를 기록한다. 마지막 단계에서는 수집한 자료를 디지털 지도에 입력하는 작업이 이루어진다. 이러한 전 과정을 통해 주민 간 소통과 협력이 촉진되고, 지역사회에 대한 학습과 문제 해결 역량도 함께 강화된다(권상철 · 현희창, 2024).

보행환경 점검

횡단보도 보도턱

장애인 접근성 현장조사

서울시청 근처 장애인 접근성 지도

[그림 7-5] 장애인 접근성 지도 만들기 사례

출처 : 한승욱(2013), p. 8.

(4) 향후 전망

커뮤니티 매핑은 정보기술과 공공 데이터의 연계를 통해 지역사회 사정의 효율성과 효과성을 높일 수 있는 전략적 도구로 주목받고 있다. 우리나라의 사회복지 행정 체계에는 행복e음, 희망e음, 사회복지전자바우처시스템 등 비교적 잘 구축된 행정 전산 시스템이 있으며, 이들은 주소나 지역 등 위치 기반 정보를 포함하고 있어 GIS와 연계한 공간 기반의 분석이 가능하다(박태영 외, 2019; Law & Collins, 2019). 이를 잘 활용하면 사회복지 수요, 서비스 공급, 접근성, 지역 간 격차 등에 대한 심층 분석이 가능하여, 욕구사정의 정밀도와 지역사회복지실천의 유효성을 한층 높일 수 있다(Kazda et al., 2009).

한국사회복지교육협의회(2020) 또한 지역사회복지 교과목에서 주민 욕구와 지역 문제를 파악하기 위한 방법으로 지역지도 그리기를 제안하고 있다. 앞으로 지역사회에서 활동하는 사회복지사에게는 커뮤니티 매핑과 GIS 활용 역량이 점차 중요한 전문성의 하나로 자리 잡을 것으로 예상된다.

CHAPTER 08

자원개발

제8장에서는 지역사회복지실천의 두 번째 방법론으로 지역사회 자원개발에 대해 알아본다. 지역사회 자원이란 주민의 사회적 욕구 충족에 동원될 수 있는 지역사회 안팎의 시설, 설비, 공간, 물자, 자금, 지식, 가치, 사람 및 사람들 간의 관계망 등을 망라한다. 즉, 주민의 문제를 해결하고 욕구를 해소하여 지역사회에 긍정적 변화를 불러올 수 있는 모든 수단을 일컫는다(Brueggemann, 2013 : 36). 이와 같은 지역사회 자원은 크게 인적 자원, 재정 자원, 물적 자원으로 구분하여 볼 수 있다(엄미선 외, 2009 : 22−23).

먼저 인적 자원(human resources)은 사람 그 자체를 가리킨다. 문제를 해결하기 위해서는 돈, 장비, 시설, 공간과 같은 물질적 수단이 필요하다. 그렇지만 이를 운용할 사람이 없다면 문제 해결은 요원하다. 따라서 지역사회복지실천에서 가장 기본이 되는 핵심 자원은 바로 사람이라는 데 이견이 없다.

지역사회복지실천에서 가장 중요한 인적 자원은 주민이다(Beverly & Sherraden, 1997). 주민이 당사자로서 지역사회 변화의 주역으로 활동하고 능동적, 적극적으로 행동할 때, 문제 해결과 욕구 해소는 빠르게 이루어질 수 있다. 그러나 주민만으로는 부족하다. 주민을 뒤에서 돕고 앞에서 이끌어 줄 또 다른 사람, 예컨대 사회복지사, 사회복지 전담공무원, 유관직 종사자, 자원봉사자 같은 공공과 민간의 전문가 및 비전문가도 다수 필요하다. 이들은 주민과 함께 지역사회의 변화를 이끌어 가는 데 있어 중추적 역할을 담당한다.

인적 자원은 단순히 사람 자체를 뜻하지만, 실제로는 그 사람이 가진 개인적, 집단적 역량의 총체를 의미한다고 보는 것이 적절하다. 이는 개인의 기술, 지식, 능력, 경험뿐 아니라, 그가 가진 사회적 관계망, 신뢰, 호혜의 의무감, 공동체에 대한 헌신과 책임의식 등 눈에 보이지 않는 내면화된 사회적 가치와 문화, 역사적 자산, 기억까지 인적 자원 범주에 포함된다는 것을 의미한다.

이와 같은 개념 정의는 인적 자원이 인적 자본(human capital)과 비슷하면서도 구분되는 지점이 있음을 말해준다. 인적 자본은 미래에 경제적 성과를 올리기 위하여 개인이 현재 자신의 교육과 훈련에 투자해 축적한 능력치이다. 경제적 생산성을 높이는 데 필요한 개인의 기술, 지식, 경험, 건강 등을 포함하며, 궁극적으로 이윤으로 환원될 수 있다는 점이 특징이다. 반면, 인적 자원은 경제적 이윤 창출뿐 아니라 비경제적 가치 확산과도 관련성이 있다. 예를 들어 참여, 협력, 연대와 같은 비가시적이고 내면화된 사회적 가치도 인적 자원의 범주에 포함되는데, 이는 인적 자원이 인적 자본보다 훨씬 폭넓은 의미를 내포한다는 점을 시사한다.

다음은 재정 자원(financial resources)이다. 재정 자원은 정부 보조금 등 다양한 형태의 공적 기금, 법인 전입금, 기업이나 일반 시민의 후원금 및 기부금, 서비스 이용료, 사업 수익금 등을 아우른다. 지역사회복지실천에서 재정 자원은 프로그램 기획과 운영, 신규 프로젝트 개발 및 론칭, 시설 유지 및 보수, 긴급복지 제공 등 다양한 개입을 가능하게 하는 요인으로 기능한다. 예를 들어, 자원봉사자의 교육과 훈련을 지원하거나, 지역 내 시설의 유지보수에 필요한 비용을 제공하거나, 주민역량 강화 프로그램 같은 신규 프로젝트에 투자하여 지역사회의 장·단기적 발전과 변화의 발판을 마련하는 등의 활동에 재정적인 뒷받침을 해준다. 그뿐만 아니라 재정 자원은 예기치 못한 상황에 대응하고 미래를 대비하는 데에도 중요한 역할을 담당한다. 자연재해로 인한 피해 복구, 팬데믹에 따른 긴급 지원 등이 그 예이다.

지역사회복지실천의 다양한 활동은 재정 자원이 안정적으로 확보되었을 때 단기적 성과에 그치지 않고 장기적으로 지역사회에 긍정적인 변화를 불러올 수 있다. 이는 재정 자원이 지역사회복지실천의 지속 가능성과 확장성을 보장하는 핵심 요소이며, 따라서 이를 효과적으로 확보, 관리하는 일은 실천의 성공과 직결된 중요 과제임을 말해준다.

마지막으로 물적 자원(physical resources)은 지역사회복지실천 활동이 원활하게 이루어질 수 있도록 돕는 일체의 물질적 자산이다. 구체적으로, 지역사회복지관, 공공 도서관, 공공 체육관, 마을 공터와 같은 시설 및 공간, 그리고 컴퓨터, 차량, 의료기기, 교육 기자재, 식료품 같은 장비 및 물품을 가리킨다.

물적 자원은 지역사회복지실천에서 필수적인 역할을 담당한다. 예를 들어, 상담 서비스나 자조, 재활 모임이 이루어지는 지역사회복지관과 같은 시설은 다양한 주민이 모이고 소통할 수 있는 장을 마련한다. 이러한 공간은 주민에게 안정감을 심어주고 공동체 의식을 고취할 수 있는 중요한 물질적 토대를 구성한다. 또한 차량과 같은 이동 수단이나 의료기기 같은 설비는 지역사회복지실천 활동의 효율성과 효과성을 높이는 데 기여하며, 긴급한 상황에서 신속한 대응을 가능하게 한다. 이뿐만이 아니다. 물적 자원은 주민의 기본적 욕구를 직접적으로 충족시켜 주기도 한다. 수급권자를 대상으로 제공되는 푸드뱅크 식료품이나 마을주민을 대상으로 실시되는 사회교육 프로그램의 각종 수업 교재는 당사자 주민에게 실질적 도움을 주며, 지역사회복지실천의 가시적 성과를 만들어 내는 데 기여한다.

이처럼 물적 자원은 지역사회복지실천의 물질적 기반을 제공함과 동시에 주민 삶의 질 증진에 중요한 역할을 담당한다. 다른 자원과 결합하여 더 큰 시너지 효과를 발휘하기도 한다. 따라서 물적 자원을 안정적으로 확보하고 효과적으로 활용하는 일은 지역사회복지실천의 성공을 위한 핵심 과제임에 이견이 없다.

요약하면, 지역사회복지실천의 성공은 주민의 문제를 해결하고 욕구를 충족하기 위해 필요한 자원을 최대한 발굴하고 이를 효과적으로 연계, 활용하는 데 달려 있다. 인적 자원은 지역사회의 변화를 주도하고 실행하는 중심적 역할을 담당하며, 재정 자원은 이러한 활동이 지속 가능하고 안정적으로 이루어질 수 있도록 지원하는 기반을 이룬다. 물적 자원은 프로그램과 활동의 물질적 토대를 제공하며, 주민의 삶의 질을 직접적으로 향상하는 실질적 수단으로 기능한다.

따라서 잠재적 자원을 발굴하고, 기존 자원 간 연계를 강화하며, 이를 지역사회 변화 계획에 체계적으로 통합하는 일은 지역사회복지실천에서 매우 중요한 과업이라 할 수 있다. 이러한 자원개발 과정은 단순히 자원을 확보하는 데 그치지 않고, 주민과 지역사회를 연결하고 협력과 연대의 장을 마련하는 데 초점이 맞추어져 진행되는 것이 바람직하다.

다음에서는 지역사회 자원을 개발하는 방법론을 살펴본다. 구체적으로, 인적 자원 개발의 사례로 지역사회 시민교육을, 재정 자원 개발의 방안으로 모금을, 물적 자원 개발의 접근으로 지역사회 거점 공간 발굴과 활용을 중심으로 설명을 이어가겠다.

1. 인적 자원 개발 : 지역사회 시민교육

지역사회 시민교육을 살펴보기에 앞서 먼저 시민의 개념부터 짚고 넘어가자.

시민(citizen)이란 무엇인가. 시민은 간략하게 도시에 거주하는 사람(市民)을 뜻한다. 그렇지만 이 개념은 거주지의 의미를 넘어, 정치적, 경제적, 사회적 역할과 책임을 포함하는 복합적인 의미를 지닌다. 따라서 다음에서는 지역사회 시민교육을 설명하기 위한 사전 작업으로서 먼저 시민 개념이 등장하게 된 역사적 배경을 살펴보고, 시민의 개념을 여러 유관 개념과 함께 학술적으로 정의하고자 한다. 이후 시민사회, 시민참여, 시민성, 시민교육 등의 주제를 중심으로 시민과 관련된 여러 고려 사항을 검토한 뒤, 이를 바탕으로 지역사회복지실천의 관점에서 지역 시민성과 지역사회 시민교육의 개념과 의의를 알아보고자 한다.

1) 역사적 배경

역사적으로 시민 개념은 고대 그리스 도시국가(polis) 아테네에서 참정권을 가진 계급을 지칭하는 용어로 처음 등장하였다(박명규, 2009 : 177). 고대 그리스에서는 왕정(monarchy), 과두제(oligarchy), 참주제(tyrant) 등 여러 유형의 통치 체제가 시도되었다. 그러다가 BC 5세기경 도시국가 아테네에서 처음 데모스(dêmos), 즉 민중이 권력(krátos)을 행사하는 민주정(dēmokratíā)이 등장하였다. 이때부터 아테네식 민주주의가 그리스 전역에 확산, 정착하였다.

아테네의 데모스는 민회, 평의회, 재판소에 참여하여 의결, 행정, 재판 등 공적 업무를 수행하였다. 오늘날 시민의 기원으로 간주되는 데모스는 폴리스에서의 이와 같은 공적 참여를 공동체 구성원으로서 마땅히 져야 할 책무로 생각하였는데, 이와 관련하여 아테네의 정치가이자 장군인 페리클레스(Perikles)는 다음과 같이 연설하였다.

> "이곳 아테네에서는 정치에 무관심한 사람은 조용함을 즐기는 자로 여겨지지 않고 시민으로서 무의미한 인간으로 간주된다(Thucydides, 2001 : 35)."

남자 성년 자유민으로 구성된 데모스는 통치 기능을 담당하는 데 있어 상호 평등한 관계를 맺었다. 그렇지만 여자, 노예, 외국인 등은 데모스가 될 수 없었기에 현대 민주주의와는 거리가 멀었다. 그러나 이 같은 한계에도 불구하고 왕이나 귀족이 아닌 다수 데모스의 평등한 참여에 의한 민주정을 구현하였다는 측면에서 아테네식 민주정은 역사적으로 의의가 큰 것으로 평가된다.

한편, 고대 그리스의 시민 개념에는 공간적 시민, 경제적 시민, 정치적 시민이라는 세 개의 하위개념이 포함되어 있었다(정상호, 2013 : 15). 구체적으로, 공간적 시민에는 주로 도시를 배경으로 활동하는 사람이라는 점이, 경제적 시민에는 도시국가 내에서 재산과 교양(지식, 정보, 비판 능력, 성찰 능력 등)을 갖춘 사람이라는 점이, 정치적 시민에는 정치공동체의 의사 형성 및 결정 과정에 적극적으로 참여하는 능동적 존재라는 점이 각각 반영되었다. 이 세 가지 요소는 오늘날까지도 이어져 현대적 의미의 시민 개념의 근간을 이룬다.

고대 그리스에서 시작된 시민 개념은 이후 암흑시대로 불리는 서구의 중세시대에 잠시 사라졌다가, 봉건주의의 쇠퇴기, 즉 절대군주기에 등장한 새로운 사회계급을 지칭하는 데 다시 소환되어 사용되기 시작하였다. 이 과정을 좀 더 구체적으로 살펴보면, 봉건 귀족이 점차 쇠락해 가는 과정에서 새롭게 그 빈자리를 파고든 상공업자 계층은 산업화에 따른 급속한 경제발전 덕분에 신흥 상공업도시를 중심으로 차츰 엄청난 부를 축적하기 시작하였다. 당시 이들은 성곽으로 둘러싸인 도시(bourg) 안에 살아서 부르주아(bourgeois)라고 불리었다(신진욱, 2017 : 51). 당시 프랑스어에 따르면 부르주아란 성곽 도시에 사는 자유민, 즉 도시 거주민(town dwellers)을 의미하였다.

부르주아지는 막대한 부를 축적하여 경제적으로 승승장구하였다. 그럼에도 불구하고 정치권력 측면에서 절대군주의 힘에 밀려 여전히 소외되었다. 그래서 이들은 경제활동 및 재산 소유의 자유, 평등, 봉건적 특권의 폐지, 정치사회적 개혁 등을 요구하며 구체제(Ancien Régime)에 맞서 싸우는 길을 택하였다. 이러한 싸움에 노동자와 농민 계급도 가세함으로써 자유주의 시민혁명으로 불리는 부르주아 혁명에 성공하게 되었다. 프랑스혁명은 이에 해당하는 가장 대표적인 역사적 사긴이었다. 결국 이렇게 봉건 체제는 막을 내리고, 고대 아테네식 민주주의가 근대 민주주의로 부활하게 되었다.

그런데 아테네식 민주주의와 마찬가지로, 근대 초기의 민주주의에서도 기존의 남성 귀족과 신흥 부르주아에게만 시민의 지위가 부여되고 참정권 등 시민권(civil rights)이 보장되었다. 그 외 여성, 노동자, 농민에게는 시민의 지위가 부여되지 않고 시민권도 보장되지 않았다. 따라서 당시 시민의 범주는 남성 유산계급(有產階級)에 국한된 매우 제한적 개념이었다고 할 수 있다.

시민권을 갖지 못하여 국정에 참여할 수 없던 여성, 노동자, 농민, 지식인 등은 시민의 지위를 획득하고 시민권의 내용과 범위를 확대하고자 오랫동안 노력하였다. 그 결과 20세기 중반에 이르러서는 전 세계 대부분의 국가에서 구성원 모두에게 법이 정하는 바에 따라 시민의 지위와 시민권이 평등하게 부여되는 발전이 일어났다(신진욱, 2017 : 64).

이러한 역사적 과정을 거쳐 오늘날 시민이라는 용어는 형식적으로 국가의 구성원을 일컫는 단어로 사용되고 있다. 즉, 본래의 역사적 기원과 달리 국민국가(nation-state)의 구성원을 포괄하는 말로, 사실상 국민(國民)과 동의어로 사용되는 상황이다.

2) 시민의 유관 개념

일상적으로 시민은 국민과 동의어로 쓰인다. 그러나 학술적 차원에서 두 개념은 의미상 큰 차이가 있다. 시민의 개념을 이론적으로 좀 더 깊이 검토하기 위하여, 다음에서는 정치공동체 구성원을 인민, 신민, 국민, 시민, 공민, 주민으로 나누어 살펴본다.

(1) 인민(people, 人民)

인민은 국가를 구성하기 이전의 자유로운 자연인(自然人)으로서, 사회계약을 통해 국가를 이루고 주권을 형성하는 주체로 간주된다(박명규, 2009 : 123). 이와 같은 인민 개념은 설령 국가가 없더라도 자연인으로서의 인민은 얼마든지 존재할 수 있다는 것을 말한다.

참고로 마르크스주의에서는 인민이라는 용어가 애용된다. 이 용어가 선호되는 까닭은, 마르크스주의자들은 역사의 마지막 단계인 공산주의에 도달하면 자유주의 국가나 사회주의 국가를 포함한 모든 국가가 소멸하고 인민만이 남게 될 것이라 믿기 때문이다.

(2) 신민(subject, 臣民)

신민은 말 그대로 신하와 백성을 뜻한다. 군주 국가에서는 왕을 제외한 모든 사람이 신민에 해당한다. 이 체제에서 주권은 왕에게 속하며, 신민은 국가의 구성원으로 간주되나 주권은 없는 존재로 여겨진다(정상호, 2013 : 290). 신민 개념은 절대군주제가 지배적이었던 시대에 특히 강조되었다.

(3) 국민(nation, 國民)

국민은 국가를 구성하는 사람으로, 특정 영토 내에서 통치권(sovereignty)에 영향을 받고 같은 국적(nationality)을 가진 사람을 말한다(박명규, 2009 : 51). 국민은 국가의 구성원으로서 법적 권리를 보장받는 동시에 일정한 의무를 진다. 국민의 자격은 출생 시 부모의 국적에 따라 결정되는 속인주의와 출생지에 따라 결정되는 속지주의 기준에 의해 정해진다.

(4) 시민(citizen, 市民)

시민은 도시 지역에 거주하며, 교양을 갖추고 사유재산을 소유하며, 정치에 관심을 갖고 참여하는 사람을 뜻한다(신진욱, 2017 : 80). 시민은 사익을 추구하면서도 스스로 주권자임을 자각하며, 소속된 정치공동체에 대한 책임감을 바탕으로 공동선을 실현하고자 노력한다.

앞서 언급한 대로, 일상의 언어에서 국민과 시민은 혼용된다. 그러나 이론적으로 시민은 정치공동체의 의사 형성 및 결정 과정에 적극적으로 참여하는 능동적 주체로 간주되는 반면, 국민은 법적 의무와 권리를 가진 국가 구성원으로서 다소 수동적인 존재로 여겨진다(정상호, 2013 : 42).

(5) 공민(a member of the political community, 公民)

공민은 정치에 참여하는 사람을 뜻한다. 공화국(republic)의 의사 형성 및 결정 과정에 적극적으로 참여하며, 희생과 헌신, 연대의 가치를 중시하는 존재로 간주된다(신진욱, 2017 : 87). 공민은 시민과 개념적으로 유사하지만, 두 가지 측면에서 구분된다.

첫째, 공간적 차원에서 시민은 도시 거주자를 뜻하지만, 공민은 거주 장소에 제약을 받지 않는 개념이다. 둘째, 참여 동기에서 시민은 간섭(interference)으로부터의 자유를 추구하며 정치 참여를 통해 억압을 최소화하려 하지만, 공민은 예속(servitude)으로부터의 해방, 즉 비지배(non-domination)를 위한 자유를 추구하며 참여를 통해 공동체와 함께 성장하려는 태도를 보인다(Pettit, 2014/2019).

이는 시민 개념이 자유주의적 맥락에서 가장 적절히 이해되며, 공민 개념은 공동체주의 또는 공화주의와 접맥된다는 것을 시사한다. 이러한 차이들을 이론적, 개념적으로 상세히 드러내야 할 때는 시민과 공민을 구분하는 것이 좋다. 그러나 그렇지 않을 때는 대체로 공민 대신 시민이라는 단어를 사용한다 해도 내용적으로 큰 문제가 없다.

(6) 주민(resident, 住民)

주민은 일정한 지역에 주소를 두고 생활하는 사람이다. 현대사회의 모든 지역은 국민국가의 행정구역 체계 안에 편입되어 있다. 따라서 주민은 국민과 같은 개념으로 생각할 수 있다. 그렇지만 영주권(permanent residentship)을 가진 외국인 역시 국적이 다르면서도 같은 국가 내 특정 지역의 주민이 될 수 있음을 감안하면, 주민을 국민과 동일 개념으로 바라보는 것은 틀렸다는 것을 곧바로 알 수 있다.

한편 지역사회복지의 주류 담론에는 시민의 개념 틀에서 주민을 바라보는 가치 지향 체계가 있다(김창엽, 2016 : 106). 이는 지역사회를 시민사회를 구성하는 가장 기초 단위(building block)로 이해한 데 따른 결과로, 이러한 관점에서 주민은 일정한 지역에 주소를 두고 일상생활을 영위하는 자이면서 동시에 거주지를 중심으로 시민의식을 발휘하는 사람으로 규정된다.

3) 시민의 개념 정리

지금까지의 논의를 정리하면, 시민은 어원상 지식, 정보, 비판 능력, 성찰 능력과 같은 수준 높은 교양을 지니고, 사유재산을 보유하며, 정치에 관심을 가지고 참여하는 도시 지역 거주민으로 정의될 수 있다. 시민은 국가나 도시정부 같은 정치공동체가 정한 법에 따라 시민의 지위를 부여받으며, 그렇게 지위를 부여받은 시민은 시민으로서 누려 마땅한 권리를 보장받는다.

역사적으로 시민은 자신이 소속된 가장 큰 정치공동체인 국가에서 지위와 권리를 획득하고자 부단히 노력하여 왔다. 그 결과 시민의 범위와 대상은 차츰 넓어졌고, 이에 따라 현대사회 시민은 국가의 구성원 전부, 다시 말해 국민과 동일한 의미를 지니는 것으로 간주되기에 이르렀다. 이는 도시에 살든 농촌에 살든 교양이 있든 없든 사유재산이 많든 적든 정치에 관심이 있든 없든 공동체 현안에 참여하든 참여하지 않든, 한 국가의 구성원인 국민이라면 누구나 시민으로 볼 수 있게 되었음을 의미한다. 즉, 국민이면 누구나 법이 정한 바에 따라 시민의 지위(status civitatis)를 부여받고 시민으로서 누려야 할 권리(civil rights)를 보장받는 시대가 도래하였다는 뜻이다(김영인 · 설규주, 2017).

그러나 "국민이라면 시민으로 볼 수 있다"라는 말을 "국민만이 시민이다"로 왜곡해 받아들여서는 곤란하다. 이러한 접근 방식에 따르면 가령 외국 국적을 가진 사람, 즉 외국인은 국민이 아니기 때문에 시민도 아니라는 잘못된 해석을 내놓을 수 있기 때문이다. 물론 외국인은 국민이 아니다. 그러나 외국인은 자기 나라 바깥에서 세계시민(global citizen)으로서 지위와 권리를 누린다(신진욱, 2017 : 93). 세계시민은 인종, 성별, 국적, 종교, 계급, 성적 지향의 차이에 상관없이 지구촌 사회의 구성원이라는 정체성과 책임감을 가지고 실천하고 행동하는 사람으로 정의될 수 있다. 이들이 갖는 세계시민으로서의 지위와 권한은 그들이 세계 어느 나라에 정주하든 보편적 인권 관점에서 엄격히 보장되며 또 보장되어야 마땅하다(Brueggemann, 2013 : 429).

외국인이 시민이냐를 둘러싼 논란을 제외하더라도 "국민이면 시민이다"의 공식을 기계적으로 받아들여서는 안 되는 이유가 하나 더 있다. 그 이유는 모든 국민이 시민성을 발휘하는 주체가 아니라는 점과 관련된다. 여기서 시민성(citizenship)이란 시민으로서의 덕목, 지식, 태도, 자질 등을 가리키는 말로, 자신이 속한 정치공동체에 대하여 책임 의식을 갖고 주체적, 능동적, 자발적으로 공동선을 추구할 줄 아는 역량을 의미한다(김창엽, 2016 : 30). |그림 8-1|에서 볼 수 있는 것과 마찬가지로, 시민성은 시민의 지위 및 시민권과 함께 시민의 세 가지 개념적 요소 중 한 축을 구성한다.

|그림 8-1| 시민 개념의 세 가지 구성요소

출처 : 김영인·설규주(2017), p. 7.

시민은 사익을 추구하면서도 스스로 주권자임을 자각한다. 그래서 소속된 정치공동체에 대하여 책임감을 가지고 공동선을 추구하는 주체로 개념화된다. 이는 시민이 정치공동체의 의사 형성 및 결정 과정에 능동적, 적극적, 자발적으로 참여하면서 집단의 발전을 위해 때로 자기 자신을 희생, 헌신하고 연대와 협력의 가치를 다질 줄 아는 사회적, 관계적, 민주적 인간, 다시 말해 공민으로 이해된다는 것을 의미한다(신진욱, 2017 : 130).

이처럼 어떤 한 개인이 정치공동체의 구성원으로서 소속 공동체의 발전을 위하여 능동적, 적극적, 주체적으로 활동할 때, 우리는 그러한 개인을 시민으로서 지녀야 할 덕목과 지식, 태도, 자질을 갖추었다는 측면에서 시민성이 투철한 사람으로 평가한다. 이는 시민 개념에 따르면, 한 개인은 ① 시민의 지위를 부여받고 ② 권한을 보장받은 개인이 ③ 시민성을 발휘할 때 비로소 시민으로서 인정받을 수 있다는 점, 따라서 ①, ②, ③ 중 어느 하나라도 빠진다면, 특히 ③을 발휘하지 않는다면, 그 사람은 설사 ①과 ②를 갖추었더라도 시민으로 인정받을 수 없다는 점을 말해준다(장은주, 2017 : 130).

그런데 국민 개념에는 시민성 개념이 반드시 포함되지 않는다. 개인은 한 국가의 구성원으로서 국적 취득을 통해 ① 법적 지위를 인정받고, 국적을 취득한 개인은 국민으로서의 ② 법적 권리와 의무를 지닌다. 그렇지만 그러한 국민이 ③ 국가 구성원으로서 지녀야 할 덕목, 지식, 태도, 자질을 갖추지 못하였다거나 관련 역량을 제대로 발휘하지 않았다고 해서 그를 국민이 아니라고 보지는 않는다. 국민 개념에 따르면, 원칙적으로 정치공동체의 의사 형성 및 결정 과정에 적극적, 능동적, 주체적으로 참여하지 않는다고 하더라도, 즉 ③을 발휘하지 않는다고 할지라도, 속인주의 혹은 속지주의 원칙에 따라 개인에게 자동적으로 지위(①)과 권리(②)를 주고 내집단 구성원으로 받아들이기 때문이다(신진욱, 2017 : 80).

요컨대, 시민과 국민은 이론적, 개념적으로는 구분이 가능하고 또 엄격히 구분되어야 한다. 그러나 일상에서는 사실상 두 용어가 혼용된다. 그러다 보니 가령 "누가 시민의 지위를 부여받는가?"나 "시민이 어떠한 권리를 보장받는가?"와 같은 질문과 별개로, "시민이라면 어떠한 역량을 발휘해야 하는가?", "어떠한 미덕과 태도, 자세, 자질을 갖추어야 하는가?"와 같은 의문이 제기되면, 시민과 국민의 개념적 중첩으로 인해 많은 오해와 논란이 벌어지는 것이 현실이다.

시민은 시민성을 발휘해야 비로소 시민으로 인정받을 수 있다. 그런데 시민과 혼용되는 국민 개념이 중간에 끼어들면, 시민성을 발휘하지 않아도 국민은 곧 시민으로 이해되기 때문에 모든 국민이 시민 대접을 온전히 받을 수 있는 것으로 혼동된다. 이는 정치공동체의 구성원에게 기대되는 바를 둘러싼 불필요한 논란을 만들어 낼 여지를 키운다. 따라서 이 책에서는 이러한 혼란을 걷어내기 위해 시민 개념을 다음과 같이 총 네 개의 하위 요소로 범주화하고(김영인 · 설규주, 2017), 시민과 국민의 개념을 좀 더 예리하게 구분하고자 한다.

|그림 8-2|는 정치공동체의 구성원 됨(membership)을 능동성과 공공성 두 개 항목을 기준으로 총 네 가지 범주로 구분한 결과를 보여준다. 각 범주에 속하는 시민의 유형을 구체적으로 설명하면 다음과 같다.

첫째, 참여적 시민(Ⅰ)이다. 이들은 정치공동체의 의사 형성 및 결정 과정에 자발적, 적극적, 주체적으로 참여하는 능동성을 보인다. 이들의 참여 활동은 정치공동체의 공동선 실현을 지향한다. 참여적 시민은 내용적으로 공민과 일치한다. 둘째, 추종적 시민(Ⅱ)이다. 이들 역시 공동선을 추구한다. 그러나 정치공동체 현안에 자발적, 적극적, 주체적으로 관심을 보이거나 문제 해결을 위해 능동적으로 참여하지는 않는다. 타인의 권유나 동원이 있을 때만 참여하는 수동성

을 보인다. 셋째, 도피적 시민(Ⅲ)이다. 이들은 사익에 주로 관심을 보이며, 공동선 실현을 위한 정치공동체 참여에 크게 관심이 없는 무관심형 또는 현실 도피형 개인이다. 넷째, 주장적 시민(Ⅳ)이다. 이들은 자발성과 적극성을 띠고 능동적으로 정치공동체 현안에 관심을 보이며 참여하는 모습을 보인다. 그러나 참여의 동기가 사익 보호와 실현이며, 공동체 번영과 발전을 위해 희생하거나 헌신하거나 연대 의식으로 책임감 있게 행동하는 태도는 좀처럼 보이지 않는다.

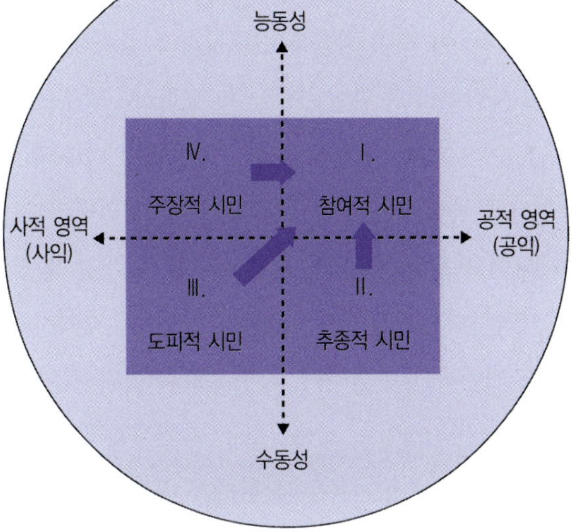

|그림 8-2| 시민의 네 가지 개념적 범주

출처 : 김영인·설규주(2017), p. 10.

이러한 논의를 바탕으로 현재 우리나라의 국민이 주로 어떠한 유형의 시민에 속하는지를 한번 생각해 보면, 적지 않은 수가 Ⅲ이나 Ⅳ에 속하며, Ⅰ에 속하는 비율은 그리 높지 않은 것 같다. 이는 폭넓은 식견을 바탕으로 민주주의적 가치에 헌신하고, 소속된 정치공동체의 발전과 번영에 기여하며 참여하는 공적 인간의 소멸(the fall of public persons)을 의미한다는 점에서 우려되는 현실이다(김욱진, 2020 : 125).

최근 "남한테 피해만 안 주고 살면 된다"라는 논리가 일각에서 공감을 받는데, 공동체 전체 차원에서 보았을 때 이는 시민으로서의 책무를 다하지 않는 이기주의의 또 다른 표현이라는 점에서 경계해야만 한다. 단순히 남한테 피해를 주지 않는다거나, 법을 어기지 않고 조신하게 살아가는 것만으로는 부족하다. 이는 '준법적 이기주의자'의 모습이다. 자신이 소속된 공동체의 공동선 구현을 위해 희생하고 헌신하며 필요한 경우 자발적으로 참여하고 타인과 연대하며 앞에 나서서 목소리를 높일 수 있는 주체적 힘, 즉 시민성을 갈고 닦고 적절히 발휘하는 것만이 작금의 공적 공간에서 공적 인간이 사라지는 현상, 즉 시민의 소멸을 막을 첩경이다(Sennett, 1977).

이와 같은 맥락에서, 이 책이 처음부터 주목하고 강조해 온 시민은 Ⅰ과 Ⅱ의 범주에 해당하는 사람이라고 말할 수 있다. Ⅲ과 Ⅳ 범주에 해당하는 사람도 시민으로 분류할 수 있으나, 정치공동체 구성원에게 기대되는 미덕, 태도, 자세, 자질을 갖추지 못하였다는 측면에서 Ⅲ, Ⅳ를 제외하고 Ⅰ, Ⅱ에 해당하는 사람만 진정한 시민으로 인정한다는 것이 이 책의 기본 입장이다.

결론적으로, 지역사회복지실천의 성공을 위해서는 지역사회의 구성원이 단순히 주소를 두고 거주하는 주민이나, 국민으로서 법적 지위와 권한만 가진 존재에 머물러서는 안 된다(함철호, 2019 : 266). 지역사회복지실천이 지향하는 참여, 협력, 연대 등의 공동체적 가치를 실현하기 위해서는 구성원들이 시민으로 거듭나야 한다. 특히 Ⅰ과 Ⅱ 범주의 특성을 가진 공민적 성격의 진정한 시민으로 변화해야만 비로소 그 목표를 달성할 수 있다(송호근, 2015 : 391).

이러한 진정한 시민은 저절로 형성되지 않는다. 시민성을 체득한 개인은 교육과 경험을 통해 점진적으로 만들어지며, 이는 체계적이고 지속적이며 평생에 걸친 시민교육 없이는 이루어질 수 없다. 시민교육은 단순히 지식을 전달하는 것에 그치지 않고, 타인을 배려하고 협력과 연대를 중시하는 태도를 가르치며, 정치공동체와 지역사회에 능동적으로 참여할 수 있는 역량을 함양하는 데 집중해야만 한다.

따라서 지역사회복지실천은 구성원이 진정한 시민으로 성장할 수 있도록 교육과 훈련을 제공하는 데 많은 노력을 기울여야만 한다. 주민에서 시민으로, Ⅲ, Ⅳ 범주의 형식적 시민에서 Ⅰ, Ⅱ 범주의 진정한 시민으로 나아가는 지난한 과정이 뒷받침될 때, 지역사회복지실천은 비로소 공동체적 가치를 실현하며 성공적으로 목표를 달성할 수 있다.

4) 시민사회

시민사회란 무엇인가. 시민사회는 시민과 시민이 모여 만든 조직 및 단체가 활동하고 연대하는 공간으로, 시민의식이 발현되는 공적 영역이다(김창엽, 2016 : 55). 구체적으로, 시민사회는 비(非)국가, 비(非)시장, 비(非)가족 영역으로(조대엽, 2014 : 196), 시민이 모여 만든 조직 및 단체, 즉 각종 중간 매개 결사체들의 활동 공간으로 정의할 수 있다.

시민사회는 국가권력의 주체가 아니고 국가 정책을 직접 결정하지 않으며, 오로지 국가와 시민을 연결하는 매개적 기능을 통해 국가권력을 견제하고 시민의 요구를 정치과정에 반영한다는 점에서 국가와 구분된다[비(非)국가]. 또한 자본의 논리에 따른 이윤 추구를 금하고, 공동체의 이익, 즉 공동선을 추구하면서 자본의 횡포를 견제하는 데 집중한다는 점에서도 시장과 구분된다[비(非)시장]. 나아가 혈연을 매개로 맺어진 집단주의에서 벗어나 공공성을 추구하는 결사체들의 공적 활동 공간에 속한다는 점에서 비공식 사적 영역의 가족 혹은 친구와도 구분된다[비(非)가족]. 따라서 오늘날 사회는 가족이나 친구와 같은 비공식적 사영역에 속하는 행위자들을 제하면, 국가(제1섹터), 시장(제2섹터), 시민사회(제3섹터)의 세 부문으로 구성된다고 볼 수 있다(주성수, 2001 : 41).

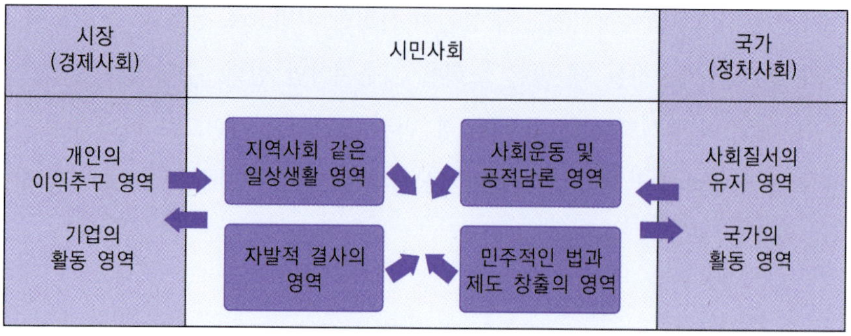

|그림 8-3| 국가, 시장, 시민사회의 관계

출처 : 강대현(2001), p. 103 수정 발췌.

이러한 시민사회의 역사적 기원과 등장 배경을 간략히 살펴보면 다음과 같다. 근대에 접어들어 자본주의 시장의 자율적 수요 공급 원리에 따라 인간의 욕구와 관련된 사회문제와 현안은 종국적으로 해결될 것으로 예측되었다. 그러나 시장은 효율성 제고에 있어서는 탁월하였으나, 자본의 집중과 횡포, 실업, 빈부격차, 환경오염, 경제공황과 같은 새로운 사회문제를 파생시켰다. 이와 같은 시장실패를 해결하는 과정에서 복지국가가 탄생하였다. 기대했던 바대로 복지국가는 인간의 행복과 복리 증진에 상당 부분 기여하였다. 그러나 정부 관료조직의 경직성과 비효율성, 권력남용, 복지 의존병, 재정적자 등 새로운 사회문제를 초래하였다. 이러한 역사적 배경 속에서 시민사회는 시장실패와 국가 실패를 보완하기 위한 고민의 결과로 등장하였다. 즉, 자본과 권력의 횡포로부터 시민이 스스로를 구제하기 위한 주체적 노력의 결과물이자 대안으로서 시민사회가 주목받기 시작하였다.

시민사회는 독립적, 자발적, 공공적이라는 특징을 가진다. 이를 좀 더 구체적으로 살펴보면, 먼저 독립성은 시민사회가 국가권력이나 시장 자본에 예속되지 않고 자율적으로 내부 조직을 구성, 운영, 활동한다는 것을 의미한다. 시민의 독자적 판단과 결정 외에는 어떠한 외부 간섭이나 통제도 받지 않는다는 애기이다. 독립성은 시민이 권력과 자본을 견제하기 위해 필요한 최소한의 장치로서, 이와 같이 견제의 목적을 강조하는 시민사회 조직 또는 기관을 우리는 비정부기구(NGO : Non-Governmental Organization) 혹은 비영리단체(NPO : Non-Profit Organization)라는 이름으로 부른다(주성수, 2001 : 120).

다음으로 자발성은 자신이 속한 정치공동체의 의사 형성 및 결정 과정에 적극적, 능동적, 주체적으로 참여함으로써 시민사회가 구성, 운영된다는 것을 의미한다. 시민은 타인의 강제에 의해서가 아니라 스스로 원하여 독자적인 판단과 결정에 따라 시민사회 활동에 참여한다. 시민의 자발적 참여는 시민사회를 지속시키는 가장 기본적인 원동력이다(주성수, 2016 : 131).

마지막으로 공공성(公共性)은 한 개인이나 특정 이해관계 단체가 아닌, 일반 사회 구성원 전체에 두루 관련되는 성질을 의미한다. 그러나 이는 사전적 정의이고, 사회과학에서 공공성은 통상 정보의 공개 그리고 참여 및 숙의를 바탕으로 한 민주적 의사 형성 및 결정 과정에서 확보되는 일반 사회 전체의 어떤 성질로 이해된다. 즉, 공동체의 다수가 인정하는 주체(주로 국가나 시민사회 행위자가 이에 해당한다. 그렇지만 때로 시장의 행위자도 다수에 의해 인정받는 공공성의 주체가 될 수 있다)가 주도하되 민주적 절차로 대변되는 절차적 과정의 정당성이 확보된 상태에서 불특정 다수에게 이익을 발생시키는 일반 사회 전체의 어떤 성질이 공공성이라고 정의된다는 뜻이다(김욱진, 2019).

공공성은 세 가지 하위 요소로 구성된다(조대엽, 2015 : 246). 첫째, 공민성(公民性)이다. 공민성은 시민 개개인이 공적 영역의 주체로서 추구하는 민주적 성취 수준을 가리킨다. 일반적으로 참여민주주의 또는 숙의민주주의가 구현된 사회를 공민성 수준이 높은 사회로 간주한다. 둘째, 공익성(公益性)이다. 공익성은 물적 자원의 공유 정도를 일컫는 말로서, 한 사회의 물적 자원이 어떠한 수준에서 공유되는가를 의미한다. 보통 보편적 복지와 함께 고용 안정성이 실현되어 불특정 다수에게 이익이 광범위하게 발생하는 사회를 공익성 수준이 높은 사회로 간주한다. 셋째, 공개성(公開性)이다. 공개성은 의사 형성 및 결정 과정의 개방성과 투명성을 의미한다. 셋을 종합하면, 어떤 한 시민사회가 민주적 참여 가치를 옹호하고(공민성), 불특정 다수에 이익을 제공하며(공익성), 공동체의 의사 형성 및 결정 과정과 관련된 정보를 깨끗하고 투명하게 내외부에 드러낼 때(공개성), 우리는 그러한 사회를 공공성 수준이 높은 시민사회라고 부를 수 있다.

5) 시민참여

지역사회복지란 지역의 문제를 해결하고 주민의 욕구를 해결하여 지역사회 안팎에 긍정적 변화를 불러일으키는 집합적 노력으로, 인간이 인간다운 대접을 받는 살기 좋은 지역사회 구현을 궁극적인 목적으로 삼는다. 이러한 지역사회복지의 목적을 달성하기 위하여 중앙의 국가 엘리트 정책결정자와 행정 집행가 그리고 지역의 사회복지사 및 유관 전문직 종사자들은 각자의 지식과 기술, 권한과 역량을 활용하여 클라이언트 지역사회의 문제를 해결하고 주민의 미충족 욕구를 해결하는 활동을 전개한다. 이 책의 제1장에서는 이러한 활동을 각각 지역사회복지의 국가적 접근과 전문적 접근으로 정리하여 설명하였다.

그러나 이에 앞서, 주민이 중심이 되어 자신들의 삶에 영향을 미치는 문제적 조건을 변화시키고 관련 정책과 프로그램을 정비, 조정, 관리하는 일에 능동적, 적극적, 주체적으로 참여하는 모습도 반드시 요구된다. 만약 주민이 아무 주인의식(ownership) 없이 자기 지역사회 현안에 관심을 표명하지도 참여하지도 않으며 의사 형성 및 결정 과정에서 그 어떠한 목소리도 내지 않는다면, 지역사회에 변화가 찾아오기란 불가능하다. '남'이 가져다준 외래적 변화는 단기적으로는 문제 해결에 도움을 줄 수 있지만, 장기적으로 주민의 의존성과 수동성, 열등감을 키워 문제를 오히려 악화시킬 수 있다(최조순 외, 2015).

지역사회복지의 목적을 진실로 달성하기 위해서는 실천 과정에서 지역사회 주민이 수동적이고 형식적인 시민 또는 단순히 주소만 점한 주민이 아닌, 능동적인 진짜 시민으로 거듭나야 한다(함철호, 2019 : 266). 지역사회의 구성원인 주민이 적극적, 능동적, 주체적으로 자기 지역 현안에 관심을 가지고 참여하며 비판적 관점에서 의사 형성 및 결정 과정에 자기 목소리를 드높이고 의견을 표명할 때, 다시 말해 시민으로서의 존재감을 드러낼 때 지역사회는 비로소 시민사회의 가장 기초 단위(building block)로서 제 기능을 다할 수 있다. 우리가 앞에서 주민을 단순히 '일정한 지역에 주소를 두고 일상생활을 영위하는 자'로 정의하는 데 그치지 않고, 여기에서 나아가 '거주지를 중심으로 시민으로서의 성숙한 힘을 발휘하는 사람'으로 확대 규정하고 이것이 지역사회복지론의 기본 관점임을 강조한 것은 바로 이러한 이유 때문이다.

요컨대, 지역사회복지실천의 성공을 위해 주민의 적극적이고 능동적인 시민참여(civic participation)가 매우 중요하다. 그런데 이러한 참여는 저절로 일어나지 않는다. 참여는 주민을 대상으로 한 부단한 교육과 각고의 관리 노력이 수반되어야 비로소 천천히 일어나는 장기 프로젝트 결과물이다. 지역 주민을 대상으로 한평생 시민교육이 필요한 것은 이 때문이다.

6) 시민성과 시민교육

시민성은 바람직한 시민으로서 갖추어야 할 자질과 역량을 의미한다. 많은 학자가 시민성의 구성요소, 즉 무엇이 바람직한 시민의 자질과 역량인지에 대해 고민하여 왔다. <표 8-1>은 그와 같은 고민의 몇 가지 결과를 예시한다.

<표 8-1> 시민성 구성요소에 관한 다양한 입장

학 자	시민성의 구성요소
Savage & Amstrong(1987)	민주적 의사결정력, 비판적 사고력, 능동적 참여능력
Parker & Jerolimek(1987)	다양한 공동체 현안에 대한 식견, 민주적 가치에 헌신, 자유사회의 제반 과정과 절차에 숙달, 사회 제반 문제에 적극적으로 참여
Butts(1988)	자유, 평등, 정의, 권위, 참여, 진실, 애국심, 다양성, 사생활보호, 적법절차, 재산권, 인권 등의 가치를 수호하고 증진하는 의미 및 그와 관련된 능력
Murdoch(1991)	토론에 참가하고 관점이 분명한 주장을 제시할 수 있는 능력, 선거에 참여, 주민자치 단체와 같은 조직에서 타인을 대표하여 책임을 지는 자세, 협동하여 일하는 능력, 팀의 일원으로서 맡은 역할을 제대로 수행하는 행위, 신문, 지역 상점, 기관 등에 투서와 같은 규탄 행위 등을 통해 옳지 않은 사례에 대항하기
Dynneson(1992)	현재의 사회문제에 대한 올바른 인식, 학교나 지역사회에의 참여, 책임의 수용, 타인에 대한 배려, 도덕적 행동, 권위에 대한 인정, 비판적 문제제기능력, 합리적 의사결정능력, 정부 운용에 대한 이해, 애국심

Crick(1998)	사회적, 도덕적 책임감, 타인에 대한 배려, 공감능력, 평화롭고 책임감 있는 방식으로 참여하는 방법에 대한 이해, 사회참여와 자원봉사, 정치적 문해력
Cogna(2000)	정체성, 권리의 향유와 그에 상응하는 의무에 대한 이해력, 공적 문제에 관한 관심과 참여, 기초적 사회가치들의 수용
강대현(2007)	합리성, 정의, 참여, 배려, 관용, 연대
박상준(2012)	의사소통능력, 비판적 사고능력, 공동체적 가치와 공동체 의식

출처 : 우현정(2016) 재인용.

시민성은 저절로 획득할 수 있는 것이 아니다. 시민성을 생득적으로 가지고 태어나는 사람은 없다. 시민성은 어렸을 때부터 가정, 학교, 교회, 지역사회 등 다양한 1, 2차 사회화 기관으로부터 끊임없이 도덕적 가르침을 받고 사회적 책무에 대한 이해 및 사회에 대한 비판 능력과 관련된 지적 고양 과정을 수없이 거쳐야 비로소 갖출 수 있는 장기적 교육의 산물이다(Bellah et al., 1985).

자연 상태의 인간은 단기적으로 사익만 추구하고 공동체에 대한 책임을 지지 않으려 하는 속성을 가진다. 따라서 이 같은 내면의 이기적이고 동물적인 본능을 제어하고, 더불어 살아가는 사회적, 관계적 존재로 육성해 내기 위해서는 공동체 의식을 키우고 공공성을 실천, 경험할 기회를 의도적으로 제공하는 작업이 반드시 요구된다.

더불어 사는 데 필수적인 시민성이 인간의 생득적 속성이 아니라는 문제의식은 시민성의 의도적, 계획적 함양을 목적으로 하는 시민교육(civic education)의 필요성을 주장하는 논리로 이어진다. 여기서 시민교육이란 국가의 무책임한 일원으로 남기 쉬운 국민(nation), 즉 이기적 자아에 고립되기 쉬운 개인(ego)을, 자신이 속한 공동체에 대한 책임의식을 갖고 주체적, 능동적, 적극적인 자세로 공공성을 실천할 줄 아는 사회적, 관계적, 민주적 시민으로 변화시키려는 의도적이고 계획적인 노력을 가리킨다(김창엽, 2016 : 50).

시민교육은 세계관과 가치관이 미발달한 어린 청소년이나 청년층을 주된 대상으로 삼는다. 그러나 시민성은 끊임없이 갈고닦지 않으면 인간의 본성에 따라 쇠퇴한다. 그렇기 때문에 중장년층과 노인 등 연령과 계층을 가리지 않고 전 인구를 대상으로 지속적으로 평생에 걸쳐 실시해야만 한다. 단지 어린 학생에게만 시민의식을 강조하고 가르치는 것은 인간의 본성을 외면한 자기기만이다(장은주, 2017 : 117).

그렇다면 시민의식 함양을 위한 시민교육에는 어떠한 내용을 담아야 할까. 다소 이견이 있을 수 있지만, 시민교육은 다음의 내용을 담고 가르쳐야 한다는 데 많은 학자가 동의한다.

<표 8-2> 시민교육의 주요 내용

항 목	주 제
지식/ 이해	• 사회정의와 공평 • 다양성 • 세계화와 상호의존성 • 평화와 갈등
기 술	• 비판적 사고 • 효과적으로 논증하는 능력 • 부정의와 불평등에 도전하는 능력 • 사람과 사물에 대한 존중 • 협동과 갈등해결
가치/ 태도	• 정체감과 자기 존중 • 공감 • 사회정의와 공평에 대한 헌신 • 다양성의 가치를 알고 존중 • 환경에 대한 관심과 지속 가능한 발전에 대한 약속 • 사람이 변화를 가져올 수 있다는 믿음

출처 : 한국민주주의연구소(2016), p. 180.

7) 지역 시민성과 지역사회 시민교육

시민성의 구성요소는 다양하다. 그런데 <표 8-1>에서 본 바와 같이, 학자들은 그 가운데에서도 특히 참여를 가장 근본적이고 중요한 요소로 지목한다(박 준 · 김성근, 2019; 주성수, 2016 : 332). 많은 학자가 시민성의 핵심 구성요소로 참여를 손꼽는 데 주저하지 않고 있다는 것은 자신이 소속된 정치공동체의 현안에 관심을 갖지 않는 사람, 여론 형성에 소극적인 사람, 의사결정 과정에서 자기 목소리를 내지 않는 사람, 정당을 구성하고 사회운동에 투신하지 않는 사람, 불의에 항거하지 않는 사람은 시민으로 볼 수 없다는 이 책의 기본적인 입장과 맥을 같이한다.

그런데 여기서 한 가지 유의할 점은, 시민성과 관련된 논의에서 종종 등장하는 정치공동체는 통상 국가를 가리키지만, 이를 반드시 국가로만 제한할 필요는 없다는 점이다. 시민성은 국가뿐 아니라 지구촌, 도시, 지역사회, 학교 및 각종 결사체 수준에서도 얼마든지 존재하고 발휘될 수 있다. 즉, 시민이 존재하고 시민조직과 기관이 만들어져 참여가 발생하는 공적 공간이라면, 그것이 어떤 것이건 어디에 있건 상관없이 시민성은 존재하고 포착되며 발휘될 수 있다(주성수, 2001 : 166).

이러한 맥락에서, 지역사회 수준에 존재하는 시민성을 우리는 지역 시민성이라고 개념화할 수 있다. 설규주(2001)는 지역 시민성을 지역사회에 거주하는 주체적 행위자로서 내부 사회문제에 관심을 가지고 참여하며 적극적으로 해결하려는 의지와 능력을 갖춘 시민의 자질이라고 정의하였다. 김민호(2011)는 자기 삶의 터전인 지역공동체의 유지와 발전을 위하여 이웃 주민과 소통하는 가운데 지역의 사회문제를 스스로 찾아 해결하는 과정에 적극적, 능동적으로 참여하여 지역발전에 이바지할 수 있는 역량을 지역 시민성이라고 규정하였다. 이은미와 진성미(2014) 역시 지역 시민성의 개념을 정의하면서 그 구성요소를 <표 8-3>과 같이 정리하였다.

<표 8-3> 지역 시민성의 구성요소

구분		내용
항	목	
행동적 시민성	참여, 헌신	• 지역사회 현안 해결에 참여 • 공익을 위해 사익 희생
성찰적 시민성	주체성, 사고력	• 지역주민으로서 자신에게 부여된 권리와 의무에 대한 철저한 이해 • 지역주민으로서의 삶을 반성하고 자기 비판할 줄 아는 능력

다원적 시민성	지역정체성, 특수성	• 지역사회의 다양한 삶, 다양한 집단에 대한 이해와 개별 가치에 대한 존중 • 지역주민으로서 지역사회 고유의 정체성에 대한 이해 • 지역사회에 대한 관심과 애정, 지식
통합적 시민성	소속감, 연대 의식	• 이웃과 관계 형성 • 생활세계에서의 의사소통 능력 • 정직, 신의, 정의감, 협동심

출처 : 이은미 · 진성미(2014), p. 212 재인용.

시민성 개념의 핵심이 참여에 있듯이, 지역 시민성 개념의 핵심 역시 지역사회 현안에 관심을 가지고 문제 해결 및 욕구 충족을 위해 지역사회 의사 형성과 결정 과정에 주민이 적극적, 주체적, 능동적으로 참여한다는 데 있다. 주민이 중심이 되어 자신들의 삶에 영향을 미치는 문제적 조건을 변화시키고 관련 정책과 프로그램을 정비, 조정, 관리하는 일에 능동적, 적극적, 주체적으로 참여하는 것이 지역 시민성의 핵심 요소라는 것이다(김민호, 2011 : 195).

이러한 맥락에서 지역사회 참여는 시민사회에 존재하는 여러 참여 방식 중에 특히 더 중요한 것이라고 볼 수 있다. 그 이유는, 주민이 아무런 주인의식 없이 자기 지역사회 현안에 관심을 표명하지 않고 참여하지 않으며 의사 형성 및 결정 과정에서 목소리를 높이지 않는다면, 지역사회에 근본적 변화를 불러오기란 거의 불가능에 가깝다는 점 때문이다. 앞에서도 이미 언급한 바와 같이, '남'이 가져다준 외래적 변화는 문제 해결에 단기적으로는 도움이 되는 것처럼 보일 수 있지만, 장기적으로는 주민의 의존성, 수동성, 열등감을 키워 오히려 근본적인 문제의 해결을 방해하고 악화시킬 수 있음을 유념해야 한다.

그뿐만 아니라, 지역사회는 평범한 보통 사람들에게 삶의 터전으로 기능하는 일상생활의 최전선지이다(신희주, 2017 : 13). 지역 주민을 포함한 다양한 구성원들(예 상인, 손님, 각종 기관과 단체의 소속 직원들 등) 간 직접적 상호작용과 그에 따른 정서적 안락 및 유대감이 형성, 체감되는 이른바 근접 공동체(community in proximity)가 형성되는 사적 공간이다. 또한 여론을 형성하고 의사결정을 체험할 수 있는 효과적인 민주주의의 학습장인 동시에, 정치공동체 내 생활 관련 이슈를 선정하고 이를 집단적으로 해결함으로써 공동체의 방향과 목적을 수립할 수 있는 대표적인 공적 영역이다. 특히 지역사회는 중앙 단위에서 공식적 참여 기회가 적은 사회 취약 집단 및 소외계층에게 자신이 소속된 정치공동체의 엄연한 일원으로 참여하고 이를 통해 권능화와 비지배 자유(freedom as non-domination)를 경험할 기회를 그 어느 매개체보다 더 효과적으로 제공해 준다는 측면에서 사회정의 구현의 장(場) 역할을 하기도 한다(김욱진, 2020 : 592).

정리하면, 지역사회는 주민을 포함한 다양한 구성원이 소속 공동체에 참여할 수 있는 가장 접근성 높은 공·사 공간이다. 덧붙여, 공동체 구성원의 참여를 유도할 수 있는 가장 용이한 실천 매체이다. 즉, 참여를 경험하고 실천하며 권장하기에 더할 나위 없이 좋은 조건을 갖춘 시민사회의 근거지 또는 민주주의의 학습 공간이다. 지역사회 구성원을 대상으로 한 시민교육, 특히 지역사회에 정주하는 주민의 시민성 함양, 증진을 목적으로 하는 지역사회 시민교육이 중요하고 또 최우선시되어야 한다는 주장은 바로 이러한 논리적 추론에 근거한다.

8) 지역사회복지실천과 지역사회 시민교육

앞에서 거듭 강조했다시피, 지역사회복지실천이 진정으로 성공에 이르기 위해서는 지역사회 구성원이 단순히 주소를 점유하는 주민이 아닌, 소속 공동체에서 주인의식을 가지고 현안에 관심을 보이며 문제 해결을 위해 적극적, 능동적, 주체적으로 참여하는 진정한 시민으로 거듭나야 한다. 이렇게 적극적, 능동적, 주체적으로 참여하는 진정한 시민이 많은 지역사회는 풍부하고 양질의 인적 자원을 가지고 있음으로 인해 지역사회 내부의 문제를 좀 더 수월하게 해결할 수 있고 욕구도 더욱 빠르게 해소할 수 있다. 이는 지역사회 주민을 대상으로 한 지속적이고 광범위한 시민교육이 지역사회복지실천의 성공 요건인 자원 개발 및 관리 차원에서 매우 중요하다는 점을 시사한다(엄미선 외, 2009 : 119).

그런데 안타깝게도 우리나라 지역사회의 주민들은 참여라는 시민적 자질의 습득과 발현의 측면에서 아직 많이 미흡한 모습을 보이는 것 같다. 많은 주민이 자신이 사는 지역사회에 주인의식을 가지고 참여하면서 공동체 구성원으로서 헌신하고 희생하는 책임 있는 자세를 보이기보다, 공동체적인 삶에 무관심과 비참여, 비관여적인 태도로 일관하며 사익 추구에 몰두하는 경향을 짙게 나타내고 있다. 즉, 참여적 시민보다는 도피적 시민 혹은 주장적 시민의 양태를 더 잘 드러내고 있다.

앞서 단순히 남에게 피해만 주지 않으면 그것으로 족하다고 생각하는 이른바 준법적 이기주의자의 삶도 공공연한 이기주의만큼이나 공동체주의적 관점에서 바람직하지 않다고 하였다. 그런데 근래의 사회 분위기를 보면, 자기 일만 열심히 하고 개인적 삶에만 충실한 태도를 보임으로써 상대방과 공동체의 삶에 개입하지 않으려는 '나홀로족'이 늘고 있는 것을 쉽게 관찰할 수 있다. 이러한 각자도생의 삶의 방식과 태도는 시민성의 온전한 구현을 저해하는 심각한 방해요소가 되는데, 작금의 1인 가구의 증가, 그에 따른 '나홀로문화'의 확산, 이웃관계의 단절, 마을 공동 활동의 중단, 도시 내 공적 공간의 소멸과 사적 공간의 확대(예 외지인의 침입을 막기 위해 높은 담장을 두르고 출입을 엄격하게 통제하는 아파트단지, 즉 게이티드 커뮤니티의 확산 등)와 같은 변화를 고려하면(정현목, 2012), 현재 우리나라 지역사회 대부분에 이러한 부정적 요소가 만연해 있다는 생각을 지울 수 없다.

따라서 도피적이고 주장적인 시민의 태도를 지양하고 참여적 시민의 적극적이고 능동적인 자질과 역량을 함양하기 위해 지역사회복지적 관점에서 다음과 같은 노력을 경주할 것을 제안하는 바이다.

첫째, 사례관리 및 서비스 제공과 더불어 사회복지관의 3대 중점사업 중 하나인 지역조직화사업 안에 시민교육 과정을 지금보다 더욱 강화하고 우선 사업으로 추진해야 한다. 많은 사회복지관이 지역조직화사업의 중요성을 강조하고 있다. 그렇지만 운영상 어려움, 기존 실천 경험의 부족, 주민의 의지 부족, 성과평가의 어려움, 실적 쌓기에서의 불리함 등을 핑계로 실질적으로 사례관리와 서비스 제공에만 주력하고 지역조직화사업은 상대적으로 소홀히 하는 모습을 보이는 것이 현실이다. 일부 수행 중인 지역조직화사업마저도 주로 동네 주민의 동호회 설립이나 기부 물품 모집과 같은 소규모의 가시적 성과 중심의 단기 사업으로 구성하여 표피적으로 수행하고 있다는 인상을 준다.

지역의 복지관은 이 같은 피상적이고 근시안적인 자세에서 벗어나, 지역사회 시민교육의 핵심 후원자가 되어야만 한다(김진석 · 유동철, 2013 : 23). 지역조직화사업의 일환으로 주민을 대상으로 하는 평생 시민교육을 꾸준히 그리고 광범위하게 실시한다면 수동적이었던 주민은 자원봉사자로서, 기부자로서, 마을의 일꾼으로서, 지역사회 공동체 현안에 관심을 보이고 의사 형성 및 결정 과정에 적극적, 능동적으로 참여하는 사회적, 관계적, 민주적 시민으로 어느새 변모되어 있을 것이다. 이를 위해서는 단기적으로 사례관리나 서비스 실적에 다소 구멍이 생기더라도, 장기적 안목에서 지역조직화사업을 지지하고 강력히 추진할 의지와 리더십을 가진 관장 그리고 다년간의 실천 경험을 쌓은 실무자 및 그들을 슈퍼비전 해줄 수 있는 역량 있는 중간관리자가 필요하다(유동철, 2012).

둘째, 사회복지 직능단체(예 한국사회복지관협회, 한국노인복지관협회 등)는 적절한 시민교육 과정을 개발하여 소속 기관에 배포하고 운영하여 주민을 대상으로 한 지역사회 시민교육을 물심양면으로 지원해야만 한다. 가령 2016년부터 한국노인복지관협회는 시민교육 · 시민운동 사단법인 마중물의 선배시민지원센터와 협력하여 노인을 '선배시민'이라 호칭하고 선배시민대학 강좌를 열어 운영하고 있는데, 이것이 하나의 모범 사례가 될 수 있다(함철호, 2019 : 283).

셋째, 민간뿐만이 아니라 공공에서도 지역사회 인적 자원 개발을 위해 노력을 아끼지 말아야 한다. 공공 분야 인적 자원 개발의 예시로, 읍면동 지역사회보장협의체에 참여하는 주민의 역량 개발 및 지역 리더 발굴을 위하여 2018년부터 2023년까지 6년간 서울시에서 실시한 「동 복지대학 사업」을 거론할 수 있다. 이 사업은 주민센터 복지팀 주무관, 동 지역사회복지협의체 위원, 민간 사회복지관 실무자, 삼자가 협력하여 12~18개월짜리 교육프로그램을 만들어 주민 조직화 및 인권과 관련된 다양한 워크숍, 전문 강사를 통한 교육, 실습 활동을 진행하고, 이를 통해 지역 리더를 발굴하고 교육하는 것을 목적으로 한다. 졸업생은 이후 동 지역사회보장협의체 위원으로 위촉되어, 주민 주도의 동 단위 복지 사각지대 발굴 및 지원, 마을복지계획 수립 및 운영 같은 동 지역사회보장협의체의 다양한 목적 활동에 투입되고 활용된다. 이 사업은 그 효과성을 인정받아 현재 서울시 외에도 전국 각지의 기초자치단체가 각자 동 지역사회보장협의체 위원들을 위한 고유의 역량 강화 프로그램(예 부산시 「다함께 행복한 동네 사업」, 줄여서 다복동)을 개발해 운영할 만큼 성황 중이다.

이처럼 민간과 공공의 사회복지조직을 중심으로 지역사회 주민을 대상으로 한 시민교육이 꾸준히 광범위하게 이루어질 수 있다면, 주민은 자신의 자유와 자율성을 향상하고자 스스로 노력하게 될 것이고, 타인의 인권을 존중하고 배려하게 될 것이며, 공동체의 소중함을 학습할 기회를 갖게 될 것이다. 또한 지역사회 문제에 대한 적극적인 관심, 비판적인 인식능력 그리고 타인과의 능수능란한 의사소통 능력을 겸비한 행동적 시민성을 갖추어 국민이 아닌 시민으로 환골탈태할 수 있을 것이다. 결과적으로, 지역 주민은 자원봉사활동, 기부활동, 마을만들기 활동, 주민조직화 활동 등에 능동적으로 참여함으로써 지역사회 변화를 위한 주체, 즉 양질의 인적 자원으로 활용될 수 있을 것이다.

2. 재정 자원 개발 : 모금

1) 재정 자원과 모금

재정 자원은 지역사회복지실천을 가능하게 하는 핵심 기반으로, 정부 보조금 등 다양한 형태의 공적 기금, 법인 전입금, 기업이나 일반 시민의 후원금 및 기부금, 서비스 이용료, 사업 수익금 등 등으로 구성된다. 재정 자원은 프로그램 기획과 운영, 신규 프로젝트 개발 및 론칭, 시설 유지보수, 긴급복지 제공 등 지역사회복지의 다양한 실천 활동과 사업을 뒷받침한다.

재정 자원을 확보하기 위한 방법은 다양하다. 그중에서도 사회복지조직 차원에서 이루어지는 모금(fundraising)은 재정 자원을 안정적으로 확보할 수 있는 유력 수단으로 평가된다. 모금은 기부금, 성금, 지원금 등 각종 후원금을 지역사회 안팎에서 모아 사회복지조직에 필요한 재정을 마련하는 활동으로 정의된다(주성수, 2016 : 206). 참고로 여기서 후원금이란 대가 없이 무상으로 받은 금품이나 그 밖의 자산을 가리킨다.

사회복지조직에 후원금을 주는 주체는 다양하다. 대표적으로 일반 개인, 영리법인(기업), 비영리법인(종교, 학교, 의료, 사회복지법인 등 공익법인), 민간단체(비영리종교단체, 사회단체, 친목회, 봉사단체 등), 국가기관(입법기관, 사법기관, 행정기관), 공공기관(공기업, 준정부기관) 등이 있다(이순성 · 김혜인, 2021 : 144).

2) 모금과 사회적 가치 확산

모금은 단순히 자금을 마련하는 것을 넘어, 지역사회와의 소통을 통해 더 큰 사회적 가치를 창출하는 승수 효과를 발생시킨다. 모금을 통해 사회복지조직은 지역사회 현안에 대한 주민의 관심과 참여를 끌어낼 수 있고, 복지 활동에 대한 신뢰와 호혜의 문화를 강화할 수 있다. 이는 모금이 단지 돈에 관한 것만이 아니며, 조직의 사명과 목표 그리고 지역사회 변화를 위해 무엇을 하고자 하는지를 지역사회 구성원에게 알리고 그들로부터 동의를 구하는 사회적 자본 구축 과정의 일환임을 말해준다(Grace, 2005). 이와 같은 맥락에서, 모금은 재정 자원 확보 전략으로서뿐 아니라 조직의 미션을 전달하고 공동체적 가치를 확산하는 주요 방법론으로서, 지역사회복지실천에서 더욱 주목받아야 할 활동이라고 말할 수 있다.

3) 재정 압박 시대와 모금의 필요성

인구 초고령화와 경기 둔화에 따라 사회복지 수요는 더욱 커질 것이다. 이에 따라 지역사회 복지시설과 프로그램에 대한 요구도 급증할 것이다. 그러나 정부의 지역사회 복지시설에 대한 재정 지원만으로는 팽창일로의 복지 수요를 따라잡기 어렵다. 정부 보조금 등 공적 기금만으로는 급증하는 지역사회 복지 수요를 충족하고 다양한 지역 문제를 해결하는 데 한계가 있다.

따라서 오늘날 사회에서 민간 사회복지조직이 모금을 통해 부족한 재원을 확보하는 것은 선택이 아닌 필수이다. 이러한 모금 활동은 재정적 공백을 메우는 것을 넘어, 지역의 문제를 해결하고 주민과 함께 복지 실천의 지속 가능성을 만들어 가는 지역사회복지실천의 핵심 전략으로서 그 중요성과 필요성이 더욱 커질 것이다.

4) 우리나라의 지역사회복지 재정 자원 현황

(1) 전국 단위 주요 모금기관과 모금 실적

지역사회복지실천 현장에서 모금 활동은 다양한 경로를 통해 전개된다. 주요 모금기관의 실적 보고서에 따르면, 현재 우리나라에서 가장 큰 규모로 모금 활동을 수행하고 있는 단체는 단연 사회복지공동모금회이다. 그 밖에 월드비전, 어린이재단, 세이브더칠드런, 굿네이버스 등 전국 단위의 사회복지법인도 상당한 규모로 모금 활동을 진행하고 있다. 이들 모금기관은 거두어들인 기부금을 무의탁 독거노인, 중증발달장애인, 가족돌봄청년, 자립준비청년 등 우리 사회 취약계층을 지원하는 다양한 지역사회복지사업 운영에 투입하고 있다. 대한적십자사, 대한결핵협회, 전국재해구호협회 등 전국 단위의 법정단체 및 협회 역시 특수 목적 달성을 위한 모금 활동을 오래전부터 진행해 오고 있다. <표 8-4>는 2023년 기준 기부금 수입이 많은 사회복지 분야 상위 10위 공익법인 명단을 보여준다.

<표 8-4> 기부금 수입 상위 10개 공익법인 명단 (단위 : 억 원)

순 위	기 관	금 액
1	사회복지공동모금회	7,924.6
2	월드비전	2,873.1
3	어린이재단	2,009.9
4	대한적십자사	1,796.1
5	한국컴패션	1,002.7
6	세이브더칠드런	955.6

7	밀알복지재단	827.7
8	한국국제기아대책기구	698.9
9	희망을나누는사람들	589.5
10	굿네이버스	488.9
합 계		19,167.0

* 주 : 공시 연도 2023년 의무 공시 공익법인 중 총기부금 수입이 많은 사회복지 분야 공익법인 상위 10개

출처 : 한국가이드스타(2024), p. 149.

(2) 지역사회 영세 사회복지조직과 모금 실적

전국 단위로 활동하는 큰 규모의 모금기관 외에도, 지역사회복지실천 현장에는 작은 규모의 사회복지조직이 각자 부족한 재정 자원 확보를 위하여 나름의 방식으로 모금 활동을 진행하고 후원금을 거두어들이고 있다. 서울시 복지정책실 소관 205개 사회복지시설(3종 사회복지관, 노숙인시설, 노인복지시설, 장애인복지시설)을 대상으로 실시된 실태조사(이순성 · 김혜인, 2021)에 따르면, 2017~2019년 이들 시설의 3년간 평균 후원금은 약 1억 3천7백만 원이었다. 유형 및 후원금 액수별로 살펴보면, 종합사회복지관이 2억 4천3백만 원으로 가장 많았고, 그다음 장애인복지관이 1억 5천2백만 원, 노인복지관이 1억 2천2백만 원, 노숙인시설 8천8백만 원, 노인복지시설 3천1백만 원, 장애인복지시설 2천8백만 원 순이었다. 한편 이들 시설의 평균 후원금 수입은 2019년 대비 2020년에 12.8%p 줄어 큰 감소세를 보였다. 이는 코로나19 팬데믹의 영향 때문이었다.

<표 8-5> 서울시 사회복지시설 유형별 평균 후원금 수입 (단위 : 천 원)

구 분	개	2017년	2018년	2019년	2017~2019 평균	2020년	증감
사회복지관	67	257,462	244,732	228,425	243,540	204,376	▽16.1%
장애인복지관	37	161,672	149,179	147,186	152,679	120,629	▽21.0%
노인복지관	29	124,313	127,010	116,906	122,743	113,597	▽ 7.5%
노숙인시설	10	81,281	72,501	112,357	88,713	145,930	▲64.5%

노인복지시설	17	28,409	33,165	33,100	31,558	32,369	▲ 2.6%
장애인복지시설	45	28,245	28,514	27,840	28,200	25,327	▽10.2%
전 체	205	143,433	137,424	132,096	137,651	120,000	▽12.8%

출처 : 이순성 · 김혜인(2021), p. 47.

(3) 우리나라의 기부와 지역사회복지 재정 규모

모금이 돈을 모으는 행위로서 자금을 요청하는 쪽의 언어라면, 기부(donation)는 돈을 내어주는 행위로서 자금을 제공하는 쪽의 언어이다. 모금과 기부의 대칭적 관계를 감안하면, 우리나라의 모금 시장 규모는 기부금 총액을 통해 어느 정도 짐작할 수 있다. |그림 8-4|는 관련 자료가 집계되기 시작한 2000년 이후 우리나라의 기부금 총액 변화를 보여준다.

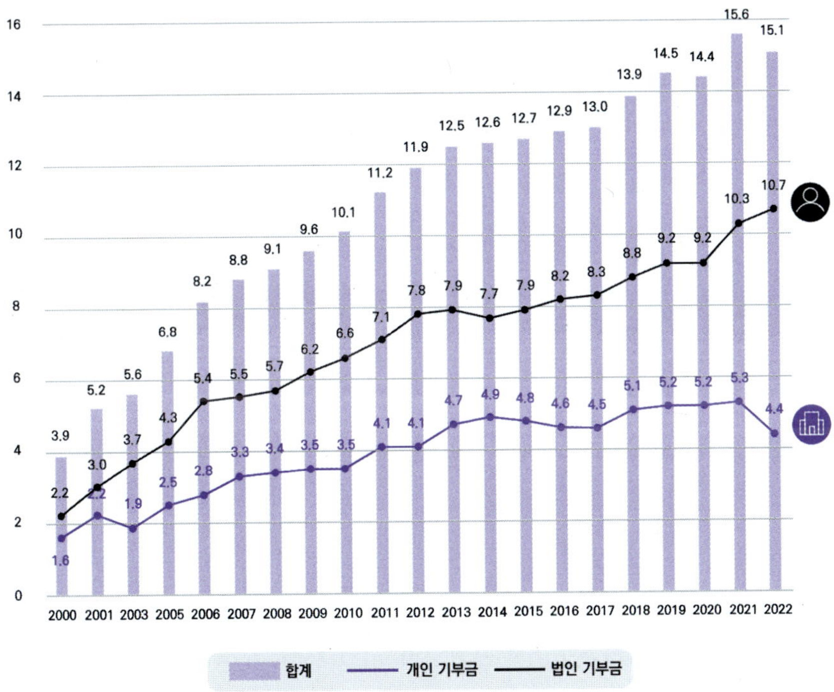

|그림 8-4| 연도별 기부금 총액

출처 : 기부문화연구소(2024). https://research.beautifulfund.org/13835/.

그림에서도 알 수 있듯이, 우리나라의 기부금 총액은 코로나19 팬데믹 직전인 2019년까지 꾸준히 증가하였다. 2019년 14.5조 원을 찍으며 최고치를 경신하였는데, 팬데믹 첫해인 2020년 전년도 대비 0.7%p 감소하면서 증가세가 꺾였다. 이후 2021년에 8.3%p 회복하여 15.6조 원을 기록하였으나, 2022년에는 다시 3.2%p 감소하여 15.1조 원을 기록하였다. 전체적으로 증가 추세였다가 팬데믹으로 인해 부침을 겪은 패턴이 확인된다.

그러나 팬데믹 기간의 부침에도 불구하고 개인의 기부금만큼은 꾸준히 증가하여 왔다는 사실은 주목할 만하다. 구체적으로, 개인 기부금은 2020년 9.2조 원에서 2021년 10.3조 원, 2022년 10.7조 원으로 계속 증가하였다. 이는 어려운 상황에서도 이웃을 돕고자 하는 시민의식의 발로로 해석할 수 있다. 연대감의 실천은 당시 활성화된 온라인 기부 플랫폼의 영향을 특히 많이 받았을 것으로 추정된다(민인식 외, 2021).

반면 기업 기부금은 2022년 기준 4.4조 원으로 전년도 대비 9천억 원 감소하면서 2013년 이후 최저치를 기록하였다. 기업기부의 부진은 경기 둔화와 세계 경제 불확실성 속에서 기업의 비용 절감 정책이 영향을 미친 것으로 해석할 수 있다. 기업 기부금의 감소는 총기부금 중 기업 기부금이 차지하는 비중이 지난 20년간 평균 35%였던 데 비해, 2022년에는 29%로 6%p 적었다는 점에서도 확인된다. 팬데믹 기간 기업 기부금의 절대적, 상대적 감소는 지역사회복지실천의 재정 기반 다각화와 민간 모금 활동의 활성화라는 새로운 과제를 제기한다(장윤주, 2022).

이처럼 기부금 액수로 본 우리나라의 사회복지 재정 자원은 그 절대적 규모가 상당하며, 지난 20년간 꾸준히 증가하였다는 점이 분명하다. 그러나 GDP 대비 기부금 비중은 같은 기간 한 차례도 1%를 넘지 못하였다. 대략 0.7~0.8% 수준에 머물렀으며, 코로나19가 한창이던 2022년에는 0.65%까지 떨어졌다. 이는 우리 사회의 전반적인 사회경제적 여력에 비하여 기부금이 차지하는 비중이 아직 매우 미미하다는 것을 보여준다. 참고로 기부 문화가 활성화된 미국은 GDP 대비 기부금 총액이 약 2%에 달한다(장윤주 외, 2024).

그렇지만 상황을 비관적으로 볼 필요는 없다. 역설적으로 들릴 수 있지만, 낮은 기부금 비중은 모금을 통한 지역사회복지 재정 자원 확보가 향후 개발 가능성이 높은 블루 오션임을 시사하기 때문이다. 지금은 보다 적극적인 모금 활동과 전략적인 기부 요청이 요구되는 시점이다(이상신, 2015).

5) 사회복지공동모금회

앞서 우리나라에서 가장 큰 규모의 모금 단체는 사회복지공동모금회라고 하였다. 사회복지공동모금회(Community Chest of Korea)는 우리나라 유일의 법정 모금 및 배분 기관으로, 사회적 약자를 돕고 지역사회복지를 증진하기 위하여 1998년 11월 사회복지공동모금회법에 따라 설립된 비영리단체이다. 설립 이후 공동모금회는 정부 지원만으로는 충족할 수 없는 사회복지 수요를 보완하기 위해 민간 자원을 적극적으로 동원하고, 이를 전국 지역사회에 체계적으로 배분하는 역할을 수행하여 왔다. 공동모금회의 활동은 전국적으로 전개되며, 중앙과 각 시도 지회가 긴밀히 협력하여 지역별 복지 수요를 반영한 사업을 실행하고 있다.

공동모금회의 주요 활동은 모금과 배분으로 나누어 볼 수 있다. 먼저 공동모금회는 민간 모금 활동을 통해 재정을 확보한다. 매년 연말연시에 진행되는 「희망 나눔 캠페인」은 전국적으로 전개되는 대표적인 모금 활동으로, 많은 국민과 기업의 참여를 끌어내고 있다. 특히 2023년에는 약 7,924억 원을 모금하여 국내 최대 규모 모금 단체로서의 위상을 보여주었다.

공동모금회는 또한 모금 활동을 통해 확보한 재원을 전국의 지역사회복지기관과 시설에 배분하여 이들이 주민에게 필요한 서비스를 제공할 수 있도록 지원도 한다. 자원 배분은 공모사업, 기획 사업, 지정 기탁사업, 긴급 지원 사업 등 다양한 방식으로 이루어진다. 2023년 한 해에만 이러한 지원을 통해 전국적으로 약 10만 건의 사회복지사업이 운영되었으며, 이는 노인 돌봄서비스, 장애인 지원 프로그램, 저소득 가정 아동 교육 프로그램, 재난 피해 가정을 위한 긴급 지원 사업 등으로 구체화하였다.

공동모금회의 활동은 지역사회복지실천과 밀접한 관련성이 있다. 공동모금회는 지역사회복지기관과 시설에 필요한 재정을 지원하여 해당 기관 또는 시설이 지역 주민에게 적합한 서비스를 기획하고 제공할 수 있도록 돕는다. 이는 직접적으로 주민과 접촉하지 않으면서도, 지역 맞춤형 복지서비스 실행의 효과를 발생시킨다(김윤민 · 김종건, 2021).

6) 모금 과정

모금은 사회복지조직의 재정 자원을 안정적으로 확보하기 위한 중요한 과정으로, 단순히 재원을 마련하는 데 그치지 않고, 조직의 미션을 실현하며 지역사회와의 관계를 강화하는 전략적 활동으로 간주된다. 이러한 모금의 과정은 크게 사전 준비 → 전략 개발 → 실행 → 사후관리의 네 단계로 나누어 볼 수 있다(정현경 외, 2023).

(1) 사전 준비

먼저 모금 활동을 시작하기 전에 사회복지조직, 즉 모금기관 스스로의 미션과 비전을 점검하고, 조직의 정관에 명시된 목적사업과 모금 활동의 연관성을 확인하여 모금의 명분을 쌓는다. 또한 사업 규모와 운영 필요 예산을 고려하여 구체적이고 현실적인 재정 목표를 수립하며, 지역사회의 긴급 지원 요구와 같은 우선순위를 반영하는 것도 고려한다.

다음으로 사회복지조직의 가치와 목적사업에 공감할 가능성이 높은 잠재 기부자를 발굴하여 그들의 성향, 선호도, 과거 기부 내역 등을 분석, 목록화하는 작업을 진행한다. 모금의 시기를 전략적으로 선택하는 일도 중요하다. 연말연시, 특정 기념일, 또는 지역사회에 주목받는 사건이나 이슈가 있을 때 모금을 기획하면 더욱 높은 참여율을 달성할 수 있다.

(2) 전략 개발

모금 전략 개발 단계에서는 잠재 기부자별로 적합한 모금 방식을 설계한다. 예를 들면 개인 기부자에게는 소액 정기기부를 제안하고, 기업 기부자에게는 사회공헌 프로그램 참여를 유도하는 식으로 맞춤형으로 접근한다.

이 과정에서는 어떤 기법으로 모금을 진행할지도 사전에 결정한다. 모금 기법에는 비공식적 대면 요청, 공식적 서신 요청, 대중매체를 통한 광고, 특별행사 개최, 인터넷 기부 플랫폼을 활용한 요청 등 다양한 방법이 포함될 수 있다. 구체적인 모금 기법은 다음에서 설명한다.

(3) 실행

모금 활동을 실행하는 단계에서는 잠재 기부자에게 조직의 사명과 사업 목표를 설득력 있게 전달한다. 특히 기부금의 사용 계획과 기대효과를 명확하게 설명하는 데 신경 쓴다.

기부 요청은 '6 Rights 원칙'에 따라 진행한다. 이 원칙은 기부자의 관심사와 가치관에 맞는 사업을 제안하고, 선호하는 방식과 시기에 요청하며, 명확한 사용 목적을 전달함으로써 기부자가 자신의 기여가 가치 있다고 느낄 수 있도록 기부를 요청해야 한다는 것을 뜻한다. 각 R은 적합한 기부자(right person), 적절한 시기(right time), 적합한 금액(right amount), 명확한 사용 목적(right purpose), 선호하는 방식(right way), 편안한 장소(right place)를 의미한다. 6 Rights 원칙에 따라 기부를 요청하면 기부자의 신뢰가 커지고 기부 참여 가능성도 올라간다.

(4) 사후관리

모금이 완료된 후에는 관계 법령에 따라 보고와 신고를 철저히 이행한다. 공익법인 회계 신고를 통해 기부금 수입과 지출 내역을 관할 세무서에 신고하고, 이를 공시 시스템을 통해 공개한다. 또한 기부자와 이해관계자에게도 기부금 사용 결과와 성과를 명확히 알린다. 이 과정에서 이메일, 소식지, 감사 이벤트 등 다양한 방법을 활용하면 기부자와 사회복지조직(모금기관)의 관계 강화를 도모한다.

마지막으로, 모금 활동의 성과를 평가하고 피드백을 반영하는 과정을 진행한다. 모금액과 기부자 수 같은 정량 지표뿐 아니라 프로그램 참여자 숫자 증가나 지역사회 만족도 조사 같은 정성지표도 평가에 포함시킨다. 평가 결과는 모금 전략과 실행 과정을 개선하고 지속 가능한 모금 네트워크를 구축하는 피드백으로 활용한다.

7) 모금 기법

모금 활동의 성공 여부는 어떤 기법을 사용하느냐에 따라 달라질 수 있다. 다양한 모금 기법은 기부자의 특성과 상황에 따라 적절히 선택되고 적용되어야 한다. 다음에서는 사회복지조직이 활용할 수 있는 주요 모금 기법을 소개한다(이상호 외, 2013).

(1) 비공식적 대면 요청

비공식적인 대면 요청은 기존 또는 잠재적 기부자를 직접 만나서 기부를 요청하는 가장 전통적이면서도 효과적인 방법 중 하나이다. 이는 일대일 만남을 통해 신뢰를 구축하고 기부의 필요성과 가치를 전달할 수 있어 큰 금액의 기부를 유도할 때 특히 유용하다.

(2) 공식적 서신 요청 및 구두 요청

조직이나 기업, 집단을 대상으로 서신을 보내거나 공식 석상에서 구두로 기부를 요청하는 방법이다. 서신 요청은 기부 목적, 사용 계획, 기대효과를 체계적으로 전달할 수 있으며, 공식적 구두 요청은 설명회, 간담회, 포럼 등을 통해 공감을 끌어낼 수 있다.

(3) 회원제 및 정기기부

기존 기부자나 지지자를 대상으로 정기적인 후원을 요청하는 기법이다. 회원을 모집하여 연회비나 월급 자동 공제 등을 통해 꾸준히 기부금을 확보할 수 있는 장점이 있다. 이는 사회복지조직의 안정적인 재정 기반을 마련하는 데 효과적이다.

(4) 전화 및 우편 모금

전화나 우편을 통해 기부를 요청하는 방법은 대규모 잠재 기부자를 대상으로 효율적으로 접근할 수 있다는 장점이 있다. 특히 기부 요청뿐만 아니라 기존 기부자에게 감사 인사를 전하거나 추가 후원을 요청할 때도 효과적이다.

(5) 대중매체를 통한 광고

신문, 라디오, 잡지, TV 등의 대중매체를 통해 모금 캠페인을 홍보하는 기법이다. 이는 많은 사람들에게 한 번에 접근할 수 있다는 강점이 있으나, 비용이 많이 든다는 단점이 있다. 따라서 큰 규모의 모금을 필요로 할 때 적합한 방법이다.

(6) 특별 행사 개최

바자회, 일일 찻집, 자선 경매, 콘서트, 걷기대회와 같은 특별 행사를 개최하여 기부금을 마련하는 방법이다. 이러한 행사는 기부금 모금뿐만 아니라 지역사회와의 관계를 강화하고 조직의 인지도를 높이는 효과도 있다.

(7) 방문 기부 요청 및 거리 모금(캔버싱)

캔버싱은 잠재 기부자를 직접 찾아가서 기부를 요청하거나 거리에서 시민들에게 기부를 권유하는 방법이다. 이는 개인과의 접촉을 통해 모금 활동에 대한 신뢰를 높일 수 있으나, 효과적인 설득과 메시지 전달이 필요하므로 훈련된 인력이 요구된다.

(8) 온라인 기부 플랫폼 활용

인터넷과 모바일 환경이 발달하면서 누구나 쉽게 기부에 참여할 수 있도록 돕는 온라인 기부 플랫폼이 새로운 모금 기법으로 주목받고 있다. 대표적으로 네이버 해피빈, 카카오 같이가치 같은 플랫폼이 있다. 온라인 기부는 접근성이 좋고 비용이 적게 들어 소규모 사회복지조직에 특히 적합하다.

(9) 기업과의 파트너십

기업의 사회공헌 활동을 활용하여 모금을 진행하는 기법도 있다. 기업은 사회적 가치 실현을 위해 다양한 방법으로 기부에 참여할 수 있다. 예를 들어, 기업의 매칭펀드(직원의 기부액만큼 기업이 추가로 기부하는 시스템)나 수익의 일부를 기부하는 '착한 소비' 캠페인이 이에 해당한다.

8) 모금이 어려운 이유와 극복 방안

모금은 사회복지조직이 부족한 재정 자원을 확보하기 위한 필수적인 활동이다. 그렇지만 여러 현실적 어려움 때문에 성공을 달성하지 못하는 경우가 빈번하다. 이러한 어려움은 조직 내부의 문제, 기술적 한계, 사회적 환경 요인 등 다양한 이유에서 기인한다.

(1) 모금 전담 인력의 부재

많은 현장 사회복지조직들이 모금 활동을 체계적으로 담당할 전문 인력이 부족한 상황에 처해 있다. 직원 대부분은 본연의 복지사업 운영에 집중해야 하는 상황에 놓여있기 때문에 모금 업무를 추가적인 부담, 즉 가외 업무로 생각한다. 이러한 문제를 해결하기 위해서는 조직 내 모금 전담팀을 구성하거나, 기존 인력을 대상으로 모금 관련 교육을 실시하여 전문성을 높여야 한다. 외부 전문가나 자원봉사자의 도움을 받는 것도 하나의 해결책이 될 수 있다.

(2) 전문 슈퍼비전의 부재

모금은 전략적인 접근이 필요한 전문 분야이다. 그러나 대부분의 사회복지조직은 모금 전략을 수립하고 실행하는 과정에서 체계적인 슈퍼비전을 받기 어려운 상황에 놓여있다. 중간관리자나 책임자의 모금 이해도가 떨어지는 탓이다. 이를 해결하기 위해 모금 전문가나 컨설턴트와 협력하거나, 지역사회 네트워크를 통해 모금 성과를 높이기 위한 멘토링 프로그램을 도입하는 등의 노력이 요구된다. 또한 성공적인 사례를 연구하고 벤치마킹하는 노력도 기울여야만 한다.

(3) 시간과 집중력 부족

모금 활동은 엄청난 시간과 에너지를 필요로 하는 장기 과업이다. 그러나 대부분의 사회복지조직 현실을 보면 한정된 인력과 예산 속에서 모금 사업이 단기적으로 운영된다는 것을 알 수 있다. 직원들이 여러 사업 운영을 책임지기 때문에 모금 사업에만 집중하기 어려운 경우가 일반적이다. 이를 해결하기 위해서는 쉽지는 않겠지만 모금 관련 내용을 조직 규정에 명문화하고, 모금 활동을 연간 사업 계획에 명확히 포함시키며, 담당 직원의 업무분장에 넣는 한편, 모금 활동 시간을 정기적으로 할당하여 우선적으로 처리하도록 하는 것이 중요하다.

(4) 현실적인 가이드라인 또는 교재의 부재

모금 활동을 체계적으로 수행하기 위해서는 구체적이고 실질적인 가이드라인이 필요하다. 그러나 많은 사회복지조직이 관련 자료나 교육의 부족으로 어려움을 겪는다. 해결책으로, 중간 지원기관(구청 등 지방자치단체, 한국모금가협회 등 협회)이 모금 가이드라인이나 실무 교재를 제작, 배포하는 일이 필요하다. 동시에 모금 관련 교육과 훈련 프로그램을 확대하여 사회복지조직의 역량 강화를 지원해야만 한다.

(5) 돈을 요청하는 데 따른 심리적 어려움

모금 과정에서 기부를 요청하는 일은 많은 실무자에게 상당한 심리적 부담으로 작용한다. 돈을 요청하는 순간 겪게 되는 긴장감이나 거절에 대한 두려움 때문에 모금 활동을 주저한다는 얘기이다. 이를 극복하기 위해서는 모금의 본질과 가치를 이해하고, 기부자에게 사회적 변화를 함께 만들어 가는 파트너로서 접근하는 태도가 필요하다. 또한 성공적 경험을 축적하면서 자신감을 키우는 것이 중요하며, 역할극과 실습을 통해 실무자들의 기부 요청 기술을 키우는 교육도 유용하다.

(6) 사회적 인식 부족

모금 활동이 사회적으로 널리 받아들여지고 지지받기 위해서는 기부 문화에 대한 긍정적 인식이 필요하다. 그러나 일부 지역이나 집단에서는 여전히 기부에 대한 불신이나 무관심의 문화가 퍼져 있으며, 모금 활동 자체를 부담스럽게 생각하는 경향이 있다. 이를 해결하기 위해서는 기부금 사용의 투명성과 결과를 적극적으로 공개함으로써 사회 전반에 모금에 대한 신뢰를 재구축하려는 노력이 필요하다. 또한 기부가 지역사회에 미치는 긍정적 영향을 다양한 사례와 데이터를 통해 홍보하고, 기부 참여가 공동체 발전에 중요한 역할을 한다는 점을 지속적으로 홍보하여야 한다.

(7) 기술적 역량 부족과 디지털 모금 도구의 미흡한 활용

최근 온라인 기부 플랫폼이나 소셜 미디어를 활용한 디지털 모금이 대세로 자리 잡았음에도 일부 사회복지조직은 디지털 기술 활용 역량이 부족하거나 새로운 모금 도구를 도입하는 데 필요한 정보가 없어 어려움을 겪고 있는 것이 현실이다. 이러한 문제를 해결하기 위하여 조직의 디지털 역량 강화를 위한 직원 교육과 훈련을 실시하고, 온라인 스마트 기부 플랫폼 활용을 활성화하려는 조직적 차원의 노력이 필요하다. SNS를 통한 스토리텔링과 캠페인 홍보를 통해 젊은 기부층과 소통하는 전략도 고민하여야 한다.

(8) 기부자 유지 및 관계 관리의 어려움

모금은 단순히 기부를 요청하는 것으로 끝나지 않는다. 기존 기부자와의 관계를 지속적으로 유지하고 발전시키는 것도 매우 중요한데, 많은 조직이 기부자 관리에 소홀하거나 지속적으로 좋은 관계를 이어 나가는 데 어려움을 겪고 있다. 따라서 기부자에게 정기적인 감사 메시지, 기부금 사용 보고, 그리고 성과 공유를 통해 신뢰를 유지하는 노력을 기하여야 한다. 기부자 감사 이벤트나 연말 성과 공유 프로그램을 마련하여 기부자와의 유대감을 강화하는 것도 효과적인 방법이 될 수 있다.

(9) 모금 성공 사례와 실패 사례 공유의 부족

다양한 모금 활동이 진행되고 있으나, 성공 또는 실패 사례를 공유하는 체계적인 학습 플랫폼이 부족한 편이다. 조직들은 서로의 경험을 통해 배울 기회가 적어 시행착오를 반복하는 경우가 많다. 이러한 문제를 해결하기 위해 정부, 중간 지원기관, 학계 등이 협력하여 모금 성공과 실패 사례를 체계적으로 수집하고 공유하는 학습 플랫폼을 구축하고 사용을 독려할 필요가 있다.

9) 지역사회복지 재정 자원의 효율적 배분을 위한 방안

앞서 정부 보조금 등 공적 기금만으로는 지역사회 영세 사회복지조직들이 급증하는 복지 수요를 충족하고 지역 문제를 해결하는 데 한계가 있을 것이라고 하였다. 서비스 이용료나 사업 수익금도 일부 발생하나, 매우 적어서 이것에 큰 기대를 하기는 어렵다. 따라서 불충분한 재정 자원을 메우기 위하여 개인, 기업, 비영리법인, 국가기관, 기타 공공기관 등 다양한 이해당사자로부터 후원금 및 기부금을 지원받는 것은 이제 선택이 아닌 필수가 되었다.

그러나 지금까지 지역사회 내 민간 재정 자원의 배분 활동은 다분히 개별적이고 분절화된 형태로 진행되었고, 그래서 효율성과 투명성 측면에서 매우 미흡하다는 평가를 받아왔다(이순성 · 김혜인, 2021). 이는 복지재정 자원의 확장을 가로막는 주요 원인 중 하나로 지목된다. 이러한 맥락에서, 가용 민간 재정 자원의 긴밀한 공유 및 연계를 위한 지역사회 자원 배분 네트워크 구축 작업은 필수적이고 중요하다.

(1) 자치구 차원의 재정 자원 효율적 배분 방안

먼저 자치구 차원에서 민간 재정 자원을 발굴, 연계하는 구심적 역할을 해줄 컨트롤타워 기관을 지정하는 방안을 검토하여야 한다. 컨트롤타워는 배분 활동 외에도 모금 활동을 직접 추진할 수 있으며, 사회복지시설 종사자를 대상으로 한 모금 관련 교육과 훈련을 실시하고 슈퍼비전을 제공하며 관련 정보교환, 물품 나눔 등의 부가 기능을 수행할 수 있다.

모금 및 배분 관련 컨트롤타워 역할을 할 수 있는 지역 행위자로 다음 네 개의 기관을 검토해 볼 수 있다. 각자 장단점이 있으므로, 지역사회 현황과 특수성을 고려하여 가장 좋은 결과를 가져올 수 있는 것을 선택한다. 필요한 경우 두세 개 기관을 엮어 활용하는 방안도 검토할 수 있다.

첫째, 최근 각 지방자치단체가 설치해 운영 중인 지역복지재단이다. 지역복지재단은 공신력이 좋고 재무회계가 투명하며 행정 시스템이 체계적으로 갖춰져 있어 효과적인 운영이 가능하다는 장점이 있다. 다만, 재단 설립에 출연 비용이 발생하고, 아직 지역복지재단을 운영하지 않는 자치구도 많다는 점은 단점이다. 또한 자치구 출연 기관 특성상 단독으로 일정 규모 이상의 모금 활동을 수행하는 데 제약이 많고, 자치구 예산에 의존하기 때문에 배분 과정에서 행정 쏠림 현상이 발생할 수 있다는 점은 한계이다.

다음은 민간 지역복지 네트워크인 사회복지협의회이다. 사회복지협의회에는 다수의 민간 지역사회 복지시설들이 회원으로 참여한다. 따라서 지역 모금 관련 컨트롤타워 역할을 수행하기에 안성맞춤이다. 민간의 자율성을 보장한다는 측면에서도 다른 후보 기관에 명분상 앞선다. 게다가 사회복지사업법 개정으로 2025년부터 시군구 사회복지협의회(기초협의회) 설치가 기초지방자치단체의 의무 사항이 되어 제도적으로도 안정되었다. 그러나 기초협의회가 지역사회 모금 컨트롤타워가 되기 위해서는 소속 지방자치단체와 양해각서(MOU)를 체결하여 민관협력체계를 또 하나 구축해야만 하고, 인건비 등 예산 지원도 뒷받침받아야 한다는 단점이 있다.

셋째, 민관 지역복지 네트워크인 지역사회보장협의체이다. 지역사회보장협의체는 협치, 연계, 통합의 기능을 수행하며, 대표협의체와 실무협의체 및 실무분과의 삼중 구조로 구성된다. 대표협의체는 지역사회 사회보장에 관한 주요 안건을 심의·자문하고, 실무협의체와 실무분과는 지역사회복지사업을 추진하며 서비스 연계, 협력, 조정하는 일을 담당한다. 지역사회보장협의체는 공신력이 있고 법적 지위가 분명할뿐더러 상근 간사를 채용하는 경우도 많아 행정 처리가 수월하다는 장점이 있다. 그러나 법인격이 아니기 때문에 지속성과 체계성이 떨어지고, 민관협력이 표면적으로 이루어지며, 협의체 구성원 간 역할 분담이 모호할 뿐 아니라 재정지원이 없거나 부족하여 모금 및 배분과 같은 구체적인 지역사회사업을 수행하는 데 적합하지 않다는 단점이 있다.

넷째, 푸드뱅크이다. 푸드뱅크는 민간 자원의 제공자와 이용자에 대한 정보를 체계적으로 관리할 수 있는 전산시스템을 이미 잘 갖추고 있어 서비스 제공 시 누락이나 중복 문제를 겪을 가능성이 낮다는 장점이 있다. 그러나 식료품 등 현물 중심으로만 활동을 하기 때문에 현금을 모으고 나누는 일을 단독 수행하는 데에는 어려움이 클 수 있다.

(2) 광역 차원의 재정 자원 효율적 배분 방안

광역 차원의 민간 재정 자원 배분 방안 효율화도 고민하여야 한다. 현재 사회복지 분야의 다양한 직능단체가 광역 차원에서 사회복지공동모금회나 기업, 개인 등으로부터 후원금 및 기부금을 받아 관내에서 배분 활동을 진행하고 있다. 이러한 직능단체에는 사회복지관협의회, 노인복지관협회, 장애인복지관협회, 장애인복지시설협회, 직업재활시설협회, 노인복지협회, 재가노인복지협회, 노숙인시설협회, 아동복지협회, 지역아동센터협회, 한부모가족돌봄시설협회 등이 포함된다. 그런데 이들의 배분 활동 역시 자치구 사례에서와 마찬가지로 일원화되지 못하고 분절화, 개별화된 채 진행되어 대상자 중복이나 유사물품 지원 등 비효율성 문제가 제기되는 실정이다(이순성 · 김혜인, 2021). 따라서 광역 차원에서도 민간 자원 관리 및 연계의 일원화된 체계를 마련할 필요가 있다.

여기서 구심적 역할을 할 수 있는 조직으로는 민간 광역 지역사회복지협의회가 적절하다고 생각한다. 광역 지역사회복지협의회는 공신력을 갖춘 법정단체인 데다가, 이미 현금과 현물의 배분 업무를 오랫동안 해 왔기 때문에 광역 차원의 재정 자원 컨트롤타워 역할을 공식적으로 도맡아 수행하기에 적합하다. 한편 광역 지역사회복지협의회는 아직 모금 업무까지는 하지 않고 있는데, 늘어나는 지역복지 수요에 대응하기 위해 모금 활동 기능을 추가하고, 여기에 덧붙여 영세 사회복지시설의 모금 활동 지원 및 기타 중간 지원 제공(예 개별 사회복지시설에 대한 종사자 교육 및 컨설팅, 소통 창구 마련, 매뉴얼 개발, 모급 및 배분 활동 네트워킹 등) 등에도 신경 쓰며 역할 확대를 도모할 필요가 있다.

3. 물적 자원 개발 : 지역사회 거점 공간 발굴 및 활용

물적 자원은 지역사회복지실천 활동이 원활하게 이루어질 수 있도록 돕는 일체의 물질적 자산으로, 시설, 공간, 장비, 물품을 포함한다. 물적 자원은 그 자체로 지역 주민에게 직접적인 혜택을 제공할 수 있고(예 푸드뱅크 식료품 제공), 다른 자원과 결합해 시너지 효과를 만들 수도 있다. 예를 들어, 노인맞춤돌봄서비스 수행기관이 새 차량을 구입하고 요양보호사를 신규 채용한 경우를 생각해 보자. 수행기관의 사회복지사가 차량(물적 자원)을 몰고 이동이 어려운 노인 가정을 요양보호사(인적 자원)와 함께 방문하거나 필요한 물품을 같이 실어 나른다면, 서비스 효과는 더욱 커질 것이다. 또 다른 예로, 사회복지관이 지역 토지주택공사로부터 유휴 건물을 무상 임대받아 청소년 문화 활동 공간으로 활용하려 하는 상황을 가정해 보자. 복지관이 지방자치단체의 보조금이나 민간 후원금을 통해 리모델링 비용과 장비 구입비(재정 자원)를 마련한다면, 유휴 건물(물적 자원)은 청소년 비행 예방과 여가 지원이라는 중요한 목적을 달성하는 지역사회의 보고로 거듭날 수 있다.

물적 자원의 종류는 매우 다양한데, 최근 지역사회복지계에서는 지역사회 거점 공간이 특히 주목을 받고 있다. 거점 공간은 주민 간 만남과 어울림을 촉진하는 장소로서, 주요 의제에 대한 공론장, 정보와 자원 교환의 허브, 다양성과 포용성을 학습하는 평생교육의 장 등 다목적적으로 사용될 수 있다.

지역사회 거점 공간의 기능과 가능성을 좀 더 깊이 있게 이해하기 위하여, 다음에서는 이것의 이론적 시초라 할 수 있는 제3의 장소 개념에 대해 먼저 살펴보고, 이후 이를 실제로 활용한 현장 사례를 중심으로 물적 자원의 역할을 논의한다.

1) 제3의 장소

(1) 개념

제3의 장소는 사회학자 레이 올든버그(Ray Oldenburg)와 데니스 브리세트(Dennis Brissett)가 처음 제안한 개념으로, 사람들이 자유롭게 모여 상호작용하고 사회적 유대감을 형성하는 비공식적 공공장소를 의미한다. 제3의 장소는 가정(제1의 장소)과 직장(제2의 장소)의 경계 사이에 존재하는 대안적 공간이자, 공적 관계와 사적 관계가 균형을 이루는 중립적 장소이다(Oldenburg & Brissett, 1982).

가정은 친밀하고 사적인 관계가 중심이 되는 공간이고, 직장은 공적이고 업무 중심의 관계가 형성되는 공간이다. 그런데 사람들은 이 두 종류의 공간에 국한된 생활을 하지 않는다. 이와는 다른, 편안하면서도 다양한 타인과 만날 수 있는 대안적 공간을 찾는다. 제3의 장소는 이러한 사회적 욕구를 충족해 주는 공간으로, 카페, 식당, 술집, 책방, 미용실, 공원, 놀이터, 도서관, 커뮤니티센터와 같이 우리가 일상에서 흔히 접하는 공간들이 이에 해당한다.

제3의 장소에서 사람들은 형식과 규율에서 벗어나 타인과 자유롭게 대화하고 교류한다. 이 과정에서 사람들은 자신과 동질적인 이들과 친밀한 관계망을 형성하며, 미지의 이질적 타자와 상호작용한다. 가정이나 직장에서 만나기 힘든 이질적 타자와의 관계는 다채로운 시각과 경험을 제공한다. 물론 이는 때로 갈등을 촉발하지만, 세계에 대한 시야를 넓히고 인격적 성숙을 촉진하여 궁극적으로 장소 이용자의 삶의 질과 행복감을 높이는 긍정적 결과를 자아낸다.

이처럼 제3의 장소는 비공식적이면서도 공적인 성격을 가진 독특한 공간이다. 여기서 비공식적이라 함은, 제3의 장소가 엄격한 규율이나 형식에 얽매이지 않고 자유로운 상호작용과 자연스러운 만남(hang-out)이 이루어지는 공간이라는 것을, 공적이라 함은 이러한 장소가 특정 개인이나 집단의 소유가 아니라 모든 사람에게 개방된 공동의 자산이라는 것을 뜻한다. 요컨대, 제3의 장소는 사람들이 자발적으로 모여 다양한 관계를 형성하고, 이 관계망이 사회적 자본을 이루며, 궁극적으로 지역공동체를 활성화하는 데 중요한 물적 토대를 구성하는 것으로 이해할 수 있다.

(2) 특징 및 기능

제3의 장소는 그 자체로 독특한 특징을 가지며, 이러한 특징 때문에 개인과 사회 전체에 긍정적 영향을 미치는 다양한 기능을 수행한다. 레이 올든버그는 『The Great Good Place』(1999)에서 제3의 장소의 특징과 기능을 다음 다섯 가지로 정리하였다.

① 접근성과 사회적 유대감 형성

제3의 장소는 누구나 쉽게 접근할 수 있고, 지리적, 사회적 제약 없이 다양한 배경을 가진 사람이 자유롭게 드나들 수 있다. 이러한 접근성은 다양한 사람들 간의 만남과 상호작용을 촉진하는 물적 토대를 이루며, 무엇보다 사회적 유대감을 형성하는 결과를 낳는다. 사람들은 제3의 장소에서 제약 없이 만나 대화하고 신뢰를 쌓으며 서로를 연결하는 관계망을 구축한다.

② 중립성과 사회 통합

제3의 장소는 특정 개인이나 집단에 의해 독점되지 않는다. 그 안에서는 사회적 지위나 배경과 관계없이 누구나 평등한 대우를 받고 자유롭게 그리고 무목적적으로 상호작용한다. 이러한 중립성은 제3의 장소가 다양한 배경을 가진 사람들이 함께 어울리는 사회 통합의 장이라는 점을 시사한다. 이곳에서 사람들은 서로 다른 시각과 경험을 공유하며, 나 또는 우리와 다른 미지의 낯선 타자에 대한 몰이해를 줄이고 세계에 대한 이해를 숙성시킨다.

③ 평등성과 사회적 평등의 달성

제3의 장소는 모든 사람에게 개방된다. 이용에 경제적 부담이 없으며, 경제 상황이 다른 이질적 계층도 동일한 조건으로 이용할 수 있다. 이 같은 평등성은 사회계층 간 갈등을 완화하고 사회 통합을 제고하는 결과를 낳는다. 제3의 장소에서 사람들은 다양한 계층의 이방인과 서로 동등한 위치에서 교류하고 소통한다.

④ 대화 중심과 공론장 및 정보 허브의 역할

제3의 장소에서 사람들은 공식적 의무나 역할에서 벗어나 자유롭게 대화한다. 이곳은 특별한 목적의식 없이 의견을 나눌 수 있는 해방의 공간으로, 사람들은 비공식적 대화를 통해 공동체 구성원으로서 주요 현안에 대해 허심탄회하게 이야기 나눈다. 이는 사적 관계 중심의 제1의 장소, 공적 업무 중심의 제2의 장소와 달리, 제3의 장소가 공동체 의사 형성과 결정 과정에 참여하는 또 다른 통로, 즉 공동체 공론장으로 기능한다는 것을 말해준다. 사람들은 카페, 식당, 술집, 커뮤니티센터 등지에서 자신이 소속된 공동체의 주요 이슈를 논의하고, 참여민주주의의 가능성을 탐색하며, 때로 이를 직접 실천에 옮긴다.

이뿐만이 아니라 사람들은 제3의 장소에서 자유롭게 대화를 나누는 중에 필요한 정보와 자원을 교환한다. 예컨대 특정 서비스에 대한 정보 공유, 자원봉사 기회 소개, 육아, 취미 등과 관련된 유용한 팁 교환 등을 자연스럽게 행한다. 비공식적이고 자발적인 정보 및 자원 교환은 제3의 장소가 만남과 대화의 장인 동시에 유의미한 생활 기회를 만드는 허브 네트워크라는 점을 말해준다.

⑤ 즐거움과 정서적 만족감의 제공

제3의 장소에서 사람들은 스스럼없이 만나 대화하고 열기를 발산한다. 이를 통해 스트레스를 해소하고 즐거움을 얻는다. 이는 제3의 장소가 이용자에게 정서적, 정신적 만족과 위안감을 주고 삶의 질을 증진하는 효과를 발생시킨다는 점을 말해준다.

(3) 제3의 장소의 쇠퇴

올든버그는 제3의 장소가 현대사회에 들어 사라지고 있음을 우려하였다. 그에 따르면 제3의 장소가 사라짐으로써 발생하는 문제는 다음과 같다.

첫째, 제3의 장소가 줄어들면 사람들은 이웃과 교류하기보다 집 안으로 고립되어 들어가는 경향을 보인다. 이는 사회적 상호작용의 감소로 이어져 고독감 및 소외감 증대, 지역사회 응집력 약화와 같은 각종 부정적 결과를 자아낸다.

둘째, 제3의 장소가 줄어들면 사람들은 사회적 욕구를 제1, 제2의 장소에서만 충족하게 된다. 이는 가정과 직장에 과도한 사회적, 정서적 부담을 가져온다. 구체적으로, 다양한 가정 내 갈등과 직장 스트레스 증가를 초래한다.

셋째, 제3의 장소가 줄어들면 공공 생활이 쇠퇴한다. 공공 생활이란 사람들이 자유롭게 만나 의견을 교환하며 공동체 문제를 논의하고 해결책을 모색하는 공적 공간에서의 활동을 의미한다. 그런데 현대 도시계획은 단절적 주거단지 개발과 자동차 중심 인프라 확충에 중점을 두면서, 사람들이 모이고 상호작용할 수 있는 공적 공간을 축소시키는 결과를 가져왔다. 이에 따라 주민 간 상호작용이 줄고 지역사회에서 자연스럽게 이루어지던 공공 생활이 위축되었다.

넷째, 제3의 장소가 줄어들면 지역공동체가 붕괴하기 쉽다. 서로의 처지를 이해하고 상호 부조하며 전체를 위해 희생할 수 있는 주민이 많이 사는 지역사회를 우리는 튼튼한 지역공동체라고 부른다. 튼튼한 지역공동체를 만들기 위해서는 우선 주민들이 자주 만나고 어울려야 한다. 그런데 제3의 장소가 쇠퇴하면, 이를 가능케 하는 물적 토대의 부족으로 말미암아 주민 간 만남 자체가 줄어든다. 이는 공동체 신뢰와 연대감 약화, 나아가 공동체 문제 해결을 위한 협력의 저하를 가져온다.

다섯째, 제3의 장소가 줄어들면 개인주의적인 소비문화가 발흥하기 쉽다. 사람들은 대면 상호작용 대신 집 안으로 들어가 개별화된 취미 여가 활동에 몰두하며, 홈엔터테인먼트나 디지털 기기에 의존하는 생활을 한다. 이는 대면 공동체 참여와 사회적 연대를 약화하는 또 다른 요소로 작용한다.

제3의 장소의 쇠퇴는 올든버그가 살던 20세기 후반 서구 사회뿐만이 아니라, 2020년대 중반 현재 한국 사회가 겪고 있는 현재 진행형 사회문제이다. 가령, 몇십 년 전까지만 해도 아이들은 그냥 가만히 놔두면 거리로 나가 스스로 친구들과 잘 놀았다. 놀이 공간도 많았고, 한동네에 사는 어른들이 하나같이 아이들을 지켜보는 '눈'이 되어주었기에 아이들은 안전하고 신나게 놀 수 있었다. 보호자는 아이가 잠시 보이지 않더라도 어디에 가면 찾을 수 있는지 잘 알았다. 그러나 지금의 아이들은 동네 놀이터 대신, 돈을 내고 이용하는 키즈 카페에 들어가 놀고 노키즈 존을 피해 식당을 전전한다. 또한 노인들은 젊은 세대가 드나드는 가게에 접근하지 않고, 젊은 세대도 노인을 달가워하지 않는다.

술 한 잔을 시켜놓고 종일 앉아 떠들거나 아무것도 사지 않고도 의자에 앉아 동네 이웃과 이런저런 대화를 나누며 정보나 자원을 교환하던 마을 가게도 많이 사라졌다. 오랫동안 제3의 장소 기능을 담당하던 마을 가게들 일부가 젠트리피케이션으로 임대료가 올라 쫓겨나 폐업하고, 일부 가게는 배달 앱 등의 등장으로 이제 사람들이 찾지 않거나 덜 찾는 배달 중심의 가게로 변화하였기 때문이다.

사람들은 이제 예의 어울림의 즐거움을 누리기 위하여 자기가 사는 동네의 가게나 상점 또는 그와 비슷한 어떤 익숙한 공간을 찾아 거기서 시간을 보내기보다, 낯선 '핫 플레이스'를 찾아가는 데 더 골몰한다. 여기서 만나는 사람들은 모두 이방인이며, 대화하지 않는 대상이자, '인생샷'을 찍는 데 이용되는 랜덤 배경에 불과하다. 그냥 스쳐 지나가는 인연인 것이다. 만약 멀리 나가서 돈을 쓰고 생면부지의 사람들과 어울리는 것이 아니라면, 그냥 조용히 소파에 누워 넷플릭스를 보는 데 시간을 소모할 뿐이다.

2) 지역사회 거점 공간의 발굴 및 활용

(1) 서울형 지역밀착형 사회복지관 사업

올덴버그는 제3의 장소의 쇠퇴 현상을 우려하고, 이를 다시 활성화하여야 한다고 주장하였다. 그는 커뮤니티센터, 도서관, 공원, 놀이터와 같은 기존 공공장소를 폭넓게 재발굴하고, 이를 주민이 자발적으로 참여할 수 있는 활동과 프로그램 운영 장소로 이용하여 해당 공간의 활용도를 높이자고 주장하였다. 덧붙여, 젠트리피케이션으로 사라진 작은 상점이나 카페의 빈 공간, 즉 유휴지를 지역공동체 활성화를 위한 물리적 거점 공간으로 전환 활용하고, 여기서 다양한 세대와 계층이 어울릴 수 있는 활동적 커뮤니티 이벤트를 추진하자고 역설하였다.

올든버그의 주장은 오늘날 우리나라 지역사회복지실천계에 울림을 준다. 특히 지역 주민과의 밀착형 소통과 협력을 강화한다는 방향성 아래, 제3의 장소 개념을 재해석하여 현대적 방식으로 구현하려는 현장의 혁신적 시도에 많은 영감을 주고 있다. 그중에서도 특히 주목할 사례는 앞서 제3장에서 언급한 바 있는 「서울형 지역 밀착형 사회복지관 사업」의 지역사회 거점 공간 발굴 및 활용이다. 이는 크게 세 가지 내용을 골자로 한다.

첫째, 지역사회 내 유휴 공간을 발굴하여 이를 주민 공동체 활동 공간으로 전환 활용한다. 예를 들어, 사용되지 않던 공공건물이나 노후화된 주민센터를 개조하여 다양한 세대와 계층이 함께 사용할 수 있는 커뮤니티 허브로 탈바꿈시키는 식이다. 둘째, 전환된 공간에서 주민이 자발적으로 기획하고 참여하는 프로그램을 운영한다. 사회복지사 중심의 기존 하방식 서비스 제공이 아닌, 주민이 프로그램 기획부터 운영까지 직접 참여하는 상향식 접근법을 취하여 마을 구성원이 주인의식과 자율성을 갖도록 유도한다. 셋째, 거점 공간을 민관 협력을 강화하는 전초 기지로 활용한다. 모 사회복지관은 마을 곳곳에 설치된 거점 공간을 중심으로 지역 주민, 지방자치단체, 민간 자원 및 시설을 연결하는 허브 역할을 수행하며, 이를 통해 지속 가능한 지역사회복지 네트워크 구축을 꾀한다.

주민이 자율적으로 활용할 수 있도록 유휴지를 발굴해 이를 모두가 이용 가능한 참여적 공간으로 탈바꿈시키는 것을 목표로 하는 「서울형 지역 밀착형 사회복지관 사업」의 지역사회 거점 공간 발굴 및 활용 노력은, 주민이 자연스럽게 모여 대화하고 지역 문제를 논의하고 협력할 수 있는 물적 토대를 마련하는 시도라는 점에서 지금까지 다룬 제3의 장소에 대한 논의와 결을 같이한다. 제3의 장소 개념에서 다루어지는 아이디어를 지역사회복지실천의 맥락에서 구현하고자 노력하는 현실의 혁신 모델인 것이다.

이 외에도 서울시는 지역 내 유휴지를 발굴하여 커뮤니티 거점 공간으로 재구성하고, 이를 통해 주민의 자율적 참여를 촉진하며 지역사회 통합을 강화하는 다양한 정책들을 구상해 펼치고 있다. 특히 2025년 하반기에는 '외로운 사람들'을 위한 오프라인 소통 교류 공간인 가칭 「서울잇다플레이스」를 서울시내 모처에 300평 규모로 조성할 예정이다. 이곳에서는 마음 상태에 따라 좋은 글귀를 추천해 주는 '마음약방 자판기', 가벼운 먹거리와 외로움 상담을 제공하는 '서울마음편의점' 등 다양한 프로그램을 운영하여 시민들이 보다 친밀하게 교류하고 정서적 지지를 나눌 수 있는 공간을 제공할 계획이다.

(2) 성과 사례

서울시 지역 밀착형 사회복지관 사업에 참여한 사회복지관들은 이미 거점 공간 발굴 및 활용과 관련하여 상당한 성과를 내고 있다. 복지관들은 거점 공간을 전통적인 찾아가는(outreach) 서비스 제공(예 후원품 배분, 고독사 예방 프로그램, 복지 상담소 운영 등)뿐만이 아니라, 주민 주도의 사회관계망 형성 프로그램, 마을 만들기, 주민조직화와 같은 탄탄한 지역공동체 구축 활동에 융통성 있게 활용하고 있다.

가령, 방아골종합사회복지관은 2019년 도봉구 방학1동에 '다다름 공작소'라는 복지거점 공간을 마련하여 다양한 주민 주도 활동 프로그램을 운영하고 있다. 이것은 특히 중고령 주민이 서로를 돌보는 '방학서클' 프로그램의 주 운영 공간으로 활용되며, 주민 간 관계망 형성과 지역 응집력 강화에 기여하고 있다.

서울시립대학교종합사회복지관도 2022년 중랑구 묵동에 '사이시옷 묵동 분관'을 설립하여 주민 주도의 다양한 참여 모임을 지원하고 있다. 이곳에서 운영되는 대표 프로그램으로 도움을 필요로 하고 도움을 줄 수 있는 사람들을 연결해 주는 '손길 모임' 프로그램이 있다. 묵동 분관은 서울시사회복지관협회와 한국토지주택공사(LH)의 협약을 통해 제공된 LH 유휴 상가를 활용한 사례로, 공공자원의 효과적 활용을 보여준다.

옥수종합사회복지관도 성동구 옥수동을 비롯해 금호2,3가동과 응봉동에 각각 거점 공간을 마련해 운영하고 있다. 세 개의 거점 공간들은 주민 주도의 마을 활동과 사회교육 프로그램 장소로 활용되고 있는데, 특히 2023년 서울시복지재단의 「사회적 고립가구 지원 사업 잇다+」에 선정된 이후 복지관은 해당 공간들을 돌봄이 필요한 고립 1인 가구를 발굴하여 맞춤형 복지서비스를 제공하는 전진 기지로 사용하고 있다.

지역사회 거점 공간은 단순히 주민이 모이는 장소를 뛰어넘어, 지역사회의 다양한 문제를 해결하고 주민 간 연결과 협력을 촉진하는 중심지로 기능한다. 사회적 유대감과 포용성, 정서적 지원, 평생 학습, 지역 경제 활성화, 공동체 소속감 및 자긍심 증진에도 크게 기여한다. 가히 제3의 장소의 철학을 한국 지역사회복지실천의 맥락에서 성공적으로 구현한 사례라 할 수 있다.

CHAPTER

09 주민조직

제8장에서는 지역사회 시민교육이 지역사회복지실천의 성공을 위한 주요 방법론 중 하나라는 점을 공부하였다. 제9장에서는 제8장에서 배운 내용의 연장 선상에서, 지역사회복지실천의 또 다른 주요 방법론으로서 주민조직화를 공부한다.

이를 위해 먼저 조직에 관한 일반적인 내용을 이론적 차원에서 검토하고, 이를 바탕으로 주민조직의 구체적인 개념, 유형, 특징, 의의를 사회복지조직 등 유사 조직과의 비교를 통해 짚어본다. 그다음, 주민조직화와 관련된 다양한 과업을 활동 단계별로 알아보고, 마지막으로 실천 현장에서 맞닥뜨리는 현실적 어려움과 해결 방안 그리고 주민조직화 사업 성공 요인을 분석한다.

1. 조 직

1) 개념 및 특징

조직(organization)은 주어진 환경 아래에서 특정한 목표를 달성하기 위하여 일정한 구조를 발전시키고 특수한 기능과 역할을 수행하는 사회적 체계이다(Etzioni, 1958). 사회를 이루는 인간은 인위적으로 조직을 결성하여 운영하는데, 그 까닭은 혼자서 하기 어려운 일을 조직을 통해 여러 사람이 힘을 합쳐 정해진 역할과 규칙에 따라 체계적으로 수행하면 목표를 더욱 수월하게 달성할 수 있기 때문이다(지은구, 2007 : 21).

조직의 특징은 다음 작은따옴표 안의 다섯 가지 사항으로 요약할 수 있다. 첫째, 조직은 '공통의 목표'를 중심으로 구성된다. 목표는 조직의 정체성을 규정하고 구성원에게 명확한 방향성을 제시한다. 둘째, 조직은 구성원 각자에게 역할과 책임을 분배하는 일정한 '구조와 체계'를 가진다. 조직 내 활동은 이러한 구조와 체계를 통해 효과적으로 기능하고 유지된다. 셋째, 조직은 '구성원'으로 이루어진다. 조직은 혼자가 아닌 두 명 이상의 사람이 함께 목표를 달성하기 위해 협력하는 집합체이다. 각 구성원은 정해진 역할을 수행하며, 공통의 목표 달성을 위해 각자 맡은 바 임무를 다한다. 넷째, 조직은 구성원 간 '조정과 협력'을 통해 운영된다. 조직 내 모든 활동은 체계적으로 조정되며, 구성원 간 협력을 통해 시너지 효과를 만든다. 다섯째, 조직은 일정 기간 이상 운영되는 '지속성'을 띤다. 조직은 필요에 따라 내부 구조와 기능을 수정하고 변화시키지만, 목표 달성을 위해 전체적인 틀을 장기간 유지한다. 지속성은 조직의 안정적인 발전을 보장한다.

2) 유 형

조직은 어떠한 기준을 적용하느냐에 따라 다양한 방식으로 유형화될 수 있다(Etzioni, 1964). 첫째, 공식성을 기준으로, 공식 조직과 비공식 조직으로 나뉜다. 공식 조직은 특수한 이해관계를 추구하고 명확한 구조와 명문화된 규칙에 따라 운영된다. 회사, 학교, 국가 및 공공기관 등이 이에 속한다. 반대로 비공식 조직은 자연스럽게 형성된 인간관계에 기반을 두며, 임의로 운영된다. 주로 친목 모임이나 동호회가 비공식 조직을 대표한다.

둘째, 목적을 기준으로, 영리 조직과 비영리 조직으로 나뉜다. 영리 조직은 경제적 이윤 창출을 목표로 하는 반면, 비영리 조직은 비경제적 공익 실현에 초점을 맞춘다. 기업이나 개인사업체가 영리 조직을 예시한다면, 자선단체나 NGO 등은 비영리 조직을 예시한다.

셋째, 기능을 기준으로, 생산 조직, 금융 및 경제 조직, 서비스 조직, 교육 및 연구 조직, 사회복지 및 공공 서비스 조직, 커뮤니티 조직, 문화 및 예술 조직 등으로 나뉜다. 생산 조직은 물질적인 제품을 만드는 일을 수행하며, 공장이나 제조사가 예이다. 금융 및 경제 조직은 금융 서비스와 경제 활동 지원을 목적으로 하며, 은행이나 보험회사가 이 유형에 속한다. 서비스 조직은 의료, 관광 등 고객의 니즈를 충족하는 활동에 초점을 맞추며, 병원과 호텔 등이 이에 해당한다. 교육 및 연구 조직은 학습과 지식 창출을 주기능으로 하며, 학교, 연구소 등이 포함된다. 사회복지 및 공공 서비스 조직은 사회 취약계층을 지원하고 공익 증진을 도모한다. 사회복지관, 자원봉사센터 등이 대표적인 예이다. 커뮤니티 조직은 통합과 참여의 가치를 기반으로 공동체 문제에 대응하기 위해 자율적, 자발적으로 결성된 민간단체이다. 이번 장에서 다루는 주민조직이 이에 해당하는 대표적 사례이다. 마지막으로, 문화 및 예술 조직은 예술과 문화를 창출하고 보급하는 역할을 담당하며, 박물관, 공연예술 단체 등이 이에 해당한다.

넷째, 지리적 범위를 기준으로, 지역 조직, 국가 조직, 국제 조직으로 나뉜다. 특정 지역 내에서 활동하는 조직은 지역 조직에 해당하며, 한 국가 전체에서 운영되는 조직은 국가 조직, 여러 국가에 걸쳐 활동하는 조직은 국제 조직으로 분류된다.

다섯째, 규모를 기준으로, 소규모 조직과 대규모 조직으로 나뉜다. 가족 사업체나 마을협동조합 등은 소규모 조직의 예이며, 다국적 기업이나 종합병원 등은 대규모 조직에 해당한다.

마지막으로 권한의 집중도를 기준으로, 중앙집중식 조직과 분권화 조직으로 나뉜다. 중앙집중식 조직은 의사결정 권한이 조직 구조의 핵심 내 소수의 인원에 쏠린 데 비해, 분권화 조직은 다양한 구성원에게 권한이 분산된다. 군대와 같은 전통적 관료주의 조직은 중앙집중식 조직의 대표적 사례이며, 팀 단위로 의사결정을 내리는 스타트업기업, 주민 간 수평적 관계를 지향하는 마을 주민조직 등은 분권화된 조직이다. 제10장에서 다시 살펴보겠지만, 중앙집중식 조직은 계층형(위계적) 조직, 분권화된 조직은 네트워크형 조직이라고도 부른다 (Mintzberg, 1979).

2. 주민조직

1) 개념 및 유형

조직에 관한 이러한 개념 정의에 비추어보면, 주민조직(住民組織)은 특정 지역에 거주하거나 주된 활동 근거지를 둔 사람들 일부 혹은 전부가 지역사회라는 특수한 환경 아래에서 특정한 목표를 달성하기 위해 자율적, 자발적으로 설립한 민간단체라고 말할 수 있다(Chan, 2003).

주민조직은 원칙적으로 수익 창출에 관심이 없다. 경제적 이익보다 공익 실현에 중점을 두며, 공익이 아니더라도 지역의 문제해결, 주민 간 협력 및 유대 강화, 지역사회 발전과 같은 비경제적 공동 가치를 주로 추구하므로 비영리 조직으로 분류된다. 또한 통합과 참여의 공동체주의적 가치를 기반으로 다양한 지역사회 이슈에 공동 대응하기 위해 결성된 민간의 자율적, 자발적 조직이라는 점에서 커뮤니티 조직이자 지역 조직으로 볼 수 있다. 덧붙여, 정해진 기준은 없지만 현실적으로 구성원 규모가 대체로 수 명에서 수십 명 사이라는 점에서 소규모 조직이고, 구성원 간 관계가 수평적이고 상호 대등한 평등성을 지향한다는 점에서 분권화 조직으로 볼 수 있다.

다만, 공식적 조직인지 비공식적 조직인지는 상황에 따라 달리 살펴볼 일이다. 일반적으로 주민조직은 비공식 조직으로 간주된다. 이는 주민조직이 엄격한 규칙이나 구조를 따르기보다, 구성원 간 자연스러운 인간관계, 우정, 신뢰와 같은 인간적 가치에 바탕을 두고 비계획적으로 결성돼 임의적으로 운영되는 경우가 대부분이기 때문이다. 마음이 잘 맞고 여가 활동을 공유하는 친구 같은 주민들이 오랜 시간을 함께 보내다가 마을 단위의 취미 모임을 만들어 운영하는 흔한 사례를 떠올려 보면, 주민조직의 비공식성을 이해하기 쉬울 것이다.

그러나 주민조직이 반드시 비공식 형태로만 존재하는 것은 아니다. 조직 설립의 초기 단계에서는 비공식 형태를 띠다가 특수한 이해관계를 달성해야만 하는 상황에 들어간다거나, 외부 자원을 확보해야 할 필요성이 증가하면 공식 조직으로 전환하는 경우도 종종 있다(Smith, 2000).

일부 주민조직은 설립 초창기부터 공식적 형태를 띤다. 뒤에서 다시 언급하겠지만, 주민자치위원회, 주민자치회, 도시재생 주민협의체와 같은 일부 주민조직은 성문법에 근거한다. 그래서 명확한 규칙과 절차를 기반으로 설립, 운영되며, 지방자치단체의 지원을 받는다. 이러한 주민조직은 공식 조직으로 분류된다.

그렇지만 공식적 주민조직이 지역사회 발전이나 공공 서비스 제공 같은 공적 목표 달성에 초점을 맞춘다는 이유만으로 이들을 커뮤니티 조직이 아닌 공공 서비스 조직으로 분류하는 것은 그 본질을 충분히 반영하지 못하는 것일 수 있다. 공식적 주민조직이 공공 서비스 조직의 성격을 보이는 것은 지방자치단체와의 협력 과정에서 발생하는 자연스러운 결과일 뿐, 민간 중심으로 자발성과 자율성을 추구한다는 점(예 주민 참여형 예산 편성 등)에서는 변함이 없기 때문이다.

2) 타 조직과의 비교

(1) 사회복지조직과의 비교

우리 사회에는 취약계층의 복지를 증진하고 지역의 문제를 해결하기 위하여 다양한 사회복지 프로그램과 서비스를 직접적으로 제공하거나 간접적으로 전달하는 단체들이 폭넓게 활동한다. 여기서는 이들을 사회복지조직으로 통칭한다.

사회복지조직은 주어진 환경 아래에서 적절한 자원을 발굴, 동원하여 외부와 상호작용하는 사회적 체계로서, 그 목적은 신체적, 심리적, 사회적 측면에서 문제를 경험하는 지역사회 구성원의 미충족 욕구를 해결하는 것이다(이준영, 2016 : 179). 이러한 사회복지조직은 중앙정부의 보건복지부, 지방자치단체의 복지정책실 등 공공 사회복지조직과, 노인요양시설, 장애인거주시설, 아동공동생활가정(그룹홈) 같은 생활시설, 그리고 사회복지관, 경로당, 장애인주간보호시설, 직업재활시설, 지역아동센터, 자활센터 같은 이용시설 등 민간 사회복지조직을 아우른다(지은구, 2007 : 38). 그렇지만 보통 사회복지조직이라 하면 생활시설이나 이용시설 같은 후자를 가리키는 것이 일반적이다. 다음에서도 민간 사회복지조직을 중심으로 설명을 이어간다.

다음에서는 사회복지조직의 특징을 법적 근거, 목표, 접근 방식, 기술, 참여자, 구조, 환경 등 일곱 개 사항을 중심으로 주민조직과 비교하고, 이를 통해 주민조직에 대해 이해를 심화한다.

① 법적 근거

주민조직은 지역사회의 주요 구성원인 주민이 자발적, 자율적으로 만든 결과물이다. 물론 완벽하게 자발적, 자율적이라고 말할 수는 없다. 주민조직 가운데 상당수가 사회복지조직의 주민조직화 사업의 일환으로 사회복지사 등 외부 전문가의 도움을 받아 만들어지는 경우도 많기 때문이다. 또한 예외적으로, 주민자치위원회나 주민자치회, 도시재생 주민협의체 등 법적 근거에 의거해 만들어지는 경우도 있다. 주민자치위원회는 행정안전부의 「주민자치센터 설치 및 운영 조례 준칙」에, 주민자치회는 헌법과 「지방자치분권 및 지역균형발전에 관한 특별법」에, 도시재생 주민협의체는 각 지방자치단체 도시재생 활성화 및 지원에 관한 조례가 법적 근거이다.

이렇듯 외부 힘에 의존하기도 하고 예외적으로 법적 근거에 의해 규율되기도 하나, 원칙적으로 주민조직의 설치, 운영, 지원, 폐지에는 국가 공권력에 의한 강제적 요소가 개재되지 않는다. 주민조직은 주민의 자유의지에 따라 자유롭게 만들어지고 없어지며 운영된다. 대부분의 주민조직은 명문화된 규정이나 지침도 갖추고 있지 않다.

이와 대조적으로, 사회복지조직은 법적 근거에 따라 설치, 운영, 지원, 폐지된다. 예컨대 노인복지관, 장애인복지관, 종합사회복지관, 지역아동센터와 같은 사회복지시설은 각각 노인복지법, 장애인복지법, 사회복지사업법, 아동복지법에 따라 규율된다. 사회복지시설은 아니지만 유사 기능을 담당하는 특수 목적시설, 예컨대 정신건강복지센터나 성폭력피해자통합지원센터(해바라기센터) 등도 각각 「정신건강 증진 및 정신질환자 복지서비스 지원에 관한 법률」, 「성폭력 방지 및 피해자보호에 관한 법률」에 따라 규율된다.

물론 법령에 의거하지 않는 사회복지조직도 존재한다. 이러한 조직을 비법정 사회복지시설이라 한다. 그런데 엄밀히 따지면 비법정 시설 역시 관련 조례나 지침이 마련돼 있다는 점에서 아예 법적 근거가 없다고 말할 수 없다. 예컨대 비법정 사회복지시설인 서울시 1인가구지원센터 등은 자치구 조례, 장애인지원주택, 그룹홈지원센터, 발달장애인긴급돌봄센터, 발달장애인지원센터, 발달장애인평생교육센터 등은 서울시 조례, 지역아동센터 광역지원센터 등은 보건복지부 지침을 따른다(안기덕 외, 2025 : 14).

이처럼 모든 사회복지조직은 명문화된 규정이나 지침을 기반으로 설치, 운영된다. 성문법에 근거한다는 것은 사회복지조직에게 공익 지향성이 기대된다는 것을 시사한다. 이와 같은 공공성은 공공 사회복지조직뿐 아니라 민간 사회복지조직에게도 기대되는 가치 규범이다. 반면 주민조직은 대부분 성문법에 근거하지 않고 자의적으로 결성되어 임의적으로 운영된다. 따라서 공공성을 지향할 수는 있으나, 반드시 그래야만 하는 것은 아니다(행정안전부, 2017 : 148). 즉, 사사성을 얼마든지 강하게 드러낼 수 있다.

② 목표

사회복지조직은 조직의 운영과 관리를 전반적으로 책임지는 법인 정관에 명시된 목적사업을 수행하여 조직의 미션을 달성하는 것을 명시적인 목표로 삼는다(문영규, 2009 : 33). 조직의 미션은 대개 개인의 복지 증진, 취약계층 지원, 필수적 사회서비스 제공 등을 통한 공익 실현에 방점이 찍혀져 있다.

이와 대조적으로 주민조직은 주민의 삶을 불행하게 만드는 지역의 문제를 주민이 자발적, 자율적으로 발굴하고 해결하여 지역사회에 긍정적 변화를 일으키고, 이를 통해 당사자인 주민이 권능화 하는 것을 암묵적인 목표로 삼는다(한국주민운동정보교육원, 2010 : 14). 당면 문제의 가시적이고 효율적인 해결만큼이나 구성원 간 연대감, 소속감, 집단효능감의 증진이 중요한 목표로 제시되며, 이것의 궁극적인 종착지는 참여자 임파워먼트이다.

따라서 사회복지조직은 사업성 있는 일 위주로 조직을 운영하려는 경향이 강하다. 물론 사업성이 없어도 법령에 따라 특정 사업을 수행하는 경우가 없지는 않다. 그러나 사업성이 없으면 조직의 미션을 달성하기 어렵고 지속 운영을 위한 정당성을 대내외적으로 확보하기가 힘들다. 따라서 사회복지조직은 가급적 사업성 있는 일 위주로 조직을 운영하고자 한다.

이와 대조적으로 주민조직에게 사업성은 큰 고려 사항이 되지 못한다. 주민조직은 지역사회 안건의 발굴과 해결 방안의 모색, 그리고 해결을 도모하는 과정에서 경험하는 참여자의 임파워먼트를 주된 목표로 삼는다. 따라서 주민조직은 경제적, 사회적 사업성이 없거나 미약하더라도 구성원 간 합의가 이루어진 한 일단 사업을 추진하고자 하는 경향이 강하다(행정안전부, 2017 : 148).

③ 접근 방식

조직의 목표는 각 조직의 문제 접근 방식에도 큰 영향을 미친다. 사회복지조직은 원칙적으로 주민의 자발적이고 민주적인 참여를 권장한다. 그렇지만 현실적으로는 전문가가 주도적으로 계획한 서비스를 일정에 맞춰 제공하고, 클라이언트는 이를 일방적으로 수령하는 일방향적 관계를 조성하여 문제를 신속히 해결하는 데 초점을 맞추는 경우가 대부분이다. 이러한 과업 지향적(task-oriented) 접근은 목표를 달성하고 효율성과 사업성을 극대화할 수 있다는 장점이 있다. 그렇지만 주민의 자발적 참여와 장기적 역량을 강화하는 데에는 한계가 있다.

이와 대조적으로 주민조직은 지역사회 문제를 해결하기 위해 주민이 자발적이고 주체적으로 결집한 결과물이다. 따라서 주민조직의 활동은 당사자 주민의 민주적 참여와 지속적 대화를 통한 역량 강화, 자조 및 자립이라는 과정 및 관계 지향적(process and relationship oriented) 목표를 특히 중시한다(최옥채, 2012 : 200). 전문가는 이 과정에서 모임 참여자에게 도움을 줄 수도 있고 그렇지 않을 수도 있다.

또한 일부 주민조직은 전문가의 의견이나 개입을 거부하거나 적대시하며, 내부적으로 자발적 역량 결집을 통해 문제를 해결하려는 갈등 지향적(conflictoriented) 성격을 나타내기도 한다. 이러한 접근은 외부의 간섭 없이 주민이 스스로 결정하고 행동할 기회를 제공하지만, 문제해결 과정에서 충돌과 비효율성을 초래할 가능성도 내포한다.

④ 기술

조직의 상이한 접근 방식은 각 조직이 채택하는 기술의 성격과 종류에도 영향을 미친다. 사회복지조직은 전문적 개입 계획과 실행, 평가를 담은 정제된 사회복지실천기술을 사용한다(지은구, 2007 : 283). 반면 주민조직은 특별한 전문적 기술을 사용하지 않으며, 그 안의 구성원 역시 특별한 전문가로서의 자격요건을 갖추지 않는다(윤민화, 2014). 주민조직의 기술은 경험적이고 현장 중심적이며, 주민의 직접 참여와 공동 결정을 통해 다소 즉흥적으로 선택된다. 즉, 특정 기술에 제한되지 않고, 문제해결에 도움이 될 수 있는 것이라면 과격한 사회행동이든 평화롭고 민주적인 마을만들기든 자유롭게 선택하여 활용한다.

⑤ 참여자

사회복지조직에는 특정 사회문제에 직접적으로 영향을 받는 당사자가 아님에도 불구하고 문제해결 과정에 관여하고 개입하는, 그리고 그러한 노력의 대가로 임금을 받고 생계를 유지하는 전문직 종사자가 주로 참여한다. 의료사회복지사, 정신건강사회복지사, 학교사회복지사 등 사회복지사를 비롯하여, 요양보호사, 활동지원사, 작업치료사, 재활상담사, 직업생활상담원, 생활지원사, 주거복지사, 돌봄전담사, 청소년지도사, 평생교육사, 간호사, 변호사 등이 대표적인 전문가 집단의 예이다.

이와 달리 주민조직에는 특정 사회문제에 직접적으로 영향을 받는 당사자인 주민이 주로 참여한다. 주민은 다양한 동기를 가지고 주민조직에 참여하는데, 이러한 동기는 크게 자기 지향적 동기, 관계 지향적 동기, 사회 지향적 동기로 나뉜다(문영규, 2009 : 130). 자기 지향적 동기는 여가선용, 개인적 성장, 발전, 즐거움, 만족 등을 추구하는 내적 심리상태를, 관계 지향적 동기는 타인과 어울리고 다른 사람들과 즐거운 시간을 갖고자 하는 심리상태를, 사회 지향적 동기는 사회발전에 기여하고 다른 사람들에게 도움을 주고자 하는 심리상태를 각각 의미한다. 물론 주민조직의 참여가 오로지 이러한 내적 동기에 의해서만 결정되는 것은 아니다. 그 밖의 다양한 내・외적 요인(예 지역사회의 경제적, 정치적, 문화적, 인구학적, 환경적 상황 변화 등)에 의해 종합적으로 결정된다.

⑥ 구조

조직 이론에서 구조란 조직 구성원에게 지위를 부여하고 임무와 역할을 정해주는 유형화된 상호작용 틀을 뜻한다. 이와 관련하여, 사회복지조직의 구조는 대체로 결사체적(associational) 구조를, 주민조직은 공동체적(communal) 구조를 띠는 것으로 알려져 있다(문영규, 2009 : 121). 결사체적 구조는 명시적, 공식적, 위계적, 경직적이고, 공동체적 구조는 비가시적, 비공식적, 수평적, 가변적이라는 것이 특징이다(Green & Haines, 2015 : 122).

공동체적 구조는 유연하고 개방적이며 자율적인 의사소통이 가능하다는 점에서 구성원의 참여와 협력을 촉진하고 지역사회의 다양한 의견을 반영할 수 있다는 장점을 가진다. 그러나 지나친 수평성으로 인해 명확한 규칙이나 책임 소재가 부족한 경우 의사결정 속도가 느려지고 혼란, 무질서, 갈등이 초래되어 오히려 비효율적인 결과를 낳을 수 있다는 단점도 있다.

이와 대조적으로 결사체적 조직 구조는 명확한 위계와 절차를 통해 효율적인 관리와 책임 분배가 가능하지만, 관료주의적 경직성으로 인해 외부 환경이 급변하는 속에서는 유연한 대처를 하지 못해 혁신적이고 창의적인 접근을 하기가 어렵다는 한계를 보인다. 또한 조직을 '내 것'이라고 생각하기 어려운 수직적 관계 구조로 인해 종사자의 내적 동기부여나 직업 만족도가 나쁠 수 있다는 단점도 있다.

⑦ 환경

조직 이론에서 환경은 조직의 목표 달성에 영향을 미칠 수 있는 제반 요인을 가리킨다. 조직의 환경은 크게 일반환경과 과업환경으로 구분된다(지은구, 2007 : 159). 일반환경은 범위가 넓고 조직에 미치는 영향이 간접적인 원거리 환경으로서, 정치, 경제, 사회, 문화, 인구, 법, 제도, 기술적, 시대적 환경 등을 아우른다. 체계이론에서 외체계 또는 거시체계로 불리는 생태환경이다. 반면 과업환경은 조직의 목표 달성에 직접적으로 영향을 미치는 근거리 환경으로, 클라이언트, 자원 공급자, 경쟁조직, 정부 기관, 압력단체 등을 포함한다. 체계이론에서 미시체계나 중간체계로 불리는 생태환경이다.

사회복지조직에서는 일반환경과 과업환경이 동일한 비중으로 중요한 역할을 한다. 그러나 주민조직은 참여자가 지역사회의 지리적 경계 내에서 활동하는 경우가 많아, 일반환경보다 과업환경이 상대적으로 더 중요한 영향을 미친다(문영규, 2009 : 246). 가령 사회 저변의 인구구조 변화에 따라 일반환경 내에서는 고령인구가 증가하는 추세임에도 불구하고, 과업환경인 지역사회 내에서는 정반대로 신혼부부와 어린 자녀가 많아지는 역전입 현상을 떠올리면, 환경의 상대적 구성에 대한 이해가 수월할 것이다.

사회복지조직과 주민조직에 공통적으로 중요한 영향을 미치는 생태환경으로 국가 및 공공기관을 꼽을 수 있다. 우리나라에서 사회복지조직의 가장 큰 재정지원 주체는 단연코 정부이다. 정부는 상당수 사회복지시설을 민간에 위탁하여 운영한다. 따라서 사회복지조직의 생사여탈은 시설 위탁을 정기적으로 심사하는 정부가 사실상 결정한다고 해도 과언이 아니다. 덧붙여 사회복지조직은 3년에 한 번씩 중앙사회서비스원이나 지역 상황에 따라 광역지방자치단체 복지재단 같은 전문 공공기관으로부터 시설 평가를 받는데, 평가 결과에 따라 정부 보조금 액수가 달라진다. 따라서 시설 입장에서 정부를 상대로 조직의 특수 이해관계를 공공연하게 좇는다거나 정부와 경쟁적, 투쟁적 관계를 설정하여 정치적으로 줄타기하는 모습은 아주 예외적인 상황(예 전달체계를 개편하면서 특정 사회복지조직을 퇴출하고자 하는 적대적 상황 조성 등)이 아니고서는 좀처럼 볼 수 없다(류승일, 2019).

이와 대조적으로, 지역 주민의 자발적 의지에 따라 만들어지는 주민조직은 국가로부터 별다른 재정지원을 받지 않는다. 물론 예외가 없는 것은 아니나 대부분 지원을 받지 않으며, 설사 받더라도 액수가 크지 않다. 따라서 대부분의 주민조직은 국가의 통제권에서 멀찍이 떨어져 있다.

이러한 독립성 덕분에 주민조직은 때로 정부나 기업을 상대로 급진적이고 과격한 요구를 제기하기도 한다. 지역사회의 환경 문제 해결을 위한 거리 행진이나 피케팅 등 시위, 공공 서비스 개선을 요구하는 정치 캠페인 추진과 국회의원, 지방자치단체장 낙선 운동 전개 등이 좋은 예이다. 다만, 주민조직이 사회복지조직의 주민조직화 사업의 일환으로 설립된 경우는 주류 질서에 공격적 태도를 보이는 사례가 드물다. 보통 순응적 태도를 보인다.

(2) 주민자치위원회 · 주민자치회와의 비교

대부분의 주민조직은 사적으로 친근한 관계에 놓인 사람들끼리 만나 자연스럽게 만든 비공식 조직이다. 또한 참여와 통합의 공동체주의적 가치에 방점을 찍은 민간 주도의 자발적 커뮤니티 조직이다. 그런데 앞서 언급한 주민자치위원회나 주민자치회는 이러한 주민조직의 일반적 유형과는 다른 모습을 보인다. 이들은 기본적으로 주민조직으로 분류되나, 법적 근거에 따라 만들어진 공식 조직이면서, 취약계층을 돕고 공익 창출을 목표로 하는 공공 서비스 조직의 성격도 나타낸다. 다음에서는 이처럼 독특한 성격을 지닌 주민자치위원회와 주민자치회의 역사 및 기능, 역할을 간략히 살펴본다.

1998년 김대중 정부는 출범과 동시에 공무원 정원을 축소하는 행정조직 개편을 단행하였다. 이 과정에서 읍면동 사무소의 남는 공간에 주민자치센터를 설치하고 읍면동 장의 자문기구 성격을 갖는 주민자치위원회를 구성하여 이곳에서 위원회 심의 및 자문을 얻어 지역사회 욕구에 부합하는 다양한 문화, 복지, 여가 등 프로그램을 개발, 운영하도록 주민자치를 제도화하였다.

시범 운영되던 주민자치위원회는 2003년부터 전국적으로 확대 실시되었다. 당시 노무현 정부는 주민자치위원회의 법적 근거를 법률이 아닌 조례, 구체적으로 행정자치부(현재 행정안전부)의 「주민자치센터 설치 및 운영 조례 준칙」에 명시하였다. 각 시군구는 이 준칙에 따라 「주민자치센터의 설치 및 운영 조례」를 제정, 각자 주민자치위원회를 설치해 운영하기 시작하였다. 2019년 12월 기준 전국 3,491개의 읍면동 가운데 주민자치위원회를 설치, 운영하는 곳은 3,119개소이다.

주민자치위원회는 본래 주민 참여와 자치 실현을 목적으로 설립되었다. 그러나 운영 과정에서 행정기관의 보조 역할에 머무르고, 참여자의 대표성이 결여되며, 예산 및 권한 부족으로 독자적 자치 활동을 펼치기 어렵다는 비판을 받았다(정기호, 2019). 이에 주민 참여를 확대하고 보다 실질적인 주민자치를 구현하기 위하여 2013년 박근혜 정부는 지방자치법 등을 개정하여 주민자치회 사업을 도입하였다. 2023년 1월 기준 주민자치회는 16개 시도, 142개 시군구, 1,388개 읍면동에서 운영되고 있다. 근거 법령은 현재 「지방자치분권 및 지역균형발전에 관한 특별법」 제40조이다.

주민자치회는 주민자치위원회와 분명하게 다른 기능과 역할을 부여받았다(홍성우, 2022). 주민자치위원회가 읍면동 주민자치센터의 운영에 관한 사항을 다루는 심의·자문기구라면, 주민자치회는 주민총회 개최, 마을계획 수립, 마을 축제 개최, 마을신문 및 소식지 발간, 마을 공동체 형성, 주민 참여예산 운영 및 제안 등 진정한 주민자치에 관한 일을 담당하는, 명실상부 주민자치 협의 및 실행 기구의 자격을 부여받았다.

구성원 면면에서도 양자는 분명한 차이를 보인다. 주민자치위원회는 위원 구성에 읍면동 장이 위원을 위촉하는 관 주도 방식을 취한다면, 주민자치회는 공개모집과 공개 추첨 방식을 도입하여 대표성과 개방성 측면에서 큰 개선을 이루었다.

요약하면, 대부분의 주민조직은 비공식적이고 커뮤니티적이다. 이는 주민조직이 자연발생적이고 사적 관계망에 근거한다는 것, 그리고 공공성과 사업성을 배제하지는 않지만 이를 필수 요건으로 삼지는 않으며, 종종 사사성(私事性)과 비사업성을 지향한다는 것을 시사한다. 그런데 1990년대 초 지방자치제도가 부활하면서 주민자치는 제도화의 길을 걷기 시작하였다. 그 결과 주민조직임에도 불구하고 설치 근거가 법령에 명시되고, 공적 관계망에 의거하며, 공공성과 사업성을 우선시하는 주민자치위원회, 주민자치회 같은 독특한 공식적 주민조직이 생겨나기 시작하였다(행정안전부, 2017 : 148).

지역사회복지실천에서 주목하는 주민조직은 이 같은 공식적 주민조직과는 거리가 멀다. 이는 지역사회복지실천이 중점을 두는 활동은 민간 사회복지 전문가가 직간접적으로 관여할 수 있는 것이어야 하는데, 주민자치회, 주민자치위원회 같은 공식적 주민조직에는 민간 사회복지 전문가가 의도를 가지고 개입할 여지가 있는 활동이 거의 없기 때문으로 설명할 수 있다. 물론 주민자치위원회와 주민자치회의 소관 부처가 보건복지부가 아닌 행정안전부인 것도 한몫한다.

독자들도 이 책에서 주민조직을 언급할 때는 공식적 주민자치 단체가 아닌, 비공식적이고 커뮤니티적인 전형적인 주민 모임을 가리키는 것으로 이해해 줄 것을 당부한다. 비공식적이라 함은 처음부터 특수한 이해관계를 달성하기 위해 확정적 목표를 가지고 모인 집단이 아니고, 사적으로 친근한 관계에 놓인 지근거리 지인과의 임의적 만남이 지속되는 가운데 자연발생적으로 만들어진 인간관계에 바탕을 둔 집단이고, 따라서 명문화된 규정이나 지침에 의해 규율되지 않는다는 것을 의미한다. 덧붙여 공공성이나 사업성을 배제하지는 않지만 이를 필수요건으로 포함하지는 않으며, 종종 사사적이거나 사업성이 낮아 실패 가능성이 높은 일에도 무모하리만큼 뛰어든다는 것을 의미한다. 한편 커뮤니티적이라 함은 참여와 통합의 공동체주의적 가치를 바탕으로 다양한 지역사회 이슈에 대응하고자 민간 차원에서 자율적, 자발적으로 만든 비경제, 비영리 지역 조직이자, 구성원 간 인간관계가 수평적이고 의사소통이 민주적인 분권화 조직이라는 것을 의미한다.

지역사회복지실천 현장에서 일하는 사회복지사들이 주로 관심을 보이는 것은 바로 이러한 전형적인 주민조직이다. 사회복지사들은 당사자인 주민이 힘을 합쳐 이러한 조직을 만들고 운영할 수 있도록 앞에서 이끌어 주고 뒤에서 밀어주는 도우미 역할을 맡는다.

3) 의 의

주민조직의 활동을 권장하지 않거나 주민조직의 지지나 동참을 끌어내지 못하는 지역사회복지실천은 결코 성공했다는 평가를 받을 수 없다. 성공적인 지역사회복지실천을 위해서는 주민조직의 활성화가 반드시 요구된다. 그렇다면 주민조직은 왜 중요하고 필요한가. 다음에서는 그 까닭을 네 가지로 정리한다(김주원 외, 2019 : 73).

(1) 행복의 원천

주민조직은 사람들에게 소소한 즐거움과 활력을 제공하며 색다른 경험을 할 기회를 마련해 준다. 인간은 사회적 동물로서, 다른 사람과 공감하고 관계를 맺으며 살아간다. 때로 타인과의 관계맺음을 의도적으로 피할 때가 있으나, 결국 외로움을 느끼며 누군가와 어울리기를 갈망하는 중첩적 존재이다.

어울림의 사회적 욕구는 일반적으로 가정이나 직장과 같은 공동체 공간에서 충족된다. 최근에는 인터넷을 매개로 한 가상공동체에서도 일부 해소된다. 그러나 이것만으로는 충분하지 않다. 사람들은 거주지라는 물리적 공간을 매개로 한 지역공동체 내 이웃, 친구와 다양한 인간관계를 맺는데, 대면 소통에 기반한 이러한 인적 연결망을 통해 중요한 어울림의 욕구를 충족할 수 있다.

주민조직은 지역공동체 내에서 이 같은 인적 연결망 구축의 중심지 역할을 한다. 주민조직은 사람들에게 지근거리의 이웃, 친구와 연결될 대면 소통의 기회를 제공하고, 새로운 관계망을 형성할 통로가 되어준다. 사람들은 주민조직을 통해 비슷한 처지에 놓인 지인과 일상적으로 어울리며 소소한 행복을 찾는다. 살아있음을 느끼며 새로운 도전에 나선다. 주민조직은 그 자체로 개인의 삶에 생기를 불어넣는 중요한 사회적 자원으로 기능한다.

(2) 사회적 지지 제공 및 지역사회역량 강화

누구나 삶에서 크고 작은 어려움을 마주한다. 사람들은 보통 이런 상황에서 먼저 가족에게 도움을 요청하며, 필요시 주민센터나 사회복지관 같은 공식 기관의 지원을 구한다. 그러나 도움을 줄 수 있는 것은 가족이나 공식 기관에 국한되지 않는다. 주민조직은 어려움에 처한 지역사회 구성원에게 즉각적이고 실질적인 도움을 제공함으로써 지역사회 내 비공식적 지지체계와 공식적 서비스 전달체계를 보완하는 중요한 중간 다리 역할을 한다.

일부 주민조직은 지역사회 취약계층을 발굴하여 필수적인 서비스를 제공하는 것을 최우선 목표로 삼아 활동한다. 또 다른 주민조직은 조직 내 구성원이 긴급 상황에 처한 것을 확인하면 필요한 도움을 주저 없이 제공한다. 병원 동행하기, 아이 대신 돌봐주기, 자녀 입시 상담해 주기, 유용한 생활 팁 공유하기, 반려동물 돌봐주기, 반찬 만들어 전달하기, 독거노인과 대화하기, 소액 급전 빌려주기 등등은 주민조직이 조직 내외의 구성원들에게 제공할 수 있는 일상적이고 즉각적인 도움의 쉬운 예시이다.

주민조직은 이와 같은 도움 제공 활동을 통해 지역사회 내 사회적, 물질적, 심리적, 정서적, 경제적 지지체계의 중요한 일부를 이룬다. 특히 이웃됨(neighborliness)이라는 물리적, 정서적 근접성을 바탕으로 공식적 지원체계보다 더욱 친밀하고 실질적인 도움을 즉각적으로 제공한다.

주민조직이 지역사회 내 지지체계 중 하나로 일단 굳게 자리 잡으면, 외부의 공식적, 전문적 지원은 상대적으로 필요성이 줄어든다. 흔히 언급되는 복지 의존이 사라지고, 지역 내부의 자체적인 문제해결 능력, 즉 지역사회역량이 강화되는 결과가 찾아온다.

(3) 인간적 성숙과 발전을 위한 교실

주민조직은 구성원에게 자기 자신뿐 아니라 이웃, 지역사회, 나아가 전체 사회와 국가의 본질과 작동 원리를 깨칠 수 있게 하는 교육적 기회를 제공한다. 주민들은 조직을 결성하고 활동에 참여하는 과정에서 다양한 사회적 역량을 키울 수 있다. 예를 들어, 지역사회 문제를 해결하는 과정에서 공동체 현안에 대한 식견을 넓히고, 민주적 가치와 절차를 이해하며, 의견이 다른 사람과의 토론을 통해 논리적으로 사고하고 발표하는 능력을 향상할 수 있다. 또한 타인과 협력해 일하는 법을 배우고, 이를 통해 팀을 이끌어 가는 리더십도 계발할 수 있다. 더불어 “나와 우리가 함께하면 지역사회의 고질적인 문제도 얼마든지 해결할 수 있다”라는 심리적 자신감을 키울 수 있고, 여기에 덧붙여 행정 및 사무처리 능력 같은 조직 관리 능력도 배양할 수 있다.

이처럼 주민조직은 구성원 개인의 성장을 지원하며, 지역사회 시민성을 제고하는 데 탁월한 효과를 낸다. 이는 지역 주민의 집단효능감을 키우고 임파워먼트를 구현하는 데에도 일조한다. 요컨대 주민조직은 단순히 지역사회 문제를 해결하는 도구를 넘어, 구성원과 지역사회의 지속적 성장과 발전을 이끄는 중요한 교보재 역할을 한다.

(4) 사회적 자본의 축적

주민조직은 미지의 이질적 타자에 대한 신뢰를 촉진하고, 상호 호혜의 규범을 확산하며, 지역사회 이웃과 활발히 관계를 맺고 상호작용할 수 있는 소통과 만남의 기회를 제공한다. 이러한 역할은 주민조직이 시민사회의 근간이 되는 사회적 자본 구축에 기여함을 시사한다. 참고로 제4장에서 사회적 자본을 신뢰, 상호 협력, 네트워크로 구성된 사회적 자원이자 개인과 공동체의 역량 강화에 핵심적 역할을 하는 공공재로 규정한 바 있다.

사회적 자본이 풍부한 지역사회에 거주하는 주민은 자신이 소속된 공동체의 주요 의사 결정 과정에서 자유롭게 의견을 표명하며 다양한 지역사회 프로젝트에 적극적으로 참여하는 등 강한 능동성과 활동성을 드러낸다. 주민조직은 이러한 사회적 자본을 축적하는 기반이자 그 성과를 보여주는 지표로서, 지역사회를 더욱 포용적이고 지속 가능한 공간으로 만드는 데 기여한다.

4) 활 용

많은 사회복지사가 주민조직을 론칭하고 인큐베이팅하고자 애쓴다. 그렇다면 그렇게 애써 만든 결과를 어디에 어떻게 쓸 수 있을까. 다음에서는 주민조직의 쓰임새를 크게 두 가지로 나누어 살펴본다.

(1) 마을만들기(지역사회개발)의 주체

마을만들기(neighborhood building)는 마을에 거주하는 주민이 스스로 생활환경 문제를 이웃과 함께 해결하고 개선해 가는 활동이다(정 석, 1999 : 5). 이는 주민 참여와 협력을 통해 근린 지역사회를 살기 좋고 매력적인 공동체 공간으로 만들어 나가는 과정으로서, 물리적 환경뿐 아니라 사회, 문화, 경제적 환경의 전반적 변화를 목표로 삼는다.

사회복지사는 이 과정에서 주민과 함께 조직적으로 마을을 변화시키는 활동 도우미로 활약할 수 있다. 이때 참고하는 지역사회복지실천 모형이 제5장에서 살펴본 지역사회개발(locality development)이다. 사실 마을만들기는 지역사회개발 모형의 보다 세부적이고 구체적인 실행 방식으로, 지역사회개발의 목표를 마을 단위에서 구현한 결과로 볼 수 있다.

마을만들기 개념은 일본에서 시작된 마치즈쿠리(まちづくり)에서 그 기원을 일부 찾을 수 있다. 마치즈쿠리란 지역 주민이 자신의 생활 장소를 살기 좋고 매력적인 공간으로 만들기 위해 상호 협력하는 활동을 뜻한다(사토 시게루, 2001). 종종 지방자치단체와의 협치를 동반하기 때문에 일본에서는 마치즈쿠리가 보통 도시계획을 포함하는 포괄적 의미로 사용된다.

일본 최초의 마치즈쿠리는 1982년 도쿄 세타가야구에서 시작하였다. 당시 이 지역 주민들은 스스로 자치 조직을 결성하여 지진이나 화재에 취약한 목조주택 개량 사업을 성공적으로 추진하였다. 이는 물리적 환경 개선을 포함해, 주민이 협력하여 지역사회 문제를 자체적으로 해결하는 지역사회개발 모형으로 자리 잡았다. 이후 마치즈쿠리는 일본 전역으로 확산하였고, 현재까지 지역 문제를 해결하고 주민자치 역량을 강화하는 중요한 수단으로 인식되고 있다.

한국에서는 2002년 서울 종로구 인사동에서 시작한 작은가게살리기 운동이 마을만들기의 기원으로 회자된다(배웅규 · 정종대, 2004). 인사동 주민들은 마을 내 특정 공간이 상업 개발로 지역 고유의 특색을 잃을 위기에 처하자 조직을 결성, 서울시와 협력하에 지구단위계획을 조정하였고, 이로써 지역의 정체성, 즉 '인사동다움'을 지켜내는 데 성공하였다. 인사동의 성공적 마을만들기 경험은 이후 효과성이 알려지며 전국으로 확산하였고, 지방자치단체를 중심으로 조례 제정 등의 방식으로 제도화하면서(예 2004년 광주시 북구 아름다운 마을만들기 조례 제정에 따른 마을만들기 사업 추진 등) 우리나라 지역사회개발의 중요한 모델로 자리 잡았다.

주민조직은 마을만들기 주체로서 지역의 문제를 해결하고, 주민 간 신뢰와 협력을 증진하며, 지역사회를 살기 좋고 지속 가능한 공동체 공간으로 변화시키는 데 필수적인 역할을 담당한다. 마을만들기에서 주민조직이 핵심적인 주체로 기능할 수 있는 까닭은 주민조직의 특성과 마을만들기의 핵심 요소가 자연스럽게 잘 어울려 떨어지기 때문이다(광주발전연구원, 2011 : 15). 둘의 접점은 다섯 가지로 정리할 수 있다.

첫째, 자발성과 주인의식이다. 주민조직은 주민의 자발적 참여와 자율성을 토대로 결성되며, 지역의 문제를 스스로 해결하려는 주인의식을 내재한다. 이와 같은 특징은 주민 스스로 지역사회 주체가 되어 생활환경을 개선하고 공동체를 형성하는 것을 목표로 하는 마을만들기의 정신과 일치한다.

둘째, 참여와 협력의 가치이다. 주민조직은 참여와 협력의 공동체적 가치를 중시한다. 마을만들기 역시 주민 간 협력과 의사소통 활성화를 통해 단절된 이웃 관계를 회복하고 공동체 의식을 강화한다. 주민조직은 이러한 공동체 구축 과정을 조직화하고 촉진할 수 있는 최적의 플랫폼을 제공한다.

셋째, 문제해결의 주체와 참여 정신의 강조이다. 주민조직은 지역사회 문제를 가장 잘 아는 당사자 주민이 주축이 되어 만들어진다. 따라서 문제해결 과정에서 구성원의 주체적이고 자발적인 참여가 자연적으로 끌어져 나온다. 이는 주민이 직접 지역사회 문제를 발견하고 주도적으로 해결하는 과정과 경험을 중시하는 마을만들기의 철학과 일치한다.

넷째, 민주시민의 육성이다. 마을만들기는 주민에게 지역사회의 주체로서 책임감을 불어넣고, 더불어 사는 방법과 문제해결 능력, 협력과 조정 기술, 리더십 등 시민적 덕성을 함양할 기회를 제공한다. 주민조직은 이러한 학습과 성장의 장으로 기능하며, 주민이 민주시민으로서의 역량을 키우는 데 중요한 집합적 통로가 된다.

다섯째, 사회적 자본 구축과 지속 가능성이다. 주민조직은 신뢰와 호혜의 네트워크를 구축하여 지역사회 내외에 사회적 자본을 형성하는 데 기여한다. 주민조직에 의해 형성, 축적된 사회적 자본은 마을만들기에서 중시하는 주민 간 끈끈한 관계 구축(strong ties)과 지속 가능한 열린 공동체 형성(weak ties)에 필수적이다.

(2) 집합행동의 수단

집합행동(collective action)은 불평등한 권력관계와 자원 분배의 문제를 해결하기 위하여 조직화된 집단이 실력 행사를 통해 기존의 정책, 서비스, 프로그램 등을 자신들에게 유리한 방향으로 변화시키는 활동이다. 이는 특히 불리한 위치에 놓인 취약계층이 잃어버린 자기 권익을 자각하고 쟁취하기 위하여 직접 행동에 나서도록 돕는 지역사회복지의 실천모형 중 하나로도 잘 알려져 있다(Kirst–Ashman & Hull, 2018). 제5장에서 우리는 이를 갈등이론의 맥락에서 사회행동(social action) 모형이라는 이름으로 공부하였다.

사회복지사는 지역사회 내 거대 이익집단에 맞서 집합행동을 계획하고 추진할 때 주민조직을 중요한 도구로 활용할 수 있다(민소영 · 신재은, 2017). 집합행동에서 주민조직이 유용한 도구로 기능하는 까닭은 주민조직의 본질적 속성과 사회행동의 철학이 조화를 이루기 때문이다. 주민조직은 자발성과 자율성을 바탕으로 주민 스스로가 지역사회 변화의 주체가 되는 임파워먼트를 지향하며, 협력과 연대를 통해 문제를 해결하는 공동체적 가치를 중시한다. 이는 불평등한 권력구조에 도전하고 자원의 공정한 분배를 이루기 위하여 집단 구성원의 참여와 조직적 힘을 활용할 것을 강조하는 집합행동의 철학과 잘 맞아떨어진다.

특히 주민조직은 지역의 문제를 가장 잘 이해하는 주민이 중심이 돼 결성, 운영되기 때문에 문제해결 과정에서 실질적 참여와 내부 결속을 끌어내는 데 효과적이다. 이뿐만이 아니라 주민조직의 활동은 신뢰와 호혜의 규범을 형성하여 집단적 의사결정을 촉진하고, 민주적 역량을 강화하는 데에도 기여한다. 이러한 주민조직의 특성은 집합행동의 목표인 사회 구조 변화와 지속 가능한 발전을 추구하는 데 필수적으로 요구되는 덕목이다.

집합행동 과정에서 사회복지사는 주민조직 결성과 운영을 지원하는 것 외에도 다양한 역할을 수행하며 주민 당사자가 사회적, 구조적 변화를 이끄는 지역사회 주체로 자리 잡게 도움을 줄 수 있다(Mattocks, 2018). 구체적으로, 사회복지사는 옹호자(advocate)로서 주민의 요구를 대변하고, 조정자(mediator)로서 주민조직과 외부 이해관계자 간 협력을 조율하며, 선동가(agitator)로서 주민에게 집단행동의 필요성을 고취할 수 있다. 또한 협상가(negotiator)로서 거대 이익집단과 주민조직의 협상을 지원하고, 교육자(educator)로서 주민에게 집합행동에 필요한 지식과 기술을 전수할 수 있다.

여기서 주안점은, 사회복지사는 집합행동의 공개적 주도자가 아닐 뿐 아니라 그렇게 되어서는 안 된다는 점이다. 집합행동에서 사회복지사는 주민이 스스로 행동의 주체가 될 수 있도록 배후에서 지원하는 조력자로 그 역할이 제한된다(Sen, 2003 : 18-20). 예컨대 주민에게 필요한 정보를 제공하거나, 함께 전략을 논의하거나, 외부 자원에 연결해 주는 일 등의 활동만 권장된다. 사회행동 모형에 있어서만큼은 제한적 도우미 역할이 사회복지사의 존재를 보다 효과적이고 윤리적이며 전문적으로 만드는 핵심 요소이다. 만약 그 이상의 역할을 떠맡는다면 이는 지역사회복지에 대한 실천적 접근이 아닌 것이 되며, 사회복지사 고유의 영역을 넘어선 것이다.

주민조직을 매개로 한 집합행동의 대표적 성공 사례로 20세기 중반 미국의 민권운동(civil rights movement)을 들 수 있다. 1960년대 미국 대도시의 지역사회 교회와 풀뿌리 민주주의 단체들은 주민조직의 활동을 근간으로 흑인 차별 철폐를 위한 법률 개정과 정책 변화를 끌어내었다. 특히 1963년 워싱턴 대행진(March on Washington for Jobs and Freedom)은 각 지역을 대표하는 주민조직이 연합하여 전국적 규모의 집합행동을 조직화한 사례로서, 당시 집회는 1964년 민권법(Civil Rights Act of 1964), 1965년 투표권법(Voting Rights Act of 1965) 제정에까지 영향을 미쳤다(Bent-Goodley, 2015).

우리나라에서도 주민조직이 불평등한 사회 구조를 개선하고 실력 행사의 중심에 섰던 사례가 많다. 대표적으로 1980년대 민주화 운동에서 주민조직과 노동조합이 협력하여 군사독재 정권에 대항하며 민주주의를 쟁취하는 데 중심적 역할을 담당한 사례를 들 수 있다. 또한 최근 환경운동 움직임에서는 주민조직이 중심이 되어 대규모 개발사업에 반대하며 지역 생태계를 보전한 사례도 보고된다(예 2011년 제주 강정마을 해군기지 건설 반대 운동, 2022년 설악산 오색 케이블카 설치 반대 운동 등).

3. 주민조직화

1) 단계별 과업

주민조직은 주민이 자발적으로 결성해 운영하는 것이 원칙이다. 그렇지만 주민조직이 만들어져 제 궤도에 오를 때까지 사회복지사의 도움이 어느 정도 필요한 것이 현실이다. 이러한 부분을 감안하며, 다음에서는 주민조직을 론칭하고 인큐베이팅하는 데 있어 사회복지사가 수행할 수 있는 주요 과업을 단계별로 살펴본다.

(1) 지역사회 특성 이해하기

주민조직화 사업을 추진하기에 앞서 사회복지사는 먼저 자신이 활동하는 지역사회 특성을 잘 파악해야만 한다. 즉, 지역사회를 많이 연구하고 많이 둘러보며 최대한 많은 사람을 만나 진솔한 대화를 나눔으로써 스스로를 지역사회의 일원으로 녹여 넣는 과정을 거쳐야 한다(최옥채, 2012 : 225).

주민조직화 사업을 담당하는 사회복지사의 지역사회 친숙화(familiarization) 작업은 다음의 원칙을 따른다(Netting et al., 2016 : 160−180). 첫째, 지역사회의 인구학적 상황, 경제적 조건, 정치적 성향, 문화적 배경 및 역사적 기원은 물론 현재 주민이 직면하는 문제와 그에 따른 욕구 미충족 상태를 구체적으로 파악한다. 둘째, 지역사회의 장단점을 균형 잡힌 시각으로 객관성 있게 분석한다.

셋째, 지역사회에 존재하는 자원 및 서비스 명단을 작성하고, 이것들이 현재 지역의 문제를 해결하고 주민의 욕구를 해소하는 데 적절하게 투입되고 활용되는지, 즉 전달체계가 효과적으로 작동하는지, 전달체계에 대한 주민의 접근성이 높은지, 사각지대는 없는지 등을 확인한다. 넷째, 지역사회 권력구조와 그에 동반되는 차별 및 억압의 수준 및 기제를 분석한다. 권력구조를 분석할 때는 지역사회의 기득권층이 누구인지 조사하고, 향후 초래될 변화에 누가 동조 혹은 저항할 것인지 면밀하게 예측한다.

(2) 주민과 관계 맺기

주민조직을 론칭하는 사회복지사는 되도록 많은 주민과 접촉하여 한 명 한 명과 친밀한 관계를 맺고, 이를 오랫동안 유지하면서 주민으로부터 신뢰를 끌어낼 수 있어야 한다. 한국주민운동정보교육원(2010 : 80-95)은 주민과 관계 맺기의 구체적인 방법으로, 무작정 만나기, 계기를 만들기, 소개를 받기, 함께 만나기, 끼어들기, 초대하기, 궁금하게 만들기, 프로그램을 통해 만나기 등을 제시한다.

의식적으로 주민에게 접촉하여 친분을 쌓는 것은 굉장히 어색한 일일 수 있다. 그러나 주민과 친숙한 관계 형성(building rapport) 없이는 주민의 일상생활이나 평소 생각에 진정으로 다가설 수 없다. 무엇보다 사회복지사가 클라이언트인 주민 사이에서 공감 없이 겉돌기만 한다면, 주민들 역시 스스로의 힘을 믿지 못하며 자발적으로 어떤 단체를 조직하거나 지역사회 문제해결에 능동적으로 뛰어들 생각을 좀처럼 할 수 없다(Kirst-Ashman & Hull, 2018 : 74).

(3) 주민조직 만들기

지역사회 특성을 이해하였고 주민과 친밀한 관계를 형성하였다고 판단되면, 사회복지사는 주민 사이로 파고들어 조직, 즉 주민모임을 만들도록 유도한다. 모임 결성을 유도할 때는 다음의 원칙이 지켜지는지를 잘 확인한다.

① 토착 리더 찾아 활용하기

모임이 초기에 잘 정착하여 틀을 갖추기 위해서는 모임을 주도하는 핵심 세력, 즉 리더 집단이 있는 것이 유리하다(한국주민운동정보교육원, 2010 : 152). 리더 집단은 문제의식을 공유하면서 추진력이 있고 학식과 덕망을 갖춘, 서로 친분이 있는 주민으로 구성되는 것이 바람직하다.

만약 선도 세력으로 활약할 만한 인물이 당장 보이지 않는다면, 사회복지사는 주민조직화보다는 토착 리더 배양 작업에 먼저 힘쓰는 것이 낫다. 제8장에서 배운 지역사회 시민교육은 인적 자원 개발을 위한 좋은 사전 작업이 될 수 있다.

② 초창기 만남은 작고 사소한 것에서부터 시작하기

주민모임을 만들 때는 작은 일부터 시작한다(Green & Haines, 2015 : 85). 여기서 작은 일이란 가시적 성과와 연결된 그 무엇만을 의미하지 않는다. 주민이 함께 소소한 활동을 하며 관계를 맺고 신뢰를 쌓는 것 역시 작은 일의 범주에 포함될 수 있다. 예를 들어, 같이 걷기, 함께 책 읽기, 탁구 치기 같은 단순 무예산 또는 초저예산 활동이 모든 이가 부담 없이 참여할 수 있는 작은 일의 범주에 속한다. 이 같은 활동은 뚜렷한 성과가 없더라도 주민 간 관계 구축과 소속감 형성에 기여하기 때문에 주민조직화의 훌륭한 초기 목표가 되기에 손색이 없다.

만약 정말로 조직화를 어떻게, 어디서부터 시작해야 할지 몰라 난감한 상황에 놓여 있다면, 아무 이유 없이 그냥 같이 밥 먹기라든가, 이웃이 이사 올 때 짐 날라주기 같은 사소하고 거의 의미 없어 보이는 일부터 무작정 시도하며, 잠재적 구성원 간에 서로 얼굴을 익히는 시간을 갖는 활동 중심으로 모임을 개시한다. 다시 한번 말하지만, 모든 조직화의 첫 단추는 서로가 서로를 알고 친분을 맺는 아주 기본적인 것에서부터 시작한다.

물론 유의미하고 가시적인 성과를 도출하는 것도 주민조직화의 중요한 초기 목표가 될 수 있다. 다만 이 경우, 길거리 청소나 소액 기부 약속과 같이 정말로 실현 가능한 과업을 목표로 삼는 것이 바람직하다. 작고 실현 가능한 목표를 빈번하게 성취하다 보면, 참여 주민은 자신감을 가질 수 있고 조직에 대한 신뢰도가 높아짐을 경험할 수 있다. 이는 추후 큰 프로젝트나 사업을 시도할 참여자의 내적 힘으로 자리 잡는다.

반대로 사소한데도 성취를 하지 못하는 경험이 한두 번 생기고 이것이 누적되면 참여자는 자신감 상실, 흥미 상실, 지루함, 패배감 등을 느끼며 한둘씩 사라지고, 모임이 결국 와해할 수 있다. 따라서 반복된 작은 실패가 일어나지 않도록 주의한다.

지금 막 시작하였거나 론칭을 준비 중인 초기 단계 주민모임은 가급적 감히 해결하기 어려운 지역사회 문제들, 예컨대 학교 밖 비행 청소년 선도라든가 초등학교 인근 유해 유흥시설 이전 같은 난제는 현안으로 다루지 않도록 한다. 난제를 다루는 모임에 선뜻 참여할 주민은 많지 않다. 모임을 론칭하는 초기 단계에서는 되도록 많은 주민을 끌어모으고 그 가운데에서 만남에 흥미를 느끼는 소수 리더 집단을 양성하는 것이 우선 과제이므로, 어울림과 알아감의 재미를 반감(?)할 수 있는 골치 아픈 주제는 어느 정도 모임이 정착하고 구성원 간 공감대가 형성된 훗날 도모하는 것이 좋다. 다시 한번 말하지만, 중요한 것은 작은 성취를 통한 효능감의 축적이다.

③ 참여자 간에 친밀한 인간관계 만들고 유지하기

참여자 간의 친밀하고 원만한 대인 관계는 주민모임 결성은 물론 이후의 원활한 운영 및 관리에 영향을 미치는 중요한 조직 요인이다. 이는 특히 주민모임의 의제 선정과 확장에까지 영향을 미치기 때문에 더욱 중요하다. 따라서 사회복지사는 모임 참여자가 부담 없이 자연스럽게 만나 어울릴 수 있는 호의적 분위기 조성에 신경 써야만 한다. 식사하기, 간식 먹기, 뒤풀이, 산행, MT, SNS를 통한 대화 나누기, 일상 나누기 등 다양한 대면 및 비대면 친목 다지기 활동은 성공적인 주민조직 만들기에 반드시 필요한 인간적 요소이다(최옥채, 2012 : 423).

한 가지 유념할 점은, 주민모임에서 어색함은 이상한 것이 아니라 아주 자연스러운 관계맺음의 본질적 요소라는 점이다. 누구나 관계를 시작할 때는 어색함을 느낀다. 이 말인즉슨, 애써 론칭한 주민모임에서 참여자 간에 묘한 어색함이 감돈다고 하여 사회복지사가 부담감이나 좌절감을 느낄 필요가 전혀 없다는 얘기다. 조금은 어색해야 서로를 배려하며 조심스럽고 천천히 상대를 알아갈 수 있다. 어색함이 없어지기까지는 약간의 시간이 필요하다. 이것은 실패의 조짐이 아니다.

한편 친밀한 관계의 정반대 스펙트럼에는 갈등과 반목, 그에 따른 모임 와해가 있다. 이에 대해서는 이어지는 소절에서 좀 더 자세히 언급한다.

(4) 주민조직 운영하기

① 모임을 통해 무엇을 할지 논의를 통해 차차 의제를 찾아 정하기

앞서 주민자치위원회나 주민자치회의 예에서 보았듯이, 처음부터 특수한 목적을 달성하기 위하여 결성되는 법정 주민모임이 있다. 몇몇 주민모임은 사회복지사의 전문적인 의도와 기획에 따라 이미 의제를 설정한 상태에서 특정 사업 수행을 위해 만들어져 운영되기도 한다. 지역 생태계를 보전하기 위해 하천을 정화하거나 재활용 물품을 나누어 쓰거나 도심 속 공원을 가꾸는 환경보호 활동을 하는 주민모임, 어린이이 안전한 놀이 공산을 마련하고 교육을 함께 책임지는 공동육아 모임, 취약계층을 돕기 위해 무료급식을 제공하거나 지역 내 방치된 공간을 청소하는 봉사 모임, 마을의 역사를 기록하고 보존하기 위하여 사진과 구술을 수집하는 문화유산 보존 모임 등이 사회복지사의 전문적 의도에 따라 의제가 설정된 상태에서 만들어지는 흔한 주민모임을 예시한다(신재은 외, 2017 : 93-97).

그러나 지역사회복지실천 현장에서는 별다른 이유 없이 만남 그 자체에 목적을 두고 모임을 결성하는 경우도 적지 않다. 이러한 주민모임에서는 친목을 다지는 것이 우선적으로 중요하다. 그런데 주민조직이 지속 가능성을 띠고 계속해서 성장하기 위해서는 친목 도모만으로는 부족하다. 논의를 통해 의제를 발굴하고 모임을 통해 구체적으로 무엇을 할 수 있을지 정하는 고유의 사업 추진 활동이 뒤따라야 한다(Netting et al., 2016 : 167).

사업 초기 단계에서 사회복지사는 의제를 발굴하고 구체적인 활동을 기획하는 것과 관련된 논의 전반을 주도할 수 있다. 그러나 계속해서 주도적인 역할을 떠맡아서는 곤란하다. 하고 싶은 일을 참여자가 직접 제안하고 활동을 기획할 수 있도록 옆자리를 차츰 비워주어야 한다. 이 말인즉슨, 누구와 무엇을 어디서 어떻게 해야 할지 모르는 조직화 초기 단계에서 사회복지사는 참여자가 할 수 있는 일을 전부 제안하고 각각을 설명하며 필요한 재료(재정 자원)나 장소(물적 자원), 인력(인적 자원)을 제공하며 모임을 인큐베이팅할 수 있으나, 리더가 부상하고 참여자 간 친밀감이 형성되며 사소한 성공이 누적되는 적당한 시점에 다다르면, 한 발 뒤로 물러나 참여자가 필요한 것을 요청이 있을 시 측면에서 건네주는 도우미로 역할을 제한하고, 의제 발굴, 구체적 활동 기획, 장소 확보, 재료 조달, 추가 참여자 모집 등의 일들을 당사자인 모임 참여 주민이 직접 진행할 수 있게끔 차츰 주도권을 넘겨주어야 한다는 뜻이다. 예컨대, 걷기 활동을 통해 모임 참여자 간 어색함을 해결한 후 정기적으로 소통하는 가운데 참여자 중 한 명이 "걷다 보니까 우리 마을에 쓰레기가 많이 보였어요"라는 말을 한다면, 이에 대해 사회복지사가 "그럼, 걸어 다니면서 쓰레기를 줍는 건 어떨까요?"라는 제안을 하여 모임의 의제 발굴과 목표 설정에 넌지시 도움을 주는 식이다.

지역사회의 어떠한 이슈도 주민모임의 사업 의제가 될 수 있다. 그러나 하나의 주민모임이 거론된 모든 이슈를 한꺼번에 다룰 수는 없다. 우선적으로 다룰 이슈를 하나 또는 둘 정도 엄선하여 그에 집중하는 것이 좋다.

우선순위를 정할 때 사회복지사는 가능한 한 많은 주민의 참여를 추가로 끌어낼 수 있고, 참여 주민의 정서에 부합하며 욕구를 충족할 가능성이 높은 이슈가 선정되도록 조언을 건넨다. 또한 성공 가능성이 높고, 일회성으로 끝나지 않으며 지속적으로 추진될 가능성이 높은 이슈, 덧붙여 모임의 영향력과 향후 지역사회 내 입지를 키울 수 있는 이슈가 정해질 수 있도록 유도한다(함철호, 2019 : 322).

작은 주민모임에서 자체적으로 발굴하고 추진해 볼만한 이슈를 몇 가지 예시하면, 후미진 골목에 백열등을 설치하는 일, 마을 입구 훼손된 담벼락을 개보수하고 페인트칠을 다시 하는 일, 플라스틱 페트병만 따로 모아 라벨을 떼고 재활용업체에 전달하는 일, 마을 어린이들이 안심하고 놀 수 있는 친환경 놀이터 만들기, 지역 내 버려진 공터를 활용하여 공동 텃밭을 조성하는 일 등이 있다.

② 모임의 필요성에 대해 공감 나누기

주민모임을 결성하여 운영할 때는 참여 주민에게 모임의 필요성을 공감시키는 일이 무엇보다 중요하다. 이는 "우리가 왜 모여야 하는가"에 대한 이유와 목적의식을 공유하여 모임의 규모를 키우고 참여에 대한 동기를 고취하여 모임의 지속 가능성을 높이는 과정으로 이해할 수 있다.

예컨대 이웃과의 관계 개선을 목적으로 모임을 만드는 경우라면, '이웃과 이야기를 나누며 친해지는 것이 이 모임의 목적'임을 분명히 알리고, 이로써 "왜 모이지?"라는 참여자의 당연한 질문에 충실히 응답하도록 한다. 질문과 답변이 충분히 교환될 때 참여자는 비로소 모임의 필요성을 자연스럽게 인식할 수 있고 자발적으로 참여할 내적 동기를 얻을 수 있다. 이는 모임의 지속 가능성을 높이는 요인이 된다.

무엇보다 모임 결성과 참여를 강요하지 않고 주민 스스로 필요성을 느끼도록 유도하는 것이 중요하다. 강요로 인한 부담감은 주민의 자발적 참여를 저해할 수 있다(Green & Haines, 2015 : 85). 문제의식을 자연스럽게 확산시키고, 주민이 자기 욕구를 스스로 깨달아 모임의 필요성을 인식하도록 천천히 접근하는 것이 바람직하다. 당연한 얘기지만, 이를 위해서는 참여자 간 관계가 친밀하고 원만한 인간관계가 밑바탕에 탄탄히 깔려 있어야만 한다.

③ 모르면 모르는 대로 유연하게 대처하기, 배우는 것 자체가 의미 있다

주민조직화 사업을 추진하는 매 단계에서 사회복지사는 애매하고 의문스러운 상황에 곧잘 처하게 될 것이다. 이는 관련 업무 환경 자체가 정형화되어 있지 않기 때문에 발생하는 당연한 결과이다. 이미 틀이 잡힌 서비스를 제공하거나 절차가 공식화된 사례관리를 하는 것이 아니고, 수많은 사람과의 관계맺음 속에서 그때그때 나온 의견을 반영하고 조율하며 창의적으로 대처하는 것이 주

민조직화 사업의 본질적 속성이기 때문에, 전문적 훈련을 받은 사회복지사조차 답이 없는 상황에 놓이는 것은 드문 일이 아니다. 따라서 참여 주민에게 어떤 구체적인 해결책을 제시하지 못하였다고 해서 사회복지사가 자기 능력을 의심하거나 자책할 필요는 없다.

모임 참여 주민 역시 해결책을 찾아가는 과정에 있고 성장하는 단계에 놓여 있기 때문에 답을 모를 때가 많다. 주민조직화 사업을 추진하는 사회복지사는 이러한 때 답답해할 것이 아니라, 참여 주민과 함께 퍼즐을 맞추고 해답을 찾아가려는 노력을 계속해야 한다. 모르면 모르는 대로, 함께 답을 찾아가는 과정 그 자체에 의미가 있다는 생각을 가져야 한다. 가령, 모두가 모르는 상황이면 함께 모여 관련 유튜브 영상을 찾아본다거나 매뉴얼을 읽으며 같이 배우는 것부터 시작하고, 참여자 중 누군가 답의 일부를 알고 있거나 할 줄 아는 상황이라면 그 사람이 다른 사람들한테 설명해 주는 식으로 유연하게 접근한다. 요즘 인기를 끄는 생성형 AI 챗봇(예 챗지피티, 제미나이, 코파일럿 등)을 활용하는 것도 좋은 방법이 될 수 있다.

때로 사회복지사는 특정 분야에 전문성을 갖춘 외부 인물을 연사로 초청하여 강연을 개최하고 관련 이슈에 대한 참여자들의 이해를 높일 수 있다. 이뿐만이 아니라 특정 지역이나 장소, 시설, 예컨대 비슷한 의제로 마을 모임을 운영한 적이 있는 다른 지역 사회복지관에 견학을 가자고 하여 현장에서 직접 참여자들과 같이 유사 사례 연구를 진행할 수 있다. 주민 모임 내에 또 다른 소규모 학습 소모임을 만들어 관련 이슈를 심층 탐구하자고 제안하는 것도 하나의 방법이다.

요는, 잘 모르는 것은 주민조직화 사업에서 디폴트라는 점이다. 모르기 때문에 서로 묻고 부탁하고 의논하고 의지한다. 이 과정에서 상호 이해가 높아지고 신뢰가 쌓이며 연대감이 움튼다. 사회적 자본이 축적될 수 있다. 사회적 자본이 일정 수준 축적되면 그때부터는 사회복지사 없이도 모임은 계속 굴러가며 더 커져 나갈 수 있다.

④ 민주적인 조직 구조와 문화 조성하기

모임의 운영과 관리에 최대한 많은 주민이 참여할 수 있도록 조직의 수직적 위계 구조를 없애고 수평적 의사소통이 이루어질 수 있는 민주주의적 문화를 조성해야 한다. 그런데 여기서 한 가지 문제는, 모임의 규모가 커질수록 수직적 위계 구조가 만들어지고 일방향적 의사소통 문화가 생겨남으로써 직접 민주주의를 실현할 가능성이 낮아질 수 있다는 점이다(Ladner, 2002).

주민의 직접 참여를 최대한 보장하기 위해서는 따라서 주민조직의 규모를 대면 소통이 가능할 정도로 되도록 작게 가져갈 필요가 있다. 만약 큰 프로젝트나 사업을 진행 중이라 주민조직을 소규모화하기 어렵다면, 되도록 그 기능과 업무를 세분화하여 복수의 하위위원회나 분과를 만드는 방식으로 주민조직을 세분화하는 것이 하나의 대처법이 될 수 있다. 이처럼 조직을 작게 세분화하면 참여자 간 대면접촉과 소통 빈도가 증가하여 직접 민주주의를 실현할 가능성이 커진다.

⑤ 행동하기

모임의 참여자들이 논의를 통해 사업 의제를 정하고 이에 대해 충분히 공감을 나누었다면, 이제 참여자들을 실제 행동하기 단계로 유도한다. 이 단계는 다음의 일곱 가지 소과제로 구성된다.

(ㄱ) 의제의 성격 분명히 파악하기

행동하기의 첫 단계에서는 무작정 행동에 나서기보다 설정한 의제의 성격이 무엇인지를 다시 한번 참여자들과 음미하는 시간을 갖도록 한다. 의제의 성격은 크게 세 가지로 나누어 볼 수 있다(Kirst-Ashman & Hull, 2018 : 553-554).

먼저 과업 지향 의제로, 이는 지역사회 내 가시적 문제의 빠르고 효율적인 해결에 집중한다. 안전한 밤거리 조성을 위한 방범 CCTV 설치, 주차난 해소를 위한 주차장 건립, 마을환경 개선을 위한 벽화 조성, 독거노인의 정서적 안정을 도모하기 위한 일대일 말벗 결연 같은 의제가 이에 해당한다. 다음은 관계 지향 의제이다. 이는 지역사회 주민의 이해관계를 저해하는 억압과 착취 구조에 타격을 가하고 전복하는 데 집중한다. 환경오염 물질을 배출하는 공장 건립을 반대하는 주민운동 전개가 이에 해당하는 사례이다. 마지막은 과정 및 관계 지향 의제이다. 이는 공동 현안에 대한 보다 많은 주민의 관심을 유도하고 참여와 협력을 독려하는 데 집중한다. 주민 화합과 공동체 재건을 위한 마을 축제 개최가 이에 해당하는 예시이다. 현실의 주민모임들은 대부분 이 마지막 과정 및 관계 지향 의제를 중심으로 만들어지고 운영되는데, 이 같은 경우 가시적인 성과를 제시하기란 쉽지 않다. 공동체 구축의 결과물을 수치로 보여주기란 어렵기 때문이다.

(ㄴ) 의제의 정당성 검증받기

다음으로, 모임에서 다루는 의제가 당사자인 모임 참여 주민뿐 아니라 비참여자 주민 및 지역사회 전체에 중요하고 시급한 일인지, 해결을 위하여 주민 참여와 지역사회 자원 동원을 필요로 하는지 등 정당성과 타당성을 검증받는 작업을 진행한다. 이러한 검증은 지역사회의 일반 주민들이 해당 모임의 활동과 목표에 동의하는지 확인받는 민주적인 공론화 과정이자, 주민 참여를 더욱 폭넓게 끌어내기 위한 일종의 홍보 수단으로 이해할 수 있다.

검증 절차를 밟는 까닭은, 주민조직이 항상 지역사회에 바람직한 결과만을 가져오는 것은 아니라는 우려 때문이다. 주민모임은 때로 편협한 이해관계를 좇거나 독단적 결정을 내리는 등 지역사회 전체 관점에서 보았을 때 옳지 않은 결정을 내릴 수 있다. 이러한 오류와 오판의 가능성을 줄이기 위해 주민 일반의 검증을 받는 과정을 반드시 거쳐야만 한다.

검증 방법으로는 설문을 통해 동의 여부 및 수준을 확인하는 양적 검증 방법(예 서베이 등)과 개별적, 집단적으로 비참여 주민이나 다른 주민모임과 만나 대화를 통해 반응을 직접 확인하는 질적 검증 방법(예 공청회, 반상회, 마을회의 등)이 있다.

(ㄷ) 행동 방식을 결정하고 정당성 검증받기

의제의 정당성 및 타당성에 대한 주민 일반의 검증이 완료되면, 다음으로 문제해결을 위해 취해야 할 가장 효과적인 방법이 무엇인지 고민하도록 유도한다. 문제를 해결하는 방법은 주어진 상황과 여건에 따라 다양할 수 있다. 지방관청을 찾아가 민원을 제기하고 불만을 표출하는 방법, 지방의회의원, 국회의원 등 유력 정치인을 상대로 외압을 행사하고 로비를 하는 방법 등은 고전적인 문제 해결법이다. 물론 이렇게 집단의 세 과시를 통해 문제를 해결하는 것 외에도, 토론, 협상, 홍보, 서명, 모금, 신문, 잡지, 인터넷 매체 기고, 방송매체에 등장하여 인터뷰하기 등 여러 다른 방법을 다차원적으로 활용하여 문제해결을 도모할 수 있다(최옥채, 2012 : 325).

요는, 어떠한 것을 선택하든 문제 해결법은 주민 일반의 정서에 맞아야 하고 정당성을 갖추어야만 한다는 점이다. 지역사회에서 예전부터 살아왔고 지금도 살고 있고 앞으로도 살아갈 사람들은 전문 사회복지사가 아닌 주민 당사자이다. 따라서 모임 비참여 주민이 싫어할 수 있는 일, 그들을 잠재적, 실재적으로 위험에 빠뜨리거나 수치스러운 감정을 줄 수 있는 문제 해결법은 피해야 한다. 만약 모임 참여 주민들이 그와 같은 정당하지 못한 방법을 택하는 쪽으로 의견을 모았다면, 사회복지사는 이에 대해 반대 의견을 전달하고 집단 의사결정을 재고할 것을 요청할 수 있다.

(ㄹ) 역할과 책임을 고르게 분담하기

특정 소수 참여자에게만 모임 내 역할 또는 책임이 집중되어서는 곤란하다(신재은 외, 2018 : 14). 참여자 모두가 각자 역할을 부여받아야 하고, 최대한 많은 사람이 활동 주체로 책임감 있게 활약할 수 있어야만 주민모임의 참여 저변이 넓어지고 민주시민으로서의 학습 효과도 극대화될 수 있다. 또한 사업 성과에 대한 만족감도 모두에게 골고루 돌아가 개인적, 집단적 효능감을 비롯한 지역사회역량 강화가 제대로 이루어질 수 있다.

(ㅁ) 구체적인 대안 제시하기

주민모임이 활동을 진행할 때는 선정한 의제에서 문제시하는 이슈에 대한 구체적인 해결책을 계속해서 고민하고 그 결과를 외부에 공개적으로 제시할 수 있어야 함을 참여자들에게 지속적으로 강조해야만 한다. 문제 상황을 변화시킬 만한 대안을 제시하지도 못한 채 그저 "철회하라", "바꾸라", "물러나라"라고 주장하는 것은 무책임한 행동이다. 실질적인 변화를 가져오기 위해서는 사실 행동하기에 앞서 먼저 구체적인 대안들을 미리 연구하고 개발해 놓고 있어야 한다. 이는 상식이다. 심지어 현실의 절박한 문제가 아닌 이슈들, 가령 '아름다운 동네 가꾸기'라든가 '더불어 사는 공동체 만들기'와 같은 추상적이고 장기적인 이슈를 의제로 선정해 활동을 전개하는 경우조차 골목에 꽃 심기, 담벼락에 그림 그리기, 어린이날에 마을을 주제로 한 글짓기나 사생대회 개최 등 구체적인 대안을 준비하고 공개적으로 제시할 수 있어야 한다. 그래야만 비참여 주민도 공감을 표시하고 변화 노력에 동참할 수 있다.

(ㅂ) 설득력 있는 표어와 상징을 개발해 사용하기

지역사회 구성원들이 공감할 수 있는 간단하면서도 강력한 표어(slogan)와 상징(symbol)을 만들어 전면에 내세우면 주민모임의 활동을 더욱 효과적으로 만들 수 있다. 표어와 상징은 모임 참여자에게 조직의 활동 방향과 목적을 명확하게 전달하고 이해하게 하여 내부 단결력을 높일 수 있다. 또한 지역사회 일반 주민과 외부인에게는 왜 자신들이 그와 같은 행동에 나서는지 간결하게 설명해 줄 수 있는 소통의 수단이 될 수 있다. 나아가 잘 만들어진 표어와 상징은 해당 지역에 대한 주민의 자부심과 긍지를 키우고 지역의 대외 이미지를 개선하는 데에도 도움을 줄 수 있다. 지역경제 활성화 차원에서 관광객 유치를 주요 의제로 삼은 지방 작은 마을의 한 주민모임이 "○○에서 한 달 살기, 해보세요!"라는 표어를 만들어 이를 바탕으로 스토리텔링을 하고 긍정적 이미지를 창출하여 좋은 효과를 본 것이 하나의 모범적 사례이다(오영훈·박미숙, 2017).

(ㅅ) 지역사회 자원을 최대한 발굴하여 활용하기

지역사회에 존재하는 인적, 재정, 물적 자원 현황을 미리 잘 파악해 놓고 그 활용 방안을 수립한 후 필요한 때 바로 투입하면 문제해결을 훨씬 수월하게 할 수 있다. 사회복지사는 이 과정에서 중요한 자원 중개자(mediator) 역할을 할 수 있다.

예컨대 마을 축제를 계획 중인 주민모임이 예산 부족으로 축하 공연단을 초청할 수 없어 곤혹스러워하는 상황을 가정해 보자. 이때 만약 주민모임을 지원하는 사회복지관에 과거 몇 차례 초청을 받아 공연을 하러 온 적이 있는 지역 풍물패가 있음을 담당 사회복지사가 미리 머릿속에 잘 노트해 놓고 있었다면, 해당 사회복지사는 모임 참여자들을 대신하여 풍물패에 연락을 취해 공연을 하러 와줄 수 있는지 물어볼 수 있다. 풍물패가 사회복지관과 이미 좋은 관계를 유지하고 있었다면 무료로 혹은 아주 합리적인 가격에 공연을 하러 올 것이고, 그렇다면 축제는 성황리에 끝날 수 있을 것이다. 이는 외부 가용 인적 자원의 존재를 몰랐던 주인모임 참여자들이 사회복지사의 도움을 받아 주어진 상황을 자신들에게 유리한 방향으로 만드는 전형적인 교량적 사회자본(bridging social capital)의 활용 사례이다.

또 다른 가상의 사례로, 다세대 주택이 몰려있는 어떤 한 지역사회에 낙후된 공원시설이 있는데, 주민모임 참여자들이 논의를 통해 이 시설을 지역사회가 당면한 공동체적 문제들, 예컨대 이웃 관계 단절, 마을 공동문화 부재, 세대 소통 부재 등을 해결하는 거점 활동 공간으로 탈바꿈시키고자 계획하는 상황을 가정해 보자. 이때 관건은 공원시설 개보수를 위한 예산 확보라 할 수 있는데, 여기서도 사회복시사는 자신의 전문성을 활용하여 자원 중개자 역할을 할 수 있다. 가령 사회복지사는 해당 동 주민센터 공무원과 소통하는 과정에서 주민참여예산제 활용이 재정 확보의 가장 효과적 방안이라는 조언을 들을 수 있다. 이 조언을 들은 사회복지사는 주민모임으로 돌아와 간담회를 개최하고 주민참여예산에 관한 정보를 전달하고 공모에 응하자고 제안할 수 있고, 제안을 수용한 주민모임 참여자들은 모임 비참여 주민, 주민센터 공무원, 공원시설 관리자 등 주요 이해관계자와 협의하여 공모에 응하고 필요한 예산을 실제로 확보할 수 있다. 확보된 예산은 이후 공원시설 개보수 작업에 투입될 것인데, 이는 마을 축제, 바자회, 플리마켓, 어버이날 행사 개최를 위한 중요한 거점 공간으로 활용됨으로써 이웃 관계 회복을 위한 지역공동체 재건에 기여할 수 있을 것이다.

(5) 종결

① 평가

계획된 주민모임의 활동이 종료된 이후에는 초기에 세운 목표가 달성되었는지 점검하고 이를 바탕으로 새로운 행동계획을 세우는 평가 활동을 진행한다. 평가의 주체는 사회복지사가 아닌 주민모임 활동에 참여한 주민 당사자가 되어야 하며(최옥채, 2012 : 238), 방법은 양적 평가와 질적 평가 방법 그 어느 것을 써도 상관없지만 가급적 후자를 이용하는 것이 좋다. 왜냐하면, 통계수치에는 기록되지 않는 무언가가 있을 수 있기 때문이다. 친분을 나누고 도움을 주고받으며 목표를 설정해 공동으로 노력하는 배움의 과정 및 경험에는 참여자들만의 독특한 서사가 담겨 있다. 숫자로는 이것을 온전히 담아내기 어렵다.

평가에서는 보통 다음의 질문을 자문자답한다(함철호, 2019 : 326) : 활동에 참여한 사람은 총 몇 명이었는가. 모든 참여자가 각자 자신이 맡은 역할을 적절하게 수행하고 책임감 있게 행동하였는가. 역할 수행의 과정에서 발생한 문제점과 그 원인은 무엇인가. 원래 목표로 한 바를 어느 정도 달성하였는가. 활동을 통해 지역사회와 주민의 삶, 그리고 소속 모임에 어떠한 변화가 찾아왔는가.

주민모임의 활동이 항상 성공할 수는 없다. 얼마든지 실패할 수 있다. 그렇지만 목표 달성에 실패했다고 해서 평가 활동을 그만두어서는 안 된다. 실패한 행위 과정을 복기하고 그 결과를 분석하는 일은 고통스러울 수 있으나, 차기 활동을 계획하고 실행하며 성공으로 이끄는 원동력이 될 수 있다. 따라서 사회복지사는 주민모임 참여자가 빠짐없이 평가에 임할 수 있게 유도한다.

이와 더불어 평가 과정에서 사회복지사는 활동의 긍정적 측면을 강조하는 데에도 신경을 써야 한다. 목표를 달성하지 못했다고 해서 패배주의적 사고나 비관적 태도를 드러내기보다, 활동을 수행하는 가운데 참여자가 개인적 또는 집단적으로 일말의 흥미와 만족을 느꼈다면 그 부분을 중심으로 활동이 가져온 긍정적 변화상을 강조한다. 이는 차기 활동을 계획하고 실행하며 성공으로 이끄는 원동력이 될 수 있다.

결과와 상관없이 공동의 이슈를 발굴하여 머리를 맞대 해결책을 고민하고 직접 행동으로 옮겼다는 경험은 그 자체로 큰 의미가 있을 수 있다. 이는 특히 참여 주민이 취약계층인 경우 더욱 그러하다. 이들은 주민모임에 참여하기 전까지만 해도 비슷한 집단적 경험을 해보지 못한, 우리 사회 변방의 비주류 약자였을 가능성이 높다. 그렇기에 스스로 힘을 합쳐 무엇인가를 도모하고 실천을 해보았다는 시도와 경험은 성공 여부와 별개로 그 자체로 이후 그들의 삶에 상당한 긍정적 영향을 미치는 임파워먼트 인자가 될 수 있다.

② 성찰

성찰(reflections)은 특정 활동이나 사업보다 그간의 활동 전반에 대해 되돌아보는 자기반성 행위이다. 성찰을 통해 참여자는 자신의 모임 활동이 자기 삶에서 어떠한 의미가 있었는지, 어떠한 내적 변화를 경험하였는지, 그리고 이를 바탕으로 앞으로 어떻게 살아갈 것인지 등에 대해 깊이 생각해 볼 수 있다. 이는 주민조직화가 단지 특정 이슈 해결에 그치지 않고, 참여자의 삶의 방식, 가치관, 세계관, 태도를 총체적으로 변화시키는 성장과 발전의 기회라는 것을 시사한다. 그뿐만 아니라 활동을 통해 내적으로 큰 성장과 변화를 경험한 참여자는 또 다른 참여에 대한 동기를 키울 수 있는데, 이는 주민모임 활동을 지속시키는 요인이 된다는 측면에서 성찰은 주민조지화사업에시 빠저서는 안 되는 매우 중요한 과업이라 할 수 있다.

③ 외부에 알리기

주민모임의 활동이 끝나면 성공 여부와 관계없이 그간 무엇을 하였고 어떠한 성과를 이루었는지를 정리하여 책자, 소식지 등의 형태로 온·오프라인으로 출판하고, 이를 지역사회 안팎에 널리 알리는 활동을 진행한다. 이는 모임 참여자에게 주인의식을 갖게 하고 지속 참여 동기를 부여하며 성장할 수 있는 여지를 마련해 줄 수 있다. 이뿐만이 아니라 그간 모임에 대해 몰랐던 지역 주민의 흥미를 자아낼 수 있고, 더 폭넓은 참여를 유도할 수도 있기에 중요하다. 가령 환경지킴이 주민모임에서 물품을 재활용한 활동 성과를 알리면 이 소식이 지역사회에 널리 퍼져 긍정적인 파급효과(scale-up effect)가 일어날 수 있다.

반드시 어떤 사회적인 영향력 확산이라는 의식적인 목적으로 모임 성과를 외부에 알릴 필요는 없다. 몇몇 주민모임은 활동 결과물이 자연스럽게 지역사회와의 나눔 활동으로 이어지게 되는 경우도 있다. 가령 요리 만들기 모임을 하는 경우 음식을 만들어 남은 것을 이웃에게 나누어 주는 활동을 통해, 그리고 그림 그리기 모임을 하는 경우라면 만든 작품을 모아 마을 주민 대상으로 전시회를 여는 활동을 통해 자연스럽게 모임의 성과를 외부에 알릴 수 있다.

2) 주민조직화가 어려운 이유와 극복 방안

주민조직화는 지역의 문제와 욕구를 주민 스스로 해결할 수 있도록 돕는 지역사회복지실천의 핵심 방법론 중 하나이다. 근래에는 공공과 민간을 막론하고 주민자치와 마을만들기를 강조하는 사회적 분위기가 두드러지는 까닭에 주민조직화가 더욱 주목받고 있다. 그러나 막상 현장에서 일하는 사회복지사와 이야기 나누어 보면, 서비스 제공이나 사례관리가 차라리 쉽지, 주민조직화 사업은 너무 어렵다며 고개를 절레절레 흔드는 모습을 쉽게 볼 수 있다. 다음에서는 주민조직화가 어려운 이유를 알아보고, 이를 극복하는 방안을 고민해 본다.

(1) 주민 간 갈등

주민모임에는 다양한 배경과 이해관계를 가진 구성원이 활동한다. 그래서 항상 갈등이 발생한다. 갈등은 의사소통 부족에서 비롯되는 단순 오해부터 자원 분배와 같은 구조적 문제에 이르기까지 그 형태와 양상이 다양하다. 특히 의제의 우선순위, 사업 방향성, 자원 분배 방식 등 주요 결정 사항을 둘러싸고 의견 충돌이 심각하게 빚어지곤 하는데, 이와 같은 불일치는 조직의 결속력을 약화하고 활동의 지속성을 저해하며, 궁극적으로 모임의 와해를 가져오기에 경계해야 한다.

대부분의 상황에서 갈등이 발생하면 주민 당사자끼리 회식, 산행 등 머리를 식히는 자리를 따로 마련해 상호 오해를 풀고 다시 좋은 관계로 돌아가곤 한다. 그러나 때로 사회복지사의 개입이 없으면 해결되기 힘든 심각한 갈등이 빚어질 때가 있다. 이러한 경우 사회복지사는 당사자 간에 대화를 통해 합의를 끌어낼 수 있도록 우선적으로 자리를 마련한다.

약속 시간과 장소를 정해 당사자들을 한자리에 모으고, 현재 갈등을 빚어내는 이슈와 의견이 불일치하는 이유를 사회복지사의 관점에서 설명한 후, 각자 상대방 입장을 경청하는 시간을 갖는다. 만약 대화를 통해 합의가 이루어진다면 더할 나위 없이 좋다. 이 경우 합의된 세부 사항을 기록하고 관련자들의 서명을 받는다.

만약 당사자 간에 대화가 잘 이루어지지 않는다면, 사회복지사는 조정 절차에 들어간다. 조정이란 체계적인 협상 과정으로서, 이것이 성공하기 위해서는 사회복지사의 세심한 조정 능력이 요구된다(서울YMCA, 2015). 구체적으로, 사회복지사는 갈등을 빚는 당사자들이 허심탄회하게 그들이 겪는 문제나 상황에 대해 이야기할 기회를 충분히 제공하고, 모든 이슈를 테이블 위에 투명하게 올려놓는다. 문제나 이슈를 복잡한 상태로 놔두기보다 조정 가능한 상태, 즉 상호 수용이 가능한 상태로 구체화하여 제시한다.

이를 위해 갈등을 해결하는 데 도움이 될 만한 잠재적 해결책들을 사회복지사가 직접 미리 생각해 보고 조정 장소에 들어가는 것이 권장된다. 더불어, 필요하다고 판단된 경우 외부 전문가 자문을 받아둘 수 있으면 미리 받아둔다. 한편 딩사자에게 내(우리)가 원하는 것이 무엇이고 왜 그것을 원하는지, 지금 마음속 걱정거리가 무엇인지, 현실적으로 내(우리)가 수용할 만한 해결책에 무엇이 있는지 등을 서면으로 작성하게 한다. 동시에, 같은 당사자에게 다른 이(그들)가 원하는 것이 무엇이고 왜 그것을 원하는지, 지금 다른 이(그들)의 마음속 걱정거리가 있다면 무엇이며, 현실적으로 그(그들)가 수용할 만한 해결책에는 무엇인지 등도 서면으로 작성하게 한다. 합의가 이루어지면, 약속한 바에 대하여 세부 사항을 기록하고 관련자들의 서명을 받는다.

조정 과정에서 사회복지사는 다음 사항을 유념한다. 첫째, 절대 누구의 편도 들어서는 안 되고 중립적인 입장을 고수한다. 누가 옳은지 그른지 직접 판단해서는 안 된다. 판단은 당사자의 몫이다. 이 과정에서 윤리적 딜레마가 발생할 수 있는데, 갈등을 조정하는 일이니만큼 사회복지사가 직접 판단을 내리는 것은 자제하고 가급적 모든 당사자가 평등한 기회와 충분한 정보를 가지고 자신의 목소리를 낼 수 있도록 균형 잡힌 조정자 역할만을 맡는 것이 바람직하다. 둘째, 당사자에게 어떤 결론을 암시하거나, 조급한 마음에 대신하여 결정을 내리지 않는다. 괴롭더라도 당사자 간 합의가 이루어질 때까지 참고 기다린다. 셋째, 조정 사항 이외의 것에 대해서는 이야기하지 않는다. 넷째, 당사자들에게 합의를 강요하지 않는다.

(2) 형식적 참여

주민조직화 과정에서 흔히 직면하는 또 다른 문제는, 주민의 참여가 형식적인 선을 넘지 못하는 경우가 의외로 많다는 점이다. 주민들이 모임에 참석은 하지만, 실제로 발언권을 행사하거나, 의사결정에 참여하지 않고 그저 방관자 혹은 명목상 참여자로 남는 경우가 빈번하다. 형식적 참여는 주민모임의 활성화에 부정적 영향을 끼치며, 장기적으로 주민조직의 지속 가능성을 저해하는 요인이 되기에 경계하여야 한다.

이와 관련하여 아른스테인(Arnstein, 1969)의 시민 참여 사다리(ladder of citizen participation) 이론을 참고할 만하다. 아른스테인은 시민 참여의 수준을 체계적으로 이해하기 위하여 시민 참여를 비참여(nonparticipation), 형식적 참여(tokenism), 실질적 권한 부여(citizen power)의 세 범주로 나누고, 이를 다시 여덟 단계로 세분화하였다.

이를 개략적으로 살펴보면, 먼저 가장 낮은 비참여 단계에서 시민은 외부로부터 정보를 단순히 제공만 받거나 지시 사항을 전달받아 수행하는 수동적인 존재로 그려진다. 그다음 형식적 참여 단계에서는 의견을 제시하거나 참여는 하지만, 실질적인 영향력은 행사하지 못하는 허수아비 같은 존재로 그려진다. 반면 가장 높은 실질적 권한 부여 단계에서는 의사결정을 주도하고 책임을 공유하는 진정한 참여의 주체로 묘사된다.

아른스테인의 사다리 이론에 따르면, 실질적 의사결정이나 권한 행사 없이 단순 의견만 제시하거나 정보만 제공받거나 늘 떠밀려 명목상으로만 모임에 참여하는 것은 진정한 주민 참여가 아니다. 의사 형성과 결정 과정 그리고 그에 따른 결과를 당사자가 완벽히 통제하여 외부 전문가 또는 전문가 집단과 구분되는 독립된 권한을 행사하는 자기 통치(self-governance) 상태일 때만이 비로소 진정한 주민 참여라 할 수 있다.

당연한 얘기지만, 그와 같은 완벽한 시민 통제(citizen control)는 주민조직화 초기 단계에서 기대하기 어렵다. 다만, 참여자들이 모임의 방향성에 대해 의견을 제시할 기회를 충분히 보장받고, 사회복지사가 이를 반영해 구체적인 행동 계획을 당사자가 주체적으로 수립하도록 측면에서 돕는다면, 나아가 참여자들이 자신의 목소리가 실제 결과에 반영됨을 지속적으로 목격하고 작은 성공을 누적적으로 경험하면, 참여자들은 시간이 지나며 차츰 개인적, 집단적 효능감을 느끼고, 이는 참여 동기의 확대로 이어질 수 있다.

사회복지사는 모임 참여자 간 의사소통 방식의 다변화, 토론 기회 및 장소 제공 등 다각적 노력을 통해서도 주민 참여 수준을 제고할 수 있다. 예컨대 많은 사람이 주민모임의 안건 논의 자리에 참여하였는데 한두 명이 큰 목소리로 발언 기회를 독식하고 양보 없이 자기 의견만 고집한다면, 이는 모임 참여자들 사이에 불만을 키우는 요인이 될 수 있다. 이러한 경우 사회복지사는 소수에게 발언이 독점되지 않도록 말할 수 있는 기회를 균등하게 분배하는 공정한 사회자 역할을 취한다. 또한 전문 용어나 절차에 대한 이해 부족으로 적극적으로 참여하지 못하는 불이익(disadvantaged) 주민이 있을 수 있는데, 이와 같은 취약 계층에 대해서는 사회복지사가 최대한 간단하고 명료한 언어와 이미지로 관련 정보를 제공하여 부족한 접근성을 메우도록 지원한다.

나아가 소그룹 토론, 워크숍 같은 방법 및 규모 면에서 다채로운 토론 기회를 마련하여 수줍음이 많은 사람, 발표에 부담을 느끼는 사람도 사회적 위축을 극복하고 자신감과 효능감을 키울 수 있는 기회를 갖도록 돕는다. 많은 사람이 군집한 큰 모임에서 공개적으로 말하는 데 쑥스러움을 느끼는 사람도 2~3명 정도의 소그룹 토론 모임에서는 수다쟁이가 될 수 있는데, 사회복지사는 이러한 편한 분위기에서 나온 의견을 종합하여 최종 의사 결정을 내리는 상향식

(bottom-up) 의사소통 방식을 활용하여 참여의 실질성을 높이도록 노력한다.

마지막으로, 참여 과정이 투명하고 공정하게 진행되도록 주의한다. 모든 논의와 결정 과정을 기록하고 공유하여 참여자가 자신의 역할과 성과를 시시각각 확인할 수 있도록 한다. 이는 모임 내 신뢰도와 구성원의 참여 동기를 높이는 데 도움을 준다.

(3) 사회복지사 개입 수준의 애매함

주민모임의 본질은 당사자의 자발성과 자율성에 있다. 따라서 외부 전문가의 주도적 개입은 주민조직화의 핵심 가치를 훼손할 가능성이 있다. 이 말인즉슨, 당사자가 아닌 사회복지사가 주민모임 운영에 과도하게 개입하면, 모임 참여자가 독립적으로 문제를 해결할 기회를 빼앗겨 결과적으로 주민의 의존성이 커질 위험이 있다는 얘기이다. 예를 들어, 사회복지사가 모임의 모든 의사결정을 대신 내리고 주민은 단순히 지시된 바를 따르는 방식으로 조직화가 진행된다면, 참여자들은 효능감을 느끼기는커녕 소외를 경험할 것이고, 이는 장기적으로 모임의 지속 가능성을 저해하는 요인이 될 수 있다. 지시를 내리고 그에 따르기를 바란다면 주민조직화 사업을 아예 접는 것이 낫다.

반대로 사회복지사가 지나치게 개입을 꺼리고 방임에 가까운 태도를 보이는 것 역시 문제이다. 특히 참여자가 모임 운영 경험이 부족하거나 지역사회 문제 해결에 필요한 기술적 지원을 받지 못한다면, 모임이 방향성을 잃고 비효율적으로 운영될 위험성이 크다. 또한 자원 분배나 의사 결정 과정에서 특정 주민의 의견이 과도하게 반영될 수 있고, 갈등 상황이 방치되어 모임이 와해하는 결과도 빚어질 수 있다.

이러한 딜레마를 극복하기 위해 사회복지사는 촉진자(facilitator)와 조정자(mediator) 역할을 균형 있게 수행하여야 한다. 우선 사회복지사는 주민들이 스스로 문제를 정의하고 해결 방안을 찾을 수 있도록 돕는 촉진자로서의 역할을 수행한다. 이 과정에서 사회복지사는 필요한 정보와 자문을 제공하고, 토론을 활성화하며, 주민 간 협력과 연대를 구축할 수 있도록 환경을 조성하도록 애쓴다. 예를 들어, 모임 참여자들이 의사 결정 과정에서 난관에 봉착하였을 때 다양한 대안을 제시하거나 해결책을 구체화하도록 지원하되, 최종 선택은 당사자 주민에게 맡겨 자율성을 보장하는 식으로 촉진자 역할을 수행한다.

이와 동시에 사회복지사는 갈등이나 의견 충돌이 발생할 때 중립적 입장에서 의사소통을 돕는 조정자의 역할을 수행한다. 조정자는 당사자 간 갈등 상황을 명확히 이해하고 서로의 입장을 경청하도록 돕는다. 이를 통해 모임 참여자들이 합리적이고 상호 수용 가능한 결론에 도달할 수 있도록 지원하며, 불필요한 갈등이 조직의 결속력을 와해하는 것을 방지한다.

마지막으로 사회복지사는 주민의 자율적 참여를 유도하기 위하여 모임 운영과 관리에 필요한 필수적인 역량 개발 기회 제공에 신경 쓴다. 의사 결정 과정과 문제해결 능력을 키울 수 있는 워크숍, 교육프로그램, 토론 기회 마련은 주민모임의 지속 가능성을 높이는 데 필수적이다. 사회복지사가 이러한 부분에서 적극적으로 개입하는 것은 정당화될 수 있다. 역량 개발을 위한 개입은 장기적으로 주민의 자율성을 침해하기보다 모임의 독립적 운영 능력을 강화하는 데 도움을 줄 수 있기 때문이다.

3) 주민조직화 사업의 성공요인

앞서 주민조직화를 어렵게 만드는 요인을 살펴보았으므로, 다음은 그 연장선상에서 아직 언급하지 않은 내용을 중심으로 주민조직화 사업을 성공으로 이끄는 요인을 살펴본다.

(1) 개인적 요인

주민모임은 주민에 의해 자발적으로 만들어지는 것이 원칙이지만, 사회복지사의 도움이 곁들여졌을 때 좀 더 수월하게 만들어지고 운영된다. 이러한 측면에서 주민조직의 론칭과 인큐베이팅에 관여하는 사회복지사 개인의 열정 그리고 전문가로서의 실천 역량, 구체적으로 주민조직화에 대한 이해, 태도, 능력, 기술 등이 주민조직화 사업의 중요한 성공 요인이 된다고 볼 수 있다(함철호, 2019 : 328).

(2) 조직 요인

주민조직화 사업의 성공을 끌어내는 데 필요한 조직 요인은 크게 여섯 가지로 나누어 볼 수 있다.

① 기관장의 관심과 지지

우리나라의 사회복지조직, 그 가운데에서도 특히 지역사회복지의 거점 역할을 담당하는 사회복지관은 대체로 법정 3대 기능, 즉 서비스, 사례관리, 지역사회조직화 가운데 비교적 실적 쌓기에 유리한 직접 서비스 제공에 치중하고, 오랜 시간과 열정, 희생이 요구되는 지역사회조직화 사업에는 상대적으로 관심을 덜 기울이는 경향이 있다. 지역사회조직사업에 관심을 덜 보이는 까닭은 여러 가지가 있으나, 전문가들은 그 이유를 기관장의 관심과 지지 부족에서 일부 찾는다(함철호, 2019 : 329).

주민조직화, 복지네트워크 구축, 자원개발을 포함하는 지역사회조직화 사업은 단기적으로 성과를 내놓기 어려운 분야이다. 그래서 '기다림의 리더십'이 요구되는 분야로도 흔히 언급된다. 이는 뒤집어 말하면, 사회복지조직의 총책임자인 기관장, 사회복지관의 경우 관장이 지역사회조직화를 장기전으로 인식하고 실무자들을 독려, 보호, 지지한다면, 실무자들 역시 현실적으로 성과를 내기 어렵고 소모적인 지역사회조직화 사업을 좀 더 진지하게 생각하고 중요하게 다룰 것임을 시사한다(문용규, 2009 : 160). 기관장의 관심과 지원, 애정 어린 슈퍼비전, 그리고 단기적 성과에 집착하지 않는 리더십은 지역사회 조직화, 특히 주민조직화 사업의 성공을 위한 필수 요소이다.

② 내부 직원의 인식 변화와 협조

주민조직을 론칭하고 인큐베이팅하는 일은 상당한 시간이 소모되는 어려운 일이다. 그래서 해당 사업을 직접 진행하지 않는 사람의 입장에서 보면, 담당 사회복지사가 주어진 근로 시간을 굉장히 비효율적으로 사용하는 것처럼 보일 수 있다. 실제로 하루 종일 지역 주민 몇몇과 대화만 나누다가 특별한 성과 없이 일과를 마치고 돌아오는 경우도 비일비재하다. 그런데 만약 이때 타 부서 직원들이 주민조직화팀 실무자가 업무를 제대로 수행하지 않고 사적으로 근로 시간을 오용하고 있다고 오해하면, 해당 실무자 입장에서는 억울한 일일 뿐 아니라 추후 업무를 추진하기에도 매우 곤란한 상황에 처하게 된다. 따라서 기관 차원에서 주민조직화 사업을 전담하는 사회복지사의 활동 내용을 내부 직원에게 투명하게 공개하고, 직원 전체 회의에서 관련 업무 내용을 공유하는 방식으로 주민조직화 업무의 특성을 이해하도록 조직 차원에서 배려할 필요가 있다(문대수, 2019 : 261).

③ 업무 조정 및 업무 특성을 반영한 근무·보상체계 마련

주민조직화 사업을 전담하는 사회복지사는 외근이 많고 밤늦게 주민을 만나는 경우가 흔하다. 또한 상대방과 이야기를 하다 보면 예상치 못하게 대화가 길어져서 근무시간을 많이 써야 하는 경우도 종종 생긴다. 즉, 주어진 업무시간에만 정해진 장소에서 주민을 만나기보다, 주민의 일정에 맞춰 복지관 밖에서 근로 시간 외에 일해야 하는 경우가 많기 때문에 주민조직화 사업을 전담하는 사회복지사는 복지관에서 정해놓은 근로 매뉴얼을 지키기 어렵다는 것이다.

따라서 주민조직화 사업의 효율성과 효과성을 높이기 위해서는 관련 실무자들을 대상으로 한 복지관 근로 규칙과 업무 매뉴얼을 조정하는 일이 필요하다(ibid. : 255). 구체적으로, 탄력근무제나 내체 휴무제를 도입하고, 초과근무 시 초과수당, 휴일 근무 시 휴일근무수당을 지급하는 등 주민조직화 사업을 전담하는 사회복지사의 업무 특성을 반영한 근무 및 보상 체계를 마련하여야 한다.

또한 실무자는 사업을 진행하다가 본의 아니게 자비로 사업 관련 지출을 하는 경우도 종종 있는데(예 주민 가정 방문 시 자비로 선물 구매 등), 이러한 지출은 금액 규모로는 얼마 되지 않다고 하더라도 수시로 발생하면 사업 수행에 부정적인 영향을 끼칠 수밖에 없으므로, 복지관 차원에서 제때 온전히 보상해 주는 방안도 마련하여야 한다. 예컨대 업무 수행 중 불가피하게 지출한 비용에 대해 영수증만 제출하면 기관에서 바로 전액 보상해 주는 방안을 검토해 볼 수 있다.

④ 숙련된 슈퍼바이저의 정기적 슈퍼비전

주민조직화 사업에 대한 이해가 깊고 실천 경험이 많은 숙련된 관리자가 실시하는 정기적인 슈퍼비전은 실무자의 활동을 업무적으로 지원할 뿐 아니라 정서적으로 지지하여 담당자의 소진을 막고 교체를 예방하는 효과를 낼 수 있다(Kirst-Ashman & Hull, 2018 : 505-510). 또한 적절한 슈퍼비전은 주민조직화 업무를 담당하는 사회복지사의 조직몰입도를 올리는 효과도 올릴 수 있다(윤정혜 · 김수영, 2023).

⑤ 기존 자원의 효율적 활용

자원을 새롭게 발굴하지 않고 사회복지관 내부의 기존 자원을 잘 활용하기만 해도 주민조직화 사업의 성공 가능성을 높일 수 있다. 사회복지관 내부의 기존 자원에는 회의실, 각종 비품, 지역사회 내 유관기관 또는 유력 인사(예 지역 정치인, 공무원, 교수 등 전문가 집단 등)와의 협력 네트워크, 사회복지관에 대한 지역주민의 신뢰 및 우호적 관계 등이 포함된다. 앞서 언급한 풍물패와의 친분을 이용해 저렴한 가격에 공연단을 초청한 경우가 하나의 좋은 사례가 될 수 있다.

⑥ 학습모임의 장려

복지관 차원에서 직원들에게 주민조직화의 가치와 철학, 관련 지식 등을 체계적으로 정리하여 학습할 기회를 제공한다면 사업의 성공 가능성을 올릴 수 있다. 구체적으로, 복지관 내에 학습모임을 만들어 지속적으로 직원 교육을 실시하고 실천 사례를 공유하며 피드백을 주고받는 한편, 타 기관 학습모임과 연대하여 심화학습을 시도하는 방안을 검토해 볼 수 있다(신재은 외, 2018 : 52).

사실 현재 우리나라 대학교의 사회복지전공 교과과정은 주민조직화 과정을 체계적으로 교육하지 않고 있다. 주민조직화는 대학 졸업 후 현장에서 직접 몸으로 뛰면서 배우는 경우가 대부분이다. 또한 현장 실무자 사이에서도 업무 과중으로 인해 개인의 의지나 관심도에 따라 학습에 대한 참여도 역시 매우 큰 간극을 보이는 것이 현실이다. 따라서 주민조직화에 대한 공통적이고 전문적인 이해 향상을 위하여 기관 내외에 체계적인 학습모임을 만들어 상시 운영하는 노력은 매우 중요하고 필요한 일이리 할 수 있겠다.

CHAPTER 10

네트워킹

오늘날 지역사회의 문제들은 복합적이고 만성적이다. 그래서 개별 기관의 노력만으로 해결하기가 무척 어렵다(Rittel & Webber, 1973). 복지다원주의에 관한 논의가 보여주듯(정무권, 2017), 여러 기관의 자원, 기술, 역량, 사람이 결집되어야만 비로소 효과적, 효율적으로 해결될 수 있다.

지역사회의 다양한 복지, 보건, 의료, 주거, 요양, 돌봄 서비스 제공 주체가 근시안적 개별주의를 벗어나, 지역사회 문제를 함께 해결하는 열린 공동체로 거듭나기 위해서는 다양한 방법론의 활용을 생각해 볼 수 있다. 제10장에서는 이러한 방법론 중 현재 가장 주목받고 또 유효하다고 거론되는 네트워킹에 대해 알아보고자 한다.

우리나라에는 다양한 지역사회복지 네트워크가 구축되어 운영되고 있다. 다음에서는 이 가운데 가장 공식적이고 대표적인 지역사회보장협의체를 중심으로, 탄탄하고 지속 가능한 지역사회복지 네트워크 구축 및 운영 방안에 대해 공부하고자 한다.

참고로 네트워크(network)는 우리말로 관계망, 연결망, 협력망 등으로, 네트워킹(networking)은 관계망 형성, 연결망 구축, 협력망 구축, 인적 교류 등으로 번역한다. 어떠한 용어를 사용할지는 상황이나 문맥에 따라 다른데, 대체로 관계망 형성은 개인, 집단 등 네트워크 행위 주체 간 관계를 만드는 과정에 초점을 맞출 때, 연결망 구축이나 협력망 구축은 집단 행위자 간 협력과 자원 연계를 강조할 때, 인적 교류는 직업적, 사회적 목적을 달성하기 위해 개인 행위자 간 관계를 맺는 활동을 강조할 때 사용하면 적절하다.

1. 네트워크

1) 개 념

네트워크(network)는 개인, 집단 등 행위 주체(agency)가 주어진 환경에서 공동의 목표를 달성하기 위해 자원을 교환하며 상호작용하는 과정에서 형성되는 관계의 '구조'를 일컫는다(이수한 · 소경희, 2022 : 3). 네트워크 이론은 각 행위 주체를 점(node)으로 부른다. 그리고 각 점은 독립성과 자율성을 가진다고 본다. 나아가 점들 사이에는 이를 연결하는 선(link)이 놓여있고, 이것이 연결되어 상호 의존적이고 상호 호혜적인 관계가 형성된다고 가정한다. 이러한 맥락에서, 네트워크 이론에서는 네트워크를 간단히 '점과 선으로 연결된 집합'으로 정의하기도 한다.

네트워크가 형성되면 개별점, 즉 각 행위 주체는 단독으로는 수행하지 않았을 행동을 공동으로 수행하고, 혼자서는 주고받지 않았을 자원을 교환하며, 홀로는 추구하지 않았을 목표를 함께 달성한다. 이는 네트워크가 단순한 연결 집합이 아니며, 행위자 간 관계 속에서 새로운 행위를 촉발 또는 제약하고, 나아가 그와 같은 행위가 당사자의 추후 행동 방향과 결과를 규정하는 요소로 작용하는 구조로서의 특성을 가진다는 점을 시사한다(배의식, 2013 : 43).

구조(structure)란 행위자의 행동을 촉진하거나 제약하는 안정되고 정형화된 환경이다. 우리는 구조의 사례를 자본주의, 가부장제 같은 거시 환경에서 쉽게 관찰할 수 있다. 거시적 구조는 보통 그 속에 놓인 개인의 선택과 행동을 제한하는 힘으로 작용한다. 구조 속 개인은 주어진 바에 따르고 순응하는 종속적 행태를 보이는 경향이 있다. 그래서 구조는 종종 억압적 틀로 묘사되곤 한다.

그러나 네트워크는 단순한 구조가 아닌, '관계'의 구조이다(류기형 외, 2015 : 82). 관계는 관계를 맺는 당사자의 목표, 관심사, 이해관계가 변함에 따라 그 내용 및 양상도 함께 변하는 특징이 있다. 이는 네트워크가 그 안에 놓인 행위자를 일방적으로 구속하는 경직적 틀로만 작동하지 않으며, 관계를 맺는 당사자들의 목표, 관심사, 이해관계, 역학 등의 변화에 따라 그 틀 자체도 유동적으로 변화한다는 것을 시사한다. 나아가 행위자가 수동적 위치에 놓이는 보통의 거시적 구조와 달리, 네트워크 행위자는 일정한 자율성을 지닌 주체로서 관계의 구조를 변화시킬 힘을 지녔다는 점도 시사한다. 행위를 규정하는 틀의 유연성을 인정하고 행위자를 독립성을 지닌 자율적 주체로 보기 때문에, 네트워크 이론은 네트워크를 여타 거시적 구조(macro structure)와 달리 중간 구조(mezzo structure)라고 부른다(이준석, 2020 : 5).

2) 특 징

행위자는 주어진 환경에서 특정한 목표를 달성하기 위해 비슷한 목표를 가진 타 행위자와 힘을 합쳐 특수한 구조와 기능을 갖춘 조직을 결성한다(Etzioni, 1958). 조직은 전통적으로 위계적 구조를 기반으로 운영되는 경우가 많았다. 그러나 현대사회에 들어 급격한 환경 변화에 따라 네트워크 기반의 운영 방식이 점점 중요해지고 있다.

전통적인 계층형 조직은 상급 행위자가 하급 행위자를 감독하고 명령을 내리는 수직적 구조를 띤다(Mintzberg, 1979). 하향식 구조는 명확한 역할 분담과 일사불란한 의사결정 과정을 통해 효율인 업무 수행과 조직 운영을 가능하게 한다. 그러나 변화 적응도가 떨어지고, 정보 흐름이 중앙에서 주변부로 일방적으로 전달되기 때문에 유연성이 부족하다는 한계를 드러낸다.

반면 네트워크형 조직은 다양한 행위자가 수평적으로 연결되어 정보를 공유하고 자원을 협력적으로 활용하는 유연한 구조를 띤다(이영수 · 길현종, 2020). 빠른 정보 공유, 자원의 효율적 활용, 협력 기반 혁신 창출로 요약되는 네트워크 조직의 장점을 구체적으로 살펴보면 다음과 같다.

(1) 장점

첫째, 네트워크 조직에서는 정보가 수평적으로 교환된다. 따라서 의사소통 속도가 빠르고, 변화하는 환경에 신속히 대응할 수 있다. 계층형 조직에서는 정보가 단계적으로 위계적 구조를 따라 전달되면서 필연적으로 의사결정이 지연되는 문제가 발생하나, 네트워크 조직에서는 구성원이 직접 정보를 주고받으며 협의할 수 있어 문제 해결 과정이 유연하고 효율적이다.

둘째, 네트워크 조직은 참여자 간 자원을 공유하는 구조를 가지므로 한정된 자원을 더욱 효과적으로 활용할 수 있다. 예컨대 복지, 보건, 의료, 돌봄 등 다양한 사회서비스 영역에서 네트워크 협력 체계를 구축하면, 개별 기관이 단독으로 운영하는 것에 비해 중복되거나 누락되는 자원 배분을 줄일 수 있어 서비스 사각지대를 최소화할 수 있다.

셋째, 네트워크 조직은 다양한 행위자 간 협력을 통해 새로운 해결책을 모색하고 혁신적인 아이디어를 창출한다. 서로 다른 배경과 전문성을 가진 이질적 행위자가 상호작용하면서 새로운 접근 방식이 도출될 가능성이 높아지며, 특히 복잡한 사회문제 해결을 위한 다차원적 전략 수립에 효과적이다. 계층형 조직에서는 상명하달식 의사결정이 주를 이루지만, 네트워크 조직에서는 협력과 의견 교환을 바탕으로 창의적 해결책이 자연스럽게 도출될 수 있다.

(2) 한계

네트워크 조직은 협력을 도모하는 과정에서 조정 비용 증가, 책임 소재 불명확성, 운영 복잡성 증가 등의 한계를 드러낼 수 있다. 물론 이와 같은 단점은 적절한 설계와 운용을 통해 극복할 수 있다.

먼저 책임 소재의 모호성이다. 계층형 조직에서는 의사결정 구조가 명확하여 문제 발생 시 책임을 명확히 규명할 수 있으나, 네트워크 조직에서는 다수의 행위자가 협력하는 구조이기 때문에 책임이 분산되거나 회피될 가능성이 존재한다. 특히 사회복지 서비스와 같이 다양한 개인과 집단이 관여하는 다자간 협력 분야에서는 책임 주체가 불분명해지면서 서비스 제공 과정에서 혼선이 생길 수 있다. 예를 들어, 클라이언트가 한 기관에서 최초 상담을 받은 다음, 네트워크 내 다른 기관에 부적절하게 의뢰되고 이후 사후 추적 관리가 이루어지지 않으면, 서비스 대상자가 방치되는 결과가 초래된다. 이를 예방하기 위해서는 명확한 역할 분담과 책임 체계를 구축하고, 네트워크 내 의사결정 구조를 체계적으로 조정하는 작업이 요구된다.

둘째, 의견 충돌과 갈등 조정이 어렵다. 네트워크 조직에는 다양한 행위자가 참여하는 만큼 서로 다른 이해관계를 조정하는 과정에서 갈등이 발생할 가능성이 높다. 각 행위자는 자체적인 목표와 우선순위를 가지기 때문에 협력 과정에서 의견 차이가 나는 것이 불가피하다. 그러나 네트워크 내에서 갈등을 효과적으로 조율할 조정자나 컨트롤타워가 존재한다면, 갈등을 예방하고 원활한 의사결정을 촉진할 수 있다.

셋째, 네트워크가 확대될수록 운영이 복잡해질 수 있다. 소규모 네트워크에서는 구성원 간 협력이 원활하게 이루어지지만, 규모가 커질수록 정보 공유가 어려워지고 의사결정 과정이 복잡해질 수 있다. 따라서 네트워크가 일정 규모 이상으로 확대될 경우, 하위 네트워크(sub-networks)를 조직하여 네트워크 간 역할을 분담하고 조정 기구를 별도 운영하는 것이 필요하다.

(3) 특징

앞서 살펴본 장단점을 토대로 네트워크의 특징을 정리하면 다음과 같다. 첫째, 상호작용(interaction)을 기반으로 구성원 간 협력이 이루어진다. 네트워크 내 행위자는 지속적 정보 공유와 협력을 통해 문제를 해결하며, 이를 통해 새로운 해결책과 혁신적 아이디어를 도출한다. 둘째, 연결성(connectivity)이 뛰어나 정보 확산과 자원 배분이 원활하게 이루어진다. 네트워크 행위자 간 연결이 잘 되어 있을수록 필요한 자원이 효과적으로 분배되고 정보가 신속하게 전달될 수 있다. 셋째, 분산성(decentralization)을 갖추고 있어 특정한 구심점 없이도 네트워크가 자율적으로 운영될 수 있다. 행위자의 영향력이나 전문성이 소수의 중추에 몰리지 않고 넓게 퍼져있어 환경 변화에 민첩하고 유연하게 대응할 수 있다. 물론 지나친 분산성은 갈등이나 역할 모호성을 일으켜 목표 달성을 어렵게 하는 역기능 요인으로도 작용할 수 있다. 넷째, 상호 의존성(interdependence)이 강해 개별 행위자의 행동이 네트워크 전체에 영향을 미친다. 이는 협력의 질이 좋아질수록 조직 전체의 성과도 향상될 수 있음을 말해준다. 다섯째, 유동성(flexibility)이 높아 환경 변화에 따라 네트워크의 구조와 협력 방식이 빠르게 조정될 수 있다. 이는 빠르게 변화하는 사회문제나 긴급 대응이 필요한 상황에서 네트워킹이 혁신을 통해 효과적 해결책을 제시해 줄 수 있음을 시사한다.

3) 유 형

(1) 연결 방식에 따른 네트워크 유형

네트워크는 일반적으로 분산된 구조를 띤다. 그렇지만 그 정도는 사례마다 다를 수 있다. 즉, 어떤 네트워크는 내부 중심이 강한 구심력을 발휘할 수 있고, 또 다른 네트워크는 그렇지 않을 수 있다. 네트워크 연결 방식에 이처럼 일정한 자유도가 있다고 가정하면, 우리는 네트워크를 중앙집중형, 분산형, 완전연결형으로 분류해 볼 수 있다(Baran, 1964). 참고로 이 세 개 유형은 이상형적(ideal-typical) 관점에서 구분한 것이다. 현실에서는 유형별로 뚜렷이 구분되기보다 혼합된 모습을 보인다.

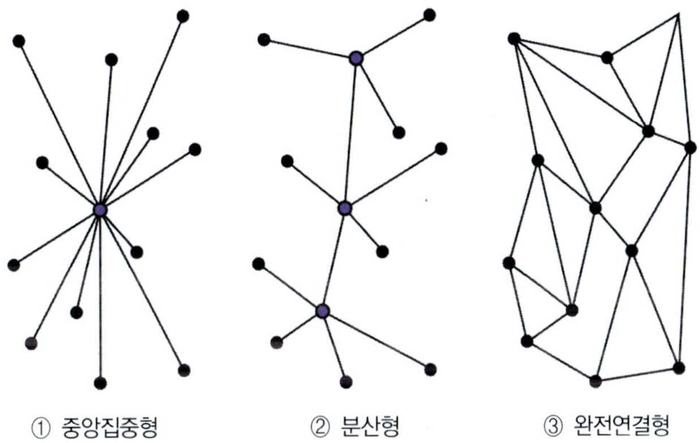

[그림 10-1] 연결 방식에 따른 네트워크 유형

출처 : Baran(1964), p. 1.

① 중앙집중형 네트워크

중앙집중형 네트워크(centralized network)는 중심의 특정 행위자가 네트워크의 중추 역할을 하며 주변부 행위자에게 영향을 미치는 형태를 띤다. 다른 말로, 정보와 자원이 중앙에서 주변부로 전달되는 방식으로 운영된다. 중앙집중형 네트워크 구조에서는 효율적 의사결정과 자원의 체계적 관리가 가능하다.

그렇지만 중앙 행위자의 영향력이 약화하거나 제대로 기능을 수행하지 못하는 경우 네트워크 전체가 마비될 수도 있다. 주변부 노드 간에 특별한 상호작용이 없기 때문이다. |그림 10－1|에서 가운데 부분의 보라색 점은 핵심 노드를, 그 주변에 선으로 연결된 검은색 점은 주변부 노드를 가리킨다.

중앙집중형 네트워크의 대표적인 예로는 복지 행정망(예 행복e음, 희망e음, 지역보건의료정보시스템), 국가 재난 관리 시스템(예 한국 행정안전부 재난안전본부, 미국 FEMA), 국가 세금 시스템(예 국세청, IRS) 등이 있다. 이들은 모두 정보와 자원의 흐름을 중앙에서 조정하며, 개별 구성원(기관 또는 개인)은 이를 따르는 구조를 가진다는 데에서 공통적이다. 예컨대 앞에서 언급한 복지 행정망은 보건복지부가 구축하고 한국사회보장정보원이 운영하며, 복지직, 보건직 공무원 및 민간 사회복지시설 종사자 등이 시스템에 접근해 필요한 업무를 수행한다.

② 분산형 네트워크

분산형 네트워크(decentralized network)는 다수의 핵심 행위자가 일차적으로 연결되고 이들 행위자가 각자 주변부 행위자와 이차적으로 연결되어 전체적으로 넓게 퍼진 형태를 나타낸다. 분산 구조는 유연성이 돋보이고, 회복력이 강하다는 특징이 있다. 그러나 중앙에 강력한 리더가 없어 자유로운 구성원 간 협력과 조정이 필수적이며, 운영이 다소 복잡할 수 있고, 갈등이 발생하는 경우 조정 비용이 상당할 수 있다는 한계점이 있다. |그림 10－1|에 보라색으로 표시된 가운뎃점들은 핵심 노드를, 검은색으로 표시된 주위 점들은 주변부 노드를 각각 가리킨다.

분산형 네트워크의 사례로는 인터넷(ISP 간 연결 구조), 블록체인 네트워크(예 비트코인 등), P2P(예 토렌트 등) 등이 있다. 이번 장의 주요 주제인 지역사회복지 네트워크 역시 거의 대부분 이 분산형 네트워크 범주에 속한다. 특정 기관(예 지방자치단체)이 모든 의사결정을 독점하지 않고 여러 행위자가 협력하여 문제를 해결하며, 공공과 민간이 다방면으로 연결되어 역할을 분담하고 자원을 공유하는 협력성, 자율성을 강조한다는 점 때문이다.

③ 완전연결형 네트워크

완전연결형 네트워크(distributed network)는 모든 구성원이 서로 직접 연결된 구조를 띤다. 특정 구심점 없이도 네트워크가 유지되며, 개별 행위자가 독립적으로 작동한다. 완전연결형 구조는 정보 공유와 협력이 원활하게, 때로 완벽하게 이루어질 수 있다는 점에서 주목할 만하다. 그러나 이것이 실제로 가능하려면 네트워크 내 모든 행위자가 직접 연결되어야 해서 구축과 유지 비용이 상당할 수 있다는 현실적 한계가 존재한다. 따라서 실제로는 5명이나 10명 내외의 매우 소규모의 집단에서나 온라인 가상 세계에서만 온전한 구현과 관찰이 가능하다.

그러나 오프라인에서 제한적으로나마 구현된 사례가 없지는 않다. 예컨대, 동네에서 오고 가다 얼굴을 익힌 아파트단지 주민들이 온라인으로 옮겨와 SNS를 통해 인터넷 커뮤니티 활동을 하는 경우가 왕왕 있는데(예 맘카페 등), 이때 각 주민은 개별 행위자로서 이웃 주민과 직접적으로 긴밀하게 연결되고, 누구의 통제도 받지 않으며, 자율적으로 생활 정보를 빠르게 공유하고 사안별로 자발적으로 협력을 추구한다. 이와 같은 측면에서 지역 주민 인터넷 커뮤니티는 지역사회에 토대를 둔, 다소 특이한 형태의 완전연결형 네트워크라고 할 수 있다. 정보사회학에서는 온라인과 오프라인이 결합된 완전연결형 네트워크를 혼합형 커뮤니티(hybrid community)라고도 부른다(Hampton & Wellman, 1999).

(2) 기능 및 목적에 따른 네트워크 유형

네트워크는 기능과 목적에 따라 전략, 운영, 사회적 네트워크로 나누어 볼 수 있다(Tichy et al., 1979). 이 역시 앞서 언급하였다시피 이상형적 관점에서 구분한 것이므로, 현실에서는 유형별로 뚜렷이 구분되기보다 혼합된 형태를 띤다는 점을 유념해야 한다.

① 전략적 네트워크

전략적 네트워크(strategic network)는 장기적 목표 달성을 위해 형성되는 협력 체계로, 정책 수립과 촉진 및 사회문제 해결을 위한 거버넌스의 기반을 이룬다.

사회복지 분야에서는 아동친화도시가 하나의 좋은 예이다. 아동친화도시는 지방자치단체, 유니세프, 시민단체 등을 포함한 지역 거버넌스 구축을 통해 유엔아동권리협약을 이행하기 위해 노력하는 도시로, 아동이 살기 좋은 환경 조성을 목표로 한다.

② 운영 네트워크

운영 네트워크(operational network)는 자원과 서비스의 직접적 제공 및 운영에 중점을 두는 협력 체계로, 현장에서 정책을 집행하고 다양한 조직 및 기관 간 서비스와 자원을 조정하는 역할을 수행한다. 사회복지 분야에서는 통합사례관리 네트워크가 좋은 예이다. 이것은 시군구 희망복지지원단, 동주민센터 찾아가는보건복지팀, 보건소 지역보건과 방문보건팀, 민간 사회복지 서비스 제공자 및 시민단체, 자원봉사자 등 다자가 협력적으로 운영하는 맞춤형 복지 지원 네트워크로, 복합적이고 만성적인 욕구를 가진 취약 계층을 대상으로 지역 단위 서비스를 통합적으로 제공하고 모니터링하며(사례관리) 지역 내 자원을 발굴, 관리, 연계하는 기능(자원관리)을 담당한다. 또 다른 예로는 중앙을 중심으로 전국 시도 혹은 시군구 단위로 촘촘하게 형성된 자원봉사센터 네트워크라든가 사회서비스원 네트워크를 들 수 있다.

③ 사회적 네트워크

사회적 네트워크는 신뢰와 상호 호혜를 기반으로 하는 공동체 형성을 목표로 하며, 구성원의 자율적 참여를 바탕으로 우호적 관계를 형성한다. 사회복지 분야에서는 앞서 제9장에서 살펴본 다양한 자생적 주민조직과 그들의 연대가 대표적 사례이다. 그 밖에도 공공이 주도하는 민간 사회적 네트워크도 다수 존재하는데, 예컨대 서울시 우리동네돌봄단, 대전시 복지만두레 등 공식적 마을 공동체 네트워크가 있다. 이들은 공공부조 체계가 놓친 읍면동 단위의 복지 문제, 특히 복지 사각지대 해소를 위한 인적 안전망 구축과 운영 지원 업무를 담당한다.

4) 거버넌스와의 관련성

네트워크의 유관 개념으로 거버넌스(governance)라는 말이 있다. 1980년대 정치학과 행정학에서 등장한 거버넌스 개념은 초기에는 국가와 시장 간 협력적 관계 구축을 통한 문제 해결 과정과 원칙을 설명하는 데 주로 사용되었다. 그러나 이후 공공행정과 사회복지 분야로까지 용어 사용이 확장되면서, 지역사회 차원의 협력적 의사결정 방식을 의미하는 것으로 확대 적용되었다. 우리나라에서는 협치(協治), 공치(共治), 망치(網治) 등으로 번역되기도 하는데, 현재는 원어 그대로 쓰는 경향이 두드러진다(배봉준 외, 2019).

거버넌스에 대한 학술적 정의는 연구자마다 차이가 있다. 그렇지만 일반적으로 정부, 기업, NGO 등 다양한 행위자가 협력적 관계망을 구축하고, 이를 통해 문제 해결을 시도하는 새로운 통치 방식으로 이해된다(Rhodes, 1996). 즉, 네트워크 참여자가 공동의 문제 해결을 위해 상호작용하는 과정, 다시 말해 네트워크의 목적, 방향, 원칙, 전략, 과제, 실무 등에 관해 협력적으로 의사결정을 내리는 과정을 의미한다. 이는 중앙정부가 직접 정책을 집행하는 위계적 방식이 아닌, 다자간 관계맺음과 상호 협력을 통한 의사결정 방식에 거버넌스 개념의 방점이 찍혀 있음을 말해준다. 이러한 측면에서, 거버넌스는 사회복지 분야에서 지난 수십 년간 회자된 복지다원주의, 복지혼합, 공동생산 같은 개념과 일맥상통한다(정무권, 2017).

거버넌스의 특징은 다음 네 가지이다(Kooiman, 2003). 첫째, 구조적 측면에서, 다수의 행위자가 협력하여 의사결정을 내리는 분권적 구조를 띤다. 이는 특정 조직이나 개인이 최종 의사결정을 독점하는 방식이 아닌, 정부, 시장, 시민사회 내 여러 행위자 간 협의와 합의를 통해 의사결정이 이루어짐을 의미한다. 둘째, 정부의 역할 측면에서, 정부는 정책 결정과 집행에서 필수 불가결한 역할을 수행하나, 항상 주도권을 행사하지는 않는다. 정부는 중재자 혹은 촉진자 역할을 주로 맡으며, 다양한 주체가 자율적으로 협력하여 의사결정을 내릴 수 있게 지원하는 데 집중한다. 셋째, 상호작용 측면에서, 공공, 민간 영리, 민간 비영리,

비공식 부문의 다양한 행위자가 동등한 입장에서 평등하게 참여하고 협력하는 방식으로 운영된다. 이 과정에서 각 행위자는 단순 참여자가 아닌, 상호 신뢰, 책임성, 수평성 등의 가치를 바탕으로 공동 목표를 설정하고 실천 방안을 모색하는 적극적 협력자의 모습을 보인다. 넷째, 이익의 성격 및 조정 차원에서, 거버넌스의 민간 행위자는 개별적이고 단기적인 사익만 좇기보다, 공익을 고려하며 다양한 이해관계자와의 장기적 공생을 추구한다. 이와 같은 자기 조절성은 거버넌스 내에 갈등을 해소하고 역할을 분배하는 조정 기구가 마련돼 있어 가능하다.

실무에서 네트워크와 거버넌스는 종종 혼용된다. 그렇지만 양자는 이론적으로 구분이 가능하다. 구체적으로, 네트워크는 다양한 행위자가 연결되어 공동의 목표를 추구하는 관계 구조의 형성 및 지속적 구축을 강조하는 정적 개념인데 반해, 거버넌스는 이러한 관계 구조를 바탕으로 실제 문제를 해결하고 의사결정을 조정하며 협력적 실행을 도모하는 동적 개념이다.

이러한 맥락에서, 네트워크와 거버넌스는 동일 현상에 대한 서로 다른 두 관점이라고 할 수 있다. 이 말인즉슨, 만약 다양한 행위자 간 협력적 관계 형성과 지속성을 강조하고 싶은 경우 네트워크를 쓰고, 다자간 협력적 의사결정과 실질적 문제 해결 및 조정 기능을 강조하고 싶은 경우 거버넌스를 쓰는 식으로, 강조점에 따라 용어를 달리 쓰면 적절하다는 얘기이다. 따라서 지역사회복지 네트워크를 설명할 다음의 글에서는 기본적으로 네트워크라는 단어를 사용하되, 특정 지역복지 계획이나 사업을 수립하는 과정에서 다양한 이해관계를 조정하고 협의를 하는 절차적 측면을 강조하고자 하는 경우 지역사회복지 거버넌스라는 용어를 선택적으로 사용할 것임을 미리 밝혀두는 바이다.

2. 지역사회복지 네트워크

1) 개 념

앞서 살펴본 네트워크의 개념을 지역사회복지 분야에 적용하면, 지역사회복지 네트워크란 지역사회의 다양한 사회복지 추진 주체가 서로 연결하여 협력하고 자원을 공유하여 지역사회 구성원이 필요로 하는 복지서비스를 효과적으로 누릴 수 있게 하는 상호 의존적 · 상호 호혜적 관계 구조로 정의할 수 있다. 이 개념 정의에는 지역사회복지 네트워크가 이해관계자의 단순 결합체가 아니며, 행위자 간 연결성과 상호작용을 바탕으로 당면한 문제를 해결하고, 변화하는 환경 속에서 탄력적으로 대응하여 효과적인 복지서비스를 제공함을 목적으로 하는 지역 기반의 협력적이고 지속 가능한 체계라는 점이 반영돼 있다.

2) 참여자 및 사례

(1) 주요 참여자

지역사회복지 네트워크에는 다양한 행위 주체가 협력에 동참한다(이용표 · 유영준, 2006 : 51). 이 중 가장 중요한 것은 당연히 당사자인 주민과 주민조직이다. 그러나 이 외에도 공공, 민간 영리, 민간 비영리, 비공식 부문 내 다양한 지역사회 이해관계자가 네트워크에 참여한다. 이들은 공유된 목적의식과 가치체계를 바탕으로 지역에서 발생하는 각종 사회문제(예 보건, 의료, 방역, 재활, 돌봄, 보육, 교육, 먹거리, 교통, 주택 등)를 해결하고자 노력하며, 이를 위해 각자 보유한 자원을 교환하고 서비스를 연계, 조정하며 상호 협의하는 활동을 수행한다(김영종 외, 2008 : 145). 참고로 여기서 자원이란 재정, 인력, 조직 같은 가시적 자원뿐만 아니라 정보, 정당성, 권위, 명망 같은 비가시적이고 상징적인 자원을 망라한다.

자원을 주고받고 서비스를 연계, 조정하며, 협의를 통해 의사결정을 내리는 전 과정에서 네트워크 참여자는 끊임없이 접촉하고 소통하며 피드백을 주고받는다. 다시 한번 강조하건대, 지역사회복지 현장에서는 이와 같은 협력적 상호작용이 매우 중요하고 필수적이다(한상연 · 김종호, 2004 : 69). 사악하고 뿌리 깊은 오늘날 지역의 수많은 문제 그리고 만성적이고 복합적인 욕구는 개별 기관의 힘만으로 온전하게 해결할 수 없고, 여러 단체, 시설, 조직이 합심하여 각종 자원, 서비스, 기술, 역량, 인력을 도출하고 이를 결집했을 때야 비로소 효율적, 효과적으로 해결할 수 있기 때문이다(Rittel & Webber, 1973). 이는 지역사회복지 네트워크의 등장이 복지다원주의, 복지혼합, 공동생산 등에 관한 담론과 밀접한 관련성을 가진다는 점을 시사한다.

(2) 사례

지역 단위의 복지 네트워크 중 역사적 의미를 갖는 최초의 사례는 19세기 자선조직협회(COS)이다. 그러나 여기서는 해외보다 우리나라 상황에 집중한다. 우리나라 지역사회복지 네트워크의 대표적 사례로는 곧 살펴볼 지역사회보장협의체를 들 수 있다. 그러나 이 외에도 지역사회복지 현장에는 다양한 네트워크가 형성, 가동 중이다. 우리나라 지역사회복지 네트워크의 몇 가지 예시를 참여자 중심으로 들면 다음과 같다.

지역사회복지 네트워크와 각 네트워크의 핵심참여자 예시

- 통합사례관리 네트워크 : 시군구청 희망복지지원단, 동주민센터 찾아가는보건복지팀, 민간 사회복지서비스 제공기관(사회복지관, 재가복지시설 등), 자원봉사자(명예사회복지공무원, 통반장, 아파트관리소장, 고시원 총무 등), 지역후원기업, 한국사회보장정보원, 경찰서, 병원 등
- 커뮤니티케어 네트워크 : 시군구청 복지정책과 돌봄지원팀, 동주민센터 찾아가는 보건복지팀, 보건소 지역보건과 방문보건팀, 치매안심센터, 재가노인복지시설, 지역자활센터, 시니어클럽, 노인복지관, 장애인복지관, 사회적협동조합, 주거복지센터 등
- 아동통합돌봄 네트워크 : 아동권리보장원, 시군구청 아동복지과, 동주민센터 찾아가는복지팀, 아동돌봄 지역협의체, 다함께돌봄센터, 지역아동센터, 청소년 방과후 아카데미, 초등돌봄교실, 늘봄학교, 공동육아나눔터, 어린이집, 유치원, 가족센터, 육아종합지원센터, 지역아동보호전문기관 등
- 푸드뱅크 & 푸드마켓 네트워크 : 한국사회복지협의회, 중앙물류센터(중앙푸드뱅크), 광역푸드뱅크, 기초푸드뱅크 & 마켓, 식품 및 생활용품 제조유통기업, 개인기부자, 사회복지법인(사업수행기관) 등

- (서울시) 고립가구 사회적 관계망 구축 네트워크 : 서울시 돌봄고독정책관, 서울시복지재단 고립예방센터, 고립예방 지역협의체, 고립가구 발굴사업 지역 수행기관(사회복지관 등), 서울청년기지개센터, 서울50플러스센터, 다산콜센터, 서울잇다플레이스, 아름다운동행가게 등
- (경기도 시흥시) 이주배경청소년 지원 지역자원 연계 네트워크 : 시흥시외국인복지센터, 시흥시가족센터, 지역아동센터, 사회복지관, 시흥시청 다가치 유스센터, 시흥시청소년상담복지센터, 청소년문화의집, 시흥교육지원청, 지역 초등학교, 국제학교 등

3) 기능 및 특징

(1) 기능

지역사회복지 네트워크는 지역사회 내 복지 자원의 활용 효율성을 제고하고, 서비스 분절화를 극복하며, 주민 참여를 촉진하는 등 다양한 효과를 낳는다(손지현, 2018). 주요 기능은 다음과 같다.

① 자원 배분과 활용 최적화

복지, 보건, 돌봄, 의료, 주거, 교통, 교육 등 각종 분야에서 미활용 또는 저활용되는 지역사회 자원을 발굴하여 활용도를 제고하고, 중복 지원이나 누락 문제를 해결하여 복지 사각지대를 최소화한다.

② 서비스 연계 및 조정

복지기관과 서비스 제공자가 협력하여 클라이언트가 필요로 하는 서비스를 맞춤형으로 제공하는 협력 및 소통의 기반을 마련한다. 서비스 이용자가 여러 기관을 직접 찾아다닐 필요 없이, 단일 플랫폼을 통해 적절한 기관에 클라이언트가 신속히 연결되고 필수 서비스를 통합적으로 받을 수 있게 돕는다.

③ 주민 참여 촉진

주민이 수동적 복지 수혜자의 입장에서 벗어나, 정책 기획과 프로그램 운영 과정에서 자기 목소리를 드러내는 주체로 거듭날 기회를 제공하며, 궁극적으로

임파워먼트를 이루는 데 도움을 준다. 앞서 설명했다시피, 구조 속의 개인은 혼자였다면 하지 못했을 말을 하고 혼자였다면 상상하지 못했을 일을 도모한다. 구조는 이렇게 개인의 의도와 행위를 구속하는 틀로 작용하는데, 네트워크 역시 일종의 구조이기 때문에 그 안에 놓인 개인은 원하든 원치 않든 무엇인가 해야 한다는 압력을 받는 상황에 자주 놓인다. 이는 수동적 방관자로 남기 쉬운 개인을 적극적 참여자로 바꾸는 구속력으로 작동한다. 여기서 주안점은, 외부의 요청으로 마지못해 시작했더라도 어떻게든 한번 시작된 참여는 계속된 참여를 낳는다는 사실이다(권재환 · 이미나, 2024).

④ 긴급 대응 및 위기관리

공황, 재난, 재해와 같은 사회경제적 위기에 대응하고 당면 문제를 극복할 힘을 불어넣는다. 우리는 지역사회복지 네트워크의 이 같은 대응 능력을 지난 과거 코로나19 팬데믹 시기에 목격하였다(최송식 · 권혜민, 2021). 당시 심각한 방역위기 속에서 네트워크 행위자들(예 시군구청, 보건소, 동주민센터, 사회복지협의회, 지역복지재단, 기업, 개인 자원봉사자 등)은 각자의 힘을 모아 돌봄 공백을 최소화하였고(예 긴급 돌봄서비스 확대 운영, 지역사회 기반 돌봄공동체 활성화 등), 취약 계층에게 맞춤형 지원을 제공하였으며(예 고위험군 대상 방역물품 지원, 비대면 식사 배달 등), 사회정서적 고립 해소를 위한 혁신적 방안을 고안해 실행에 옮겼다(예 온라인 자조 모임 운영, 비대면 심리상담 확대, 가상복지관 시범 운영, 지역사회 소규모 모임 공간 발굴 등).

(2) 특징

지역사회복지 네트워크의 특징은 다음 네 가지로 요약할 수 있다(김교정 · 김영미, 2020).

① 지역성

지역사회복지 네트워크는 각 지역의 고유한 정치, 경제, 사회, 문화, 역사적 환경을 반영하여 구축, 운영된다. 이는 전국적으로 동일한 네트워크 모델이 적용될 수 없고, 지역마다 네트워크 운영 방식과 참여 주체가 달라질 수 있음을 함의한다. 예를 들어, 어떤 지역에서는 주민, 종교단체, 협동조합이 중심이 되어 네트워크가 형성될 수 있고, 다른 지역에서는 지방정부, 비영리단체, 민간기업이 주축이 되어 네트워크가 운영될 수 있다. 또한 어떤 지역에서는 정부나 공공기관이 정책적, 재정적 지원을 통해 주도적으로 네트워크를 조직할 수 있고, 다른 지역에서는 민간이 중심이 되어 정부의 간섭 없이 독립적으로 네트워크를 형성하고 자체 사업을 기획할 수 있다. 주안점은, 지역사회복지 네트워크는 획일적 모습을 띠지 않으며, 지역의 고유한 특성과 필요에 따라 맞춤형으로 설계되고 운영된다는 점이다.

② 협력성

지역사회복지 네트워크는 다양한 행위자 간 협력을 기반으로 형성되고 운영된다. 공공, 민간 영리, 민간 비영리, 비공식 부문에서 활동하는 여러 단체와 개인이 공동의 목표를 달성하고자 네트워크에 참여하며, 단일 기관이 해결하기 어려운 복합적이고 만성적인 사회문제를 함께 해결해 나가기 위하여 노력한다. 이러한 맥락에서 지역사회복지 네트워크는 지역 거버넌스의 기반을 이룬다고 말할 수 있다.

예를 들어, 통합사례관리 네트워크에서는 동주민센터와 희망복지지원단이 초기 상담과 개입 계획을 담당하고, 민간 복지기관이 전문적 서비스를 제공하며, 지역 주민이 자원봉사자로 참여하는 방식으로 협력한다. 마을 공동체 네트워크에서는 나이, 학력, 소득, 직업 등에서 각양각색인 주민들이 자발적으로 돌봄이나 주거와 같은 공동의 지역 문제 해결을 위해 주민모임이나 대책위를 구성하는 방식으로 협력한다. 비영리재단 중심 네트워크에서는 지역복지재단이 관내 공공기관, 민간 비영리, 영리 단체 등과 연합하여 복지사업을 추진하는 식으로 협력 관계를 만들어 간다.

그러나 네트워크의 협력 방식이나 참여 주체가 고정된 것은 아니다. 공공, 민간, 비공식 부문 행위자들이 항상 동일한 비율로 참여하는 것이 아니며, 특정 상황에서는 공공 부문 행위자끼리만 혹은 민간이나 비공식 부문 행위자끼리만 협력하는 경우도 있다. 이처럼 협력 방식과 참여자 구성이 지역사회 특성과 맥락에 따라 다르게 조정될 수 있다는 점에서 지역사회복지 네트워크는 고정된 구조가 아닌, 주어진 상황에 유연하게 대응하는 협력 체계, 즉 거시와 미시 구조의 중간 구조(mezzo structure)라고 할 수 있다.

③ 자율성

지역사회복지 네트워크에서는 특정 행위자가 전체를 지휘하거나 통제하지 않는다. 각 행위자는 개별 조직의 목표와 운영 방식, 정체성을 유지하면서 상호 협력하는 방식으로 네트워크에 참여한다. 즉, 지역사회복지 네트워크는 기본적으로 독립적 행위자가 자율적으로 참여하고 협력하는 구조를 전제로 한다.

그러나 개별 행위자의 자율성이 과잉 보호되면 의견 충돌이 발생할 가능성이 있으며, 역할 분담이 명확하지 않으면 네트워크 운영 자체가 어려워질 수 있다. 따라서 협력이 원활하게 이루어지기 위해서는 이해관계를 조정하고 갈등을 해결할 기구가 필요하다.

실제 현장의 사례들을 살펴보면, 성공적으로 운영되는 지역사회복지 네트워크에는 거의 항상 조정 기구가 만들어져 있음을 알 수 있다. 예컨대 앞서 사례로 제시한 서울시 고립가구 사회적 관계망 구축 네트워크에는 고립예방협의체가 만들어져 운영되고, 시흥시 이주배경청소년 지원 지역자원 연계 네트워크에는 민관사학 실무협의체가 만들어져 운영된다. 다음에서 곧 살펴볼 민관 네트워크 지역사회보장협의체에는 내부 지원조직인 사무국이 만들어져 운영된다. 이러한 조정 기구는 참여 개인과 집단 간 협력을 조율하고, 네트워크가 효과적으로 운영될 수 있도록 지원하며, 네트워크의 지속 가능성을 높이는 데 도움을 준다.

④ 지속성

지역사회복지 네트워크는 단기적 프로젝트나 임시적 협력 구조가 아니라, 장기적 관점에서 운영되는 지속적 협력 체계이다. 특히 복지, 보건, 의료, 돌봄,

주택, 교육, 교통 등 중장기적 접근이 필요한 사회보장 및 사회정책 분야에서 안정적 네트워킹은 수혜의 예측 가능성이라는 측면에서 매우 중요한 요소이다. 그래서 일부 지역사회복지 네트워크는 설치 근거를 법령에 명시해 놓기도 한다. 가령 지역사회보장협의체는 사회보장급여법에, 사회복지협의회는 사회복지사업법에 설치 근거가 명시되어 있다.

물론 변화하는 지역사회 여건에 맞춰 기존 네트워크가 재조직되거나 새로운 방식으로 조정될 수 있고, 일부 기능이나 주요 참여자가 변경되는 경우도 있다. 그러나 이러한 때조차 기본적인 협력 체계 자체는 없어지지 않고 지속되는 것이 일반적이다. 다시 한번 언급하건대, 네트워크는 그냥 관계가 아닌, 관계의 구조이다. 구조는 갑자기 만들어지거나 사라지지 않으며, 내부 구성원의 행위를 제약하는 지속성 있는 틀로 작용한다.

그렇지만 여기에도 예외는 있다. 과거 코로나19 팬데믹 대응을 위한 긴급 돌봄 네트워크나 매년 발생하는 태풍·지진 피해지역 구호 네트워크 사례에서 볼 수 있듯이, 위기 상황에서 신속한 문제 해결을 위해 빠르게 만들어져 운영된 후, 상황이 안정화된 다음 본래 기능이 축소되거나 종료되는 일시적, 임시적 네트워크도 현실에 적지 않게 존재한다. 이러한 다양한 사례들은 지역사회복지 네트워크가 기본적으로 장기 운영되는 지속성을 전제로 하지만, 특수 상황이나 필요에 따라 생성과 해체를 반복하고 변화하는 유연성을 특징으로 한다는 점을 아울러 말해준다.

4) 부상 배경

(1) 지방분권화

과거 우리나라의 사회복지 전달체계는 중앙정부가 사업을 기획한 후 이를 지방에 전달해 집행하는 위계적 구조를 보였다. 지역의 고유한 특성과 주민의 욕구를 세심히 반영하기보다, 전국적으로 표준화된 정책을 동일하게 적용하는 하향성, 단일성이 특징이었다. 그러나 이와 같은 중앙집권적 전달체계는 효율성과 통일성을 제고한다는 장점에도 불구하고, 지역별로 상이한 복지 수요에 유연하게 대처하지 못한다는 한계를 드러내었다.

그러는 와중에 1990년대에 들어 지방자치제도가 전면 부활하였고, 지역 맞춤형 복지의 필요성이 대두하였다. 2000년대 이후에는 지방분권이 정착하면서 지역사회 중심의 복지 전달체계가 본격적으로 자리 잡기 시작하였다. 이는 지방정부가 지역 내 복지서비스를 적극적으로 기획하고 조정할 권한을 부여받음과 동시에, 복지정책의 중심이 중앙에서 지역으로 이동하는 흐름을 보여주는 변화였다(김주원 외, 2019 : 24). 이것의 가장 직접적인 결과는, 정책의 방향과 큰 틀을 정하고 결과를 총평하는 역할은 중앙정부가 맡되, 실제 사업 기획과 실행, 환류는 지방정부와 지역사회가 담당하는 투트랙 방식으로 복지 전달체계의 전환이 이루어졌다는 사실이다.

변화가 일어날 수 있었던 데에는 당시 정책 공동체에 복지다원주의, 복지혼합, 공동생산과 같은 새로운 개념이 소개되어 확산한 것이 크게 작용하였다. 각 개념의 강조점은 다소 다른데, 복지서비스 기획과 집행 과정에서 공공, 민간, 지역사회 구성원, 특히 당사자인 지역 주민이 참여하여 정책을 형성하고 운영, 집행하는 다자간 협력 모델을 상정한다는 점에서 공통적이다. 이와 같은 개념들의 확산과 수용은 다양한 지역사회 행위자가 공동으로 복지사업을 기획하고 실행하며 조율하는 협력 구조를 강조하는 흐름을 만들어 냈다. 나아가 이는 차츰 기존의 일방적 정책 집행 방식이나 단순 서비스 제공과 근본적으로 차별되는 지역사회 네트워크 기반 협력 실천의 확산 및 정착을 가져오는 계기가 되었다.

다자간 협력 모델 관련 개념의 확산과 그에 따른 민관협력 지역사회복지 네트워크 활성화의 증거는 2000년대 이후 추진된 거의 모든 지역사회복지사업에서 찾아볼 수 있다. 최근 전국적으로 시행되고 있는 「고독사 예방 및 관리 시범사업」도 그중 하나이다. 이 사업의 기본 방향은 중앙정부(보건복지부)가 정한다. 그렇지만 사업 성공 여부는 지역사회 내 다양한 행위자의 협업 역량에 의해 결정된다. 구체적으로, 지방정부(시군구)의 기획 및 조정 역량, 읍면동 단위 행정기관의 실행력, 지역사회 복지공동체 및 주민조직의 참여, 민간 사회복지기관 및 전문가 집단의 협조와 전문 지식이 필수적인 성공 요소로 거론된다.

서울시 동행센터 역시 지역사회 중심의 범(凡) 민관협력 모델 정착을 방증하는 사례 중 하나로 지목할 수 있다. 찾아가는 동주민센터를 대체하여 2023년부터 서울시 각 행정동에 설치 운영되기 시작한 동행센터는, 근거 조례(서울특별시 동행센터 운영 및 지원에 관한 조례)에 따르면 "동 단위 지역사회 안에서 주민의 복지·건강 향상을 위해 빈과 관이 함께 수행하는 활동 체계"로 정의된다. 이는 공공과 민간의 긴밀한 협업을 바탕으로 복지사업을 공동 추진하고, 이를 통해 지역사회복지 네트워크를 지역복지 거버넌스를 위한 기반으로 활용하겠다는 시정 의지를 공식화한 것으로 해석할 수 있다.

이 밖에도 최근 지역사회복지계에서 주목받는 각종 커뮤니티케어 관련 정책 역시 기본적으로 지역사회 기반 복지네트워크 활용에 의존하는 사례로 볼 수 있다. 커뮤니티케어 네트워크는 보건, 복지, 돌봄, 의료, 주거, 독립생활 서비스가 지역사회 내에서 통합적으로 제공되도록 설계되고, 이를 위해 지역별로 돌봄협의체가 일종의 조정 기구로 구성돼 운영된다는 특징이 있다. 특히, 서비스 이용을 위한 자격 판정은 행정기관이 주로 도맡아 수행하고, 서비스 신청부터 제공은 민간 제공기관에서 개별적으로 이루어지는 형태로 커뮤니티케어의 기초 체계가 잡혀가는 상황인 관계로, 행정기관과 급여 제공기관이 공동의 목표를 가지고 지속적으로 협력하는 것은 더더욱 중요해졌다.

참고로, 지방분권화 이후 중앙정부의 주된 역할이 사회서비스 기획 및 집행에서 정책 방향 설정 및 사후 평가로 전환됨에 따라, 지방정부와 시설 운영 주체의 책무성(accountability)이 강조되고, 그에 대한 점검과 질적 향상을 위한 사회복지시설 평가의 중요성이 부각되었다. 시설 평가는 지역사회복지 네트워크 분야에서도 마찬가지로 광범위하게 이루어지고 있는데, 이는 중앙사회서비스원이 실시하고 있는 사회복지시설(복지관) 평가지표 중 '지역사회 네트워크'에 관한 항목을 통해 분명히 알 수 있다. 평가지표 구성과 내용을 보면, 지역사회복지 네트워크 형성과 구축에 대한 중앙정부의 관심과 제도적 안정화에 대한 의지를 엿볼 수 있다.

참고 9기(2023~2025년) 사회복지시설(복지관)평가 평가지표

- 평가지표 : C3-3. 지역사회 네트워크
- 평가목표 : 지역 내 다양한 기관과 네트워크를 구축함으로써 복지서비스 공급의 효율성을 제고하고, 사회복지관이 지역복지의 중심으로서의 역할을 강화한다.
- 평가내용 : 지역사회 네트워크가 활발히 이루어지고 있는가?
  ① 지역 주민이 쉽게 복지관을 이용하거나 각종 사업에 참여할 수 있도록 개방하고 있다.
  ② 직원이 지역사회 내 다양한 활동에 적극적으로 참여하고 있다.
  ③ 지역 내 공식적인 협약이나 협정을 맺은 지역사회단체 및 기관과 연 1회 이상의 공동사업을 실시하고 있다.
  ④ 복지관이 지역사회의 협력 활동에 주도적 또는 협조적인 역할을 한다.

요약하면, 지방분권화 이후 지역사회 내 다양한 사회복지 주체 간 협력이 우리나라 사회복지 전달체계의 주요 원칙으로 자리 잡았다. 이는 중앙정부 역할의 적지 않은 부분이 정책 기획이나 조정, 평가 영역으로 축소되고, 지방정부 및 지역사회가 복지서비스 제공의 실질적 주체로 거듭나기 시작하였음을 의미하는 변화로 볼 수 있다.

현재 지역사회복지 네트워크는 단순한 지역 협업 구조를 넘어, 지역 맞춤형 복지 전달체계를 구축하는 핵심 기반이자 거버넌스의 주축으로 기능하고 있다(한상윤 외, 2022). 이와 같은 위상 변화는 복지서비스 제공 방식과 철학의 변화, 즉 공동생산, 복지혼합, 복지다원주의와 같은 개념으로 대변되는 다자간・다부문 연대로의 전환, 반대로 보면 강력한 중앙 집중식 복지국가의 퇴조를 방증한다는 점에서 주목할 만하다.

(2) 개별화된 복지 욕구의 증가

현대사회에서 복지 욕구는 특정 계층이나 문제에 국한하지 않고 더욱 복합적이면서도 세분화된 형태로 진화하고 있다. 인구 고령화, 가족 기능 약화, 경제적 불평등 심화, 다문화 사회로의 전환, 정신건강 문제 증가 등 각종 미증유 신사회 위기로 인해 개인이 겪는 복지 문제는 단일 관점에서 해결하기 어려운 다차원적 성격을 띠게 되었다. 이에 따라 전통적 사회보장 체계가 가진 한계가 더욱 뚜렷해졌으며, 기존의 획일적이고 단선적인 서비스 제공 방식으로는 다변화·다차원화된 복지 욕구를 효과적으로 충족시키는 일이 점점 더 어려워지게 되었다(김욱진 외, 2024).

특히 기존 사회복지 전달체계는 공공과 민간의 역할이 분리된 채 개별 기관 중심으로 운영되는 경향이 강하였고, 서비스 연계가 원활하지 않아 복지 사각지대의 잔존 문제가 거듭 제기되었다(이용표·유영준, 2006 : 34). 가령 한부모 가정의 경우 경제적 지원뿐 아니라 주거, 육아, 심리상담, 일자리 연계 등이 동시에 필요할 수 있는데, 기존 사회복지 서비스는 이와 같은 다면적 욕구를 통합적으로 다루기보다, 각 기관과 부처에서 개별적으로 지원하는 방식으로 처리하여 스스로 서비스 이용자의 부담을 가중하는 요인으로 지목되어 왔다.

이를 해결하기 위해 최근 복지정책과 실천 현장에서는 네트워크 기반의 통합적 접근이 중요한 대안으로 부상하고 있다. 통합 접근은 분절화된 사회복지 서비스 제공을 극복하고, 다양한 지역사회복지 주체가 협력하여 클라이언트의 다층적·다면적 욕구를 충족하는 포괄적 서비스 제공 방식을 일컫는다. 통합 접근법에서는 공공, 민간 영리, 민간 비영리 및 비공식 부문 내 다양한 행위자가 유기적으로 연계하고 정보와 자원을 공유하는 네트워크 구축이 중시된다. 통합적 복지 네트워크는 지역사회 내 취약 계층을 발굴하고 맞춤형 서비스를 제공하여 사각지대를 없애는 데 주력한다(고관우 외, 2018).

최근 지역사회복지실천 분야에서 주목받는 통합사례관리는 이와 같은 네트워크 기반 통합 접근법을 활용하는 대표적 사례이다. 통합사례관리는 복합적이고 만성적인 복지 욕구를 가진 취약 계층 주민을 대상으로, 공공과 민간이 협력하여 맞춤형 서비스를 제공하는 지역사회복지실천의 한 방법이다. 여기에는 희망복지지원단, 동주민센터, 사회복지관, 보건소, 정신건강복지센터, 자활센터, 주거복지센터, 재가노인복지시설, 사회적기업, 주민모임, 자원봉사자 등 여러 행위자가 협력하여 다차원적 전달체계를 형성한다. 즉, 개별 행위자가 독립적으로 서비스를 제공하는 것이 아닌, 긴밀한 관계망을 구축하여 자원을 공유하고 역할을 분담함으로써 공동으로 클라이언트를 지원하는 네트워킹 방식으로 복합적, 만성적 욕구에 대처한다.

(3) 민간 사회복지조직의 영세성

민간 사회복지조직은 대체로 공공조직이나 사기업에 비해 규모가 작고 영세하다. 즉, 목적 달성을 위해 투입할 수 있는 인적, 물적, 재정 자원이 양적, 질적으로 충분하지 못하다. 그래서 비슷한 목적이나 이해관계를 공유하는 민간 사회복지조직은 통해 공동으로 자원을 발굴하고 이용하는 상호 의존적, 상호 호혜적 관계를 발전시키는 네트워킹을 일종의 생존 전략으로 채택한다.

네트워킹은 하나의 조직이 단독으로 획득하기 어려운 자원을 확보하는 데 확실히 도움을 준다(김영종 외, 2009 : 66). 예를 들어, 해마다 겨울이면 저소득층을 위한 보일러, 새시, 김장 등의 물품을 지원하는 사업이 지역사회에서 자주 진행되는데, 이와 같은 현물을 하나의 민간 사회복지조직이 전부 조달하는 것은 현실적으로 불가능하다. 지역사회 여러 조직이 모여 네트워크를 형성하고 이를 통해 필요한 물자를 품앗이하듯 서로 주고받는 상호부조 체계를 구축하는 것이 일반적이다. 이러한 협동성은 작은 조직이 네트워크를 통해 태생적 한계를 극복하고 목표를 달성하는 현실적 모습을 예시한다.

물론 일부 조직은 규모가 크고 자원도 많이 보유한다. 그러나 그렇다고 해서 모든 일을 단독으로 처리할 수는 없다. 개별 조직은 다른 조직과 협동할 때 비로소 혼자 할 수 없었던 여러 과업을 실제 도모하고 성공시킬 수 있다. 크고 작은 조직 간 연계와 협동은 서비스 제공이나 조직 운영 차원에서 발생할 수 있는 각종 비용을 현저히 줄이는 효과를 낳는다. 이는 개별 조직이 예전과 동일한 수준으로 투자하더라도 공동으로 생산한 것을 공동으로 소비하는 데 따른 효율성 덕분에 생산성 제고 효과를 본다는 것을 의미한다(배의식, 2013 : 32). 경제학에서는 이를 규모의 경제(economy of scale)라 일컫는다.

경제학뿐 아니라 사회복지 영역에서도 네트워크에 연결된 행위자들은 규모의 경제를 실현할 수 있다. 예컨대 자주 쓰지 않는 장비나 시설, 건물을 공동으로 구매하여 함께 사용한다거나, 자원 및 대상자 발굴을 공동으로 수행하는 경우, 단독으로 수행했을 때와 비교하여 사업 수행 비용이 크게 절감되는 효과가 발생한다. 또한 그렇게 절약된 조직의 예산을 다른 사업에 투입하면 조직 운영의 효과성과 효율성이 제고될 수 있다. 이러한 전략은 특히 소규모 영세 조직에게 큰 이득이 된다.

(4) 디지털 기술의 발전

과거에는 대면 회의나 서면 문서를 통한 협력이 일반적이었다. 그런데 이제는 행정망, 온라인 협력 도구(SNS, 메신저, 화상회의 플랫폼 등), 스마트 기기(스마트폰, 태블릿, 스마트워치 등), AI 등 최첨단 기술을 활용한 실시간 정보 공유 및 자원 연계가 대중화되었다. 이러한 디지털화 덕분에 기존보다 빠르고 유연한 의사결정이 가능해졌고, 다양한 기관이 물리적, 시간적 제약 없이 협력할 수 있는 우호적 환경이 조성되었다(류기형 외, 2015 : 143). 다음에서는 디지털 기술의 발전이 지역사회복지 네트워크 참여자 간 상호작용 방식을 변화시키고 운영 효율성을 높이는 데 기여하는 몇 가지 현실 사례들을 살펴본다.

먼저 공공 부문에서는 행복e음을 대표적 사례로 꼽을 수 있다. 행복e음은 전국 지방자치단체가 활용하는 통합사회보장정보시스템으로, 공공 사회복지조직 간 사례관리 및 복지 자원 정보를 공유하고 대상자의 복지서비스 이용 내역을 실시간으로 확인할 수 있도록 설계되었다. 통합사례관리 네트워크의 주요 행위자인 시군구 희망복지지원단과 읍면동 주민센터 사례관리 담당 공무원은 행복e음을 이용하여 복지서비스 중복 지원을 방지하고 서비스 연속성을 담보하는 등 보다 체계적인 서비스 제공을 도모한다. 그러나 이와 같은 장점에도 불구하고 행복e음은 개인정보 보호 문제로 민간과의 직접 정보 공유에 제약이 크고, 기관 관 협력 과정에서 정보 단절이 발생하는 경우가 많다는 점에서 한계를 드러낸다.

민간 부문에서는 사회서비스정보시스템(희망e음)을 대표적 사례로 거론할 수 있다. 행복e음과 마찬가지로 보건복지부가 구축하고 한국사회보장정보원이 운영하는 희망e음은 사회복지시설의 회계, 인사, 후원금 관리는 물론 전반적인 업무 표준화를 지원한다. 특히 지역사회 자원 공유(pooling)를 통해 민간 사회복지시설 간 자원 연계를 고도화하는 데 도움을 준다. 이와 비슷한 기능을 장착한 행정망으로 서울시 생활복지통합정보시스템이 있다. 이 역시 분산된 지역사회 복지 자원 정보를 통합적으로 관리하고 제공함으로써 민관 자원 공유와 협력적 네트워킹을 촉진하는 데 기여한다(안기덕 · 안지혜, 2022 : 31).

스마트 기기 보급 및 활용 확대 역시 지역사회복지 네트워크의 운영 효율성을 높이는 데 기여하고 있다. 과거에는 복지 대상자와 서비스 제공기관 간 소통이 거의 예외 없이 대면으로 이루어졌다. 서비스 제공자 간 소통도 대면 또는 서면으로 이루어졌고, 기껏해야 전화나 팩스가 이용되었다. 그러나 최근에는 스마트폰, 태블릿, 웨어러블용품(스마트워치, 스마트 밴드 등) 등 스마트 기기를 활용한 비대면 상담, 비대면 돌봄서비스(복약 지도, 산소포화도 측정, 호흡 감지 등), 화상 사례회의, 모바일 복지서비스 신청 및 결제가 느는 추세이다.

예를 들어, 광주시에서는 스마트폰을 이용해 주민이 마을 총회를 직접 소집하고 의제를 선정, 문제 해결에 필요한 디지털 지도를 그려 활용할 수 있게 돕는 「마을e척척 사업」이 2019년부터 관내 95개 동에서 추진 중이다. 한국사회보장정보원은 2021년부터 사회서비스 전자바우처 결제 시 전자단말기 외에 스마트폰 앱과 QR 코드를 이용한 디지털 결제 방식을 도입하여 서비스 제공기관과 이용자의 편의를 도모하고 있다. 이 같은 스마트화는 시간, 장소, 정보의 장벽을 없애 서비스 이용자, 제공자, 정부 및 관련 공공기관이 하나의 지역 네트워크에 묶일 가능성을 높이는 효과를 발생시킨다. 물론 그 효과가 제대로 나기 위해서는 기기 이용자의 디지털 리터러시가 어느 정도 확보되어야 한다는 조건이 붙기 때문에 한계가 없지는 않다.

한편, 최근 일부 지방자치단체에서 AI 기술을 활용해 지역사회복지 네트워크의 용도를 고도화하는 노력을 기울여 눈길을 끈다. 예를 들어, 부산시는 저소득층의 자산 증식과 채무 변제를 지원하는 「자립 꿀단지」 AI 챗봇을 만들어 2022년부터 운영 중이다. 이 플랫폼은 시간과 장소에 구애받지 않고 맞춤형 복지 상담 서비스를 제공하며, 저소득 민원인의 자립 지원뿐 아니라 관내 유관 공공 및 민간기관 간 업무 협력 사다리로 활용할 수 있는 기능을 덧붙여 부산 지역 내 복지 네트워크 활성화에 기여하고 있다. 보건복지부의 복지로 역시 지역사회 자원 연계 기능을 바탕으로 복지 대상자 욕구에 맞는 맞춤형 서비스를 매칭해 주는 안내 서비스를 제공하는데, 이 또한 서비스 접근성 제고, 지역 내 관련 기관 간 협력 및 자원 공유 강화, 사례관리 효율화, 행정 효율화 등을 통해 지역사회복지 네트워크가 효과적으로 운영될 수 있는 물적 토대가 되어주고 있다.

요컨대, 근래의 혁신적 기술 도입은 지역사회복지 네트워크 협력을 더욱 정교화하고 실효성을 높이는 방향으로 발전하고 있다. 그러나 아직 만족할 만한 수준에 도달하지는 못하였다. 다만 최근의 상황을 보건대, 머지않은 미래에 지금과 비교할 수 없이 발전된 정보통신기술, 특히 AI 기술이 등장하여 네트워크 운영에 더욱 적극적으로 활용될 것만은 분명한 사실이다. 이는 현재로서는 예측하기 힘든 수준에서 지역사회복지 네트워크의 효과성과 운영 방식에 유의미한 변화를 불러올 것이다.

5) 활성화 요인

지역사회복지 네트워크가 효과적으로 작동하고 활성화하기 위해서는 몇 가지 요인이 필수적으로 충족되어야 한다. 이는 크게 정책, 법, 재정 등을 포함하는 구조적 요인과 운영 역량, 협력적 문화 등을 포함하는 운영적 요인으로 나누어 볼 수 있다(강철희 · 정무성, 2013 : 361).

(1) 구조적 요인

① 정치적 지지와 행정당국의 지원

지역사회복지 네트워크가 지속 가능성을 갖고 협력 체계를 장기적으로 구축하기 위해서는 중앙 및 지방정부, 공공기관 등의 정치적 지지가 필수적이다. 정치적 지원이 없거나 관심이 부족하면 네트워크는 운영 동력을 상실할 수 있다. 반대로, 충분한 지지가 뒷받침되면 네트워크는 정당성을 부여받고 주변으로부터 존재와 요구를 인정받으며 정책 우선순위에서 높은 위치를 차지할 수 있다. 이 경우 해당 네트워크는 목표 달성에 필요한 예산과 영향력을 확보할 수 있다.

아울러 조정자 역할을 해주는 행정당국의 측면 지원도 필요하다. 네트워크와 직간접적으로 관련성 있는 행정당국의 적절한 조정과 지원은 참여자 간 불신을 해소하고 의견 차이를 조율하며 협력적 사업 운영을 촉진하는 힘이 된다.

② 관련 법규의 제・개정

지역사회복지 네트워크가 단순 협력체를 넘어 실질적 거버넌스로 자리 잡기 위해서는 법적 근거가 마련되어야 하며, 사회 변화에 따라 지속적으로 개정되어야 한다. 법적 근거가 마련되지 않거나 실효성이 부족하면 네트워크는 애당초 소집조차 될 수 없다. 무에서 유를 만드는 첫 단계에서는 잠재적 참여자의 자발적 결사를 무작정 기다리기보다, 약간의 강제력을 사용해서라도 이들을 일단 한자리에 모으는 소집력이 중요하다.

설령 소집에 관한 법령이 존재하더라도 구체적 역할 분담과 책임 소재가 명확하지 않고, 그래서 구속력 있는 결정을 내릴 수 없는 네트워크는 실질적 협력보다 단순한 정보 공유 수준에서 머무를 가능성이 크다. 참여 동기와 명분이 부족하기 때문이다. 이러한 네트워크는 실질적 성과 없이 형식적 모임만 반복하다가 어느 순간 해체될 수 있다.

③ 충분한 재정지원

지역사회복지 네트워크 구축과 운영에는 적지 않은 인력과 시설이 필요하다. 프로그램 및 사업을 개발, 추진하는 데에도 상당한 비용이 요구된다. 따라서 이를 감당할 만한 충분한 재정이 안정적으로 뒷받침되어야 한다. 특히 자체적으로 자원 확보가 어려운 비공식 소규모 민간 네트워크일수록 재정지원, 특히 공공의 재정지원이 필수적이다.

(2) 운영적 요인

① 원활한 의사소통 체계와 구성원의 네트워크 운영 경험 및 훈련

지역사회복지 네트워크는 다수의 지역복지 주체가 협력하는 구조를 띠는 만큼, 참여자 간 정보가 원활하게 공유되고 관계맺음이 원만하게 형성될 때 효과적으로 작동할 수 있다. 이를 위해서는 신뢰를 바탕으로 한 의사소통 체계가 구축되어야 하고, 구성원이 네트워크 운영 경험과 협력 기술을 습득하는 과정이 요구된다. 네트워크 운영 경험이 부족한 구성원은 협력 과정에서 어려움을 겪을 수 있고, 원활한 조정이 이루어지지 않으면 네트워크가 비효율적으로 운영될 가능성이 높다. 따라서 참여자가 지속적으로 협력의 경험치를 쌓고, 갈등 조정 및 의사결정 역량을 강화할 수 있게끔 훈련 프로그램을 도입해 운영할 필요가 있다. 이는 앞서 제4장에서 배운 사회적 자본, 제9장에서 공부한 시민성 함양 등의 주제와도 접맥한다.

② 관계 맺음이 가져오는 새로운 가능성에 대한 긍정적이고 낙관적인 태도

참여자가 지역사회복지 네트워크 활동을 일시적 업무로 인식하는 것이 아닌, 더 큰 가능성을 탐색할 발전의 계기로 인식하고 긍정적, 낙관적 태도로 임할 때 해당 네트워크는 더욱 활성화될 수 있다. 반대로 네트워크 활동을 의무 사항으로 여기거나 불필요한 부담으로 느낀다면, 협력의 동기가 약화하고 네트워크의 지속 운영이 어려워질 수 있다. 따라서 참여자가 지역사회복지 네트워킹의 가치를 충분히 인식하고, 협력을 통한 긍정적 변화와 성장을 기대할 수 있도록 동기 부여에 힘써야 한다.

(3) 적용

상기 요인을 우리나라 지역사회복지 네트워크의 대표적 사례 중 하나인 지역사회보장협의체에 적용해 보면 다음의 설명이 가능하다(함철호, 2019 : 351). 첫째, 지역사회보장협의체는 중앙정부, 구체적으로 소관부서인 보건복지부로부터 강력한 정치적, 정책적 지지를 받고 있다. 둘째, 지역사회보장협의체는 사회보장급여법 제41조 및 동법 시행규칙 제5, 6, 7조에 법적 근거가 명시되어 있다. 셋째, 대부분의 기초자치단체가 지역사회보장협의체의 심의 결과에 따라 시군구 및 읍면동 협의체에 사업 수행에 필요한 재정지원을 하고 있다. 넷째, 조직 간 활발한 의사소통과 네트워킹에 대한 참여자의 훈련 및 경험은 다소 부족한 편이다. 참여 조직 간 의사소통과 피드백이 충분히 이루어지지 못하며, 네트워크 구축과 관련해 특히 공무원의 협조적 자세나 우호적 태도가 부족하다는 평가가 있다. 이를 해소하기 위해 협의체 위원(실무분과 및 읍면동 협의체 위원)을 대상으로 역량 강화 교육을 실시하는 곳이 늘고 있다(예 서울시 동 복지대학, 부산시 다복동 사업 등). 다섯째, 지역사회보장협의체는 지난 2002년부터 현재까지 25년에 가까운 오랜 시간 동안 지역사회복지 구현과 사회적 자본 창출, 협력문화 조성 등에서 큰 기여를 해왔다. 협의체는 지역사회복지 네트워크의 지속적 발전과 성장을 이끄는 원동력으로 작용하고 있으며, 민관협력 가능성의 모범으로 거론되고 있다. 협의체를 지역사회복지의 미래를 여는 발전의 기회로 생각하는 사람들이 늘고 있다.

3. 지역사회복지 네트워크의 실제 : 지역사회보장협의체

현재 우리나라 지역사회에는 형태, 규모, 범위, 목적, 기능 등에서 매우 다양한 사회복지 네트워크가 구축되어 운영되고 있다. 이번 절에서는 이 중에서 가장 공식적이고 대표적인 민관 네트워크인 지역사회보장협의체에 대해 알아본다.

참고로 지역사회보장협의체에는 많은 민간 사회복지 전문가와 실천가가 참여한다. 따라서 지역사회복지실천의 범주에 당연히 포함된다. 그런데 지역사회보장협의체에는 민간 사회복지 관계자뿐만이 아니라 그 밖의 다양한 민과 관의 이해 관련자가 두루 참여한다. 또한 민간보다는 공공이 좀 더 주도권을 갖고 네트워크를 이끄는 측면이 강하다. 이러한 이유로 지역사회보장협의체는 이 책의 제1장에서 정의한 지역사회복지실천의 범주에 포함되지 않는다는 문제제기를 할 수도 있다. 그러나 이미 언급하였다시피, 지역사회복지를 구현하는 세 가지 방식, 즉 국가적, 전문적, 운동적 접근법은 이상형적 관점에서 설명의 편의를 위해 나눈 분류이다. 이 말인즉슨, 현실에서는 일반적으로 둘 이상의 접근법이 융합된 형태로 나타난다는 얘기이다. 독자들은 이 점을 유념하면서, 앞으로 지역사회보장협의체를 사회복지실천의 영역 중 하나로 보며 현장에서 활동할 것을 당부한다.

1) 정 의

지역사회보장협의체는 지역사회 내에 사회보장 증진에 관한 협력적 의사결정 체계를 구축하고, 사회보장 서비스를 제공하는 다양한 기관·법인·단체·시설 간 연계 및 통합을 촉진하여 지역사회 주민의 욕구를 효율적, 효과적으로 해결함을 도모하는 시군구 단위의 민관협력 기구이다(전준구, 2020 : 97).

2) 추진 배경 및 경과

1990년대 초 지방분권제 부활로 국가와 지방자치단체 그리고 지방자치단체와 지방자치단체 간 관계를 합리적으로 재정립하고 역할을 새롭게 분담해야 한다는 필요성과 당위성이 커졌다. 사회복지 분야에서 이에 대한 고민은 다부문·다자간 협력과 참여를 통한 지역사회 중심의 사회복지 전달체계 구축 움직임으로 구체화하였다(박태영, 2014). 1994년 제정된 사회보장기본법 제29조 제3항에 "국가와 지방자치단체는 공공 부문과 민간 부문의 사회보장 전달체계가 효율적으로 연계되도록 노력하여야 한다"라는 문구가 명시된 것은 그와 같은 시대적, 사회적 요청을 반영한 결과로, 추후 중앙정부가 지역사회 민관협력 복지네트워크인 지역사회보장협의체 운영 지원사업을 추진하게 된 법적 근거이자 배경이 되었다.

추진 경과를 간략히 살펴보면, 먼저 보건복지부는 2002년 전국 14개 지역에서 지역사회복지협의체(현 지역사회보장협의체의 전신) 시범 사업을 추진하였다. 이듬해 2003년에는 지역사회복지협의체의 시군구 설치 및 운영을 의무화한 사회복지사업법 제7조의2 개정에 따라 동 사업을 전국적으로 전면 실시하였다. 그러다가 2012년 사회보장기본법 전부 개정으로 보편적이면서도 국민 개개인의 생애주기에 따른 맞춤형 사회보장제도 구축이 핵심 국정 과제로 떠올랐다. 당시 법 개정에 따른 가장 큰 변화는, 복지 분야에 국한되어 다소 제한적으로 이해되던 기존 사회복지서비스가 복지, 보건의료, 교육, 고용, 주거, 문화, 환경 등을 포함하는 포괄적 사회서비스로 개념 및 범위가 확장 전환하게 되었다는 사실이다.

사회보장기본법 개정 취지에 따라 2015년 「사회보장급여의 이용 · 제공 및 수급권자 발굴에 관한 법률」, 약칭 사회보장급여법이 제정되었다. 이 법의 제정을 계기로 중앙부처와 지방자치단체 간 유기적 연계를 통한 지역 단위의 포괄적 사회보장 그리고 지역 간 사회보장 균형발전을 위한 지원체계가 전반적으로 정비되었다. 여기서 특기할 점은, 사회복지사업법 제7조의2에 따라 2003년부터 십수 년간 전국 시군구에 의무 설치 · 운영되어 온 지역사회복지협의체가 2015년부터 사회보장급여법 제41조 및 시행규칙 제7조에 근거를 둔 지역사회보장협의체로 내체되었다는 사실이다. 대체된 까닭은, 기존 사회복지사업법이 사회복지사업 중심의 서비스 이용 절차와 운영에 한정되어 국민 개개인의 보편적이면서도 생애주기 특성에 맞는 포괄적 사회서비스를 제대로 전달하는 데 한계가 있고, 그 결과 복지 사각지대가 해소되기는커녕 더욱 심각해졌다는 비판이 당시 정책 공동체에 비등하였기 때문이다. 2014년 송파 세 모녀 비극의 발생은 이러한 비판을 불러일으킨 도화선이었다.

요컨대, 2015년 사회보장급여법 제정과 그에 따른 지역사회보장협의체 발족은 당시 우리나라 사회복지 전달체계의 한계를 극복하기 위한 노력의 일환이었다. 그로부터 10여 년이 지난 지금, 지역사회보장협의체는 지역사회 내 사회보장에 관한 주요 사항을 심의 · 자문하고(거버넌스 기능), 사회보장 서비스 제공기관・법인・단체・시설 간 상호작용을 촉진하며(연계 기능), 협의체 내 각 분과 및 주요 참여자 간 이해관계와 자원을 조정하여 지역 주민 욕구를 맞춤형으로 반영하는 종합적 서비스 전달체계 구축 및 운영을 지원하는(통합 기능) 지역사회 민관 복지네트워크의 중추로서 역할을 다하고 있다. 다음에서는 이 세 가지 기능과 각 기능을 수행하기 위해 만들어진 지역사회보장협의체의 구성 체계에 대해 알아본다.

3) 기능 및 구성

지역사회보장협의체는 기본적으로 분산형 네트워크 구조로 설계되었다. 분산형 네트워크는 소수의 핵심 노드가 일차적으로 연결되고, 각 핵심 노드에 다시 주변부 노드가 이차적으로 연결되어 전체적으로 넓게 퍼진 형태를 나타낸다.

지역사회보장협의체에서는 이 핵심 노드 역할을 대표협의체, 실무협의체, 실무분과, 읍면동 협의체가 맡는다. 이들은 수평적 관계를 맺으며, 지역사회 사회보장 증진을 위하여 단위별로 각자의 임무를 수행한다.

네 개의 핵심 노드 외에 사무국이라는 내부 지원조직도 운영된다. 지역사회보장협의체는 네트워크 조직이다. 따라서 참여자 간 이해관계가 복잡하게 얽히면 해결이 어려울 수 있고, 갈등이 발생했을 때 좀처럼 이견을 풀기 곤란한 경우가 종종 발생한다. 사무국은 이러한 문제를 해결하고 네트워킹이 원활하게 이루어질 수 있도록 지원하는 조정 기구 역할을 담당한다.

마지막으로, 지역사회보장협의체는 사회보장위원회라는 상위 네트워크 조직과 연계한다. 중앙정부와 광역지방자치단체(시도)에 설치되어 운영되는 사회보장위원회는 사회보장제도의 개발과 운영을 심의・조정하거나 자문하며, 지역사회보장협의체와 협력하여 공공과 민간이 참여하는 복지 거버넌스의 거시적 기반을 형성한다.

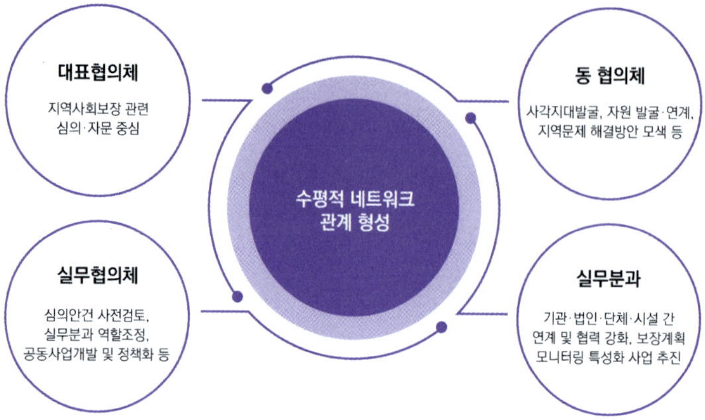

|그림 10-2| 지역사회보장협의체의 기본 구조

출처 : 보건복지부(2024), p. 15 재구성.

(1) 대표협의체

① 기능

대표협의체는 시군구 사회보장에 관한 주요 사항을 심의·자문한다. 사회보장급여법 제41조 제2항에 따르면, 주요 심의·자문 사항은 다음을 포괄한다.

- 지역사회보장계획 수립과 시행 및 평가에 관한 사항
- 지역사회보장조사 및 지역사회보장지표에 관한 사항
- 사회보장급여 제공에 관한 사항(예 예외적 복지급여계좌 개설 결정, 국민기초생활보장수급자 조건부과 제외, 재산의 소득환산 제외, 생계급여 보장비용 징수 대상자 감면, 부양의무자/ 부정수급자 보장비용 징수 제외, 장애인연금/ 주거급여/ 기초연금 부당이득금 환수 제외 등)
- 사회보장사업 추진에 관한 사항(예 자활기금 융자사업 개선방안, 자활지원계획 수립, 읍면동 협의체 지역특화사업 수립, 사회복지기관 직무역량강화교육 수립, 복지사각지대 발굴 홍보 및 인식개선 추진, 지역사회 자원통합관리 기능강화 방안, 권역별 복지박람회 개최 등)
- 읍면동 협의체의 구성 및 운영에 관한 사항
- 사회복지법인 외부추천인사 처리
- 기타(예 전문위원회 구성 및 운영, 지역사회 단합을 위한 연찬회 개최, 정책토론회 개최, 세미나/ 워크숍/ 읍면동 협의체 위원 대상 교육 등)

② 구성

대표협의체를 지역사회복지 네트워크의 핵심 노드 중 하나로 보았을 때, 그에 소속된 위원은 각각 주변부 노드이다. 하나의 노드로서, 대표협의체 위원은 사회보장에 관한 이해관계를 대표하는 자격 또는 전문성을 갖추고(대표성) 다양한 부문의 이해관계를 반영하는 사람으로(포괄성), 민주적 절차와 방법에 따라 임명 또는 위촉한다(민주성).

대표협의체는 위원장을 포함하여 10명 이상 40명 이하의 규모로 구성하며, 그 위원은 공공, 민간, 이용자 부문에서 각각 적격자를 추려 시군구청장이 임명 또는 위촉한다. 여기서 적격자란, 사회보장급여법 제41조 제3항에 따르면, 학계 전문가, 사회보장 관련 기관·법인·단체·시설 대표자, 비영리민간단체의 추천인(이상 위촉직), 읍면동 협의체 위원장, 관계 공무원(이상 임명직)을 가리킨다.

대표협의체 위원 구성과 관련해 한 가지 눈여겨볼 점은, 읍면동 협의체 위원장의 대표협의체 참여는 사회보장급여법 제41조 제3항 제4호에 명시되고, 실무협의체 위원장의 대표협의체 참여는 보건복지부 운영 지침서상 권고사항으로 제시된다는 점이다. 전자는 법령에 명시되는 데 반해 후자는 권고사항으로 제시되는 것은 앞서 언급한 네트워크 핵심 노드 간 수평적 관계와 민주적 소통이라는 측면에서 다소 아쉬운 대목이다. 그런데 뒤에서 다시 짚겠지만, 읍면동 협의체 위원장의 대표협의체 참여 역시 강행규정("참여하여야 한다")이 아닌 임의규정("참여할 수 있다")으로 되어 있어 실질성을 담보하지는 못한다.

위원 임기는 2년이고 연임할 수 있다. 단, 위원장은 한 차례만 연임 가능하다. 보통 시군구청장이 위원장직을 맡는데, 지역사회보장협의체의 운영 취지인 민관협력 강화를 위해 대부분의 지역에서 민간 위촉 위원 1인을 공동위원장으로 선출한다.

대표협의체 구성 예시

[임명직]

- 시군구 대표 : 자치단체장 또는 단체장이 지명하는 공무원
- 사회보장 관련 업무 담당 공무원 : 시군구 재정담당국장, 인사/ 조직담당국장, 복지/ 경제/ 환경/ 일자리 등 담당국장, 보건소장 등
- 실무협의체 대표 : 실무협의체 위원장
- 읍면동 협의체 대표 : 읍면동 협의체 민간 공동위원장

[위촉직]

- 사회보장 이용시설 대표 : 사회복지관, 자원봉사센터, 지역자활센터, 각종 사회서비스 제공기관 대표
- 사회보장 생활시설 대표 : 노인요양시설, 장애인거주시설, 아동복지시설 등 사회보장 관련 유/ 무료 입소시설 대표
- 연계 영역 대표 : 의료, 정신보건, 경찰, 소방 등 관련 분야
- 비영리민간단체 추천인 : 복지, 보건, 지역사회보장 관련 비영리민간단체, 사회보장 활동에 참여하는 종교단체, 사회복지협의회 대표, 주민조직(부녀회, 노인회, 자원봉사회 등) 등
- 학계 전문가 : 관내 대학 및 연구, 교육기관 종사자
- 기타 사회보장 분야 대표 : 지역을 기반으로 활동하는 문화, 고용, 주거, 교육, 생활체육, 사회적경제 관련 단체, 기업 등 사회보장 연계 영역 대표

출처 : 보건복지부(2024), p. 18.

(2) 실무협의체

① 기능

실무협의체는 대표협의체의 심의 안건을 사전에 검토하고, 실무분과에서 발의된 안건을 논의하며, 실무분과 간 관계를 조정한다. 그러는 한편, 지역사회보장계획상 주요 사업 추진을 논의하고, 사회보장에 관한 다양한 시군구 시책 개발을 협의하며, 실무분과 및 읍면동 협의체와의 공동사업 개발 및 수행을 지원한다. 이 과정에서 지역사회 내 사회보장 서비스 및 자원의 연계와 협력에 관한 사항을 전반적으로 총괄하고, 통합적 서비스 지원체계를 구축하는 일을 지원한다.

② 구성

앞서 설명했던 것과 마찬가지로, 실무협의체 역시 지역사회복지 네트워크의 핵심 노드 중 하나이며, 여기에는 여러 주변부 노드가 연결돼 있다. 실무협의체의 개별 위원은 이 주변부 노드를 상징한다. 하나의 노드로서 실무협의체 위원은 지역사회 내 사회보장 주체의 이해관계를 두루 반영하고(포괄성) 해당 분야에서 오랜 기간 실무자로 종사하여 전문적 지식을 갖춘 사람으로 선정한다(전문성).

실무협의체는 위원장 1명을 포함하여 총 10명 이상 40명 이하의 규모로 구성하며, 그 위원은 공공, 민간, 이용자 부문에서 각각 적격자를 추려내 대표협의체 위원장이 임명 또는 위촉한다. 위원 구성의 기본 원리는 대표협의체와 같은데, 차이점은 대표협의체에는 말 그대로 해당 분야를 대표하는 사람이 들어가는 데 반하여, 실무협의체에는 기관장이나 중간관리자, 즉 실무를 총책임지는 사람이 들어간다는 점이다. 실무협의체 위원이 될 자격을 갖춘 사람은 구체적으로, 학계 또는 연구기관 종사자, 사회보장 관련 기관·법인·단체·시설(생활, 이용시설 포함)의 기관장 또는 중간관리자, 관련 연계 영역의 기관장 또는 중간관리자, 공익 또는 비영리민간단체의 추천인(이상 위촉직), 사회보장 관련 업무를 담당하는 시군구청 내 소관부서(복지, 보건, 고용, 주거 등)의 과장이나 팀장급 공무원(이상 임명직)을 포함한다.

한 가지 눈여겨볼 점은, 보건복지부 운영 지침은 실무협의체 민간 위원이 자기 전문 분야의 실무분과에서 활동하고 이때 실무분과장을 겸임하도록 권고한다는 점이다. 의무 사항이 아니라 다소 아쉽긴 하지만, 실무협의체 위원이 해당 분야의 실무분과를 겸임하도록 권고하는 조항은 네트워크의 수평적 연결성과 상호 의존적 소통성을 높여 목적 달성을 용이하게 하는 구조적 장치로 작용한다는 점에서 중요하다.

위원의 임기는 2년이고 연임할 수 있다. 단, 위원장은 한 차례만 연임 가능하다. 만약 대표협의체가 공동위원장 체제를 채택한다면, 실무협의체에서도 관과 민에서 각 한 명씩 총 두 명의 공동위원장을 선출한다. 관의 공동위원장은 보통 시군구청의 복지정책과장이 맡는다. 단수 위원장 체제로 간다면, 민관협력의 취지를 고려하여 위촉직 민간위원 중에서 위원장을 선출하도록 권고된다.

(3) 실무분과

① 기능

실무분과는 지역사회 사회보장과 관련된 현안을 실무 차원에서 논의하고 안건을 도출하며, 분과별 특화사업을 계획·평가·시행한다. 그러는 한편, 사회보장 분야별·대상자별로 사례회의를 진행하고 서비스 제공과 연계, 자원 발굴 등을 논의한다. 지역사회보장 연차별 계획의 시행 과정을 모니터링하는 일도 수행한다. 이 과정에서 지역사회 내 사회보장 기관·법인·단체·시설 간 연계 및 협력을 도모하고, 통합적 서비스 제공 체계 구축을 지원한다.

② 구성

실무분과의 구성은 지역의 사정과 운영의 효율성을 고려하여 실무협의체 내 논의를 거쳐 유연하게 결정한다. 보통 지역 내 영유아, 아동, 청소년, 여성, 노인, 장애인 등 사회보장 대상자의 특성과 욕구를 기반으로 구성하는데(대상자별 분과 설치), 지역 주민이 필요로 하는 욕구와 기능에 맞추어 구성하는 때도 많다(기능별 분과 설치). 농어촌, 산악, 도서 지역같이 인구밀도가 낮아 사회보장을 위한 인석, 물석 자원이 부족하거나 대상자별 분과 운영이 어려운 경우에는 소생활권 단위로 분과를 구성하기도 한다(지역별 분과 설치). 이 경우 읍면동 협의체와 결합하여 권역별 네트워크를 만들고, 이것으로 부족한 실무분과를 대체한다.

<표 10-1> 실무분과 구성 예시

<table>
<tr><th colspan="11">대상자별 분과</th></tr>
<tr><td>아동청소년</td><td colspan="2">노인</td><td colspan="2">장애인</td><td colspan="2">여성</td><td colspan="2">청년</td><td colspan="2">다문화 가족</td></tr>
<tr><th colspan="11">기능별 분과</th></tr>
<tr><td>소득
보장</td><td>보건
의료</td><td>고용
주거</td><td>문화
체육</td><td>위기
가구
발굴</td><td>지역
사회
통합
돌봄</td><td>통합
사례
관리</td><td>자원
동원
배분</td><td>자살
예방</td><td>사회적
경제</td><td>마을</td></tr>
<tr><th colspan="11">지역별(권역별) 분과</th></tr>
<tr><td colspan="3">○○동(○○권역)</td><td colspan="3">○○동(○○권역)</td><td colspan="3">○○동(○○권역)</td><td colspan="2">○○동(○○권역)</td></tr>
</table>

출처 : 보건복지부(2024), p. 31 재구성.

실무분과 위원은 공공, 민간, 이용자 부문에서 각각 적격자를 추려내 실무협의체 위원장이 임명 또는 위촉한다. 사회보장 관련 업무를 담당하는 공무원을 해당 실무분과에 임명하거나(예 보육팀장 또는 보육업무 담당 주임을 보육 또는 아동분과 실무분과 위원에 임명), 민간이나 관련 공공기관 소속 사회보장 기관 실무자(팀장급 또는 주임) 혹은 현장 전문가를 위촉하는 식으로 분과를 구성한다. 실무분과 위원장은 실무협의체 위원 겸임이 권고된다.

(4) 읍면동 지역사회보장협의체

① 기능

사회보장급여법 시행규칙 제7조에 따르면, 읍면동 협의체는 복지 사각지대 발굴, 복지 자원 개발 및 연계, 그리고 지역사회보호체계 구축의 역할을 맡는다. 이러한 법적 규정이 지향하는 바는 명확하다. 지역사회 최일선에서 지역 특성과 여건을 반영하여 취약 계층을 세밀하게 발굴하고, 민과 관이 협력하여 복지 사각지대를 선제적으로 찾아냄으로써 위기가구를 예방적으로 지원하는 지역 밀착형 보호체계를 구축하자는 것이다(안기덕 외, 2019).

주목할 점은, 이러한 목표를 실현하는 주체로 기존의 공공 및 민간 전달체계 전문가뿐만 아니라 지역 주민을 전면에 내세운다는 점이다. 주민 주도로 그간 미활용되거나 저활용된 자원을 발굴하고, 이를 적절한 서비스와 연계할 수 있도록 유도하는 것이다[예 복지통(이)장 등 지역 인적 안전망의 위기가구 발굴 → 읍면동 주민센터에 보고 → 민관 통합사례관리 실시]. 이는 지역공동체 내 연대감과 주인의식을 강화하고, 주민의 직접 참여 문화를 조성함으로써 지역사회보장의 내실을 다지겠다는 취지로 볼 수 있다(오민수, 2015).

읍면동 협의체는 지역 내 복지 문제 해결을 위하여 다양한 자체 특화사업도 추진한다. 특화사업은 노인, 장애인, 아동, 한부모 가정 등 저소득 취약 계층 및 위기가구 등 도움을 필요로 하는 주민을 발굴하여 지원하는 내용을 주로 담는다[예 생계비/ 의료비/ 주거비/ 난방비/ 교육비/ 교통비 등 지원, 이동 편의 제공, 집수리, 교육/ 문화 체험 서비스 제공, 심리/ 상담 서비스 제공, 급식(밑반찬) 및 물품 지원 등]. 읍면동 협의체가 특화사업 의제를 발굴하여 제안하면, 대표협의체는 이를 심의하여 재정지원을 해줄 수 있다.

② 구성

읍면동 협의체 위원은 위원장을 포함하여 10명 이상으로 지역 특성에 맞게 구성한다. 사회보장급여법 시행규칙 제7조 제2항에 따르면, 읍면동 협의체는 기본적으로 읍면동 장과 더불어, 공공, 민간, 이용자 부문에서 각각 자격을 갖춘 사람을 읍면동 장이 추천하고 시군구청장이 위촉하는 과정을 거쳐 구성한다. 여기서 적격자란 사회보장 기관・법인・단체・시설 또는 공익단체의 실무자, 사회보장 관련 업무 담당 공무원[읍면동 주민센터 맞춤형 복지팀 주무관, 보건소(보건지소, 보건진료소 포함) 방문간호사 등], 비영리민간단체 추천인, 이장 및 통장, 주민자치회 위원, 자원봉사단체 구성원, 기타 사회보장 증진에 열의가 있는 사람을 가리킨다.

참고로 보건복지부 운영 지침은 기타 사회보장 증진에 열의가 있는 사람으로 부녀회장, 주민자치회 위원, 상가번영회 회원, 종교기관 관계자, 전문 인력(의료인, 기술 기능인) 등을 거론하고, 이들을 반드시 포함하여 네트워크의 다양성을 확보할 것을 주문한다. 아울러 복지사각지대 발굴 및 모니터링에서 원활한 업무 협조를 얻는다는 차원에서 우체국 집배원도 포함할 것을 권고한다. 집배원과 비슷한 기능을 수행할 수 있는 사람으로 아파트 관리소장(공동주택 관리인), 부동산중개인, 가스 검침원, 고시원 총무, 야쿠르트 배달원 등이 있고, 주민조직으로는 우리동네돌봄단(서울시), 복지만두레(대전시) 같은 복지공동체가 있다. 많은 기초지방자치단체가 이들을 무보수 명예직인 이른바 명예사회복지공무원으로 위촉하여 복지 사각지대 발굴을 위한 인적 안전망으로 활용하고 있다.

읍면동 협의체 위원장은 보통 읍면동 장이 맡으며, 지역 여건에 따라 민간위원 중에서 한 명을 공동위원장으로 선출하기도 한다. 위원 임기는 2년이고, 연임할 수 있다.

한편 사회보장급여법 제41조 제3항 제4호에 따르면, 읍면동 협의체의 위원장은 대표협의체에 위원 자격으로 참여하게 되어 있다. 그러나 강행규정이 아닌 탓에 실제 참여율은 저조한 편이며, 참여하더라도 모든 읍면동 협의체 위원장들이 대표협의체에 참여하지 않고, 읍면동 협의체 위원장들로 구성된 실무분과를 만들어 그 분과 위원들(최대 3~4명)이 대표로 대표협의체에 참여하는 제한된 방식으로 소통 창구를 마련하는 것이 일반적이다.

마지막으로, 사회보장급여법 제41조 제5항에 따라 시군구청장은 읍면동 협의체에 재정지원을 할 수 있고, 특히 효율적 업무 처리를 위해 필요한 인력(간사 등)과 운영비(회의참석 수당 또는 급식비 등)를 지원할 수 있다. 이와 관련하여, 보건복지 운영 지침은 읍면동 협의체에 간사와 서기를 두도록 하되, 간사는 주민센터의 찾아가는복지팀장이, 서기는 해당 협의체의 관리를 담당하는 주민센터 주임이 맡도록 권고한다.

(5) 사무국

사무국은 지역사회복지 네트워크 내 노드 간 협력을 조율하고, 네트워크가 효과적으로 운영될 수 있도록 지원하며, 네트워크의 지속 가능성을 높이는 데 도움을 주는 조정 기구이다. 이러한 조정 기구가 없다면 노드 간 이해관계 상충 및 분산성에 의해 네트워크는 구심점을 잃고 제 기능을 발휘하지 못한 채 와해하기 십상이다(서보람 · 이용재, 2024).

사회보장급여법 제41조 제5항에 따라 시군구청장은 지역사회보장협의체의 효율적 운영을 위하여 유급 직원을 선발하여 배치할 수 있다. 배치된 인력은 사무국 간사로 일하며, 협의체 전반의 일반 행정업무(협의체 예산 관리 및 운영, 홈페이지 관리 및 대외 홍보 등), 협의체 회의 운영 지원(자료준비, 회의록 정리, 회의 결과 보고 등), 협의체 심의·자문 관련 업무 지원(지역사회보장계획 수립 시행 및 평가 진행, 지역사회보장조사 실시 및 지역사회보장 지표 설정, 자원개발 및 정보인프라 구축 지원 등), 사회보장 기관 간 연계(대표협의체와 실무협의체 간, 실무협의체와 실무분과 간, 실무분과와 읍면동 회의체 간, 지역사회보장협의체와 지방자치단체 간 소통 지원, 지역사회 민관 서비스 연계시스템 구축 지원 등), 내부 임원진 회의 개최 및 운영 등의 업무를 수행한다.

(6) 연계 체계

지역사회보장협의체의 내부 구성요소는 아니지만, 협력적 관계를 맺도록 설계된 사회보장위원회라는 일종의 외부 조직이 있다. 사회보장위원회는 중앙정부와 광역지방자치단체에 설치된 지역사회보장협의체의 상위 네트워크 조직으로서, 사회보장제도의 심의·조정 또는 자문하는 역할을 담당한다. 지역사회보장협의체가 기초자치단체 단위에서 사회보장을 계획하고 실행하는 역할을 담당한다면, 사회보장위원회는 국가 및 광역 단위에서 사회보장 정책 조율과 심의를 수행하며, 지역사회보장협의체와 협력하여 공공과 민간이 함께 참여하는 복지 체계를 형성하는 핵심 기구로 작동한다(김가희 외, 2022 : 77).

사회보장위원회는 중앙과 시도에 각각 설치되어 운영되며, 역할과 기능에서 차이점이 있다. 중앙 사회보장위원회는 국가 차원의 사회보장 정책을 심의·조정하는 최고 의사결정 기구로, 사회보장제도의 신설 및 변경을 심사하고, 국가와 지방자치단체 간 이해관계를 조정하는 역할을 담당한다. 이를 통해 사회보장 정책의 일관성을 도모하고, 국가적 차원의 복지 목표가 효과적으로 달성될 수 있도록 지원한다. 국무총리가 위원장을 맡고, 정부 부처 각료(보건복지부 장관, 기획재정부 장관 등)와 민간 전문가(근로자 대표, 사용자 대표, 교수, 변호사 등)가 함께 참여하여 공공과 민간의 협력을 촉진한다.

한편 시도 사회보장위원회는 광역 단위에서 운영되며, 지역 실정에 맞는 사회보장 정책을 심의·자문하는 역할을 맡는다. 시군구 지역사회보장협의체가 수립한 지역사회보장계획을 검토하고, 해당 지역 내 사회보장제도 간 정합성과 연계성을 강화하여 보다 적절한 복지서비스가 제공될 수 있도록 지원한다.

중앙 사회보장위원회와 시도 사회보장위원회는 지역사회보장협의체와 함께 우리나라 사회복지 거버넌스의 주축을 이룬다. 중앙, 광역, 기초를 연결하는 탄탄한 사회보장 체계는 정책적 연속성을 보장하고, 복지서비스의 지역 맞춤성과 체감도를 높이며, 공공과 민간이 협력하는 의사결정 구조를 강화하는 데 기여한다. 이러한 연계 체계를 통해 국가적 차원의 정책이 지역의 특성과 복지 수요에 맞추어 조정, 보완되며, 지역의 복지 수요가 국가정책에 반영될 수 있는 양방향 소통 길이 마련된다(오민수, 2023).

<표 10-2> 중앙, 광역, 기초 단위의 사회보장 네트워크 구성 및 기능

주 체	민관협력 네트워크 (근거 법령)	거버넌스 (수준)
보건복지부	사회보장위원회 (사회보장기본법 제20조 및 사회보장급여법 제28조)	심의·조정 (강함)
시 도	사회보장위원회 (사회보장급여법 제40조)	심의·자문 (약함)
시군구	지역사회보장협의체 (사회보장급여법 제41조)	심의·자문 (약함)
읍면동	읍면동 지역사회보장협의체 (사회보장급여법 제41조 제7항)	심의·자문 (?)

주 : 읍면동 지역사회보장협의체의 거버넌스(심의·자문) 수준에 물음표를 붙인 까닭은, 보건복지부의 운영 지침상에 읍면동 협의체의 회의 안건 중 하나로 "복지 관련 중요 의사결정이 필요한 사항"이 포함되어(보건복지부, 2024 : 38) 의사결정이 가능한 것, 즉 약하게나마 조정 기능이 부여된 것으로 볼 수 있다는 해석이 있기 때문이다(함철호, 2015 : 232).

출처 : 함철호(2019), p. 352 재구성.

4) 현 황

지역사회보장협의체 구성 현황을 살펴보면, 2023년 9월 기준 전국적으로 대표협의체와 실무협의체 각 228개소, 실무분과 1,679개소, 읍면동 협의체 3,518개소가 운영되고 있다. 각 협의체의 참여 인원을 합산하면 9만 8,837명으로 거의 10만 명에 달한다.

<표 10-3> 지역사회보장협의체 구성 현황 (단위 : 개소, 명)

구분 / 합계	대표협의체		실무협의체		실무분과		읍면동 협의체	
	구성	참여인원	구성	참여인원	구성	참여인원	구성	참여인원
98,837	228	5,884	228	6,104	1,679	19,477	3,518	67,372

출처 : 보건복지부(2024), p. 10.

다음으로 대표협의체 및 실무협의체 운영 현황을 참여 인원의 전문 분야별로 살펴보면, 사회보장 관련 기관·단체 대표 참여율이 각 협의체의 과반을 넘고, 그다음 관계 공무원, 비영리단체 추천자, 학계 전문가 순으로 참여율이 높다. 사회보장급여법에 명시된 읍면동 협의체 위원장의 대표협의체 참여율은 7%로 저조한데, 이는 사회보장급여법에 강행규정이 아닌 임의규정으로 명시된 탓으로 볼 수 있다. 읍면동 협의체 위원장이 실무협의체에 참여하는 사례는 없다.

<표 10-4> 대표협의체 및 실무협의체 운영 현황 (단위 : 명(%))

구 분	합 계	학계 전문가	사회보장 관련기관 단체대표	비영리 단체 추천자	읍면동 협의체 위원장	관계 공무원
대표협의체	5,884 (100)	531 (9.0)	3,099 (52.7)	768 (13.1)	409 (7.0)	1,077 (18.3)
실무협의체	6,104 (100)	200 (3.3)	3,379 (55.4)	404 (6.6)	-	2,121 (34.7)

출처 : 보건복지부(2024), p. 10 재구성.

실무분과 운영 현황을 각 분과의 전문 분야별로 살펴보면, 장애인, 여성가족, 아동청소년, 노인과 같이 전통적인 사회복지 대상자별로 분과를 만들어 운영하는 경우가 가장 흔하고, 통합사례, 고용자활, 지역통합돌봄, 보건의료 같은 기능별 분과를 만들어 운영하는 경우도 적지 않다. 지역 특성에 맞춰 탈북민, 다문화, 관광 등에 특화된 분과를 운영하는 경우도 일부 존재한다. 참고로 다음 <표 10-5>에서 기타에 해당하는 것은 읍면동 협의체와 통합된 지역별 분과라고 보면 된다.

<표 10-5> 실무분과 운영 현황 (단위 : 명(개))

<table>
<tr><th>합계</th><th>장애인</th><th>여성
가족</th><th colspan="2">탈북민</th><th>다문화</th><th>아동
청소년</th><th>노인</th><th>청장년</th><th>기획
총괄</th><th>통합
사례</th><th>고용
자활</th><th>교육
보육</th></tr>
<tr><td rowspan="3">19,477
(1,679)</td><td>2,343
(195)</td><td>1,591
(160)</td><td colspan="2">28
(2)</td><td>145
(16)</td><td>2,858
(221)</td><td>2,200
(188)</td><td>117
(10)</td><td>815
(77)</td><td>2,154
(149)</td><td>957
(96)</td><td>399
(39)</td></tr>
<tr><th>문화
체육</th><th>소득
보장</th><th>관
광</th><th>주
거</th><th>보건
의료</th><th>자원
봉사</th><th>자원
발굴</th><th>사회적
경제</th><th>위기
가구
발굴</th><th>지역
통합
돌봄</th><th>자살
예방</th><th>기타</th></tr>
<tr><td>452
(40)</td><td>32
(4)</td><td>15
(1)</td><td>400
(42)</td><td>901
(91)</td><td>63
(4)</td><td>374
(26)</td><td>59
(5)</td><td>134
(11)</td><td>991
(68)</td><td>142
(13)</td><td>2,307
(221)</td></tr>
</table>

출처 : 보건복지부(2024), p. 10 재구성.

읍면동 협의체 운영 현황을 참여 인원의 자격별로 살펴보면, 주민자치회나 부녀회 같은 주민조직 소속 주민, 특별한 소속 없이 자원봉사자 등의 자격으로 활동하는 개별 지역 주민, 그 외 명예사회복지공무원 등의 자격으로 활동하는 통(이)장의 참여율이 높다. 민간 사회복지시설이나 공공기관, 시민단체 같은 공식적 조직 소속 전문가의 참여율은 읍면동 협의체에서 상대적으로 저조하다.

<표 10-6> 읍면동 협의체 운영 현황 (단위 : 명(%))

합 계	사회보장 기관 종사자	관계 공무원	비영리 단체 추천자	통(이)장	주민 자치회, 부녀회 등	관련기관 관계자*	기타 지역주민
67,372 (100)	6,977 (10.4)	7,369 (10.9)	1,159 (1.7)	9,576 (14.2)	16,234 (24.1)	11,514 (17.1)	14,543 (21.6)

* 학교, 우체국, 의료기관, 종교기관 등
출처 : 보건복지부(2024), p. 10 재구성.

한편 지역사회보장협의체의 주요 활동 내역을 살펴보면, 시군구 협의체는 지역사회보장 관련 주요 사항의 심의·자문, 사회보장 제공기관·단체 간 연계 및 조정, 통합서비스 제공이라는 본래의 업무 외에, 연구·조사, 교육·훈련 같은 기타 분야에서도 활발하게 활동하고 있다. 읍면동 협의체의 경우 사각지대 발굴, 통합서비스 지원, 민간 자원 발굴, 특화사업 추진 등의 분야에서 고루 활동하고 있다.

<표 10-7> 주요 활동

시군구 협의체				읍면동 협의체			
심의자문	연구조사	교육훈련	서비스 지원	사각지대 발굴	서비스 지원	민간자원 발굴	특화사업 추진
1,502건	163건	2,521건 (46,173명)	448천 명	860천 가구	1,329천 건	200천 건	17,782개

출처 : 보건복지부(2024), p. 11 재구성.

마지막으로 사무국 운영 현황을 살펴보면, 전국 228개 지역사회보장협의체 가운데 사무국을 운영하지 않는 곳은 없다. 그러나 전담 직원을 미배치한 곳이 다섯 군데이고, 반대로 2명 이상의 전담 직원을 배치한 곳이 아흔네 곳에 달한다. 예산 총액은 2022년 한 해 전국적으로 347억 원가량이다. 각 협의체가 평균 1억 5천만 원의 예산을 쓴 셈인데, 지역별 편차가 커 의미를 부여하기는 어렵다.

<표 10-8> 시군구 협의체 사무국 현황

시군구 수	전담 직원 현황		예산(백만 원)			
	배치(인원)	미배치	소 계	운영비	사업비	인건비
228개	223개소(377명)	5개소	34,760	5,238	12,586	16,936

출처 : 보건복지부(2024), p. 11.

5) 운 영

(1) 원칙

앞서 지역사회복지 네트워크의 특징으로 지역성, 협력성, 자율성, 지속성을 거론하였다. 지역사회보장협의체 역시 지역사회복지 네트워크 중 하나이다. 따라서 그 운영은 활동이 이루어지는 소관 지역 내 특성, 환경, 주민 욕구, 자원 현황, 기제공 서비스 내용 등을 종합적으로 고려해(지역성), 다양한 참여 주체 간 긴밀한 공동체적 관계맺음에 기반하여 이루어진다(협력성). 그러면서도 각 주체의 본래 목표, 이해관계, 정체성에는 큰 변화가 없고(자율성), 협의체의 기본 구조나 기능은 큰 틀에서 변하지 않고 장기적이고 안정적으로 계속된 상태에서 운영된다(지속성).

(2) 의사결정 절차

지역사회보장협의체의 운영에서 특히 중요한 것은 의사결정을 내리는 일이다. 의사결정이란 문제 해결을 위한 여러 대안 중 하나를 선택하는 과정으로서, 구성원들이 우선시하는 목적을 구체화하고, 이를 달성하기 위한 모든 대안을 개발하며, 각 대안을 실행하는 데 드는 비용을 확인하는 활동을 수반한다. 즉, 어떠한 문제에 어떠한 목적으로 어떠한 대안을 개발해 어떠한 자원을 투입해 활용할지 논의하고 최종적으로 하나의 안을 선택하는 과정이다. 따라서 의사결정은 다부문·다자간의 밀도 높은 협의와 조정이 요청되는 고난도의 거버넌스라 할 수 있다.

그런데 법령에 명시된 지역사회보장협의체 기능은 지역사회보장에 관한 주요 사항을 심의·자문하는 데 그치고 심의·조정하는 데까지는 이르지 못하게 되어 있다. 따라서 법적 구속력을 가진 의사결정을 내리는 데에는 한계가 있다. 심의·자문한 사항을 대상자가 따르지 않을 가능성이 존재한다는 것, 즉 협조 요청한 바를 당사자가 따르지 않음으로써 여러 관계자가 머리를 맞대 기껏 논의한 사항이 무용지물이 될 수 있다는 구멍은 지역사회보장협의체가 개성 강한 지역사회복지 주체를 아우르는 강력한 거버넌스로 기능하는 데 근본적으로 부족함이 있다는 것을 함의한다.

이러한 한계에도 불구하고 행정기관(관계부서)이나 관련 기관은 지역사회보장협의체가 심의·자문한 사항을 예외적인 상황이 아니고서는 대체로 따르는 것이 현실이다. 사안을 의제화하고 방안을 논의하는 과정에서 이미 이해관계자 간 의견 차이가 좁혀지고 협조가 이루어질 수 있는 상황이 조성되기 때문이다. 이러한 맥락에서 지역사회가 직면한 다양한 복지 및 사회보장 관련 문제 해결을 위해 여러 대안 중 하나를 최종적으로 선택하는 지역사회보장협의체의 의사결정 과정은, 설령 그것이 법적 구속력을 갖지 않는다고 하더라도 여전히 중요하고 필요하다고 할 수 있다(한상윤 외, 2022).

|그림 10-3|은 이러한 지역사회보장협의체의 의사결정 절차를 이해하기 쉽게 흐름도로 정리한 것이다. 모든 안건이 여기에 나온 절차대로 처리되지는 않는다. 현실에서는 순서를 구분하기 힘들 정도로 혼돈된 상태로 진행된다. 물론 이는 지역사회보장협의체가 본질적으로 각 노드의 자율성을 존중하는 분산형 네트워크 구조로 설계되었기 때문에 생기는 당연한 현상이다. 따라서 다음 흐름도는 지역사회보장협의체가 주요 현안 및 안건을 검토, 처리하는 의사결정 과정을 이론적으로 이해하기 위한 참고 자료 정도로 보면 좋을 것이다.

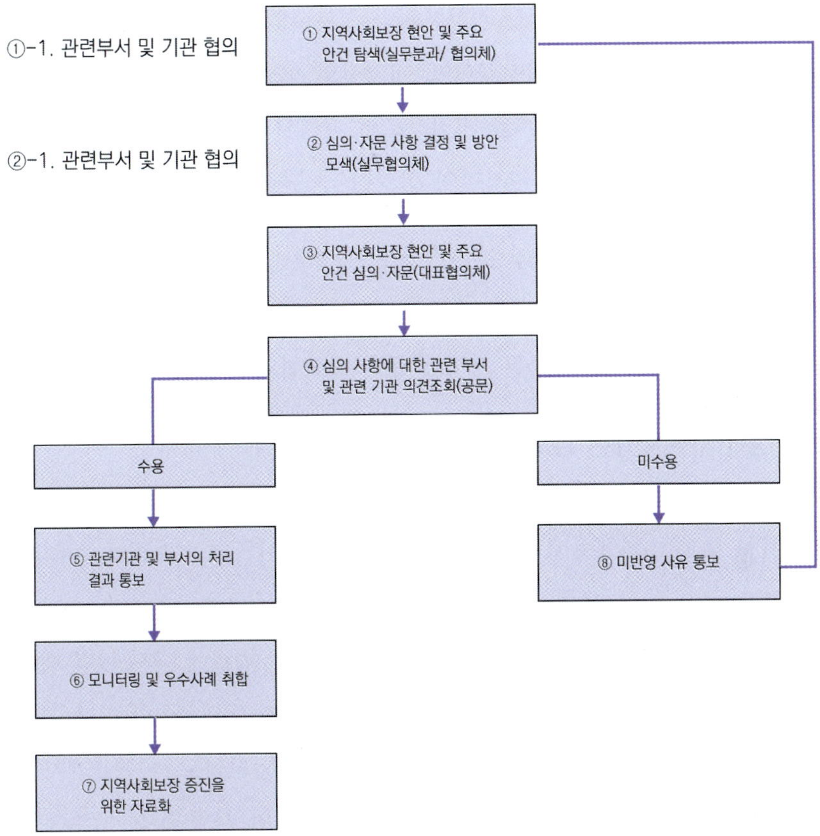

|그림 10-3| 지역사회보장협의체의 안건 처리 과정(예시)

출처 : 보건복지부(2024), p. 92.

① **지역사회보장 현안 및 주요 안건 탐색**(실무분과/ 실무협의체)

지역의 복지 문제를 파악하고 자원 발굴 및 연계 등을 통한 해결 방안을 모색하기 위해 대안을 탐색하는 단계이다. 통상적으로 이 단계에서 심의 · 자문안건은 실무분과 → 실무협의체 → 대표협의체 순으로 단계적으로 논의된다. 물론 순서는 뒤바뀔 수 있고, 단계도 건너뛸 수 있다.

② **심의 · 자문 사항 결정 및 방안 모색**(실무협의체)

지역사회 문제를 해결하는 방안과 대안을 모색하여 행정기관 및 서비스 제공 관련 기관 · 법인 · 단체 · 시설 등 이해관계자들을 대상으로 협조 요청을 결정하는 단계이다. 이 단계에서는 실무분과와 실무협의체 간, 실무협의체와 대표협의체 간 유기적 협력이 필수적이며, 지역사회 욕구와 자원을 정확하게 파악하는 것이 중요하다. 이 단계를 거침으로써 지역사회 보장 증진에 관한 제안 사항은 정당성과 대표성을 확보하여 상징적 구속력을 갖는다.

③ 지역사회보장 현안 및 주요 안건 심의·자문(대표협의체)

지역사회 내 관계부서 및 관련 기관 간 충분한 협조를 통해 마련된 지역사회보장 현안 및 주요 심의·자문 사항에 대해 대표협의체가 심의하고 의결한다.

④ 심의 사항에 대한 관계부서 의견조회

의결된 사항을 관련 행정기관(관계부서) 및 서비스 제공 관련 기관·법인·단체·시설 등 이해관계자에게 전달하고, 그에 대해 의견을 조회한다. 다부문·다자간 오랜 논의와 검토 결과를 바탕으로 심의한 결과를, 이미 그 과정에서 깊숙이 개입해 현안으로 다루어 온 행정기관 및 관련 기관에 다시 한번 제안하는 것이기 때문에, 협조 요청 사항은 근거가 충분하고 대표성이나 정당성도 대체로 확보된 상태이다. 따라서 설령 법적 구속력이 없더라도, 이해관계자들은 그것이 갖는 실질적 구속력과 당사자성 때문에 제안 사항을 대개 수용하는 편이다.

⑤ 관계부서 및 관련 기관의 처리결과 통보

지역사회보장협의체의 심의 사항이 관계부서 및 관련 기관에서 수용되었을 경우, 그 처리결과를 공문으로 요청하여 근거로 남기고, 결과에 대해 자체 보고를 실시한다.

⑥ 모니터링 및 우수사례 취합

구성원 간 협력적 관계가 애초 예상한 바와 같이 유지되는지 수시로 모니터링하여 제안된 사항이 지속적으로 채택, 적용되는지 점검한다. 아울러 우수사례를 취합하여 해당 지방자치단체 또는 관련 기관 등이 협의체 운영에 적극적으로 참여할 수 있는 우호적 분위기 조성(예 포상 시행 등)에도 힘쓴다.

⑦ 지역사회보장 증진을 위한 자료화

모든 안건과 처리된 의제에 관한 사항을 일목요연하게 정리하여 차후 지역사회보장 증진을 위해 활용될 수 있도록 자료화해 놓는다.

⑧ 미반영 사유 통보

관계부서나 관련 기관의 검토 과정에서 제안 사항이 반영되지 않았을 경우 그 사유에 대해 질의하고, 필요시 공문으로 답변서를 받아 실무분과, 실무협의체, 대표협의체에 결과 보고 한다. 또한 의견 미반영 사유와 그 과정을 일목요연하게 정리하여 차후 지역사회에서 유사한 상황이 발생할 시 이를 해결하는 데 참고하도록 관련 자료를 DB로 축적한다.

(3) 예시

① 지역사회보장계획 수립

지역사회보장협의체의 주요 업무 중 하나는 지역사회보장계획을 수립하는 것이다. 이 공동사업은 다음의 과정을 거쳐 추진된다. 먼저 연구팀 구성을 위해 복지정책과 복지기획팀 주도로 TF팀을 구성하고, 여기에 협의체 위원, 주민 대표, 학계, 기타 민간 전문가 등을 포함시켜 수차례 회의를 개최, 보장계획 수립을 위한 연구팀 구성 및 연구 방향에 관해 지역사회 이해당사자들의 의견을 수렴한다. 그러는 한편 관내 시도 사회서비스원이 실시하는 지역사회보장계획 수립 매뉴얼 교육에 협의체 간사, 담당 공무원 등이 참석하여 향후 계획 수립 방법과 절차를 학습한다. 이후 공개입찰을 통해 사회보장에 관한 학식과 평판이 우수한 연구팀을 선정한다. 담당 연구팀이 확정되면, 해당 지방자치단체의 장은 연구원들에게 위촉장을 수여한다.

연구팀은 복지기획팀 및 관계 행정 부서와 협의 및 이전 지역사회보장계획 실행 결과를 참고하여 욕구 및 자원조사 설문지 초안을 만든다. 동시에 실무협의체 및 실무분과 위원들과 회의를 열어 부문별 설문지 구성에 관한 의견을 수렴한다. 다음으로, 연구팀 연구원과 복지기획팀 담당 공무원은 확정된 설문지 초안과 함께 지역사회보장계획 수립 방안에 관해 대표협의체 위원들에게 설명하고 의견을 청취하는 회의를 개최한다. 이후 최종 확정된 설문지를 가지고 주민과 관내 사회보장 기관 대상으로 욕구 및 자원조사를 진행한다.

자료 분석 및 정리가 끝나면, 연구팀은 실무협의체와 실무분과 위원을 대상으로 결과를 보고하고, 부문별 보장계획 작성을 위한 연구원 교육을 실시한다. 부문별 보장계획(안) 작성이 완료되면, 지역사회보장계획 수립을 위한 워크숍 및 중간 보고회를 개최하여 부문별 보장계획(안)을 검토, 수정한다. 이때 해당 지방자치단체의 총무과장을 참석시켜 예산 규모를 검토하게 하여 사업별 적정 예산이 투입될 수 있도록 한다. 이후 여러 차례의 전체 회의, 부문별 회의를 거쳐 부문별 보장계획(안)을 확정을 짓고, 작성된 「제○기 ○○구 지역사회보장계획(안)」의 주요 내용을 해당 지방자치단체 홈페이지에 20일간 공고, 지역사회 이해당사자들의 의견을 수렴한다. 동시에 지역사회 공청회를 열어 분야별 주요 정책을 발표하고 주민 의견을 수렴한다.

최종적으로, 연구팀과 복지기획팀은 부문별 담당 부서의 검토와 주민 의견을 반영하여 만든 보장계획(최종안)을 대표협의체에 보고한다. 해당 지방자치단체의 장(대표협의체 위원장)은 대표협의체의 심의를 받은 「제○기 ○○구 지역사회보장계획」을 해당 지역 기초의회 보고를 거쳐 상급 협의체인 시도 사회보장위원회에 제출한다.

② 공동사업 개발 및 추진

지역사회보장협의체의 주요 업무 중 하나는 지역사회 복지 문제 해결과 사회보장 증진을 위해 다자간·다부문 협의를 통해 공동사업을 진행하는 것이다. 여기서는 현장에서 추진되는 공동사업의 한 예로 ○○구 나눔공모사업을 살펴본다. ○○구 나눔공모사업은 사회복지공동모금회의 후원금 지원을 받아 지역사회보장협의체가 공모를 통해 관내 배분 사업 수행기관을 선정하고, 이 기관이 아동, 노인, 장애인 등 지역사회 취약 계층에게 맞춤형 돌봄서비스를 제공하는 민관협력 특화사업이다.

이 사업이 시작된 계기는, ○○구 지역사회보장협의체 실무협의체 월례 회의에서 아동청소년, 장애인, 노인, 1인 가구, 기타 복지 사각지대 위기가구 지원 업무를 담당하는 실무분과장(실무협의체 위원)들이 적절한 돌봄서비스를 제공하는 데 필요한 예산 부족이 심각하다는 문제의식을 공유하면서부터였다. 이에 실무협의체는 사회복지공동모금회의 지원을 받는 나눔 공모사업에 관한 아이디어를 정리하여 대표협의체에 안건으로 올렸고, 대표협의체는 해당 안건을 긍정적으로 검토하여 관계부서(복지정책과 복지자원팀)에 심의 결과를 넘겼다. 다소간의 준비 끝에 복지자원팀은 사회복지공동모금회와 업무협약을 체결하였고, 이때부터 나눔 공모사업이 정식 출범하였다. 사업을 추진한 주요 세 개 기관의 역할은 다음과 같이 기획되었다.

<표 10-9> ○○구 나눔 공모사업 참여 기관의 역할

구 분	주요 역할	세부 내용
사회복지공동모금회	모금 · 배분 사업 총괄	• 모금 및 배분 총괄지원 및 컨설팅 • 기부금품 접수 및 기부금 영수증 발급 • 지역 모금 및 배분 역량 강화 교육, 행사 지원 • 지역사회복지 네트워크 및 협력 체계 강화(모니터링, 간담회 등)
구 청	홍보 및 대상자 발굴	• 사업 수행기관 선정 및 관리 • 모금캠페인 홍보 • 대상자 발굴 및 연계
지역사회보장협의체	사업 진행	• 지역 특화 모금 및 배분 계획 수립 • 사업 진행 • 연중 모금 협력 • 사업홍보, 성과 공유

나눔 공모사업이 공식 추진됨에 따라, 지역사회보장협의체 실무협의체는 돌봄서비스 제공을 책임지는 협의체 내 각 실무분과에 공문을 발송하였다. 공문의 내용인즉슨, 사회복지공동모금회로부터 후원금을 지원받아 구청 복지정책과의 협조하에 예산(약 2,200만 원)을 배정하고 관내 취약 계층에게 맞춤형 돌봄서비스를 제공할 예정이므로, 실무분과는 배분 사업계획서를 각 분과 상황 및

지역사회 현황을 고려해 제출하라는 것이었다. 이에, 각 실무분과(아동청소년, 장애인, 노인, 1인 가구, 복지위기가구지원 분과 등)는 공공과 민간에서 분야별 실무자들을 두루 소집하여 필요한 돌봄서비스의 종류, 수량, 전달 방법 등을 논의하고 대상자 발굴 방법을 검토하였다. 이후 각 분과는 최종적으로 마련된 배분 사업계획서를 실무협의체에 제출하였고, 실무협의체는 제출된 계획서를 검토하여 당해 연도에 한해 1인가구분과, 노인분과, 복지위기가구지원분과가 제출한 사업계획서를 선정해 추진하기로 확정하였다.

이후 1인 가구, 노인, 복지위기가구에게 돌봄서비스를 제공하는 사업을 수행할 관내 기관 선정 절차가 진행되었다. 이 과정을 간단히 살펴보면, 먼저 사업 수행을 원하는 기관이 구청에 배분 신청서를 제출하면, 복지정책과 복지자원팀이 이를 취합하여 실무협의체에 넘겼다. 실무협의체는 회의를 소집하여 신청 기관의 수행 능력, 구체적인 사업계획 등을 검토하여 심사를 진행하였고, 선정한 수행기관 목록을 복지자원팀에 다시 넘겼다. 이후 구청은 선정된 각 수행기관과 사업 추진 계약을 체결하였다.

실제 사례에서는 관내 종합사회복지관, 치매안심센터, 가족센터 각 1개소가 선정되었다. 각 수행기관은 당해 연도 동안 지역사회 취약 계층에게 지역 특성과 상황에 맞는 돌봄서비스를 제공하였으며, 사업 종료 후에는 지역사회보장협의체 사무국이 성과공유회를 개최, 우수사례를 소개하고 긴밀한 민관협력 네트워킹 노하우를 협의체 참여자 및 주민 당사자와 공유하였다.

6) 발전 방안

지역사회보장협의체는 민관의 여러 조직과 개인이 모여 만든 복지네트워크이다. 다양하고 이질적인 복지 주체가 모여 만든 결과물인 만큼, 지역사회보장협의체에는 네트워크 형성과 유지를 촉진하는 구심력 요인과 저해하는 원심력 요인이 동시에 작용한다.

<표 10-10> 지역사회보장협의체의 촉진 요인과 저해 요인

촉진 요인(구심력)	저해 요인(원심력)
협력 의식	개별 기관에 충성
사회적 자본	개별 이익
협의체에 대한 긍정적 인식	협의체에 대한 부정적 인식
자치단체장의 관심	자치단체장의 무관심
공공기관 실무자의 관심	공공기관 실무자의 무관심
시민 세력이 강함	시민 세력이 약함

출처 : 함철호(2019), p. 363 수정 발췌.

대부분의 지역사회보장협의체에는 구심력보다 원심력 요인이 더 강하게 작동한다. 이는 여러 이유에 기인하는데, 근본적으로 네트워크의 필수요건인 행위 주체(node)의 자발성이 온전히 담보되지 않기 때문으로 설명할 수 있다(권재환·이미나, 2024).

먼저 지역사회보장협의체의 주요 행위 주체인 지방자치단체 공무원 중 일부가 여전히 관존민비적 사고방식을 가지고 있음을 지적하고 싶다. 이러한 사고방식은 국가 주도 산업화 과정에서 형성된 중앙집권적 행정 체제와 관료주의적 문화, 그에 부수되는 짧은 지방자치 역사에 기인한다. 관존민비적 사고방식과 태도가 존재하는 한, 민간의 자발적 참여와 역량이 촉진되기는 난망하다(함철호, 2015 : 221).

다음으로, 지역사회보장협의체의 운영은 대부분 지역에서 복지정책과의 최선임자인 복지기획팀장이 담당하는데, 이들 중 적지 않은 수가 협의체 운영에 별 관심을 보이지 않는 경우가 많다는 점도 문제이다. 더군다나 협의체 위원을 위촉하는 데 있어 지방자치단체장과의 개인적 친분을 고려하는 구시대적 관행이 여전히 일부 지역에 남아 있어 민간의 무력감을 키우는 실정이다. 민간은 이와 같은 잘못된 관행에 제동을 걸 만한 힘을 가지고 있지 않다. 결국 행정기관의 비협조적 태도와 무관심, 구태의연함은 협의체에 대한 민간 행위자의 부정적 인식과 회의적 태도, 나아가 기관 개별주의적 사고방식을 키우는 요인이 되고 있다.

참여에 대한 동기 없음은 시군구뿐만이 아니라 읍면동 지역사회보장협의체에서도 마찬가지로 발견된다. 읍면동 주민센터 실무자들은 법에 규정된 업무를 수행하느라 몹시 바쁘다. 일선 공무원의 이와 같은 과중한 업무 부담을 흔히 '깔때기 현상'이라 부른다. 깔때기 현상이란 갈수록 늘어나는 복지 업무가 주민센터의 말단 사회복지직 공무원에게 집중되어, 정작 도움이 필요한 복지 대상자에게는 복지서비스가 제대로 전달되지 못하는 모순적 상황을 가리킨다(류만희, 2013). 깔때기 현상은 자발성을 비롯해 지속성, 열정, 관심이 뒷받침되어야 비로소 원활히 작동하는 네트워크로서의 협의체가 왜 일선 공무원들의 업무 리스트 맨 뒷전으로 밀리는지 그 이유를 잘 설명해 준다.

읍면동 지역사회보장협의체에 자발적으로 참여할 유인을 좀처럼 찾지 못하는 것은 일선 공무원뿐만이 아니다. 코앞에 닥친 일들로 쉴 새 없이 바쁜 민간 사회복지사와 당사자인 주민 역시 마찬가지이다. 민간 사회복지사가 고유 업무에 치이는 것이야 말할 것도 없고, 일반 자영업자, 통반장, 이장 등 읍면동 협의체의 주요 참여자로 일컬어지는 지역사회 리더 역시 각자 일상에서 치열하게 살아가느라 협의체 활동에 큰 관심을 보이기 어려운 것이 현실이다. 설사 후원자 발굴이나 복지 대상자 발굴 등 활동을 하더라도 마지못해 체면치레로 하거나, 그마저도 시간적 부담을 호소하며 얼마 되지 않아 협의체 활동을 흐지부지 끝내는 경우가 적지 않다(안기덕 외, 2019).

(1) 법령 또는 규정 개정

그렇다면 네트워킹의 저해 요인을 최소화하고 촉진 요인을 극대화하기 위하여 어떠한 방안을 마련하여야 할까. 다음에서는 먼저 네트워크 참여자의 행위를 규제하고 구조와 관행을 변화시키는 의식적이고 때로 다분히 강제적인 조절(regulating)이라 할 수 있는 법령 또는 규정 개정을 통한 개선 방안을 살펴본다.

① 거버넌스 강화를 위한 조정 권한 부여

지역사회보장협의체는 지역사회의 당면 문제와 현안을 해결하는 네트워크 조직으로서, 민과 관의 이해당사자 간 협의를 통해 의사결정을 내린다. 그런데 현재 근거 법령인 사회보장급여법에 따르면 지역사회보장협의체는 지역사회보장에 관한 주요 사항을 심의·자문만 할 수 있을 뿐 심의·조정하는 기능을 갖추지 못하였다. 의사결정을 내리고 문제를 해결하는 막중한 임무를 부여받았음에도 심의·조정 기능을 갖추지 못하였다는 것은 현 지역사회보장협의체가 지역복지 거버넌스의 진정한 주축이 되기에 부족함이 있다는 점을 방증한다.

머리를 맞대 애써 논의한 사항을 네트워크 참여자들이 받아들이지 않고 각자 개인플레이를 할 가능성이 존재한다면, 네트워킹을 향한 동기는 당연히 저하된다. 굳이 참여해야 하나 라는 의문을 느낄 수 있다. 따라서 완전한 지역복지 거버넌스를 달성하기 위해서는 심의 결과가 네트워크 참여자에게 구속력을 가질 수 있도록 지역사회보장협의체의 권한 범위 안에 조정 기능을 추가하는 법령 개정이 요구된다. 심의·자문만으로는 높은 수준의 협력과 업무 추진의 효율성을 기대하기 어려우므로, 근거 법령인 사회보장급여법에 심의·조정 기능 관련 조항을 추가하여 지역사회복지협의체를 실질적 복지거버넌스의 주축으로 업그레이드시켜야 한다는 것이다. 현재 이와 같은 강제적 조정 역량을 갖춘 복지네트워크는 우리나라에서 중앙 사회보장위원회뿐이다.

② 수평적 협력과 연계 활성화를 위한 지원 확대 및 구성 체계 개편

지역사회보장협의체는 대표협의체, 실무협의체, 실무분과, 읍면동 협의체로 구성된 수평적 네트워크 조직이다. 수평적 네트워크 조직이 성공적으로 목표를 달성하기 위해서는 어느 일방의 영향력이 지나치게 커지는 것을 경계하고, 다자간 협력과 연계 체계가 원활히 이루어질 수 있어야 한다. 이를 위해 다음의 법령 개정 또는 규정 개선안을 생각해 볼 수 있다.

(ㄱ) 재정지원 확대

현재 기초자치단체의 장은 사회보장급여법 제41조 제5항에 따라 지역사회보장협의체에 인건비나 운영비 등 재정지원을 할 수 있고, 실제로 많이 하고 있다. 그러나 광역자치단체나 중앙정부가 재정지원을 해주는 경우는 없어, 동법에 관련 근거를 마련하는 일이 요구된다. 예컨대 시도 사회보장위원회가 시군구 지역사회보장협의체에 인건비나 운영비 등을 지원할 수 있게 법령을 정비해야 한다. 이는 정책 결정권자의 의지만 있으면 충분히 바꿀 수 있는 부분이다. 사회보장기본법 제29조 제2항에 따르면 "국가와 지방자치단체는 사회보장 전달체계의 효율적 운영에 필요한 조직, 인력, 예산 등을 갖추어야 한다"라고 나와 있어 재정지원에 대한 근거 자체는 이미 마련돼 있는 상태이기 때문이다.

여러 경로를 통해 재정이 흘러들어와 예산이 탄탄해지면, 그렇지 않은 경우에 비해 대표협의체, 실무협의체, 실무분과, 읍면동 협의체 간 상호작용의 빈도는 늘고 소통의 질도 좋아질 수 있다. 물론 재정지원에 관한 법 규정에는 실행평가에 대한 요건도 포함하여 예산 낭비가 일어나지 않도록 해야 할 것이다.

(ㄴ) 조직 구성의 개편

조직 구성에 관한 법령 개정 또는 규정 개선안도 다각도로 생각해 봄 직하다. 먼저 대표협의체와 실무협의체 간 원활한 의사소통 및 기능수행을 위해 실무협의체 위원장이 대표협의체에 참여할 수 있도록 "권고"한 보건복지 운영 지침을 "반드시 참여"로 변경하여야 한다. 실무협의체 위원장은 현장과 실무를 잘 안다. 따라서 대표협의체에 참여하여 현안을 직접 보고하고 해결 방안을 위한 최고 의사결정 과정을 함께하는 것이 요구된다.

비슷한 맥락에서, 읍면동 협의체 위원장들의 민간 부문 대표가 대표협의체에 참여하게 하는 임의규정(사회보장급여법 제41조 제3항 제4호)도 강제 규정으로 바꾸어야 한다. 아울러, 대표협의체뿐만이 아니라 실무협의체와 실무분과에도 반드시 참여하도록 규정화해야 한다(김종건, 2016 : 41). 이와 같은 조치는 네트워크 참여자 간 신뢰와 호혜의 수준을 높여 대표협의체, 실무협의체, 실무분과, 읍면동 협의체 간 수평적 협력과 연계 활성화에 기여할 것이다.

덧붙여, 현재 대부분의 시군구 지역사회보장협의체 조례는 시군구청 내 복지 관련 업무 담당팀의 팀장이 실무분과에 참여할 수 있다는 조항을 명시하고 있는데, 이 역시 임의규정이므로 강제 규정으로 바꿀 필요가 있다. 특히 아동복지팀장, 노인복지팀장, 장애인복지팀장 같은 핵심 부서 실무 총책임자는 실무분과에 반드시 참여하게 해야 한다. 이는 지역사회보장협의체에 대한 공공의 낮은 이해와 관심을 강제적으로 키우기 위한 고육지책으로 이해할 수 있다.

(2) 제도 개선

법을 고쳐 만사를 해결할 수 있다면 좋겠지만, 기존 체계를 개선하거나 역할을 조정하여 문제를 해결할 수 있다면 그 또한 좋은 일이다. 다음에서는 법령이나 규정 개정이 아닌, 제도 개선을 통해 지역사회보장협의체를 발전시키는 방안을 살펴본다.

① 유사 조직(마을복지계획, 주민자치회 등)과의 역할 구분 명료화

2018년부터 「주민자치형 공공서비스 구축 사업」이 추진되면서, 복지 분야에서는 찾아가는 보건복지서비스와 함께 「마을복지계획」이 도입되었고, 주민자치 분야에서는 「주민자치회」가 구성되어 운영되기 시작하였다. 두 사업 모두 읍면동 차원의 주민 참여와 지역 자치를 활성화한다는 점에서 긍정적 평가를 받는다. 그러나 읍면동에는 이미 2015년부터 복지 사각지대를 발굴하고 취약계층에 대한 서비스 연계를 지원하기 위한 읍면동 지역사회보장협의체가 운영되어 왔다. 이러한 상황에서 마을복지계획과 주민자치회가 추가되면서, 유사 주민 활동이 중복되고 역할이 혼재됨에 따라 지역사회 내 혼란과 갈등이 발생하는 문제가 대두하고 있다(오민수 · 김주연, 2021b).

마을복지계획은 읍면동 단위에서 주민이 직접 수립하고 실행하는 주민 중심의 소규모 계획으로, 지역 내에서 자체적으로 해결할 수 있는 복지 의제를 다룬다. 본래 사업 형태로 설계되었는데, 대부분의 지역에서 이를 추진하기 위해 별도의 실행단을 구성하면서 사실상 하나의 기구 또는 조직 형태로 운영되고 있다.

현재 마을복지계획 실행단은 읍면동 협의체와 유사 사업을 중복 수행하고 있다. 협의체의 특화사업 중 하나로 마을복지계획이 포함되고, 실행단은 협의체와 긴밀히 협력하여 이를 추진하는 구조로 사업이 설계된 까닭에, 계획 대상이 저소득 취약 계층이 아닌 경우와 같은 예외적인 경우를 제외하면(예 중장년 남성 1인 가구를 위한 요리 교실), 지역사회에서 사실상 같은 사업을 협의체와 실행단이라는 두 조직이 함께 수행하는 비효율이 발생하고 있는 것이다.

그런데 행정 지원과 관리는 또 이원화되어 있어 문제를 악화하고 있다. 즉, 마을복지계획 실행단은 읍면동 협의체와 협력하여 사업을 수행함에도 불구하고, 행정 지원과 관리는 읍면동 협의체가 아닌 주민센터의 찾아가는복지팀이 맡고 있어 비효율적 행정 운영이 초래되고 있다.

실행단의 구성 방식 역시 지역사회 갈등을 유발하는 요인으로 작용하고 있다. 이는 읍면동 협의체 위원과 주민자치회 복지분과위원이 마을복지계획 실행단 위원으로 동시에 참여해 활동하는 데 기인한다. 특히 마을복지계획 수립 및 시행 과정에 읍면동 협의체 위원이 다수 참여하고 협의체 예산이 적지 않게 투입됨에도 불구하고, 주민자치회 복지분과 위원들이 마을복지계획을 주민총회에 상정하고자 할 때가 많아 두 집단 간 마찰이 심화하는 문제가 나타나고 있다.

한편, 주민자치회는 읍면동 단위에서 풀뿌리 민주주의를 활성화하고 지역 주민의 자율적 참여를 촉진하기 위해 구성된 주민자치 기구로, 지역 현안을 협의하고 주민 생활과 밀접한 일부 행정업무를 위탁받아 수행하며, 주민자치계획을 수립, 추진하는 역할을 맡고 있다. 주민자치회는 각종 분과를 구성할 수 있는데, 대부분의 지역에서 복지분과를 만들어 운영하고 있다.

문제는 주민자치회의 복지분과 역시 자체적으로 주민자치계획을 수립, 시행하고 있는데, 이 계획이 마을복지계획과 내용상 거의 동일하다는 사실이다. 명칭마저 마을계획이라고 부르는 곳이 많아, 마을복지계획과 구분이 잘 안 되고 있다. 이는 단순한 용어 혼란을 넘어, 사업 대상이 중복되거나 일부 대상이 누락되는 문제를 초래하는 요인이 된다.

더 나아가, 일부 지역에서는 읍면동 협의체를 주민자치회의 하위분과로 편입하여, 본래 성격이 전혀 다른 두 조직을 억지로 통합하는 오류를 범하고 있다. 읍면동 협의체는 민관협력을 기반으로 지역사회 복지 사각지대를 발굴하고 취약 계층을 지원하는 역할을 수행하도록 설계된 조직이다. 그런데 이를 주민자치회의 일부로 흡수하는 것은 협의체의 설립 취지를 곡해한 것으로, 지역사회 복지 거버넌스의 역량을 저해하는 요소로 작용할 수밖에 없다.

요컨대, 마을복지계획과 주민자치회라는 유사 조직이 공존하고, 이들의 기능과 활동이 읍면동 협의체와 적절히 조정되지 못한 채 충돌하면서 불필요한 행정 낭비, 지역사회 혼란 및 주민 갈등이 빚어지는 상황이다. 이와 같은 비효율을 해소하기 위해 필요한 제도 개선 방안을 제시하면 다음과 같다.

(ㄱ) 읍면동 협의체 중심으로 마을복지계획 운영

현재 마을복지계획은 별도 실행단을 통해 운영되고 있다. 그러면서도 읍면동 협의체의 특화사업과 긴밀히 연계하여 운영하도록 되어 있다. 그래서 사실상 읍면동 협의체의 동별 특화사업과 다를 바가 없고, 예산도 협의체 기금이 주로 투입되고 있는 상황이다. 이는 비효율적이므로, 마을복지계획을 읍면동 협의체 중심으로 수립 및 시행되도록 운영 체계를 개편하는 작업이 요구된다. 읍면동 협의체와 마을복지계획 실행단을 분리해 운영하는 방식은 되도록 지양하는 것이 좋다.

(ㄴ) 주민자치회 내 복지분과 구성 지양

주민자치회의 목적은 주민 참여와 자치에 있다. 반면 읍면동 협의체의 목적은 사각지대 발굴 및 취약 계층 지원을 위한 민관협력 네트워크 구축 및 운영에 있다. 두 조직의 목적이 이렇게 완연하게 다른 만큼, 제도 취지에 맞게 복지 관련 사업 추진은 읍면동 협의체가 전담하고, 주민자치회는 자치 및 행정 협의 역할에 집중하는 식으로 지역사회 내 역할 분담을 도모하는 것이 바람직하다.

(ㄷ) 읍면동 주민센터에 사전 조정 및 협의 프로세스 도입 고려

중복사업을 사전에 방지하기 위해 읍면동 단위에서 사업계획을 표준화하고, 각 부서 간 협의 및 조정을 거치도록 제도화해야 한다. 예를 들어, 사업계획서 제출 시 동일 사업이 있는지 서류상으로 자체 검토 후 승인받도록 하는 식이다.

② 사무국 전담 인력 인사 제도 개선

앞서 말한 것과 같이, 현재 대부분의 지방자치단체에서 협의체 업무를 직접 담당하는 공무원은 복지정책과의 복지기획팀장이다. 그런데 팀장은 다른 일로 바빠 협의체 운영에 특별히 신경 쓰지 못하는 경우가 많다. 실제 관련 업무를 담당하는 주무관 역시 비슷한 처지에 놓여있다. 그래서 협의체가 부실 운영되는 경우가 더러 있다. 이러한 상황에서는 협의체를 전담하는 별도 조직인 사무국의 역할이 중요하다.

사무국은 간담회, 세미나, 워크숍, 지역사회보장협의체의 날과 같은 각종 공식, 비공식 행사를 수시로 그리고 정기적으로 개최하여 네트워크 참여자 간 우호를 증진하고 정서적 유대를 높이며 의사소통 구조를 개선하는 활동에 매진할 수 있다. 친밀감이 높아지고 의사소통이 활발해지면, 상호 불신도 사라지고 대립하던 이해관계도 공통 분모를 찾아 최대한 조정될 수 있다. 그 결과, 과업 수행 능력이 향상하면서 네트워크의 전반적인 의사결정 및 문제 해결 역량이 제고될 수 있다(권재환 · 이미나, 2024).

예를 들면, 민간의 사회복지사가 보건소 간호사와 그동안 지속적인 업무 협조로 서로 잘 알고 신뢰한다면, 전화 한 통, 심지어 문자 하나만으로도 특정 클라이언트에 대한 방문간호를 요청할 수 있다. 그런데 민과 관 사이에 이와 같은 공고한 신뢰 관계가 형성되어 있지 않다면, 공문을 만들어 긴 위계 라인을 따라 결재를 받고 수일이 걸려서야 비로소 이메일이나 팩스로 간신히 서비스를 의뢰하는 비효율적 업무 처리가 발생한다. 이렇게 어렵게 소통에 이르게 되었다손 치더라도, 최종적으로 당면 이슈가 해결될지 그렇지 않을지도 불분명하다. 이는 비용이 많이 드는 피하고 싶은 거래이다.

요컨대, 지역사회보장협의체가 성공하기 위해서는 민간과 공공의 행위자들이 업무상으로는 물론이거니와, 업무 외적인 일로도 자주 만나야 한다. 또한 협의체 내 각종 회의와 TF팀에 이들이 중복참여하여 평소 얼굴을 익히고 신뢰 관계를 쌓을 수 있어야 한다. 이뿐만이 아니다. 민과 관 중 어느 한쪽이 일방적으로 관계를 주도하는 것을 막고, 자율적으로 협력적 관계를 맺고 공동체적 소속감으로 똘똘 뭉칠 수 있는 여건을 만들어 주어야 한다.

물론 이는 매우 어려운 과제이다. 공공조직과 민간 조직은 의사소통 구조와 방식뿐만이 아니라 근본적으로 성격과 조직문화가 상이하기 때문이다(문영주,

2017). 그럼에도 불구하고 이와 같은 일을 누군가는 해야만 한다. 네트워크에 참여하는 행위자 간 기본적인 신뢰가 형성되지 않으면 호혜 관계가 만들어질 리 만무하고, 호혜적 관계를 기대할 수 없다면 관련자 간 네트워킹도 활발해지기는커녕 잦아들 것이 뻔하다. 이와 같은 상황 속에서 민관협력 네트워크로서의 지역사회보장협의체가 성공할 리 없다.

네트워킹의 위축과 정체를 풀 수 있는 조정자로 지역사회보장협의체의 현 세팅상 가장 유력한 행위자로 거론되는 것은 사무국이다. 사무국은 네트워크 참여자 간 신뢰를 높이고 오해를 없애며 상충하던 이해관계를 조정함으로써 의사소통을 합리화하고 업무 역량을 높이는 일에 적격의 위치에 놓여있다. 사실 애당초 그와 같은 목적을 달성하기 위해 만들어진 조정 기구이기도 하다. 다행히 2015년 75.1%에 불과하던 사무국 설치 비율이(함철호, 2015 : 225) 2020년대에 들어 100%에 달하였고, 전담 직원을 미채용한 곳도 겨우 네 곳에 불과하다는 실태조사 결과(보건복지부, 2024 : 11)가 최근 보고되어 상황은 나쁘지 않아 보인다.

그러나 사무국이 민관협력 컨트롤타워로서의 조정 기능을 제대로 수행하는 데 있어 핵심이라 할 수 있는 사무국 전담 직원의 업무 수행 역량은 여전히 부족하다는 평가가 있다(서보람 · 이용재, 2024). 사회복지 현안에 대한 깊이 있는 이해를 갖추어야 함은 물론, 네트워킹 경험이 풍부하고 마을 단위 사업을 추진해 본 이력도 충분하며, 공공과 민간을 넘나들며 관내 개개 인물과 조직의 특성, 자원 현황, 상호 간 역학관계를 잘 파악하는 노련한 사람으로 전담 인력을 채용해야 하는데, 많은 지방자치단체에서 경험이 적은 비숙련자를 계약직으로 채용하여 사무국의 조정 기능이 충분히 발휘되지 못하고 있다는 비판이다.

따라서 향후 지역사회보장 거버넌스의 기반으로서 지역사회보장협의체가 관내 공공 및 민간 사회복지 관련 조직들의 협력적 관계 구조를 만들어 내고 거버넌스, 협치, 통합의 삼대 기능을 제대로 수행하기 위해서는 인사 제도의 개선이 필수적이다. 이를 위해 다음과 같은 방안을 고려해 볼 수 있다.

첫째, 선발 기준을 강화해야 한다. 현재 대부분의 사무국 간사 채용 공고를 보면 사회복지사 1급 자격증 소지자이거나 2급 자격증 취득자 중 관련 분야에서 1년 이상 근무한 사람으로 느슨하게 지원 자격 요건을 정하고 있는데, 사회복지 경력과 네트워크 운영 경험을 갖춘 인물이 높은 점수를 받을 수 있도록 기준을 강화해야 한다. 예컨대, 공공 및 민간 부문에서 5년 이상 협력사업을 수행한 경험이 있는 전문가라든가, 해당 지역에서 민관협력 네트워킹 경험이 5년 이상 있는 지원자에게 가산점을 부여하는 방식을 고려해 봄 직하다. 이를 위해서는 지역사회 내에서 이미 다양한 사회복지 사업을 주도해 온 경험이 있는 전문가가 사무국 인력으로 유입될 수 있도록, 지역사회보장협의체와 지방자치단체가 협력하여 인력 풀을 구성하고 스카우트 시스템을 구축하는 노력을 추가적으로 기울여야 한다.

둘째, 고용 형태를 개선해야 한다. 현재 많은 지방자치단체에서 사무국 직원을 1년 단기 계약직으로 채용하는 경우가 많은데, 이는 업무 연속성이나 장기적 역량 축적 측면에서 좋지 않다. 중장기적 관점에서 사무국 운영의 안정성을 확보하려면 일정 기간 이상 근무한 사무국 직원에게 정규직 전환 기회를 제공하거나, 최소한 계약 기간을 3년 이상으로 설정할 필요가 있다.

셋째, 전담 인력에 대한 체계적 교육과 역량 강화를 위한 지원책이 마련되어야 한다. 지역사회보장협의체의 역할이 점점 더 중요해지는 만큼, 전담 직원이 단순 행정 업무 수행을 넘어, 민관 네트워크 조정자로서 실질적인 역량을 발휘할 수 있도록 정기적인 교육과 멘토링 프로그램을 운영해야 한다. 특히 지역사회 조직화, 갈등 조정, 네트워크 구축 및 유지 등의 실무 역량을 강화하는 맞춤형 교육 과정이 필요하다. 이러한 일은 시도 사회보장위원회가 맡는 것이 적절하다(김가희 외, 2022).

(3) 참여자의 역량과 책임감 강화

네트워크가 활성화되기 위해서는 법과 제도의 개선도 중요하지만, 그에 앞서 이에 참여하는 사람들의 관심과 역량도 높아야 한다. 지역사회보장협의체는 하나의 네트워크 조직으로서, 이를 운영하는 수많은 개인 각자의 노력과 헌신이 있어야만 비로소 활성화될 수 있는 협력 체계이다. 인사가 만사라는 말이 있듯,

제아무리 협의체가 제도적으로 정교하게 설계되고 법적 기반을 탄탄히 갖추고 있다 하더라도, 개별 행위 주체가 활동에 진심이 없고 형식적으로만 참여한다면 해당 협의체는 빛 좋은 개살구가 될 수밖에 없다.

이와 관련하여, 먼저 지방자치단체장의 관심과 지지가 협의체 성공에 필수적 요소임을 지적하고 싶다. 대표협의체의 위원장이기도 한 지방자치단체장의 적극적 지원이 뒷받침되지 않는 한, 협의체가 실질적으로 활성화될 리 만무하다. 그런데 지방자치단체장의 관심과 지지가 그냥 생기지는 않는다. 다소간의 정치적 압력이 있어야 생기는 경우가 많다. 따라서 민간에서는 협의체 활동에 대한 지방자치단체장의 선거공약 이행 사항을 철저히 평가하고, 그 결과를 토대로 지역사회보장협의체가 지역사회복지의 중심에 설 수 있도록 적절한 정책을 제안하고 공론화하는 방안을 고려해 봄 직하다.

담당 공무원의 열정과 헌신 역시 지역사회보장협의체 성공에 필수적이다. 그런데 이 역시 개인의 선의에 맡겨놓기만 해서는 제대로 실현될 수 없다. 활동 성과에 대해 승진으로 보상하는 시스템이 뒷받침되어야 담당 공무원은 협의체 성공에 진심을 다할 수 있다. 이뿐만이 아니다. 협의체 민간위원의 자발적이고 지속적인 참여도 중요하다. 담당 공무원이 아무리 노력해도, 파트너인 민간이 호응하지 않으면 협의체가 성공할 수 없음은 자명하다.

그런데 무작정 열심히 네트워킹한다고 해서 반드시 성공하는 것은 아니다. 효과적으로 네트워킹을 해야 당초 목표를 달성할 수 있다. 이를 위해서는 결국 네트워크 참여자에 대한 역량 교육이 중요하다. 참여자 중 특히 네트워크 관련 역량 교육을 받을 일이 평소에 비교적 드문 민간 위원, 그중에서도 특히 읍면동 협의체에 위촉될 가능성이 높은 당사자 주민에 대한 지속적인 역량 강화 지원이 요구된다(안기덕 외, 2019; 이영글 외, 2019).

얼핏 네트워킹은 그냥 만나서 이야기를 나누는 단순한 어울림으로 생각할 수 있다. 그런데 이는 잘못된 이해이다. 네트워킹은 다년간의 운영 경험과 노련한 협력 기술, 전문 분야에서의 오랜 숙련, 여기에 덧붙여 비판적 사고능력, 소통 능력, 독해력, 발표력 등 고도의 시민적 소양이 발휘되어야 비로소 실현 가능한 선진적 소통 방식이다. 이와 같은 시민적 자질은 생득적이지 않다. 의식적이고 체계적인 학습과 실천을 바탕으로 한 장기간의 노력이 있어야 비로소 체화되는 사회적 기술이다. 이는 지역사회복지 네트워크로서 지역사회보장협의체가 제대로 형성, 운영되어 소기의 목적을 달성할 수 있기 위해서는 참여자의 협력 능력, 갈등 조정 능력, 의사 형성 및 결정 능력 등 성숙한 시민으로서 갖추어야 할 종합적 역량이 중요하며, 따라서 이를 제고하는 의도적 작업이 수시로 병행될 필요가 크다는 점을 시사한다.

현재 지역사회보장협의체는 네트워크 참여자의 역량 강화를 위해 다각적인 노력을 기하고 있다. 보건복지부의 운영 지침 역시 시군구 협의체가 그간의 경험을 토대로 읍면동 협의체의 원활한 운영을 위해 교육, 훈련, 모니터링, 컨설팅 등의 지원을 의무로 명기함으로써(보건복지부, 2024 : 37), 협력을 통한 긍정적 변화와 성장은 저절로 이루어지는 것이 아니라 다분히 의도적인 지원과 육성을 위한 정책적, 제도적 노력을 통해 이루어질 수 있는 것임을 공식화하고 있다.

마찬가지 맥락에서, 일부 광역지방자치단체도 지역사회보장협의체의 운영 내실화를 위해 읍면동 협의체 위원, 특히 네트워킹 경험이 일천한 지역사회 리더(예 아파트 관리소장, 부동산중개인, 가스 검침원, 고시원 총무, 야쿠르트 배달원 등 명예사회복지공무원으로 위촉될 수 있는 인적 안전망 자원)를 대상으로 한 다양한 지역사회 시민교육(예 서울시 동 복지대학, 부산시 다복동 사업 등)을 실시하고 있다. 이와 같은 교육 사업은 모두 주민의 시민적 소양을 고양하여 지역의 문제를 당사자 주민이 직접 스스로 발굴하고 해결하는 이른바 주민력 향상을 도모한다. 주민력, 다른 말로 지역사회 구성원으로서 가져 마땅한 시민적 역량을 고도로 발달시킨 주민은 공공과 민간의 전문가, 실무자 집단과 활발하게 상호작용한다. 그리고 이러한 개방성, 역동성, 주체성은 지역 단위에서 더 나은 의사결정을 이끄는 데 결정적으로 기여한다.

7) 사회복지협의회와의 관계

현재 우리나라 지역사회에는 다양한 복지네트워크가 만들어져 가동되고 있다. 이 가운데 지역사회보장협의체의 파트너가 될 만한 위치에 있는 것으로 사회복지협의회가 있다. 사회복지협의회는 지역사회보장협의체와 함께 지역사회복지 거버넌스를 강화하는 핵심 조직 중 하나이다. 다음에서는 이에 관한 내용을 간단히 짚은 후 제10장을 마무리한다.

(1) 소개

사회복지협의회는 사회복지 관련 기관, 단체, 개인이 모여 만든 민간 중심의 복지네트워크 조직으로, 사회복지 증진을 위한 협의 및 조정, 정책개발, 조사연구, 교육훈련, 자원봉사활동 진흥, 정보화 사업, 사회 취약 계층 지원 등 여러 활동을 수행한다. 이를 통해 민간 중심의 복지 협력 체계 구축에 기여하며, 우리나라 지역사회복지 거버넌스의 중요한 한 축을 담당하고 있다. 특히 2025년부터 시군구 단위에서 사회복지협의회의 설치 및 운영이 의무화됨에 따라, 그동안 지역복지 거버넌스의 주축으로 기능해 온 지역사회보장협의체와의 협력과 역할 분담이 중요 과제로 떠오르고 있다.

(2) 역사

사회복지협의회의 역사는 1952년 한국사회사업연합회의 출범으로 시작되었다. 1970년 한국사회복지협의회로 개칭하였으며, 1983년 사회복지사업법 개정을 통해 법정단체로 지정되어 공식적인 역할을 인정받았다. 1998년에는 사회복지사업법 전부 개정을 통해 전국 단위의 한국사회복지협의회(중앙협의회)와 시도 단위의 사회복지협의회(광역협의회)의 법적 근거가 마련되었고, 2003년에는 시군구 단위에서도 사회복지협의회(기초협의회)를 둘 수 있도록 법이 개정되었다. 그러나 당시만 해도 기초협의회의 설치 및 운영은 기초지방자치단체의 의무 사항이 아니었기에 실질적 운영에는 많은 어려움이 따랐다.

그러던 중, 2024년 사회복지사업법 개정에 따라 2025년부터 시군구에도 사회복지협의회의 설치 및 운영이 의무화되었다. 2024년 기준 전국 228개 시군구 중 166개가 기초협의회를 설치・운영 중이며, 나머지 62개도 조만간 관련 조례를 제정하고 기초협의회를 설치・운영해야 할 과제를 안고 있다(복지타임스, 2024. 11. 18).

(3) 주요 기능

사회복지협의회는 민간 사회복지 주체 간 협력 체계 구축을 주된 목적으로 삼고 활동한다. 구체적으로, 복지자원을 발굴하고 연계하여 서비스 사각지대를 해소하고, 사회복지 기관 및 단체 간 협력을 강화하여 민간 복지네트워크 체계를 구축한다. 사회복지사업을 공동 기획, 실행하여 민간 복지 활성화를 도모하며, 복지정책 수립 및 시행 과정에서 민간 부문의 의견을 조정하고 대변하는 활동과 기능을 수행한다.

사회복지협의회가 수행하는 대표적인 사업 몇 가지만 열거하면, 취약 계층에게 의료비, 교육비, 위기 구호비 등을 제공하고 사회복지시설 인프라 개선을 위해 물품 및 시설 개보수를 지원하는 희망나눔지원사업(삼성전자와 협력 추진), 복지 사각지대에 놓인 이웃을 발굴하고 민간 자원을 연계하여 맞춤형 지원을 제공하는 좋은이웃들사업(보건복지부의 지원), 식품 및 생활용품을 기부받아 취약 계층에게 제공함으로써 자원 재분배와 사회적 나눔을 실천하는 푸드뱅크 사업(보건복지부로부터 위탁 운영), 지역사회 공헌 활동을 펼치는 기업과 기관을 발굴, 인정하여 사회적 책임을 장려하고 지속 가능한 협력 모델을 구축하는 지역사회 공헌 인정제(보건복지부와 공동 추진) 등이 있다.

(4) 지역사회복지 거버넌스 강화를 위한 방안 모색

앞서 사회복지협의회는 우리나라 지역사회복지 거버넌스의 중요한 한 축을 이루고 있다고 하였다. 사회복지협의회의 위상은 2025년부터 각 시군구에 기초협의회 설치・운영이 의무화되면서 더욱 제고될 것으로 예상된다. 다음은 지역사회복지 거버넌스 강화를 위한 사회복지협의회의 발전 방안을 짚어본다.

① 지역사회보장협의체와 기초협의회의 관계 정립

2025년부터 기초협의회 설치 및 운영이 의무화되면서 기존에 운영되어 온 지역사회보장협의체와의 관계 정립이 중요한 과제로 떠올랐다. 지역사회보장협의체는 민관협력을 기반으로 지역사회복지정책 및 사업을 수립하고 실행하는 시군구 단위 심의 및 자문 기구로, 공공과 민간의 협력 체계를 구축하고 이해관계를 조정하는 역할을 수행한다. 이와 대조적으로 기초협의회는 민간 중심의 복지네트워크를 조직, 관리하고, 지역사회 내 복지자원 발굴과 연계를 통해 서비스 사각지대를 해소하는 데 중점을 두어 활동한다.

두 조직 간 기능은 다소 중첩될 수 있다. 그렇지만 상호 보완적 역할을 수행하도록 관계를 정비하고 활동을 차별화하면, 기능 중복을 얼마든지 막을 수 있다(복지타임스, 2024. 12. 4). 예를 들면, 지역사회보장협의체는 거버넌스와 연계 기능에 초점을 맞추고, 기초협의회는 통합서비스 제공 기능에 중점을 두는 식으로 협업을 하는 것이다. 양자 협력에 따른 시너지 효과를 극대화하기 위한 가이드라인을 몇 가지만 제시하면 다음과 같다.

첫째, 기초협의회와 지역사회보장협의체 간 정례 회의를 개최하여 지역사회 내 복지자원의 중복 지원을 방지하고 서비스 연계의 효율성을 높이는 방안을 논의한다. 둘째, 지역사회보장협의체는 기초협의회가 수행하는 민간 복지자원 발굴 및 서비스 연계사업을 공식적으로 지원하는 프로세스를 내부적으로 수립하여 실행한다. 셋째, 두 조직 간 인적, 물적, 재정 자원을 공유하는 공동사업을 지역사회보장계획에 반영하여 기획, 수행한다.

② 중앙 및 광역협의회와 기초협의회의 관계 정립

중앙, 광역, 기초협의회 간 역할 정립도 중요하다. 이와 관련하여, 중앙협의회는 법제도 개선과 정책 방향 설정에 초점을 맞추고, 광역협의회는 기초협의회의 연착륙 지원과 관내 복지자원 개발 및 관리 그리고 교육 사업 추진에 중점을 두는 것이 바람직하다. 기초협의회는 지역사회복지사업을 수행하는 과정에서 지역사회보장협의체와 긴밀히 협력하여 복지 사각지대를 해소하고 모금 및 배분, 자원봉사자 관리 및 활용 등을 통해 취약 계층을 지원하는 실질적 실행 기관으로서 정체성을 잡는 것이 좋다.

③ 재정 확보 방안

사회복지협의회가 안정적인 운영을 이어가기 위해서는 지속 가능한 재정 확보가 필수적이다. 현재 중앙과 광역협의회는 각각 중앙정부와 지방자체단체의 재정지원을 받아 운영하도록 되어 있는데, 기초협의회는 지역별로 공공의 재정지원 수준이 다르며, 일부 지역에서는 근거 조례 미비로 인해 시군구 재정지원을 받지 못하고 자체 재원 발굴을 통해 운영하는 곳도 있다. 이러한 상황에서는 재정지원을 명시하는 조례 제정을 통해 안정적 재원을 확보하는 방안이 가장 쉬운 해결책이 될 수 있다. 그러나 공공 재정에만 의존하는 것은 불안정하므로, 기초협의체는 향후 재원 다각화 및 다변화를 고민할 필요가 있다. 이를 위해 그간 중앙협의회가 중점 추진해 온 지역사회공헌 인정제를 기초협의체도 도입해 운영하여 ESG 경영 기업과의 협력을 강화할 필요가 있다. 나아가 사회복지공동모금회 및 자원봉사센터와 연계하여 지역사회 내 재정 및 인적 자원의 효율적 발굴 및 활용 방안을 다각적으로 모색해야 할 것이다(복지타임스, 2024. 4. 30).

CHAPTER 11

계 획

오늘날 지역사회는 다양하고 심각한 사회문제에 직면하고 있다(Rittel & Webber, 1973). 악성 사회문제를 해결하고 폭증하는 복지 욕구를 해소하기 위해서는 체계적인 지역사회복지 계획 수립이 선행되어야 한다. 그런데 아무 준비 없이 무작정 계획을 수립할 수는 없다. 계획 수립 전에 먼저 지역 주민을 대상으로 하는 정확한 욕구 및 자원 조사를 실시하여야 한다. 그다음, 분석 결과를 토대로 문제에 대한 정확한 진단과 욕구의 구체적 해결 방안을 제시하는 일련의 체계적이고 과학적인 절차와 방법론을 마련해 이를 정해진 시간표에 따라 진행하여야 한다.

상기 문제의식을 바탕으로, 제11장에서는 주민의 다양한 복지 욕구를 수렴하고 지역 특성을 반영하여 구체적이고 실효성 있는 복지서비스와 사업계획을 수립하는 절차와 방법, 즉 지역사회복지 계획 수립에 대해 알아본다. 특히 지역사회 주민의 삶의 질 향상을 위한 방향성 및 정책 과업을 제시하는 실천적 방법론을 우리나라의 가장 대표적인 복지계획인 지역사회보장계획을 중심으로 공부한다.

1. 지역사회복지 계획

1) 개 념

지역사회복지 계획의 개념은 광의와 협의로 구분하여 살펴볼 수 있다(오정수·류진석, 2016 : 288). 먼저 광의적 차원에서, 지역사회복지 계획이란 다양한 지역문제를 해결하고 주민의 욕구 및 과제를 충족하며, 이를 통해 모든 구성원이 인간다운 삶을 살 수 있는 환경을 조성하고자 수립하는 지역사회복지에 관한 계획을 의미한다. 계획은 지역사회 안팎의 다양한 이해관계자 간 협의와 협력을 거쳐 마련되며, 지역사회복지의 방향을 설정하고 과제를 제시하는 기능을 수행한다. 이와 대조적으로 협의적 차원에서 지역사회복지 계획이란, 주민의 사회복지 욕구와 지역 내 가용 및 잠재적 복지자원 등을 종합적으로 고려하여 해당 지방자치단체의 실정과 특성에 맞게 수립하는 지역사회복지사업에 관한 중장기 계획을 뜻한다.

이번 장에서는 먼저 광의의 개념에 근거하여 지역사회복지 계획의 필요성, 원칙, 의의 등을 살펴본다. 그다음 협의의 개념에 근거하여 우리나라 지역사회복지 계획의 실제를 전국 시도와 시군구 단위로 4년마다 실시 중인 지역사회보장계획을 중심으로 공부한다.

2) 필요성

지역사회복지 계획은 지역사회 내 복지서비스의 효과적 제공과 지속적 개선을 위해 필수적이다. 지역사회복지 계획이 필요한 이유는 크게 다섯 가지로 정리해 볼 수 있다.

(1) 사회복지 전달체계의 안정화

지역사회복지 계획은 사회복지사업이나 프로그램을 지속적이고 안정적으로 운영하기 위한 수단이다. 특히 정치적 변화나 유력 인사의 개입으로 기존 서비스가 중단되거나 제한되는 불상사를 예방할 수 있어 반드시 필요하다. 가령 지역사회복지 계획이 지방자치단체장의 법적 의무로 명시되어 있지 않다면, 4년마다 한 번 찾아오는 지방선거 결과에 따라 기존 정책과 프로그램이 임의로 중단되거나 폐지되는 상황을 막기 어려울 수 있다(ibid. : 290). 장기적이고 일관된 복지 서비스 제공을 위하여 지역사회복지 계획은 필수적이다.

(2) 부서 간 칸막이 현상 타파

지역사회복지는 다양한 행정기관 부서 그리고/ 또는 민간기관이 상호작용하는 다부문·다자간 영역이다. 그래서 종종 기관 간, 부서 간 소통 부재로 인해 비효율이 발생한다. 공공 부문에서는 복지 업무가 예컨대 복지국 내 복지정책과, 사회복지과, 여성가족과, 노인복지과, 장애인복지과, 아동청소년과 등 기능별로 나뉘어 있고, 민간에서도 예컨대 사회복지관 업무가 서비스, 사례관리, 지역조직화와 같은 삼대 기능으로 나뉘어 팀별 협력이 원활하지 않게 돌아가는 경우를 종종 볼 수 있다.

전문화는 업무 효율성을 높인다. 그러나 그것이 지나치면 주민의 복지 접근성이 저해되고 서비스 제공의 효율성이 떨어지는 목적 전치 현상이 발생한다. 지역사회복지 계획은 기관 간, 부서 간 협력을 강화하여 복지서비스가 보다 통합적이고 유기적으로 운영되며 제공될 수 있도록 하기에 필요하다(이광석·김동룡, 2012).

(3) 문제의 조기 발견 및 대응

지역사회복지 계획은 사회복지 분야의 주요 문제, 특히 복지 사각지대 문제가 발생하기 전 이를 조기에 발견하고 대응할 수 있는 체계적인 방어 수단이 되어주기에 필요하다. 복지 관련 문제는 시간이 갈수록 해결 비용이 증가하고, 대응이 늦어질수록 피해가 커지는 경향이 있다. 따라서 지역사회복지 계획을 통해 위험 요소를 사전에 감지하고, 선제적 대응책을 마련하는 것이 중요하다.

(4) 지역사회복지의 장기적 비전 및 전망 제시

지역사회복지 계획은 자칫 단기적 성과에 집착할 수 있는 개별 기관의 당해 연도주의를 극복하고, 장기적 전망을 바탕으로 지속 가능한 사회복지 정책을 수립할 수 있도록 하기에 필요하다. 휘발성 강한 이슈에 단기적으로 복지 재정을 투입하고 사업을 단발성으로 추진하는 근시안적 행태로는 지역사회에 지속 가능한 복지 체계를 구축할 수 없다. 예를 들어, 다음에서 곧 살펴볼 지역사회보장계획은 지역사회 맞춤형 복지 비전을 4년 단위로 제시하며, 연차별 및 최종 연도 목표를 명확한 수치로 설정해 공식화한다. 또한 계획이 제대로 추진되는지 모니터링하고자 객관적인 정책 지표를 개발해 활용하는 평가 체계를 운영하며, 실적 분석과 환류 체계를 통해 차후 계획의 갱신을 도모함으로써 지역사회보장의 지속 가능성을 제고한다.

(5) 자원의 효율적 배분 및 활용

희소한 지역사회 복지자원에 관한 체계적 활용 방안이 마련되어 있지 않으면, 특정 분야에 자원이 과도하게 집중되거나 중복 지원으로 일부 취약 계층이 적절한 지원을 받지 못하는 누락 문제가 발생할 수 있다. 지역사회 복지자원의 총량을 분석하고, 그 결과에 따라 적재적소에 희소자원을 배분하는 내용을 담는 복지계획은 사각지대 문제를 예방할 수 있기에 필요하고 중요하다.

덧붙여, 지역사회복지 계획은 공공과 민간의 협력을 강화하여 지역 내 미활용 유휴자원을 효과적으로 활용하는 내용도 담는다. 이를 통해 기존 복지서비스의 한계를 보완하고, 다양한 주체가 참여하는 촘촘한 복지 전달체계를 구축할 수 있다. 나아가, 계획된 바를 기반으로 재정적 지속 가능성을 고려한 예산 운용 방안을 마련하여 예산의 투명성과 책무성을 높이는 데에도 기여할 수 있다. 즉, 자원의 효율적 배분과 활용을 통해 복지서비스 질을 높이고, 사회적 비용을 절감하며, 궁극적으로는 지역사회의 복지 수준을 향상하는 데 이바지할 수 있기에 지역사회복지 계획은 필요하고 중요하다.

3) 원 칙

(1) 지역성의 원칙

지역사회복지 계획을 수립할 때는 해당 지역사회의 특수성을 반영하여야 한다. 중앙이 제시하는 지침이나 규정에 따라 지역의 특수성 고려 없이 획일적으로 목표를 정하는 것은 지역사회복지 계획의 이상과 거리가 멀다(김보영, 2023). 지역사회복지 계획은 해당 지역의 인구학적 구조, 경제적 상황, 정치적 환경, 자원 현황, 정책 우선순위 등을 종합적으로 고려해 지역사회 특수성이 반영된 맞춤형 계획을 수립하는 것이 기본 원칙이다(박태영 · 채현탁, 2014 : 185).

이와 관련하여, 계획 중인 서비스가 지리적으로 충분히 접근 가능한 것인지 꼼꼼히 따져보아야 한다. 대상 주민이 일상 생활권역 내에서 서비스를 제한 없이 이용할 수 있어야 한다. 차를 타고 한 시간 이상 걸리는 곳에 서비스를 준비해 놓는다거나, 물리적으로는 가까운 거리에 준비해 놓았다 할지라도 대상자가 버스, 지하철 등 대중교통수단을 마음대로 사용하기 어려운 노인, 장애인, 산모 같은 교통 약자라면, 이는 서비스의 지역성 원칙 관점에서 보았을 때 바람직한 계획이 아니다. 만약 서비스의 지리적 접근 가능성을 보장할 방법이 현실적으로 없다고 판단이 된다면, 기초자치단체가 아닌 광역자치단체 혹은 중앙정부 수준에서 대응책을 강구하도록 사업을 이관하는 책임 있는 자세를 보이는 것이 권장된다(고관우 외, 2018).

(2) 이용자 주체의 원칙

사회복지 전달체계는 복지 접근성과 체감도를 향상하기 위해 공급자가 아닌 소비자 중심으로 설계되어야 한다. 공급자 중심의 전달체계는 이용자의 개별적 욕구를 충분히 반영하지 못한 채 일방적으로 서비스를 제공한다. 이는 당연히 이용자의 만족도를 떨어뜨린다. 이에, 최근 지역사회 재가서비스 체계는 이용자의 선택권을 보장하는 방향으로 변화하여 왔다.

이러한 흐름을 가장 잘 보여주는 사례가 2007년 노인 돌봄과 장애인 활동 보조 사업에 처음 도입된 바우처 제도이다. 바우처 형태의 서비스 제공 방식에서 이용자는 자신이 필요로 하는 서비스를 직접 선택하고 결정할 수 있는 소비자 또는 청구자로서 법적 권리를 가진다. 바우처 사업의 실시는 단순한 행정 변화가 아닌, 서비스 이용자를 정책 중심의 주체로 자리매김시킨 중대 전환점이 되었다. 요는, 재가서비스 제공을 포함하는 지역사회복지 계획을 수립할 때는 공급자 중심이 아닌 이용자 중심의 관점이 적극적으로 채택되어야 하고, 이용자 선택권과 권리가 실질적으로 보장될 수 있도록 전달체계가 설계되어야 한다는 점이다(엄태영, 2014).

제공하고자 하는 서비스에 대한 사전평가와 더불어 제공된 서비스에 대한 사후 평가를 제3의 독립된 기관에 의뢰하여 실시한다면, 이러한 이용자 주체의 원칙을 비교적 잘 지킬 수 있다. 가령 중앙정부 및 지방자치단체의 서비스에 대한 사전·사후 평가를 공공에서 수행하지 않고, 대학 부설 연구소나 학술단체 등 외부 조사 기관에 의뢰하여 평가를 진행하게 하는 것이 하나의 방안이 될 수 있다.

(3) 네트워킹의 원칙

네트워킹의 원칙은 필요한 사회복지서비스를 효율적으로 지역사회에 공급하기 위해 지역사회 내 보건, 의료, 복지, 고용, 교육, 주거, 교통 등 다양한 분야의 공급자 간 서비스 연계, 협력, 조정 활동을 필수적으로 고려해야 한다는 것을 의미한다.

(4) 민관협력의 원칙

민관협력의 원칙은 공공과 민간이 각자의 강점을 최대한 활용하여 지역사회복지 계획을 수립해야 함을 의미한다. 구체적으로, 민간 부문은 특화된 복지서비스의 전문적 제공을 담당하거나, 주민과의 밀접한 소통이 요구되는 지역 맞춤형 사업을 제안, 수행하는 역할을 맡는 것이 적절하다(고관우 외, 2018). 반면 공공 부문은 사회서비스의 질적 향상을 위한 평가 사업을 추진하거나, 복지자원 및 인프라 확충 같은 대규모 재정이 필요한 기반 정비사업을 담당하는 것이 바람직하다. 또한 공공은 민간 부문의 활성화를 위해 사회복지 전문 인력의 확충, 직무 역량 강화, 처우개선 등 인적 자원 개발 사업을 수행하는 역할을 맡는 것이 권장된다(이준영, 2014).

(5) 주민 참여의 원칙

지역사회복지 계획 수립 과정에 지역 주민이 참여할 다양한 방법과 경로를 마련하여야 한다. 그뿐만 아니라, 계획의 집행과 사전 · 사후 평가에도 참여할 여러 방법을 제시할 수 있어야 한다(오민수 · 채현탁, 2020).

4) 목표 유형

(1) 과업 지향 목표

지역사회복지 계획은 주민의 복지 욕구를 충족하기 위해 구체적 과업을 설정하고 이를 달성하는 것을 목표로 삼는다. 여기서 과업이란 서비스 수혜자 수, 수혜자 만족도 점수, 사각지대 발굴 건수와 같이 가시적이고 계량화할 수 있는 것이어야 한다(박태영 · 채현탁, 2014 : 178).

(2) 과정 및 관계 지향 목표

지역사회복지 계획은 계획 수립, 실행, 평가의 전 과정에서 사회복지에 대한 주민의 관심과 이해도를 높이고 참여를 촉진하는 것을 목표로 삼는다. 이는 지역사회복지 계획이 단순히 전문가 중심의 사회계획(social planning)으로서의 성격만 갖지 않으며, 주민이 참여하여 자신의 욕구를 표출하고 이를 종합한 후 해결해야 할 과제를 만들고 그와 같은 과제를 실현하고자 전문가 집단과 협력하면서 지역사회 내 유력한 이해관계자 집단과 관계를 변화시켜 나가는 일련의 내부적 역량 강화, 즉 지역사회개발(locality development)의 성격도 동시에 갖는다는 것을 함의한다(ibid. : 178).

지역사회개발의 맥락에서 수립되는 지역사회복지 계획은 주민을 일방적 수혜자로만 간주하지 않는다. 그와 같은 계획은 계획을 만드는 주체는 다름 아닌 주민이며, 당사자 주민은 행정관료나 사회복지 실천 전문가 집단과의 상호 의존적이고 상호 호혜적인 동반자 관계에 놓여있다는 가정하에, 계획 수립에서부터 실행, 평가의 전 과정에 주민의 최대 참여를 권장하고, 실제로 이를 위한 수단과 방법을 제시한다.

5) 의 의

(1) 이용자 중심의 사회복지 전달체계 구축

지역사회복지 계획을 수립하는 과정에는 통상 지역사회복지의 목표와 과제 등 크고 작은 사항을 주민을 비롯한 이해당사자 전원에게 사전에 질의하고 반영 여부를 확인하며 그 결과를 승인받는 절차가 포함된다. 주민공청회, 간담회, 정책토론회, 설명회 등이 그 예이다. 지역 행위자가 자기 삶에 직접적 영향을 미치는 복지계획 수립 과정에 세세히 관여하고 의사를 표명하며 실제 결정을 내릴 수 있는 통로를 제공하는 이와 같은 참여적 절차들은 이후 전개될 복지사업에 정치적, 정책적 정당성을 부여하며, 무엇보다 이용자가 중심이 되는 사회복지 전달체계 구축에 기여한다(김경혜·최은식, 2003 : 25).

(2) 지역 자율성 확대

지역사회복지 계획을 수립하는 과정에서 계획 주체는 중앙의 간섭에서 비교적 자유로운 위치에서 각자 자기 지역 특성에 맞는 목표와 과제를 제시한다. 이는 지역사회의 독립성을 강화하고 지역 자치 역량을 성숙시키며 민주적 거버넌스를 강화하는 데 이바지한다(김보영, 2023).

(3) 민관협력 네트워크 구축

지역사회복지 계획은 자금력이 충분한 공공이 주도하는 경우가 많다. 그렇지만 설령 공공이 주도한다손 치더라도, 계획의 하나부터 열까지 공공 부문의 행위자가 모든 사안을 관장하거나 책임질 수는 없다. 지역사회복지 계획이 성공하기 위해서는 계획안을 수립하는 초기 단계에서부터 안을 집행하고 결과를 평가하는 전 과정에 민과 관의 여러 행위자의 참여와 협력이 뒷받침되어야만 한다.

민간의 참여는 특히 공공이 잘 하지 못하거나 잘 할 수 없는 영역에서 빛을 발한다. 예컨대 지역 주민과 라포를 형성한다거나 전문적 사회서비스를 직접적으로 제공하는 일 등에서 민간은 공공을 앞선다. 물론 공공은 민간보다 자원 동원이나 네트워크 참여자 동원 능력 측면에서 월등히 앞서기 때문에 상호 장단점은 뚜렷하다(함철호 · 조현순, 2017 : 81). 요는, 지역사회복지 계획이 온전히 수립되고 구현되기 위해서는 공공과 민간의 균형 있는 참여가 요청된다는 점이다. 이는 민간이 공공의 하청 기관화 내지는 종속화하는 현상을 막고, 상호 협력할 수 있는 공생 관계, 즉 공고한 민관협력 네트워크 체계를 구축하는 데 기여할 수 있다는 측면에서 중요하다(손지현, 2019).

(4) 국가 사회복지사업의 운영 효율화

지역사회복지 계획은 지역의 특수성을 반영하여 수립하는 것이 원칙이다. 그러나 이러한 원칙이 중앙정부의 정책 방향과 목적에서 완전히 독립적으로 작동해도 된다는 것을 의미하지는 않는다. 오히려 전국 단위에서 시행되는 중앙정부의 사회복지사업 틀을 준수하는 것은 복지계획, 특히 공공 부문 지역사회복지 계획의 또 다른 중요한 원칙이다. 중앙정부 정책의 방향과 목적에 부합하는 지역특화 과제 및 사업의 설정은, 지역사회복지 계획의 효과를 해당 지역사회에 국한시키지 않고 전 국가 차원으로 확장하는 데 도움을 주기에 중요하다.

예를 들어, 지난 문재인 정부에서는 「국가 도시재생 기본 방침」을 수립하고 도시재생 관련 정책을 적극적으로 추진하였는데, 중앙정부의 이러한 정책 기조에 따라 다수의 지방정부가 자체 도시재생계획을 수립할 때 공용주차장, 공원, 작은도서관 같은 공공시설을 관내 곳곳에 건립하였다. 민선 8기 서울시의 경우도 지난 2023년 「2030 도시재생 전략계획」을 수립하여 도시재생의 방향, 전략, 추진체계와 예산을 재정비하였는데, 이때 서울 시민의 복지 수요에 대응하여 다양한 공공공간을 도시재생활성화지역에 조성하는 데 중점을 두었다. 중앙의 정책 기조에 대한 지방정부의 이와 같은 호응은 개별 지역의 복지 증진뿐만 아니라 국가 전체의 후생을 증진하는 효과를 가져온다는 점에서 긍정적으로 평가할 수 있다.

한편, 윤석열 정부는 '약자복지'를 국정 기조로 정하고 이를 제3차 사회보장 기본계획(2024~2028년)의 주된 내용으로 삼았다. 여기에 발맞추어 민선 8기 서울시도 '약자와의 동행'을 시정 철학으로 내세웠다. 이를 바탕으로 서울시 기초자치단체 역시 각자 자기 지역 특성을 반영한 다양한 약자 지원사업을 수립, 운영하였다(표 11-1 참조). 중앙의 기조에 지방이 호응하여 발생하는 이 같은 연쇄 효과는 지역사회복지 계획이 지역 특수성만 고려해 추진되는 것이 아니며, 국가 차원의 복지정책과 협력하는 방식으로도 운영될 수 있고, 이는 결과적으로 중앙정부의 사회복지사업 운영 내실화에 이바지할 수 있음을 말해준다.

<표 11-1> 2024년 서울시 '약자와의 동행' 자치구 지원사업(지역특화 신규 사업)

자치구	사업명
중 구	경도치매환자 '인공지능(AI) 돌봐드림' 사업
용산구	웰컴 투 KOREA!(다문화 자녀 AI 교육)
성동구	장애인 특화 '모두의 도서관' 운영
성북구	함께 꿈을 실현하고 성장하는 교육동행매니저
강북구	찾아가는 공예체험교실
도봉구	「너의 브랜드를 그리다」: 자립지원청년 이모티콘 교육 지원사업
서대문구	저소득 어르신 영양 관리를 위한 "영양 식자재 지원 디딤돌 프로젝트" 사업
마포구	세상쿡 키친(키오스크와 친해지기)
양천구	희망플러스 꿈꾸는 공부방 만들기
구로구	구로구 복지용구 공유 '다름센터' 운영
영등포구	찾아가는 1인 취약가구 결핵안심 검진사업
	영등포 태워드림(저소득 교통약자 맞춤형 보빌리티 서비스 지원사업)
관악구	스마트 약통을 활용한 약자돌봄 지원체계 구축

(5) 전국 지역사회복지의 균형적 발전

지역사회복지 계획의 기본 틀을 다른 지방자치단체와 공유하고, 이를 벤치마킹하는 과정에서 지방자치단체 간 사회복지사업 전반에 대한 이해가 증진될 수 있다. 이는 결과적으로 전국 지역사회복지의 평균적 수준을 향상하는 효과를 가져온다.

예를 들어, 2000년대 후반 사회복지 서비스에 대한 물리적 접근성이 낮아 복지 사각지대가 발생한다는 문제가 공론화된 적이 있었다. 이에 대응하여 전국의 기초자치단체는 기존의 대상자가 '찾아오는' 서비스와 사업을 거꾸로 대상자를 '찾아가는(outreach)' 방식으로 전환하는 방안을 기획하고 실제로 추진하였다. 대표적인 사례로 찾아가는 어르신 치과 진료 버스, 찾아가는 무료 법률 상담 서비스 등이 있다. 한두 군데의 기초자치단체에서 시작된 아웃리치 방식의 서비스 전달은 현재 거의 모든 지역사회에서 차용되는 보편적인 제도로 정착하였다.

비슷한 예로 명예사회복지공무원 제도를 들 수 있다. 이 제도는 지역사회 리더를 발굴하여 무보수 명예직 공무원으로 위촉하고, 지역 내 취약 계층을 발굴하여 적절한 서비스에 연계될 수 있도록 돕는 사각지대 해소 목적의 인적 안전망 제도이다. 2018년 보건복지부가 처음 소개하여 당시 몇몇 지방자치단체가 선제적으로 도입, 시행하였다. 이후 제도의 효과가 입증되면서 전국 모든 기초자치단체가 자체 지역사회복지 계획에 포함시켰고, 현재는 안정적으로 정착한 상태이다. 지역마다 이름을 다르게 지은 곳도 많다(예 희망지킴이, 복지천리안, 위기가구 발굴단 등).

최근에는 서울시에서 사회복지사업과 관련한 다양한 혁신이 이루어지고 있는데, 이것이 지방으로 확산하는 사례를 종종 볼 수 있다. 특히 노인인구 증가에 대응한 「좋은돌봄인증제」와, 고독과 외로움 문제 심화에 따른 「사회적고립지원센터」 등의 서울시 정책이 여타 지방자치단체의 적극적 벤치마킹 대상이 되고 있다.

2. 지역사회복지 계획의 실제 : 지역사회보장계획

현재 우리나라 지역사회에는 형태, 규모, 범위, 목적, 기능 등에서 매우 다양한 복지계획이 수립되어 시행되고 있다. 이번 절에서는 이 가운데 가장 공식적이고 대표적인 복지계획인 지역사회보장계획에 대해 알아본다.

참고로 지역사회보장계획은 공공과 민간이 협력하여 수립하는 법정 복지계획으로, 여기에는 사회복지사 외에도 지역사회의 이해관계자가 두루 참여한다. 특히 공공의 주도로 계획이 수립되는 측면이 짙다. 그래서 지역사회보장계획이 이 책의 제1장에서 언급한 지역사회복지실천의 범주에서 벗어난 것 아니냐는 의문을 제기할 수 있다. 그러나 앞서 여러 차례 언급하였다시피, 엄밀한 의미에서 지역사회복지실천의 전형을 현장에서 맞닥뜨리기란 쉽지 않다. 지역사회복지에 대한 전문적, 국가적, 운동적 접근은 중첩되어 구현되는 것이 일반적이다. 이는 제10장에서 살펴본 지역사회보장협의체에서도 똑같이 강조한 바로, 독자들은 향후 지역사회보장계획의 수립, 추진, 및 모니터링과 평가가 사회복지사의 주요 실천 범주 안에 든다는 점을 염두에 두고 현장에서 활동할 것을 당부하는 바이다.

1) 정 의

지역사회보장계획은 지역 주민의 복지 욕구와 지역 내 복지자원을 고려하여 지방자치단체의 실정에 맞춰 수립하는 시도 및 시군구 단위의 4년 중기 복지계획이다. 법적 근거는 사회보장급여법 제35조이다.

동법 제36조에 따르면, 지역사회보장계획에는 다음의 항목이 포함된다(표 11－2 참조). 이를 바탕으로 볼 때, 지역사회보장계획은 단순한 행정 계획이 아니며, 지역의 복지 수요에 대응하고 중장기적 관점에서 사회보장 정책을 체계적으로 추진하기 위한 기반 구축에 주목적이 있다는 점을 알 수 있다. 즉, 지역 주민의 삶의 질 향상과 지역 사회보장의 균형발전을 위하여 지방자치단체가 설정한 목표, 추진 전략, 세부 실천 방안을 포함하는 종합적 법정 계획임을 알 수 있다.

<표 11-2> 지역사회보장계획의 주요 내용

시군구 지역사회보장계획	시도 지역사회보장계획
• 지역사회보장 수요의 측정, 목표 및 추진 전략 • 지역사회보장의 목표를 점검할 수 있는 지표(지역사회보장지표)의 설정 및 목표 • 지역사회보장의 분야별 추진 전략, 중점 추진사업 및 연계협력 방안 • 지역사회보장 전달체계의 조직과 운영 • 사회보장급여의 사각지대 발굴 및 지원방안 • 지역사회보장에 필요한 재원의 규모와 조달 방안 • 지역사회보장에 관련한 통계 수집 및 관리 방안 • 지역 내 부정수급 발생 현황 및 방지대책 • 그 밖에 대통령령으로 정하는 사항	• 시군구의 사회보장이 균형적이고 효과적으로 추진될 수 있도록 지원하기 위한 목표 및 전략 • 지역사회보장의 목표를 점검할 수 있는 지표(지역사회보장지표의 설정 및 목표) • 시군구에서 사회보장급여가 효과적으로 이용 및 제공될 수 있는 기반 구축 방안 • 시군구 사회보장급여 담당 인력의 양성 및 전문성 제고 방안 • 지역사회보장에 관한 통계자료의 수집 및 관리방안 • 시군구의 부정수급 방지대책을 지원하기 위한 방안 • 그 밖에 지역사회보장 추진에 필요한 사항

2) 추진 배경 및 경과

우리나라에 지역사회보장계획이 등장하게 된 가장 중요한 배경은 사회서비스의 지방화이다(안혜영 외, 2011). 기존의 중앙 집중식 관료제적 서비스 전달에 따른 비능률을 막고, 지역 자치를 강조하는 통합서비스 전달체계 구축 필요성이 커진 시대적 변화에 따른 필연적 결과물이 지역사회보장계획이었다는 것이다. 현재 지역사회보장계획의 핵심 목적이 지방자치단체의 사회서비스 기획력 및 실행력 제고, 민관협력을 통한 사회서비스 확대와 그에 따른 지역 책임성 강화, 그리고 궁극적으로 이용자인 주민 중심의 복지공동체 구현에 있다는 것은 당시 지역사회보장계획의 탄생 배경이 무엇이었는지를 잘 말해준다.

지역사회보장계획의 시초는 2001년 「지역사회복지협의체 시범 사업」을 통해 15개 지방자치단체에서 1년 단위의 지역복지계획을 수립, 시행한 것이었다. 이후 2003년 사회복지사업 개정(제15조의3)을 통해 「지역사회복지계획 수립과 평가」에 대한 법적 추진 근거가 마련되었고, 2005년부터 본격적으로 전국 지방자치단체에서 지역사회복지계획의 수립, 시행이 의무 추진되었다. 2007년 제1

기 지역사회복지계획을 시작으로, 2025년 현재까지 제5기 지역사회보장계획이 수립, 시행 중이다.

<표 11-3> 지역사회보장계획의 전개 및 변화 과정

구 분	주요 내용
법(제도)적 기반 구축	2003년 사회복지사업법 개정안(제14조 제3~6항)에 지역사회복지계획 관련 법적 조항을 마련함으로써 지역복지 추진 기반 구축
제1기 계획 (2007~2010)	최초의 지역사회복지 계획 수립 및 이행
제2기 계획 (2011~2014)	• 지역사회복지협의체를 중심으로 지역사회복지 계획을 수립·이행하는 지방자치단체 증가 • 문제의 원인을 파악하여 그에 합당한 해결방안을 제시하고, 이를 측정하는 성과지표를 제시하는 논리모델(logical model)의 도입
제3기 계획 (2015~2018)	• 2015년 사회보장급여법이 제정되었으나, 계획 자체는 그전(2014년경)에 수립되었기에 이때까지도 공식 명칭은 지역사회복지계획을 그대로 유지 • 시군구 지역사회복지계획 수립 및 실시 지원을 위한 시도 지역사회복지계획 수립 및 실시 시작
제4기 계획 (2019~2022)	• 2015년 사회보장급여법 개정(제35조)에 따른 계획의 명칭 변경 • 지역사회보장계획의 영역 확대(사회복지→사회보장) • 지역사회보장지표 활용 및 지역사회보장조사의 체계화 • 지방자치단체 재량 확대 • 지역 주민의 참여(상향식 의사 반영 구조) 증대 • 지방자치단체 사업 중심으로 세부 사업 수립(국책 사업 제외)
제5기 계획 (2023~2026)	• 시도의 시군구 균형발전 지원 계획 체계화 - 목표 및 추진 전략을 지자체 사회보장사업과 균형발전 전략으로 이원화 • 지역사회보장 기본계획과 연차별 시행계획 간 연계성 강화 - 기본계획에 근거하여 연차별 계획 수립 • 지역사회보장 관리 체계 마련 - 연차별 시행계획을 통한 기본계획의 지속적 수정·보완 - 사회보장 관련 데이터의 총체적 관리 체계 수립 • 시도 역할 명확화 및 시도/ 시군구 계획 수립 매뉴얼 차별화 • 관련 업무 부담 완화 - 시도, 시군구 지역사회보장조사 통합 실시

지역사회보장계획은 20년이 넘는 지금까지의 시행 과정에서 크고 작은 변화를 겪었는데, 주요 변화는 시행 10년 시점인 2015년을 전후로 일어났다(채현탁, 2023 : 193). 이를 구체적으로 살펴보면, 제3기(2015~2018년) 계획부터 시군구 지역사회복지계획 검토와 지원방안 마련을 위해 시도 지역사회복지계획 수립이 추진되었다. 이후 2015년 사회보장급여법이 제정되면서, 이전까지 사회복지사업법 제14조 제3~6항에 근거한 지역사회복지계획(제1~3기)이 사회보장급여법 제35조에 근거하는 지역사회보장계획(제4~5기)으로 명칭 변경되었다.

제4기(2019~2022년)부터는 명칭뿐 아니라 내용도 크게 변경되었다. 먼저, 기존 지역사회복지계획에서 다루던 사회복지서비스 영역이 지역사회보장계획에서는 사회서비스 영역으로 확대 개편되면서 복지뿐 아니라 고용, 교육, 주거, 문화, 환경 등 사회보장 전 분야로 계획의 대상이 확장되었다. 또한 지역사회보장계획의 세부 사업에 국고보조사업이 제외되고 지방자치단체 사업 중심으로 세부 사업이 구성됨으로써 지역성의 원칙이 실질적으로 구현되기 시작하였다. 담당 부서의 역할 강조, 세부 사업의 책임자 명기, 의회 보고 등을 통해 계획 수립에서 지방자치단체의 책임성을 강조한 것 역시 지역성의 원칙을 구현하기 위한 노력이었다.

현재 실시 중인 제5기(2023~2026년)에서도 많은 변화가 있었다(김가희, 2023). 가장 두드러진 변화는 사회보장급여법 제46조에 명시된 시도의 시군구 균형발전 지원을 위해 계획서상의 목표와 추진 전략을 '지방자치단체 사회보장사업 전략'과 '지역사회보장 균형발전 전략'으로 이원화하였다는 점이다. 전자는 각 지방자치단체가 지역 주민의 복지 욕구와 특성을 고려하여 자체적으로 설정한 목표와 추진 전략에 따라 몇 가지 중점 추진 및 세부 사업을 계획, 실행하는 내용을 담는다. 반면 후자는 지역 간 사회보장 수준의 격차를 해소하고 전국 균형발전을 이루기 위한 지역발전 전략을 총 네 가지 분야(사회보장급여 이용 및 제공 기반 구축, 지역사회 민관협력 구축, 지역사회 거버넌스 구축, 지역사회보장 인프라 확충)에서 수립하고 그에 따라 몇 가지 대표 사업(이 중 8개는 보건복지부 매뉴얼에 의해 기 확정됨)을 구성하여 실행하는 내용을 담는다. 전자가 지역 특화 사업과 과제 추진에 초점을 맞춘다면, 후자는 전국 지역사회보장 수준의 상향 평등화에 초점을 맞춘다는 차이점이 있다.

또한 제5기 계획에는 기본계획과 연차별 시행계획, 연차별 시행 결과 간 정합성을 높이기 위한 다양한 장치가 마련되었고(예 보고서 목차 일원화 등), 상황변화(예 팬데믹 발생 등)에 따른 계획의 수정・보완 관리 체계도 마련되었다. 이에 따라, 최초 수립한 기본계획을 전면 수정할 수 있는 길이 트이게 되었다. 한편 지역사회보장조사 등 계획을 수립하고 시행하는 전 과정에서 발생한 사회보장 관련 지표와 통계자료를 관리하는 체계도 갖추어졌다. 나아가 시도의 역할이 교육, 홍보, 컨설팅에 집중돼 시도와 시군구의 역할 구분이 명료화되었고, 계획 수립을 위한 참고 매뉴얼도 광역과 기초자치단체별로 따로 만들어져 제공되기 시작하였다. 덧붙여, 시도와 시군구 지역사회보장조사가 통합 실시될 수 있도록 하여 업무 부담을 경감하였다.

3) 원 칙

보건복지부(2013 : 9-10)는 지역사회보장계획 수립 시 지켜야 할 원칙으로 다음 여섯 가지를 제시한다.

첫째, 지역성으로, 이는 지역 고유의 특성을 반영하고 지역 주민에게 필요한 복지서비스를 공급할 수 있어야 한다는 것이다. 이 원칙을 좀 더 충실히 지키기 위해 제4기 계획 수립부터 국고보조사업이 제외되고, 지방자치단체의 자체 사업 중심으로 계획이 수립되기 시작하였다.

둘째, 과학성으로, 이는 객관성을 확보할 수 있는 과학적 기초자료에 근거하여 계획을 수립하여야 한다는 것이다. 지역 주민의 복지 증진을 위한 이른바 증거 기반(evidence-based) 계획은 주민의 복지 욕구를 정확하게 파악하고 이를 해결하기 위해 현재 어떠한 자원이 지역사회 내에서 가용한지 알아내는 정밀한 조사 작업, 즉 지역사회보장조사에서부터 시작한다.

한편 과학성의 원칙은 지역사회보장계획이 논리모델(logical model)에 근거해 수립된다는 것을 의미하기도 한다. 논리모델은 지역사회보장조사를 통해 파악된 문제의 원인과 지역 특성을 반영해 해결 방안을 체계적으로 제시하는 방식으로 구현된다. 즉, 문제 원인(투입) → 해결을 위한 사업 및 정책(활동) → 사업 실시 결과(산출) → 지역사회 변화(결과)로 이어지는 엄격한 논리 구조를 상정한 상태에서 계획이 설계, 실행된다는 것이다(채현탁, 2023 : 196).

셋째, 일관성으로, 이는 지역사회보장계획이 다양한 중앙의 상위 계획(예 중앙의 사회보장기본계획) 및 유관 계획(예 사회서비스기본계획, 지역보건의료계획, 청년정책기본계획 등)과 내용적, 형식적으로 어긋남이 없어야 한다는 것을 뜻한다. 참고로 보건복지부의 지역사회보장계획 매뉴얼에 따르면, 지역사회보장계획 수립 시 참고해야 할 중앙 계획의 개수만 무려 31종에 달한다(보건복지부, 2022 : 31-34).

일관성의 원칙은 앞서 언급한 첫 번째 지역성 원칙에 대해 보완적 의미를 갖는다. 각 지방자치단체는 자체 복지계획에 지역 고유의 특성을 적극적으로 반영할 수 있다. 그러나 이는 국가의 기본적인 복지계획의 틀을 벗어나지 않는 선에서 이루어져야 한다. 그래야 국가 사회복지사업의 운영이 효율화할 수 있고, 전국의 지역사회보장이 균형발전을 이룰 수 있다.

한편 일관성의 원칙은 지역사회보장 기본계획과 연차별 계획 그리고 연차별 시행 결과 간에 정합성이 있어야 함을 의미하기도 한다. 정합성은 추후 계획의 수정·보완 등 환류에 도움을 주기에 중요하다. 계획, 결과, 평가활동 간 연계성 강화는 제5기 계획 수립에 반영되었다.

넷째, 참여성으로, 이는 지역 주민의 적극적 참여를 유도하고 촉진하여야 한다는 원칙이다. 주민의 의사가 반영되지 않은 계획은 불순한 의도를 가진 정치인이나 현장을 잘 모르는 외부 전문가 집단 같은 특수 이해관계자에 의해 당사자 주민의 욕구가 왜곡된 상태로 사업이 추진될 수 있기에 주의해야 한다(오민수·채현탁, 2020). 참여성 원칙은 제4기 계획 수립에서부터 적극적으로 반영되기 시작하였다.

다섯째, 협력성으로, 이는 복지계획을 수립할 때뿐 아니라 실행에 옮길 때는 지역사회 내 사회복지 공급 주체로서의 공공 및 민간 서비스 기관 간 협력 체계가 긴밀히 작동하여야 한다는 것을 의미한다. 공공기관은 많은 정보와 자원을 보유하고, 민간기관은 전문성과 주민의 욕구 이해 측면에서 우월하기에 양측의 장점은 분명 다르다. 따라서 양자가 긴밀하게 협력한다면, 복지계획 수립 및 시행에서 시너지 효과가 날 수 있음은 자명하다.

여섯째, 현실 가능성으로, 이는 수립한 계획이 실행되지 못한 채 창고 캐비닛에 던져지는 현상, 다시 말해 4년에 한 번 꺼내져서 외부 전시용으로 활용되고 다시 창고에서 묵혀 지내는 최악의 상황을 막기 위해, 그 바탕이 되는 탄탄한 행정 및 재정계획도 함께 수립될 필요가 있다는 것을 의미한다. 현실 가능성을 구현하기 위해 보건복지부의 지역사회보장계획 매뉴얼은 기본계획 수립, 연차별 시행계획 수립, 연차별 모니터링 및 자체평가, 계획 확정 및 수정 등 전 과정에서 다양한 관계부서 담당자, 민간 현장 전문가, 연구자를 TF팀에 참여시키도록 하고 있다. 또한 사회보장급여법은 수립된 지역사회보장계획 안의 예산 지원 가능성을 타진하기 위해 지방의회 보고도 의무화하고 있다.

4) 수립 절차

(1) 준비 단계 : 계획 수립을 위한 기획

준비 단계에서는 지역사회보장계획의 수립을 위한 기획, 예산 확보 및 활용 방안 등을 총괄적으로 검토하고 준비하는 과정이 이루어진다.

우선, 계획 수립의 전반적인 기획은 해당 지방자치단체 기획 담당 부서와 지역사회보장협의체(시군구) 또는 사회보장위원회(시도)를 중심으로 다양한 지역사회 주요 행위 주체가 협의하여 진행하는 것이 바람직하다. 이 과정에서 계획 수립 주체 간 역할을 명확히 설정하고, 시도 및 시군구의 지원 방향, 논의 방식과 절차, 지역복지 전문가의 참여 범위 등을 결정한다.

특히 계획 수립 전 과정에 모든 사회복지 관련 부서가 참여할 수 있도록 독려하는 것이 중요하다. 덧붙여, 예산 부서, 인사 부서를 비롯한 일자리, 주거, 교육, 보건 등 사회보장 관련 유관 부서도 적극적으로 참여할 수 있도록 해야 한다. 이렇게 해야 계획 수립의 중요 기본 원칙인 협력성과 현실 가능성이 구현될 수 있다.

마지막으로, 지역사회보장계획(안)을 작성하는 전담 기구인 지역사회보장계획 수립 TF팀을 구성하여 계획 수립이 체계적으로 진행될 수 있도록 한다. TF팀에는 계획 수립 담당 부서 공무원과 지역사회보장협의체 또는 사회보장위원회 위원이 참여하도록 하고, 민관협력 차원에서 민간기관 관련자 및 주민 당사자가 참여하도록 한다.

(2) 지역분석 단계 : 지역사회보장조사 실시

지역사회보장조사는 지역 주민의 복지 욕구 및 활용 가능한 복지자원을 파악하는 핵심 과정으로, 높은 수준의 전문성이 요구된다. 따라서 관내외 전문 연구기관이나 전문가 집단을 활용할 수 있다면 활용하는 것이 좋다.

그러나 복지 욕구 조사와 달리 복지자원 조사의 경우에는 계획 수립 주체(시도 및 시군구 담당부서 또는 계획수립 TF)가 직접 수행하는 방식도 고려해 볼 수 있다. 관련 자료에 대한 접근 및 활용도가 외부 조사 전문가보다 높기 때문에 내부에서 직접 실행하는 것이 실효성이 더 클 수 있다. 무엇이 되었든, 지방자치단체는 지역사회보장조사가 원활하게 진행될 수 있도록 욕구 및 자원조사 과정 전반을 지원하고 필요한 경우 적극 협조하여야 한다(예 조사원 역할 조정, 공문 발송, 기확보된 기초 통계자료 제공 등)(사회보장급여법 시행령 제21조).

(3) 계획 작성 단계 : 지역사회보장계획안 마련

지역사회보장계획안의 작성은 계획 수립 TF팀을 중심으로 진행한다. 외부 용역을 맡겼다면 외부 연구단체가 진행한다. 이 단계에서는 계획의 방향성과 구체적인 실행 방안을 설정하는 것이 핵심이다.

계획을 수립할 때는 논리모델에 따라 지역의 복지 욕구와 가용 복지자원을 종합적으로 고려하여 방향과 비전을 설정하여야 한다. 또한 추진 전략과 우선순위를 정하고, 복지 자원(예산)과 욕구 간 비교 분석을 통해 중점 추진할 사업을 선정하는 것이 중요하다.

이와 더불어 계획의 실행력을 높이기 위해 세부 사업을 선정하고, 이에 대한 중기 및 연차별 계획도 수립한다. 나아가 원활한 사업 추진을 위해 행정 및 재정 지원 계획을 마련하고, 필요한 예산과 인적, 물적 자원의 배분 방안도 구체화해야 한다.

(4) 의견 수렴 단계 : 의견 수렴(공고 등)

지역사회보장계획에 지역 특수성을 반영하고 정당성을 부여하기 위해 지역 주민의 의견을 적극적으로 수렴하는 과정이 필요하다(사회보장급여법 시행령 제20조). 이를 위해 법률에서 규정한 공고 절차를 준수하는 것뿐 아니라, 공청회, 간담회, 공모 등 다양한 방식으로 주민 의견을 수렴하는 것이 권장된다.

의견 수렴 과정은 단순히 계획의 완성도를 높이는 역할에 그치는 것이 아니라, 지역사회보장계획에 대한 홍보 효과를 높이고, 지역 주민의 관심을 유도하는 중요한 수단이 되기에 중요하다. 또한 주민의 의견을 반영함으로써 향후 계획 실행단계에서 지역 주민의 참여를 더욱 활성화하는 데 기여할 수도 있다.

(5) 계획 확정 및 제출 단계 : 심의 및 보고

다음은 지역사회보장계획을 심의하고 계획안을 확정하는 단계이다. 구체적으로, 시장, 군수, 구청장은 해당 시군구의 지역사회보장계획을 지역사회보장협의체의 심의와 해당 시군구 의회의 보고를 거쳐 시도지사에게 제출하여야 하고(사회보장급여법 제35조 제2항), 시도지사는 해당 시도의 지역사회보장계획을 시도 사회보장위원회의 심의와 해당 시도 의회의 보고를 거쳐 보건복지부 장관에게 제출하여야 한다(동 법 제35조 제5항). 의회에 보고하는 까닭은, 이를 통해 계획의 내용과 예산 편성의 연계성을 제고하여 계획의 실현 가능성을 높일 수 있기 때문이다.

(6) 최종 단계 : 권고 또는 조정사항 반영

보건복지부 장관 또는 시도지사는 지역사회보장계획 내용이 법령에 위배되거나 상위 계획인 사회보장기본계획 혹은 사회보장 시책에 부합되지 않는 경우 등의 사유가 발생할 시, 시도지사 또는 시군구청장에게 조정을 권고할 수 있다. 조정 권고사항이 있는 경우, 이를 논의하여 지역사회보장계획에 반영하고, 계획안을 수정하여 확정한다(사회보장급여법 제35조 제8항 및 동법 시행령 제22조).

(7) 연차별 시행계획

기본계획 수립이 끝나고 첫해 연차별 시행계획에 따라 정해진 사업을 수행 완료한 후 시점(11월)에서 그간의 상황 변화를 고려하여 다음 연도 연차별 시행계획을 (재)수립한다. 다음 연도 연차별 시행계획의 수립도 기본계획 수립과 마찬가지로 (1)~(7) 단계를 반복한다. 즉, 공공과 민간 전문가로 구성된 TF팀을 구성해 계획을 수립하고, 지역사회보장협의체 혹은 사회보장위원회의 심의를 받은 후 지방의회 보고를 거쳐 시도지사 또는 보건복지부 장관에게 최종 계획을 제출한다.

(8) 연차별 시행계획의 결과 보고

연차별 시행계획의 수행을 완료하면 그 결과를 다음 연도 시행계획 수행 시작 전 시점(2월)에 상부에 보고한다. 이를 위해 먼저 결과보고서를 작성하여 지역사회보장협의체 혹은 사회보장위원회의 심의를 받고, 지방의회 보고를 거쳐 시도지사 또는 보건복지부 장관에게 결과보고서를 제출한다.

5) 모니터링 및 자체평가

지역사회보장계획의 수행 과정 중 계획의 구성 또는 방법을 수정, 보완해야 하는 사유가 발생하였는지 확인하고 관련 정보를 수집하기 위해 앞서 언급한 연차별 시행계획에 대한 모니터링 및 자체평가를 매해 정기적으로 실시한다. 모니터링은 연차별 시행계획의 추진 과정에서 발생한 문제점을 진단하고 연초 세운 시행계획의 추진 과정을 점검하는 활동이다. 반면 자체평가는 연초 세운 시행계획의 성과를 자체적으로 점검하고 한 해 동안의 이행 결과를 자체적으로 평가하는 활동이다. 두 가지 활동 다 연차별 시행계획의 일정 준수, 관련 부서의 업무 추진 지원, 민간 자원 개발 및 동원 노력, 예산 확보 및 집행 등 이행 과정에서 발생하는 각종 문제와 상황, 결과를 종합적으로 분석하고 진단하는 데 초점을 맞추며, TF팀을 통해 추진한다. TF팀에는 지역사회보장계획 담당 부서 공무원, 관계부서 공무원, 그리고 민간의 현장 전문가 및 학계 전문가가 참여한다. 모니터링 및 자체평가의 절차, 시기, 횟수, 범위, 평가지표, 환류 등 구체적인 방법론은 이 TF팀 회의에서 결정한다.

모니터링 및 자체평가 결과는 다음 연도 연차별 시행계획 수립에 반영한다. 만약 모니터링 또는 자체평가 결과에 따라 다음 연도 연차별 시행계획에 상당한 수정 또는 보완 사항이 생기면, 기본계획과 연차별 시행계획 간 간극이 커지는 문제가 발생한다. 이 경우, 주요 변화를 중심으로 핵심 요약서를 쓰고 이를 기본 계획서에 붙임 자료로 제시하거나, 아니면 신설·변경 등 사업 변경 사항 중심으로 기본 계획서를 일부 또는 전면 수정·보완한다.

모니터링 및 자체평가 결과와 그에 따른 연차별 시행계획 수립, 나아가 기본계획 수정·보완 등 중요 사안은 해당 계획 회기 내에 정기적으로 지역사회보장협의체 또는 사회보장위원회에 안건으로 보고하여 심의·자문을 받아 계획의 성당성을 재확보한다.

6) 평 가

지역사회보장계획의 방향성을 올바로 설정하고 보다 실효성 있고 완성도 높은 계획을 수립하기 위해서는 이전 계획에서 수행한 사업의 성과를 분석하고 지역 주민의 입장에서 체감할 만한 정도의 변화가 있었는지 파악하는 종합적인 평가 작업이 뒤따라야 한다. 이 작업은 기본적으로 전체 사업 수, 신설·변경·폐지 사업 수, 사업 달성률(성과 목표 달성률, 예산 집행률 등 포함)을 살피고, 이를 통해 성과가 미진하거나 목표를 달성하지 못한 경우 그 원인과 개선 방안을 도출하는 데 초점을 맞추어 진행한다. 그다음, 다른 지역과 차별화되는 대표 성과 및 향후 지속 필요성이 높은 서비스 및 정책을 선별하고, 선별 이유에 대한 이유를 제시하는 절차로 진행한다. 종합적인 성과 평가 결과는 차기 지역사회보장계획을 수립하는 데 참고 자료로 활용하며, 차기 지역사회보장계획서의 맨 마지막 부분에 붙임 자료 형식으로 집어넣는다.

한편 보건복지부 장관은 시도 지역사회보장계획의 시행 결과를, 시도지사는 시군구 지역사회보장계획의 시행 결과를 평가하고, 그 결과를 토대로 사회보장 사업 수행에 필요한 비용을 지원할 수 있다. 평가를 위해 사전에 평가계획을 수립해 실시하고, 평가가 끝나면 시도지사는 그 결과를 보건복지부 장관에게 제출하며, 보건복지부 장관은 이를 종합적으로 검토하여 사회보장위원회에 보고한다. 보건복지부 장관은 평가 결과 가운데 우수사례를 선정해 시상할 수 있다.

7) 성과와 한계 및 발전 방안

2007년 지역사회보장계획이 본격적으로 도입된 이후 어느덧 20년이 흘렀다. 시행 20년을 맞이한 지금, 그동안의 변화를 돌아보면 성과가 적지 않았던 것으로 보인다(채현탁, 2023). 지방자치단체는 각자 자기 지역의 특성을 반영한 복지사업을 적극적으로 추진하며 책임 있는 역할을 수행하였고, 이 과정에서 계획의 기획력과 실행력이 평균적으로 크게 향상하였다. 또한 민관협력과 주민 참여 체계가 정착하면서 지역사회 문제 해결을 위한 공동 대응 능력도 한층 강화되었다.

이러한 변화들은 지역 간 복지 격차를 줄이고 전국적인 사회보장의 균형발전을 이루는 데 기여하였다. 그러나 많은 성과에도 불구하고 여전히 보완해야 할 과제가 남아 있다. 다음에서는 현재 지역사회보장계획이 직면한 한계를 짚어보고, 앞으로의 발전 방향을 모색해 본다.

(1) 한계

① 과도한 성과주의

현재 지역사회보장계획은 지방자치단체가 설정한 몇 가지 변화 전략 아래 성과 목표와 성과지표를 설정하고 그에 따른 가시적 성과 결과를 보여주는 데 초점을 맞춰 수립되고 있다. 뚜렷한 논리모델에 따른 강력한 성과 중심의 계획 수립과 시행은 지역사회 문제 해결에서 지방자치단체의 책임성을 조명하고 문제 해결 방안의 효과성을 담보하는 지역 사업의 힘 있는 추진으로 이어지면서, 말 그대로 의미 있는 '성과'를 끌어내는 데 일조하였다(박성준, 2024).

그러나 과도한 성과주의가 가진 한계는 분명하다. 이는 메트릭 집착(metric fixation)이라는 용어를 통해 잘 알 수 있다. 역사학자 제리 뮐러(Jerry Muller)가 만든 이 용어는 정책 성과를 계량적으로 측정하는 과정에서 다양한 역설적 상황이 발생할 수 있음을 경고한다. 대표적인 문제로, 측정이 쉬운 요소만 선택하여 평가하기, 복잡한 목표를 단순한 지표로 대체하기, 성과가 아닌 투입(input) 중심으로 측정하기, 표준화를 통해 정보의 질을 저하하기, 기준 하향 조정을 통한 수치 개선, 데이터 생략 또는 왜곡을 통한 성과 부풀리기 등이 있다(Muller, 2018).

성과지표에 내포된 이와 같은 문제점들은 현재 우리나라의 지역사회보장계획에서도 그대로 발견된다. 성과지표가 단기적이고 가시적인 수치 중심으로 설계되는 경우가 많으며, 지역별 특성을 반영하지 못한 채 획일적 표준화가 이루어지는 문제가 지속적으로 제기되어 왔다. 또한 일부 지표는 실질적 결과(outcome)가 아닌, 사업 시행 여부나 예산 집행률 같은 투입과 그에 따른 산출(output) 중심으로 구성되어 지역사회 변화의 질적 측면을 제대로 반영하지 못한다는 한계를 드러낸다.

② 전문성 부족에 따른 외주화

현재 지역사회보장계획 관계부서의 불만 중 하나는 사업 모니터링과 자체평가를 강조하면서도 구체적으로 무엇을 어떻게 평가해야 하는지 명확히 알려주는 바가 없고 후속 조치도 미흡하다는 점이다. 계획된 바를 실행에 옮기고 이를 평가하는 데 있어 구체성의 부족은 평가뿐 아니라 사업 추진 전반에 걸쳐 나타나는 일반적 문제로, 이는 사업을 실제 수행해야 하는 담당 부서의 불만을 초래한다.

이와 같은 문제가 발생하는 원인 중 하나로, 지역사회보장계획에 관한 지방자치단체의 이해와 전문성이 부족한 상황에서 무작정 외부 연구기관에 계획 수립을 맡기는 용역 지상주의를 거론할 수 있다. 외부 용역은 제1기 때부터 계획을 수립하는 가장 손쉬운 방법으로 선호되었다. 외부 연구기관의 조사분석 능력은 물론 상당하다. 그러나 지역의 특수한 상황이나 지방자치단체의 구체적인 정책 배경, 주민 요구, 예산 현황 및 부서 간 역학관계에 대해 기초지식이 부족하여 현실과 동떨어진 계획안을 제안할 위험성을 내포한다. 또한 외부 연구기관은 기본계획 수립에만 참여하지, 이후 상황 변화에 따른 연차별 시행계획 수립 등 계획 수정 작업에는 참여하지 않는다. 따라서 무작정 외부 연구기관에 계획 수립 용역을 맡기는 데 따른 단점은 뚜렷하다.

물론 이러한 문제는 현재 TF팀의 전문성을 강화하여 자체적으로 계획을 수립하거나 주민 참여를 의미 있게 활용하는 움직임이 활성화하면서 다소 완화되었다. 그러나 여전히 개선이 더딘 고질적 문제임에 분명하다.

③ 매뉴얼 지침주의

보건복지부가 제공하는 매뉴얼은 계획 수립에 필요한 전문 지식을 빠르게 습득하고 적용하여 계획이 갖추어야 할 과학성과 합리성을 일정 수준 이상 담보하게 하는 데 중요한 역할을 담당한다. 제2기부터 현재 제5기에 이르기까지 총 세 차례 개편된 매뉴얼은 지방자치단체의 기획력과 실행력을 실질적으로 향상하는 데 크게 기여하였다.

그러나 지방자치단체의 관료제적 업무 환경 속에서 매뉴얼은 단순 지침서로 인식되는 경향이 강하다. 즉, 계획 수립 과정에서 매뉴얼에 과도하게 의존하다 보니 창의적이고 자율적인 접근이 어려워지고, 이는 지역 고유의 특성과 주민 욕구를 반영하는 데 걸림돌로 작용하고 있다. 계획 수립이 형식적 행정 절차에 맞춰 말 그대로 매뉴얼 대로만 진행되면서, 지역별 차별성이 충분히 구현되지 못하는 문제가 나타나고 있다(김보영, 2023).

우리나라 관료 사회가 순환 보직제를 채택해 운영하는 것 역시 매뉴얼에 대한 의존도를 높이는 또 다른 요인으로 작용한다. 평균적으로 2년마다 담당 공무원이 교체되면서, 지역사회보장계획에 대한 전문성을 지속적으로 축적하기 어려운 현실적 한계가 존재한다. 계획 수립의 난이도가 제5기에 이르러 상당히 높아졌고 그에 따라 매뉴얼도 더욱 복잡해졌으나, 담당자가 주기적으로 교체되는 상황에서는 여전히 초보적 수준에서 매뉴얼을 활용할 수밖에 없다. 결국 이는 전문성이 부족한 담당자의 매뉴얼에 대한 과의존으로 이어지면서, 지역별 특성을 반영한 차별화된 계획 수립을 어렵게 만들고 있다.

④ 형식적 민관협력과 주민 없는 주민 참여

민관협력은 지역사회보장계획을 통해 지방자치단체가 해결해야 할 사회문제를 발견하고 이를 성과 지향적으로 해결해 나가기 위한 핵심 방법론으로서, 계획 전반에서 강조되는 활동이다. 특히 지역사회보장계획은 주민과 행정이 대등한 관계에서 상호 소통하고 협력할 수 있는 다양한 통로를 마련해 제시한다. 계획 수립 전 과정에서 지역사회보장협의체 또는 사회보장위원회가 깊숙이 관여하도록 설계해 놓은 것은 민관협력 및 주민 참여를 활성화하기 위한 대표적 장치 가운데 하나이다. 협의체 민간 위원들은 계획 기획에서부터 최종 평가에 이르기까지 전 단계에서 TF팀 일원으로서, 주민의 욕구를 반영하고 필요에 따라 행정기관과 협의하면서 주민의 목소리가 주요 사업에 투영될 수 있도록 노력한다.

그러나 현실적으로 지방자치단체가 기획하고 지역 주민이 동원되는 관료제적 행정 행위 속에서, 계획 관련 민관협력도 형식적 수준에 머무르는 경향이 짙음을 부정할 수 없다. 계획 수립 및 실천 과정에서 지역사회보장협의체나 사회보장위원회 같은 민관협력 주체가 형식적으로만 참여하는 문제는 오래전부터 지적되어 온 문제로(함철호 외, 2012) 여전히 완전히 해결되지 않고 있다. 이뿐만이 아니라 시간이 많이 걸리는 주민력 강화보다, 신속한 계획 수립과 문제해결에 방점이 찍혀 추진되는 '주민 없는 주민 참여' 혹은 주민 동원적 활동은 현장에서 흔히 보이는 안타까운 모습이다(오민수 · 채현탁, 2022).

해묵은 보여주기식 주민 참여 문제를 해결하기란 쉽지 않다. 그렇지만 진정한 민관협력과 주민 참여는 지역사회보장계획과 관련한 너무나 중요한 요소라는 점을 고려할 때, 현재와는 완전히 다른 혁신적 전략 마련이 필요함은 자명하다.

⑤ 지역사회보장 균형발전을 위한 시의적절한 활동의 부족

지역사회보장의 전국 균형발전은 그간 지역사회보장계획에서 크게 주목받지 못한 부분이었다. 이는 제4기 계획에서부터 강조되었는데, 제5기부터는 모든 지방자치단체가 반드시 고려해야 할 필수적인 요소로 체계화되었다. 구체적으로, 사회보장급여 이용 및 제공 기반 구축, 지역사회 민관협력 제고, 지역사회 거버넌스 구축, 지역사회보장 인프라 확충 등 총 네 가지 분야에 초점을 두고 적절한 발전 전략과 대표 과업을 수립하도록 유도하여 지역사회보장의 전국 균형발전을 도모하는 토대가 마련되었다.

그러나 현재 균형발전을 위해 제시된 각 지방자치단체의 전략과 과업이 오늘날 우리 사회의 급변하는 상황을 적극적으로 고려하는 계획적이고 시의적절한 활동인가에 대해서는 의문부호가 달린다. 저출산 고령화, 4차 산업혁명, 기후위기 등 미증유의 신사회 위험이 빠르게 우리 사회 구조와 문화를 바꾸고 있다. 코로나19 같은 팬데믹은 갑작스럽게 그리고 주기적으로 닥쳐와 우리 사회의 기본 체계를 근본에서부터 뒤흔들 위험성을 상시 내포한다. 실업, 질병, 장애, 고령, 빈곤과 같은 전통적 사회위험이 아직 완전히 해결되지 않은 상황에서, 유례를 찾기 힘든 새로운 사회적 위험이 그 실체를 감춘 채 엄습하면서, 복지 사각지대의 내용, 범위, 경계도 빠르게 바뀌고 있다. 이에 따라 "누가 우리 사회의 약자인가"에 대한 일반의 인식이 상시적으로 뒤엎어지고 있다. 가령, 불과 이십여 년 전만 해도 왕따나 괴롭힘 피해자는 사회적 약자가 아니었다. 그러나 오늘날에는 엄연한 약자로 인정되며 보호와 지원의 대상으로 거론되고 있다(김욱진 외, 2024 : 199). 이들 역시 사회보장의 대상으로 포함되어야 마땅하다. 그러나 과연 현재의 지역사회보장계획에 이들이 적절하게 포함되고 있는가. 그렇지 않아 보인다.

불안정과 불확실성이 지배하는 오늘날 우리 사회에서 지역사회보장의 균형발전을 꾀하겠다는 지역사회보장계획의 방향성과 정책 취지는 훌륭하다. 그러나 이것이 정녕 우리 사회의 취약한 계층, 보호받아야 할 사람들을 위한 사회보장, 사회정책의 전반적 수준 향상을 도모할 만큼의 시의성과 적절성을 충분히 갖추었는가와 관련해서는 아직 아쉬운 부분이 많아 보인다. 그래서 더 앞으로 유의 깊게 지켜보아야 할 대목이다.

(2) 발전 방안

① 성과주의 실천의 한계를 극복할 대안 모색

어떤 정책의 결과를 평가하는 데 있어 성과주의를 대체할 만한 대안은 아직 딱히 떠오르지 않는다. 따라서 분명한 한계에도 불구하고, 성과주의는 정책 커뮤니티에서 지속적으로 채택될 가능성이 크다. 숫자, 표준화된 성과측정, 빅데이터 활용은 현재뿐만 아니라 미래에도 주요한 흐름을 이룰 것이 분명하다. 이 같은 상황에서 성과주의 자체를 거부하는 것은 현실적이지 못하다. 따라서 그 근본 가치에 집중하면서 한계를 극복할 수 있는 대안을 모색하는 것이 더욱 바람직하다.

이를 위해 우선 지역사회보장계획의 성과를 보다 명확하게 제시할 수 있도록 최신 사회보장기본계획(제3기, 2024~2028년)과 밀접히 연계된 지방자치단체의 계획 수립을 지원할 필요가 있다. 또한 성과지표가 지역별 특성을 충분히 반영할 수 있도록 지역사회보장지표를 개선하는 노력이 요구된다. 이를 위해 지방자치단체의 정책적 요구를 반영한 맞춤형 지표 개발, 지역 수요 진단을 위한 체계적인 지표 마련, 지표의 생산·관리·활용을 위한 안정적인 지원체계 구축이 필요하다(박성준, 2024).

아울러 계획 수립 과정에서 집단 지성을 효과적으로 활용할 수 있도록 성과 목표 및 성과지표 설정과 관련한 과정 중심의 토의법을 개발해 각 지역에 보급하는 방안도 고려하면 좋을 것이다. 단순한 수치 평가에 의존하는 구태의연한 방식에서 벗어나, 질적 평가 요소를 강화하고 그 실효성을 높이는 방안을 강구하는 것 역시 중요 과제가 될 것이다. 이와 같은 노력들은 성과주의의 한계를 극복하고, 지역사회보장계획의 실효성을 높이는 데 이바지할 것이다.

② 전국 공통 매뉴얼 및 매뉴얼 지침주의 극복을 위한 방안

지방자치단체의 전문성 부족을 보완하기 위해 도입된 계획 수립 매뉴얼을 지속적으로 갱신해 나가야 한다. 매뉴얼 갱신 시 특히 고려해야 할 부분은, 매뉴얼의 구체성이 높아질수록 계획 수립의 난도가 낮아지고 실행력은 강화되지만, 지역 특성을 반영할 여지는 줄어들 수 있다는 점이다. 계획의 틀이 지나치게 고정적이면, 각 지역이 고유한 특성을 반영한 독특한 계획을 수립하고 싶어도 정해진 틀을 벗어나기 어려워 결과적으로 획일적인 계획이 양산될 수밖에 없다. 현재 지역사회보장계획 수립 매뉴얼이 지침주의에 기반하여 전국 모든 지방자치단체가 유사한 계획을 따라 하기만 한다는 지적과 비판도 이와 같은 매뉴얼의 경직성에서 일부 비롯된다. 따라서 보다 유연한 계획 수립을 지원할 수 있는 대안이 요구된다.

이를 위해 매뉴얼을 두 개의 파트로 구성하는 방식을 고려해 볼 수 있다. 한 파트에서는 전국 공통으로 적용되는 기본적이고 필수적인 사항을 제시하고, 다른 파트에서는 시도 및 시군구 차원에서 각 지역 상황에 맞춰 융통성 있게 적용할 수 있는 선택 사항 중심으로 계획 수립, 실행, 평가를 설명하는 이원화된 방식을 도입하자는 것이다. 이러한 개편은 각 지방자치단체가 보다 자율적으로 계획을 수립하고, 실행 및 평가 과정에서도 지역 특성을 충실히 반영할 수 있게 함으로써 지역성의 원칙을 보다 효과적으로 구현하는 데 기여할 수 있다.

③ 형식적인 민관협력과 주민 참여 극복을 위한 접근 방식의 전환

지역사회보장계획에서 강조되는 민관협력과 주민 참여 활동이 형식적인 절차나 보여주기식 행정에 그치지 않으려면 새로운 접근 방식이 요구된다. 한 가지 방법은, 지역사회보장계획을 행정 계획뿐만이 아니라 사회복지실천의 형태로 개념화하는 것이다. 이는 계획의 수립, 시행, 평가 과정이 주민과 민간 이해당사자들의 최대 참여(maximum participation)를 통한 지역사회 변화의 통로가 될 수 있도록 만들자는 것을 의미한다.

이 같은 접근 방식이 효과를 거두려면 계획 수립 단계부터 지역 주민과 민간 협력 주체가 실질적으로 의제 발굴에 참여할 수 있는 구조를 마련하는 작업이 선행되어야 한다. 단순한 욕구 조사나 주민공청회 같은 기존 방식에서 벗어나, 다양한 계층을 대표하는 지역 리더가 TF팀에 의무적으로 포함되어 일반 주민들이 일상에서 체감하는 문제를 찾고 그 해결법을 함께 고민하는 열린 참여 방식 도입이 그와 같은 구조 마련의 한 예가 될 수 있다.

계획 시행 단계에서도 주민 참여형 실행 모델을 확대할 필요가 있다. 이를 위해 마을 단위의 자조 모임, 주민 주도형 사회복지 프로그램, 지역 기반 복지 공동체 활성화 사업 등을 적극적 운영하는 방안을 고려해 볼 수 있다.

평가 과정에서도 기존의 단순한 행정적 점검에서 벗어나, 참여형 평가 모델을 도입하여 실질적 변화를 측정하고 피드백을 반영하는 구조로 전환할 필요가 있다. 특히 성과 평가에서 수치 중심의 평가 방식만을 고수하는 것이 아니라, 지역사회 변화와 주민 체감도를 반영하는 질적 평가 요소를 적극적으로 도입해야만 한다. 이를 위해 주민과 서비스 이용자들이 평가 과정에 직접 참여하도록 유도하고, 계획이 지역사회에 미치는 영향을 심층적으로 분석하는 체계를 마련해야 한다.

그러나 지역사회보장계획 전체를 사회복지실천적 성격으로 전환하는 것은 또 다른 문제를 초래할 수 있다. 주민과 민간 주체의 참여도가 극대화될 수는 있지만, 자율성이 지나치게 커지면 반드시 수행해야 할 핵심 정책 목표나 행정적 필수 과제가 제대로 이행되지 않을 가능성이 커진다는 점이 그것이다. 이러한 문제를 예방하기 위해 시도와 시군구 지역사회보장계획을 차별화하여 접근하는 이원화된 전략의 도입을 검토해 봄 직하다.

이원화 전략의 핵심은, 시도 지역사회보장계획은 법정 필수 과제를 수행하고 정책적 일관성을 유지하며 전국적, 광역적 차원에서 균형 잡힌 사회보장 체계를 촉진하는 역할을 담당하고, 시군구 지역사회보장계획은 상당한 자유도를 부여받은 상태에서 지역 특성을 고려하고 주민의 실제 욕구를 반영하며 민관협력 및 주민 참여를 촉진하는 역할에 중점을 두는 데 있다. 이는 시도는 행정 계획 중심으로, 시군구는 사회복지실천 중심으로 각자 특색을 달리하여 지역사회보장계획을 추진하자는 것을 의미한다.

이원화된 접근 방식을 효과적으로 운영하려면 몇 가지 보완책이 필요하다. 우선 시도는 광역적 차원에서 통합적이고 체계적인 목표를 설정하되, 시군구가 이를 각자의 지역 특성에 맞춰 유연하게 실행할 수 있도록 충분한 자율성을 법적으로뿐 아니라 정부 지침과 매뉴얼상으로도 보장해 주어야 한다. 또한 시도와 시군구 간 연계성을 강화하여 단순히 상위 계획을 일방적으로 하달하는 것이 아닌, 실질적 피드백과 조정이 이루어질 수 있도록 유기적인 협력체계를 구축하는 일도 중요하다.

예를 들어, 시도가 '취약 계층의 사회적 고립 완화'를 정책 목표로 설정하고, 이를 위해 "지역 내 고립 위험 가구를 발굴하고 지원하는 사업을 추진할 것"이라는 기본 방향을 제시했다고 가정해 보자. 이 경우, A시는 마을 단위의 자원봉사 네트워크를 활용해 고립된 주민을 찾아내고 돌보는 방식으로 접근할 수 있고, B시는 지역 내 민간 복지기관과 협력해 정기 방문 및 상담 서비스를 운영하는 모델을 선택할 수 있다. C시는 커뮤니티센터를 중심으로 사회관계망을 형성하는 방식을 도입할 수 있다. 그리고 시도는 이러한 시군구별 실행 방식이 원활히 운영될 수 있도록 피드백을 제공하고, 지역 간 협력 모델을 조정하며, 효과적인 민관협력 또는 주민 참여 사례가 다른 지역으로 확산할 수 있도록 지원하는 역할을 수행할 수 있다. 예를 들어, A시에서 운영하는 자원봉사 네트워크 모델이 효과적인 결과를 내었다면, 이를 B, C시가 채택해 운영할 수 있도록 시도가 행정적, 재정적 지원을 하는 식이다. 덧붙여, 특정 시군구에서 정책 실행 과정에서 문제가 발생하면, 이를 조정하고 개선할 수 있도록 가이드라인을 업데이트하고 전문 인력에 대한 보수교육 등 정책 실행을 지원하는 역할도 시도가 담당해야 한다. 이와 같은 이원화된 접근 방식은 지역의 특성을 반영하고 주민 참여 및 민관협력을 극대화하는 균형 잡힌 지역사회복지 계획 생태계 구축에 기여할 수 있을 것이다.

④ 지속적으로 해결해야 할 과제들의 해결

지역사회보장계획이 시행된 지 20년이 넘었음에도 산적한 미해결 과제를 해결하는 데 집중해야만 한다. 첫째, 사회보장기본계획과 지역사회보장계획 간 수립 주기의 불일치를 조정해야만 한다. 사회보장기본계획은 5년 주기로 현재 3차(2024~2028년) 계획이 수립되어 추진 중이고, 지역사회보장계획은 4년 주기로 현재 제5기(2023~2026년) 계획이 시행 중이다. 양자의 시간적 불일치는 지역사회보장계획이 상위 계획인 사회보장기본계획의 방향성과 연계되는 데 어려움을 초래하며, 정책의 일관성과 지속성을 저해하는 문제를 초래하기에 반드시 조정되어야 한다.

둘째, 지역 주민의 참여와 과학적 조사 기법을 통해 지역 특성을 반영하여 만든 지역사회보장계획이 정치적 이유 때문에 무력화되는 경우가 간혹 발생하는데(전준구, 2018), 이를 제도적으로 막는 방안을 강구하여야 한다. 구체적으로, 4년에 한 번씩 돌아오는 지방선거가 끝나고 자치단체의 장이 바뀌면서 선거에 사용된 공약사항이 우선시되고, 그 결과 이전 계획이 뒤집히는 경우가 간혹 발생한다. 자치단체장은 본질적으로 정치인이기 때문에 이는 불가피한 측면이 있다. 그러나 행정의 연속성과 예측 가능성이라는 관점에서, 애써 만든 복지 계획이 4년에 한 번씩 뒤집히는 것은 바람직하지 않다. 따라서 정책이 일관성을 유지할 수 있도록 기존 계획의 준수를 제도적으로 강화하고, 자치단체장의 임기 변화에 따라 계획이 과도하게 흔들리지 않도록 방안을 마련할 필요가 있다.

다행히 제5기 지역사회보장계획에서는 연차별 시행계획을 매년 수립하여 그 결과를 지역사회보장협의체에 보고하고 심의를 받도록 하고 있다. 또한 중간에 기본계획을 크게 수정, 보완해야 할 만한 상황 변화가 발생하면 이를 체계적으로 관리하는 체계도 갖추어 운영하고 있다. 따라서 계획의 안정적 추진은 제도적으로 어느 정도 담보되고 있다. 그러나 일부 지방자치단체에서는 여전히 공식적인 지역사회보장계획의 추진을 자치단체장이 무력화하는 관행이 남아 있어 불안정의 위험이 상존한다.

예를 들어, 지역사회복지사업은 지역사회보장계획에 따라 사전에 정한 대로 진행되어야 함에도, 일부 지방자치단체는 이른바 '주요업무보고'라는 것이 있어서 이를 복지기획국장이 시군구청 장에게 별도로 보고하여 보장계획과는 다른 트랙으로 복지 관련 업무를 처리하는 관행이 남아 있음을 관찰할 수 있다(함철호, 2019 : 395). 심지어 지역사회보장계획은 불완전하게 시행하고 주요업무보고에 올라와 있는 복지사업만 집중적으로 추진하는 모습도 종종 목격할 수 있다. 이는 결과적으로 지역사회보장계획 이외의 복지정책 수립 경로를 용인하는 것으로, 법적 근거가 빈약하고 주민 참여 원칙을 천명한 지방자치제도의 원래 목적에도 어긋난다. 따라서 복지정책 수립과 추진체계에 존재하는 이중 구조가 발견되는 경우에는 이를 시급히 폐기하고 단일화를 꾀해야 할 것이다. 이는 민간과 시민단체의 감시와 압력을 통해 가능하다.

셋째, 지역사회보장계획과 지방자치단체 예산 간의 연동성을 높이기 위한 방안도 마련해야 한다. 지역사회보장계획의 실효성을 높이려면 당연히 적절한 예산을 뒷받침해 주어야 한다. 이를 위해서는 계획 수립 단계에서부터 지방의회의 관여를 높이는 방안이 효과적이다. 그런데 현재 지역사회보장계획을 수립하는 과정에서 지방의회의 역할은 그저 수립된 계획안을 보고받고 이를 확인하는 정도에 불과하다(채현탁 · 조영진, 2018). 지방의회의 역할 확대를 위해서는 따라서 계획 수립을 위한 논의와 계획안 작성의 전 과정에서 지방의회와 정기적이고 지속적으로 소통하는 절차가 반드시 포함되어야 할 것이다. 구체적으로, 시도의 경우 관련 상임위원회와 협의하는 절차를 정례화하고, 시군구의 경우 계획안 작성 과정에서 지방의회에 내용을 설명하는 공청회 또는 토론회를 의무적으로 개최하는 방안을 검토해 볼 수 있다.

8) 마을복지계획과의 관계

지금까지 지역사회보장계획을 설명하면서 오로지 시도와 시군구 차원에 국한하여 계획의 지리적 범위와 추진 주체를 설명하였다. 그런데 읍면동 차원에서도 비슷한 기능을 수행하는 지역사회복지 계획이 있다. 제10장에서 잠깐 언급한 바 있는 마을복지계획이 바로 그것이다. 아래에서는 마을복지계획에 대해 간단히 설명하고 지역사회보장계획과의 관련성을 살펴본다.

(1) 개념 및 목적

마을복지계획이란 읍면동 단위에서 주민이 직접 수립하고 실행하는 주민 중심의 소규모 복지계획으로, 지역 내에서 자체적으로 해결할 수 있는 조그마한 복지 의제(예 돌봄, 나눔, 봉사, 사각지대 발굴 등)를 1~3년 주기로 꾸준히 다룰 기회를 마을 구성원에게 제공하는 것을 주 내용으로 다룬다. 궁극적 목적은 이러한 활동을 통해 주민력, 다른 말로 지역공동체 구성원의 시민적 역량을 제고하고, 읍면동의 사회안전망을 확대, 강화하는 것이다(허숙민 · 박태영, 2019).

(2) 추진 배경 및 법적 근거

마을복지계획은 2018년 「주민 자치형 공공서비스 구축 사업」이 추진되면서 복지 분야에서 「찾아가는 보건복지서비스 기본계획」이 수립되고, 이에 포함되는 여러 중점 추진사업 중 하나로 주민주도의 마을복지계획이 2020년 「읍면동 찾아가는 보건복지서비스 매뉴얼」에 사례 중심으로 제시되면서 본격적으로 운영되기 시작하였다. 법적 근거는 행정안전부 대통령 훈령 제413호 「주민자치형 공공서비스 추진단의 설치 및 운영에 관한 규정」에서 찾을 수 있다.

(3) 수립 절차

마을복지계획의 수립을 지원하는 행정기관은 읍면동 주민센터의 찾아가는복지팀이다. 찾아가는복지팀이 다양한 읍면동 주민의 참여를 고려하여 계획을 기획하면, 그에 따라 참여자 모집이 이루어지고, 실질적인 계획 수립을 위한 실행단이 구성된다. 마을복지계획실행단은 이후 주민 욕구와 자원 현황을 진단하는 자체 지역사회조사를 실시하고, 분석 결과에 근거해 마을 고유의 복지 의제를 설정한다. 그리고 이를 해결하기 위한 계획안을 수립한다. 안이 수립되면 해당 안을 주민에게 발표하고 이해관계자와 공유하는 과정을 거쳐 계획을 확정 짓는다. 그리고 이를 정해진 기간 안에 실행한다. 실행의 시간적 단위는 보통 1년이다. 계획 실행이 완료되면 결과를 정리하여 평가하고, 차기 계획에 보완점을 반영하여 개선한다.

수립 절차와 과정에서 눈여겨보아야 할 사항을 몇 가지 언급하면 다음과 같다. 첫째, 마을복지계획실행단에는 다양한 주민과 이해관계자, 복지 전문가가 참여한다. 찾아가는 보건복지서비스 매뉴얼에 따르면, 실행단에는 통이장 및 반장, 명예사회복지공무원 등을 포함한 읍면동 지역사회보장협의체 위원과 주민자치회 복지분과위원의 참여가 특히 권장된다. 둘째, 마을 고유의 의제는 돌봄, 나눔, 봉사, 사각지대 발굴 같은 복지 분야 주제에 국한된다. 매뉴얼은 이 범위를 벗어난 주제 선정을 가급적 피할 것을 권장한다. 셋째, 관련 예산은 마을 내부에서 자체적으로 확보한다. 마을복지계획에는 보통 민간의 순수한 나눔 자원이 주로 투입되는데, 지역 상황에 따라 읍면동 지역사회보장협의체의 특화사업 예산도 일부 투입될 수 있다. 넷째, 시군구는 읍면동 마을복지계획 수립을 지원하기 위해 시군구 및 읍면동 공무원으로 구성된 추진지원단을 구성하여 운영할 수 있다. 시군구 추진지원단은 읍면동 마을복지계획의 수립 과정과 절차의 교육, 다양한 주민의 참여 촉진, 모니터링 및 결과 평가 등의 업무를 담당한다.

단계	내용
기 획	• 읍면동 마을복지계획 기획 • 계획 수립 시 주민 참여 로드맵 수립
참여자 모집 및 교육	• 지역 주민 참여 방안 모색(주민교육 등) • 읍면동 민관협의체 위원 교육(보건, 복지, 마을 등 전반적 분야 교육 등)
지역사회조사 (주민욕구조사)	• 읍면동 주민 간담회 등을 통해 지역 문제 또는 자원을 조사하여 현황 파악
계획 수립	• 읍면동 마을복지계획 수립 (주제, 필요성, 실태, 내용, 방법, 예산 확보, 기대효과 등)
계획 확정 및 공유	• 계획 선포식 및 주민 공유
실 행	• 읍면동 실행 • 지역사회 보장계획 반영 가능 • 주민자치회 자치계획과 연계 가능(주민총회 상정 가능)
평가 및 환류	• 실행 결과 평가 • 주민 자가 평가 등을 통한 개선 방안 마련 등

[그림 11-1] 마을복지계획의 수립 절차

출처 : 보건복지부(2021), p. 39.

(4) 지역사회보장계획과의 관련성

찾아가는 보건복지서비스 매뉴얼에 따르면, 마을복지계획 사업은 읍면동 주민센터 찾아가는복지팀의 관장 아래 별도의 마을복지계획실행단을 구성하고 이 실행단이 사업을 주도적으로 추진하는 것으로 나와 있다. 그런데 매뉴얼의 또 다른 부분을 보면, 사업 추진에 있어 실행단은 지역사회보장협의체와 긴밀하게 협의하고 그와 연계하도록 권장받고 있음을 알 수 있다. 이 연계는 구체적으로, 읍면동 지역사회보장협의체 위원이 마을복지계획실행단 위원을 겸하고, 실행단이 수립한 마을복지계획을 시군구 지역사회보장계획에 반영해 지역사회보장협의체의 심의를 받고, 이를 토대로 예산을 할당받아 협의체의 재정 일부를 마을복지계획 운영에 투입하는 방식으로 이루어진다.

이처럼 마을복지계획은 제도적으로 그 자체가 독립된 사업으로 설계되었다. 실행단 역시 읍면동 지역사회보장협의체와는 분리된 별개의 조직으로 규정화되어 있다. 그러나 실제 사업을 운영을 하는 과정에서는 매뉴얼상의 정확한 지침 부재와 불명확한 역할 분장으로 말미암아 읍면동 지역사회보장협의체의 특화사업과 마을복지계획이 뚜렷이 구분되지 않고 사실상 같은 것으로 간주되어 추진되고 있다. 물론 일부 읍면동에서는 읍면동 협의체와 관계없는 지역 내 자생적 주민조직이나 시민사회단체의 계획이 마을복지계획 틀에 포함되기도 한다(오민수 · 김주연, 2021a : 22). 그렇지만 대부분의 지역에서는 이러한 기타 단체의 관여 없이 읍면동 협의체가 제시한 특화사업이 마을복지계획으로 수립되어 사실상 동일 사업을 두 개의 다른 주체가 중복 수행하고 있는 상황이다.

사실상 동일 사업이 마치 다른 사업인 것처럼 규정되어 중복 추진되는 것은 명백한 행정적 비효율이다. 따라서 보건복지부의 지역사회보장협의체 운영 매뉴얼과 행정안전부의 찾아가는 보건복지서비스 매뉴얼 업데이트를 통해, 읍면동 지역사회보장협의체 중심으로 마을복지계획으로 수립하는 것을 확실하게 모델로서 정립, 제시할 필요가 있다. 읍면동 협의체 특화사업을 마을복지계획 틀 안으로 가져오는 것은 계획 수립이 용이하고 읍면동 주민센터에서 관리하기도 편하며, 나아가 협의체 활동을 촉진할 뿐 아니라 계획 이행에 대한 모니터링이나 성과 평가에서도 어느 정도 질을 담보 받을 수 있다는 측면에서 많은 장점이 있다. 물론 읍면동 협의체에 부담이 가고, 지역 주민조직이나 시민사회단체의 마을계획 수립 관여 기회가 적어진다는 점에서는 한계도 분명하다. 그러나 이는 읍면동 협의체의 특화사업 수립 과정에 주민 참여도를 강화함으로써 일정 수준 보완이 가능한 부분이라 생각한다(오민수 · 김주연, 2021b : 15).

CHAPTER 12

사례관리

제12장에서는 사례관리를 공부한다. 사례관리는 복합적이고 만성적인 욕구를 가진 클라이언트의 효율적 문제 해결과 역량 강화를 위해 필요한 운영 체계를 마련하고, 지역사회 자원의 조직적 발굴과 연계를 통해 이 체계를 효과적으로 운용하는 데 초점이 맞춰진 서비스 전달 방식으로, 지역사회복지실천가가 채택할 수 있는 주요 실천 방법론 중 하나이다(이준우 · 최희철, 2020 : 24).

사례관리를 좀 더 자세히 알아보기 위해 먼저 사례관리의 개념, 목표, 역사, 구성 요소와 기능 등 일반적 내용을 살펴본다. 그다음, 사례관리의 실제를 우리나라에서 시행 중인 가장 대표적인 공공 사례관리인 통합사례관리사업 중심으로 구체적으로 알아본다.

참고로 통합사례관리사업에는 민간의 전문 사회복지사가 직접적, 일차적으로 관여하지는 않는다. 이 사업은 시군구 희망복지지원단과 읍면동 주민센터의 찾아가는복지팀 소속 공공 사례관리사의 주도하에 민간의 협력으로 추진된다. 민간 사회복지사는 공공 사례관리사가 소집한 사례회의에 참석해 개입계획수립에 기여하고, 필요에 따라 지역사회 자원을 발굴, 연계하며 전문 서비스를 의뢰받아 제공하는 방식으로 부분적으로 관여한다. 이렇게 공공의 주도성이 강조되기 때문에 통합사례관리는 이 책의 제1장에서 정의한 지역사회복지실천의 범주에 포함되지 않는다고 볼 여지가 있다.

그러나 제10장과 제11장에서도 언급한 바와 같이, 지역사회복지실천의 세 가지 접근 방식은 현장에서 명확히 구분되지 않고 융합된 형태로 활용된다. 실제로 통합사례관리에서 공공은 총괄 조정자 역할을 맡고, 실제 서비스를 제공하는 주 사례관리자로는 민간이 앞장서는 경우도 적지 않다. 따라서 독자들은 민간 사회복지사가 설사 통합사례관리를 주도하지 않는다고 할지라도, 필요에 따라 그에 참여하여 복잡하고 만성적인 욕구를 가진 클라이언트에게 맞춤형 서비스와 자원을 조정, 연계, 제공하는 역할을 담당한다는 점을 감안하고, 이어지는 글을 읽어줄 것을 당부한다.

1. 사례관리

1) 개 념

사례관리는 개별 사회복지기관이나 시설이 다양한 욕구를 지닌 클라이언트에게 필요한 서비스를 자체적으로 적절히 제공할 수 없을 때, 서비스가 파편화되거나 중단되지 않도록 지역사회에 흩어진 자원을 발굴, 연계, 조직화하여 도움을 필요로 하는 클라이언트에게 맞춤형으로 제공하는 사회복지서비스 전달의 방법이다. 이를 위해 사례관리는 위기 상황에 놓인 클라이언트를 직접 발굴하거나 의뢰받고, 클라이언트의 욕구와 복지 상태를 체계적으로 사정하며, 그 결과에 따라 계획을 수립한 다음, 필요한 서비스를 직접 제공하거나 간접적으로 연계한 후 결과를 지속적으로 모니터링하는 일련의 전문적 실천 과정을 밟는다(최소연, 2019 : 14).

이렇게 보면 사례관리는 비교적 명확한 개념 같아 보인다. 그렇지만 분야별로, 시설 유형별로, 시대별로 용어에 대한 이해가 살짝 다르다(김용득, 2015 : 245). 예컨대, 교정 분야에서 일하는 사례관리자는 클라이언트를 지도감독하고 약간의 상담을 제공하며 클라이언트와 그 가족이 필요로 하는 서비스를 연결해 클라이언트가 보호관찰 기간을 무사히 마치고 사회에 안전하게 복귀, 직업을 가질 수 있도록 돕는 역할을 주로 수행한다. 이와 대조적으로, 인지장애가 있는 클라이언트와 일하는 재활시설의 사례관리자는 일반적으로 수용되기 어려운 클라이언트의 행동을 훈계하고 상담을 제공하며 다양한 관련 기관과 시설에 거주하는 치료 대상자들을 위해 연결자로서의 역할과 자립을 위한 일상생활지원 서비스 제공자로서의 역할을 주로 수행한다.

한편 일부 사회복지시설, 특히 생활시설에서는 시설 거주 클라이언트 한 명 한 명을 하나의 사례로 간주한다. 이러한 곳에서는 클라이언트의 일상 문제를 해결하고 전반적인 생활을 관리하는 활동 일체를 사례관리로 이해한다. 반면 사회복지관 같은 이용 시설에서는 지역사회의 각종 공식, 비공식 자원의 연계 및 조정을 통해 해결 가능하다고 판단된 지역사회 주민의 만성적이고 복합적인 욕구 자체를 하나의 사례로 간주한다. 이러한 곳에서는 다양한 각 분야 전문가가 모여 정기적으로 회의를 개최하고, 그 결과에 따라 문제를 겪는 개별 주민의 욕구를 장기적으로 해결, 관리하는 활동을 사례관리라 부른다. 전자와 달리 후자에서는 즉각적으로 해결 가능한 단순 문제에 대한 일시적 개입은 사례관리로 간주되지 않는다. 예컨대 실직한 클라이언트에게 일자리를 알선하는 일회성 개입은 그 자체로 사례관리라 불리지 않는다. 실직에 따른 경제적 어려움과 더불어 가족해체, 건강 악화, 사회관계망 소실 등을 동시다발적으로 경험하는 개별 클라이언트에 대한 포괄적이고 장기적인 개입만을 사례관리라 부른다.

이처럼 사례관리는 실천 분야에 따라 업무 수행 내용에 차이가 있고, 시설 유형별로도 전문직의 역할에 대한 이해가 다르다. 그래서 통합적 맞춤형 서비스 제공을 위한 서비스 제공자 간 네트워크 구축이 사례관리 영역에서 특히 강조됨에도 불구하고 네트워킹에 문제가 생기는 경우가 간혹 발생한다.

이뿐만이 아니다. 시대 변화에 따라 사례관리에 대한 이해도 조금씩 달라진다. 가령 우리나라에 사례관리 개념이 처음 소개된 1980년대 말만 하더라도 사례관리는 거동이 불편하거나 치매에 걸린 재가 노인에 대한 장기적 일상생활과 건강관리 그리고 돌봄서비스 제공 활동으로 제한적으로 이해되었다. 그러나 최근에는 생활시설에 거주하는 클라이언트의 구체적 문제 해결과 단기적 생활 관리까지 포괄하면서 다양한 역할과 활동을 가리키는 용어로 사례관리의 개념 폭이 넓어졌다(권현수, 2016).

다음 <표 12-1>은 사례관리에 관한 학술적, 실천적 정의를 예시한다. 이 외에도 다양한 개념 정의를 문헌에서 찾을 수 있는데, 여기서는 가장 많이 언급되는 몇 가지만 제시한다. 요는, 분야별로, 시설 유형별로, 시대별로 사례관리에 대한 이해가 일치되지는 않으나, 그럼에도 불구하고 대체로 수렴되는 바가 있다는 점이다.

<표 12-1> 사례관리의 다양한 정의

구 분	정 의
Moxley(1989)	다양하고 복합적인 욕구를 지닌 클라이언트를 대상으로 사례관리자 또는 사례관리팀이 공식, 비공식 지원망을 활용해 클라이언트의 기능과 복지를 최대화하기 위해 다양한 활동을 조직하고 조정하며 유지하는 실천 방법
Moore(1990)	클라이언트의 욕구를 충족시키기 위해 가족을 포함하는 비공식 보호체계 및 공식 보호체계의 활동을 통합하여 클라이언트가 잠재력을 최대한 발휘할 수 있도록 지원하며 사회환경 내에서 효과적으로 상호작용할 수 있도록 촉진하는 실천 방법
Vourlekis(1992)	클라이언트의 욕구를 충족시킬 서비스를 지지적이고 효과적이며 비용 효과적인 방법으로 제공할 수 있도록 서비스 연계망 안에서 상호작용하는 과정
미국사회복지사협회 (NASW)(2013)	다양한 사회복지 서비스들을 계획하고 실행하며 모니터링하는 과정으로, 사회복지사들이 전문가팀 활동을 통해 클라이언트에게 필요로 하는 다양한 서비스를 제공하고 조정하는 활동
한국사례관리학회 (2016)	복합적이고 다양한 욕구가 있는 클라이언트와 그 가족의 사회적 기능 회복을 돕는 통합적 실천 방법

문헌에서 확인한 다양한 개념 정의를 바탕으로, 이 책에서는 사례관리를 "만성적, 복합적 욕구를 가진 클라이언트의 사회적 기능 회복 및 삶의 질 증진을 위한 운영 체계를 수립하고, 이를 기반으로 체계적인 사례관리 과정을 통해 해당 클라이언트에게 통합적이고 지속적인 서비스를 직접적으로 제공하거나 간접적으로 연계하는 전문적인 실천 방법"으로 정의한다. 이 개념 정의에 따르면 사례관리에는 네 가지 요소, 첫째, 복합적이고 만성적인 욕구를 가진 클라이언트, 둘째, 사례관리 운영 체계, 셋째, 사례관리 과정, 넷째, 클라이언트의 사회

적 기능 회복과 삶의 질 증진이 포함된다. 다음에서는 이를 하나씩 살펴본다.

2) 유사 용어

사례관리(case management)의 유사 용어로 보호관리(care management)와 관리보호(managed care)가 있다(한국사례관리학회, 2012 : 39). 비슷한 것처럼 보이나, 둘은 사례관리와 구분된다.

보호관리라는 용어는 1980년대 영국에서 사례(case)라는 단어가 인간성을 존중하는 데 한계가 있다는 비판이 일자 그에 대한 대안으로 사례 대신 보호(care)라는 단어를 쓰기 시작하면서부터 등장하였다. 처음에는 학술적인 목적에서 만들어져 이용되었는데, 현재는 일본의 개호복지에서 쓰는 실천 방법론, 구체적으로 재가 또는 시설 내 장기 보호 대상 클라이언트를 위한 돌봄 및 요양 보호 서비스 제공의 방법론을 가리키는 용어로 주로 사용된다.

관리보호는 미국의 의료영역에서 사용되는 정책 용어로, 그 안에는 메디케어와 메디케이드 제도 시행 이후 급증한 의료비용을 통제하고 의료서비스의 질을 향상하고자 하는 목적의식이 내포돼 있다. 이 용어는 불필요하거나 고가의 서비스 이용을 줄이기 위해 어떠한 서비스를 얼마만큼 제공해야 하는지, 클라이언트에 미치는 영향은 어떠한지, 얼마만큼의 비용이 드는지 등을 예상하고 결정하는 활동과 관련된 개념이자 방법론이다.

3) 목적 및 목표

사례관리는 복합적이고 만성적인 욕구를 지닌 클라이언트에게 질 높은 서비스를 제공하고 필요한 자원을 연계하여 궁극적으로 사회적 기능 회복과 삶의 질 증진을 꾀하는 것을 목적으로 한다. 이러한 목적을 달성하기 위해 사례관리는 다음 여섯 가지 목표를 설정한다. 앞의 두 개는 클라이언트의 기능 회복과 삶의 질 증진에, 뒤의 네 개는 사례관리 서비스 질 향상에 초점을 맞춘다.

(1) 클라이언트의 자립 역량 강화

사례관리는 클라이언트의 욕구 해소에 필요한 각종 상담, 건강, 교육, 일자리, 주거 등의 서비스를 직접 제공하는 한편(직접 실천, direct practice) 지역사회 자원을 발굴하고 각종 서비스를 조정, 통합, 조직화하여 클라이언트에게 체계적이고 통합적으로 전달함으로써(간접 실천, indirect practice) 클라이언트가 사례관리자의 도움 없이도 자립할 수 있도록 하는 것을 목표로 한다(최소연, 2019 : 215). 즉, 사례관리의 최종 목표는 클라이언트가 스스로 자기 사례를 관리할 수 있게끔 자립 역량을 강화하는 것이다.

(2) 클라이언트의 상호작용 능력 향상

사례관리는 클라이언트가 스스로 자신의 욕구에 따라 지역사회 자원에 접근하고 선택할 수 있는 능력의 향상을 목표로 한다. 이러한 능력은 클라이언트가 상호작용 능력이 있다는 것을 의미한다. 상호작용 능력은 앞서 언급한 자립 역량 강화와 밀접히 관련된 것으로, 클라이언트가 자발적으로 지역사회 내 다양한 사회적, 문화적, 경제적, 정치적 활동에 참여하여 자신이 필요로 하는 자원을 원하는 만큼 원하는 시기에 얻을 수 있는 힘을 갖춘다는 것을 의미한다.

(3) 서비스의 통합성 제고

사례관리는 변화하는 이용자의 복합적, 만성적 욕구를 해결하기 위해 복지·보건·고용·주거·교육·신용·법률 등 다양한 분야에서 활동하는 여러 기관의 서비스와 기능을 통합한 체계를 확립하는 것을 목표로 한다. 사례관리의 서비스 통합은 서비스 파편화, 중복 및 누락 문제를 해결하고, 서비스 제공자 간 상호작용을 촉진하여 탄탄한 지역사회복지 네트워크를 구축하는 데 기여한다(최은희 외, 2016 : 13).

(4) 보호의 연속성 확보

사례관리는 클라이언트에게 지속적으로 서비스를 제공하는 것을 목표로 한다. 이를 보호의 연속성이라 한다. 보호의 연속성이란 클라이언트의 욕구 충족을 위해 일정한 기간 동안 일정한 장소에서 서비스를 끊임 없이 제공한다는 것을 의미한다.

보호의 연속성은 횡단적 차원과 종단적 차원으로 나누어 살펴볼 수 있다(최소연, 2019 : 14). 횡단적 차원에서 보호의 연속성은 특정 시점에서 이용자의 다양한 욕구를 충족하기 위해 포괄적으로 서비스를 제공한다는 것을 의미한다. 여기에는 클라이언트와 가족의 관계 유지, 클라이언트와 지역사회 환경의 연결, 다차원적 위기 개입, 다양한 서비스 제공 주체 간 협력 네트워크 구축 등이 포함된다. 반면 종단적 차원에서 보호의 연속성이란 시간의 경과에 따라 변화하는 개인의 욕구에 민감하게 반응하며 서비스를 탄력적으로 제공해야 한다는 것을 뜻한다. 사례관리 과정의 첫 단계인 인테이크에서부터 마지막 종결 단계에 이르기까지 중간에 어떤 끊김이 없이 사전에 정해진 일정표에 따라 서비스를 연속적으로 제공하고 그 내용을 시기별로도 다르게 가져가는 것이 중요함을 의미한다.

(5) 서비스의 효과성 및 효율성 증진

사례관리는 이용자 욕구에 적합한 효과적 서비스 제공뿐 아니라 한정된 자원으로 가장 큰 효과를 낼 수 있는 효율적 서비스 제공을 동시에 목표로 한다(정무권, 2017). 이 말인즉슨, 서비스가 적당한 시기에 적절한 방식으로 클라이언트 욕구에 가장 적합하게 맞춤형으로 제공될 수 있도록 하며, 동시에 서비스가 중복되거나 누락되지 않게, 즉 최대한 낮은 비용으로 최고의 성과를 낼 수 있도록 낭비 없이 서비스를 제공하는 것이 사례관리의 목표라는 얘기이다. 일반적으로 사례관리는 전통적인 사회복지실천보다 비용 절감과 비용 대비 효과성에 훨씬 더 많은 관심을 보인다.

(6) 서비스의 접근성 제고

클라이언트는 서비스 제공자의 난립, 서비스 프로그램의 복잡성, 서비스에 관한 정보 및 인식 부족 등으로 인해 서비스 접근에 어려움을 느낄 수 있다. 이러한 어려움은 특히 초고령 노인이나 장애인같이 스스로 서비스를 신청하는 데 제약이 있는 요보호 계층에서 쉽게 관찰된다.

사례관리는 서비스 이용자의 서비스 접근 장애요인을 제거하고 누구나 원하면 평등하게 서비스를 받을 수 있도록 돕는 것을 목표로 한다. 여기서 평등한 서비스 접근성이란 인종, 종교, 성적 지향, 사회경제적 지위, 장애, 연령, 성별 등과 관계없이 욕구를 가진 클라이언트라면 누구나 자신이 원하는 서비스에 손쉽게 접근할 기회를 평등하게 지녀야 한다는 원칙을 의미한다. 따라서 사례관리는 찾아가는 서비스, 정보 제공과 의뢰, 상담료 면제, 교통편의 제공 등의 다양한 방법을 통해 클라이언트의 서비스 접근성 제고를 도모한다(한국사례관리학회, 2012 : 22).

4) 역 사

사례관리는 19세기 후반 미국과 영국의 자선조직협회와 인보관운동에서 그 기원을 찾을 수 있다(민소영, 2017). 초창기 사례관리는 개별적 구제와 도덕적 개입을 강조하는 직접 실천(direct practice)의 성격이 강하였다. 그러나 20세기 중반부터는 복합적이고 만성적인 욕구를 가진 클라이언트의 문제 해결을 위해 지역사회 내 서비스 조정과 자원 연계 기능이 강조되면서 간접 실천(indirect practice)의 성격이 추가되었다. 1980년대부터는 탈시설화, 지역사회보호, 복지국가 축소 및 복지 시장화 등 새로운 시대적 흐름 속에서 효율적 서비스 전달을 위한 핵심 전략으로 자리 잡았다. 오늘날 사례관리는 다양한 모델과 방법론의 개발 속에 지속적으로 발전하고 있으며, 사회복지의 다양한 영역에서 핵심적인 역할을 담당하고 있다.

이처럼 사례관리는 사회복지실천과 그 역사를 같이할 만큼 전통이 깊다. 그러나 우리나라에서는 1980년대 말에 도입되어 역사가 그리 길지 않다. 그렇지만 짧은 시간 안에 우리나라 사회복지 전 분야에 급속도로 확산하여 굳게 자리를 잡았다. 도입 배경과 발전 경로 측면에서도 미국, 영국 같은 선진국과도 다소 차이점을 드러낸다. 이러한 부분들을 염두에 두고 다음에서는 우리나라 사례관리의 역사를 살펴보고 그 특징적인 성격을 정리, 분석한다(한국사례관리학회, 2012).

(1) 1980~1990년대 도입기

우리나라에서 사례관리는 1987년 민간단체인 한국노인복지회가 가정봉사원 파견사업을 시범실시하는 과정에서 처음 도입되었다. 이 사업은 기존의 시설보호 중심의 노인복지에서 벗어나, 노인이 가정에서 생활하면서 필요한 지원을 받을 수 있도록 하는 재가복지서비스 모델을 제시한 초기 시도였다. 사업 시행 과정에서 서비스 대상자의 욕구를 파악하고 지역사회 자원을 연계하는 사례관리적 접근이 부분적으로 적용되었는데, 이는 이후 재가복지서비스의 발전에 중요한 기틀이 되었다.

그러다가 1992년 종합사회복지관 부설 재가복지봉사센터의 설치 및 운영 지침이 제정되면서 정부 차원에서 사례관리를 활용한 재가복지서비스 제공 가능성이 본격적으로 탐색되었다. 또한 1993년에는 개정 노인복지법을 통해 재가복지가 처음으로 사회복지사업의 한 분야로 공식 규정되었다. 이는 사례관리가 제도권 복지 체계로 편입된 첫 전환점이었다.

한편 1990년대는 분야별 사회복지 관련 법의 제·개정을 통해 사례관리의 제도적 기반이 마련된 시기로도 기록된다. 1995년 정신보건법 제정을 계기로 지역사회 정신보건이 주요 국가정책 방향으로 자리 잡았으며, 사례관리가 지역사회 정신보건 사업의 필수 요소로 포함되었다. 또한 1997년 개정 노인복지법, 1999년 개정 장애인복지법, 2000년 개정 아동복지법을 포함한 일련의 사회복지 관련 법 개정을 통해 시설의 기능별 분화와 소규모화가 이루어졌다. 이러한 변화는 거주시설 중심의 보호에서 지역사회 내에서 생활하며 보호받는 방식, 즉 지역사회보호로의 전환을 촉진하였다. 그리고 이는 연쇄적으로 클라이언트의 욕구를 중심으로 지역사회 자원을 조정, 연계할 필요성을 증대시키면서, 결과적으로 사례관리 실천의 제도적 기반을 강화하는 계기로 작용하였다.

(2) 2000~2011년 확립기

2000년대는 공공 분야에서 사례관리가 본격적으로 도입된 시기로 기록된다. 정부는 1997년 IMF 외환위기로 빈곤 가구가 급증하자 이에 대한 대응책 중 하나로 공공 사례관리를 도입하였다. 특히 빈곤가구의 아동 문제가 심각해지자, 2003년 교육부는 교육복지투자우선지역사업을 시행하였다(2011년부터 교육복지우선지원사업으로 명칭 변경). 저소득층 및 취약계층 학생에게 교육 기회를 보장하고 학습 격차를 해소하기 위한 목표로 수립된 이 사업은, 개별 대상자의 욕구를 사정하고 맞춤형 서비스를 연계, 조정하는 과정에서 사례관리적 접근을 활용하였다. 또한 공공이 주도하여 지역사회 자원을 체계적으로 발굴, 연계하고, 담당 인력이 사례관리자로서 조정 역할을 수행하도록 하였다. 이와 같은 측면에서 이 사업은 공공 사례관리 도입의 기반을 마련한 주요 사업으로 평가된다.

공공 사례관리는 이후 지속적으로 확대, 발전하였다. 대표적인 예로, 보건복지부가 2009년 전국 10개 지방자치단체에서 시범실시한 공공 사례관리사업 희망복지지원단사업을 2010년부터 전국 지방자치단체로 확대 시행한 것을 들 수 있다. 이 사업은 기초생활보장 수급권자, 차상위계층, 긴급지원가구를 주 대상으로 삼아 공공 사례관리 정착을 도모하였다. 그뿐만 아니라, 같은 시기 보건복지부는 맞춤형방문건강사례관리사업, 의료급여사례관리사업, 장애인건강보건사례관리사업, 자활사례관리사업 등 사례관리 요소를 포함한 다양한 사업을 기획, 도입하였다. 이들 사업은 현재까지도 이어지고 있다.

보건복지부 외에도 다양한 정부 부처가 사례관리 요소를 포함한 각종 사업을 도입하였다. 대표적으로, 2006년 교육부의 드림스타트사업, 2009년 고용노동부의 취업성공패키지사업(2021년부터 국민취업지원제도로 통합), 2010년 여성가족부의 위기가족사례관리 시범사업(동 시범사업은 2011년 가족역량강화지원사업, 2012년 다문화가족사례관리지원사업, 2022년 청소년한부모 등 자립지원패키지 시범사업 등으로 세분화됨. 가족역량강화지원사업은 2023년부터 가족희망드림지원사업으로 재차 변경됨)을 들 수 있다. 현재도 추진 중인 이들 사업은 모두 개별 대상자의 욕구에 기반한 맞춤형 지원, 다기관 협력 및 지역사회 자원 연계, 사례관리 전담 인력 배치 등의 측면에서 사례관리적 요소를 핵심적으로 포함한다.

(3) 2012년~현재 확장기

2011년까지 민간과 공공에서 각자 가능성이 탐색되고 부분적으로 시행되던 사례관리는 2012년 전환기를 맞았다. 하나의 계기가 된 것은 2012년 보건복지부가 사회복지사업법 시행규칙 제23조의2 제3항을 개정하여 기존 5대 사업(가족복지, 지역사회보호, 지역사회조직, 교육문화, 자활)으로 구분되던 사회복지관 주요 업무를 3대 기능(서비스, 사례관리, 지역조직화)으로 재편한 것이었다. 사회복지관의 핵심 기능에 사례관리가 명시됨으로써 사회복지현장에서 사례관리에 대한 체계적인 운영 기반이 마련되고, 실천의 표준화, 매뉴얼화가 본격화되었다.

전국 시군구에 사례관리 전담 조직인 희망복지지원단이 설치되고 이를 통해 통합사례관리사업이 실시된 것도 중요한 계기였다. 2012년 첫 시행된 통합사례관리사업은 2016년 읍면동 복지허브화, 2018년 찾아가는 보건복지서비스 등 연이은 공공 사회복지 전달체계 개편 과정에서 더욱 중요한 서비스 제공 전략으로 다루어지며, 우리나라 공공 사례관리를 대표하는 정책으로 자리매김하였다. 통합사례관리사업에 대해서는 뒤에서 상술한다.

공공 사례관리를 대표하는 또 다른 정책으로 보건복지부가 2019년부터 2022년까지 추진한 지역사회통합돌봄 선도사업을 들 수 있다. 동 사업은 주거지원 인프라 확충, 방문 건강 및 방문 의료 실시, 재가 돌봄 및 장기요양서비스 확충, 서비스 연계를 위한 민관협력 전달체계 구축 등 총 4개 과제에 초점을 맞춰 추진되었다. 그 결과, 시군구에 통합돌봄 추진단이 설치되었고 읍면동에는 통합돌봄 안내창구가 신설되어 전문 인력이 배치되었다. 또한 민관협력 지역케어회의가 시행되었고, 다양한 통합돌봄서비스가 개발되어 제공되었다. 내용을 보면 알 수 있듯이, 읍면동 통합돌봄 안내창구의 업무가 바로 사례관리팀이 하는 일이고, 지역케어회의란 사례관리회의를 가리킨다.

한편 2026년부터는 돌봄통합지원법이 발효되어 의료・요양돌봄통합지원 시범사업이 실시될 예정이다. 동법 제21조 제1항에 따르면 시군구청장은 돌봄통합지원을 위해 전담 조직을 둘 수 있다. 그리고 제2항에는 이 전담 조직이 담당하는 업무가 규정되어 있다. 구체적으로, 개인별 지원계획의 시행 관리, 통합지원 대상자 중심의 통합지원 연계·조정·모니터링 등 체계 운영, 지역 자원을 활용한 통합지원 서비스 발굴 및 제공, 통합지원 관련 기관, 통합지원 관련 부서와의 업무협의 및 교류 등을 포함한다. 이러한 업무는 모두 사례관리를 가리킨다.

2010년대와 2020년대는 사회복지 각 분야에도 사례관리가 도입되고 점차 확대된 시기이다. 먼저 정신건강복지 분야에서 1995년 제정된 정신보건법이 2016년 폐지되고, 이를 대체하는 정신건강증진 및 정신질환자 복지서비스 지원에 관한 법률, 약칭 정신건강복지법이 제정되었다. 이 법의 시행에 따라 정신건강복지센터의 주요 사업으로 지역사회 정신질환자에 대한 정신건강 및 중독 사례관리사업이 도입되었다.

노인복지 분야에서도 사례관리의 역할이 강화되었다. 2020년부터 추진된 노인맞춤돌봄서비스에 사례관리 요소가 포함되었고, 치매센터에서 시행하는 치매환자지원사업에도 사례관리 방식이 적용되고 있다. 현재 지역사회에서 노인을 대상으로 제공되는 대부분의 재가복지서비스에는 사례관리적 접근이 핵심 요소로 포함된다.

장애인복지 분야에서는 가장 최근에 「제6차 장애인정책종합계획(2023~2027년)」이 발표되었는데, 여기서도 장애인의 개별적 욕구에 부합하는 맞춤형 서비스 제공과 지역사회 자원 연계를 위한 사례관리적 접근이 강조된다. 구체적으로, 이 계획은 장애인 개인 예산제를 도입하여 서비스 이용자가 자신의 필요에 맞는 지원을 직접 선택할 수 있도록 하고, 장애인 건강 주치의 제도를 활성화하여 방문 재활 서비스와 연계하고 있다. 또한 중앙 및 지역 보조기기센터의 역할을 확대하여 지역사회 내 유관기관과의 연계를 강화하고, 맞춤형 지원을 통해 장애인의 독립생활을 촉진하는 데 주력하고 있다.

아동청소년복지 분야에서도 사례관리 적용이 확대되었다. 교육부가 관장하는 드림스타트사업은 2006년부터 시작되어 현재까지도 활발하게 추진되고 있다. 특히 2021년 아동사례관리 사정도구가 수정되면서 아동통합사례관리서비스가 더욱 확대되었다. 또한 아동복지시설에서 퇴소한 청년의 안정적인 사회 정착과 자립 역량 강화를 위해 보건복지부는 아동권리보장원을 통해 다양한 자립지원통합서비스를 제공하는데(예 자립 수당 및 자립정착금 제공, 디딤씨앗통장 운영, 의료비 지원, 심리상담 등), 여기에 특히 자립 지원 전담 기관을 통한 사례관리 서비스도 포함되어 있다.

2012년 이후 사례관리가 이처럼 확대되고 정착할 수 있었던 데에는 사회복지서비스의 전문성과 효과성을 강화하기 위해 도입된 사회복지시설평가의 역할도 컸다. 가장 최근의 제9기 사회복지시설평가(2023~2025년) 복지관 평가지표에 따르면, 사례관리는 평가 영역 C(프로그램 및 서비스)에 포함되며, 실행 체계(1−1), 인력의 전문성(1−2), 수행의 전문성(1−3), 협력 연계(1−4) 등 네 개의 세부 지표로 평가된다. 배점은 100점 만점에 13점이다. 까다로운 기준과 높은 배점 비중은 사회복지시설이 체계적인 사례관리 운영 체계를 구축하는 데 더욱 주력하도록 유도하였다. 그 결과, 사례관리 실천의 전문성이 향상되었고, 민간 영역에서도 사례관리 수준이 높아지는 계기가 되었다.

(4) 역사를 통해 본 사례관리의 등장 배경

① 탈시설화와 지역사회보호의 확산

우리나라에 사례관리가 처음 도입된 것은 1980년대 후반으로, 현재 약 40년의 시간이 지났다. 시기와 관련하여 한 가지 흥미로운 점은, 미국이나 영국과 같은 선진국에서는 사례관리가 탈시설화 및 지역사회보호의 실질적 정책화 과정에서 필요불가결하게 도입되었다면, 우리나라에서는 재가복지사업 자체에 초점을 맞춰 도입되어 미묘한 차이점이 있다는 사실이다. 가령 1993년 개정 노인복지법에 재가복지가 포함되면서 사례관리가 공식적으로 사회복지사업의 한 분야로 인정받기 시작하였는데, 당시 이 같은 변화는 탈시설화나 지역사회보호 흐름과는 별개로 이루어진 독자적 움직임이었다.

그렇지만 최근 들어 우리나라에서도 시설의 다양화와 소규모화를 동반하는 탈시설화가 본격적으로 추진되면서 지역사회보호의 개념을 반영한 정책과 프로그램이 확대되는 양상이다. 그 결과, 사례관리가 지역사회 복지서비스의 핵심 요소로 다루어지며 적용 범위가 점점 더 넓어지고 있다. 특히 2020년대 이후에는 정신건강, 노인, 장애인, 아동청소년 복지 분야에서 추진되는 거의 모든 지역사회복지와 재가서비스사업에 사례관리 요소가 포함되어 사례관리의 중요성이 더욱 강조되는 추세이다.

② 서비스 간 연계와 통합의 필요성 증대

우리나라 사회복지 사례관리의 역사에서 또 하나 주목할 부분은, 복합적이고 만성적인 욕구를 가진 지역사회 요보호 대상자가 증가함에도 기존 복지서비스는 단편적이고 분절화되어 서비스 간 연계와 통합을 촉진할 방안이 절실히 요구되는 가운데 사례관리가 도입, 확산하였다는 점이다(채현탁 · 백윤철, 2012). 예를 들어, 2000년대 정부가 추진한 자활사례관리사업, 드림스타트사업, 취업성공패키지사업 등은 모두 클라이언트 욕구의 다변화, 다각화 상황 속에서 기존 서비스 간 중복과 누락이 심각하다는 문제의식에서 출발하였다는 공통점이 있다. 이들 사업의 사례관리 요소는 사회복지 전달체계를 보다 유기적으로 조정하고 재편, 통합할 필요성이 대두하면서 탄생한 필연적 결과물이었다.

③ 서비스 비용 절감의 필요성 증대

한편, 2000년대 이후 다른 여러 선진국과 마찬가지로 우리나라에서도 복지다원주의 이념이 강조되고 그에 따라 자연스럽게 복지서비스 비용을 절감해야 한다는 목소리가 커졌다. 이에 서비스 중복을 피하고 개입의 효과성 및 재정 효율성을 높이는 방안으로 사례관리가 주목받았다(정무권, 2017). 사례관리가 비용 절감 차원에서 검토된 정책적 결과물이었다는 것은 공공 재원이 투자되는 대상에 대한 책임 있는 관리 그리고 이를 통한 복지 체감도 및 삶의 질 향상에 대한 내외부적 요구가 커졌다는 변화된 현실, 즉 복지국가에 대한 재정주의적 재편을 시사한다.

사회복지시설평가에 사례관리 항목이 여러 개 포함되고 배점도 높게 책정됐다는 것은 그와 같은 시대적 요구에 사회복지계가 적극적으로 부응하였음을 잘 보여준다. 현재 정부는 시설평가 지표에 사례관리 관련 항목 네 개를 포함하고 이를 얼마나 충족하는지 측정함으로써, 책임 있는 시설을 선별해 재정을 차등 지원하고 있다. 이를 통해 정부는 저비용으로도 효과적인 사례관리 시스템을 운영하도록 유도하는 한편, 사회복지 서비스의 질 향상도 함께 도모하고 있다. 이는 사회복지시설평가가 예산의 효율적 배분과 서비스 질 향상을 동시에 달성하는 정책적 수단으로 기능하고 있음을 말해준다.

④ 민관협력의 필요성 증대

마지막으로, 우리나라 사례관리 역사를 살펴보면 초창기에는 민간과 공공이 별개로 사례관리를 추진하였는데, 최근에는 민관협력을 통한 공동 사례관리가 강조되는 분위기임을 지적하고 싶다(황미경, 2019). 이는 2012년 전국 시군구에 희망복지지원단이 설치되고 이를 통해 통합사례관리사업이 시행되면서 본격화된 변화이다. 최근에는 서울시 지역 밀착형 사회복지관 사업에서도 확인할 수 있듯, 민간에서도 사례관리를 할 때 기본적으로 내부 사례회의뿐 아니라 민과 관이 함께 하는 통합사례회의를 실시하고 논의 결과에 따라 주 사례관리 기관을 선정, 기관별 개입 역할을 분담하는 것이 매뉴얼화 되어 있다. 이러한 변화는 초창기에는 민과 관에서 개별적으로 수행되던 사례관리가 현재는 긴밀히 연계되었다는 것, 그리하여 지원의 중복과 누락을 최소화하는 방향으로 사례관리 실천이 발전해 왔다는 것을 말해준다.

민관협력 사례관리에 대한 강조는 클라이언트가 지닌 복합적이고 만성적인 욕구를 효과적, 효율적으로 해결하기 위해서는 어느 일방의 노력만으로는 부족하며, 민과 관이 합심하여 각자 보유한 자원을 연계하고 장점을 부각하는 서비스 통합성이 필요하다는 인식에서부터 시작하였다. 또한 근시안적 개별 기관주의를 극복하고 다양한 기관 간 긴밀한 연계를 통해 사례관리 운영 체계를 통합 구축해야 한다는 사회복지계의 내부 성찰과 비판 역시 사례관리에서 민관협력을 촉진한 배경적 요인이 되었다.

5) 구성요소

사례관리는 사례관리 대상자, 사례관리자, 사회자원, 사례관리 과정, 사례관리 운영 체계의 다섯 가지 요소로 구성된다.

(1) 사례관리 대상자

사례관리 대상자란 복합적, 만성적 욕구를 지니고 있으나, 이를 해결할 수 있는 자원의 위치나 이용 방법을 알지 못해 일상생활에 어려움을 겪는 사람을 말한다. 앞서 언급한 클라이언트와 같은 의미를 지닌다(이준우 · 최희철, 2020 : 49). 대표적으로 저소득층 가족, 가정폭력 피해 아동, 비행 청소년, 독거노인, 정신장애인, 신체장애인 등 신체, 정신, 경제, 사회, 가족 문제를 복합적이고 만성적으로 겪는 지역사회 요보호 대상자가 주요 사례관리 대상자에 해당한다.

일반적으로 사례관리 대상자가 스스로 사례관리 기관을 찾아가는 경우는 드물다. 대부분 사례관리자가 지역사회 내 잠재적 클라이언트를 직접 찾아 나서거나(outreach), 다른 기관의 의뢰를 통해 사례관리 기관으로 유입된다(referred). 이는 사례관리 대상자가 스스로 도움을 요청하는 데 소극적이거나 사회관계망이 취약하여 적절한 지원체계에 접근하지 못하는 경우가 많기 때문이다.

사례관리 대상자는 욕구와 문제의 심각성 정도에 따라 통상 세 가지 유형으로 나뉜다. 첫째, 위기(긴급) 사례관리 대상자이다. 이들은 문제와 욕구가 복합적이고 심각하여 당장 일상생활 유지에 큰 어려움을 겪는다. 다양한 자원의 긴급한 개입이 요구되는 대상자 및 그 가족이다. 저소득 중장년 1인 가구, 돌봄위기가구, 저소득 한부모 또는 청소년 한부모 가구, 휴 · 폐업자, 실직자, 자살고위험군 등이 이에 해당한다.

둘째, 집중 사례관리 대상자이다. 이들은 복합적이고 만성적인 문제와 욕구를 가지며, 위기도 또한 높아 사례관리자의 집중적 개입이 필요하다. 다양한 자원과 서비스에 대한 지속적 지원이 요구되며, 자립 능력이 현저히 낮은 대상자와 그 가족이 이에 해당한다. 기초생활수급자, 그중에서도 특히 신규수급권자나 수급권 자격 탈락자가 주된 예이다.

셋째, 일반 사례관리 대상자이다. 이들은 문제와 욕구의 심각성이 비교적 낮고 긴급성도 크지 않아, 단순한 서비스 연계만으로도 일정 수준의 지원이 가능한 대상자와 그 가족을 가리킨다. 차상위 빈곤 가구, 특히 긴급 지원 대상 가구나 기초생활수급권 자격에서 탈락한 가구 중에서도 서비스 연계를 통해 빈곤 예방이 가능한 경우가 이에 해당한다. 참고로 우리나라 실천 현장에서 일반군은 읍면동 주민센터 찾아가는복지팀이, 집중군은 민간 사회복지관이, 위기군은 시군구 희망복지지원단이 주로 맡아 관리하도록 권장된다(이수영 · 박지혜, 2021 : 15).

사례관리 대상자의 유형을 체계적으로 구분하기 위해서는 사전에 사례관리 대상자 범주에 대한 일정한 기준을 마련해 놓을 필요가 있다. 즉, 사례관리 대상자의 자격조건, 선정 기준, 규모, 유형과 같은 행정 사항을 미리 분명히 규정해 놓고 있어야 한다. 다음은 시군구 희망복지지원단이 사례관리 대상자 유형을 구분하기 위해 사용하는 위기도 조사 양식의 일부이다. 전체 양식은 매우 길므로, 여기서는 총 10개의 욕구 영역 중 경제 욕구만 따로 떼어 관련된 위기도 조사 문항을 제시한다.

<표 12-2> 욕구 및 위기도 통합조사 양식 - 경제 욕구 파트

<table>
<tr><th colspan="2">욕구 영역</th><th>위기도 문항</th></tr>
<tr><td rowspan="3">1.
경제</td><td>기초
생활
해결</td><td>1. 나 혹은 내 가족은 돈이 없어서 어려움을 겪고 있다.
① 돈이 없어서 식사를 못 하고 있거나 식료품 구입이 어렵다.
② 치료비가 없어서 병원을 못 가고 있다.
③ 집세가 3개월 이상 밀려있다.
④ 공과금이 3개월 이상 연체되어 있다.
⑤ 교육비를 기한 내 납부하지 못하고 있다.
⑥ 돈이 없어서 계절에 맞는 의복을 마련할 수 없다.
⑦ 난방비가 없어서 추운 겨울에 난방을 사용하지 못하고 있다.

0점 : 해당 사항이 0개인 경우
1점 : 해당 사항이 1개인 경우
2점 : 해당 사항이 2~3개인 경우
3점 : 해당 사항이 4개 이상인 경우 혹은 ①②③④ 중 하나라도 해당하는 경우</td></tr>
<tr><td rowspan="2">재정
관리</td><td>2. 나 혹은 나의 가족은 금전 관리에 어려움이 있다.

0점 : 어려움이 없다(해당 사항 없음).
1점 : 도움이 있으면 금전관리가 가능하다.
2점 : 수입보다 지출이 더 많다.
3점 : 금전관리 자체가 어렵다(개인역량 부족, 건강, 장애, 기타 사유).</td></tr>
<tr><td>3. 나 혹은 나의 가족은 빚과 관련된 문제를 해결하는 데 어려움이 없다.

0점 : 어려움이 없다(해당 사항 없음).
1점 : 빚은 있으나 갚아 나가고 있다.
2점 : 빚을 갚을 능력이 없다.
3점 : 지속적인 채무 독촉을 받고 있다.</td></tr>
</table>

출처 : 보건복지부(2025), 부록 p. 11.

사례관리자는 각 위기도 문항에 대해 채점표에 나온 지시 사항대로 점수를 책정한다. 이후 이를 다음의 사업대상자 선정 기준표에 따라 확인하여 대상자를 사례관리 대상자로 최종 선정할지 여부를 결정한다.

<표 12-3> 사업 대상자 선정 기준표

번호	욕구 영역	총점	사례관리 여부 기준표	해당 여부
1	경제		– 1번 문항이 3점인 경우	□ 해당 □ 미해당
			– 3번 문항이 2점 이상인 경우	□ 해당 □ 미해당
2	돌봄		– 1번, 2번 문항 중 어느 한 문항이라도 1점 이상인 경우	□ 해당 □ 미해당
			– 어느 한 문항이라도 3점인 경우	□ 해당 □ 미해당
3	신체적 건강		– 어느 한 문항이라도 3점인 경우	□ 해당 □ 미해당
4	정신적 건강		– 어느 한 문항이라도 2점 이상인 경우	□ 해당 □ 미해당
5	주거		– 1~3번 문항의 총점이 4점 이상인 경우	□ 해당 □ 미해당
			– 4번 문항이 2점 이상인 경우	□ 해당 □ 미해당
6	일자리		– 1번 문항이 2점 이상인 경우 – 2번 문항이 2점 이상인 경우	□ 해당 □ 미해당
7	보육 및 교육		– 1번 문항이 2점 이상인 경우	□ 해당 □ 미해당
			– 2번 문항이 2점 이상인 경우 – 3번 문항이 1~3번 중 하나라도 해당하는 경우	□ 해당 □ 미해당
8	관계		– 1번 문항이 3점인 경우 – 2~4번 문항 중 어느 한 문항이라도 2점인 경우	□ 해당 □ 미해당
9	안전		– 어느 한 문항이라도 3점인 경우	□ 해당 □ 미해당 □ 해당 □ 미해당
10	법률 및 권익보장		– 1번 문항이 2점 이상인 경우 – 2번 문항이 2점 이상인 경우	□ 해당 □ 미해당
총점				
(잠재적) 통합사례관리 대상자 선정		각 욕구 영역별로 어느 하나라도 '해당'에 표시된 경우는 통합사례관리 대상자로 선정함.		□ 선정 □ 미선정

출처 : 보건복지부(2025), 부록 p. 23.

참고로 통합사례관리사업에서 대상자로 선정되면 행복e음 전산 화면에서 당사자는 '사례관리 대상자'로, 선정되지 않으면 '미선정'으로 분류된다. 사례관리 대상자는 복합적 문제와 욕구로 인해 1개월 이상의 통합적 사례관리가 필요한 사람이다. 이 외에 '서비스 연계 대상자'라는 분류 범주도 존재하는데, 이는 단순한 서비스 연계를 통해 문제 및 욕구의 해결이 가능한 사람으로, 1개월 미만의 관리가 필요한 경우에 해당한다(보건복지부, 2025 : 265).

(2) 사례관리자

미국사회복지사협회(NASW)는 사회복지 사례관리자를 직접 및 간접 실천을 통해 복합적 욕구를 가진 클라이언트에게 질 높은 서비스를 제공하고 자원을 연계하여 클라이언트의 사회적 기능과 복지를 향상시키는 전문가로 소개한다(NASW, 2013). 즉, 사회복지 사례관리자는 클라이언트와 그 가족의 욕구를 사정하고 이를 해결하기 위해 서비스를 계획, 실행, 조정, 점검하며 평가하는 동시에 클라이언트를 옹호하는 다양한 서비스 패키지를 제공하는 전문가로 정의된다.

우리나라에서 사례관리자에 대한 정의는 한국사례관리학회가 제작한 「사회복지 사례관리 표준 실천 지침」에서 유추해 볼 수 있다. 이에 따르면 사례관리자는 복합적이고 다양한 욕구가 있는 클라이언트와 그 가족의 사회적 기능 회복을 돕고 통합적인 실천 방법을 실행하는 사회복지전문가로 정의된다(한국사례관리학회, 2012).

사례관리 실천에서는 사례관리자의 전문적 역량이 무엇보다 중요하다(이준우 · 최희철, 2020 : 57). 이는 사례관리자의 역량에 따라 클라이언트와의 관계 수립 정도가 달라지며, 지역사회 또는 기관 내부에서의 협력 정도와 활용하는 지역사회 자원의 양, 클라이언트에게 제공되는 서비스의 양과 질 등 사례관리의 제반 요소가 달라질 수 있기 때문이다. 이러한 전문적 역량에는 당연히 전문사회복지사로서의 자질과 태도, 윤리와 철학적 소양도 포함된다.

미국의 경우 사회복지 사례관리자를 전문 사회복지사로 규정하여 그 자격요건을 매우 엄격히 정한다(김성경, 2024 : 79). 반면 우리나라에서는 자격증, 경력,

교육 및 훈련 측면에서 최소한의 요건만을 정해 대비된다. 사회복지 사례관리 표준 실천 지침에 따르면, 사회복지 사례관리자는 사회복지사 1급 자격증 취득 후 사회복지실천 경력 2년을 갖추거나, 사회복지사 2급 자격증 취득 후 사회복지실천 경력 4년 이상을 갖추어야 하고, 여기에 덧붙여 사례관리와 관련된 교육 및 훈련을 받아야 한다. 지침에 따르면, 우리나라에는 사례관리사 자격증이 별도로 있지 않으며, 사례관리는 사회복지사의 일반 업무 중 하나로 규정되고 있음을 알 수 있다.

(3) 사회자원

사례관리의 구성요소 중 하나인 사회자원(social resources)은 인간이 생활을 유지하고 성장과 발달을 지속하는 데 필요한 재화 및 서비스로, 클라이언트의 목표를 성취하고 문제를 해결하며 삶의 과제를 달성하기 위해 활용되는 모든 것으로 정의된다(이준우 · 최희철, 2020 : 50). 사례관리 실천에서 이러한 사회자원은 매우 중요하며 필요하다. 사례관리자가 개인적 차원에서 제공할 수 있는 혹은 사례관리 기관이 기관 차원에서 제공할 수 있는 서비스만으로는 클라이언트의 복합적이고 만성적인 욕구를 해결하는 데 한계가 있기 때문이다.

사례관리 실천에서 사용되는 사회자원의 유형은 다양하다. 따라서 그 분류 방식도 다양하다. 우선 제공 주체에 따라 가족, 친척, 동료, 이웃 같은 비공식 자원과 사회복지사, 사회복지 전담공무원, 공공기관, 민간 사회복지시설, 시민단체 같은 공식 자원으로 나누어 볼 수 있다. 자원의 형태에 따라 유형, 무형 자원으로 나누기도 한다. 유형 자원은 돈, 음식, 주택, 보육 서비스 같은 눈에 보이는 자원을, 무형 자원은 지식, 용기, 희망, 신뢰, 소속감, 연대 의식 같은 눈에 보이지 않는 자원이다. 또한 자원의 기능에 따라 직접 자원과 간접 자원으로 나누어 볼 수도 있다. 직접 자원은 문제를 해결하거나 욕구를 충족하는 데 직접적으로 기능하는 것으로, 예컨대 배고픔을 해결하기 위해 직접적으로 기능하는 자원으로 우리는 음식을 일차적으로 떠올릴 수 있다. 반면 간접 자원은 다른 자원을 획득하기 위해 수단으로 사용하는 것으로, 가령 바우처 카드나 돈을 예로 들 수 있다. 이것은 그 자체로 식량은 아니지만, 상점이나 식당에서 음식이라는 직접 자원을 획득할 수 있는 수단으로 쓸 수 있다. 한편, 사회자원은 속성에 따라 인적 자원, 재정 자원, 물적 자원, 정보자원으로 나눌 수도 있다. 인적 자원은 기관의 인력이나 자원봉사자 같은 사람을, 재정 자원은 정부 보조금이나 기업의 지원금, 기부금 같은 현금을, 물적 자원은 현물 혹은 장소를, 정보자원은 클라이언트와 그 가족이 유용하게 쓸 수 있는 다양한 정책이나 서비스에 관한 활용 및 혜택 정보를 말한다.

참고로 보건복지부의 통합사례관리사업 운영 매뉴얼은 지역사회의 가용 자원을 다음과 같은 방식으로 유형화한다. 희망복지지원단은 조사를 마친 공공과 민간의 복지자원을 행정e음 내 복지자원통합관리시스템에 탑재하여 관리, 활용한다.

<표 12-4> 통합사례관리를 위한 지역사회 자원

자원 유형	내 용
현 금	현금 또는 현금성 지원에 해당하는 급여 예 장학금, 학비 지원, 교육비 지원, 의료 지원, 생계비 지원 등
현 물	실물로서 물품이 제공되는 경우 예 연탄, 김치, 가전제품, 보일러, 장판, 벽지, 창틀 등
바우처	일정 용도 안에서 수급자가 원하는 재화나 서비스를 선택하여 구매할 수 있게 하는 이용권
프로그램	시설이나 기관이 정기적, 정례적으로 제공하는 신체적·정신적 지지, 지원, 교육과정
자원봉사	개인이나 단체 구성원이 보유한 지식, 기술, 노동력을 무급으로 제공하여 대상자에게 도움을 주는 것
시설 입소	사회복지시설 중 입소시설에서 제공하는 것
대여/ 감면	지방자치단체 개별사업으로 각종 자금을 대여하거나 이용료를 감면하는 것

출처 : 보건복지부(2025), p. 88.

사회자원의 원활한 발굴과 활용, 연계는 사례관리의 성공을 결정짓는 중요 요소이다. 그런데 현재 우리나라 사례관리 실천 현장을 가보면, 클라이언트와

그 가족이 가진 비공식적 사회자원이 현저히 부족하거나 미흡하며, 지역사회 내 쓸만한 유무형 사회자원이 상당히 결핍된 상태임을 금세 알 수 있다. 설령 사회자원이 적지 않게 존재하더라도 파편화되고 산재한 것이 많아 전체적으로 활용도가 떨어진다는 문제점도 거론할 수 있다. 여기에 덧붙여, 자원의 양이나 질의 지역 간 편차도 크다는 문제점도 지적할 수 있다. 따라서 새로운 자원의 발굴과 더불어 기존 자원의 효과적 활용을 위한 자원 조정 및 통합, 연계 작업이 체계적으로 수행될 필요가 있다.

이러한 일을 수행하는 조직이 바로 그 자체가 사회자원으로 분류되기도 하는 사례관리 기관이다(최은희 외, 2016 : 68). 사례관리 기관은 전문 사례관리사를 두어 클라이언트와 그 가족의 문제 및 욕구에 부합하는 자원을 조직화하고, 필요한 경우 신속하게 상담, 건강, 교육, 일자리, 주거 등의 서비스를 직접 제공할 수 있는 역량을 갖춘 지역사회복지조직이어야 한다. 만약 직접 서비스를 제공하기 어렵다면, 연계, 의뢰, 때로 옹호 활동을 통해 간접적으로라도 신속하고 지속적으로 필요한 서비스를 전달하고 자원을 제공해 줄 수 있어야 한다.

사례관리 기관은 지역사회 요보호 대상자에게 제공할 서비스의 종류, 양, 시기 등을 결정할 수 있는 법적 권한과 이를 실행할 수 있는 재정적 여력을 갖춘 지역사회복지조직이 담당하는 것이 바람직하다. 그러나 현실에서는 이러한 역량을 갖춘 조직이 대부분 시군구의 희망복지지원단, 읍면동 찾아가는 보건복지팀의 사례관리 담당자, 보건소 같은 공공 부문에 집중되어 있다. 종합사회복지관, 노인복지관, 장애인복지관, 각종 재가복지센터 및 장애인·노인 거주시설 등 민간 부문의 지역사회복지조직은 클라이언트의 삶에 실질적 변화를 끌어내기 위한 개입 과정에서 법적 권한이 미약하거나 없고, 재정적으로도 충분한 여건을 갖추지 못한 경우가 많다.

(4) 사례관리 과정

실제 사례관리는 매우 역동적인 과정으로, 다양한 돌발 요인과 예기치 못한 변화로 인해 그 전개 과정을 일률적으로 묘사하기 쉽지 않다. 그럼에도 불구하고 사례관리 실천에는 공통된 핵심 요소가 존재하며, 일정한 구조와 절차에 따라 시간의 흐름에 맞춰 진행되는 경향이 있다. 지역사회복지실천을 정립한 잭 로스만 교수는 현장에서 사례관리가 일반적으로 다음의 여덟 가지 단계를 따라 전개된다고 하였다(Rothman, 1991).

① 접수

접수(intake)는 클라이언트와 처음으로 접촉하고, 문제를 파악하며, 서비스 제공의 필요성을 평가하는 사례관리의 첫 단계이다. 사례관리 기관은 보통 외부 기관으로부터 클라이언트를 소개받아 클라이언트와 최초로 접촉한다(의뢰). 그러나 클라이언트가 스스로 기관을 찾아오거나(기관방문), 반대로 사례관리자가 직접 지역사회에 나가 클라이언트를 찾는 방식으로도(outreach) 접촉이 일어난다(이준우·최희철, 2020 : 108-110).

최초 접촉 후에는 접수된 사례에 대하여 초기 면접 평가를 실시한다. 평가의 목표는 클라이언트의 문제와 욕구 그리고 클라이언트가 처한 상황을 탐색적으로 밝혀내는 데 있다. 이 단계에서 사례관리자는 클라이언트의 신상정보, 가족사항, 심리, 신체, 경제 상황 등 다양한 영역에 걸쳐 최대한 많은 자료를 수집한다. 또한 서비스를 받을 자격이 있는지 미리 정해진 기준에 따라 심사하고, 제공할 수 있는 서비스의 구체적인 내용과 조건에 관해 충분한 정보를 제공한다(최소연, 2019 : 144).

만약 평가 결과 기관의 서비스 대상이나 범위에 부합하지 않음이 확인되면, 즉시 타 기관으로 클라이언트를 의뢰한다. 가령 정신건강 문제가 두드러지는데 해당 기관이 정신건강 사례를 다루지 않는다면, 클라이언트를 정신건강복지센터로 의뢰한다.

② 사정

접수가 완료되면 클라이언트의 사회, 심리, 신체적 기능수행 수준을 파악하기 위한 사정(assessment)을 진행한다. 이를 위해 클라이언트의 현재 문제상황, 신체 및 정신건강 상태, 일상생활 수행 능력, 사회·경제적 수준, 주거 환경, 자립 능력, 프로그램 참여 의지, 현재 이용 중인 서비스나 자원 등에 관한 정보를 가능한 한 많이 확보한다.

그러나 클라이언트가 직접 제공하는 정보만으로는 충분하지 않은 경우가 대부분이다. 따라서 사례관리자는 클라이언트의 가족 구성원이나 과거에 이용 이력이 있는 기관을 통해 부족한 정보를 보완한다(최은희 외, 2016 : 159). 행정기관의 사례관리자의 경우 행복e음을 활용하면 필요한 정보를 비교적 쉽고 신속하게 확보할 수 있다.

또한, 클라이언트의 욕구가 복합적이고 다양한 영역에 걸쳐 있는 경우에는 사례관리자가 단독으로 사정을 진행하기보다, 관련 기관과 협력하에 공동 사례회의 또는 통합사례회의를 통해 사정 내용을 공유하고 종합적인 판단을 내릴 수도 있다. 다기관·다분야 협력 사정은 정보의 누락이나 왜곡을 줄이고, 보다 객관적이고 통합적인 개입계획을 수립하는 데 도움을 줄 수 있다.

한편, 과거에는 주로 결핍 관점에 입각하여 클라이언트가 무엇이 부족한지를 중심으로 사정을 진행하는 경우가 많았다. 그러나 최근에는 강점 관점에 기반한 사정이 강조되는 추세이다. 즉, 클라이언트가 무엇을 가지고 있지 않냐보다, 무엇을 가지고 있냐를 중심으로 분석하는 접근이 점차 확산하고 있다(윤민화·이민영·노혜련, 2014).

예를 들면, 결핍 관점에 따른 사정에서는 "클라이언트가 실직 상태이고, 고등학교 중퇴로 학력도 낮으며, 우울 증세가 있고, 가족과의 관계가 단절되어 있다"라는 문제에 주목하여, 즉 결손(deficiency) 중심으로 정보를 수집한다. 반면 강점 관점에 따른 사정은 같은 상황에서도 "클라이언트가 과거에 배달 일을 꾸준히 해본 경험이 있고, 정리 정돈을 잘하며, 조카와 지속적으로 연락을 주고받는다"라는 점에 집중함으로써 클라이언트가 가진 강점과 잠재력을 파악하고 이를 활용할 수 있는 방향으로 개입을 설계한다.

③ 목표 설정

목표 설정(goal setting)은 클라이언트가 희망하는 지원의 내용 그리고 사정 단계에서 수집된 자료를 토대로 사례회의를 개최하고, 그 결과에 따라 종합적인 개입목표를 수립하는 과정이다. 이 단계에서는 클라이언트가 보유한 강점을 최대한 반영하여 자립 역량을 강화하고 긍정적 변화를 도모할 수 있도록 하는 것이 중요하다.

목표는 장기(성과)목표와 단기(과정)목표로 구분하여 설정하면 효과적이다. 예를 들어, 장기목표는 "자립적인 경제생활을 할 수 있도록 취업에 성공한다", 단기목표는 "1개월 내 이력서를 작성하고 구직활동을 시작한다"와 같이 설정하는 식이다.

목표 설정 과정에서는 다음의 원칙을 지키도록 노력한다. 첫째, 클라이언트의 의견을 최대한 존중하고 반영한다. 둘째, 구체적이고 가시적이며 측정 가능한 목표를 수립한다. 셋째, 현실적이고 달성 가능한 목표를 채택한다. 넷째, 긍정적인 문장으로 표현한다. 다섯째, 사례관리 기관의 서비스 대상과 범위에 부합하며, 사례관리자가 수용할 수 있는 목표를 수립한다(이준우 · 최희철, 2020 : 152).

④ 개입 계획 수립

다음 단계는 개입 계획 수립(planning interventions)이다. 이 단계에서 사례관리자는 사정 결과와 설정된 목표를 바탕으로 클라이언트가 원하는 변화를 실현하기 위한 전략과 방법을 설계한다. 구체적으로, 클라이언트가 참여할 프로그램이나 제공받을 서비스 종류, 방법, 날짜, 시간, 횟수, 빈도, 기간 등을 포함한 실천 가능한 행동 계획을 수립한다.

만약 사정 단계에서 사례관리기관 단독으로 필요한 서비스를 모두 제공하기 어렵다고 판단을 내린 상태라면, 분할 개입 또는 공동 개입 형태로 타 기관에 클라이언트를 의뢰한다. 이는 서비스가 통합적이고 연속적으로 제공될 수 있도록 하는 조치이다. 참고로 분할 개입은 클라이언트의 욕구를 영역별로 나누어 각 기관이 서로 다른 서비스를 제공하는 형태, 공동 개입은 여러 기관이 협력하여 동일한 개입 목표를 공유하면서 필요한 서비스를 동시에 제공하는 형태의 통합적 사례관리 실천을 의미한다.

개입 계획은 단순히 서비스를 나열하거나 조합하는 데 그쳐서는 안 된다. 클라이언트의 욕구, 강점, 가용 자원 등을 종합적으로 고려한 맞춤형 계획이어야 한다. 또한 이 과정은 사례관리자와 클라이언트가 함께 참여하는 협력적 과정으로 진행되어야 한다. 개입 계획 수립 과정에서 클라이언트의 의견과 선택이 충분히 반영될수록, 개입에 대한 참여도와 책임감이 높아지고 자발적 변화를 끌어낼 가능성도 커지기 때문이다.

⑤ 서비스 연계

서비스 연계(linking services with clients)는 클라이언트가 필요로 하는 자원에 실제로 접근하고 이를 이용할 수 있도록 지원하는 단계이다. 사례관리자는 사정 단계에서 파악된 욕구와 설정된 목표를 바탕으로 수립된 개입 계획의 일정표에 따라 클라이언트에게 적절한 기관, 프로그램, 서비스 등을 연계한다. 이러한 연계 노력에는 단순 정보 제공뿐만이 아니라, 신청 절차 안내, 기관방문 지원, 초기 적응을 위한 실무적 도움까지 모두 포함된다.

연계 과정에서는 클라이언트의 욕구에 따라 필요한 서비스가 누락되지 않도록 조정하고, 중복된 자원이 투입되지 않도록 조율하는 노력이 중요하다. 예를 들어, 경제적 지원이 필요한 경우에는 긴급복지지원 같은 공공부조 신청과 더불어, 민간 후원단체나 종교기관의 후원금 결연도 함께 고려한다. 정신건강, 주거, 고용, 교육 등 다양한 영역에서의 서비스 연계 역시 클라이언트의 상황에 맞추어 신중하게 이루어져야 한다.

최근에는 이러한 연계가 민관협력을 기반으로 더욱 체계화하고 있다. 특히 통합사례회의나 지역케어회의, 지역사회보장협의체와 같은 민관협력 구조를 통해 참여 기관이 정보를 공유하고 자원을 조율하며, 각자의 역할을 분담하는 방식으로 통합적 개입이 이루어지는 추세이다. 사례관리 실천에서 강조되는 긴밀한 민관협력 구조는 서비스 연계의 실효성과 지속 가능성을 높이는 데 기여한다.

참고로 서비스를 클라이언트에게 연계하기 직전에는 클라이언트와 계약을 체결하는 것도 잊지 않는다. 계약서는 반드시 클라이언트 당사자 혹은 보호자와 서면으로 작성한다. 계약서에는 보통 사례관리의 목적, 서비스 제공계획, 사례관리자의 역할과 클라이언트 및 가족의 역할, 종결 조건, 사후관리 방안 등을 명기한다(최소연, 2019 : 153).

⑥ 점검 및 모니터링

점검 및 모니터링(monitoring)은 수립된 개입 계획이 실제로 어떻게 이행되는지 확인하고, 필요한 경우 개입 내용을 조정하는 과정이다. 이 단계에서 사례관리자는 서비스가 계획된 일정과 방식에 따라 제공되는지, 클라이언트가 서비스를 적절히 이용하는지, 개입 목표 달성을 위한 진전이 있는지 등을 점검한다.

모니터링은 단발성이 아니며, 사례관리 전 과정에 걸쳐 반복적으로 이루어지는 지속 과제이다. 특히 복합적 욕구를 지닌 클라이언트의 경우, 개입 과정에서 상황이 급변하거나 새로운 문제가 발생할 수 있으므로 정기적 점검과 유연한 개입 조정은 필수적이다. 이 과정에는 사례관리자뿐 아니라 서비스 제공기관, 민간 협력 기관, 클라이언트 본인 등 다양한 이해관계자가 참여하여 다각적인 관점에서 정보를 수집하고 판단하는 것이 바람직하다.

모니터링을 통해 수집된 정보와 판단은 정기적으로 개최되는 사례회의에서 공유된다. 주 사례관리자는 회의 결과를 토대로 개입의 진행 현황을 확인하고, 향후 전략 수정이나 목표 재설정 여부를 논의한다.

⑦ 재사정

초기 사정 이후 시간이 지나면 클라이언트의 욕구, 상황, 자원 접근성 등이 거의 예외 없이 변한다. 이에 따라 정기적으로 또는 필요시 수시로 재사정(reassessment)을 실시하는 것은 사례관리자의 의무이다. 재사정은 점검 및 모니터링을 통해 수집된 최신 정보를 바탕으로 클라이언트의 현 상태를 재점검하고, 기존 개입계획의 유효성을 검토하며, 개입 전략 전반의 적절성을 재평가하는 과정이다.

재사정 결과는 향후 목표 재설정과 서비스 계획 조정에 반영되며, 새로운 자원과 서비스의 연계에 영향을 미친다(김건희 외, 2016 : 175). 예를 들어, 클라이언트가 단기 목표를 예상보다 빠르게 달성했다거나 반대로 반복적인 서비스 이용에도 변화가 나타나지 않는 경우 재사정을 통해 개입 전략의 수정이나 전환이 필요하다는 결론에 이를 수 있다.

⑧ 종결, 평가 및 사후관리

종결(termination)은 사례관리의 종료를 뜻한다. 종결은 클라이언트가 경험하는 문제가 해결되고 기능이 회복되어 자립 가능한 상황이 찾아왔을 때 자연스럽게 일어나는 것이 가장 바람직하고 실제로도 가장 일반적이다. 그러나 클라이언트의 사망, 사례관리자의 이직, 기관 폐쇄 등 예기치 못한 이유로 종결이 이루어지는 경우가 있다. 만약 목표가 달성되지 않았음에도 불가피하게 사례를 종결해야 하는 상황이라면, 사례관리자는 클라이언트가 중단 없이 서비스를 이어받을 수 있도록 타 기관에 의뢰하는 등 적절한 조치를 취하여야 한다(이준우 · 최희철, 2020 : 190).

평가(evaluation)는 사례관리 전 과정을 대상으로 개입 효과를 검토하는 활동이다. 사례관리자는 개입 계획과 실제 서비스 제공 간 일치 여부, 설정한 목표의 적절성, 클라이언트의 변화(예 삶의 질 향상, 재발 여부), 클라이언트의 만족도 등을 중심으로 사례관리의 효과성을 평가한다.

사후관리(follow-up)는 서비스 종결 후 일정 기간 클라이언트의 상태를 관찰하고 긍정적 변화가 유지되는지 확인하는 활동이다. 전화나 방문을 통해 수행하며, 주로 재개입의 필요성을 조기에 판단하고 선제적으로 대응하기 위한 목적으로 실시한다. 아울러, 클라이언트의 긍정적 변화 유지를 지원하기 위해 지지적 상담과 정보를 제공하여 심리적 안정과 지역사회 정착을 돕기 위한 목적으로도 실시한다(최소연, 2019 : 270).

참고로 사후관리 기간은 기관의 정책과 클라이언트의 특성에 따라 달라지지만, 일반적으로 1~6개월 이내의 단기 또는 중기로 실시한다. 재발 우려가 크거나 자립 기반이 불안정한 클라이언트의 경우 더 긴 기간 동안 사후 관리한다.

(5) 사례관리 운영 체계

사례관리 운영 체계는 사례관리가 효과적이고 효율적으로 수행될 수 있도록 뒷받침하는 조직적 기반이다(김건희 외, 2016 : 104). 이는 사례관리자의 개인 역량에 따라 달라질 수 있는 실천의 질을 일정 수준 이상으로 유지하고 안정화함으로써 클라이언트에게 필요한 서비스를 맞춤형으로 지속 제공할 수 있는 환경을 조성하는 역할을 한다.

사례관리 운영 체계는 내부와 외부 체계로 구분하여 볼 수 있다. 내부 체계에는 사례관리팀과 슈퍼비전 체계가, 외부 체계에는 통합사례관리협의회, 솔루션 체계, 지역사회 자원망, 통합사례관리지원단이 포함된다.

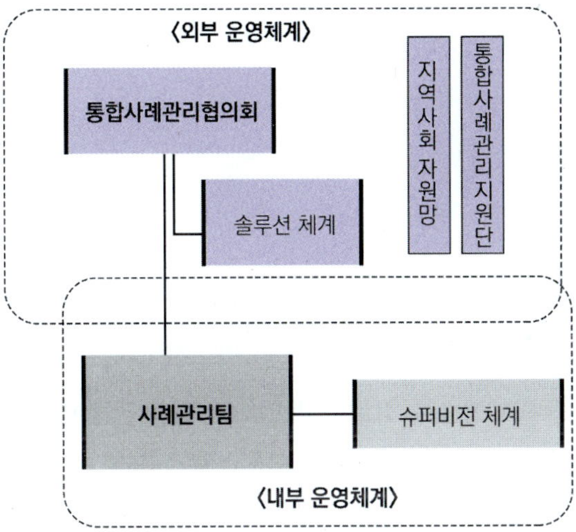

[그림 12-1] 사례관리 운영 체계

출처 : 김성경(2024), p. 85 재구성.

① 사례관리팀

사례관리팀은 사례관리 기관 내에서 사례관리 관련 업무를 전담하는 내부 조직이다. 조직 구성은 기관 규모나 여건에 따라 다를 수 있는데, 공공이든 민간이든 팀장 1명과 2명 이상의 사례관리자로 구성하는 것이 일반적이다.

한국사례관리학회의 표준 실천 지침에 따르면, 사례관리팀에는 명확한 업무 지침이 마련되어야 하며, 팀원별 업무 분장이 갖추어져야 한다. 또한 각 사례관리자는 사례관리 전문가 교육과정을 포함해 연간 16시간 이상의 관련 교육을 이수하여 전문성을 유지하여야 한다.

사례관리팀은 앞서 살펴본 사례관리 전 과정을 직접 실행하는 임상적 실천의 핵심 주체이다. 또한 내부 사례회의를 정기적으로 개최하고, 통합사례관리협의회에서 진행하는 통합사례회의에도 참여하여 지역사회 타 기관과 적극적으로 연계, 조정, 협의한다. 팀원 간에는 정기적 또는 수시적으로 슈퍼비전을 주고받으며, 고난도 사례에 직면했을 때는 외부 솔루션위원회의 자문을 받는다.

아울러 지역사회 자원을 조직화하여 자원목록표를 작성하고 이를 지역 내 타 기관과 공유, 공동 활용하는 지역사회 자원망 구축 사업에 참여한다. 그 밖에도 우수사례를 공개 발표하거나 보고서를 발간하는 등 홍보 및 대외 교육 활동을 수행하는 역할도 담당한다.

② 슈퍼비전 체계

사례관리 실천은 대상자의 복합적 욕구를 다루는 과정이다. 따라서 개입의 방향과 방법에 대한 지속적 점검과 조정이 필수적이다. 이러한 맥락에서, 사례관리자의 실천을 정기적으로 검토하고 지도하며, 궁금증이 생길 때 답해줄 수 있는 슈퍼비전 체계를 마련해 놓는 것은 사례관리의 전문성과 질적 수준을 유지하는 데 중요하다.

사례관리 기관은 기관 내외부적으로 각각 한 명 이상의 전문 슈퍼바이저를 두는 것이 권장된다. 내부 슈퍼바이저는 사례관리 실무 경력 2년 이상을 포함하여 사회복지관 등 관련 기관에서 5년 이상의 실무 경력을 가진 사람이 맡는 것이 좋다. 외부 슈퍼바이저는 각 분야의 이론적, 실천적 전문성을 갖춘 대학교수나 현장 전문가를 위촉하여 구성한다.

전문 슈퍼바이저는 임상 자문과 실천 컨설팅, 행정 지도, 사례관리 교육훈련, 그리고 사례관리자 소진 예방 및 극복을 위한 정서 지원 등 다양한 역할을 수행한다. 사례관리자는 슈퍼바이저로부터 받은 슈퍼비전 내용을 일지에 기록하고,

사례관리팀 또는 기관 내부와 공유하여 실천에 반영함으로써 슈퍼비전 효과를 극대화한다(김학영 · 서규동, 2017).

③ 통합사례관리협의회

통합사례관리협의회는 지역사회 내 사례관리 기능을 갖춘 사회복지 관련 기관의 참여로 운영되는 협의체이다. 복합적 어려움을 겪는 취약 계층 지원을 위한 방안을 논의하고, 기관별 연계 가능한 서비스에 대해 협의, 조정하는 기능을 주로 담당하는 일종의 지역사회 사례관리 네트워크이다. 보통 공공과 민간기관이 함께 참여하여 협력하는 구조를 띤다.

협의회 운영 주체는 사례관리 기능을 갖춘 기관이라면 누구든 맡을 수 있다. 그렇지만 보다 강력한 회의 소집 및 조정 능력을 갖춘 시군구 희망복지지원단, 보건소, 교육지원청, 읍면동 주민센터 찾아가는보건복지팀 등 공공기관이 주관하는 경우가 일반적이다(함철호 · 조현순, 2017 : 81). 다만, 일부 지역에서는 지역사회복지협의체가 민간 중심으로 협의회를 구성하여 운영하는 사례도 있다.

협의회에는 동주민센터, 보건소, 지역사회복지관, 드림스타트센터, 자활센터, 중독통합지원센터, 정신건강복지센터, 자살예방센터, 지역장애인보건의료센터, 아동보호전문기관, 노인보호전문기관 등 사례관리 실천을 담당하는 지역 내 기관이 폭넓게 참여하며, 정기적으로 통합사례회의를 개최하여 서비스 연계 체계 구축을 도모한다. 특히 개별 기관이 단독으로 다루기 어려운 고난도 긴급 사례나 집중 사례를 공유하고 논의하며, 유사하거나 중복된 사업을 검토하고 서비스 조정 가능성을 탐색한다.

이 외에도 지역사회 자원을 조사하고 발굴하여 조직화하며, 이를 목록화하여 공동 활용할 수 있도록 하는 지역 복지자원 관리 활동도 수행한다. 또한 각 기관 사례관리자를 대상으로 한 교육과 슈퍼비전 체계를 지원하고, 고난도 사례 개입을 위한 솔루션위원회의 조직 및 운영 등 각종 사례관리 지원 업무를 수행한다. 이를 통해 지역사회 사례관리 실천의 전문성 강화와 질적 수준 향상에 기여한다.

④ 솔루션 체계

사례관리 실천 시 심리사회적 문제뿐 아니라 폭력, 알코올, 의료 혹은 정신과적 문제 등으로 매우 복잡한 문제를 표출하거나 만성적 문제상황에 빠져 해결의 실마리가 보이지 않는 고난도 사례가 자주 발생한다. 고난도 사례를 개별 사례관리팀이 단독으로 맡아 실천하면 당연히 많은 어려움이 따른다. 그리고 이러한 어려움에 상시적으로 노출되면 해당 사례관리팀은 단체로 무력감을 느끼고 결과적으로 소진에 빠져 모두에게 부정적 결과가 초래될 수 있다.

따라서 고난도 사례에 대처하기 위해서는 사례관리 운영 체계 안에 솔루션 체계를 두는 것이 권장된다. 솔루션위원회, 자문위원회, 솔루션팀 등의 다양한 이름으로 불리는 솔루션 체계는 사례관리 기관이 해결하기 어려운 복잡한 사례에 자문을 제공하는 전문적 지원체계이다. 솔루션 체계는 관련 분야 교수, 현장 전문가, 사례관리 전문가, 상담 전문가, 의사, 변호사, 지방의회 위원, 지역사회보장협의체 위원 등 통합사례관리에 필요한 지역 안팎의 인사로 구성하는 것이 바람직하다.

솔루션 체계는 고난도 사례에 대한 임상 자문과 함께 행정적 심의와 판정, 나아가 관련 제도 변화를 위한 정책 제언 등의 기능을 수행한다. 이러한 솔루션 체계 기능을 실질적으로 강화하기 위해서는 공공(시군구) 부문에서 솔루션위원회를 조직하고 그에 법적, 행정적 권위를 부여하는 것이 필요하다(설진화, 2016 : 256).

⑤ 통합사례관리지원단

통합사례관리지원단은 통합사례관리협의회의 효과적 운영을 지원하는 광역 단위의 전문 지원체계이다. 구체적으로, 광역 지역사회 단위에서 사례관리 기능 간 통합과 조정, 사례관리자 교육 및 슈퍼비전 체계 구축, 지역사회복지자원 관리시스템 구축, 위기사례 개입을 위한 솔루션위원회 조직 및 운영, 민관 통합 사례관리 네트워크 및 컨설팅 운영, 통합사례관리 전문화를 위한 정책 수립, 성과 발굴 및 사업 홍보 등 사례관리 발전을 위한 각종 거시적인 지원 업무를 수행한다.

통합사례관리지원단은 일반적으로 공공 부문에 독립된 센터 형태로 설치되어 운영된다. 보건복지부가 사회보장정보원을 통해 설치, 운영 중인 사례관리정책지원센터 등이 하나의 예가 될 수 있다. 물론 공공이나 사례관리사업주체의 위탁을 받아 민간 사례관리지원단 형태로 설치, 운영될 수도 있다(김이배·홍선미, 2014).

⑥ 지역사회 자원망

복지 대상자 등 위기가구의 복합적, 만성적 욕구에 능동적, 탄력적으로 대응하기 위해서는 지역사회 자원의 지속적 발굴과 개발 그리고 체계적 관리 노력이 뒷받침되어야 한다. 그런데 지역사회 현장에서 자원 조직화 업무는 기관 간에 중복으로 수행되는 경우가 많고, 그중에 일부 자원은 누락되기도 한다. 따라서 개별 기관마다 독립적으로 자원을 조직화하기보다, 기관 간 연합으로 자원을 조직화하는 것이 여러모로 효율적일 수 있다.

구체적으로, 기관 간 연합에 따라 조직화된 지역사회 자원을 일목요연하게 목록화(listing)하고 이를 풀링(pooling), 즉 공동관리 및 공동 활용하는 것이 바람직할 수 있다. 풀링을 하면 사례관리자는 자원의 수요가 발생했을 때 색인(index) 기능을 이용해 신속하게 필요한 자원을 검색할 수 있고, 클라이언트에게 해당 자원을 즉각적으로 제공하는 방법에 접근할 수 있다. 물론 이처럼 사례관리에서 자원의 실질적 활용도를 높이고 실천의 효율성, 효과성을 제고하기 위해서는 사례관리자가 평소 자원개발 담당자(예 시군구 희망복지지원단 자원관리팀)와 긴밀하게 소통하여 자원 목록을 수시로 갱신하는 열의를 갖고 있어야 한다.

현재 사례관리 분야에서 가장 대표적으로 활용되는 지역사회 자원관리 시스템으로 사회보장정보원이 운영 중인 복지자원통합관리시스템이 있다(보건복지부, 2025 : 87). 복지자원통합관리시스템은 복지 대상자에 대한 맞춤형 복지서비스를 제공하기 위한 목적으로 전국에 산재한 공공 및 민간 복지자원을 통합하고 이를 데이터베이스(DB)화한 온라인 시스템으로서, 공공에서는 행복e음, 민간에서는 희망e음(사회서비스정보시스템)을 통해 각각 접근할 수 있다. 시스템에는 다양한 복지서비스를 표현할 수 있는 표준화된 색인이 탑재되어 있어서 서비스 등록, 검색 및 관리, 활용 등의 측면에서 효율성이 고도화되었다.

|그림 12-2| 복지자원통합관리시스템의 복지자원 및 서비스 분류체계도

출처 : 보건복지부(2025), p. 88.

서울시에서 운영 중인 생활복지통합정보시스템도 있다. 이 역시 분산된 지역사회 복지자원 정보를 통합적으로 관리하고 제공함으로써 공공과 민간 자원 연결과 공유를 촉진하는 데 기여한다. 그 밖에 일부 기초지방자치단체도 자체 민관 복지자원 공유 시스템을 마련해 사례관리 전문화를 도모하는데, 가령 서울시 노원구의 e-나눔 복지통합관리시스템, 도봉구의 도봉 복지자원 통합 플랫폼(도봉복지로) 등을 예로 들 수 있다(안기덕 · 안지혜, 2022 : 31).

2. 사례관리의 실제 : 통합사례관리사업

1) 도입 배경

통합사례관리사업은 복합적이고 다차원적인 문제를 지닌 취약계층의 삶에 개입하여 맞춤형 복지서비스를 제공하는 공공 주도의 지역복지사업으로, 기존 복지 전달체계의 한계를 극복하기 위한 정책적 노력의 일환으로 도입되었다. 이 사업은 사회구조의 변화, 복지 수요의 다변화, 기존 전달체계의 한계 등에 대한 문제 인식을 바탕으로, 보다 효과적인 대응 방안을 모색하는 과정에서 도입되었다. 도입 배경을 좀 더 구체적으로 알아보면 다음과 같다.

첫째, 통합사례관리사업은 복지 수요의 다양화와 복합화라는 현실적 요구에 대한 대응으로 시작되었다. 저소득, 장애, 정신건강, 고립, 주거 불안, 양육, 돌봄 등 다양한 위기 요인이 중첩된 복합 욕구 가구가 증가하면서, 단일 서비스만으로는 효과적인 문제 해결이 어려운 상황이 빈발하였다. 제도별, 영역별로 분절화된 기존의 복지 체계는 이러한 복합 문제 발생에 적절히 대응하지 못하였고, 오히려 서비스 누락이나 중복이라는 비효율을 초래하였다.

둘째, 공공복지 전달체계의 구조적 한계도 중요한 도입 배경 중 하나이다. 행정 중심의 경직된 서비스 제공 방식은 복지서비스를 필요로 하는 주민의 개별 상황과 특성에 민감하게 반응하지 못하였다. 특히 사각지대에 놓인 취약 계층 주민은 어디에서 어떠한 도움을 받아야 하는지 알지 못한 채 제도의 테두리 밖에서 소외되었다. 이는 복지 접근성과 실효성을 동시에 저해하는 구조적 문제였다.

셋째, 서비스 제공 주체 간 연계 부족 또한 통합사례관리의 필요성을 촉발한 요인이었다. 다양한 공공 및 민간기관의 존재에도 불구하고 기관 간 정보 공유와 협업 체계 미흡으로 자원이 효율적으로 배분되지 못하는 상황이 빈발하였다. 복지, 보건, 고용, 교육, 주거 등의 서비스가 각기 다른 부서나 조직에 의해 민과 관에서 따로 운영되다 보니, 이용자는 자신의 필요에 따라 각 기관을 개별적으로 찾아다녀야 하였고, 이는 복지 접근의 문턱을 더 높이는 결과로 이어졌다.

통합사례관리사업은 이러한 문제들을 해결하기 위한 고민의 결과 도입되었다. 2009년 희망복지지원단이 시범 설치되어 공공 주도의 민관협력 사례관리 가능성이 처음으로 탐색되었고, 2018년에는 찾아가는보건복지서비스가 전면 도입되면서 통합사례관리사업이 그 핵심 실행 축으로 자리 잡았다. 이후 동 사업은 다영역·다분야에서 민과 관이 함께 맞춤형 복지 서비스 제공을 위해 주민의 삶에 지역 밀착형으로 개입하는, 우리나라 공공사례관리의 대표 모델로 정착하였다. 이 같은 변화는 단순히 중앙 차원에서 실행되는 지역복지사업이라는 의의를 뛰어넘어, 민관협력 기반 공공사례관리 실천 모델의 정립, 수요자 중심의 복지 구현, 지역사회 중심 통합적 복지 생태계 구축이라는 구조적 전환의 의미를 갖는다는 점에서 주목할 만하다.

2) 개 념

통합사례관리사업은 지역사회 내 공공 및 민간 자원을 체계적으로 관리·활용하여 복합적이고 다양한 욕구를 지닌 대상자에게 복지, 보건, 고용, 주거, 교육, 신용, 법률 등 필요한 서비스를 통합적으로 연계·제공하고, 이를 지속적으로 상담·모니터링하는 보건복지부 총괄의 국책 지역복지사업이다(보건복지부, 2025 : 36). 즉, 복합적이고 만성적인 욕구가 있으나 스스로 해결법을 찾지 못하는 취약계층 주민을 대상으로 상담, 건강, 교육, 일자리, 주거 등 다양한 분야의 공공·민간 자원 및 서비스를 연계·제공함으로써 문제 해결 능력 향상과 사회적 기능 회복을 지원하는 맞춤형 지역복지 개입모델이다. 이 사업은 중앙정부가 기획하고, 전국 지방자치단체가 수행하며, 지역 민간기관이 협력하는 방식으로 추진되는 공공복지 전달체계의 핵심 사업이다.

3) 목 표

통합사례관리사업은 지역 주민의 다양한 욕구에 부합하는 맞춤형 서비스를 연계·제공함으로써 주민의 삶을 안정적으로 지원하고 지지하는 한편, 복지제도의 효과성과 효율성을 제고하는 것을 목표로 한다. 이 사업은 원칙적으로 지역사회 주민 전체를 대상으로 한다. 그렇지만 복지 욕구 수준과 경제적 여건을 고려하여 주로 빈곤계층을 중점 지원 대상으로 정하며, 이들의 탈빈곤과 빈곤 예방을 핵심 과제로 삼는다. 따라서 고용과 복지의 연계 강화에 초점을 맞추는 경우가 많다.

4) 추진체계

통합사례관리사업의 추진 주체는 보건복지부(지역복지과), 광역지방자치단체(시도), 기초지방자치단체(시군구), 읍면동(주민센터 찾아가는보건복지팀) 및 통합사례관리지원단(한국사회보장정보원 사례관리정책지원센터)이다. 각 추진 주체의 주요 업무를 간단히 소개하면 |그림 12-3|과 같다.

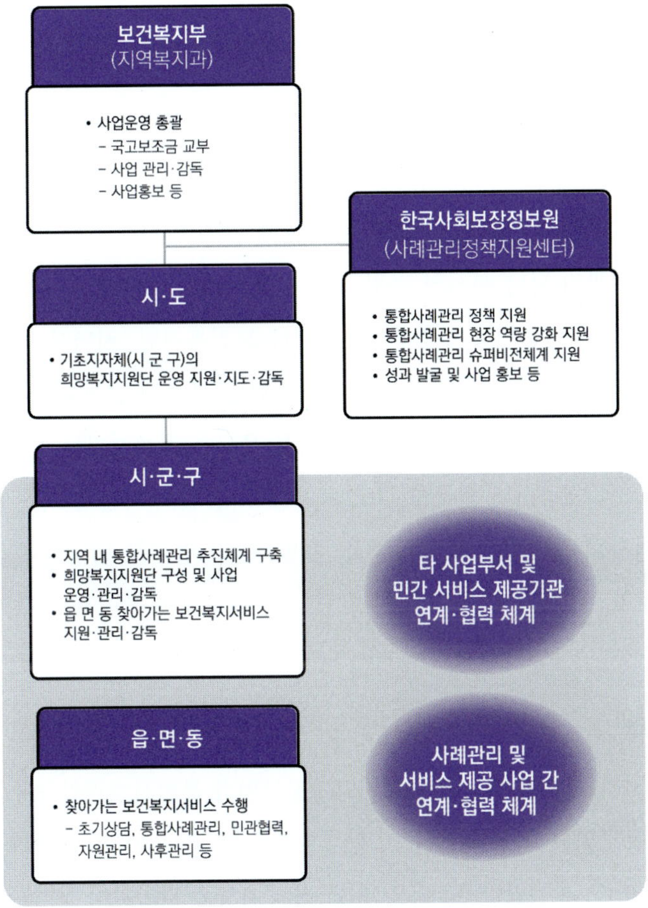

|그림 12-3| 통합사례관리사업 추진체계

출처 : 보건복지부(2025), p. 33.

5) 주 수행기관 : 희망복지지원단

희망복지지원단은 복합적 욕구를 가진 대상자에게 통합사례관리를 실시하고, 지역 복지자원을 발굴 및 관리하는 한편, 지역사회보호체계를 구축, 운영하는 업무를 총괄·관리함으로써 지역 단위 통합서비스 제공의 중추적 역할을 담당하는 통합사례관리사업 전담 조직이다. 2012년 본격적으로 출범하여 현재 전국 모든 시군구 지방자치단체에 팀 또는 과 형태로 설치되어 운영 중이다. 읍면동 주민센터에 설치된 찾아가는보건복지팀은 통합사례관리사업의 부 수행기관으로 기능한다.

(1) 조직

희망복지지원단의 조직은 지역마다 상황에 맞춰 탄력적으로 구성되는데, 보통 통합사례관리 담당 부서와 자원관리 담당 부서로 나뉘어 운영되는 것이 일반적이다. 전자는 읍면동 주민센터 찾아가는보건복지팀, 지역사회보장협의체, 지역 내 관계기관 및 타 공공 사례관리사업 담당 부서과 연계하여 대상자별 서비스 제공계획을 수립하고 대상자의 다양한 욕구를 충족시키는 찾아가는 보건복지서비스를 제공하는 업무를 주로 담당한다. 반면 후자는 인적 안전망을 포함한 지역사회 복지자원의 조사발굴, 개발, 관리 업무를 담당하며, 긴급복지를 지원하고, 시군구 및 읍면동 지역사회보장협의체를 운영하는 일을 주로 맡는다.

(2) 인력

희망복지지원단 인력은 크게 복지담당공무원과 통합사례관리사로 구성된다. 복지담당공무원은 최소 5년 이상 근무 경력이 있는 사회복지직 7~8급 공무원으로 배치한다. 복지담당공무원은 단장 또는 팀장을 보좌하여 통합사례관리 실시, 읍면동 통합사례관리사 역량 강화 및 읍면동 통합사례관리 모니터링·컨설팅·슈퍼비전 체계 구축과 운영, 지역사회 복지자원 조사발굴, 개발 및 관리 지원, 지역 내 관계기관과 연계 및 소통 체계 마련, 지역사회보장협의체 운영 지원, 사업홍보 등 통합사례관리사업 실무 전반을 담당한다.

통합사례관리사는 통합사례관리만 전담하는 전문 인력으로, 시군구에 최소 1인 이상 배치한다. 통합사례관리사는 복지직 공무원과 함께 읍면동에서 의뢰되어 올라온 고난도 위기(긴급)사례를 다루고, 읍면동에 사례관리 교육을 제공하며 슈퍼비전과 컨설팅을 실시한다. 또한 시군구 차원에서 자원 발굴과 공유 업무를 수행하고, 읍면동 간 자원 불균형 시정을 위해 노력한다.

6) 절 차

통합사례관리는 대상자 발굴→초기상담→대상자 접수→욕구 및 위기도 조사→사례회의→대상자 구분 및 선정→서비스 제공계획 수립→서비스 제공 및 점검→종결→사후관리 총 10단계로 진행된다. 참고로 |그림 12-4|에는 앞의 두 단계가 생략되었는데, 이는 대상자 발굴과 초기 상담 단계까지 절차는 읍면동 주민센터의 찾아가는복지팀이 밟고, 희망복지지원단은 초기 상담 후 읍면동에서 의뢰한 긴급 또는 집중 사례에 대해서만 대상자 접수부터 종결까지의 단계를 밟는다는 것을 보여주기 위한 목적으로 생략한 것이다.

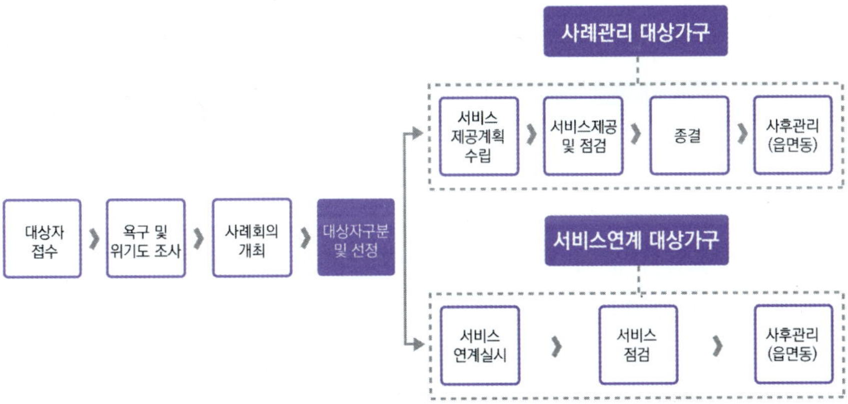

|그림 12-4| 시군구 희망복지지원단의 통합사례관리 수행 절차

출처 : 보건복지부(2025), p. 37 재구성.

희망복지지원단의 통합사례관리팀은 읍면동에서 의뢰된 건에 대해 통합사례회의를 개최한 후, 위기 수준에 따라 해당 사례를 사례관리 대상 가구(복합적

문제와 욕구로 인해 1개월 이상의 통합적 사례관리가 필요한 가구), 서비스 연계 대상 가구(단순 서비스 연계를 통해 문제 해결이 가능한, 1개월 미만의 관리가 필요한 가구), 미선정 가구로 분류한다. |그림 12-4|를 보면, 대상자 선정 단계 후 사례관리 대상자로 선정되면, 이후 서비스 제공계획이 수립되고 서비스 제공, 종결, 사후관리의 일반적인 10단계 절차가 이어지는 것을 확인할 수 있다. 반면 서비스 연계 대상자로 선정되면, 서비스 연계 후 점검과 사후관리의 9단계 절차를 거치는 것을 볼 수 있다. 이는 대상자의 위기도에 따라 사례관리가 달리 진행된다는 것을 말해준다.

통합사례관리의 절차와 관련하여 몇 가지 유의 사항을 언급하면 다음과 같다. 첫째, 사회보장급여법 시행령 제6조에 따라 대상자 접수 후 30일 이내에 사례관리 대상자에게 서비스 제공계획을 수립, 통지한다. 둘째, 초기 상담 단계의 욕구 및 위기도 초동 조사 실시 후 특히 안전 영역에서 신체적 손상이나 성적 폭력 같은 위기 또는 긴급사례로 의심, 판단되는 경우 읍면동 통합사례관리사는 희망복지지원단이 아닌 경찰(112), 구급대(119), 관내 아동보호전담공무원, 아동보호전문기관, 노인보호전문기관 등 전문 기관에 즉시 신고 또는 의뢰 조치한다. 셋째, 희망복지지원단의 통합사례관리사가 담당하는 사례관리 대상자 수는 15명(가구) 내외로 제한한다.

7) 연 계

앞서 설명했다시피, 희망복지지원단은 고난도 위기사례를 집중적으로 관리하는 한편, 지역사회 자원을 발굴, 관리, 연계하는 업무를 수행한다. 또한 읍면동 주민센터 내 찾아가는보건복지팀의 통합사례관리 업무를 지원하고, 읍면동 통합사례관리사에게 슈퍼비전과 컨설팅을 제공하며, 이를 위해 솔루션회의를 구성하여 운영한다.

아울러 지역사회보호체계를 구축·운영하는 업무도 수행한다. 이를 위해 희망복지지원단은 공공 부문의 각종 사례관리사업과 통합사례관리사업 간 협력체계 방안을 수립·시행하고, 읍면동 주민센터 및 보건소와 연계하여 방문형 서비스사업을 추진하며, 시군구 및 읍면동 지역사회보장협의체 운영을 지원하는 한편, 복지 사각지대 발굴을 위해 다양한 읍면동 인적 자원[예 복지통(이)장, 명예사회복지공무원 등] 개발을 지원한다.

이처럼 업무를 수행하는 과정에서 희망복지지원단은 다양한 조직 및 관계기관과 연계를 도모하며 협력 체계를 구축한다. 다음은 그에 관한 내용이다.

(1) 읍면동 주민센터 내 찾아가는보건복지팀

읍면동 찾아가는보건복지팀은 대상자 발굴과 초기 상담 진행 후, 고난도로 판단된 위기(긴급)사례를 희망복지지원단에 의뢰할 수 있다. 물론 희망복지지원단 외 다른 공공 부문 사례관리(예 드림스타트, 자활사례관리, 정신건강사례관리, 의료급여사례관리, 장애인건강보건사례관리, 방문건강관리, 노인맞춤돌봄서비스, 중독사례관리 등등) 사업담당부서로 의뢰할 수도 있다.

일반사례로 판단된 경우에는 읍면동 차원에서 민관협력 통합사례회의를 개최하고 서비스계획을 직접 수립하여 서비스를 제공한 후 종결, 사후 관리하는 일까지 모두 자체적으로 소화할 수 있다. 이 과정에서 서비스의 효과적이고 통합적인 제공을 위해 찾아가는보건복지팀은 읍면동 지역사회보장협의체에 서비스 제공 및 연계를 요청할 수 있다. 또한 사례관리를 진행하면서 어려운 상황에 봉착하면 희망복지지원단에 솔루션회의 개최를 요청할 수도 있다.

(2) 민간 복지기관

통합적이고 효율적인 사례관리를 위하여 희망복지지원단과 읍면동 찾아가는보건복지팀은 지역사회복지관 같은 민간 사례관리 전문 기관과 협력체계를 구축하여 대상 가구 발굴, 의뢰, 서비스 제공 등의 업무를 함께 추진할 수 있다. 가령 찾아가는복지팀이 대상 가구를 발굴하여 통합사례회의 개최 후 전문 서비스를 필요로 하는 집중 사례로 판단을 내리면, 해당 대상 가구를 민간 종합사회복지관 사례관리팀에 의뢰하여 서비스를 받도록 하는 식으로 민관협력이 가동된다.

한편 희망복지지원단은 「좋은 이웃들」 사업과도 연계하여 지역사회 내 복지 소외계층을 상시 발굴하고 지원하는 보호체계를 구축, 운영하기도 한다. 좋은 이웃들은 시군구 민간 사회복지협의회 주도로 운영되는 읍면동 단위의 지역사회 봉사단으로서, 복지 사각지대 발굴과 신속한 도움 제공을 통해 공공복지 전달체계의 빈틈을 보완하는 민간의 상시 지역사회보호체계이다. 2024년에는 전국 140개 희망복지지원단이 관내 좋은 이웃들 사업과 연계하여 위기가구를 발굴, 직접 서비스를 제공하거나 타 기관에 의뢰하였다(보건복지부, 2025 : 47).

(3) 지역사회보장협의체

시군구 및 읍면동 지역사회보장협의체는 공공과 민간 부문에서 진행되는 사례관리 사업에 관한 중요 정보와 자원이 공유되며 협업이 추진되는 통로로 기능할 수 있다. 특히 서비스 제공 또는 연계에 대한 요청이 이루어지고, 필요한 서비스가 지역사회에 부재할 때는 이를 새롭게 만들어 내도록 관계기관에 요청하는 활동이 이루어지는 공간으로도 활용될 수 있다. 아울러 지역사회 내 사례관리 전문가의 역량 강화를 위한 교육프로그램 기획·운영은 물론, 공동 슈퍼비전 제공을 지원하는 것도 협의체가 맡는 주요 업무 중 하나이다.

(4) 교육청(학교)

희망복지지원단은 때로 교육청(학교)과도 협업한다. 이는 통합사례관리사업의 사례관리 대상자가 교육복지우선지원사업의 사례관리 대상자와 겹치는 경우가 있기 때문이다. 이 경우 통합사례회의에는 학교에 배치된 교육복지사, 상담교사 등이 참여하도록 권장된다.

(5) 고용센터

고용센터의 구직 상담 과정에서 복지 대상자를 발굴하는 경우가 많은데, 이때 고용센터는 대상자를 읍면동 찾아가는보건복지팀이나 희망복지지원단에 의뢰하기도 한다. 이 경우에도 마찬가지로 통합사례회의에 고용센터 담당자의 참여가 권장된다.

(6) 노인 및 아동보호전문기관

노인 또는 아동 학대 사례에 대해서는 희망복지지원단과 관련 전문 기관이 긴밀하게 협력하여 사례회의를 공동 운영하고 사례를 함께 관리한다.

(7) 노인맞춤돌봄서비스 수행기관

희망복지지원단은 노인맞춤돌봄서비스 수행기관(예 노인복지관 등)과도 긴밀히 협력한다. 이는 통합사례관리사업의 사례관리 대상자가 노인맞춤돌봄서비스의 사례관리 대상자와 겹치는 경우가 많기 때문이다. 협력의 초점은 독거노인의 치매, 자살, 학대 등 위험 요인을 예방, 제거하고 고독사가 발생하지 않도록 하는 데 있다.

(8) 자활 관련 사업팀

통합사례관리사업 대상 가구 중 일부는 자활사례관리사업 대상 가구이기도 하다. 이 경우 희망복지지원단은 지역자활센터와 연계하여 사례회의를 공동 운영하고 사례를 함께 관리한다. 사례회의에는 시군구 자활 담당 공무원 또는 자립지원직업상담사가 참여하도록 권장된다.

(9) 보건소

보건 서비스 제공 및 연계 차원에서, 희망복지지원단의 사례회의에는 보건소의 방문건강관리 전담 인력(간호사, 영양사, 물리/ 작업치료사, 치과위생사 등) 또는 간호직 공무원이 가급적 참여하도록 한다. 필요시 정신건강복지센터나 자살예방센터 근무자(정신건강사례관리사업), 중독통합지원센터 근무자(중독사례관리사업), 보건소 지역사회중심재활 업무 담당자나 지역장애인보건의료센터 사례관리 담당자(장애인건강보건사례관리사업)도 참여하도록 한다.

(10) 시군구 공공 사례관리사업 담당팀

앞서 교육복지우선지원사업, 노인맞춤돌봄서비스, 자활사례관리사업, 정신건강사례관리사업, 중독사례관리사업, 장애인건강보건사례관리사업 등 사례관리 요소를 지닌 지역사회 차원의 여러 국책 사업을 거론하면서, 각 사업을 담당하는 지역사회 내 서비스 제공기관과 긴밀한 협력체계 구축이 중요하다고 언급하였다. 그런데 서비스 제공기관 외에도 각 시군구청 내에는 해당 사업을 담당하는 전담 부서가 존재한다. 희망복지지원단은 이들 부서와도 긴밀한 협력 체계를 구축하여야 한다. 이는 대상자 발굴, 사례회의 진행, 서비스 제공 및 연계 등의 분야에 많은 도움을 줄 수 있다. 특히 드림스타트와 의료급여사례관리사업의 경우, 대상자 의뢰 업무가 통합사례관리사업과 행복e음을 통해 연동되어 있어 쉽고 빠르게 일 처리를 할 수 있다.

8) 한계 및 발전 방안

오늘날 우리 사회의 복지 대상자가 경험하는 문제는 복합적이고 다층적이다. 따라서 개별적이고 분산된 서비스로는 효과적 대응에 한계가 있다. 이를 극복하기 위해 도입된 통합사례관리는 복지 대상자의 문제와 욕구를 종합적으로 진단하여 지역 내 다양한 공공 및 민간 자원을 체계적으로 연계 제공하고, 이를 통해 복지 접근성과 체감도를 제고하며 사각지대를 최소화하는 등 유의미한 성과를 거두었다는 평가를 끌어낸다. 그렇지만 긍정적 평가에도 불구하고 통합사례관리는 현실적으로 다음과 같은 한계를 드러낸다.

첫째, 읍면동의 찾아가는 보건복지팀 사회복지 전담 공무원은 사례관리 업무 외에도 기타 일반 행정 업무 비중이 절대적으로 높아 정작 중요한 사례관리에는 충분한 시간과 역량을 투입하기 어렵다는 문제점을 지적할 수 있다. 현장에서는 이와 같은 문제를 '복지 깔때기'라는 말로 종종 표현한다. 이 용어는 중앙부처 복지사업 360여 개 중 50~70%가, 그리고 지방자치단체 복지사업 6천여 개가 전부 읍면동을 통해 전달되어 복지 수요에 능동적으로 대응하기 어려운 목적 전치 현상을 묘사한다(이정희, 2020; 한은희 외, 2017). 복지 깔때기 현상은 평범한 일반사례가 제대로 관리되지 못하고 방치되다가 문제가 누적되어 위기사례나 복합 사례로 발전하는 악순환의 원인으로 지목된다.

이러한 문제를 해결하기 위해서는 우선 사례관리 업무와 행정 업무를 명확히 구분하고, 단순 급여 신청 등은 별도의 행정 인력이 전담하도록 일선 공무원의 업무 부담을 낮추고 조정하는 노력을 기하여야 한다. 구조적 개편과 더불어, 사례관리 업무를 수행하는 공무원이 전문 역량을 꾸준히 개발할 수 있도록 교육 기회를 제공하고, 일정 기간 이상 업무를 지속할 수 있도록 인사제도를 정비하는 등의 보완책도 함께 고려할 수 있다. 이는 장기적으로 사례관리의 전문성과 연속성을 제고하는 데 기여할 것이다.

둘째, 민관협력이 현장에서 효과적으로 작동하지 않는 문제점이다. 지역사회보장협의체나 사회복지협의회가 제도적으로 민관협력 인프라로 구축되어 운영되고는 있으나, 민간기관이 적극적으로 참여하지 않는 경우가 현실적으로 많다. 이는 민간기관이 참여로부터 얻는 실질적 혜택이 부족하고, 협력 과정에서 발생하는 행정 부담과 시간 소모가 크기 때문이다.

민관협력의 부족 혹은 형식적 민관협력 문제를 해결하기 위해서는 민간기관의 사례관리 참여 시 발생하는 행정 절차를 간소화하고, 민간기관이 사례관리에 투입한 인력과 비용에 대해 충분한 보상을 받을 수 있는 방안(예 인건비 및 활동비 지원 등)을 모색하여야 한다. 또한 지방자치단체나 중앙정부의 다양한 공모사업 선정 시 사례관리 협력 기관에 가점을 부여하고, 민관협력 우수기관 인증제를 통해 기관의 통합사례관리 참여 동기를 현실적으로 높일 필요가 있다.

셋째, 민간기관의 정보 접근성이 제한되어 사례 발굴 및 서비스 연계에 어려움이 크다는 문제점이다. 공공기관은 행복e음 시스템을 통해 대상자의 소득, 재산, 복지 수급 여부 등 다양한 정보를 편리하게 확인할 수 있다. 반면 민간기관은 개인정보보호법 강화로 대상자의 필수 정보에 접근하기 어렵다. 그 결과 민간기관은 대상자 발굴 및 사례관리에 곤란을 겪으며, 이는 통합사례관리의 민간 참여 저해 요인으로 작용한다.

이를 극복하기 위해 민간기관이 사례관리를 위해 필수적으로 알아야 하는 최소한의 정보에 제한적으로나마 접근할 수 있도록 공공과 민간기관 간 법적, 제도적 협약을 맺어 개인정보 보호가 엄격히 준수되는 선에서 정보를 공유하는 프로토콜을 마련하여야 한다. 아울러, 민간기관 종사자를 대상으로 개인정보 보호 교육을 정기적으로 실시하여 정보 활용의 안전성과 신뢰성을 높이는 조치도 병행하여야 한다.

넷째, 사회복지 전담 공무원이 클라이언트와 신뢰 관계(라포)를 형성하기 어려운 구조적 한계점도 문제이다. 전담 공무원의 주요 업무가 복지급여 결정 및 자격 심사 같은 대상자의 복지급여 유지 혹은 탈락과 관련된 평가적 기능에 상당히 집중되어 있기 때문에, 클라이언트 입장에서는 자신의 복지급여를 결정하는 공무원과 현실적으로 허심탄회한 소통을 하기가 어렵다. 이는 기본적으로 긴밀한 스킨십을 기반으로 효과를 발휘하는 사례관리의 실효성을 낮추는 요인이 될 수 있다. 특히 순환보직 제도에 따라 담당 공무원 2~3년에 한 번씩 인사이동을 하는 상황에서는 더더욱 클라이언트와 장기적 신뢰 관계를 형성하기 어렵다.

이를 해결하기 위해서는 사례관리 초기 단계에서 클라이언트와의 정서적 상담 및 신뢰 관계 형성을 민간 사례관리사 등 민간 전문가가 전담하도록 공공과 민간 간의 역할을 보다 명확히 구분하고, 공공기관은 평가와 행정 업무 중심으로 사례관리를 수행하는 이원적 구조가 실질적으로 자리 잡아야 할 것이다. 물론 통합사례관리 매뉴얼은 이미 이러한 역할 분담을 제시하고 있다. 그렇지만 실제 현장에서 제대로 작동하지 않고 있다. 역할 분담이 현장에서 효과적으로 이루어지려면 민간 사례관리사의 인력을 확충하고, 이를 위한 인건비와 운영비 등 예산 지원을 현실화하며, 공공과 민간기관 간의 협력 체계를 제도적으로 강화하는 구체적 조치가 반드시 뒤따라야 한다.

끝으로, 이미 중앙정부 차원에서는 한국사회보장정보원 내 사례관리정책지원센터를 설립하여 사례관리 기능 간 조정 및 통합, 사례관리자 교육과 슈퍼비전 체계 구축, 지역사회 복지자원 관리시스템 운영, 위기 사례 개입을 위한 솔루션위원회 구성 등 거시적 지원체계를 마련하고 있다. 그러나 이러한 중앙 단위 지원체계가 실제 현장 사례관리자의 요구와 구체적 사례관리 업무 수행에 효과적으로 반영되고 있는지는 의문이다.

이 같은 의문을 해소하고 사례관리의 효과성을 제고하기 위해서는 정기적이고 실질적인 현장 모니터링이 필요하다. 사례관리정책지원센터는 현장 사례관리자의 의견과 요구를 실질적으로 반영한 성과 평가지표를 개발하여, 형식적이고 선언적인 지원이 아닌 현실적인 지원과 제도 개선으로 통합사례관리의 효과성을 지속적으로 강화할 수 있도록 해야 한다.

CHAPTER 13

옹호, 집단행동, 임파워먼트

지역사회복지실천을 성공으로 이끌기 위해서는 변화의 대상이 되는 표적체계의 특성과 상황에 맞는 전략을 융통성 있게 골라 적용하는 것이 중요하다. 앞선 제6장에서는 이를 협력 전략, 캠페인 전략, 투쟁 전략으로 나누어 살펴보았다. 협력 전략은 표적체계가 계획된 변화에 동의할 때, 캠페인 전략은 표적체계가 문제의식만 공유하고 변화 결과에 반신반의할 때, 투쟁 전략은 표적체계가 제시된 변화에 완강히 반대할 때 사용하면 효과를 볼 수 있다.

제13장에서는 각 전략을 채택하였을 때 사용할 수 있는 구체적 전술에 대해 좀 더 자세히 알아본다. 전략별로 다양한 전술을 사용할 수 있는데, 여기서는 캠페인 전략의 옹호(advocacy), 투쟁 전략의 집단행동(collective action), 협력 전략의 임파워먼트(empowerment) 전술을 집중적으로 살피고자 한다. 각각은 심각한 위기 상황에 놓인 클라이언트체계에게 적용되었을 때 유효성이 큰 전술로서, 지역사회복지실천가는 이러한 전술을 충분히 이해하고 관련 기술을 숙달하여야 한다.

1. 옹 호

1) 개 념

(1) 정의

사회복지실천에서 옹호는 개인, 집단, 지역사회 등 취약한 상태에 놓인 사회적 단위를 대신하여 그 이해관계를 대변, 방어, 지지하며, 이해관계를 침해하는 위기 상황에 개입하여 변화를 촉구하고 문제를 해결하는 활동으로 정의된다. 이러한 용어 정의에 따라, 지역사회복지실천에서는 옹호를 "표적체계를 상대로 클라이언트체계의 권리를 두둔하고 편들며 수호하는(championing) 지역사회 차원의 다양한 활동과 기술의 적용"으로 정의한다(류기형 외, 2015 : 52).

예를 들어, 지역 내 저소득 노인가구에 대한 에너지바우처 지원이 중단될 상황이 발생하였을 때 사회복지사가 해당 노인가구를 대신하여 시청과 지방의회에 민원을 제기하고 위기 상황을 언론에 알리는 활동을 전개한다든지, 청소년 쉼터 이용자들이 공공 교통비 지원에서 배제되었을 때 해당 지역 복지기관의 사회복지사가 당사자들을 대신하여 지방자치단체와 협의하고 조례 개정을 요청하는 민원 활동을 벌이는 것 등이 지역사회 옹호 활동의 사례라 할 수 있다. <표 13-1>은 옹호에 내포된 다양한 활동과 기술의 내용을 정리하여 보여준다.

<표 13-1> 옹호의 다양한 개념 정의

핵심 차원	의 미
대신하여 말하거나 변호하기	다른 사람이나 이슈를 대신해서 말하거나, 글을 쓰거나, 추천하거나, 지지하거나, 변호하는 것
다른 사람을 대표하기	의사결정자나 당국을 향해 스스로를 혹은 어떤 개인이나 집단을 대표하는 것
조치 취하기	수행하기, 방안 강구하기, 행동하기, 반응하기, 진행시키기, 시작하기, 행동에 옮기기와 관련 있음
변화 촉진하기	클라이언트나 집단을 대신하여 사회나 지역사회 내에서 상황을 변화시키는 것

권리와 혜택에 접근하기	클라이언트가 합법적으로 자격이 있는 서비스, 권한, 혜택, 권리에 대하여 클라이언트의 접근을 촉진하는 것
동지로서의 역할	개인이나 집단의 동지, 열광적인 옹호자나 지지자의 역할
영향력과 정치적 기술 보여주기	당국이나 결정권자에게 영향을 미치는 정치적 과정이나 시도
사회정의 보장하기	사회정의를 보장하거나 유지할 목적으로 행동방침을 직접 방어함
클라이언트 역량 강화하기	개인이나 지역사회가 그들의 운명을 지배할 수 있도록 조장하여 역량을 강화하는 것
클라이언트와 동일시하기	클라이언트와 분명히 그리고 의도적으로 동일시하는 것
법적 기반 사용하기	클라이언트의 실질적인 권리를 보호하는 것은 법적인 과정을 필요로 함

<표 13-1>에서 볼 수 있듯이 옹호는 사회정의를 증진한다는 의미를 내포한다. 또한 사적 어려움을 공적인 문제로 혹은 개인적 문제를 사회적 이슈로 변형시킨다는 의미 역시 가지고 있다. 나아가, 미시적, 거시적 수준에 존재하는 다양한 비인간적 조건들을 제거하여 인간의 보편적 삶의 질 향상에 기여하는 한편, 클라이언트를 임파워먼트한다는 의미도 내포한다.

이렇게 다양한 의미를 포함하지만, 옹호 개념에는 기본적으로 ① 스스로 권리를 확보할 능력이 부족한 개인이나 집단, 지역사회가 존재한다는 가정, ② 이러한 사회적 단위의 이해관계를 대변, 지지, 방어하는 활동이 사회정의의 관점에서 옳다는 믿음, ③ 이를 위해 각 사회적 단위를 둘러싼 환경에 개입하여 위기 상황을 타개하고 문제를 해결해야 한다는 논리가 핵심적으로 전제되어 있다(Tice et al., 2019 : 75).

(2) 집단행동과의 관련성

옹호는 클라이언트체계가 겪는 문제 해결을 위하여 표적체계에 모종의 압력을 가하고, 이를 통해 제도적, 사회적 변화를 추구한다는 면에서 집단행동과 비슷한 점이 많다. 그러나 집단행동은 기본적으로 표적체계를 적(enemy)으로 규정하고, 표적체계의 의지를 꺾거나 제거하는 방식, 즉 표적체계의 존재 및 욕구 자체를 부정함으로써 궁극적으로 잘못된 기존의 관행이나 구조를 뒤엎으려는 급진성을 전제로 한다. 반면 옹호는 현 상태를 구조적으로 뒤집지 않는 한도 내에서 사회복지사가 클라이언트의 이해관계 증진을 위하여 고도의 전문 기술을 사용한다는 점이 특징이다. 즉, 표적체계의 존재나 욕구를 부정하지 않으면서 법, 제도, 관행이 허용하는 최대치 안에서 표적체계의 변화를 유도하는 타협적 기술을 활용한다는 것이다. 이러한 측면에서 옹호는 때로 다소 과격한 행동을 동반할 수는 있지만 본질적으로는 체세 순응석인 실천 기술이라고 볼 수 있다(Goldberg & Middleman, 1992).

또한 집단행동은 표적체계를 변화시키기 위하여 클라이언트체계를 포함한 행동체계가 자발적으로 문제를 제기하고 스스로를 위한 행동에 능동적으로 투신한다는 점이 특징이다. 그러나 이와 달리 옹호는 권력과 정책의 부조리에 직접 영향받는 사람들, 즉 클라이언트체계가 먼저 문제를 제기한다거나 먼저 행동을 개시하지 않으며, 문제의식을 느끼는 소수의 사회복지사에 의해 행동이 시작된다는 것이 특징이다. 이 말인즉슨, 옹호의 개념적 틀 안에서는 클라이언트체계와 행동체계가 일치하지 않는다는 이야기이다. 미국 사회복지사 윤리강령에서 옹호자(advocate)를 "남의 명분을 대신 호소하는 자", "타인의 이해관계를 직접 대표해 주고 권리를 방어해 주는 자" 등으로 정의하는 까닭은, 사회적 약자인 클라이언트체계를 위하여 변화매개체계인 사회복지사가 주요 행동체계가 되어 무엇인가를 '대신'하여 준다는 아이디어가 옹호의 개념 밑바닥에 깔려 있기 때문이다(NASW, 2017).

(3) 임파워먼트와의 관련성

옹호와 집단행동이 구분되는 것과 마찬가지로, 옹호는 임파워먼트와도 구분된다. 옹호는 자신의 권리를 스스로 지킬 수 없는 사회적 약자의 이해관계를 사회복지사 등이 대신 지켜주는 활동을 의미하는데, 이러한 옹호를 통해 사회적 약자층은 향후 자신을 둘러싼 환경에서 능동적으로 의사결정을 내리는 '주인'이 될 수 있고 미래를 주체적으로 개척해 나갈 개인적, 대인적, 정치적 힘을 키울 수 있다. 즉, 임파워먼트를 경험할 수 있다. 이러한 이유로 옹호는 종종 임파워먼트와 같은 선상에서 연결 지어져 논의되기도 한다(Dalrymple & Boylan, 2013 : 15).

그러나 옹호가 반드시 임파워먼트로 귀결되는 것은 아니다. 둘은 구분되는 것이 바람직하고, 이론적으로도 구분이 가능하다. 왜냐하면 옹호가 사회적 약자층의 이해관계를 증진함으로써 그들을 둘러싼 권력관계에 변화를 야기하고 권능화를 가져오는 것은 맞지만, 이러한 권능화는 사회복지사의 의도적인 외적 개입에 따른 결과라는 측면에서, 클라이언트의 자발적이고 자생적인 내적 변화가 강조되는 임파워먼트와는 개념적으로 거리가 멀기 때문이다(Rafael, 1995).

<표 13-2> 옹호, 집단행동, 임파워먼트의 비교

구 분	옹 호	집단행동	임파워먼트
주 체	사회복지사	클라이언트 주도	클라이언트 중심
태 도	체제 순응적	급진적, 저항적	자기결정적
목 표	권익 대변	구조 변화	역량 강화

(4) 사회복지사 윤리와의 관련성

체제 순응적이며 클라이언트의 변화를 외부에서 강제로 불어넣는다는 점은 옹호 활동이 가진 분명한 한계점이다. 그러나 이러한 약점에도 불구하고, 옹호가 클라이언트의 처지 개선, 긍정적 사회 변화, 사회정의 구현이라는 사회복지의 핵심 가치에 방점을 찍고 활용되는 지역사회복지실천의 주요 전술 중 하나라는 사실에는 변함이 없다(Tice et al., 2019 : 78). 다음은 사회복지사의 핵심 과제 중 하나로 옹호를 지목한 한국사회복지사 윤리강령의 내용을 일부 발췌한 것이다.

- 사회복지사는 한국사회복지사협회 등 전문가 단체의 활동에 적극적으로 참여하여, 사회정의 실현과 사회복지사의 권익 옹호를 위해 노력한다.
- 사회복지사는 클라이언트의 이익을 최우선의 가치로 삼고 이를 실천하여, 클라이언트의 권리를 존중하고 옹호한다.
- 사회복지사는 모든 인간의 존엄, 자유, 평등을 위해 헌신해야 하며, 사회적 약자를 옹호하고 대변하는 일을 주도해야 한다.
- 사회복지사는 정치적 영역이 클라이언트의 권익과 사회복지실천에 미치는 영향을 인식하여 사회정의 실현을 위한 사회정책의 수립과 법령 제·개정을 지원·옹호해야 한다.

2) 수 준

사회복지사는 클라이언트의 이해관계를 개별적으로 증진하는 활동을 할 수도 있고 클라이언트를 곤경에 빠뜨리는 환경을 전반적으로 개선하기 위한 활동을 할 수도 있다. 전자와 같은 미시적 차원의 옹호를 사례옹호(case advocacy), 후자와 같은 거시적 차원의 옹호를 명분옹호(cause advocacy)라 한다(Dalrymple & Boylan, 2013 : 3).

(1) 사례옹호

지역사회복지실천 현장에 가보면 일부 개인이나 가족, 소집단이 서비스 수혜자격을 갖추고 있음에도 불구하고 특정 기관으로부터 서비스를 받지 못한 채 방치된 경우를 자주 목격할 수 있다. 이를 사각지대라 부르는데, 실천가는 지역사회에 존재하는 사각지대를 최대한 많이 발굴하고 위기 상황에 놓인 개인, 가족, 소집단에게 필요한 서비스와 자원을 제공, 전달, 연계함으로써 그들의 이해관계를 대신 실현하여 주는 활동을 할 수 있다.

이처럼 사각지대에 놓인 개별 클라이언트가 필요로 하는 자원과 서비스 및 서비스 자격을 획득할 수 있도록 원조하는 활동을 사례옹호라고 부른다. 사례옹호는 개인, 가족, 소집단을 대상으로 한다는 측면에서 미시적 실천(micro practice)으로 분류된다.

(2) 명분옹호

개인, 가족, 집단을 대상으로 사례옹호 활동을 하다 보면 사회복지사는 자연스럽게 "이것은 그냥 단순한 조건이 아니라 해결해야 할 사회적 문제이다", "사회 문제 해결을 위해 법과 제도, 정책과 프로그램, 관행과 인식을 바꾸고 개혁해야 한다"라는 생각을 갖게 된다. 이러한 생각이 확신으로 굳어지면 사회복지사는 자신의 개별적 사례옹호 활동에 대한 명분(cause)을 쌓게 되고, 이때부터 스스로를 옹호할 자원, 재능, 기술 등의 능력을 결여한 클라이언트 집단 전체를 대신하여 해당 집단에 불리한 영향을 미치는 사회 문제의 해결을 촉구하고 나서게 된다. 예를 들어, 발달장애인 보호시설 이용자들이 반복적으로 지역사회 내 문화 체육 자원을 이용하지 못하는 사례가 발견되었을 때, 실천가가 해당 지역 조례 개정과 함께 주간활동지원서비스 프로그램 확대를 요구하는 활동을 벌이는 것이 명분옹호의 한 예시가 될 수 있다.

명분옹호는 이처럼 클라이언트 집단 전체에 영향을 미치는 법, 제도, 정책, 프로그램, 관행, 문화, 인식 등을 변화시키기 위하여 사회복지사가 클라이언트를 대신하여 전개하는 활동으로 정의될 수 있다. 명분옹호는 개별 클라이언트의 이해관계보다 클라이언트 집단 전체의 이해관계 증진을 위해 노력하는 활동이자, 구체적 서비스나 자원의 전달 혹은 연계보다 법, 제도, 관행, 문화 등을 조금 더 상위 수준에서 변화시키고자 노력하는 활동이다. 그래서 거시적 실천(macro practice)으로 분류된다.

(3) 수준의 결정

사회복지실천은 환경 내 인간(PIE : Person-In-Environment)의 관점을 전제로 한다. 특히 인간과 환경의 밀접한 관련성에 초점을 맞추고 둘의 상호작용을 향상하는 것을 실천의 주된 목적으로 삼는다. 이러한 PIE의 관점에서 보면, 인간(개인, 가족, 집단 등 개별 클라이언트)에 좀 더 초점을 맞추는 사례옹호나, 반대로 환경(법, 제도, 관행, 문화 등 클라이언트를 둘러싼 문제적 환경)에 좀 더 초점을 맞추는 명분옹호 중 어느 하나에만 치중하는 태도는 바람직하지 않다는 것을 곧 알게 된다. 바람직한 선택은 양자를 절충하여 상황과 맥락에 따라 다양한 수준에서 융통성 있게 옹호 활동을 전개하는 것이다(Abramovitz & Sherraden, 2016).

사례옹호만으로는 사회의 거시적 변화, 예컨대 정책 개선과 같은 구조적인 변화를 유발하기 어렵다. 반대로 사례옹호를 하는 과정에서 획득하는 경험적 데이터의 충분한 누적 없이는 왜 특정 정책을 개선해야 하는지에 대한 명분을 쌓기 어렵다. 양자는 상호 밀접한 관련성을 가지고 상호 간에 긍정적 영향을 끼치는 관계에 놓여있다. 따라서 사회복지사의 입장에서는 미시와 거시 실천을 적절히 혼합하여 클라이언트에 대한 옹호 활동을 효과적으로 완성하겠다는 균형 잡힌 생각을 갖는 것이 중요하다.

3) 유 형

옹호 활동은 다양한 방식으로 유형화하여 살펴볼 수 있다. 다음에서는 이를 총 여섯 개 유형으로 나누어 살펴본다. 각 유형은 옹호의 주체(클라이언트 vs. 사회복지사), 대상(개인/ 집단/ 지역/ 정책 등), 실천 수준(미시/ 중간/ 거시), 표적체계의 성격(기관/ 제도/ 사회구조 등) 등의 기준에 따라 구분한 것이다.

(1) 자기옹호

옹호는 기본적으로 다른 사람의 이해관계를 대변하고 관철하는 활동을 가리킨다. 그렇지만 때로 문제를 경험하는 개인이나 가족, 혹은 집단이 스스로를 대변하고 이해관계를 관철하는 활동을 전개하기도 한다. 이처럼 자기 자신을 지키고 욕구를 해소하며 권리를 수호하기 위해 의견을 표명하고 결정을 내리며 그에 대해 책임을 지는 행위를 자기옹호(self-advocacy)라 한다(Algert & Stough, 1998 : 27).

자기옹호는 스스로를 지키는 행위로서, 특별한 것이 아니다. 그러나 취약계층에 속한 클라이언트는 이러한 아주 자연스러운 자기방어 행위조차 제대로 수행하지 못하는 경우가 많다. 또한 스스로를 대변하는 과정에서 그에 저항하는 표적체계로부터 심각한 조롱, 멸시, 차별을 받기도 한다. 그래서 사회복지사는 클라이언트가 자기옹호를 제대로 할 수 있도록 다양한 행정, 기술적 지원을 해주고, 정서적 격려와 인정, 고취를 해줄 필요가 있다. 이러한 자기옹호는 클라이언트의 임파워먼트를 위한 선결 조건이 된다.

(2) 개인옹호

개인옹호(individual advocacy)는 문제를 경험하는 개인과 그의 가족이 스스로의 이해관계를 대변하거나 관철하지 못할 때 사회복지사가 해당 개인이나 가족을 대신하여 그들의 권리를 수호하는 활동을 가리킨다(Algert & Stough, 1998 : 27). 개인옹호를 하는 사회복지사에게는 개인 혹은 가족을 대상으로 하는 전문적 사회복지실천기술의 습득과 활용이 요구된다.

개인옹호는 때로 행정기관을 상대로 한 소송으로 이어지기도 한다. 예컨대 장애인이 탈시설 주거지원 서비스를 신청하였는데, 기초생활수급자가 아니라는 이유로 관할 지방자치단체 담당부서 공무원이 지급을 거부하였다면, 이는 관련 법규를 위반한 것이므로 사회복지사는 변호사와 상의하여 법원에 개인의 권리를 구제하기 위한 조치, 여기서는 지방자치단체를 상대로 한 신청거부처분 취소청구소송을 걸 수 있다.

(3) 집단옹호

비슷한 경험, 입장, 가치를 가진 사람들이 모여 만든 집단(예 발달장애아를 둔 부모의 자조모임)이 있고 이 집단 구성원들이 공동의 문제로 고민할 때(예 지역사회 주간보호서비스의 부실 운영), 사회복지사는 이들의 문제 해결을 돕기 위하여 옹호 활동을 수행할 수 있다. 이때의 옹호를 집단옹호(group advocacy)라 부른다(Cohen, 2004). 집단옹호를 하는 사회복지사에게는 집단을 대상으로 하는 전문적 사회복지실천기술의 습득과 활용이 요구된다.

자기옹호나 개인옹호와 달리, 집단옹호에서는 사회복지사가 집단 구성원들을 동원하여 머릿수를 바탕으로 한 세력 과시를 시도할 수 있다. 세력 과시는 이어서 살펴볼 투쟁 전략의 집단행동 전술과도 접맥되는데, 만약 성공적으로만 수행된다면 클라이언트체계를 불리한 위치에 밀어넣은 기존의 여론, 정책, 서비스 제공 방식 등에 상당한 변화를 일으킬 수 있다.

(4) 지역사회옹호

지역사회옹호란 지역사회 내 특정 주민 집단 혹은 지역사회가 처한 어려움을 알리고 그 어려움을 해결하여 지역사회의 이해관계를 관철하고자 하는 사회복지사의 거시적 대변 활동을 가리킨다(Mellinger, 2014). 따라서 지역사회옹호를 수행하는 실천가에게는 개인이나 집단이 아닌, 지역사회 전체를 대상으로 하는 전문적 사회복지실천기술의 습득과 활용이 요구된다. 특히 지역 주민을 한자리에 모아 의식화하고 동원을 위한 안정적 구조를 만드는 일이 필수적인 만큼, 능수능란한 주민조직화 기술이 요구된다(Tice et al., 2019 : 299).

사회복지사가 개입하지는 않았으나 지역사회옹호의 대표적이면서도 극적인 현실 사례를 몇 가지 제시하면, 2010년대 초 밀양 송전탑 사건, 제주 강정마을 해군기지 건설 문제 등을 거론할 수 있다. 각 사례를 면밀히 검토해 보면, 노동조합, 환경단체, 반핵단체, 인권단체, 종교단체, 대안학교 등 해당 문제에 관심을 가진 각계각층의 외부 활동 조직과 소속 활동가들이 클라이언트 지역사회 내부로 침투하여 일부 지역 주민의 편에 서서 그들의 이해관계를 수호하고 권익을 지키기 위한 다양한 옹호 활동에 매진한 것을 확인할 수 있다. 이들 사례에서 발견된 활동가들의 지역사회 옹호 활동은 사실상 투쟁 전략의 집단행동과 다를 바 없다.

(5) 정치 · 정책옹호

정치 · 정책옹호(political/ policy advocacy)는 특정 개인이나 가족, 집단, 지역사회를 옹호한다기보다 이들에게 영향을 미치는 부조리와 비복지의 포괄적 제거를 목표로, 입법, 행정, 사법 영역에서 다양한 대변 활동을 수행하는 것을 뜻한다. 따라서 정치 · 정책옹호를 수행하는 사회복지사에게는 능수능란한 로비(lobbying) 기술이 필수적으로 요구된다(Lane & Pritzker, 2018 : 152).

입법 영역에서의 정치 · 정책옹호를 특히 입법옹호(legislative advocacy)라고 부른다. 입법옹호는 특정 법안의 통과를 저지하거나 특정 법안을 제안하여 통과하도록 실력 행사를 하는 것을 뜻한다(Mellinger, 2014). 가령, 현재 우리나라의 기초생활보장제도를 살펴보면 부양의무자 기준, 근로 능력 평가 등 독소조항이 여전히 남아 있는데, 이를 완전히 폐지하기 위한 사회복지사 단체들의 오랜 압력과 촉구가 입법옹호의 대표적 예라 할 수 있다.

입법옹호는 사회복지실천에서 언젠가 반드시 거쳐야 하는 과정 중 하나이다. 그렇지만 좀처럼 계획한 대로 실현되지 않는다. 왜냐하면 입법은 그 자체로 굉장히 복잡하고 고도의 기술을 요하는 과정으로서 사회복지실천기술과는 전혀 다른 차원의 문제이기 때문이다.

그뿐만 아니라 다른 이익집단들의 갑작스러운 반대로 애초 무난히 통과될 것 같았던 법안이 좌초되는 경우도 빈번히 발생한다. 또한 정치인들은 수많은 법안을 정해진 회기 안에 다루어야 해서 특정 법안에 대한 전문적 이해도가 떨어지는 경우가 많고, 설령 특정 법안을 잘 파악한다고 해도 수많은 이익집단으로부터 압력을 받기 때문에 어떤 하나의 법안만 무조건 지지할 수도 없는 어중간한 상황에 놓여있다. 애초 지지한다고 선언한 법안을 지역구나 국민 여론의 변화에 따라 은근슬쩍 반대하거나 뭉개는 경우도 굉장히 흔하다. 더군다나 개별 정치인이나 개별 정당이 법안에 찬성해도 다른 정치인이나 상대 정당이 반대하면 법안은 통과될 리 만무하다. 국가의 재정 상태, 국민의 복지에 대한 인식 및 여론도 법안의 원만한 처리를 막는 여러 장애요인 중 하나이다. 따라서 사회복지사는 입법옹호의 유효성과는 별개로 그 한계도 정확히 인식해야 한다(Beimers, 2015).

(6) 체계변화옹호

체계변화옹호(advocacy for systems change)는 사회복지사가 클라이언트체계를 대신하여 보다 근본적인 차원에서 제도 변화를 시도하는 것이다(Summers, 2016). 체계변화옹호는 특정 개인이나 가족, 집단, 지역사회를 대변하지 않는다는 점에서 정치・정책옹호와 유사하다. 그렇지만 특별한 정치적 과정이나 특수한 정책에 영향력을 행사한다기보다, 정치와 정책 형성에 기여하는 제도 및 체제 자체를 변화시키는 데 초점을 맞춘다는 점에서 정치·정책옹호와 구별된다.

예를 들어, 최근 페미니즘이 우리 사회에서 큰 힘을 얻고 있는데, 사회복지사는 페미니즘을 바탕으로 자기옹호, 개인옹호, 집단옹호, 지역사회옹호, 정치·정책옹호 활동을 전개할 수 있으며, 궁극적으로 이러한 국지적 옹호 활동들을 지속하는 과정에서 가부장제라는 남성 중심 사회체제의 약화 혹은 철폐라는 전면적 변화를 끌어낼 수 있다. 여기서 가부장제는 체계변화옹호의 표적체계이고, 가부장제 철폐는 체계변화옹호의 목표이자 결과이다.

4) 관련 전술

옹호는 기본적으로 변화에 완전히 동의하지도, 변화를 완전히 거부하지도 않는 어정쩡한 상태에 있는 표적체계를 대상으로 클라이언트의 이해관계 증진을 위해 사회복지사가 취할 수 있는 전술이다. 따라서 옹호는 협력 전략이나 투쟁 전략보다는 캠페인 전략으로 분류되며, 그런 만큼 캠페인 전략에서 사용되는 여러 전술들과 결합되어 진행되는 경우가 많다. 다음에서는 옹호 전술을 취할 때 함께 구사할 수 있는 지역사회복지실천의 각종 전술 및 기술에 대해 간략히 살펴보고자 한다.

(1) 설득하기

설득하기(persuading)란 표적체계가 기존의 결정과는 다른 결정을 내리도록 추가 정보를 제공하여 변화를 받아들이지 않는 것보다 받아들이는 것이 낫다고 생각하게 만드는 것이다(Lane & Pritzker, 2018 : 169). 옹호 활동에서 설득은 사회복지사가 제시하는 문제정의와 해결 방법을 표적체계가 수용하여 기존 입장을 바꾸도록 만드는 데 집중된다. 이를 위해 사회복지사는 표적체계에게 충분한 정보를 제공하는 것 외에, 그들이 가진 기존 정보체계의 잘못된 부분을 바로잡고 논리적 결함을 찾아내 표적체계에게 알려주는 노력을 기울인다. 이때 사회복지사는 격식을 잃지 않아야 하고, 긴 시간이 소요될 수 있음을 인식하고 인내를 가지고 문제상황에 대처해야 한다. 좋은 설득은 성공적 로비의 전제조건이 된다.

(2) 청문 활용하기

행정절차법 제2조 제5호에 따르면, 청문(fair hearing)이란 행정청이 어떠한 처분을 하기에 앞서 당사자 또는 이해 관계인의 의견을 직접 듣고 증거를 조사하는 절차를 의미한다. 청문의 목적은 행정청이 어떤 처분을 내리고자 할 때 처분의 원인이 되는 사실 등을 당사자에게 사전에 통지하여 청문 주재자(주로 지방자치단체 공무원)의 주재하에 당사자의 구술에 의한 주장을 청취하고 행정청과 당사자 간 또는 당사자 상호 간에 반증을 허용하며 증거조사를 수행함으로써 사실 규명과 법령의 해석 및 적용을 명확히 하는 데 있다. 인가·허가·면허·등록·승인·지정 등의 취소 및 철회, 법인·조합 등의 설립 취소·해산 명령, 철거·폐쇄 명령, 제조·판매 금지, 자격 박탈 등과 같이 행정청이 부여한 권리·권한 자체를 박탈하는 경우에는 청문 규정을 두는 것을 원칙으로 한다(박가영, 2012).

옹호를 하는 사회복지사는 클라이언트가 중요한 법적 신분이나 자격을 박탈당할 상황에서, 예컨대 기초생활수급권의 박탈 또는 제한과 같은 처분을 받을 위험에 처할 때, 담당 행정청에 클라이언트를 대신하여 의견을 제출하고 처분 대상자의 권익을 보호하는 활동을 수행할 수 있다(Richan, 2013 : 179).

(3) 당황하게 하기

사람들은 대부분 자신이 합리적이고 공정하다고 믿는다. 그래서 다른 사람들이 자신을 인정하지 않고 그릇되었음을 지적할 때 심한 불쾌함을 느끼고 분노를 표시하곤 한다. 인간의 이 같은 보편적이고 자연적인 심리를 이용한 실천기술이 바로 표적체계를 당황하게 하기(embarrassing the target system) 전술이다(Mondros, 2005 : 278).

클라이언트의 이해관계를 결정할 권력과 자원을 가진 표적체계를 상대로 당신 혹은 당신이 소속된 단체는 "비합리적이다", "불공정하다", "실수했다", "실패했다"라는 메시지를 전달하고 이를 공개적으로 드러내는 활동을 지속적으로 전개하면, 표적체계는 크게 당황하고 이를 만회하고자 대응하게 된다. 표적체계를 당황하게 할 수 있는 방법을 구체적으로 몇 가지만 제시하면, 대중매체에 등장하여 인터뷰하기, 표적체계가 위치한 건물 앞에서 전단지 돌리기, 문 앞에 포스트잇 붙이기, 피케팅 하기, 구호 외치기 등이 있다.

당황하게 하기 전술은 표적체계가 메시지에 긍정적으로 반응할 것으로 예상될 때 사용하는 것이 바람직하다. 만약 이 전술이 실패하면 "감히 나에게 망신을 주다니"라는 수치심 때문에 표적체계는 이전보다 더 강경한 입장을 띠며 클라이언트의 이해관계에 반하는 행동을 할 가능성이 높아지기 때문이다(Boudon, 2016). 따라서 다소 위험성이 있음을 감안하여 조심스럽게 사용하여야 한다(Tice et al., 2019 : 85).

(4) 정치적 압력 가하기

정치적 압력 가하기(pressuring political figures)란 변화를 만들어 내기 위하여 정치권력을 활용하는 것이다(최일섭, 2006 : 245). 물론 모든 표적체계가 정치적 압력에 영향을 받는 것은 아니다. 그렇지만 공공기관이나 공공기관의 영향을 많이 받는 일부 민간 조직들은 그들을 통제, 조정하는 정치인들의 관심사나 성향에 민감할 수 있다. 이는 사회복지사가 유권자의 입장에서 국회의원, 시장, 구청장, 시의원, 구의원 같은 선출직 공무원을 찾아가 이들에게 관할 지역 문제를 조사하고 해결을 촉구하는 방식으로 옹호 활동을 수행하여 원하는 결과를 얻을 수 있다는 것을 시사한다(Richan, 2013 : 174).

예컨대, 한국사회복지사협회는 국회의원 선거나 지방자치단체장 선거 시 재임 중인 선출직 공무원들을 대상으로 얼마나 사회복지와 관련된 공약사항을 이행하였는지 평가하고 그 결과를 공개적으로 게시하곤 한다. 또한 후보들을 대상으로도 특정 정책에 대한 입장이 어떠한지를 묻고 후보자 간 비교 결과를 제시하기도 한다. 이는 정치적 영향력이 있는 인물들을 대상으로 한 압력 요인이 될뿐더러, 클라이언트체계와 그들이 겪는 문제의 해결에 도움을 주는 촉진 요인으로도 유용하게 작용할 수 있다. 이러한 정치적 압력 가하기는 다른 말로 로비하기(lobbying)로도 불린다.

(5) 연판장 돌리기

사회복지사는 탄원서를 작성하고 여기에 서명을 받는 활동, 즉 연판장 돌리기(petitioning)를 통해 표적체계의 변화를 끌어낼 수 있다. 탄원서를 받고자 하는 사회복지사는 보통 가가호호 방문하거나 지역 주민이 많이 모이는 길거리에 좌판을 설치하여 서명을 받는다. 그래서 육체적으로 다소 힘이 들 수 있는데, 비교적 짧은 시간 안에 많은 사람으로부터 서명을 받고 지지를 확보할 수 있다는 점에서 유용성이 크다(전선영, 2004 : 109).

물론 일부 표적체계는 탄원에서 제기되는 이슈의 중요성이나 시급성을 평가절하하거나 그 내용을 크게 개의치 않아 한다. 탄원서가 수북이 쌓여도 법적 구속력이 없으므로 대수롭지 않게 생각한다는 것이다. 그러나 탄원서는 그 자체로 어떤 변화를 만들어 내는 힘은 못 되더라도, 기존의 관행이나 법, 제도, 서비스 제공 방식의 정당성에 상처를 냄으로써 표적체계가 이를 묵과하기 어려운 곤란한 상황을 만들어 내는 데 어느 정도 일조할 수 있다. 또한 서명을 받은 탄원서는 목적에 따라 사회복지사의 옹호 활동을 정당화하는 수단 중 하나로 이용될 수도 있다. 따라서 최대한 많이 받아두었다가 필요할 때 지역사회 공청회나 정책 토론회 등에서 제출하면 때로 효과를 볼 수 있다. 더불어 탄원서를 받는 행위 자체가 옹호 활동을 널리 알리고 그 저변을 확장하는 방법이 될 수도 있기 때문에, 연판장 돌리기는 그 자체로 구속력이 없다고 할지라도 시도해 볼 가치가 큰 기술이라고 할 수 있다(Kirst−Ashman & Hull, 2018 : 268).

5) 과 정

옹호는 캠페인 전략의 하위 전술 중 하나로서 사회복지사는 지역사회복지실천의 기본 과정, 즉 지역사회 사정 → 개입 계획 수립 → 실행 → 평가의 순서를 그대로 따라 활동을 전개할 수 있다(Netting et al., 2016 : 23−24). 이 과정을 좀 더 구체적으로 설명하면 다음과 같다.

첫째, 지역사회 사정 단계이다. 이 단계에서 사회복지사는 먼저 지역사회 안에 어떠한 이슈가 있는지, 무엇이 문제이고 어떠한 자원이 있으며, 보유한 자원이 문제를 해결하는 데 왜 적시에 적절하게 사용되지 못하고 있는지 등을 면밀하게 조사한다.

둘째, 개입 계획 수립 단계이다. 앞선 단계에서 사정이 완료되면 사회복지사는 밝혀진 문제의 원인을 토대로 개입 가설, 개입 시기, 개입 장소, 개입 목적 및 목표와 같은 예상 결과를 포함한 계획안을 수립하고, 주어진 환경과 조건 아래에서 제시된 계획안이 얼마나 실현 가능성이 있는지 맥락분석을 실시한다. 맥락분석 결과, 만약 큰 제약 없이 표적체계가 변화 요구를 수용할 것으로 예상되면 협력 전략을 선택하여 즉시 계획을 실행하고 클라이언트를 임파워먼트하는 작업을 실시한다. 그러나 만약 표적체계가 변화를 거부하고 행동체계의 움직임을 적대시할 것으로 예상되면 투쟁 전략을 채택하여 집단행동, 소송, 협상 등의 강경 대응을 모색한다. 한편, 만약 표적체계가 변화에 완전히 동의하지도, 변화를 완전히 거부하지도 않을 것으로 예상되면 캠페인 전략을 선택하여 표적체계를 상대로 클라이언트체계의 권익을 옹호하는 전술을 전개한다. 옹호 전술을 전개하는 과정에서는 캠페인 전략의 또 다른 전술인 교육, 설득, 로비, 청문 신청, 연판장 돌리기 등의 기술을 적절하게 혼합하여 사용할 수 있다.

셋째, 실행 단계이다. 옹호 전술을 선택하였다면, 옹호 활동에 필요한 구체적인 내역서 및 예산안을 작성하여 계획된 바를 실행에 옮긴다. 옹호 전술에 입각해 계획을 실행에 옮기는 사회복지사는 강력한 리더십을 발휘하여야 한다. 그리고 지지기반을 넓히고 실행력을 제고한다는 차원에서 비슷한 목표를 공유하는 지역사회 안팎의 영향력 있는 인물 혹은 조직들과 연합하는 것(coalitioning)도 진지하게 고려하여야 한다(Kirst-Ashman & Hull, 2018 : 161). 공동의 목표 달성을 위한 인물 혹은 조직 간 제휴를 의미하는 연합의 장점과 단점은 다음 <표 13-3>에 정리되어 있다.

<표 13-3> 연합의 장점과 단점

장 점	단 점
• 해당 이슈에 관여하는 조직과 사람의 수를 극대화 • 유사한 기관이 의사결정권자 앞에서 모순된 설명을 내는 상황을 사전에 제거 • 해당 이슈에 대하여 하나 이상의 관점을 표현 • 해당 이슈에 대한 자료나 법률 수집과 분석의 업무량을 공유 • 활동의 내용과 방법을 통일화, 선명화 • 공통의 목표를 추구하여 자원의 활용도를 극대화 • 각 집단의 가시성과 사회적 지위를 향상 • 지속적인 권력 기반을 확립 • 큰 방패막이가 있다는 느낌을 줌으로써, 각 집단 구성원의 불안감 해소	• 대부분의 조직이 조직 간 협동에 최소한의 자원만 투입 • 연합의 이슈가 기관의 주요 이슈가 아니라면 기관의 시간과 에너지를 연합의 이슈에 집중하지 않음으로써 오히려 비효율을 증가시킴 • 협력 기관 간 이해관계의 상충과 그에 따른 분열의 가능성 상존 • 연합했는데도 실패한다면 패배감과 좌절감이 걷잡을 수 없이 증폭

출처 : Schneider & Lester(2001), pp. 139-141, 지은구·조성숙(2019) 재인용.

넷째, 평가 단계이다. 옹호 활동이 종료되면 사회복지실천에서 필수적인 평가를 실시해야 한다. 평가는 과정평가와 성과평가로 나뉜다. 과정평가는 개입의 목적과 목표가 순조롭게 잘 달성되고 있는지 여부를 실천 중간에 지속적으로 확인하는 모니터링을 의미한다. 성과평가는 실제 목적과 목표를 달성하였는지 여부를 실천이 종료된 이후 확인하는 것을 의미하며, 단기 성과 평가와 장기 성과 평가로 나누어 살펴볼 수 있다. 평가의 방법론으로는 보통 단일사례설계 조사방식을 이용한다. 평가 결과는 일반대중에게도 가독성이 높은 보고서로 정리하여 지역사회 안팎에 배포한다.

2. 집단행동

1) 개 념

지역사회복지실천에서 집단행동은 "지역 주민의 삶을 불행하게 만들며 욕구의 충족을 어렵게 만드는 문제상황을 타개하기 위하여 지역사회의 자원과 권력의 분배 현황(status quo)에 유의미한 타격을 가하고 이를 통해 기존의 억압적이고 불평등한 사회관계를 변화"시키는 전술로 정의된다(류기형 외, 2015 : 50). 즉, 집단행동은 권력과 자원이 특정 계층에 집중되어 있어 다수 주민의 욕구가 억눌리는 상황에서, 이를 공개적으로 문제 삼고 변화시키기 위한 공동의 행동이다. 예컨대, 지역사회 재개발을 위한 토지 수용 문제에서 부유한 개발업체가 저소득층 주민들의 토지를 불합리하게 수용하려는 상황이 있다고 하였을 때, 해당 지역 주민들이 집단적으로 시위나 단식투쟁 등을 통해 권리를 주장하고 이를 통해 지역사회 재개발 정책을 자신들에게 유리한 방향으로 변경하는 사례가 집단행동의 예시라 할 수 있다.

집단행동은 사회복지사가 제시한 개입계획을 표적체계가 받아들이려 하지 않을 때 이를 강제적으로 수용하게 함으로써 변화를 일으키는 직면적(confrontational) 성격의 사회복지실천기술이다. 개입 계획, 즉 '우리의 문제정의와 해결 방식에 관한 안'을 강제적으로 수용하도록 하기 위해 집단행동을 계획하는 사회복지사는 투쟁 전략으로 분류될 수 있는 다음과 같은 또 다른 다양한 전술들을 집단행동 시 함께 곁들여 사용하면 좋은 효과를 볼 수 있다(Wang & Piazza, 2016).

- 로비(lobbying)
- 교섭 및 협상(bargaining and negotiating)
- 파업(strikes)
- 집회(rallies)
- 보이콧(boycotts)
- 가두행진(marches)
- 시위(demonstration)

- 홍보 시위(information picketing)
- 소송(court action)
- 연좌 항의(sit-ins)
- 동맹휴업(mass walkout)
- 단식투쟁(fast strikes)
- 시민불복종(civil disobedience) 등

2) 유 형

집단행동은 기존의 자원과 권력 배분 현황에 타격을 가하여 지역사회의 불평등하고 억압적인 사회적 관계를 뒤집는 데 초점을 맞춘다. 그런데 이러한 '뒤집기'에는 정도의 차이가 있다. 여기에서는 표적집단에 가하는 압력의 수준에 따라 집단행동을 세 개의 유형으로 구분하고, 각 유형의 특징 및 유형별 사용 기술에 대해 알아본다.

(1) 입장의 충돌

대부분의 경우 집단행동을 하더라도 상대를 완전히 제압하여 굴복시키겠다는 식의 접근을 하지는 않는다. 상대방(표적체계)은 적(enemy)이지만 그들은 대부분 '갑'의 위치를 점하기 때문에 대부분 '을'의 위치에 놓인 집단행동의 주체(행동체계+변화매개체계)가 그들을 완전히 패배시키는 것은 현실적으로 어렵고, 설령 가능하더라도 엄청난 비용을 지불하여야 하는 만큼 피하는 것이 바람직하기 때문이다. 따라서 대부분의 경우 집단행동을 할 때에는 '갑'이 인내할 수 있는 최대치 혹은 여기서 살짝 부족한 한도 내에서 '갑'의 권위에 도전하는 것이 일반적이고 가장 효과적이다.

한편 권위에 도전을 받은 표적체계는 처음에는 이를 무시하거나 무자비하게 탄압하는 방식으로 대응한다. 그러나 이는 자신의 입장에서도 비용이 많이 드는 일일 뿐 아니라, 현 지위에 대한 정당성을 의심받을 수 있는 상황으로 몰릴 수 있어서 무조건 몰아붙일 수 있는 일이 못 된다. 따라서 표적체계는 어느 시점에 다다르면 행동체계와 변화매개체계의 요구에 응하게 된다. 다시 말해, 표적체계는 협상테이블에 나와서 "그래, 너희가 이렇게 시끄럽게 외치는 이유가 무엇인지 한 번 들어보자" 혹은 "너희들의 요구를 그대로 들어줄 수는 없지만, 대안을 한번 고려해 보겠다"와 같은 태도 변화를 보이며 양보책(concessions)을 놓고 출구 전략을 고민하게 된다.

실제 이러한 논리에 입각해 집단행동을 일으키고 행정 당국으로부터 상당한 반대급부를 챙긴 성공 사례가 있다. 1960년 미국의 빈민 운동(the Poor People's Movement)이 그것이다. 당시 운동이 성공적으로 끝날 수 있었던 까닭은 운동을 뒤에서 조종한 활동가들이 빈민들을 앞세워 지방정부의 사회복지행정국(Department of Health and Human Services) 건물 앞에서 소규모 시위를 동시다발적으로 일으켰고, 이에 당황한 사회복지 담당 공무원들로부터 소요를 진정시키기 위한 일종의 양보책으로 적지 않은 공공부조(Aid to Families with Dependent Children) 급여를 받아냈기 때문이다(Piven & Cloward, 1978).

그런데 표적체계의 태세 전환은 소요가 발생한 이후 상당한 시간이 지나고 나서야 천천히 이루어진다. 따라서 실천가는 시간 소모가 많다는 이유로 집단행동을 중도에 포기하지 말고, 계속해서 권위에 도전하는 인내심을 발휘하여야 한다. 우리도 문제를 빨리 해결해야 한다는 시간적 압박에 시달리지만, 그들 역시 문제를 이대로 쭉 놓아두어서는 안 된다는 시간적 압박에 시달리는 건 마찬가지이다. 또한 설령 표적체계가 태도를 바꿨다 하더라도, 그와 같은 태세 전환은 클라이언트체계의 권익에 진정으로 관심을 갖기 때문이 아닌, 자기 자신의 권위 혹은 기존 체제 유지를 위한 부득이한 선택이라는 점도 유념하여야 한다.

이처럼 표적체계의 권위 혹은 기존 체제를 완전히 부정하지 않는 선 안에서 현 상태에 타격을 가하고 이를 통해 기존의 불평등하고 억압적인 사회관계에 변화를 유도하려는 노력을 '입장의 충돌(clashes of positions)'이라 한다(Kirst-Ashman & Hull, 2018 : 371). 입장의 충돌이란 돌처럼 단단한 상대방(표적체계)의 입장에 집단행동 주체(행동체계+변화매개체계)의 입장을 관철시켜 새로운 상태를 만든다는 것을 의미한다. 중요한 것은, 충돌로부터 파생되는 소음과 소란을 어떻게 해서든 잘 단속하고 통제해서 기존의 안정적인 상태로 돌아가고자 하는 표적체계의 체제 유지 욕구 때문에, 이전에는 잘 통하지 않던 우리의 제안이 비로소 통하는 상황, 즉 기회의 창(window of opportunity)이 열리는 순간이 도래한다는 것이다.

여기서 유념해야 할 사항은, 우리의 문제정의와 해결 방식이 완전히 납득되지 않는 것이어서는 안 되고, 어느 정도 합리적이고 상대가 귀를 기울이고 들어줄 만한 사항을 담고 있어야 한다는 점이다. 과도하고 불합리한 요구는 역공(backlashes)을 초래할 수 있고, 표적체계의 강성 분자들에게 힘을 실어주어 그나마 받을 수 있는 양보책도 잃는 최악의 수가 될 수 있다(Boudon, 2016). 이러한 '입장의 충돌'에 부합하는 투쟁 전략 관련 전술에는 논쟁(disputes), 법률분쟁(court action), 성명서(statement of intent), 대중 연설(public speeches), 교섭 및 협상(bargaining and negotiating), 평화 집회(rallies) 등이 있다.

우리나라에서는 광화문이나 서울시청 광장 같은 곳에 가보면 각종 사회단체, 시민단체, 직능단체, 주민단체 등이 상시적으로 시끄럽게 집회를 하는 모습을 쉽게 볼 수 있다. 이들 이익단체가 주로 사용하는 전술이 집단행동이고, 특히 교섭, 협상, 집회, 성명서 발표 등의 기술을 집단행동과 병행 사용하고 있다.

그 밖에도 다양한 기술과 전술이 현장에서 활용되는데 몇 가지만 예를 들면, 환경단체가 마을 하천에 폐기물을 불법 투기한 비료회사를 상대로 형사소송(criminal suit)과 함께 손해배상청구소송(claim for damages)을 제기한다든지, 생태계를 파괴하는 정부의 대규모 토목공사를 중단시키고자 가처분신청소송(filing for an injunction)을 제기하는 사례 등을 거론해 볼 수 있다. 후자의 경우 만약 환경단체의 가처분신청이 법원의 판결로 받아들여지면 주무부서인 환경부는 해당 지역에 대한 환경영향평가 등의 조사를 시작해야만 하며, 이때 해당 환경단체는 적어도 몇 년이 걸리는 조사 기간만큼은 생태계를 보전할 수 있는 이점을 누리게 된다.

'입장의 충돌'은 표적체계가 가진 자원과 권력을 클라이언트체계에게 일부 떼어줌으로써 상황을 봉합하는 것으로 귀결된다. 따라서 클라이언트체계는 기본적으로 상대인 표적체계의 존재 자체를 부정하지는 않는다. 그러나 만약 상대의 존재 자체를 부정하고 심지어 극복대상으로 간주하는 상황이라면, '입장의 충돌'만으로는 문제 해결이 어려울 수 있다. 갈등이 장기화하거나 표적체계가 타협의 의지를 보이지 않는 교착상태에서는 사회복지사는 다음 단계인 '규범적 행위의 위반'으로 넘어가, 보다 직접적이고 도발적인 압력을 가하는 것을 고려할 수 있다.

(2) 규범적 행위 위반

'규범적 행위 위반(violation of normative behaviors)'은 법적으로는 불법이 아니지만, 사회 상규에 어긋나는 행동을 통해 표적체계에 압력을 가하는 집단행동 방식이다(Kirst-Ashman & Hull, 2018 : 372). 이와 관련된 관련 전술로는 가두행진, 시위, 보이콧, 철야농성(vigils), 임대료 체납(rent strikes), 회원 탈퇴, 따라다니기(haunting), 지지 철회, 단식투쟁, 고함치기 등이 있다. 이 중 일부는 국가나 시대에 따라 불법으로 간주될 수 있으므로 각별한 주의가 필요하다. 예를 들어, 표적체계를 따라다니며 대화를 시도하거나 고함을 지르는 행위(haunting)는 우리나라에서는 아직 불법이 아니지만, 미국과 같은 국가에서는 스토킹 방지법에 따라 처벌받을 수 있다. 또한 법적으로 문제가 되지 않더라도, 상대방의 감정을 자극하거나 분노를 유발하는 직면(confrontation) 기법을 무분별하게 사용할 경우, 오히려 갈등을 격화시키고 상황을 악화시킬 수 있음을 유념하여야 한다.

이러한 규범적 행위 위반 전술이 성공하려면, 무엇보다도 참여 인원의 규모(manpower)가 뒷받침되어야 한다. 가령, 기껏 한두 명이 모여 가두행진이나 철야농성을 벌인다고 해서 표적체계가 그 요구에 귀 기울일 리는 만무하다. 세를 과시하려면 충분한 인원을 확보해야 하고, 그들이 현장에 실제로 모습을 드러내야 한다. 따라서 사회복지사는 참가자 확보 및 동원 계획에 특별히 신경 써야 하며, 특히 사전에 참여 의사를 밝혔던 이들이 현장에 나타나지 않을 경우를 대비해 대체 인원을 어떻게 채울 것인지에 대한 준비도 필요하다.

집회 전에는 참여자들에게 대오 유지 요령, 응급 상황 대응법 등의 안전교육을 실시하고, 물, 피켓, 머리띠 등의 물품을 제공해야 한다. 또한 시위 장소, 시간, 이동 경로, 대체 계획 등 현장에서의 행동 지침을 구체적으로 전달해야 하며, 주최 측은 대변인을 지정해 언론사에 보도자료를 배포하고 기자회견을 요청하는 등 미디어 대응도 체계적으로 준비해야 한다. 메시지가 대중에게 명확히 전달되도록 언론 인터뷰도 활용할 수 있다.

집회가 끝난 후에는 구호를 외치고 피케팅을 진행하며 가두행진을 이어가는 것이 일반적이다. 구호에는 "우리가 왜 시위를 하는가", "무엇이 문제인가", "어떻게 해결할 수 있는가"에 대한 내용을 집어넣는 것이 좋다. 효과적인 가두행진을 위하여 마이크, 스피커, 악기 등 음향 장비도 함께 준비한다.

(3) 법규 위반

'법규 위반(violation of legal norms)'은 표적체계가 정당한 요구에 응하지 않을 경우, 이를 변화시키기 위해 현행법을 위반하는 방식으로 압력을 행사하는 집단행동이다(Kirst－Ashman & Hull, 2018 : 373). 대표적인 관련 전술로, 시민불복종, 비협조, 납세 거부, 연좌시위, 건물 무단 점거(squatting) 등이 있으며, 이 밖에도 다양한 불법적 행동이 포함될 수 있다.

그러나 법규 위반은 클라이언트체계를 심각한 위험에 빠뜨릴 수 있으며, 나아가 변화매개체인 사회복지사에게도 중대한 법적·사회적 부담을 안겨줄 수 있다. 이러한 위험은 체포, 기소, 구금, 유죄판결에 따른 수형 생활, 출소 후의 경제적 피해, 전과기록으로 인한 사회적 낙인, 정서적 무력감과 패배감 등으로 구체화된다. 사회복지사 역시 형사처벌을 받을 수 있으며, 자격증이 취소되거나 직업을 잃는 상황에 처할 수도 있다. 따라서 법규 위반은 최후의 수단으로 신중하게 선택되어야 하며, 행동의 도덕성과 정당성, 참여자 보호 방안까지 모두 충분히 고려한 후에 실행 여부를 결정해야 한다.

3) 적용 및 윤리적 고려

표적체계가 변화에 동의하지 않을뿐더러 오히려 변화에 적대적인 태도를 보일 경우, 사회복지사는 부득이하게 투쟁 전략을 선택해야 할 때가 있다. 이때 가장 흔하게 활용되는 전술이 바로 집단행동 전술이다. 집단행동은 단독으로 사용되기보다, 앞서 살펴보았듯이 다양한 투쟁 전략의 하위 전술들과 병행되어 사용하는 경우가 일반적이고 효과도 크다. 예를 들어, 지역사회 재개발과 관련하여 저소득 주민들이 강제 이주 위기에 처한 상황에서는 단순한 집회나 시위에 그치지 않고, 시민불복종, 보이콧, 소송, 동맹휴업, 연좌 항의, 단식투쟁 등을 병행함으로써 지역 당국이 해당 문제를 더 이상 외면하기 어려운 강력한 사회적 압력을 형성할 수 있다. 여기에 로비나 교섭과 같은 온건한 전술을 곁들여 사용하면, 보다 합리적이고 실질적인 해결책에 도달할 가능성이 높아진다.

이처럼 집단행동은 단일 전술로 접근하기보다는, 상황에 따라 여러 전술을 전략적으로 결합하여 사용해야 한다. 로비를 통해 정책 결정자에게 압박을 가하면서도 대중집회나 시위를 통해 여론을 형성하고, 동시에 법적 소송을 통해 제도적 문제를 공론화할 수 있다. 이러한 전술 간 조합과 상호작용은 개별 전술이 가진 한계를 보완하고, 보다 강력하고 지속 가능한 사회 변화를 끌어낼 수 있도록 해준다.

그런데 여기서 반드시 명심해야 할 점이 있다. 집단행동과 병행 활용되는 모든 전술은 그 자체가 목적이 되어서는 안 되며, 어디까지나 수단에 불과하다는 점이다. 지역사회복지실천은 지역 내 취약계층의 권익을 보호하고 그들의 삶의 질을 향상한다는 궁극적 목적 달성을 위하여 존재한다. 그러한 목적을 실현하기 위한 하위 수단으로서 집단행동 및 유사 전술이 선택되는 것뿐이다. 이는 실천가가 전술적 방법론에 과도하게 집착하거나 몰입해서는 안 되며, 언제나 그 행동이 클라이언트의 권익 보호와 사회정의 실현이라는 본래 목표에 부합하는지를 점검해야 한다는 것을 의미한다. 주객이 전도되어 전술이 실천의 중심이 되는 순간, 사회복지실천의 본질은 흐려진다. 요는, 집단행동 전술은 맥락과 상황에 대한 면밀한 분석을 바탕으로 반드시 필요한 경우에만 제한적으로 사용되어야 하며, 그 과정에서도 사회복지사로서의 윤리적 책임과 실천 목적에 대한 분명한 자각이 전제되어야 한다는 점이다(Tice et al., 2019 : 85).

4) 알린스키의 집단행동 원칙

오늘날 사회복지 분야의 집단행동에 대한 이론적, 실천적 기초를 닦은 사람은 미국의 사회운동가이자 지역사회조직가인 사울 알린스키(Saul Alinsky, 1909~1972)이다. 1940년대 노동운동, 1950년대 빈민 운동, 1960년대 학생운동에 깊은 영향을 끼친 알린스키의 급진적 사회개혁 이론은 오늘날까지도 회자되며, 현장 활동가들에게 큰 영감을 불어넣고 있다(장세훈, 2020). 1970년대 우리나라의 노동운동과 학생운동도 알린스키 이론의 영향을 많이 받았다. 알린스키의 『급진주의자를 위한 12가지 규칙』의 주요 내용을 몇 가지만 살펴보면 다음과 같다(Alinsky, 1971).

- 힘, 즉 권력은 현 상황(status quo)을 바꾸는 데 있어 필수적인 요소이다. 권력을 많이 가질수록 자신을 둘러싼 환경을 더 쉽고 더 빠르게 통제할 수 있다. 이러한 권력은 물적 자원과 인적 자원을 소유하는 것에서부터 시작한다. 그러나 문제는 현실적으로 물적 자원, 즉 돈을 충분히 가진 사람이 드물다는 것이다. 그래서 권력은 소수의 인물이나 조직에 집중되는 경향이 있다. 그렇다면 돈이 없으면 권력을 갖지 못하는가? 그렇지 않다. 돈이 없으면 인적 자원, 즉 머릿수로 부족한 부분을 만회할 수 있다. 가능한 한 많은 사람이 특정 이슈에 관심을 보이고 해결을 위하여 관여하고 얼굴을 비추어 대면 돈이 없어도 얼마든지 권력을 획득하고 변화를 만들어 낼 수 있다.
- 권력은 실제 가지고 있는 것의 총합이 아니라 가지고 있는 것을 과시(appear)한 것의 총합이다. 다시 말해, 객관적으로 우리가 얼마나 많은 권력을 갖고 있느냐가 아닌 우리가 얼마만큼의 권력을 갖고 있을 것으로 상대가 생각하느냐가 권력의 총량을 결정하며, 그것이 곧 권력이라는 얘기다.
- 권력은 그냥 주어지는 것이 아니다. 권력은 그것을 선점한 상대로부터 빼앗아 옴으로써 비로소 가질 수 있는 것이다. 이런 측면에서 권력 획득은 본질적으로 협력적이거나 동반상승적인 속성을 갖지 않고 대결적(confrontational) 속성을 갖는다고 말할 수 있다.

- 상대를 때릴 때는 상대에게는 낯선 방법을, 우리에게는 낯익은 방법을 찾아내 사용해야 한다. 관행적이지 않은 상황 속으로 상대를 밀어넣고 당황하게 해야 한다는 것이다. 예를 들어, 지역사회에 엄청난 영향을 미칠 수 있는 의사결정위원회가 최종 의결을 위해 지방자치단체 의회 건물 안의 작은 회의실, 가령 15명 정도만 들어갈 수 있는 소회의실에 들어가 회의를 진행한다고 가정해 보자. 이때 집단행동 주체가 그보다 10배 많은 인원인 150명을 사무실 안팎에 운집시키고 과격한 구호를 외치게 하고 세력을 과시하면 상대는 당황하여 계획과는 정반대 결정을 내리거나 아니면 결정을 미루게 될 것이다.
- 모든 조직은 내외부적으로 규정, 지침, 세칙 등 각종 규범을 갖고 있고 이에 종속된다. 집단행동의 주체는 조직에 부과된 이와 같은 규범들을 반드시 준수할 것을 촉구하고 규범으로부터 일탈하면 강력히 규탄함으로써 상대보다 도덕적, 법적 우위에 설 수 있다. 가령, 장애인의무고용제도를 지켜야 하는 민간기업이 관련 법규를 준수하지 않았을 때 집단행동의 주체는 이를 도덕적으로 비난함은 물론 고용청에 신고하여 법적 처벌을 받도록 위협할 수 있다.
- 집단행동에 동참할 사람들을 조직화할 때는 사람들의 이목을 집중시킬 수 있고 그들의 삶에 아주 중요한 핵심 이슈를 발굴해 그것에 집중해야 한다. 예컨대, 동성애자가 성적 지향 때문에 초중고 학교 선생님으로 취업하는 데 차별을 받고 있다면 굳이 동성애 문제를 조직화의 주요 쟁점으로 만들 필요가 없다. 쟁점을 취업차별 쪽으로 몰고 가야 보다 많은 사람의 이목을 끌 수 있고 더 큰 조직화를 이룰 수 있다.
- 권력을 선점한 인물이나 조직은 반드시 정치적 압력에 반응하게 되어 있다. 정치적 압력이 내용적으로, 도덕적으로 옳은지 그른지는 별로 중요하지 않다. 그들이 가진 것을 빼앗아 오려면 일단 그들이 우리의 공격에 반응하게끔 '버튼'을 누를 필요가 있다.
- 표적을 공격하기에 앞서 먼저 선과 악, 옳고 그름, 혹은 가진 자와 가지지 못한 자 등으로 우리와 그들을 구획 지어야 한다. 피아(彼我) 구분이 명확하면 명확할수록 집단행동의 성공 가능성도 올라간다. 이때 우리는 당연히 '좋은 편', 그들은 '나쁜 편'으로 채색해야 한다. 가령 어떤 지역사회기업의 고용주가 불임에 영향을 줄 수 있다는 이유로 화학물질 공장에 여성 노동자 취업을 제한하는 경우를 가정해 보자. 이때 고용주를 성차별주의자이자 성평등 고용법 위반자로 고발하고 악덕 기업주 이미지를 덧칠하면 우리의 집단행동 성공 가능성은 높아질 것이다. 나아가 이는 변화매개체계로서의 사회복지사를 성평등주의자이자 여성 권익 옹호자로서 지역사회 내 긍정적 이미지를 갖게 하는 계기가 될 수 있다. 그러나 이러한 극단적 선악 구분은 때로 역효과를 불러일으킬 수 있음을 명심해야 한다. 고용주가 진정으로 산모의 건강을 염려하는 인본주의자이자 근로자 권리 옹호자라 생각하는

일부 지지자들이 있을 수 있기 때문이다. 또 다른 일부는 여성 노동자 취업 제한을 만에 하나 발생할 수 있는 법적 소송의 선제적이고 합리적인 조치로 보면서 고용주를 악덕 기업주로 규정하는 것에 동의하지 않을 수도 있다.

- 부정적인 것을 긍정적인 것으로 바꾸는 데 힘써야 한다. 집단행동을 실행하다 보면 수없이 많은 패배를 경험하게 된다. 그런데 그렇다고 해서 곧바로 낙담하고 계획했던 행동을 포기해 버리면 결국 얻을 수 있는 것은 아무것도 없다. 패배를 극복하면 언젠가 승리도 찾아올 것이라는 낙관을 굳게 마음에 새기고 무력감에 빠져서는 안 된다는 말이다. 예컨대, 상대와의 격렬한 논쟁에서 논리적으로 밀렸다고 해서 슬퍼할 필요는 없다. 이는 때로 무참한 실패에 슬퍼하는 사람들의 동정을 얻게 해줄 수 있고 무자비한 상대의 태도에 대해 그간 별생각이 없던 방관자의 분노를 유도할 수 있을 뿐 아니라 해당 이슈에 대한 일반 대중의 주의를 환기하는 계기가 될 수 있어 오히려 집단행동의 판을 키우는 기폭제가 될 수 있다.
- 언제든 대안을 제시할 준비가 되어 있어야 한다. 문제에 대한 현실적 해결책 없이 상대를 마냥 괴롭히기만 하면 사람들은 우리를 그저 괴팍하고 변덕스러운 불평분자로만 생각할 것이다. 이는 조직화의 저변 확대에 부정적인 영향을 미치게 된다. 따라서 집단행동을 계획할 때는 항상 현실적 대안을 갖고 있어야 하고 이것의 실현 가능성을 일반 대중에게서 철저하게 검증받아야 한다.

5) 의의 및 한계

집단행동은 억압적이고 불평등한 기존의 사회적 구조를 변화시킬 수 있는 효과적이고 중요한 지역사회복지실천 전술 중 하나다. 특히 자원과 권력을 가지지 못한 지역사회 취약계층이 '머릿수'라는 숫자의 힘을 기반으로 자신의 이해관계를 전달하고 관철할 수 있는 몇 안 되는 유력한 수단이라는 점에서 그 의의가 크다.

그러나 집단행동은 오늘날 점차 그 자리를 잃어가고 있다. 과격성은 차치하더라도, 폭력성과 불법성이 동반될 경우 클라이언트에게 전과를 안겨줄 수 있다는 점에서 윤리적 논란의 소지가 크다는 측면에서다. 사회복지사 역시 자격정지, 징계, 사법 처리 등 심각한 법적 위험에 노출될 수 있어 매우 고위험 실천기술임이 분명하다(이순민, 2016 : 65).

더불어 우리나라 사회복지실천 환경에는 집단행동이 실질적으로 적용되기 어려운 구조적 조건이 존재한다. 국내 대부분의 사회복지기관과 단체는 정부 보조금이나 보수적인 민간재단의 재정 지원에 크게 의존하는데, 이러한 친(親)체제적 자원제공자(sponsors)의 이해와 충돌하는 행동을 사회복지사가 감행하기란 매우 어려운 일이다. 실제로 한국 사회복지 현장에서 공격적이고 파괴적인 집단행동을 실천한 사례는 거의 존재하지 않는다(임정기 외, 2017). 반면, 상대적으로 자율성이 높고 생존 압박이 큰 노동조합, 학생운동 단체, 환경단체, 여성운동 단체, 철거민이나 빈민단체 등에서는 집단행동이 효과적인 실천 전략으로 자주 활용되고 있다.

이러한 조건 속에서 향후 집단행동은 점점 더 위축될 가능성이 크다. 표적체계가 명확하였던 과거와 달리, 현대사회는 권력 구조가 복잡하고 다층적이기 때문에 누가 문제의 책임자인지 분명하게 지목하기가 어려운 시대가 되었다는 측면에서이다. 예컨대 알린스키가 활동하던 20세기 중반 미국 도시에서는 시장(city mayor)이 권력의 중심에 있었고, 시민들이 시장을 직접 압박하여 문제 해결을 시도할 수 있었다. 그러나 오늘날의 시장은 여러 이해관계가 얽힌 구조 속에서 제한된 권한만을 행사하는 체제의 일부일 뿐이다. 따라서 시장에게 아무리 압력을 가한들 실질적 변화가 일어나지 않을 수 있다(Kirst－Ashman & Hull, 2018 : 434).

또한 집단행동의 효과는 구성원 간의 높은 내부 통일성과 목적의식에 달려 있는데, 현대사회의 지역사회나 집단은 과거보다 훨씬 이질적이고 분화되어 있다. 각기 다른 이해관계와 입장을 가진 구성원들이 하나의 목표를 설정하고 장기간 집단행동에 헌신하기는 쉽지 않다. 열성적이고 지속적인 참여를 기대하기 어려운 사회문화적 조건은 집단행동의 조직화 가능성과 실천력을 더욱 약화하는 요인으로 작용한다.

이러한 구조적·문화적 한계와 더불어, 집단행동 전술이 지닌 본질적 긴장성 역시 그 실천 가능성을 더욱 제한하는 요인으로 작용한다. 집단행동은 기본적으로 '우리'와 '그들'을 구분하여 대립하는 분열적 구도에 기반한다. 그러나 현대사회의 문제들은 대부분 '그들'이 보유한 자원과 권한에 일정 부분 의존하지 않고는 해결이 어려운 구조 속에 위치한다. 정책 결정, 재정 집행, 기반 시설 구축, 제도 변화 등 실질적 개입을 위해서는 다수의 공적·사적 주체들과 협력할 수밖에 없다. 즉, 고도로 상호 의존적인 네트워크 사회인지라 '그들을 타격하고, 그들이 가진 것을 빼앗는' 제로섬적 접근 방식으로는 지속 가능한 변화나 실질적인 생존 전략을 기대하기 어렵다는 것이다(Kirst-Ashman & Hull, 2018 : 128).

이러한 현실 인식을 바탕으로, 최근에는 지역사회복지실천의 전술적 방향 전환에 대한 논의가 활발해지고 있다. 집단행동의 약점을 지적하며 대안을 추구하는 쪽은 오늘날과 같은 지역사회에서는 대결적 접근보다 협력적 연합 구축(collaborative coalition building)이 더욱 적합한 실천 전략이라고 주장한다(Van Dyke & Amos, 2017). 이 접근은 공공기관, 민간기업, 시민단체, 주민조직 등 다양한 주체를 하나의 협의 테이블로 끌어내어 공동의 문제를 설정하고 합의된 목표를 도출한 뒤, 이를 실현하기 위한 협력 구조를 만들어 가는 과정을 중시한다. 협력적 연합 구축은 이해관계를 조정하는 데 그치지 않고, 공동의 목적을 중심으로 다양한 주체들의 역량을 조직화하고, 실질적 실행력을 갖춘 실천 구조를 형성하는 데 초점을 맞춘다. 이 과정에서 요구되는 실천 기술에는 관료제와 정치체제에 대한 이해, 입법 및 법적 옹호, 로비, 모금, 자원 연계, 네트워크 구축 능력 등이 포함된다.

이러한 접근은 결과적으로 지역사회복지 네트워크를 실천적으로 조직화하고 활성화하는 방식이자, 동시에 지역복지 거버넌스를 실제로 작동 가능한 구조로 구현하는 실천 전략과 같다고 할 수 있다. 오늘날 현장에서 협력적 연합 구축은 갈등의 회피가 아니라, 상호 신뢰와 공동 책임에 기반하여 지속 가능한 문제 해결을 실현하기 위한 현실적인 실천 방식으로 주목받고 있다.

3. 임파워먼트

1) 개 념

(1) 정의

임파워먼트는 자신이 처한 상황을 타인의 도움 없이 스스로 해결하고 극복하는 데 필요한 개인적, 대인적, 정치적 힘을 키우는 과정이자 그 결과로 정의된다(정순둘 외, 2007 : 25). 임파워먼트는 권능화, 역량 강화, 권한 부여, 권한 이양 등 여러 다른 이름으로 번역되어 사용된다.

사회복지사는 클라이언트를 임파워하는 과정에 직·간접적으로 개입하여, 조력자, 중재자, 조정자, 관리자, 교육자, 분석가, 중개자, 촉진자, 협상가, 옹호자 등 다양한 역할을 수행할 수 있다(강대선, 2015). 이러한 역할을 수행하면서 사회복지사가 불어넣는 힘은, 클라이언트가 이를 개방적 자세로 적극적으로 받아들일 때 더욱 강력한 임파워먼트로 이어진다. 특히 임파워먼트는 표적체계(클라이언트체계)가 변화매개체계인 사회복지사의 개입에 동의하고, 변화의 필요성을 자각하며, 변화에 대한 의지를 다지는 협력적 상황에서 가장 큰 효과를 낸다. 이러한 이유로 임파워먼트 기술은 협력 전략의 하위 전술로 분류된다. 예컨대, 지역 내 저소득 어르신이 사회복지사의 안내를 받아 마을복지계획 의제 설정 회의에 참여하고, 교통 문제를 주체적으로 제안하며 해결 방안을 함께 도출하는 과정은 실질적인 임파워먼트 사례가 될 수 있다. 이는 사회복지사가 클라이언트를 의사결정의 주체로 세우는 실천의 구체적인 예이다.

그러나 설령 표적체계가 변화를 거부하고 변화에 대한 의지나 능력이 없다 할지라도, 사회복지사의 개입은 종국적으로 클라이언트가 자신의 삶에 영향을 미치는 이슈에서 방관자가 아닌 주체자로 거듭나게 하는 것을 목표로 한다. 이러한 측면에서 비자발적 클라이언트를 대상으로도 임파워먼트 기술을 단계적으로 사용하는 것은 중요하고 필요하다.

(2) 디스임파워먼트와의 관련성

임파워먼트는 자립과 자조의 역량 및 동기를 키우고 권한을 부여받고 이양받는 것과 관련된다. 따라서 설령 클라이언트가 문제를 빠르고 효율적으로 해결하지 못할지라도, 클라이언트체계가 그 과정에서 자기 삶에 영향을 미치는 요인에 대한 통제력과 효능감을 유의미하게 키웠다면, 이는 그 자체로 성공적인 임파워먼트라고 볼 수 있다. 이는 뒤집어 말하면, 만약 사회복지사가 클라이언트체계의 문제를 대신 파악하고 해결함으로써 그의 삶을 유의미하게 개선하였더라도, 그 과정에서 클라이언트체계가 자립과 자조의 역량 및 동기를 키우지 못하고 유의미한 통제력이나 효능감 향상을 경험하지 못하였다면, 이는 클라이언트를 임파워하는 것이 아닌 정반대로 디스임파워(disempower)하는 것임을 시사한다(김욱진 · 김태연, 2012; Toomey, 2011).

클라이언트체계를 문제 해결 과정의 주체로 변화시키지 못한다면 사회복지사의 개입은 온정주의적(paternalistic) 개입에 그친다. 온정주의가 문제가 되는 까닭은, 특별히 노력하지 않아도 문제를 해결해 주던 사회복지사의 온정이 사라지면, 클라이언트는 예전과 같은 무기력에 빠지고 종속성을 보이며 패배주의에 휩싸일 것이라는 점 때문이다(박선영, 2013).

사회복지사는 자신이 무심결에 한 행동이나 관행적으로 해온 말들이 클라이언트체계를 디스임파워할 수 있다는 가능성을 항시 염두에 두고, 문제의 빠르고 효율적인 대신 해결만이 능사가 아니라는 점을 염두에 두어야 한다. 설사 느리고 실수투성이라도 클라이언트체계가 직접 행동하고 행동의 결과에 대해 반성하면서 진정으로 권한을 행사할 수 있는 역량을 지닌 주체로 성장할 수 있다면, 그것은 진정한 임파워먼트라고 볼 수 있다. 가령, “클라이언트가 어려운 상황에 처해 있으니 내가 즉시 도와주어야겠군”, “클라이언트는 어차피 안 할 거고 의견도 안 낼 테니까 내가 대신 해주고 대신 판단해야겠다”와 같이 사회복지사가 관행적이고 무의식적으로 하는 말과 행동은, 의도가 어찌 되었든 클라이언트가 스스로 자신의 삶에서 주인이 되어 일어설 수 있는 내적 역량을 훼손한다는 측면에서 디스임파워먼트로 볼 수 있다. 이러한 접근은 최대한 자제되고 지양되어야만 한다.

그뿐만 아니라 대부분의 사회복지사는 부정하겠지만, 비판적 관점에서 보았을 때 사회복지사의 존재 자체가 클라이언트를 디스임파워하는 요인이 될 수도 있다. 비판자들은 사회복지사와 클라이언트의 관계는 마치 엄격한 위계를 따르는 선생님과 학생의 관계와 같아서, 겉으로는 잘 드러나지 않는 사실 강력한 상하 우열의 권력관계에 놓여있다는 점을 지적한다(지은구, 2007 : 343). 비판자들에 따르면, 힘의 불균형은 민간보다 공공에서 두드러지는데, 그 이유는 공공의 사회복지 전담공무원은 클라이언트의 생사여탈에 관한 법적 결정권을 가지고 있어서 클라이언트 입장에서 보았을 때 친밀한 '도우미'보다는 차가운 '감시자'로 느껴지기 때문이다(이정희, 2020).

요약하면, 사회복지사는 본인이 예상하지 못한 영역에서 다양한 방식으로 클라이언트체계를 디스임파워할 수 있다. 따라서 자신의 말과 행동이 클라이언트의 임파워먼트에 미치는 영향을 끊임없이 스스로 분석하고 비판하며 실천 기술을 다듬어야만 한다. 이러한 기술은 클라이언트에게 무엇이 좋고 나쁜 것인지에 대해 일방적으로 설명하려 들지 않고, 개인·조직·지역사회의 다양한 의사형성 과정에 클라이언트를 참여시켜 의결권을 온전히 부여하는 사회복지사의 과감한 결단과 실천적 자세에서부터 시작될 수 있다.

2) 수 준

사회복지사가 클라이언트에게 힘을 불어넣기 위해서는 먼저 임파워먼트가 일어나는 수준에 대해 잘 알고 있을 필요가 있다. 지역사회복지실천에서는 임파워먼트가 다음과 같이 크게 네 개의 수준에서 일어나는 것으로 여겨진다(정순둘 외, 2007 : 274).

(1) 셀프 임파워먼트

첫 번째는 개인의 자아 수준에서 일어나는 셀프 임파워먼트(intrapersonal empowerment)이다. 셀프 임파워먼트는 "내 삶의 주인은 그 누구도 아닌 바로

나 자신이다"라고 생각하는 자세와 태도를 일컫는다. 셀프 임파워된 개인은 타인의 도움 없이도 스스로 적절한 목표를 설정하고 긍정적 선택을 내릴 수 있다고 믿는다. 또한 자신의 장점과 단점이 무엇인지 스스로 잘 파악한다. 아울러 "나는 가치가 있다"라는 자존감(self-esteem), "나는 무엇이든 해낼 수 있다"라는 자기효능감(self-efficacy)을 가진다(Mok, 2004 : 157). 예를 들어, 만성질환을 앓는 중년 여성이 방문간호사와의 상담을 통해 자신의 건강 관리 방식을 스스로 점검하고, 생활 습관을 개선하겠다는 결정을 내리며 이를 실천에 옮기는 모습은 셀프 임파워먼트의 사례라 할 수 있다.

(2) 대인관계 임파워먼트

두 번째는 개인이 맺는 다양한 관계에서 일어나는 대인관계 임파워먼트(interpersonal empowerment)이다. 이는 일상에서 마주치는 다양한 사람들과 효과적으로 소통하고 능동적으로 교류함으로써 관계에서 소외되지 않고 관계를 주도할 수 있는 능력과 그에 대한 자기 확신이다.

인간은 홀로 존재하기보다는 타인과의 관계 속에서 자아를 표현하고, 그 안에서 소속감과 심리적 만족을 얻는 사회적 존재다. 따라서 원만한 대인관계는 삶에서 빼놓을 수 없는 핵심 요소이다. 반대로 관계에 문제가 생기면 개인은 고립감과 소외감을 경험하며, 자신의 행복과 안녕이 외부의 통제에 좌우된다는 무력감에 빠질 수 있다. 이는 궁극적으로 자신의 삶을 스스로 이끌어 가려는 의지와 능력의 상실을 초래한다(ibid. : 158). 예를 들어, 이혼 후 우울감에 시달리던 중년 남성이 지역사회복지관의 남성 자조 모임에 참여하여 자신의 이야기를 공유하고 타인의 반응 속에서 소속감을 회복해 나가는 과정은 대인관계 임파워먼트가 작동하는 실천 사례라 할 수 있다.

(3) 집단 임파워먼트

세 번째는 집단 수준에서 일어나는 임파워먼트(group empowerment)이다. 임파워된 집단의 구성원들은 주어진 환경에 수동적으로 반응하지 않고 선제적, 능동적으로 대응한다(not re-acting, but pro-acting). 이들은 자신이 소속된 집단에 강한 동일시를 느끼고(group identity), 자존감을 드러내며(collective self-esteem) "우리 집단은 힘을 합치면 무엇이든 해낼 수 있다"라는 단체 효능감(collective efficacy)을 가진다. 이와 반대로 디스임파워된 집단의 구성원들은 집단정체성, 집단자존감, 집단효능감 측면에서 낮은 점수를 기록하며, 무력감, 냉소주의, 무관심, 무관여로 요약되는 특징을 공통적으로 드러낸다(Breton, 2004). 예를 들어, 장애인 부모 모임의 회원들이 함께 지역의 통학 차량 문제를 조사하고, 교육청에 개선을 요구하며 청원을 제출하는 활동은 집단 임파워먼트의 대표적 사례라 할 수 있다.

(4) 지역사회 임파워먼트

네 번째는 지역사회 수준에서 일어나는 임파워먼트이다. 임파워된 지역사회의 구성원들은 지역의 문제와 욕구를 함께 파악하고, 목표와 우선순위에 대해 합의하며, 이를 실현하기 위한 수단과 방법에도 협력하여 필요한 행동을 실천해 나간다(Adamson, 2010). 이러한 지역사회는 주민 참여와 공동 실행 역량을 체계적으로 갖춘 상태라 말할 수 있으며, 곧 역량 있는 지역사회라고 부를 수 있다.

이처럼 역량을 갖춘 지역사회는 제2장에서 언급한 '클라이언트 지역사회'가 아닌 '살기 좋은 지역사회'가 될 가능성이 높다. 예컨대, 마을 주민들이 마을버스 노선 개선을 요구하며 공청회와 의견 수렴 절차를 주도하고 지방자치단체와 협약을 맺는 주민자치회 혹은 마을복지계획실행단의 활동은 지역사회 임파워먼트가 실제로 구현된 사례라 할 수 있다. 이는 지역사회 구성원들이 문제 해결의 주체로 나설 때 지역사회 차원의 임파워먼트가 실현될 수 있음을 보여준다.

3) 사회복지사의 역량

임파워먼트는 개인, 집단, 지역사회 클라이언트체계에 모두 적용될 수 있는 실천 기술로, 이를 효과적으로 사용하기 위해서는 사회복지사에게 다음과 같은 역량이 요구된다(Kirst-Ashman & Hull, 2018 : 306-307).

(1) 정보 역량

정보 역량(informational competence)은 사회복지사가 클라이언트에 대해 얼마나 깊이 있는 지식을 가지고 있는지를 뜻한다. 여기에는 클라이언트의 세계관, 생활양식, 행동유형, 고유한 의사소통 방식 등을 이해하는 능력이 포함된다. 사회복지사는 이러한 정보를 바탕으로 클라이언트를 단순한 서비스 수혜자가 아닌, 복잡한 맥락 속의 인간으로 입체적으로 바라볼 수 있어야 한다.

(2) 지적 역량

지적 역량(intelligence competence)은 획득한 정보를 바탕으로 클라이언트에게 실질적 도움이 되는 개입을 설계하고 실행하는 능력이다. 클라이언트체계의 장단점을 분석하고, 개입계획을 수립하며, 과정에서 예상되는 장애물과 대안을 합리적으로 도출하는 역량을 포함한다. 이 역량은 개입 역량(interventional competence)이라는 말로도 불린다.

(3) 개인 내적 역량

개인 내적 역량(intrapersonal competence)은 사회복지사가 클라이언트에 대해 진정성 있는 관심과 존중의 태도를 내면적으로 가지고 있는지를 말한다. 특히 지역사회복지실천에서는 사회복지사가 자신이 일하는 마을과 주민들에 대해 얼마나 애정을 갖는지가 중요하다. 이를 위해 사회복지사는 자신의 가치관과 세계관을 성찰하고, 마음속에 잠재된 고정관념이나 편견을 인식, 교정하려는 노력을 지속해야 한다. 예컨대, 대도시 역사 주변의 노숙인 지원기관에서 일하는 사회복지사가 노숙인에 대해 은연중에 부정적 인식을 가지고 있다면, 이는 당연히 임파워먼트를 방해하는 요인이 된다. 자기 인식 능력은 윤리적 실천의 출발점이며, 클라이언트를 주체로 대하는 데 있어 가장 기본적인 전제이다.

(4) 대인관계 역량

대인관계 역량(interpersonal competence)은 클라이언트와 따뜻하고 투명한 방식으로 소통할 수 있는 능력을 말한다. 지역사회복지실천에서 이 역량은 지역 주민과의 친밀한 신뢰 형성과 문화적 민감성을 아우른다. 예를 들어, 사회복지사가 특정 마을 주민들만이 사용하는 은어나 사투리의 의미를 정확히 이해하고 그것을 존중하는 방식으로 소통할 수 있다면, 이는 매우 중요한 대인관계 역량을 갖추었다고 칭찬받을 만한 일이다. 사회복지사가 지역사회 고유의 의사소통 체계를 민감하게 이해하고 반응할 수 있을 때, 클라이언트는 사회복지사를 동료이자 운명공동체의 일원으로 인식할 수 있다.

4) 방 법

다음에서는 지역사회 임파워먼트에 초점을 맞추어 지역사회 구성원을 임파워하는 방법을 두 가지 측면에서 살펴보고자 한다.

(1) 이미 존재하는 능력을 활용하기(drawing out innate abilities)

지역사회 안에는 문제를 인식하고 해결할 수 있는 귀중한 능력들이 충분히 존재함에도 불구하고 제대로 활용되지 못한 채 방치되는 경우가 많다. 사회복지사는 이렇게 주목받지 못한 능력을 찾아내 하나로 모아 주민들이 스스로 문제를 해결할 기회와 수단으로 활용할 수 있도록 지원함으로써 지역사회 임파워먼트를 실천할 수 있다(Kirst-Ashman & Hull, 2018 : 334). 이는 강점 관점(strength perspective)의 논리와도 접맥된다.

지역사회에 숨어있는 미활용 자원을 발굴하는 방법은 다양하다. 그중 한 가지는 공동의 문제 해결에 필요한 과업과 기술을 구체적으로 목록화(listing up)하고, 그 목록에 맞는 능력과 기술을 가진 주민을 찾아내어 참여를 요청하는 것이다(엄미선 외, 2009 : 45). 예컨대, 마을 현안을 신문 기사로 다뤄 외부에 알리려는 경우, 사회복지사는 필요한 과업과 기술을 세분화해서 주민들에게 제시할 수 있다. 사실 수집, 인터뷰 실시, 보도자료 작성, 사진 촬영, 기자 접촉, 회의 진행 등이 그에 해당한다. 이러한 과업에 적합한 사람들을 마을 안에서 찾아내는 과정은 지역사회에 잠재된 재능과 자산을 재발견하는 기회가 된다. 사회복지사는 적합한 인물에게 문제 해결 참여를 요청하고, 실제로 참여가 이루어졌을 경우 그들의 활동을 지지, 지원함으로써 지역사회 차원의 임파워먼트를 실현할 수 있다. 이뿐만이 아니라 참여자들은 자신의 친구, 동료, 이웃을 자연스럽게 또 다른 참여자로 이차 삼차로 만듦으로써 인적 네트워크를 확장하는 효과도 낼 수 있다.

공동의 목표 달성을 가로막는 믿음, 태도, 행동양식 등 심리적, 문화적 장애요인을 제거하는 것 역시 지역사회 임파워먼트의 좋은 실천법이 될 수 있다(강철희 · 정무성, 2007 : 348). 예컨대, 과거의 실패 경험이나 "변화는 불가능하다"라는 숙명론적 사고 등은 변화의 동기와 의지를 약화하는 대표적인 심리적 제약물이다. 사회복지사는 이러한 패배 의식을 바로잡고, 변화 가능성에 대한 낙관적 인식을 확산시켜야 한다. 다른 지역의 성공 사례를 프레젠테이션 하거나 외부 단체와 연계해 협력 구조를 만드는 것도 유효한 접근이다. 이러한 개입은 주민들이 본래 가지고 있으나 사용해 본 적 없는 변화의 동기, 의지, 능력을 재활성화하는 출발점이 된다(Dreier, 1996).

정책, 제도, 절차에 대한 오해와 무지도 자원의 활용을 저해하는 또 다른 요인으로 작용한다(Shulman, 2011 : 517). 예를 들어, 지방자치단체가 주최한 공청회에 처음 참석한 주민들은 방청인의 발언 시간이 법적으로 일정 수준 제한되어 있다고 오해하는 경우가 많다. 그런데 실제로는 그와 같은 규정은 어디에도 없다. 그래서 무지한(?) 주민들은 전문가나 당사자들 사이의 토론을 수동적으로 지켜보다가, 결국 아무 의견도 제시하지 못한 채 시간만 허비하고 되돌아오는 경우가 비일비재하다. 이러한 때, 사회복지사는 법적으로 보장된 권리와 실제 운용 사이의 간극을 설명하고, 자신의 삶에 영향을 미칠 수 있는 현안에 대해 주민이 자기 의견을 충분히 표현하고 숙의할 수 있도록 안내하는 역할을 할 수 있다. 이는 주민의 내재된 권리 행사의 힘을 되찾게 하는 지역사회 임파워먼트 실천의 첫 출발점이 될 수 있다.

"이 문제를 해결하려는 사람은 나밖에 없다"라는 고립감 역시 변화를 가로막는 심리적 장벽이 된다. 사회복지사는 "당신은 혼자가 아니며, 문제 해결을 바라는 사람들이 많이 존재한다"라는 메시지를 주민에게 개별적으로 전달하여야 한다. 이와 같은 메시지는 개인의 소외감과 무력감을 완화하고, "내 생각이 틀리지 않았다"라는 자기 확신을 회복시키는 데 일조한다. 이러한 실천은 결과적으로 지역사회 곳곳에 흩어져 있던 잠재적 주체들을 수면 위로 드러나게 하고, 이들을 소중한 지역사회 자원이자 실질적 행동의 주체로 조직화하는 데 기여한다.

(2) 새로운 능력을 가르치고 모델링하기(teaching and modeling new abilities)

사회복지사는 문제 해결과 목표 달성의 과정에서 마을 주민들에게 새로운 능력을 가르치고 이를 모델링함으로써 지역사회 임파워먼트를 실천할 수 있다(Kirst-Ashman & Hull, 2018 : 335). 예를 들어, 복잡한 프로젝트를 목전에 둔 주민들은 무엇을 어떻게 해야 할지 몰라 당황하는 경우가 많다. 이러한 때, 사회복지사는 유사한 상황에서 수행되었던 과업과 기술을 설명하거나, 현재 상황을 분해하여 구체적인 과업과 기술로 재구성하는 방법을 알려주는 역할을 취할 수 있다(Shulman, 2011 : 714). 이를 통해 주민들은 막연함을 걷어내고 구체적인 실행 의지와 효능감을 가질 수 있다. 만약 사회복지사도 잘 모르는 일에 맞부닥쳤다면, 요즘 많이 사용하는 챗지피티, 제미나이, 코파일럿 같은 생성형 AI 챗봇을 이용하여 모르는 부분을 함께 배우고 이해하도록 유도한다.

향후 발생할 결과를 예측하고 비교하는 인지훈련을 통해 사고력을 강화할 수도 있다. 예컨대 "A 기술을 사용하여 B 과업을 수행할 때 나올 수 있는 결과들(C)을 예상하고, 이 중 최선의 성과(D)를 도출하는 방법"을 주민과 함께 브레인스토밍할 수 있다(강철희·정무성, 2007 : 349). 이러한 방식은 전문 실천 경험이 없는 주민들에게 인지능력을 길러주고, 미래에 대한 준비성과 자신감을 강화하는 데 효과적일 수 있다. 특히 브레인스토밍 방식의 토론을 통해 도출된 해결 방안은 사회복지사가 일방적으로 제공한 것이 아니라, 주민 간 합의를 통해 도출된 결과물이기 때문에 책임감과 주인의식이 더욱 강하게 작용할 수 있다.

주민들의 문제 해결 능력과 자신감이 일정 수준에 도달했다고 판단되면, 사회복지사는 한 발짝 뒤로 물러나 주민들에게 주도권을 이양하여야 한다(강대선, 2015). 이는 임파워먼트의 핵심 원리이자, 자립, 자조, 자기 결정권을 실현하는 실천적 전환점이 된다.

아울러 사회복지사는 언제든 변화를 위한 노력이 실패할 수 있음을 미리 알리고, 실패 이후 회복 방법에 대한 훈련도 병행하여야 한다. 모든 변화 시도에는 저항이 따르며, 계획은 예상대로 흘러가지 않는 경우가 많다. 이러한 흔한 돌발 상황에 대비하여 사회복지사는 변화 노력이 실패하였을 시 다시 자원을 연결하고 외부와 접촉하며 대안을 재구성하는 방법까지도 함께 교육하여야 한다. 이는 지역사회의 회복탄력성(resilience)을 키우는 실천적 방법이다(정순둘 외, 2007 : 277).

마지막으로, 작은 성공이라도 공식적으로 인정하고 함께 축하하는 분위기 조성이 지역사회 임파워먼트 실천에서 특히 중요하다. 이는 개인과 집단의 자존감과 효능감을 강화할 뿐 아니라 성공 사례의 공유를 통해 유사한 과제를 가진 다른 지역에도 긍정적 자극을 줄 수 있다.

PART 04

지역사회복지 전망

CHAPTER 14 지역사회복지 방향과 과제

CHAPTER 14

지역사회복지 방향과 과제

지역사회복지는 지역의 문제와 주민의 욕구 및 과제를 해결하여 지역사회 안팎에 긍정적 변화를 일으키고, 이를 통해 구성원인 주민이 인간다운 삶을 살 수 있도록 도모하는 집합적 노력이다. 지역사회복지를 구현하는 방식은 다양한데, 이 책에서는 이를 국가적, 운동적, 전문적 접근으로 삼 분류하고, 그 가운데 마지막 방식을 지역사회복지실천으로 규정하여 그 원리와 실제를 다양한 측면에서 살펴보았다.

많은 내용을 전달하고자 노력하였으나, 효율적으로 설명하지 못한 부분이 있었는지 독자들에게 말하지 못한 내용이 아직 많이 남았음에도 불구하고, 책의 부피가 책장에서 꺼내기 부담스러울 만큼 방대해진 것 같아 다소 걱정스러운 마음이다. 따라서 책을 마무리하는 제14장에서는 추가적으로 새로운 내용을 적어 독자들의 부담을 더하기보다, 지역사회복지의 미래를 고민하는 이 분야 전문가의 입장에서, 향후 실천가들이 현장에서 일할 때 염두에 두면 좋을 세 가지 사항을 중심으로 지역사회복지의 방향과 과제를 논하며 책의 매듭을 짓고자 한다.

1. 지역사회의 유의성

이 책을 읽는 독자들은 아마도 대부분 지역사회복지실천을 공부하는 예비 사회복지사 혹은 이미 지역사회 현장에서 일을 하는 중인 전문 사회복지실천가일 것이다. 따라서 누군가 지역사회가 중요하다고 말한다면, “뭘 당연한 얘기를 하나"라 반문할 수 있다. 그러나 당연해 보이는 이 명제에 대하여 사회과학자들이 모두 일치된 반응을 보이는 것은 아니다. 전공과 분야에 따라 지역사회가 인간의 삶에 미치는 영향이 유의하지 않다는, 다른 목소리를 내는 급진주의자도 존재한다.

이와 같은 다른 목소리를 지역사회 불필요론 혹은 무용론이라 일컫는다. 이 주장은 극단적 세계화론이나 가상현실주의를 맹신하는 쪽에서 주로 제기한다. 이들이 문제 삼는 부분은 지역사회를 구성하는 모든 요소라기보다, 특정 사안, 구체적으로 장소성(placeness)에 대한 회의라 할 수 있다. 앞서 제2장에서, 지역사회는 일정한 장소에 안정적으로 거주하는 주민들로 구성된 사회경제적 취락 단위라고 하였다. 지역사회가 주민에게 이와 같은 사회경제적 취락 기능을 상당 부분 담당한다는 데 대해서는 급진주의자들도 별다른 이견을 보이지 않는다. 그러나 현대인이 지역사회라는 특정 장소에 물리적으로 정박한 삶을 사는지, 지리적 조건에 의해 제약된 삶을 사는지에 대한 문제와 관련해서는 반대 의견을 강하게 드러낸다.

극단적 세계화론자들은 전 지구화가 가속화하면서 지리적 제약과 공간적 경계가 퇴색하였고, 그 결과 현대인은 탈장소화된 삶을 사는 것이 가능해졌다고 말한다. 이들은 한 걸음 더 나아가, 현대인이 과거 수렵 채취 시대 유목민과 같은 자유로운(?) 떠돌이 삶을 살 수 있게 되었음을 찬미한다. 비슷한 맥락에서, 가상현실의 가능성을 맹신하는 기술 결정론자들은 정보통신기술의 발달, 특히 최근 발전 중인 사물인터넷 및 빅데이터 같은 디지털 기술 전환으로, 이제 현대인에게 주거지나 주소는 큰 의미가 없게 되었다고 말한다. 이들의 문제 제기는 지금은 다소 진부한 것으로 여겨지는 다중정체성(multiple identities), 장소 무관 정체성(place-free identity)에 관한 갑론을박으로까지 확장되어 다루어진다.

극단적 세계화론자나 가상현실 이론가들의 주장이 절대적으로 틀렸다고 단정 지을 수 없다. 지구촌이라는 잘 알려진 용어가 말해주듯, 아침 일찍 서울 집을 나가 일본 동경에 들러 점심을 먹은 다음, 이튿날 미국 뉴욕에서 업무를 본 후 다시 서울 집으로 돌아오기까지 3일이면 충분한 문자 그대로 글로벌한 요즘 시대에, 주거지나 소속 국가가 한 사람의 일생을 이해하는 데 있어 더는 핵심 고려 사항이 아니란 주장을 무조건 흘려보낼 수는 없다. 또한 디지털 은둔자(digital hermit) 또는 웹 기반 은둔 생활자라는 새로운 사회학 용어가 말해주듯, 수개월 혹은 수년간 바깥 외출 없이 집에만 틀어박혀 물리적으로 외부와 단절된 삶을 살지만, 디지털적으로는 연결되어 제한적으로나마 세상과 소통하는 사람이 점증하는 오늘날 사회에서, 오프라인만큼이나 온라인 세계도 중요한 삶의 영향 요인이라는 일각의 문제 제기는 일정 부분 타당성이 있다.

요컨대, 지역사회가 예의 중요성을 상실한 것은 다분히 사실로 보인다. 장소성은 이전만큼 강하게 한 사람의 삶을 구속하는 힘을 발휘하지 않는 상황이 실제로 조성되었다. 그런데 그렇다고 하여 지역사회가 전혀 중요하지 않다고 감히 단언할 수 있을까. 만약 그렇다면 우리는 왜 지역사회복지를 공부하고, 지역사회복지실천을 위해 노력하는 것일까. 지역사회는 정녕 삶의 중요한 구속적 요인으로 작용하지 않는 것일까.

이 책을 읽는 독자들은 대부분 미래에 특정 지역사회에 정박하여 일할 사회복지사 혹은 현재 특정 장소에 정착해 일하고 있는 사회복지사일 것이다. 스스로도 지역사회에 안정적인 거처를 마련하여 그곳에서 먹고 자고 쉬고, 출근하고 퇴근하며, 아이를 키우면서 이웃과 친분을 다지는, 다분히 지리적, 물리적으로 제약된 삶을 사는 보통 사람일 것이다. 특별한 장소에 대해서는 좋은 기억뿐 아니라 나쁜 기억도 가지고 있을 것이고, 어릴 때 살던 동네가 재개발로 외형이 바뀌거나 더는 찾을 수 없는 곳으로 변모하였다면, 오래된 추억과 더불어 자기 정체성까지 부정당한다는 느낌에 불편한 감정을 토로하는, 지역사회의 테두리 안에서 희로애락을 경험하는 아주 평범한 사람일 것이다.

여기서 말하고자 하는 바는, '땅'에 뿌리내리고 살지 않는 귀신 같은 사람은 없다는 당연한 사실이다. 정도에 차이가 있을 뿐, 우리 모두 특정 장소에 정착하여 그곳에서 단단히 발을 딛고 머리를 뉘고 매일을 사는 인간 종이다. 지역사회는 경제, 보건, 의료, 교육, 복지, 휴식, 정서, 위안, 자아실현 등 인간의 가장 기본적인 개인적 욕구가 현시화하고 충족되는 삶의 터전이다. 또한, 정치, 종교, 환경 등 집단적 삶의 양상을 결정짓는 주요 정보와 안건이 제공되고 논의되는 인간 네트워크와 거버넌스의 제일전선이다. 복잡하게 말했지만, 간단하게 정리하면 인류의 주된 삶의 터전은 누가 뭐라 해도 지역사회라는 말을 하고 있는 것이다. 이를 의심한다면 지역사회복지 분야에서 일하기란 곤란하다. 실천가로서 역할을 수행하기도 부적절하다.

따라서 급진적 장소 불필요론자나 지역사회 무용론자가 제기하는 도발적 문제들에 대하여 각자 자신의 생각을 어느 정도 정리해 둘 필요가 있다. 이는 자신이 왜 지역사회복지 분야에 투신하여 사회복지사의 삶을 사는지 자각하고 실천과 개입의 목적과 이유를 분명히 설명할 수 있게 함으로써 직업적 정체성을 확립하고 전문성을 내면화하는 데 기여할 것이다. 나아가 보다 근본적으로, "나는 누구이며 어디에 속해 있는가"라는 질문에 대한 성찰의 기회를 갖게 함으로써 단순히 유능한 실천가를 넘어, 보다 온전한 인간으로 성장하는 데 필요한 존재론적 토대를 다지는 데에도 도움을 줄 것이다.

이러한 맥락에서, 다음에서는 이 책의 저자들이 생각하는 지역사회가 현대사회에서 여전히 중요한 이유를 제시하고 간략하게 설명을 덧붙이고자 한다.

1) 자연환경과 생활방식의 차이

지역사회는 저마다 특수한 지리적, 물리적 환경 조건 위에 형성된다. 기후, 지형, 토양, 해안선, 해발고도 등과 같은 자연환경은 해당 지역만의 독특한 생활 양식과 경제활동, 사회적 관계 형성을 만들어 내며 인간 삶의 전반에 걸쳐 심오한 영향을 미친다.

예를 들어, 도시와 농촌, 해안가와 내륙, 대륙과 섬이라는 환경적 차이는 교통망, 주거 방식, 일자리 유형, 사회적 네트워크의 밀도와 범위, 심리 및 정신 상태에까지 뚜렷한 차이를 만들어 낸다. 이는 인간의 삶이 단지 개인의 기호나 선택에 따라 형성되는 것만이 아니며, 각자가 속한 지역사회의 물리적, 지리적 조건, 즉 자연환경에 의해서도 상당 부분 제약되고 규정된다는 매우 당연한 사실을 다시 한번 확인시켜 준다.

2) 자원의 분포와 기회 구조의 차이

각 지역사회는 저마다 독특한 역사적 발전 경로, 정치적·정책적 선택, 그리고 사회적 자본의 축적 과정을 거쳐 형성된다. 그 결과, 어떤 지역은 경제적 자본, 사회적 네트워크, 교육 기회, 의료 인프라 등 여러 사회경제적 희소자원에서 우월한 위치를 차지하고, 반대로 다른 지역은 같은 영역에서 열등한 조건에 놓이게 된다. 중요한 점은, 주요 자원의 이 같은 불균등한 지리적 분포는 해당 지역 주민이 누릴 수 있는 삶의 기회와 가능성을 완전히 다른 방향으로 결정짓는 유의한 구조적 힘으로 작용한다는 사실이다.

예컨대 우리나라의 경우 지방의 청년들이 더 나은 일자리를 찾아 수도권으로 몰리는 현상이 수십 년째 계속되고 있다. 이는 수도권의 경제적 기회구조가 지방보다 좀 더 우호적이기 때문에 수도권에 정착하면 상당한 경제적 상향 이동을 기대할 수 있는 각박한 세태를 반영한다. 이처럼 지역사회는 다양한 사회경제적 자원의 불균등한 지리적 분포와 이에 따른 기회 구조 차이를 통해 그 안에 사는 사람들의 사회경제적 지위에 심오한 영향을 미치며, 나아가 건강 상태, 교육 수준, 심리적 안정 등 전반적인 사회 적응 양상을 결정짓는 중요한 사회적 공간으로 기능한다.

3) 지역 정체성과 상호작용의 양상

각 지역사회는 저마다 특수한 문화, 전통, 기억을 축적한다. 주목할 점은, 이와 같은 집합적 자산은 해당 지역에 사는 사람들의 고유한 정체성을 형성하는 데 이바지하며, 개인은 자신과 유사한 지역 정체성을 공유하는 이들과 주로 어울림으로써 사회적 관계망을 확장해 간다는 사실이다. 이 말인즉슨, 특정 장소의 역사성과 문화적 자산은 단순히 일상의 배경처럼 보일 수 있지만, 실상은 지역 주민의 자기 인식과 소속감, 그리고 타인과의 관계 설정 및 상호작용 방식 및 내용에 심오한 영향을 미치는 핵심 요인으로 작용한다는 얘기이다.

가령 누군가 자신이 서울 강남 출신이라고 소개한다면, 우리는 종종 그 사람의 문화적 배경을 미리 가늠하고 기존 정보를 조합하여 상호 간의 사회적, 경제적 이질성 또는 동질성을 인식하며 거리감을 조정한다. 본인 역시 스스로를 소속 지역의 일원으로 규정한 상태에서 지역 내외부에서 기대되는 규범과 관행에 따라 행동한다. 이러한 일상적 모습들은 지역사회가 집단 정체성을 형성하고 사회적 유대를 다지는 토대이자, 내외집단의 차이를 판단하며 상황에 적합한 행위를 도모하는 상호작용의 준거로서 중요한 의미를 가진다는 점을 시사한다.

4) 어울림의 욕구와 심리적 · 정서적 안정

인간은 본질적으로 면대면 접촉을 하는 관계적 존재이다. 특정 장소에서 다양한 사람과 만나 스킨십을 하면서 행복감을 느끼고, 가족, 이웃 등 가까운 사람들과 지근거리에서 친분을 쌓는 익숙한 일상적 행위를 통해 심리적, 정서적으로 안정감을 좇는 사회적 존재이다.

그런데 어울림에 대한 이와 같은 본능적 욕구는 가상 세계에서는 온전히 구현될 수 없다. 이유는 간단하다. 인간은 어쩔 수 없이 면대면 스킨십을 희구하도록 태어난 생물 종이기 때문이다. 여기저기 부유하는 현대판 유목민의 삶에서도 어울림의 욕구는 좀처럼 충족될 수 없다. 관계맺음을 통한 행복감이나 심리적, 정서적 안정감은 주거의 확실성과 예측 가능성에서 상당 부분 비롯되는데, 한곳에 정착하지 않고 계속해서 부유하는 유목민적 삶에서는 불가예측성, 비결정성, 비정형성이 더욱 뚜렷이 경험되기 때문이다. 부랑하는 유목민은 개인의 선택과 정신 상태에 있어서는 비록 자유로울지언정, 미래에 대한 불확실성으로 인해 심리적, 정서적 측면에서는 안정감을 느끼기 어렵다.

'땅'에 뿌리를 내린 예측 가능한 삶, 그리고 그곳에서 나와 생각과 목적이 비슷한 동질적 사람들과 끈끈하게 어울리며 연대를 도모하는 집단적 생활이 어려워지면, 인간은 이내 외로움과 불행감을 느낀다. 우리는 이 같은 너무나 인간적인 취약성을 2020년대 초 팬데믹 시기에 강렬하게 경험한 바 있다. 당시 많은 사람들이 정부의 코로나19 격리 조치, 특히 자신이 원래 살던 곳을 떠나 외딴 공공 숙박시설에 감염자들을 가두는 공권력 행사에 강하게 반발하였는데, 이는 낯선 곳에서의 물리적 격리가 단기적으로든 장기적으로든 스트레스와 고립감을 높여 격리된 자들의 심리적, 정서적, 신체적 건강 상태를 악화시키고 나아가 사회적 신뢰와 유대감, 궁극적으로 공동체 의식마저 저해한다고 여겼기 때문이다.

"외딴곳에서 오랫동안 혼자 지낸 사람은 한낱 나뭇가지를 보고도 뱀이라 생각하고 소스라치게 놀라며 주먹을 휘두른다"라는 말이 있다. 이는 본질적으로 관계적이고 사회적인 존재로서의 나약한 한 개인이 자기가 살던 정든 고장을 떠나 홀로 오랜 기간 남겨졌을 때 어떠한 곤란한 상황에 부닥치는지를 은유적으로 잘 표현해 준다.

5) 시민적 덕성과 공존의 수련장

한 사람이 성숙한 인간으로 성장하고 현대사회의 협조적 구성원으로 거듭나기 위해서는 시민의식을 내면화하고 포용적인 민주주의 가치를 연습하며, 무엇보다 희생, 헌신, 인내, 상호 호혜, 돌봄, 양보와 같은 공동체주의적 덕성을 학습할 기회에 일상적으로 자주 노출되어야만 한다. 이를 가능하게 하는 매개체로 보통 가족, 종교기관, 학교 등이 많이 언급되는데, 이와 더불어 그 역할이 크게 주목받는 매개체로 지역사회 또한 자주 거론된다.

태어나면서부터 누가 가르쳐 주지 않아도 타인과 의견 불일치를 조정하고 공동의 문제 해결을 위해 노력하며 외부 위협을 극복하기 위해 자기 이해관계를 선뜻 포기할 줄 아는 이타주의자는 흔치 않다. 공동체주의적이고 민주주의적인 덕성은 오랜 기간 몰입적 사회화 과정을 통해 한 사람의 내면에 깊숙이 각인되었을 때 비로소 발현되는 지난한 훈련과 학습의 결과물이다. 심지어 평생에 걸쳐 끊임없이 갈고 닦지 않으면 일순간 퇴행하는 마음의 근육과도 같은 미덕이다.

나와 다른 미지의 잠재적 혹은 실질적 적대자를 대면하였을 때 그들이 왜, 어떻게 나와 다른지 이해하기 위해서는, 나아가 그들과 첨예하게 다른 견해를 조정하고 타협하며 갈등을 해소하는 역량을 기르기 위해서는 지리적, 물리적으로 테두리가 정해진 지역사회와 같은 어떤 고정적인 거점 공간에 위치해 있는 것이 유리하다. 가상의 온라인 세계에서는 나와 의견 또는 가치가 다른 미지의 낯선 타자를 만났을 때 그냥 쉽게 로그아웃하거나 무시로 일관하면 그만이다. 문제가 순식간에 사라질 수 있기 때문이다. 그러나 대면 접촉이 강제적으로 동반되는 지역사회에서는 내가 싫어하는 상대를 그처럼 손쉽게 내칠 수 없다. 물리적, 지리적으로 테두리가 확실하게 정해져 있는 지역사회와 같은 정주 공간 안에서는 절대로 문제가 로그아웃 버튼을 누름으로써 순식간에 사라지지 않는다. 문제를 해결하기 위해서는 조우하는 미지의 모든 낯선 타자들과 공존하는 법을 터득하여야만 한다. 이질적 생각과 관점들을 있는 그대로 수용하는 법을 좋든 싫든 배우고 적용할 줄 알아야만 하며, 타협을 통해 싫은 것도 수용할 줄 알아야 한다. 그렇지 않다면 선택지는 단 하나, 내가 살던 지역사회를 떠나는 것뿐이다. 그러나 이는 쉽지 않은 결정이다. 이웃이 싫다고 계속 이사를 반복하기란 현실적으로 매우 어려운 일이기 때문이다.

결국 특정 지역사회에 정착할 수밖에 없고, 그와 동시에 나는 나와 다른 이웃과 조화롭게 공존하는 법을 좋든 싫든 알아야 하고 이를 실생활에 적용해 어울려 살 수 있어야만 한다. 이 과정에는 물론 많은 어려움과 고통이 따른다. 그렇지만 굴곡 속에서, 나 그리고 나의 가족만 알던 편협한 개인은 타인의 존재를 깨닫게 되고 세상에는 수많은 다양한 생각, 가치, 관점이 존재한다는 사실도 깨닫게 된다. 무엇보다, 장기적 이익을 위해서는 때로 나의 단기적 이해관계를 접을 줄 알아야 하고 공동의 문제에 협력할 수 있어야 하며 대화와 타협을 통해 상대를 설득하고 때로 설득당하며 일정 부분 포기할 줄 알아야 한다는 평범한 진실도 깨닫게 된다.

이처럼 지역사회는 각자도생과 무한경쟁 속에 자칫 파편화되고 이기주의화되기 쉬운 오늘날 이질적 자아에게 시민적 덕성을 가르치고 공동체주의적 가치를 구현하도록 하는 훌륭한 도덕적 수련지로 기능할 수 있다. 그런데 극단주의자들이 찬송하는 가상 세계나 초 글로벌 사회에서는 이러한 도덕적 훈련이나 학습이 제대로 이루어질 리 만무하다. 비물리적 공간 혹은 초장소적 공간에서 떠남(exit)은 쉽고 간편하나, 머묾(stay)은 많은 인내와 고통이 동반되는 어려운 선택지이기 때문이다. 반면 지역사회에서는 떠남은 어렵고 머묾은 쉬운 선택지로 주어진다.

2. 지역사회복지실천의 고유성

오늘날 지역사회복지의 실천 현장에서는 눈에 띄는 변화가 분명하게 감지되고 있다. 전통적으로 사회복지사가 주도적 역할을 해왔던 민간 영역에 다양한 비사회복지 분야 전문가들이 활발히 진입하고 있으며, 이들이 각기 공공 부문의 전문가들과 협력하여 강력한 민관 파트너십을 형성하고 있다는 점이 바로 그것이다. 다분야 간 협업은 이제 더 이상 예외적 사례가 아니라 지역사회실천의 일상적 장면이 되었다.

특히 주목할 점은, 각 분야 전문가가 더 이상 자신만의 고유 영역에만 머물지 않고 자연스럽게 경계를 넘나들며 다부문·다학제적 접근을 실천에 적용하고 있다는 사실이다. 이는 지역사회 문제의 복잡성과 다층성을 고려할 때 매우 바람직한 변화라고 할 수 있다. 그러나 동시에, 이러한 흐름은 실천 분야별 전문성과 고유성을 상대화하고, 사회복지사만의 독자적 영역을 희석하는 방향으로 작용할 수 있다는 점에서 우려의 목소리도 존재한다.

물론 간호사, 변호사, 청소년지도사, 요양보호사 등 지역사회에서 사회복지사와 함께 일하는 다양한 전문가를 두리뭉실 하나의 범주로 묶는 것은 부적절하다. 이들은 각기 다른 전공과 훈련, 자격 요건, 제도적 기반을 가지고 있으며, 독립적 전문성 위에서 실천하고 있다. 그럼에도 불구하고, 다양한 분야 간 협력이 표준으로 자리 잡아가는 오늘날의 현실에서, 사회복지실천 역시 '융합'이라는 흐름에서 자유로울 수는 없다.

이와 같은 변화는 실천 현장에서 새로운 질문을 던진다. 설령 전문가 집단 간 고유한 실천 영역이 엄존하고, 그 경계를 존중하는 태도가 개념적·윤리적으로 타당하다고 하더라도, 복잡하게 얽힌 지역사회 현장에서 그와 같은 경계를 분명하게 구분하는 것이 과연 가능한 것인지, 설사 가능하다 하더라도 그것이 실제로 어떠한 실질적 의미를 지니는지에 대한 고민이 바로 그것이다.

현장의 문제는 복합적이고 다차원적이다. 고립된 분야의 접근방식 하나만으로는 결코 해결할 수 없다. 최선의 실천(the best practice)은 다양한 분야의 전문가가 협력하고, 서로의 역량을 보완할 때 비로소 가능하다. 그렇기에 사회복지사는 고유의 영역을 고집하기보다, 타 분야 이론과 방법이라 할지라도 그것이 효과적이라면 유연하게 수용하고 적용할 수 있는 태도를 가져야 한다.

그러나 이처럼 융통성 있는 실천은 사회복지의 전문성과 정체성을 흐릴 수 있는 위험도 동반한다. 실천의 경계가 모호해질수록 "왜 사회복지사가 필요한가", "사회복지 자격증은 어떤 의미가 있는가", "사회복지실천은 다른 실천과 어떻게 구별되는가"와 같은 질문이 더욱 거세게 제기될 수 있다. 이는 단순한 정체성의 문제에 그치지 않고, 지역사회복지실천이라는 전문적 실천의 존립 근거 자체를 뒤흔들 수 있기에 중대한 딜레마이다.

그렇기에 지금 우리에게 필요한 것은 타 분야 전문가의 침범이 초래하는 고유 영역의 부식이라든가 그에 따른 전문성 훼손에 대한 위기의식이 아니다. 변화하는 지역사회복지 환경 속에서 사회복지사가 어떠한 관점으로 실천에 임할 것인지, 그리고 무엇을 고유하게 수행할 수 있는지에 대한 깊은 성찰과 창조적 모색이 필요한 때이다. 이는 고유성을 잃지 않으면서도 변화에 유연하게 대응할 수 있는 새로운 전문성의 경계를 재정의하는 과정이기도 하다.

사회복지사는 타 분야 전문가와 구별되는 분명한 가치 지향과 실천 철학을 가진다. 특히, 전체 주민의 삶의 질 향상과 사회적 약자의 권익 옹호라는 사회복지사의 사명은 다분야 협력 속에서도 결코 희석되어서는 안 될 핵심적 가치이다.

이뿐만이 아니라, 사회복지사는 문제 해결에 있어 단지 개인적이고 미시적인 요인에만 집중하는 것이 아니라, 그 문제를 만들어 내는 사회 구조, 불평등한 자원 배분, 제도적 한계에도 날카롭게 주목한다. 또한 인간을 고립된 개인이 아닌 관계적이고 상호 의존적인 베테적 존재로 이해하며, 지역사회 내 다양한 집단이 서로 포괄적이고 연대적인 방식으로 살아갈 수 있는 조건을 창출하는 데 중점을 둔다. 이러한 실천 철학은, 사회복지사가 다양한 지역사회실천 전문가들과 협력하는 과정에서도 사회복지 고유의 개입 방향과 우선순위를 분명히 유지하도록 돕는 나침반 역할을 한다.

더불어, 점점 더 복잡해지고 다층화되는 민민-민관협력 네트워크 속에서, 사회복지사는 서로 다른 이해관계를 조율하고 공동의 비전을 설계하는 중재자이자 촉진자로서 중요한 역할을 담당할 수 있다. 이는 단순히 실천가의 역할이 확장되었다는 것을 뜻하지 아니한다. 오히려 변화하는 지역사회복지 지형 속에서 실천의 정체성과 철학을 새롭게 다듬고 주도적으로 형성해 나가는 창조적 재정립의 과정을 의미한다.

궁극적으로, 지역사회복지실천가는 급변하는 현실을 외면하거나 두려워하기보다, 그 속으로 능동적으로 뛰어들어야만 한다. 지역사회에서 활동하는 타 분야 전문가와 연대하고, 협력의 구조를 설계하며, 복지 실천의 새로운 가능성을 선도적으로 개척하는 실천가가 바로 지금 이 시대가 요구하는 사회복지사이다.

3. 변화하는 약자의 개념과 지역사회복지실천의 대응

최근 사회복지학계와 정책 현장에서는 약자라는 개념에 대한 재정립과 확장이 활발히 논의되고 있다. 전통적으로 약자는 빈곤, 실업, 노령, 질병, 장애 등 명확한 사회적 위험에 직접적으로 노출된 이들로 간주되어 왔으며, 사회복지정책과 실천 역시 이들을 제도권 내로 포섭하고 보호하는 데 주력하여 왔다.

그러나 오늘날 사회는 과거와는 전혀 다른 방식으로 사람들을 취약하게 만들고 있다. 기술과 환경, 경제 구조, 가족 형태, 사회적 관계의 근본적 변화는 새로운 위험들을 창출하고 있고, 이에 따라 새로운 유형의 약자, 즉 신약자가 등장하고 있다. 이는 지역사회복지실천가에게 중대한 함의를 갖는다. 변화하는 약자 개념의 지형을 이해하지 않고서는 지역사회 내에서 실제로 누구를 만나야 하고, 어떤 문제에 개입해야 하며, 어떤 방식으로 실천을 해야 할지에 대한 실질적 기준을 세우기 어려워지기 때문이다.

1) 신약자를 포착하는 시각의 전환

지역사회복지실천가는 이제 더 이상 가시적 빈곤이나 전통적 위험지표(예 질병, 상해, 노령, 장애 등)만으로 약자를 정의하고 찾아서는 아니 된다. 오늘날 약자는 기존 복지제도 밖에 존재할 수 있으며, 자신의 고통을 언어화하지 못하거나, 사회적 차별과 배제를 당연하게 받아들이는 침묵의 문화 속에 놓여 있기도 하다.

예컨대, 자립준비청년, 가족돌봄청년, 불완전 고용노동자, 의료파산자, 기술적 실직자, 디지털정보 소외계층, 기후변화 취약 계층, 1인 가구, 왕따 피해자, 외롭고 고독한 사람들 등은 전통적 복지제도나 행정적 카테고리에서는 약자로 명명되기 어려웠던 존재들이다. 그러나 실제로는 심각한 배제와 고립, 불안정, 고독 속에 살아가고 있다. 따라서 실천가는 기존 사회적 안전망에 포착된 약자뿐만이 아니라 제도권 복지 체제에 포착되지 못한 새로운 취약 계층들을 적극적으로 식별하려는 태도를 가지기 위하여 노력하여야 한다.

이러한 인식 전환은 사회복지실천의 출발점이 되는 사례 발굴과 접근 방식에도 변화가 필요하다는 점을 함의한다. 지역사회조사나 욕구 조사, 주민 인터뷰, 실태조사 등에서 전통적 지표 외에도 신약자의 특성을 반영한 새로운 문항 구성과 접근 방식을 모색하여야 하며, 눈에 띄지 않는 배제의 징후를 예민하게 감지하는 훈련이 중요하다.

2) 다차원적 · 비경제적 욕구에 대한 민감성 확보

신약자의 특성 중 하나는 그들의 배제가 경제적 영역에 국한하지 않고, 심리, 정서, 문화, 관계의 영역에서 다차원적으로 발생한다는 점이다. 이는 지역사회복지실천의 목표와 내용이 경제적 자원의 지원을 넘어, 삶의 질 향상, 사회적 연대감 회복, 공동체 재구성 등으로 확대되어야 함을 시사한다.

예를 들어, 디지털정보 소외계층은 단지 스마트폰을 못 쓰는 사람이 아니라, 오늘날 정보 접근의 기본 경로에서 차단되는 배제된 존재이다. 1인 가구는 단순히 혼자 사는 사람이 아니라, 정서적 돌봄망과 위기 대응 체계에서 벗어난 존재일 수 있다. 신약자의 문제는 이렇게 복합적이고 얽혀 있으며, 많은 경우 표면적으로 드러나지 않는다. 실천가는 이러한 비가시적 위험과 취약성에 대한 민감성을 가지고 접근하여야 한다.

3) 제도 밖 존재를 제도 안으로 : 정책적 개입을 위한 중간자 역할

신약자의 문제는 서비스 제공만으로 해결할 수 없다. 이들은 대부분 제도권 복지에서 제외된 경험을 가지고 있고, 기존 제도와의 접점을 찾지 못하거나 사회안전망 체계를 불신하는 경향이 강하다. 지역사회복지실천가는 이들에게 필요한 자원을 직접 제공하는 서비스 제공자가 되기도 하지만, 더 중요한 역할은 중간자, 즉 제도와 사람을 이어주는 연결자가 되는 것이다.

예컨대, 의료파산자의 경우 단지 병원비를 지원하는 것으로 끝나지 않는다. 공공 의료체계의 구조적 문제, 민간 보험의 한계, 의료 정보 격차, 소득단절 문제 등 다층적 요인이 복합적으로 작용하기 때문이다. 실천가는 이러한 복합 문제를 공론화하고, 제도 개선을 요구하며, 새로운 정책 실험을 촉진하는 데 기여할 수 있다.

즉, 지역사회복지실천가는 욕구 파악자이자 제도 설계 조력자, 정책 대안 제시자로서의 역할을 병행하여야 한다. 이는 개인 단위의 미시적 실천을 넘어서 거시적, 구조적 실천의 필요성과도 연결된다.

4) 배제의 문화와 싸우는 일상적 실천

신약자의 취약성이나 욕구는 주류 문화나 제도권 복지 체계에 의해 좀처럼 인정받지 못한다. 이는 신약자의 특성이 인정 거부(the negation of recognition)의 상시적 경험에 있다는 것을 말해준다(Honneth, 1992/2011). 인정 거부 경험은 지역사회복지실천가에게 특히 중요한 과제를 던진다. 이는 우리 사회의 배제 현상이 단지 사회구조적 차원의 문제일 뿐만이 아니라, 문화적 질서와 일상적 인식의 차원에서도 깊게 작동하고 있음을 함의하기 때문이다. "재는 원래 그런 애야", "자기가 선택한 거야", "그건 사회복지의 영역이 아니지"와 같은 문화적 무감각과 책임 전가의 언어는 신약자를 끊임없이 침묵시키며, 자기 유폐(self-closure)의 길을 걷도록 종용한다.

이러한 맥락에서, 지역사회복지실천가는 사회복지의 윤리와 가치, 특히 존엄, 정의, 권리, 연대의 관점을 바탕으로 지역사회 내 무관심, 편견, 낙인, 배제의 담론에 맞서야 하는 역할을 수행하여야 한다. 이는 거창한 캠페인이 아니라, 작은 실천 속에서 일상의 차별적인 언어를 수정하고, 편견적 관행을 지적하며, 배제된 목소리를 가시화하는 작업으로부터 출발한다.

5) 복잡한 실천 현장에서 협력과 조율의 역량 강화

신약자는 하나의 정책 영역으로 포섭되기 어렵다. 예를 들어, 가족돌봄청년은 복지, 보건, 노동, 교육, 돌봄이 동시에 얽힌 이슈를 안고 있다. 따라서 신약자 문제는 특정 분야의 단독 개입이 아닌, 다분야 간 협력과 조율을 전제로 해야 한다.

이러한 복잡한 문제에 대응하기 위해 지역사회복지실천가는 타 분야 전문가와의 협력 능력, 네트워크 운영 능력, 행정 및 정책 파트너십 조정 역량, 집단 간 중재 역량 등을 더욱 적극적으로 갖추어야 한다. 특히 민과 관의 다양한 행위자가 참여하는 공공 협력 플랫폼의 촉진자로서 실천가가 작동할 수 있게 하는 제도적 뒷받침도 필요하다.

6) 신약자의 시대, 지역사회복지실천의 새로운 소명

지역사회복지실천의 미래는 전통적 약자에 대한 보호와 지원에 국한하지 않는다. "누가 배제되는가", "왜 배제되는가", "우리는 무엇을 보지 못하였는가"라는 연이은 물음 속에서, 신약자의 존재를 발견하고 그들의 욕구에 응답할 수 있는 실천 구조와 문화를 만들어 낼 수 있게끔 현실을 재편하여야 한다. 지역사회복지실천가는 이 거대한 과제 속에서 실천의 최전선에 서서 변화의 흐름을 감지하고 조정하고 연결하는 전문적인 시민이자 윤리적 실천가로 거듭나야 한다.

신약자의 출현은 사회복지의 실패를 증명하는 것이 아니다. 반대로, 그 지평이 넓어져야 한다는 새로운 시대적 요청의 등장을 의미한다. 이 요청에 가장 먼저 응답하는 실천가가 바로 지역사회복지사여야 한다. 그것은 오늘날 지역사회복지실천의 새로운 소명이며, 미래를 여는 출발점이 될 것이다.

참고문헌

강대선(2015). 빈곤 지역 주민의 지역사회임파워먼트와 지역사회실천가의 역할. 사회과학연구, 26(1), 199-226.

강대현(2001). 한국 시민사회의 성장 과정에 대한 분석과 시민 교육적 함의. 서울대학교 대학원 박사학위논문.

강철희・정무성(2013). 지역사회복지실천론. 나남.

강태경(2019). 지역사회 통합돌봄(커뮤니티케어)의 원칙. 의료정책포럼, 17(1), 6-10.

강혜규・박수지・양난주・엄태영・이정은(2012). 사회서비스 바우처사업의 정책 효과 분석 연구. 한국보건사회연구원.

고관우・남진열・김상미(2018). 지역사회복지서비스 실천체계에 따른 복지주체별 역할에 관한 연구. 한국지역사회복지학, 66, 27-58.

공선희(2015). 영국의 커뮤니티 케어 정책의 역사적 변천과 쟁점. 한국노년학, 35(1), 79-98.

광주발전연구원(2011). 주민자치강화를 통한 창조적 자치공동체 구축 방안. 광주발전연구원.

구인회(2002). 빈곤층의 사회경제적 특성과 빈곤 이행. 한국사회복지학, 48(1), 82-112.

권상철・현희창(2024). 커뮤니티 매핑과 지역발전 : 자산 매핑과 주민 역량 그리고 지역 사례. 한국지리학회지, 13(1), 113-122.

권재환・이미나(2024). 지역사회보장협의체 사회적 자본과 협력적 거버넌스 사례. 청소년상담학회지, 5(2), 111-129.

권현수(2016). 사례관리 개념에 대한 쟁점 고찰. 인문논집, 40, 83-109.

김가희(2023). 제5기 지역사회보장계획의 수립 방향과 내용 분석 : 시도 제5기 지역사회보장계획을 중심으로. 보건복지포럼, 326, 6-22.

김가희・김보영・김지민(2022). 지역사회보장 기반 강화를 위한 시도 사회보장위원회 운영현황 분석과 과제. 한국보건사회연구원.

김건희・안외자・양정안・이대주・이태숙(2016). 사회복지 사례관리론. 동문사.

김경혜・최은식(2003). 자치구 단위 지역사회복지계획 매뉴얼 개발 연구. 서울시정개발연구원.

김광병(2016). 사회복지법상 인권에 관한 연구 - 사회복지사업법을 중심으로. 사회복지법제연구, 7(1), 91-112.

김교성・김윤민(2016). 복지태도의 이중성. 한국사회복지학, 68(2), 27-51.

김교정・김영미(2020). 지역사회 네트워킹 형성・유지 경험에 관한 근거이론적 연구. 한국지역사회복지학, 73, 7-36.

김기덕(2004). 한국의 사회복지 윤리와 철학 교과서 분석. 비판사회정책, 17, 13-46.

김남선(1999). 지역사회개발의 일반내용과 새마을운동과의 관계분석. 지역사회개발학술지, 9(2), 31-48.

김덕호(1997). '빈곤과의 전쟁'을 통해서 본 1960년대 미국의 복지정책. 서양사론, 55(1), 171-201.

김미옥・김경희(2011). 인권 관점에 기초한 사회복지실천 경험에 관한 질적 사례연구 : 장애인 거주시설의 종사자 경험을 중심으로. 한국사회복지학, 63(1), 29-55.

김민호(2011). 지역사회 기반 시민교육의 필요성과 개념적 조건. **평생교육학연구**, 17(3), 193-221.

김범수・신원우(2019). **지역사회복지론**. 공동체.

김병욱(2015). **델파이(delphi) 분석 방법**. 킴스정보전략연구소.

김보영(2015). 우리나라 복지행정 개혁과 사회복지 환경의 변화 분석을 통한 공공 복지행정의 방향 모색. **한국사회복지행정학**, 17(1), 35-63.

______(2021). 코로나19의 시대, 사회서비스의 정책적 과제와 비전에 대한 탐색. **비판사회정책**, 70, 43-71.

______(2023). 분권과 돌봄에 기반한 지역사회보장계획 전환 모색. **보건복지포럼**, 326, 53-70.

김소영(2017). 정신장애를 가진 노숙 청년의 시설 이용 경험: 탈시설화의 이면, 생존을 위한 두 체계의 반복 이용을 중심으로. **사회복지연구**, 48(3), 83-116.

김서영(2017). 지역사회 차원에서 본 이주노동자와의 통합에 관한 사례 연구. **한국사회복지학**, 69(3), 267-287.

김성경(2024). **사회복지 사례관리론**. 공동체.

김수영(2013). 사회운동조직의 사회복지제도화와 미시저항. **한국사회복지학**, 65(2), 255-285.

김수진・김은영・정민자(2012). **지역사회복지**. 양서원.

김영란(2013). 다문화사회 한국의 사회통합과 다문화주의 정책. **한국사회**, 14(1), 3-30.

김영란・김형준・전진호・한상미(2021). **지역사회복지론**. 공동체.

김영인・설규주(2017). **시민교육론**. 한국방송통신대학교출판부.

김영종・홍현미라・이현주・이혜원・이민영・진재문(2008). **사회복지 네트워킹의 이해와 적용**. 학지사.

김용득(2015). 지역사회 사례관리체계에서 공공과 민간의 역할, 이대로 괜찮은가?. **한국사회복지행정학**, 17(1), 241-266.

______(2016). 지역사회중심 장애인서비스 정책의 쟁점과 과제. **사회서비스연구**, 6(2), 1-28.

______(2018). 탈시설과 지역사회 중심의 복지서비스 구축 방안. 제3회 보건사회연구 콜로키움, 17-38.

______(2019). 1990년대 이후 영국 커뮤니티 케어 변화의 궤적 읽기. **보건사회연구**, 39(3), 114-147.

김욱진(2011). 한국 지역복지사업의 어제와 내일 : 산업화, 민주화에서부터 신자유주의까지. **비판사회정책**, 31, 7-46.

______(2015). **자원봉사 : 영향요인과 파급효과**. 청목출판사.

______(2019). 자원봉사센터와 자원봉사 단체의 공공성. 추계학술대회, 한국자원봉사학회, 97-99.

______(2020). **공동체 1, 2**. 한국학술정보.

김욱진・김태연(2012). 지역사회개발과 디스임파워먼트. **비판사회정책**, 37, 49-84.

김욱진・이종화・안승재・함선유・문영임(2024). 약자를 위한 정의론의 재구성. **사회과학연구**, 35(3), 181-211.

김욱진・이준영・이현민・홍서준(2020). 용산구 지역 어르신 코로나 이후 복지욕구 실태조사. 시립용산노인종합복지관, 미간행.

김윤민 · 김종건(2021). 지역사회 문제 해결을 위한 지역공동모금회 배분 사업의 내용과 방향 모색 : 부산공동모금회를 중심으로. **한국지역사회복지학**, 79, 143-173.

김윤재 · 금유현(2013). 지역사회복지관의 기능전환에 따른 정체성 확립방안 연구. **벤처창업연구**, 8(1), 205-222.

김이배 · 홍선미(2014). 경북 통합사례관리 광역 지원센터 도입 및 운영 방안 연구. 경북행복재단.

김종건(2017). 지역사회보장협의체 활성화의 쟁점과 과제. **사회복지정책과 실천**, 3(2), 35-52.

김주원 · 김필두 · 박 철 · 신윤창 · 전용태 · 곽현근 · 김병국 · 김순은 · 김중석 · 김찬동(2019). **한국 주민 자치 이론과 실제**. 대영문화사.

김준현 · 문병기(2014). 이민자 사회통합 서비스 전달체계 연구 : 국가 간 제도비교를 중심으로. **한국사회와 행정연구**, 25(3), 59-90.

김진석 · 유동철(2013). 마을지향 복지관 역할 강화 방안 연구. 연구보고서 2013-50, 서울시복지재단.

김창엽(2016). **지역사회와 시민교육**. 청목.

김태영(2006). 인터넷 가상공동체와 사회적 자본. **한국행정논집**, 18(4), 959-980.

김학영 · 서규동(2017). 희망복지지원단 슈퍼비전 체계가 통합사례관리사의 역할수행에 미치는 영향. **미래사회복지연구**, 8(1), 5-35.

김현진(2010). 사회복지사의 인권에 대한 의식 차이 분석. **한국지역사회복지학**, 34, 109-132.

김현호(2013). 현대적 지역공동체 모델 정립 및 활성화 방안 연구. 한국지방행정연구원.

김형모 · 유정원 · 이귀애(2009). 지역복지 전달체계 네트워크를 위한 지역사회복지협의체와 지역사회복지협의회의 역할과 과제. **임상사회사업연구**, 6(1), 25-49.

김형용(2011). 지역사회 연구의 분석단위와 지표에 관한 고찰. **한국사회복지조사연구**, 29, 165-190.

김흥수(2005). 한국전쟁 시기 기독교 외원단체의 구호 활동. **한국기독교와 역사**, 23, 97-124.

김흥순(2000). 근대화 프로젝트로서의 새마을운동에 대한 비판적 고찰 - 1970년대를 중심으로. **한국지역사회개발학회지**, 12(2), 21-37.

김희곤(2020). 지방자치와 주민자치회 — 현행 주민자치회의 문제점 및 과제를 중심으로. **국가법연구**, 6(1), 87-133.

김희년 · 박정란 · 이선우 · 이성기 · 이영호 · 이정우 · 장수한 · 황세인(2020). **사회문제론**. 공동체.

남기철(2015). 지역사회복지와 참여의 고민 : 시민 복지 기준 사례를 중심으로. 한국지역사회복지학회 학술대회, 97-128.

남성진 · 최정호 · 이재모(2011). 근거이론을 통한 지역사회복지사업의 주민 참여에 관한 연구. **한국지역사회복지학**, 39, 101-128.

남재욱 · 오건호(2018). 기초생활보장 수급 노인의 기초연금 권리 보장 : 보충성 원리와 사회적 형평성을 중심으로. **비판사회정책**, 59, 153-191.

남진열(2024). 시군구 사회복지협의회 설치 의무화, 의미와 과제는?

노수현 · 이주희 · 김정애 · 이수민 · 김영례(2022). 지역으로 출발합니다 : 지역 밀착형 복지관 실천 안내도. 서울시복지재단.

류기형 · 배의식 · 손지현(2015). **지역사회복지와 네트워크**. 정민사.

류만희(2013). '깔때기 행정', 더 이상 방치할 수 없다. **월간 복지동향**, 174, 69-70.

류승일(2019). 사회복지관 입장에서 본 민관협력의 발달 : 읍면동 복지 허브화 이전과 이후의 경험을 중심으로. 추계학술대회, 한국지역사회복지학회, 143-170.

모성은・김정현・이강현・윤미란・정윤선・이의수・이도희(2017). 살고 싶은 지역 만들기를 위한 현대적 지역사회개발운동 모델 발굴. 행정안전부.

문영규(2009). **사회복지행정조직론**. 청목.

민소영(2009). 정신장애인의 지역사회 통합에 영향을 미치는 요인의 경로분석. **정신보건과 사회사업**, 33, 36-68.

______(2017). 미국의(공공) 사례관리 실천 현황과 함의 : 미국의 사례관리 개념, 현황, 전문적 실천 소개에 대한 토론문. 춘계학술대회, 한국사례관리학회, 49-51.

민소영・신재은(2017). 사회복지관의 주민조직화 직무 개발. **한국지역사회복지학**, 60, 1-28.

민인식・강철희・강아름(2021). 코로나19 감염 재난이 시민 기부 행동에 미친 영향에 관한 연구 : 해피빈 모금 프로젝트를 중심으로. **사회복지연구**, 52(4), 5-34.

박가영(2012). 행정절차법상 청문절차. **입법정책**, 6(1), 145-172.

박광덕(2018). 한국과 일본의 사회복지 제도화 과정 분석 - 지역복지계획을 중심으로. **한국지방행정학보**, 15(1), 1-33.

박광준(2013). **사회복지의 사상과 역사**. 양서원.

박능후(2000). 기초보장제도의 역사적 전개과정과 함의. **보건사회연구**, 20(2), 71-117.

박동숙(2019). **질적 인터뷰 방법**. 커뮤니케이션북스.

박명규(2009). **국민・인민・시민**. 소화.

박범기(2021). 위험사회와 사회복지 : 코로나19 이후의 복지 동향과 과제. **사회적질연구**, 5(1), 39-63.

박보영(2011). 지역사회 개발사업과 발전주의 복지 정치 : 박정희 정권의 새마을운동을 중심으로. **사회복지정책**, 38(3), 57-80.

박선영(2013). 사회복지실천의 임파워먼트 접근에서 온정주의의 침투와 공존. **미래사회복지연구**, 4(1), 107-135.

박성준(2024). 지역사회보장지표의 현황과 개선 과제. 추계학술대회, 한국사회복지학회, 549-558.

박세경(2015). 지역 자율형 사회서비스 투자사업의 현황과 과제. **보건복지포럼**, 225, 49-59.

박수경(2006). 자립생활 패러다임에 따른 장애인의 사회통합에 관한 연구 : 생애주기를 중심으로. **한국사회복지학**, 58(1), 237-264.

박숙경・김명연・김용진・구나영・문혁・박지선・정진・정창수・조아라(2017). 장애인 탈시설 방안 마련을 위한 실태조사. 국가인권위원회.

박언하・유성이・성시한・오승환(2019). **인간행동과 사회환경**. 동문사.

박용순・문순영・임원선・임종호(2019). **사회문제론**. 학지사.

박주형(2013). 도구화되는 '공동체' : 서울시 「마을공동체 만들기 사업」에 대한 비판적 고찰. **공간과 사회**, 23(1), 4-43.

박 준・김성근(2019). 시민 주도 문제 해결을 위한 시민사회역량 강화 방안. 2019년 기본연구과제, 한국행정연구원.

박지영(2016). 사회복지시설 종사자의 인권 태도에 관한 연구. **한국사회복지교육**, 33, 1-27.

박진화(2021). **사회보장론**. 공동체.

박찬영(2007). 에드워드 시대의 새로운 자선 – 도움길드와 신자선의 개념. **영국연구**, 17, 219–243.

박태영(2002). 사회복지시설에서의 인권에 관한 소고. **사회복지**, 겨울호, 63.

______(2012). 지역사회복지의 정체성에 관한 연구. **한국지역사회복지학**, 43, 639–668.

______(2014). 한일 지역복지계획의 비교 연구. **한국지역사회복지학**, 49, 161–185.

박태영 · 손정일 · 이혜령(2000). 지역사회복지에서 정상화의 이론적 함의. **사회복지개발연구**, 6(2), 187–217.

박태영 · 채현탁(2014). **지역사회복지론**. 정민사.

박태영 · 채현탁 · 김동화 · 김석주(2019). **지역사회복지연구방법**. 공동체.

박태영 · 채현탁 · 배은희 · 정연모 · 임우현 · 허숙민(2021). **마을복지계획 수립 매뉴얼**. 공동체.

박태영 · 허숙민 · 이진선 · 전성남(2020). **마을복지계획 어떻게 세울까**. 공동체.

배병준(2019). 정부의 지역사회 통합 돌봄 추진 방향. **HIRA 정책동향**, 13(3), 7–15.

배봉준 · 윤영채 · 한치흠(2019). **협력거버넌스**. 대영문화사.

배웅규 · 정종대(2004). 지역 정체성 강화를 위한 "인사동 작은가게살리기 운동"의 전개과정 연구. **지역사회개발연구**, 29(2), 37–60.

배의식(2013). **지역복지 네트워크의 갈등 조정 과정**. 양서원.

배진형 · 안정선 · 방진희(2021). 코로나(COVID–19) 시기, 지역사회 멘토링과 대학 멘토 지원 사업의 성과에 대한 연구. **학교사회복지**, 54, 129–160.

보건복지부(2013). 제3기 지역사회복지계획 수립 매뉴얼. 보건복지부.

________(2016). 보건복지백서. 보건복지부.

________(2021). 찾아가는 보건복지서비스 업무안내. 보건복지부.

________(2022). 제5기 지역사회보장계획 수립 안내 매뉴얼. 보건복지부.

________(2024). 희망복지지원단 업무안내. 보건복지부.

________(2024). 지역사회보장협의체 운영 안내. 보건복지부.

________(2025). 찾아가는 보건복지서비스 업무안내. 보건복지부.

사또우 시게루(2001). 마치즈쿠리란 무엇인가. **도시와 빈곤**, 50, 128–143.

서보람 · 이용재(2024). 시군 지역사회보장협의체의 활동 성과에 미치는 영향 : 위원 특성과 사무국 지원을 중심으로. **한국지역사회복지학**, 91, 1–32.

서선호 · 지은재 · 장세우(2010). **세계 사회복지 발달사**. 새한기획출판부.

서울YMCA(2015). **이웃 분쟁 조정 설명서**. 서울YMCA 이웃분쟁조정센터.

서인해 · 공계순(2001). 종합사회복지관 욕구조사 보고서 실태 분석 : 이론적 접근에서 살펴본 욕구조사 방법과 조사 내용 유형. **사회복지연구**, 17, 65–97.

____________(2004). **욕구조사의 이론과 실제**. 나남출판.

____________(2016). 지역주민의 지역문제인식에 영향을 미치는 요인에 대한 연구 : 지역사회복지계획의 지역 욕구조사 분석 이슈를 중심으로. **한국자치행정학보**, 30(3), 313–333.

선우덕 · 임정기(2002). 영국 재가노인 복지서비스의 최근 동향과 시사점. **보건복지포럼**, 64, 12–25.

설규주(2001). 탈국가적 시민성의 대두와 시민교육의 새로운 방향. **시민교육연구**, 32(1), 151–178.

설진화(2016). **사례관리론**. 양서원.

손지현(2018). 민관협력 기반의 지역사회 복지체계 구축 비교. 추계학술대회, 한국사회복지행정 학회, 61–63.

송 샘 · 이재묵(2018). 다문화사회 이주민의 정치참여 활성화를 위한 민주시민교육. **아태연구**, 25(1), 61–91.

송아영 · 김아래미(2017). 지역사회기반참여연구(Community–based participatory research : CBPR)의 사회복지적 적용 가능성에 관한 연구. **비판사회정책**, 54, 411–452.

송호근(2015). **나는 시민인가**. 문학동네.

신명호(2016). 제3장 인간 삶 속의 위기, 호혜의 경제로 함께 건너다. 황익주 외 공편, **한국의 도시 지역공동체는 어떻게 형성되는가**(pp. 131–186). 서울대학교출판부.

신유리 · 김정석(2015). 장애인의 자기결정권의 경험에 대한 현상학적 연구. **한국장애인복지학**, 30, 97–115.

신재은 · 민소영 · 박미경 · 서혜미(2017). 주민조직화 전문가 양성을 위한 교재개발연구. 경기복지재단.

신재은 · 민소영 · 최효선 · 박미경(2018). 지역요인을 고려한 사회복지관 주민조직화 교육방안. 경기복지재단.

신진욱(2017). **시민**. 책세상.

신희주(2017). 동네는 어떻게 사람들의 일상에 힘을 발휘하는가?. **사회와 철학**, 34, 1–26.

아동권리보장원(2024). 지역아동센터지원. 다음 웹사이트에서 검색, https://www.ncrc.or.kr/ncrc/cm/cntnts/cntntsView.do?mi=1104&cntntsId=1043

안기덕 · 공예지(2025). 서울시 사회복지 관련 비법정 시설 종사자 실태조사. 서울시복지재단.

안기덕 · 안지혜(2022). 서울시 민간자원 공유체계 구축 방안 연구. 서울시복지재단.

안기덕 · 이태우 · 한학재 · 손보람(2019). 동지역사회보장협의체 활성화 방안 연구 : 서울시 찾아가는 동주민센터 사례를 중심으로. 서울시복지재단.

안병영(1992). 신보수주의와 복지국가 – 1980년대 대처와 레이건의 정책 비교. **사회과학논집**, 23, 83–119.

안혜영 · 김영종 · 주은수 · 이은정 · 김선영 · 하승용(2011). 제2기 시도 및 시군구 지역사회복지계획 수립 분석 연구. 한국보건복지인력개발원.

양난주(2010). 한국 사회복지서비스의 변화. **한국사회복지학**, 62(4), 79–102.

______(2015). 사회서비스 바우처 정책 평가. **한국사회정책**, 22(4), 189–223.

양만재(2012). 지역사회복지 정체성에 관한 비판적 분석. **비판사회정책**, 36, 105–151.

양영균(2016). 제5장 사회적 교류 증진과 도시 지역공동체 형성. 황익주 외 공편, **한국의 도시 지역공동체는 어떻게 형성되는가**(pp. 261–328). 서울대학교출판부.

양재진(2023). **복지의 원리**. 한겨레출판.

양주시청(2020). **라이프업(LIFE UP) 봉암마을 스토리북**. 경관연구소 아랑 · ㈜어반플레이스종합건축사무소.

엄태영(2014). 지역사회복지계획 평가. **보건복지포럼**, 208, 51–59.

오민수(2015). 읍면동 지역사회보장협의체에 관한 탐색적 사례연구. **지역개발연구**, 24(2), 35–78.

______(2023). 사회보장을 위한 거버넌스 기구의 비교 분석 : 시도 사회보장위원회를 중심으로. **GRI연구논총**, 25(2), 271–306.

오민수 · 김주연(2021a). 마을복지계획 수립 과정과 쟁점. 경기복지재단 복지이슈 FOCUS 2021-00.

_____________(2021b). 읍면동 지역사회보장협의체, 마을복지계획, 주민자치회 간 불편한 동거. 경기복지재단 복지이슈 FOCUS 2021-17.

오민수 · 채현탁(2022). 지역사회복지 관련 계획의 주민 참여 쟁점과 과제에 관한 연구 : 경기도 S시의 사례를 중심으로. **한국지역사회복지학**, 80, 233-265.

오영훈 · 박미숙(2017). 지역축제의 이야기(Story)와 표현(Telling) 속성 연구 – 인천 소래포구 축제를 중심으로. **지역과 문화**, 4(4), 69-85.

오욱찬 · 이한나 · 박영선 · 문영민 · 유아마 아쓰시(2021). 장애인 탈시설화 정책의 국가별 사례 연구. 한국보건사회연구원.

오정수 · 류진석(2016). **지역사회복지론**. 학지사.

우수명 · 주경희 · 김희주 · 이두진(2021). **지역사회복지론**. 지식공동체.

우현정(2016). 「사회 · 문화」 교육 목표로서의 비판적 시민성. **시민교육연구**, 48(2), 91-128.

우홍준(2006). 사례 제시를 통한 막스 베버 이념형에 대한 이해. 추계학술대회, 한국행정학회, 1-19.

원석조(2017). **사회복지발달사**. 공동체.

______(2018). **사회문제론**. 양서원.

유동철(2012). 지역사회복지실천의 새로운 길 : 주민조직화와 마을만들기. **공공정책연구**, 29(2), 99-122.

유문무(2019). 지역복지 운동으로서의 지역 화폐운동 정착 방안. **노동연구**, 39, 131-157.

유애정 · 박현경(2022). 지역사회 통합돌봄 추진 현황과 향후 과제. **대한공공의학회지**, 6, 75-98.

유태한(2019). 사회 정의론에 기반한 사회복지 철학 이론의 탐색 : 롤스와 샌델 비교. **사회복지정책**, 46(2), 5-25.

윤민화(2014). 주민조직에 참여한 빈곤 여성의 공동체의식 형성과정. 이화여자대학교 대학원 박사학위논문.

윤민화 · 이민영 · 노혜련(2014). 강점 관점 사례관리에서 지역복지 네트워크 실천과정 연구. **한국지역사회복지학**, 50, 203-239

윤은기(2004). 자유주의적 다원주의 시각에 근거한 영국 복지정책에 관한 연구와 고찰. **세계지역연구논집**, 22(2), 259-283.

윤인진(2004). **코리안 디아스포라 : 재외 한인의 이주, 적응, 정체성**. 고려대학교출판부.

윤정혜 · 김수영(2023). 사회복지관 지역조직화 담당 사회복지사의 민관협력인식이 조직몰입에 미치는 영향 – 슈퍼비전의 조절효과 검증. **슈퍼비전과 실천연구**, 8, 1-18.

윤태호(2013). 영국 노동당 정부의 국영 보건서비스 개혁(1998~2010)에 대한 고찰. **비판사회정책**, 40, 220-250.

이경수 · 이상구(2012). 다문화인의 인권과 정상화 정책에 관한 연구. **한국행정사학지**, 30, 31-52.

이광석 · 김동룡(2012). 운용의 관점에서의 복지모순에 관한 연구. **한국행정논집**, 24(1), 105-130.

이규식(2019). **커뮤니티 케어**. 건강복지정책연구원.

이병대・심재승(2012). 주민 참여 마을 만들기를 통한 구도심 재생에 관한 연구 : 일본, 영국, 미국의 도시사례를 중심으로. **한국지적정보학회지**, 14(2), 183-206.

이상신(2004). 기부 활성화를 위한 정책과제. **한국경제연구원 정책연구**, 23, 1-47.

이상일(2004). 영국 공공복지서비스 전달체계의 재조직화 : 배경 및 시사점. **사회복지정책**, 18, 157-178.

이상호・김은숙・박정훈・신기범・신재학・오세민・이권일・정영호・조성숙(2013). **모금기술의 이론과 실제**. 양서원.

이성신・성희자・이세나(2018). 지역사회 공동체 중심으로서의 작은도서관. **한국도서관정보학회지**, 49(1), 77-97.

이송희・이병화・김혜인(2019). 장애인 탈시설화 정책의 주요 쟁점과 과제 : 서울시를 중심으로. **보건과 복지**, 21(4), 69-86.

이수영・박지혜(2021). 찾아가는 동주민센터 혁신 방안 연구 : 복지분야를 중심으로. 서울시복지재단.

이수진(2005). 사회복지 프로그램 매뉴얼 개발연구 : 지역사회조직화 실천 방법. 서울시복지재단.

이수진(2018). 자활사업 시행 이후 자활 제도 변화. 한국사회학회 정기사회학대회 논문집, 543-564.

이수한・소경희(2022). 교육현상 탐구에 있어서 행위자 - 네트워크 이론(ANT)에 기반한 질적 연구방법론의 의미와 쟁점 탐색. **질적탐구**, 8(4), 39-65.

이순민(2016). **사회복지 윤리와 철학**. 학지사.

이순성・김혜인(2021). 코로나 시대 사회복지시설 모금 활동 활성화 및 기부 물품 효율적 배분 방안 연구. 서울시복지재단.

이승민(2020). 코로나 시대 사회복지 현장의 증언과 기록 : 생활시설의 대응과 과제. 한국사회복지행정학회 학술대회, 77-83.

이영글・박성준・함영진(2019). 읍면동 민관협력이 복지사각지대 해소에 미치는 영향. **GRI 연구논총**, 21(1), 219-240.

이영수・길현종(2020). 사회서비스 기관 간 네트워크에 관한 연구 : 조직형태별 네트워크 유형의 차이를 중심으로. **사회과학연구**, 31(4), 157-182.

이영환(1997). 지역사회에 대한 갈등사회학적 접근 연구. **지역사회개발연구**, 22(2), 25-41.

이오복(2023). 사회복지조직에서 MZ세대 동료와 근무하는 사회복지사의 새로운 조직문화 형성 경험 연구. **한국사회복지행정학**, 25(4), 103-127.

이용승(2015). 이주민의 지역사회 통합과 주민권의 기능. 이주인권지역공동토론회, 국가인권위원회, 3-19.

이용표・유영준(2006). **지역복지네트워크의 이론과 전략**. EM커뮤니티.

이원주(2016). **지역사회복지론**. 공동체.

이은미・진성미(2014). 시민교육의 확장을 위한 평생교육의 의의 : 지역사회기반 시민교육을 중심으로. **시민교육연구**, 46(3), 195-221.

이은진(2009). 사회학 연구에서 지역의 위치. **지역사회학**, 10(2), 5-29.

이익섭・박수경・곽지영(2003). 시각장애인의 지역사회 통합 실태와 관련 요인. **한국사회복지학**, 54, 149-176.

이인희(2006). 지역복지정책의 가치 정향에 관한 연구. 한국공공관리학보, 20(1), 192-206.
이재완(2013). 한국 지역사회복지운동의 발전과 과제. 월간 복지동향, 182, 4-8.
______(2020). 코로나 뉴노멀(New Normal)시대 지역사회복지의 변화와 방향. 한국지역사회복지학, 74, 29-55.
이정은(2016). 지역사회보장계획 수립의 변화와 과제. 보건복지포럼, 237, 62-75.
이정희(2020). 사회복지사들의 통합사례관리 경험 연구-민·관 협력 기관을 중심으로. 사회복지정책, 47(4), 89-118.
이준석(2020). 행위자-네트워크 이론(ANT)을 통한 다중공간(space multiple)의 이해 : 코로나 19 사태에서 관찰되는 다중공간성. 공간과 사회, 30(3), 278-318.
이준엽·이용우(2024). MZ세대 사회복지사의 가치에 대한 탐색적 연구. 한국지역사회복지학, 89, 57-80.
이준영(2014). 시·도 지역사회복지 계획 수립에 관한 논의. 보건복지포럼, 20, 32-42.
______(2019). 사회복지행정론. 학지사.
이준우·최희철(2020). 사례관리론. 신정.
이한나·홍민지(2023). 제5기 지역사회보장조사 결과와 조사 개선 방안. 보건복지포럼, 326, 23-37.
이현주(2012). 지역사회 단위 사회통합 지표의 의의와 적용. 보건복지 Issue & Focus, 125, 1-8.
이 호(2017). 풀뿌리운동, 새로운 복원. 포도밭출판사.
이화선(2015). 한국 다문화정책의 편향성과 결혼이주여성의 지위. 한국융합인문학, 3(2), 7-24.
임완수(2021). 세상과 나를 바꾸는 지도 커뮤니티 매핑. 빨간소금.
임은희·오선영·오정옥·이동춘·이영희·이화명·최병태(2019). 인간행동과 사회환경. 양서원.
임의영(2011). 형평성의 개념화. 행정논총, 49(2), 81-102.
임정기·김교성·이현주(2017). 사회복지사는 무슨 일을 하는가? 사회복지사의 과업과 역할에 대한 지향과 현실. 한국사회복지행정학, 19(2), 209-242.
장세훈(2020). 알린스키(S. Alinsky)의 지역사회 조직화 모형에 대한 탐색 : 지역사회 조직화의 '오래된 미래'로부터의 교훈. 지역사회학, 21(3), 5-38.
장윤주(2022). 국내 데이터로 본 20년간의 한국 기부 규모 변화. 제22회 기부문화심포지엄 기빙코리아 2022 발표집. 기부문화연구소.
장윤주·이영주·신성규·정민정(2024). 2024 데이터로 보는 국내 기부 규모 변화. 기부문화연구소.
장은주(2017). 시민교육이 희망이다. 피어나.
전대욱·박승규·최인수(2012). 지역공동체 주도의 발전 전략 연구. 한국지방행정연구원.
전선영(2004). 사회복지 실천에서 옹호의 명분 확인 및 이론적 개념 정립. 임상사회사업연구, 1(1), 91-119.
전준구(2018). 지방자치와 지역복지계획 : 정치인가, 논리인가?. 지방정부연구, 22(2), 409-431.
______(2020). 복합체계로서 지역사회보장협의체 - 제도 설계의 논리와 과제. 한국자치행정학보, 34(4), 91-114.
전진호·한상미(2013). 지역사회복지관 주민 욕구조사 사례 분석-수렴적 욕구조사 모델을 기준으로. 한국자치행정학보, 27(4), 307-326.

정기호(2019). 주민 없는 주민자치회가 가장 큰 문제. 월간 주민자치 90, 110-111.
정무권(2017). 복지국가의 미래와 사회적경제의 역할 : 새로운 사회서비스 복지혼합과 지역공동체 중심의 사회서비스 거버넌스 형성. 추계 학술대회, 사회복지법제학회, 453-468.
정상호(2013). 시민의 탄생과 진화. 한림대학교출판부.
정 석(1999). 마을단위 도시계획 실현 기본 방향. 서울시정개발연구원.
정성호(2015). 실전 사회조사방법. 시간의물레.
정순둘・김경미・박선영・박형원・최혜지・이현아(2007). 사회복지와 임파워먼트. 학지사.
정익중・이수진・강희주(2020). 코로나19로 인한 아동일상 변화와 정서 상태. 한국아동복지학, 69(4), 59-90.
정헌목(2012). 게이티드 커뮤니티의 공간적 특성과 사회문화적 함의. 서울도시연구, 13(1), 37-56.
정현경・정인환・최계명・이정선(2023). 모금가 노트. 풀빛.
정혜정(1986). 이화여자대학교 사회복지관 30년사. 사회복지관논집, 4, 11-24.
정효정(2009). 지역사회복지계획 수립의 과제와 방향. 한국지역사회복지학, 31, 139-163.
조권중(2013). 서울시 제3섹터 지원 정책 연구. 서울연구원.
조대엽(2014). 갈등사회의 도전과 미시 민주주의의 시대. 나남.
______(2015). 생활민주주의의 시대. 나남.
조윤정(2024). 살아보니 자산접근, 영등포 활동을 소개합니다. 제5차 장애인 자립지원 포럼 장애인 자립지원 포럼 2024 지역사회 변화를 꿈꾸다 자료집(pp. 1-26). 서울시복지재단.
조희흔(2022). 시민사회의 복지 운동, 앞으로의 길을 묻다. 월간복지동향(285), 44-50.
주성수(2001). 시민사회와 NGO 논쟁. 한양대학교출판부.
______(2016). 나눔문화. 한양대학교출판부.
______(2017). 한국 시민사회 30년(1987-2017)의 시민참여와 민주주의. 시민사회와 NGO, 15(1), 5-38.
주현정(2020). 공공복지서비스와 공동생산 실천 탐색 : 읍면동 맞춤형복지 사업을 중심으로. 한국사회복지행정학, 22(3), 69-108.
지규옥(2015). 지역사회복지 실천모델로서의 협동조합 운동. 사회복지정책, 42(1), 187-210.
지은구(2007). 사회복지 조직연구. 청목.
지은구・감정기・김진석・김형용・홍재봉(2021). 지역사회복지론. 사회평론아카데미.
지은구・조성숙(2019). 지역사회복지실천론. 학지사.
지은정(2006). 베버리지 보고서의 사회보장 원칙과 가정에 대한 비판의 타당성 검토. 한국사회복지학, 58(1), 175-207.
진재문(2014). 마을 만들기 사업을 위한 자치단체의 주민 참여 활성화 노력과 삶의 질의 관계. 비판사회정책, 45, 340-372.
차흥봉・선우덕(2013). 노인장기요양보험제도의 발전 과정과 향후 개선 방향에 대한 논의. 장기요양연구, 1(1), 8-30.
채현탁(2014). 지역사회복지 거버넌스를 위한 지방정부의 대응전략에 관한 연구. 한국지역사회복지학, 50, 177-201.
_____(2023). 지역사회보장계획의 성과와 한계에 관한 연구 : 제4기 계획의 평가결과를 중심으로. 한국지역사회복지학, 86, 191-219.

채현탁 · 백윤철(2012). 사회보장수급권 강화를 위한 공공사회복지 전달체계 발전방향 : 희망복지지원단 통합사례관리사업을 중심으로. 세계헌법연구, 18(3), 163-189.

채현탁 · 조영진(2018). 지역사회 복지의제의 정치 담론화 과제에 관한 연구. 한국지역사회복지학, 66, 85-116.

최선희(2014). 일제강점기 지역사회복지기관의 성격. 한국지역사회복지학, 49, 1-30.

최소연(2019). 사례관리론. 양성원.

최송식 · 권혜민(2021). 코로나19에 대한 사회복지 실천 현장의 대응과 실천 과제. 사회복지정책과 실천, 7(1), 5-57.

최영인 · 염건령(2005). 사회갈등 이론과 급진 범죄학 이론. 백산.

최옥채(2011). 지역사회복지 정체성 탐색 : 사회복지실천 관점 중심으로. 한국지역사회복지학, 38, 51-78.

______(2012). (사회복지사를 위한) 조직화 기술. 양서원.

최유진(2016). 정부 실패와 사회적경제의 확산. 춘계학술대회, 한국정책분석평가학회, 131-155.

최은영(2015). 영국 지역사회보호의 최근 동향과 시사점. 생활과학연구논총, 19(2), 21-28.

최은희 · 황미영 · 황명구(2016). 사례관리. 정민사.

최인기(2013). 도시빈민운동의 조직화와 연대. 역사비평, 102, 91-106.

최일섭(2006). 지역사회복지론. 서울대학교출판부.

최조순 · 강병준 · 강현철(2015). 한국 공동체 정책의 비판적 논의-통치성 이론을 중심으로. 한국자치행정학보, 29(1), 45-64.

한국가이드스타(2024). 2023 한국 공익법인 연감. 한국가이드스타.

한국민주주의연구소(2016). 시민사회의 시민교육체계 구축과정 연구. 한국민주주의연구소.

한국사례관리학회(2012). 사례관리론. 학지사.

한국사회복지교육협의회(2020). 2021~2022년도 사회복지학 교과목지침서. 한국사회복지교육협의회.

한국사회복지관협회(2024). 전국 사회복지관 현황(2023. 8. 1. 기준). 다음 웹사이트에서 검색, https://kaswc.or.kr/welfarecenterguide/301382.

한국주민운동교육원(2010). 주민운동의 힘, 조직화 CO방법론. 제정구기념사업회.

한상연 · 김종호(2004). 지역복지네트워크. 경희대학교출판국.

한상윤 · 윤나비 · 허아름 · 이선우(2022). 협력적 지역사회복지 거버넌스 구축 방안 연구 : 지역사회보장협의체와 지역사회복지협의회를 중심으로. 한국지역사회복지학, 81, 1-42.

한승욱(2013). 도시문제 해결의 강력한 도구, 마을 지도. BDI 정책포커스, 200, 1-12.

한은희 · 박규범 · 전연진 · 전영호(2017). 사회보장정보시스템 행정 자료를 이용한 통합사례관리 현황과 개선방안 연구. 연구보고서 17-08, 사회보장정보원.

함철호(2015). 지역사회복지거버넌스. 한국지역사회복지학, 54, 213-243.

______(2016). 사례관리에 대한 권력 관점의 조망. 사례관리연구, 7(1), 43-70.

______(2019). 한국지역사회복지론-이론과 사례. 학지사.

함철호 · 박태영 · 류만희(2012). 지역사회복지계획 중장기 발전 방향 탐색 : 조사 결과와 그에 상응하는 안. 추계학술대회, 한국지역사회복지학회, 19-43.

함철호·박태영·이재완·류만희·채현탁·김종건(2013). 지역사회복지계획 중장기 발전 방향에 대한 탐색적 연구 : 시·군·구 지역사회복지계획 담당자들의 인식을 중심으로. **한국지역사회복지학**, 46, 255－285.

행정안전부(2017). **지역공동체의 이해와 활성화**. 행정안전부.

__________(2020). 한국에 거주하는 외국인 주민 수 222만 명, 총인구 대비 4.3%. 사회통합지원과 보도자료, 행정안전부.

허숙민·박태영(2019). 동 지역사회보장계획 수립에 관한 사례 연구. **한국지역사회복지학**, 71, 211－237.

홍경준·송호근(2003). 한국 사회복지정책의 변화와 지속 : 1990년 이후를 중심으로. **한국사회복지학**, 55, 205－230.

홍성우(2022). 주민자치조직의 제도적 변화와 한계 분석 : 주민자치위원회와 주민자치회 비교를 중심으로. **한국지방자치학회보**, 34(2), 237－260.

홍숙자·강석주·김 병·문수열·정영민·제미자(2020). **사회복지역사**. 양서원.

홍현미라(2013). 지역사회복지 정체성 담론 형성을 위한 시론 연구. **한국사회복지행정학**, 15(3), 263－283.

홍현우(2022). 사회적경제에 대한 인식과 사회적경제 조직의 성과. **사회적경제와 정책연구**, 12(1), 1－29.

황명주·김형수(2019). 지역사회조직과 연계된 지역사회보장협의체 구축 방안 : 지역사회 네트워크 활용 전략을 중심으로. **한국동북아논총**, 24(2), 207－227.

황미경(2010). 국내 외국인 이주민 지원제도와 복지권 고찰. **사회과학연구**, 36(3), 233－255.

______(2019). 커뮤니티 케어와 통합사례관리 연계 네트워크 실천 방안 연구. **한국케어매니지먼트연구**, 30, 161－184.

황성동(2022). **알기 쉬운 사회복지조사방법론**. 학지사.

황희연·백기영·변병설(2002). **도시생태학과 도시공간구조**. 보성각.

Abel, E. K.(1979). Toynbee Hall, 1884－1914. *Social Service Review, 53*(4), 606－632.

Abramovitz, M., & Sherraden, M. S.(2016). Case to cause : Back to the future. *Journal of Social Work Education, 52*(1), S89－S98.

Adamson, D.(2010). Community empowerment. *The International Journal of Sociology and Social Policy, 30*(3/4), 114－126.

Ahari, S., Habibzadeh, S., Yousefi, M., Amani, F., & Abdi, R.(2012). Community based needs assessment in an urban area : A participatory action research project. *BMC Public Health, 12*(1), 1－8.

Ajayi, V., Miskelly, F. G., & Walton, I. G.(1995). The NHS and Community Care Act 1990 : Is it a success for elderly people?. *British Medical Journal, 310*(6977), 439.

Algert, N. E., & Stough, L. M.(1998). Advocacy : The power within. *Journal for Vocational Special Needs Education, 20*, 26－32.

Alinsky, S.(1971). *Rules for Radicals : A Political Primer for Practical Radicals*. Vintage.

Altschuld, J. W., Hung, H. L., & Lee, Y. F.(2014). Needs assessment and asset/capacity building : A promising development in practice. In Altschuld, J. W., & Watkins,

R.(Eds.), *Needs Assessment : Trends and a View toward the Future. New Directions for Evaluation, Number 144*(pp. 89–103). John Wiley & Sons.

Andrews, J., & Reisch, M.(2002). The radical voices of social workers. *Journal of Progessive Human Services, 13*(1), 5–30.

Arnstein, S. R.(1969). A ladder of citizen participation. *Journal of the American Institute of planners, 35*(4), 216–224.

Austin, D. M.(1983). The Flexner myth and the history of social work. *Social Service Review, 57*(3), 357–377.

Baran, P.(1964). *On Distributed Communications.* RAND Corporation.

Barker, R. L., & Branson, D. M.(2014). *Forensic Social Work : Legal Aspects of Professional Practice.* Routledge.

Batavia, A. I.(2001). A right to personal assistance services. *American Journal of Law & Medicine, 27*(1), 17–43.

Bauman, Z.(2009). 액체 근대(이일수 역). 강(1999).

Beaulieu, L. J.(2002). *Mapping the Assets of Your Community : A Key Component for Building Local Capacity.* Southern Rural Development Center.

Beaulieu, L. J., & Carter, K. A.(1992). *Conducting a Community Needs Assessment : Primary Data Collection Techniques.* Institute of Food and Agricultural Sciences.

Beimers, D.(2015). NASW involvement in legislative advocacy. *Journal of Policy Practice, 14*(3–4), 256–274.

Bellah, R. N., Madsen, R., Sullivan, W. M., Swidler, A., & Tipton, S. M.(1985). *Habits of the Heart.* University of California Press.

Benford, R. D., & Snow, D. A.(2000). Framing processes and social movements : An overview and assessment. *Annual Review of Sociology, 26*, 611-639.

Bent–Goodley, T. B.(2015). A call for social work activism. *Social Work, 60*(2), 101–103.

Beverly, S., & Sherraden, M.(1997). *Human Capital and Social Work.* Working Paper No. 97–2. Center for Social Development, Washington University.

Boudon, R.(2016). *The Unintended Consequences of Social Action.* Springer.

Bourdieu, P.(1986). The forms of capital. In Richardson, J.(Ed.), *Handbook of Theory and Research for the Sociology of Education*(pp. 241–258). Greenwood Press.

Bradshaw, J. R.(1972/2011). The taxonomy of social need. In Bradshaw, J.(Ed.), *Jonathan Bradshaw on Social Policy : Selected writings 1972-2011*(pp. 1-11). Policy Press.

Brager, G.(1999). Agency under attack : The risks, demands, and rewards of community activism. In Rothman, J.(Ed.), *Reflections on Community Organizing*(pp. 57–76). Itasca, IL : Peacock

Breton, M.(2004). An empowerment perspective. In Garvin, C. D., Gutierrez, L. M., & Galinsky, M. J.(Eds.), *Handbook of Social Work with Groups*(pp. 58–75). Guilford Publications.

Brissette, I., Cohen, S., & Seeman, T. E.(2000). *Social Support Measurement and Intervention : A Guide for Health and Social Scientists.* Oxford University Press.

Brueggemann, W. G.(2013). *The Practice of Macro Social Work*. Nelson Education.

Bulmer, M.(2015). *The Social Basis of Community Care*. Routledge.

Bureau of Justice Statistics(2021). Indicators of Mental Health Problems Reported by Prisoners: Survey of Prison Inmates, 2016. U. S. Department of Justice, Office of Justice Programs. Retrieved from https://bjs.ojp.gov/content/pub/pdf/mhppji.pdf.

Carter, K. A., & Beaulieu, L. J.(1992). *Conducting a Community Needs Assessment : Primary Data Collection Techniques*(IFAS Extension Rep. CD−27). University of Florida, Florida Cooperative Extension Service.

Chan, K. W.(2003). *Resident Organizations*. Chinese University Press for the Hong Kong Housing Authority, Hong Kong Institute of Asia−Pacific Studies.

Chaskin, R. J.(1997). Perspectives on neighborhood and community : A review of the literature. *Social Service Review, 71*(4), 521−547.

____________(2001). Building community capacity : A definitional framework and case studies from a comprehensive community initiative. *Urban Affairs Review, 36*(3), 292−323.

Chaskin, R. J., & Abunimah, A.(1999). A view from the city : Local government perspectives on neighborhood−based governance in community−building initiatives. *Journal of Urban Affairs, 21*(1), 57−78.

Chaskin, R. J., & Garg, S.(1997). The issue of governance in neighborhood−based initiatives. *Urban Affairs Review, 32*(5), 631−661.

Clarke, G. J.(1979). In defense of deinstitutionalization. *The Milbank Memorial Fund Quarterly. Health and Society, 57*(4), 461-479.

Cloward, R. A., & Ohlin, L. E.(1960). Illegitimate means and delinquent subcultures. *Social Deviance : Readings in Theory & Research, 5*, 45−49.

Cohen, E.(2004). Advocacy and advocates : Definitions and ethical dimensions. *Generations, 28*(1), 9−16.

Cohen, S. A., Ahmed, N. H., Ellis, K. A., Lindsey, H., Nash, C. C., & Greaney, M. L.(2024). Rural−urban and regional variations in aspects of caregiving, support services and caregiver health in the USA. *BMJ Open, 14*(10), e081581.

Coleman, J. S.(1988). Social capital in the creation of human capital. *American Journal of Sociology, 94*, S95−S120.

Conroy, J. W., & Bradley, V. J.(1985). The Pennhurst Longitudinal Study. Philadelphia : Temple University Developmental Disabilities Center.

Coser, L. A.(2018). 사회사상사(신용하 · 박명규 공역). 한길사(1971).

Cottrell, L. S. Jr.(1983). The competent community : New perspectives on the American community. In Kaplan, B. H., Wilson, R. N., & Leighton, A. H.(Eds.), *Further Explorations in Social Psychiatry*(pp. 195-209). Basic Books.

Cresswell, T. (2014). *Place : An Introduction*. John Wiley & Sons.

Dalrymple, J., & Boylan, J.(2013). *Effective Advocacy in Social Work*. Sage.

Delgado, M.(1996). Community asset assessments by Latino youths. *Children & Schools, 18*(3), 169－178.

Delgado, M., & Humm－Delgado, D.(2013). *Asset Assessments and Community Social Work Practice*. Oxford University Press.

Dreier, P.(1996). Community empowerment strategies : The limits and potential of com－munity organizing in urban neighborhoods. *Cityscape, 2*(2), 121－159.

Dubin, R.(1978). *Theory Building*. Free Press.

Edwards, B., & Kane, M. D.(2007). Resource mobilization theory. In Snow, D. A., Porta, D., Klandermans, B., & McAdam, D.(Eds.), *The Blackwell Encyclopedia of Sociology*(pp. 1－5). Blackwell Publishing Ltd..

Etzioni, A.(1958). Industrial sociology : The study of economic organizations. *Social Research, 25*(3), 303-324.

________(1964). *Modern Organizations*. Prentice－Hall.

Fisher, R., & Corciullo, D.(2011). Rebuilding community organizing education in social work. *Journal of Community Practice, 19*(4), 355-368.

Feldhaus, H. S., & Deppen, P.(2018). Community needs assessments. In Cnaan, R. A., & Milofsky, C.(Eds.), *Handbook of Community Movements and Local Organizations in the 21st Century*(pp. 497－510). Springer, Cham.

Frisbee, S. J., Brooks Jr, A. P., Maher, A., Flensborg, P., Arnold, S., Fletcher, T., ... & Ducatman, A. M.(2009). The C8 Health Project : Design, methods, and participants. *Environmental Health Perspectives, 117*(12), 1873－1882.

Garcia, I.(2020). Asset－based community development(ABCD) : Core principles. In Phillips, R., Trevan, E., & Kraeger, P.(Eds), *Research Handbook on Community Development*(pp. 67－75). Edward Elgar Publishing.

Garvin, C. D., & Cox, F. M.(2001). A history of community organizing since the Civil War with special reference to oppressed communities. *Strategies of Community Intervention*, 65－100.

Giddens, A.(1976). *New Rules of Sociological Method : A Positive Critique of Interpretative Sociologies*. Hutchinson.

__________(1984). The Constitution of Society : Outline of the Theory of Structuration. University of California Press.

__________(1995). *A Contemporary Critique of Historical Materialism*(2nd ed.). Standford University Press.

Goffman, E.(1968). *Asylums: Essays on the Social Situation of Mental Patients and Other Inmates*. London : Penguin.

Goldberg W. G., & Middleman, R. R.(1992). Advocacy and social action : Key elements in the structural approach to direct practice in social work. *Social Work with Groups, 14*(3－4), 53－63.

Gould, R. V.(1989). Power and social structure in community elites. *Social Forces, 68*(2), 531－552.

Grace, K. S.(2005). *Beyond Fundraising : New Strategies for Nonprofit Innovation and Investment.* John Wiley & Sons.

Gray, M.(2011). Back to basics : A critique of the strengths perspective in social work. *Families in Society, 92*(1), 5－11.

Green, G. P., & Haines, A.(2015). *Asset Building & Community Development.* Sage Publications.

Gutiérrez, L. M., & Gant, L. M.(2018). Community practice in social work. *Social Service Review, 92*(4), 617－646.

Halpern, R.(1995). *Rebuilding the Inner City : A History of Neighborhood Initiatives to Address Poverty in the United States.* Columbia University Press.

Hampton, K. N., & Wellman, B.(1999, September). Examining community in the digital neighborhood : Early results from Canada's wired suburb. In *Kyoto Workshop on Digital Cities*(pp. 194－208). Springer Berlin Heidelberg.

Hardcastle, D. A., Powers, P. R., & Wenocur, S.(2004). Using assessment in community practice. *Community Practice : Theories and Skills for Social Workers.* Oxford University Press.

Harding, C. M., Brooks, G. W., Ashikaga, T., Strauss, J. S., & Breier, A.(1987). The Vermont longitudinal study of persons with severe mental illness. *American Journal of Psychiatry, 144*(6), 727－735.

Harlow, K. S., & Turner, M. J.(1993). State units and convergence models : Needs assessment revisited. *The Gerontologist, 33*(2), 190－199.

Herrero, J., Fuente, A., & Gracia, E.(2011). Covariates of subjective wellbeing among Latin American immigrants in Spain : The role of social integration in the community. *Journal of Community Psychology, 39*(7), 761－775.

Hertz, N.(2021). 고립의 시대(홍정인 역). 웅진지식하우스(2021).

Hewitt, A. S., Nord, D., Bogenschutz, M., & Reinke, J.(2013). Community living. *Inclusion, 1*(1), 17－27.

Hillery, G.(1955). Definitions of community : Areas of agreement. *Rural Sociology, 20*, 111-123.

Holkup, P. A., Tripp－Reimer, T., Salois, E. M., & Weinert, C.(2004). Community－based participatory research : An approach to intervention research with a Native American community. *Advances in Nursing Science, 27*(3), 162－175.

Honneth, A.(2006). 인정투쟁(문성훈·이현재 공역). 사월의 책(2011).

Hyde, C.(1996). A feminist response to Rothman's 'The interweaving of community inter－vention approaches'. *Journal of Community Practice, 3*(3－4), 127－145.

IFSW(1996). *Human Rights.* International Federation of Social Workers. Retrieved from https://www.ifsw.org/human－rights－policy.

Ioakimidis, V., Santos, C. C., & Herrero, I. M.(2014). Reconceptualizing social work in times of crisis : An examination of the cases of Greece, Spain and Portugal. *International Social Work, 57*(4), 285－300.

Jakes, S., Hardison-Moody, A., Bowen, S., & Blevins, J.(2015). Engaging community change : The critical role of values in asset mapping. *Community Development, 46*(4), 392-406.

Jamshed, S.(2014). Qualitative research method-interviewing and observation. *Journal of Basic and Clinical Pharmacy, 5*(4), 87.

Jansson, B., Heidemann, G., Mccroskey, J., & Fertig, R.(2013). Eight models of policy practice : Local, state, national, and international arenas. In Weil, M., Reisch, M., & Ohmer, M. L.(Eds.), *The Handbook of Community Practice*(pp. 403-420). Sage.

Katz, M. B.(1996). *In the Shadow of the Poorhouse : A Social History of Welfare in America.* Basic Books.

Katz, D. L.(2004). Representing your community in community-based participatory research : Differences made and measured. *Preventing Chronic Disease, 1*(1).

Kazda, M. J., Beel, E. R., Villegas, D., Martinez, J. G., Patel, N., & Migala, W.(2009). Methodological complexities and the use of GIS in conducting a community needs assessment of a large US municipality. *Journal of Community Health, 34*(3), 210-215.

Kim, J. S., & Bolton, K. W.(2013). Strengths perspective. *Encyclopedia of Social Work.* Retrieved from https://oxfordre.com/socialwork/view/10.1093/acrefore/9780199975839.001.0001/acrefore-9780199975839-e-382.

Kingson, E. R., & Altman, N. J.(2013). United States social security system. In *Encyclopedia of Social Work.*

Kirst-Ashman, K. K., & Hull Jr, G. H.(2018). *Brooks/Cole Empowerment Series : Generalist Practice with Organizations and Communities.* Nelson Education.

Klinenberg, E.(2019). 도시는 어떻게 삶을 바꾸는가 : 불평등과 고립을 넘어서는 연결망의 힘(서종민 역). 웅진 지식하우스(2018).

Köngeter, S.(2020). A brief transnational history of the Settlement House Movement. In Gal, J., & Köngeter, S.(Eds.), *The Settlement House Movement Revisited : A Transnational History*(pp. 15-34). Policy Press.

Kooiman, J.(2003). *Governing as Governance.* Sage Publications.

Kretzmann, J. P., & McKnight, J.(1993). *Building Communities from the Inside Out.* Center for Urban Affairs and Policy Research, Neighborhood Innovations Network.

Lachaud, J., Yusuf, A. A., Maelzer, F., Perri, M., Gogosis, E., Ziegler, C., ... & Hwang, S. W.(2024). Social isolation and loneliness among people living with experience of homelessness : A scoping review. *British Medical Journal Public Health, 24*(1), 2515.

Ladner, A.(2002). Size and direct democracy at the local level : The case of Switzerland. *Environment and Planning C : Government and Policy, 20*(6), 813-828.

Lakin, K. C., Hill, B. K., & Bruininks, R. H.(1985). An analysis of deinstitutionalization patterns in mental retardation. *American Journal of Mental Deficiency, 89*(6), 595-599

Lane, R. P.(1939). The field of community organization. In the *Proceedings of the National Conference of Social Work, Sixty-Sixth Annual Conference.* Buffalo, New York,

June 18−24, 1939(pp. 495−511). Columbia University Press.

Lane, S. R., & Pritzker S.(2018). *Political Social Work*. Springer, Cham.

Larson, S. A., Neidorf, J., Pettingell, S., & Sowers, M.(2023). *Long−Term Supports and Services for Persons with Intellectual or Developmental Disabilities : Status and Trends through 2019*. Minneapolis : University of Minnesota, Research and Training Center on Community Living.

Lau, D.(2020). Putting knowledge into action : A social work perspective on settlement house research. In Gal, J., & Köngeter, S.(Eds.), *The Settlement House Movement Revisited : A Transnational History*(pp. 63−80). Policy Press.

Law, M., & Collins, A.(2019). *Getting to Know ArcGIS PRO*. Esri Press.

Lewis, J.(1995). *The Voluntary Sector, the State and Social Work in Britain*. Books.

Lightfoot, E., McCleary, J. S., & Lum, T.(2014). Asset mapping as a research tool for com−munity−based participatory research in social work. *Social Work Research, 38*(1), 59−64.

Likert, E.(2015). 인권과 사회복지(KC대학교 남북통합지원센터 역). 나눔의집(2010).

Lim, B. W.(2004). Care management for elderly people : Focused on comparative per−spectives in the UK and Korea. *International Journal of Gerontological Social Welfare, 10*, 125−139.

Lin, N.(2001). *Social Capital : A Theory of Social Structure and Action*. Cambridge University Press.

Lyon, L., & Driskell, R.(2011). *The Community in Urban Society*. Waveland Press.

McAdam, D.(1982). *Political Process and the Development of Black Insurgency, 1930-1970*. University of Chicago Press.

Marlow, C. R.(2010). *Research Methods for Generalist Social Work*. Brooks & Cole.

Maruschak, L. M., Bronson, J., & Alper, M.(2021). *Indicators of Mental Health Problems Reported by Prisoners*. Bureau of Justice Statistics.

Mattocks, N. O.(2018). Social action among social work practitioners : Examining the micro-macro divide. *Social Work, 63*(1), 7−16.

Meeks, S., & Degenholtz, H. B.(2021). Workforce issues in long−term care. *The Gerontologist, 61*(4), 483−486.

Mellinger, M. S.(2014). Beyond legislative advocacy : Exploring agency, legal, and community advocacy. *Journal of Policy Practice, 13*(1), 45−58.

Minkler, M., Pies, C., & Hyde, C. A.(2012). 7. Ethical Issues in Community Organizing and Capacity Building. In Minkler, M(Ed.), *Community Organizing and Community Building for Health and Welfare*(pp. 110−129). Rutgers University Press.

Mintzberg, H.(1979). *The Structuring of Organizations*. Prentice−Hall.

Mok, B. H.(2004). Self−help group participation and empowerment in Hong Kong. *Journal of Sociology and Social Welfare, 31*, 153−169.

Mondros, J.(2005). Political, social, and legislative action. In Weil, M., Reisch, M., & Ohmer, M. L.(Eds.), *The Handbook of Community Practice*(pp. 277−286). Sage.

Mondros J., & Staples L.(2013). Community organization. In *Encyclopedia of social work.* Retrieved from https://oxfordre-com.ric.idm.oclc.org/socialwork/view/10.1093/acrefore/9780199975839.001.0001/acrefore-9780199975839-e-74?rskey=l8t8Pf&result=1.

Moynihan, D. P.(1970). *Maximum Feasible Misunderstanding : Community Action in the War on Poverty.* New York : Free Press.

Muller, J.(2018). *The Tyranny of Metrics.* Princeton University Press.

Mulroy, E. A.(2013). Community needs assessment. In Mizrahi, T., & Davis, L. E.(Eds.), *Encyclopedia of Social Work*(pp. 385-387). Oxford University Press.

Narine, L., Ali, A. D., & Hill, P. A.(2021). Assessing rural and urban community assets and needs to inform Extension program planning. *Journal of Human Sciences and Extension, 9*(1), 8.

National Council on Disability.(2022). *Strengthening the HCBS Ecosystem.* https://www.ncd.gov/assets/uploads/reports/2022/ncd_strengthening-hcbs-ecosystem_508.pdf.

NASW(2017). *The Code of Ethics.* The National Association of Social Workers.

Netting, F. E., Kettner, P. M., McMurtry, S. L., & Thomas, M. L.(2016). *Social Work Macro Practice.* Pearson.

Ohmer, M., & Underwood, E. (2022). Community needs assessment. *Encyclopedia of Social Work.* Retrieved from https://oxfordre.com/socialwork/view/10.1093/acrefore/9780199975839.001.0001/acrefore-9780199975839-e-73.

Ohmer, M. L., Sobek, J. L., Teixeira, S. N., Wallace Jr, J. M., & Shapiro, V. B.(2013). Community-based research : Rationale, methods, roles, and considerations for community practice. In Weil, M., Reisch, M., & Ohmer, M. L.(Eds.), *The Handbook of Community Practice*(pp. 791-808). Sage.

Oldenburg, R.(1999). *The Great Good Place.* Da Capo Press.

Oldenburg, R., & Brissett, D.(1982). The third place. *Qualitative Sociology, 5*(4), 265-284.

Padgett, D. K.(2020). Homelessness, housing instability and mental health : Making the connections. *BJPsych Bulletin, 44*(5), 197-201.

Parker, B.(2006). Constructing community through maps? Power and praxis in community mapping. *The Professional Geographer, 58*(4), 470-484.

Payne, M.(1995). *Social Work and Community Care.* Macmillan International Higher Education.

Peebles, V., & Dolle, J.(2022). *Money Follows the Person : Updated state transitions as of December 31, 2020.* Mathematica Progress Together.

Pettit, P.(2012). 신공화주의 : 비지배 자유와 공화주의 정부(곽준혁 역). 나남(1997).

Pincus, A., & Minahan, A.(1973). *Social Work Practice : Model and Method.* FE Peacock Pub.

Piven, F. F., & Cloward, R.(1978). *Poor People's Movements : Why They Succeed, How They Fail.* Vintage.

Popple, K.(1996). Community work : British models. *Journal of Community Practice, 3*(3–4), 147–180.

Popple, P. R.(2018). *Social Work Practice and Social Welfare Policy in the United States : A History.* Oxford University Press.

Portes, A.(1998). Social capital : Its origins and applications in modern sociology. *Annual Review of Sociology, 24*(1), 1–24.

Putnam, R. D.(2000). *Bowling Alone : The Collapse and Revival of American Community.* Simon & Schuster.

Rafael, A. R. F.(1995). Advocacy and empowerment : Dichotomous or synchronous con–cepts?. *Advances in Nursing Science, 18*(2), 25–32.

Reisch, M., Ife, J., & Weil, M.(2013). Social justice, human rights, values, and community practice. In Weil, M., Reisch, M., & Ohmer, M. L.(Eds.), *The Handbook of Community Practice*(pp. 73–103). Sage.

Rhodes, R. A. W.(1996). The new governance : Governing without government. *Political Studies, 44*(4), 652-667.

Richan, W. C.(2013). *Lobbying for Social Change.* Routledge.

Rimmerman, A.(2017). *Disability and Community Living Policies.* Cambridge University Press.

Rittel, H. W., & Webber, M. M.(1973). Dilemmas in a general theory of planning. *Policy Sciences, 4*(2), 155–169.

Ritzer, G.(2006). 사회학 이론(제5판)(김왕일 역). 한올출판사(2004).

Roberts, M. J.(2003). Charity disestablished? The origins of the Charity Organisation Society revisited, *Journal of Ecclesiastical History, 54*(1), 1868–1871.

Roberts, S. H., & Taylor, R. W.(1985). *Theory and Practice of Community Social Work.* Columbia University Press.

Robison, J., Porter, M., Shugrue, N., Kleppinger, A., & Lambert, D.(2015). Connecticut's 'money follows the person' yields positive results for transitioning people out of institutions. *Health affairs, 34*(10), 1628–1636.

Rosenbaum, S.(2000). The Olmstead decision : Implications for state health policy. *Health Affairs, 19*(5), 228–232.

Rothman, J.(1968). Three models of community organization practice. *Social Work Practice, 25,* 16–47.

__________(1991). A model of case management : Toward empirically based practice. *Social Work, 36*(6), 520–528.

__________(1996). The interweaving of community intervention approaches. *Journal of Community Practice, 3*(3–4), 69–99.

__________(2001). Approaches to community intervention. In Rothman, J., Erlich, J., & Tropman, J.(Eds.), *Strategies of Community Intervention : Macro Practice*(pp. 27–64). FE Peacock Publishers.

Saleebey, D.(1996). The strengths perspective in social work practice : Extensions and cautions. *Social Work, 41*(3), 296–305.

Sandel, M.(2014). 정의란 무엇인가?(김명철 역). 와이즈베리(2010).

Şandru, C.(2014). Participatory needs assessment in local communities : Methodological Aspects. *Bulletin of the Transilvania University of Braşov, Series VII : Social Sciences and Law, 2*, 97−104.

Schlabach, T. F.(1969). *Rationality and Welfare : Public Discussion of Poverty and Social Insurance in the United States, 1875−1935*. Social Recruit Administration. Retrieved from https://www.ssa.gov/history/reports/schlabach1.html.

Sen, R.(2003). *Stir It Up : Lessons in Community Organizing and Advocacy*. John Wiley & Sons.

Sennett, R.(1977). *The Fall of Public Man : On the Social Psychology of Capitalism*. W. W. Norton & Company.

Sharpe, P. A., Greaney, M. L., Lee, P. R., & Royce, S. W.(2000). Assets−oriented community assessment. *Public Health Reports, 115*(2−3), 205−211.

Shulman, L.(2011). *Brooks/Cole Empowerment Series : The Skills of Helping Individuals, Families, Groups, and Communities*. Nelson Education.

Simon, J., & Rosenbaum, S. A.(2015). Dignifying madness: Rethinking commitment law in an age of mass incarceration. *U. Miami L. Rev., 70*, 1.

Sites, W., Chaskin, R. J., & Parks, V.(2007). Reframing community practice for the 21st century : Multiple traditions, multiple challenges. *Journal of Urban Affairs, 29*(5), 519−541.

Sklar, K. K.(1985). Hull House in the 1890s : A community of women reformers. *Journal of Women in Culture and Society, 10*(4), 658−677.

Smith, D. H.(2000). *Grassroots Associations*. Sage.

Summers, L.(2016). Making change sustainable : The role of policy and advocacy. In Rising, S. S., & Quimby, C. H.(Eds.), *The Centering Pregnancy Model : The Power of Group Health Care*(pp. 165−188). Springer Publishing Company.

Tarrow, S.(1994). *Power in Movement : Social Movements, Collective Action and Politics*. Cambridge University Press.

Thucydides(2001). 펠로폰네소스 전쟁사(박광순 편). 범우사.

Tice, C. J., Long, D. D., & Cox, L. E.(2019). *Macro Social Work Practice : Advocacy in Action*. Sage.

Tichy, N. M., Tushman, M. L., & Fombrun, C.(1979). Social network analysis for organizations. *Academy of Management Review, 4*(4), 507−519.

Trattner, W. I.(2007). *From Poor Law to Welfare State*. Simon and Schuster.

Valentine, G.(2001). *Social Geographies : Society and Space*. Prentice Hall.

Van Dyke, N., & Amos, B.(2017). Social movement coalitions : Formation, longevity, and success. *Sociology Compass, 11*(7), e12489.

Wang, D. J., & Piazza, A.(2016). The use of disruptive tactics in protest as a trade−off : The role of social movement claims. *Social Forces, 94*(4), 1675−1710.

Warren, R. L.(1963). *The Community in America*. Rand McNally College Pub. Co..

Wenocur, S., & Reisch, M.(1983). The social work profession and the ideology of professionalization. *Journal of Sociology & Social Welfare, 10*, 684−703.

Wenocur, S., & Reisch, M.(2001). *From Charity to Enterprise.* University of Illinois Press.

Witkin, R., Altschuld, J. W., & Altschuld, J. M.(1995). *Planning and Conducting Needs Assessments : A Practical Guide.* Sage.

Warren, M. E., Thompson, G., & Saegert, S.(2001). *Social Capital and Poor Communities.* Russell Sage Foundation.

Watkins, R., & Altschuld, J. M.(2014). A final note about improving needs assessment research and practice. In Altschuld, J. W., & Watkins, R.(Eds.), *Needs Assessment : Trends and a View toward the Future. New Directions for Evaluation, 144*(pp. 105−114). John Wiley & Sons.

Watkins, R., & Kavale, J.(2014). Needs : Defining what you are assessing. In Altschuld, J. W., & Watkins, R.(Eds.), *Needs Assessment : Trends and a View toward the Future. New Directions for Evaluation, 144*(pp. 19−31). John Wiley & Sons.

Watson, S. D.(2009). From almshouses to nursing homes and community care. *Georgia State University Law Review, 26*, 937.

Weaver, R.(2000). *Ending Welfare as We Know It.* Brookings Institution Press.

Weick, A., Rapp, C., Sullivan, W. P., & Kisthardt, W.(1989). A strengths perspective for social work practice. *Social Work, 34*(4), 350−354.

Weil, M.(1996). Community building: Building community practice. *Social Work, 41*(5), 481-499.

Weil, M., & Gamble, D. N.(1995). Community practice models. In Edwards, R. L.(Ed.), *Encyclopedia of Social Work*(pp. 483−494). NASW.

Wellman, B.(2001). Physical place and cyberplace : The rise of personalized networking. *International Journal of Urban and Regional Research, 25*(2), 227−252.

Wenocur, S., & Reisch, M.(2001). *From Charity to Enterprise : The Development of American Social Work in a Market Economy.* University of Illinois Press.

Woodford, M. S.(1999). Home−based family therapy : Theory and process from “friendly visitors” to multisystemic therapy. *The Family Journal, 7*(3), 265−269.

Woolcock, M.(2001). The place of social capital in understanding social and economic outcomes. *Canadian Journal of Policy Research, 2*(1), 11−17.

Wysocki, A., Murray, C., Kachalia, A., Carpenter, A., & Stepanczuk, C.(2024). *Trends in the use of and spending for Home and Community−Based Services as a share of total LTSS use and spending in Medicaid, 2019-2021.* Mathematica Progress Together.

Young Laing, B.(2009). A critique of Rothman’s and other standard community organizing models : Toward developing a culturally proficient community organizing framework. *Community Development, 40*(1), 20−36.

[신문기사]

내일신문(2020. 11. 6). 자양유수지 유휴공간 주민품으로. http://www.naeil.com/news_view/?id_art=366830.

복지타임스(2020. 10. 14). 포스트 코로나 시대, 노인복지 방향은?. https://www.bokjitimes.com/news/articleView.html?idxno=23981.

________(2024. 4. 30). 시군구 사회복지협의회 의무설립과 새로운 지역사회복지 시대. https://www.bokjitimes.com/news/articleView.html?idxno=37495.

________(2024. 11. 18). 시군구 사회복지협의회 설치 의무화, 의미와 과제는?. https://www.bokjitimes.com/news/articleView.html?idxno=38740

________(2024. 12. 4). 중앙·광역·기초협의회의 삼중주로 만드는 지역복지 하모니. https://www.bokjitimes.com/news/articleView.html?idxno=38945

찾아보기

ㄱ

갈등이론 138
강점 관점 159, 193
개인옹호 512
개입 계획 수립 481
개입가설 194
거버넌스 359
거시사회사업실천 24
결핍 관점 159, 193
계획 194
공개성 269
공공 주도형 지역사회 51
공공성 269
공동생산 18
공동체 37, 44
공민 260
공민성 269
공식 조직 306
공익성 269
과업 지향 목표 425
과정 및 관계 지향 목표 425
과정목표 195
관리보호 460
관찰 240
교섭 및 협상 전술 204
교육 201
교육 및 연구 조직 306
구조 351
국가 조직 307
국가적 접근 22
국민 260
국민기초생활보장제도 117
국제 조직 307
규범적 욕구 226
규범적 행위 위반 525
금융 및 경제 조직 306
기능주의 135

ㄴ

네트워크 351
네트워킹의 원칙 424

ㄷ

단일사례 설계 213
당황하게 하기 516
대규모 조직 307
대인관계 임파워먼트 536
대중매체 호소 203
대표협의체 382
델파이 기법 243
독립성 268
디스임파워먼트 534

ㄹ

로비 203

ㅁ

마을만들기 322
마을복지계획 452
맥락 분석 196
명목집단기법 242
명분옹호 510
모금 279
모금 과정 286
모금 기법 288
모니터링 210
목적 195
목표 195
목표 설정 480
무형자산 232
문제 중심 사정 221
문화 및 예술 조직 307
물적 자원 255, 296
민간 주도형 지역사회 52
민관협력의 원칙 424

민속학적 접근 방법 239

ㅂ

법규 위반 526
변화매개체계 207
보고서 작성과 배포 215
보호관리 460
복지다원주의 17
복지혼합 17
분권화 조직 307
분산형 네트워크 356
비공식 조직 306
비영리 조직 306

ㅅ

사례관리 457
사례관리 과정 478
사례관리 대상자 471
사례관리 운영 체계 485
사례관리자 475
사례관리팀 485
사례옹호 509
사무국 389
사정 185, 479
사회계획 모형 166
사회문제 186
사회복지 및 공공 서비스 조직 306
사회복지공동모금회 285
사회복지관 지역 주민 욕구조사 234
사회복지협의회 415
사회운동 이론 153
사회운동적 접근 22
사회자원 476
사회적 네트워크 358
사회적 욕구 188
사회적 자본 이론 149
사회행동 모형 171
사후관리 484
살기 좋은(livable) 지역사회 48
상대적 욕구 226
새마을운동 111
생산 조직 306
생태체계이론 142
서비스 연계 482
서비스 조직 306
설득 202
설득하기 515
설문조사 246
성과목표 195
셀프 임파워먼트 535
소규모 조직 307
소송 전술 206
솔루션 체계 488
수렴성 229
슈퍼비전 체계 486
시민 259, 260
시민사회 267
시민참여 270
신민 259
실무분과 386
실무협의체 384
실천모형 180
실행 209
실행 전술 200

ㅇ

연계 체계 390
연판장 돌리기 518
영리 조직 306
예산안 208
옹호 202, 505
완전연결형 네트워크 357
외국민간원조한국연합회 110
욕구 188, 224
욕구조사 223, 224
운영 네트워크 358
유형자산 232
읍면동 지역사회보장협의체 387
읍면동 찾아가는보건복지팀 497
이용자 주체의 원칙 423
인간생태론 144
인과관계 진술문 194

인권 이론 68
인민 259
인보관운동 80
인사 임명과 관리 209
인적 자원 253
인지적 욕구 226
인터뷰 240
일반체계이론 141
임파워먼트 533
임파워먼트 이론 157
임파워먼트 전술 200
임파워먼트(empowerment) 157
입장의 충돌 522

ㅈ

자기옹호 511
자발성 269
자산 매핑 233
자선조직협회 78
자원 192
자원개발 253
자원동원 이론 153
자원조사 223, 231
잡무 처리 209
재사정 483
재정 자원 254, 279
전략 197
전략적 네트워크 357
전문적 접근 24
전술 197
점검 및 모니터링 483
접수 479
정상화 이론 68
정치·정책옹호 513
정치적 기회구조 이론 154
정치적 압력 가하기 517
제3의 장소 297
조직 305
종결 484
종료 212
주민 261
주민 참여의 원칙 425
주민자치위원회 316
주민자치회 316
주민조직 308
주민조직화 326
중앙집중식 조직 307
중앙집중형 네트워크 355
지방분권화 367
지방자치제도 27
지역 시민성 273
지역 조직 307
지역공동체 46
지역사회 37, 43
지역사회 거점 공간 296
지역사회 사정 218
지역사회 시민교육 256
지역사회 임파워먼트 537
지역사회 자원망 489
지역사회 포럼 246
지역사회간호실천 58
지역사회개발 모형 175
지역사회계획 및 개발실천 61
지역사회교육실천 60
지역사회보건실천 59
지역사회보장계획 429
지역사회보장조사 235
지역사회보장협의체 378, 498
지역사회보호 65
지역사회복지 14
지역사회복지 계획 420
지역사회복지 네트워크 361
지역사회복지실천 55, 162
지역사회복지실천 과정 185
지역사회복지실천 모형 163
지역사회복지의 대상 15
지역사회복지협의체 27
지역사회실천 57
지역사회옹호 513
지역사회정신건강실천 59
지역사회참여연구(CBPR) 249
지역성의 원칙 422

진보주의 68
집단 임파워먼트 536
집단옹호 512
집단행동 205, 521
집단행동 원칙 528
집합행동 324

ㅊ

체계변화옹호 514
체계성 228
체계이론 140
초점집단면접 241
친숙화 사정 220

ㅋ

캠페인 전략 201
커뮤니티 매핑 248
커뮤니티 조직 306
클라이언트 체계 189
클라이언트(client) 지역사회 48

ㅌ

탈시설화 62
통합사례관리사업 490
통합사례관리지원단 488
통합사례관리협의회 487
투쟁 전략 204

ㅍ

평가 212, 484
포괄적 사정 220
표적집단 189, 207
표적체계 207
표출적 욕구 226
프레이밍 이론 156

ㅎ

하위체계 사정 222
행동체계 207
협력 전략 199
협조 사정 223
활동 상세 설명서 208
활용하기 516
효과성 평가 212
희망복지지원단 494

기타

2차 자료 247

저/자/약/력

■ **김욱진**
서울시립대학교 사회복지학과 교수

■ **김태연**
충남대학교 사회복지학과 부교수

■ **이현민**
서울시립대학교 사회복지학과 강사

■ **유지애**
서울시립대학교 사회복지학과 강사

■ **유승희**
국민대학교 교양대학 조교수

제2판

지역사회복지론

|공저자| 김욱진 · 김태연 · 이현민 · 유지애 · 유승희

|1판 1쇄| 발행 2021년 11월 5일
|1판 2쇄| 발행 2023년 1월 30일
|2판 1쇄| 발행 2025년 8월 20일

|발행인| 김 동 훈
|발행처| 공 동 체

|주소| 경기도 고양시 일산동구 호수로 358-39, 동문타워 I 905호(백석동)
|전화| 031) 814-3000(대표)
|팩스| 031) 814-3100
|홈페이지| http://www.compub.co.kr
|전자우편| compub@naver.com
|출판등록| 2005년 10월 6일
|등록번호| 제396-2005-36호

|ISBN| 979-11-6725-958-5
정가 30,000원

MEMO

MEMO

MEMO

MEMO